D1698988

Institut für Kulturpolitik
der Kulturpolitischen Gesellschaft (Hrsg.)

Jahrbuch für Kulturpolitik 2012

Jahrbuch für Kulturpolitik 2012 · Band 12

INSTITUT FÜR KULTURPOLITIK
DER KULTURPOLITISCHEN GESELLSCHAFT E. V. (Hrsg.)

Das Jahrbuch für Kulturpolitik
- greift jeweils ein besonders bemerkenswertes Thema der kulturpolitischen Diskussion als Schwerpunkt auf;
- reflektiert wichtige gesellschaftliche Entwicklungen im Lichte der Kulturpolitik;
- dient als Plattform, um Perspektiven der Kulturpolitik – jenseits des hektischen Tagesgeschäfts – zu diskutieren;
- versteht sich als Instrument der Politikberatung im kommunalen Bereich wie auf Länder- und Bundesebene;
- stellt zentrale Ergebnisse der kulturstatistischen Forschung zusammen und widmet der Kulturstatistik ein besonderes Augenmerk;
- dokumentiert wichtige Daten und Ereignisse der Kulturpolitik des abgelaufenen Jahres;
- verweist in einer umfangreichen Bibliografie auf Veröffentlichungen zur Bundes-, Landes- und lokalen Kulturpolitik;
- entwickelt sich als laufende Berichterstattung zur umfassenden Dokumentation der Kulturpolitik in der Bundesrepublik Deutschland.

Herausgegeben für das
Institut für Kulturpolitik der Kulturpolitischen Gesellschaft e.V.
von Norbert Sievers und Bernd Wagner (†)

Jahrbuch für Kulturpolitik 2012

Band 12

Thema: Neue Kulturpolitik der Länder

- *Kulturstatistik*
- *Chronik*
- *Literatur*
- *Adressen*

KLARTEXT

Das »Jahrbuch für Kulturpolitik« wird aus Mitteln des Beauftragen der Bundesregierung für Kultur und Medien gefördert.

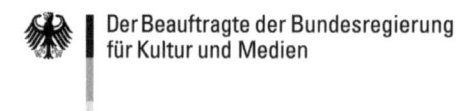

Der Beauftragte der Bundesregierung für Kultur und Medien

Bibliografische Information der Deutschen Bibliothek
Die Deutsche Bibliothek verzeichnet diese Publikation in der Deutschen Nationalbibliografie; detaillierte bibliografische Daten sind im Internet unter http://dnb.ddb.de abrufbar.

© 2012, Institut für Kulturpolitik der Kulturpolitischen Gesellschaft e.V., Bonn
Klartext Verlag, Essen
Alle Rechte vorbehalten
Umschlaggestaltung: Juliane Bentz/Karin Dienst
Satz + Gestaltung: Karin Dienst, Wolfgang Röckel
Drukkerij Wilco, Amersfoort (NL)

ISBN 978-3-8375-0795-9

Inhalt

BERND NEUMANN
Vorwort 11

OLIVER SCHEYTT
Vorwort 15

NORBERT SIEVERS, PATRICK S. FÖHL
Einleitung 17

Grundlagen, Rückschau und Entwicklungstrends

JOHANNA WANKA
Kulturpolitik und Kulturentwicklungskonzept
des Landes Niedersachsen 29

TOBIAS J. KNOBLICH
Der Artikel 35 des Einigungsvertrages und seine kulturpolitisch-
konzeptionellen Folgen für die gesamte Bundesrepublik 35

NORBERT SIEVERS, KURT EICHLER
Kulturpolitik als Strukturpolitik am Beispiel Nordrhein-Westfalen 45

Neue Programme und Konzepte

ULRIKE BLUMENREICH
Konzeptionelle Kulturpolitik in den Bundesländern –
Eine Bestandsaufnahme 57

PATRICK S. FÖHL
Governance im Kulturbereich – Neue Konzepte braucht das Land?
Sicherheit und Unsicherheit – Wie weiter mit der kulturellen Infrastruktur? 79

Kulturelle Bildung

UTE SCHÄFER
Kulturelle Bildung eröffnet Lebenschancen!
Nordrhein-Westfalen auf dem Weg zum Kinder- und Jugendkulturland 89

WERNER FRÖMMING
Kulturelle Bildungslandschaft Hamburg.
Hamburg als Modellregion für die Kinder- und Jugendkulturarbeit 97

MICHAEL AU
Initiativen für mehr Kulturelle Bildung in Rheinland-Pfalz 103

Kultur und Kreativwirtschaft

STEFFEN SAEBISCH
Förderung der Kultur- und Kreativwirtschaft in Hessen 109

Kulturentwicklungsplanung und Kulturkonzepte

SABINE KUNST
Verlässlichkeit und Flexibilität. Brandenburgs neue Kulturpolitische Strategie
setzt Schwerpunkte und will Innovationen ermöglichen 115

CARMEN EMIGHOLZ
Kulturentwicklungsplanung in Bremen 121

ELKE HARJES-ECKER
Der demografische Wandel in Thüringen und das Kulturkonzept 2012 127

HANS-JÖRG SIEWERT
Kulturkonzept Niedersachsen 133

REINHART RICHTER, BARBARA RÜSCHOFF-THALE
Regionale Kulturentwicklungsplanung und strategische Kulturplanungen
von Kommunen – »Kulturagenda Westfalen« 141

Regionalisierung

OLAF MARTIN
Die regionalisierte Kulturförderung in Niedersachsen 149

ALBRECHT GRAF VON KALNEIN
Hessen: Der Kulturfonds Frankfurt RheinMain. Kultur als Seismograph,
Labor und Speicher einer Region im Wandel 157

Zukunftsentwürfe und Leitlinien

STEPHAN DORGERLOH, MANUELA LÜCK
Kulturkonvent Sachsen-Anhalt. Öffentlicher Diskurs für eine
Kulturpolitik bis 2025 165

ACHIM KÖNNEKE
»Kultur 2020 – Kunstpolitik für Baden-Württemberg«.
Ein kritisches Zwischenfazit der bisherigen Umsetzung 171

EVA LEIPPRAND
Zukunftsentwürfe und Leitlinien: Länderkulturpolitik in Bayern.
Die Bedeutung des Kulturellen 181

Spartenbezogene Konzepte

THOMAS FRÜH, NORBERT HAASE
Die Museumskonzeption des Freistaates Sachsen.
Verlässliche Rahmenbedingungen für die Museumslandschaft schaffen 187

RITA GERLACH-MARCH
Der letzte Vorhang? Mecklenburg-Vorpommern streitet
über die Zukunft seiner Theater und Orchester 193

Blick über die Grenzen

CHRISTOPH WECKERLE
Kulturpolitik Schweiz – Aktuelle Feinjustierungen
an einer etablierten Konstellation 203

MICHAEL WIMMER
Kulturkonzeptionelle Trends in Österreich:
Die Macht des Betriebes ist die Ohnmacht der Politik 211

Kulturstatistik, Kulturwissenschaft

RALF EBERT, FRIEDRICH GNAD
Vernachlässigte Wahrheiten der Beschäftigtenentwicklung
in der Kultur- und Kreativwirtschaft – Eine Analyse am Beispiel
des Landes Nordrhein-Westfalen 217

DÖRTE NITT-DRIEßELMANN
Öffentliche Kulturfinanzierung in Deutschland 225

KARL-HEINZ REUBAND
Steigt das Interesse der Bürger an »Kultur-Events«?
Eine Bestandsaufnahme bekundeter Interessenorientierungen
im Zeitverlauf 237

Materialien zum Schwerpunktthema

RALF BRÜNGLINGHAUS, BERND WAGNER
Kulturpolitik der Länder ab 1945. Eine Auswahlbibliografie 251

Kulturpolitische Chronik, Literatur und Adressen

Chronik kulturpolitischer und kultureller Ereignisse im Jahr 2011 265
Bibliografie kulturpolitischer Neuerscheinungen 2011 281
Kulturpolitische Institutionen, Gremien, Verbände 339
Kunst und Kultur im Internet 347
Autorinnen und Autoren 357

Widmung

Das vorliegende Jahrbuch knüpft in Inhalt und Form an die elf Bände an, die seit dem Jahr 2000 vom *Institut für Kulturpolitik der Kulturpolitischen Gesellschaft* und namentlich von Bernd Wagner herausgegeben worden sind. Vor allem Bernd Wagner war es, der das Jahrbuch zu dem gemacht hat, was es heute ist: ein unverzichtbares Kompendium für Kulturpolitik, ein Spiegel der kulturpolitischen Debatte in Deutschland – meinungsstark, erfahrungsbezogen und wissenschaftlich fundiert.

Dr. Bernd Wagner, Wiss. Leiter des *Instituts für Kulturpolitik der Kulturpolitischen Gesellschaft* von 1996 bis 2012.

Bernd Wagner ist am 19. September seinem Krebsleiden erlegen. Noch bis kurz vor seinem Tod hat er an diesem Jahrbuch gearbeitet. Die geplante Abhandlung über die Geschichte der Kulturpolitik der Länder konnte er nicht mehr fertig stellen. Die *Kulturpolitische Gesellschaft* hat mit ihm nicht nur einen exzellenten wissenschaftlichen Leiter seines *Instituts für Kulturpolitik* verloren, sondern auch einen Mitstreiter für demokratische Kulturpolitik in Deutschland, wie sie von uns vertreten wird. Es wird schwer sein, diese Lücke zu füllen.

In Anerkennung für seine Verdienste für die wissenschaftliche Arbeit und Publikationstätigkeit der *Kulturpolitischen Gesellschaft* und aus langer freundschaftlicher Verbundenheit widmen wir ihm dieses Jahrbuch 2012.

Prof. Dr. Oliver Scheytt
Präsident der *Kulturpolitischen Gesellschaft*

Dr. Norbert Sievers
Geschäftsführer der *Kulturpolitischen Gesellschaft*

Vorwort

Leitlinien und konzeptorientierte Herangehensweise sind in der Kulturpolitik nicht neu. Bereits in den siebziger Jahren etwa wurden unter dem Motto »Kultur für alle« Leitlinien und Entwicklungspläne erstellt und der Kulturpolitik, insbesondere der Förderpolitik, zugrundegelegt. Als weiteres Beispiel können die Entwicklungsplanungen der neuen Länder in den neunziger Jahren angeführt werden. Heute sind es Faktoren wie zum Beispiel die demografische Entwicklung oder aber knappe öffentliche Kassen, die eine kritische Betrachtung überkommener Vorgehensweisen und Förderstrukturen teilweise erfordern oder doch zumindest äußerst sinnvoll erscheinen lassen. Vielerorts haben Verantwortliche in der Kulturpolitik daher kritische Bestandsaufnahmen veranlasst, um sie einer Diskussion um (neue) Leitlinien oder Konzepte zugrunde zu legen.

Hatte die *Enquete-Kommission »Kultur in Deutschland«* in ihrem Abschlussbericht Ende 2007 noch beklagt, dass es nur in zwei Ländern Kulturentwicklungspläne gebe[1], nämlich in Brandenburg und in Sachsen-Anhalt, so ist aktuell festzustellen, dass in vielen Ländern Leitlinien und Konzepte vorliegen oder in der Entstehung sind. Beispielsweise werden in Niedersachsen und in Bayern intensive Dialoge mit den Akteuren des Kulturbereichs über Entwürfe von Kulturkonzepten diskutiert. Sachsen-Anhalt hat sogar einen Kulturkonvent einberufen, um sein Kulturkonzept fortzuentwickeln. In Nordrhein-Westfalen hat sich bereits viel in Bezug auf Konzepte zur Kulturellen Bildung getan. Letzteres wird – nicht ohne Grund – in diesem Buch dann auch unter der Überschrift »Jugendkulturland Nordrhein-Westfalen« dargestellt. Niedersachsen setzt auf einen regionalen Ansatz. In immer mehr Bundesländern bekommt die Kultur- und Kreativwirtschaft einen wachsenden Stellenwert und wird daher in Konzept- und Entwicklungsplanungen intensiv einbezogen. Auch hierzu enthält dieser Band Beiträge.

1 Deutscher Bundestag (2008): *Kultur in Deutschland. Schlussbericht der Enquete-Kommission des Deutschen Bundestages*, Regensburg: ConBrio, S. 128.

Eines haben diese Diskussionen um Kulturkonzepte in den Ländern gemeinsam: Sie finden nicht hinter verschlossenen Türen der Ministerien und Verwaltungen statt, sondern in und mit der Öffentlichkeit. Bestandsaufnahmen und Konzeptentwürfe werden in öffentlichen Foren diskutiert. Politik, Ministerial- und Kommunalverwaltung tauschen sich mit Verantwortlichen von Kultureinrichtungen, Nutzern der Kultureinrichtungen, engagierten und interessierten Bürgerinnen und Bürgern aus und diskutieren neue Konzepte. Die heute vorhandene, weit verbreitete technische und mediale Infrastruktur ermöglicht dabei eine extensive und unkomplizierte Bürgerbeteiligung, wie sie noch bis vor wenigen Jahren nicht möglich war. Weitestgehend unabhängig von zeitlichen und räumlichen Vorgaben können Bürgerinnen und Bürger auf informelle Art und Weise ihre Auffassung, ihre Ideen und ihre Kritik einbringen. Wir beobachten daher heute stark prozessorientierte Konzeptentwicklungen mit einem noch höheren und intensiveren Anteil an Bürgerbeteiligung als das in den siebziger und neunziger Jahren der Fall sein konnte. Sicher ist dieses Vorgehen für die Verantwortlichen teilweise aufwendiger als klassische Abläufe. Rückmeldungen in höherer Zahl und teilweise kontroverser Ausrichtung sind auszuwerten und verschiedene Kommunikationskanäle zu koordinieren. Das ist nicht immer einfach, aber der Mühe wert. Denn gute Ideen fließen ein, die lokalen Bedürfnisse und Besonderheiten werden kommuniziert und Reflexion findet frühzeitig und umfassend statt. Gerade im Kulturbereich und gerade auf regionaler und kommunaler Ebene sind diese Prozesse einer lebhaften und vielseitigen Kulturlandschaft dienlich. Sie fördern die Akzeptanz etwaiger unvermeidbarer Konzentrationsmaßnahmen und unterstützen die Entwicklung zukunftsgerichteter Maßnahmen.

Ein weiterer großer Vorteil dieser Diskussionsprozesse ist die Möglichkeit, das jeweils angemessene Vorgehen und passende Konzept für das jeweilige Land, die jeweilige Region oder Kommune zu finden. Angesichts der großen Verschiedenheit unserer Länder in Bezug auf Bevölkerungsstruktur, Geschichte, Besiedelungsdichte und viele weitere Faktoren bedarf es sehr unterschiedlicher Politiken und konzeptioneller Ansätze, um den kulturellen Besonderheiten, den Bedürfnissen in der Gesellschaft Rechnung zu tragen und langfristig die kulturelle Infrastruktur zu sichern. Auf der Grundlage prozessorientiert entwickelter passgenauer Konzepte können die Weichen heute so gestellt werden, dass der Zug auf dem jeweils richtigen Gleis Fahrt aufnimmt und ohne große Umwege das Ziel der guten, ohne große Hemmschwellen zugänglichen und vielfältigen kulturellen Infrastruktur erreicht.

Die Rahmenbedingungen des Bundes für eine konzeptionelle und leitliniengestützte Kulturpolitik sind mit denen der Länder nicht vergleichbar. Anders als Länder und Kommunen, die in der Breite für Museen, Theater, Bibliotheken, sonstige Kultureinrichtungen und Projekte freier Träger vor Ort zuständig sind und entsprechende Gestaltungsspielräume haben, richtet sich die Bundeskulturpolitik nur in vergleichsweise geringem Umfang auf den operativen Bereich mit direkten Förderungen. Hauptaktionsfeld der Bundeskulturpolitik ist vielmehr die Gestaltung kulturverträglicher Rahmenbedingungen. Exemplarisch sind hier die Künstlersozialversicherung zu nennen, Befreiung bestimmter kultureller Einrichtungen von der Umsatzsteuer und – in Abstimmung mit den Ländern – die Vertretung kultur- und medienpolitischer Interessen auf europäischer Ebene. Dabei geht es nicht immer nur um gesetzliche Rahmenbedingungen. Auch Geld spielt zuweilen eine große Rolle, etwa bei der Verbesserung der wirtschaftlichen Rahmenbedingungen der Filmwirtschaft in Deutschland durch den *Deutschen Filmförderfonds* oder bei innovativen Impulsen wie der Digitalisierung und der Kulturellen Bildung.

Schon das Grundgesetz selbst gibt dem Bund das Konzept seiner Kulturpolitik vor. Mit der Ausnahme weniger geschriebener ausdrücklicher Zuständigkeitszuweisungen, lässt die Verfassung nämlich nur solche Förderungen des Bundes zu, die sich entweder aus der Natur der Sache ergeben, wie etwa die Finanzierung des *Bundesarchivs*, oder die im Rahmen der gesamtstaatlichen Repräsentation erfolgen. Dreh- und Angelpunkt jeder kulturellen Förderung durch den Bund ist daher die nationale Bedeutung einer Einrichtung oder eines Projekts. Nur wenn sie vorliegt, kommt überhaupt eine finanzielle Unterstützung in Betracht. Die jeweilige Koalitionsvereinbarung bildet ergänzend die politisch-programmatische Grundlage auch in der Kulturpolitik und flankierend geben Anregungen und Berichte von außen, etwa der Abschlussbericht der *Enquete-Kommission »Kultur in Deutschland«* oder aus der Wissenschaft, Orientierung. In diesem Rahmen stellen wir die aktuellen Förderungen regelmäßig auf den Prüfstand. Es gilt, den Erhalt von Kulturgut und großer und wichtiger nationaler Kultureinrichtungen im Blick zu halten, während zugleich Raum für neue Entwicklungen gegeben werden muss. Die Balance zwischen diesen Polen ist immer wieder auszutarieren und bleibt nicht nur Daueraufgabe, sondern auch Leitlinie der Kulturpolitik des Bundes.

Im Fokus der folgenden Beiträge steht allerdings die Kulturpolitik der Länder. Das *Institut für Kulturpolitik der Kulturpolitischen Gesellschaft* hat bei der Auswahl des diesjährigen Themas wieder einmal Geschick bewiesen. Es legt die Finger an den Puls der Zeit und stellt uns einen aufschlussreichen, aber auch kritischen Überblick über die neuen Tendenzen in der Kulturpolitik der Länder zur Verfügung.

Bernd Neumann, MdB
Staatsminister bei der Bundeskanzlerin
Der Beauftragte der Bundesregierung für Kultur und Medien

Vorwort

»Neue Kulturpolitik der Länder« – der Titel, den wir unserem »Jahrbuch für Kulturpolitik 2012« gegeben haben, klingt nach einem Euphemismus. Sieht die jetzige Realität nicht anders aus? Sind nicht die Budgets der Länder mittlerweile so stark durch institutionelle Förderungen ausgebucht, dass es immer schwieriger wird, Neues entstehen zu lassen? Offensichtlich ist das so. Der Titel beschreibt eine reale Situation, aber auch eine Erwartung und Aufforderung. Er soll sagen: Wir brauchen neue Politik, um neue Probleme zu lösen. In den 1970er und 1980er Jahren waren es die Kommunen, von denen ein starker Reformimpuls für die Kulturpolitik ausging. Seit der deutschen Vereinigung hat der Bund erheblich an kulturpolitischer Gestaltungskraft gewonnen. Warum sollten sich jetzt die Länder nicht ihrer vorrangigen Kulturkompetenz erinnern und neue Verantwortung dafür übernehmen? Die Zeit drängt. Denn viele Länder sind gezwungen, ihre Politik neu auszurichten. Die finanzielle Situation, die demografische Entwicklung, die Veränderung der kulturellen Interessen führen zu einem Handlungsdruck, auf den die Länder mit neuen Konzepten und Programmen reagieren müssen. In den Neuen Bundesländern gab es diesen Druck schon länger, in vielen westdeutschen Ländern kommt er jetzt erst mit voller Wucht an. Der Gürtel wird enger geschnallt und es sind gute Ideen gefragt, um Kulturpolitik dennoch konstruktiv betreiben zu können.

Immer mehr Bundesländer orientieren sich neu, entwickeln neue Ziele und Leitbilder, arbeiten an Strategien und Handlungskonzepten, die ihren Niederschlag in operationellen Plänen und Programmen finden. Auffällig ist, wie stark dabei neuerdings die kulturellen Akteure und die Bürger beteiligt werden. Sie einzubeziehen ist richtig, denn es geht oftmals um gravierende Strukturentscheidungen und Wegweisungen. Sie sind durch hoheitliche Politik allein nicht umzusetzen, denn gerade Kulturpolitik ist als vermeintlich freiwillige Aufgabe angewiesen auf die Zustimmung von Politikern und Bürgern. So wird der Governance-Ansatz in der Kulturpolitik immer wichtiger.

OLIVER SCHEYTT

Unsere Aufgabe als *Kulturpolitische Gesellschaft* ist es, auf Probleme hinzuweisen und sie nicht zuzudecken. Unsere Aufgabe ist es aber auch, Problemlösungen zur Diskussion zu stellen und das Gespräch darüber anzuregen. Dazu dient dieses Jahrbuch und dazu dient auch der »7. Kulturpolitische Bundeskongress«, den wir gemeinsam mit der *Bundeszentrale für politische Bildung* am 13. und 14. Juni 2013 zum Thema »Kultur nach Plan. Strategien konzeptbasierter Kulturpolitik« durchführen werden. Denn es sind nicht nur die Länder, die sich um neue kulturpolitische Konzepte und Pläne bemühen. Kommunen und Regionen sind mindestens ebenso aktiv und selbst auf Bundesebene wird jetzt gelegentlich nach Zielen gefragt. Dies hatte auch die *Enquete-Kommmission »Kultur in Deutschland« des Deutschen Bundestages* in ihrem Schlussbericht angemahnt und den Ländern empfohlen, gemeinsam mit den Kommunen und freien Trägern im Diskurs Landeskulturentwicklungspläne/-konzeptionen zu erarbeiten. Es ist gut zu wissen, wie nachhaltig wirksam die Arbeit der Kommission offenbar war.

Bonn, im Dezember 2012

Prof. Dr. Oliver Scheytt
Präsident der *Kulturpolitischen Gesellschaft*

Norbert Sievers, Patrick S. Föhl

Einleitung

Neue Kulturpolitik der Länder

Kulturpolitik in Deutschland ist *de jure* in erster Linie Ländersache. Ihre vorrangige Kulturkompetenz hat das Bundesverfassungsgericht als »Kulturhoheit der Länder« (BVerfGE 12: 229) bezeichnet. Sie ist ein integraler Bestandteil der föderalen Staatsordnung. Daneben nimmt der Bund eigenständige Aufgaben wahr, vor allem in der kulturellen Außenpolitik. Auch die Kommunen haben als Ausdruck ihrer Selbstverwaltungsgarantie (Artikel 28 Abs. 2 GG) das Recht, »alle Angelegenheiten der örtlichen Gemeinschaft im Rahmen der Gesetze in eigener Verantwortung zu regeln«, also auch die der Kultur (Deutscher Bundestag 2008: 56). Insoweit sind es drei staatliche Akteure, die die Kulturpolitik in Deutschland in ihrem jeweiligen Kompetenzrahmen gestalten. Diese föderale Struktur ist eine Voraussetzung für den kulturellen Trägerpluralismus und letztlich auch für die kulturelle Vielfalt in unserem Land. So kann vor allem der Wettbewerb der Länder und Kommunen untereinander als Triebkraft für die kulturelle Entwicklung angesehen werden, die den Reichtum an öffentlichen Kultureinrichtungen in Deutschland unter anderem erklärt.[1]

Diese strukturelle Komponente ist jedoch nur ein Erklärungsansatz für den kulturellen Entwicklungsprozess durch Kulturpolitik. Denn die Inhalte und Ziele sowie die konkrete Aufgabenwahrnehmung der verschiedenen Politikebenen haben sich im Laufe der Zeit – bedingt durch verschiedene Faktoren – verändert. Dies zeigt sich auch in der öffentlichen Aufmerksamkeit, welche die jeweiligen Akteure genießen. In den 1970er Jahren war Kulturpolitik ganz eindeutig vor allem Kommunalpolitik, nicht nur finanziell, sondern vor allem gesellschaftspolitisch. Im Kontext der damaligen Reformbewegung und befördert durch den *Deutschen Städtetag*

---

[1] Selbstverständlich sind es nicht nur die staatlichen Akteure, die die kulturelle Vielfalt in Deutschland verbürgen. Auch die privat-wirtschaftlichen und frei-gemeinnützigen Kulturanbieter sind dafür von großer Bedeutung.

sowie viele veränderungsmotivierte individuelle Akteure haben insbesondere die Kommunen Kulturpolitik gestaltet. Bund und Länder waren demgegenüber zwar nicht inaktiv, aber unauffälliger. Erst Mitte der 1980er Jahre und insbesondere nach der deutschen Wiedervereinigung änderte sich dies. Bund und Länder wurden als kulturpolitische Akteure aktiver und präsenter.

Vor allem die Rolle des Bundes änderte sich spürbar. Legitimiert durch den Einigungsvertrag vom 31. August 1990 und dessen »Kultur«-Artikel 35 bekam der Bund nicht nur die Möglichkeit, für die Übergangsfinanzierung der Kultureinrichtungen zu sorgen, sondern gerade auch die Aufgabe, durch konkrete Programme (z. B. Substanzerhaltungs- und Infrastrukturprogramm) die Kulturlandschaft in den Neuen Bundesländern konzeptionell mitzugestalten. Mehr noch: »Mit Artikel 35 erweiterten sich die staatlichen Aufgaben insbesondere des Bundes dauerhaft, so dass Kulturpolitik überhaupt erst aus dem zersplitterten Schattendasein auf Bundesebene heraustreten konnte. Verbunden ist das mit einem erheblich erhöhten Bundeskuluretat, einem wieder eingesetzten *Bundestagsausschuss für Kultur* und einer entfalteten Bundeskulturstadt Berlin.« (Tobias J. Knoblich in diesem Jahrbuch). Auch die Einrichtung des *Beauftragten der Bundesregierung für Kultur und Medien* sowie der *Bundeskulturstiftung* sowie die kontinuierliche Aufstockung des Bundeskulturetats – insbesondere in der Amtszeit des derzeitigen Staatsministers Bernd Neumann – kann als Folge dieser Entwicklung gedeutet werden.

Es war jedoch nicht nur der Bund, der einigungsbedingt kulturpolitisch mehr von sich reden gemacht und sich einen größeren Kompetenzspielraum geschaffen hat. Auch die neuen Bundesländer waren nach ihrer Konstituierung herausgefordert, Kulturpolitik als konzeptionelle Gestaltungsaufgabe zu begreifen und wahrzunehmen. Das Gesetz über die Kulturräume im Freistaat Sachsen ist hierfür ein Paradebeispiel. Es beinhaltet einen intelligenten finanziellen Lastenausgleich zwischen Land und Kommunen, der zu starke Disparitäten in der kulturellen Versorgung der Landesteile verhindert und eine verbindliche Struktur der Kulturfinanzierung über eine regionale Kulturkasse garantiert (Knoblich 2011). Auch das Land Brandenburg hat schon unmittelbar nach der Vereinigung und stärker noch nach dem Auslaufen der Übergangsfinanzierung im Jahr 1994 durch seine *kooperative Kulturentwicklung*, eine Bestandsaufnahme der kulturellen Infrastruktur (*Kulturatlas Brandenburg*), den dreijährigen *Kulturentwicklungsplan* (*KEP*) und die 2002 vom Landtag beschlossene *Kulturentwicklungskonzeption* (*KEK*), die in den Jahren 2004 und 2009 erneuert und in diesem Jahr durch eine Kulturstrategie abgelöst worden ist, Maßstäbe für eine kooperative und konzeptbasierte Kulturentwicklung gesetzt. (Neufeldt 1992; Strittmatter 2010 sowie Sabine Kunst in diesem Jahrbuch)

Der Transformationsprozess hatte jedoch nicht nur Folgen für die Kulturpolitik des Bundes und für die Neuen Bundesländer, sondern auch für die Länder im Westen der Republik (s. auch Tobias J. Knoblich in diesem Jahrbuch). Auch wenn es überzeichnet wäre, eine klare Ost-West-Richtung der kulturpolitischen Modernisierung zu unterstellen, so ist doch nicht von der Hand zu weisen, dass zum Beispiel das Kulturraumgesetz in Sachsen auch im Westen strukturkulturpolitische

Überlegungen ähnlicher Art ausgelöst und insgesamt konzeptionellen Ansätzen in der Kulturpolitik Auftrieb gegeben hat. Initiativen dafür gab es freilich schon früher. So datiert die Kunstkonzeption des Landes Baden-Württemberg, mit welcher der dortigen Kulturpolitik eine neue Fördersystematik gegeben werden sollte, aus dem Jahr 1989 (s. die Beiträge von Ulrike Blumenreich und Achim Könnecke in diesem Jahrbuch). Und spätestens mit den Bemühungen um eine Modernisierung der öffentlichen Verwaltung (»New Public Management«) und dem Konzept des aktivierenden Staates (Sievers 2001) in den 1990er Jahren erhielten auch im Westen kooperative strukturpolitisch motivierte Ansätze der Kulturpolitik eine größere Relevanz.[2] Ein Beispiel dafür ist etwa die Regionale Kulturpolitik (ab 1996) in Nordrhein-Westfalen (s. den Beitrag von Kurt Eichler/Norbert Sievers in diesem Jahrbuch).

Die Regionale Kulturpolitik in Nordrhein-Westfalen folgt der Logik der regionalisierten Strukturpolitik in diesem Bundesland, die dadurch charakterisiert ist, dass sie von den regionalen Potenzialen und Begabungen in den Regionen ausgeht und Kulturpolitik als Aktivierungsstrategie versteht, um die jeweiligen Regionen kulturell, aber auch wirtschaftlich zu stärken. Sie ist damit auch ein Beispiel einer erweiterten kulturpolitischen Strategie, die sich nicht nur auf die originären Aufgaben der Kulturförderung beschränkt, sondern mehrdimensional angelegt ist. Damit wird der alte Programmsatz, dass Kulturpolitik auch Gesellschaftspolitik sei, neu interpretiert und wirkungsmächtig.[3] Verbunden ist damit eine Perspektivenveränderung in der Kulturpolitik: von der staatsmäzenatischen Kulturpolitik alter Prägung, die Einrichtungen unterhält, Veranstaltungen fördert und Künstler unterstützt, hin zu einer konzeptbasierten Kulturpolitik neuen Stils, die sich stärker als Strukturpolitik versteht, gesellschaftliche Entwicklungen und soziale Kontexte berücksichtigt sowie Kooperationen befördern und Prozesse anstößt und anstoßen will.

Im ersten Jahrzehnt des neuen Jahrhunderts wurde die Notwendigkeit, Kulturpolitik konzeptionell und planvoll zu betreiben, immer offenkundiger. Dies lag zunächst daran, dass die oben skizzierte Entwicklung nicht nur zu einem Bedeutungsgewinn der Kultur im Aufgabenhorizont öffentlicher Politik geführt hat, sondern auch zu einer Erosion ihrer programmatischen und organisatorischen Identität. Weder ist heute selbstverständlich, welche Ziele Kulturpolitik hat (*Policy*), wer sie in welchen Verfahren formuliert und bestimmt (*Politics*) und wer schließlich im

Einleitung

---

2   Auch im *Schlussbericht der Enquete-Kommission* spielen das Leitbild des »Aktivierenden Kulturstaates« und die damit verbundenen Vorstellungen der Verantwortungsteilung und Kooperation eine große Rolle (s. Deutscher Bundestag 2008: 52).
3   Die Programmformel »Kulturpolitik ist Gesellschaftspolitik« ist durch den ehemaligen Dortmunder Kulturdezernenten Alfons Spielhoff geprägt worden. Er wollte damit zum Ausdruck bringen, dass Kulturpolitik dafür zu sorgen habe, dass »Kunst zu einem Bestandteil des demokratischen Lebensprozesses« wird (Spielhoff 1976: 25). Ziel der Neuen Kulturpolitik war die Demokratisierung der Gesellschaft durch Kultur. Ab Mitte der 1980er Jahre setze sich dann eine andere Interpretation des o.g. Diktums durch, insofern es jetzt stärker darum ging, Kulturpolitik nicht nur als Demokratisierungsfaktor, sondern auch als Modernisierungsfaktor zu begreifen und von den Herausforderungen der Gesellschaft (Stichwort: Strukturwandel) her zu denken (z.B. im Kontext des nordrhein-westfälischen Diskursprojektes »Kultur90«). Der erweiterte Kulturbegriff sollte die Basis für einen erweiterten Kulturpolitikbegriff werden.

Netzwerk der Kulturpolitik (*Polity*) die Verantwortung für die Umsetzung trägt. Hinzu kommt, dass die gesellschaftlichen Rahmenbedingungen für die Kulturpolitik alles andere als günstig sind. Die kulturelle Infrastruktur ist mit den vorhandenen Mitteln in vielen Fällen kaum noch auskömmlich zu finanzieren und qualitätvoll zu betreiben. Der demografische und kulturelle Wandel begründen einen Publikumsrückgang in einigen Bereichen/Einrichtungen und eine veränderte Interessenlage sowie die nach wie vor vorhandene soziale Selektivität der Kultureinrichtungen setzen Kulturpolitik legitimatorisch unter Druck. Regionale Disparitäten werden immer deutlicher und alte Konflikte und Verteilungskämpfe brechen neu auf. Die öffentliche Zustimmung zur Kulturpolitik und deren Ansprüchen nimmt ab. Ihr Wachstumspfad scheint ausgetreten; vielerorts sind Fusionen und Umbau von Einrichtungen das Gebot der Stunde.

Auch aus diesen Gründen gewinnt eine Kulturpolitik an Bedeutung, die auf Verantwortungsteilung und Kooperation setzt. Diese Kulturpolitik setzt vor allem Vertrauen und Zustimmung bei den Partnern voraus und ist immer weniger als ein Durchregieren von oben nach unten möglich, sondern vielmehr als ein kommunikativer Aushandlungsprozess zwischen öffentlichen Verwaltungen und Einrichtungen, frei-gemeinnützigen Akteuren und privat-kommerziellen Kulturanbietern (s. auch Carmen Emigholz in diesem Jahrbuch). In vielen Bundesländern und Kommunen wird dieser Weg einer kooperativen Kulturpolitik gerade beschritten.[4] Nie zuvor hat es auf kommunaler, regionaler, Landes- und Bundesebene so viele Bemühungen gegeben, Kulturpolitik als konzeptionelle Gestaltungsaufgabe zu begreifen, herkömmliche Strukturen und Verfahren in Frage zu stellen und die Akteure und Bürger an diesem Prozess zu beteiligen.[5] Dafür sprechen die vielen Kulturdialoge, Kulturkonvente, Kulturkonzepte und Planungsansätze (s. Ulrike Blumenreich in diesem Jahrbuch). *Good Governance* ist das moderne Stichwort dafür (s. Patrick S. Föhl in diesem Jahrbuch). Dabei geht es um nichts weniger als darum, Kulturpolitik neu zu begründen und zu behaupten und sie auf konsensfähige Ziele und Strategien aufzubauen. Deshalb hat das »Jahrbuch für Kulturpolitik 2012« den Titel »Neue Kulturpolitik« der Länder. Ob es auch eine bessere Kulturpolitik wird, bleibt vorerst noch abzuwarten und ist nicht zuletzt eine Frage ihrer programmatischen und konzeptionellen Qualität sowie der öffentlichen Mittel, die für diese Politikaufgabe in den nächsten Jahren beansprucht und behauptet werden kann.

---

4 Das Kulturentwicklungskonzept des Landes Niedersachsen ist ein Prototyp für das neue Kulturpolitikverständnis. Der Kulturbericht als Basis, die wissenschaftlichen Untersuchungen als Lernprozess, die öffentlichen Veranstaltungen und Fachforen als Mittel der Verständigung und Ideenentwicklung, das sind die Instrumente einer konzeptbasierten und beteiligungsorientierten Kulturpolitik. (s. die Beiträge von Johanna Wanka und Hans-Jörg Siewert in diesem Jahrbuch).

5 Auch im Schlussbericht der Enquete-Kommission »Kultur in Deutschland« wird empfohlen, »den Reformprozess in der Kulturverwaltung auf allen Verwaltungsebenen zu intensivieren und im Sinne des Governance-Ansatzes weiterzuentwickeln«. Bund und Ländern empfiehlt der Bericht, im »Diskurs mit Kommunen und freien Trägern« Kulturentwicklungskonzeptionen und -pläne zu erarbeiten (Deutscher Bundestag 2008: 104 f.).

Begründungen und Instrumente konzeptorientierter Kulturpolitik

Im Zentrum konzeptorientierter Kulturpolitik steht die Bewältigung ansteigender Komplexität im öffenlichen Kultursektor. Diese entspringt – wie dargestellt – den multiplen gesellschaftlichen Herausforderungen, die auf den Kulturbereich einwirken. Hierzu zählen insbesondere der demografische Wandel, globale Finanzkrisen, die Medialisierung und die Pluralisierung. Zugleich existieren spezifische Herausforderungen im kulturellen Sektor wie die Erhaltung der kulturellen Infrastruktur (Institut für Kulturpolitik 2010) oder der (drohende) Bedeutungsverlust zahlreicher etablierter Kultureinrichtungen durch die Erosion des klassischen Bildungsbürgertums (Glogner-Pilz/Föhl 2011). Parallel dazu hat der Bedeutungsgewinn von Kultur im Aufgabenhorizont anderer Politik- und Entwicklungsfelder wie dem Kulturtourismus, der Kulturellen Bildung oder der Kulturwirtschaft dazu geführt, dass die beschriebene Komplexität sich erhöht hat. Dies gilt auch für das Ziel, kulturpolitische Grundpositionen strategisch wie operativ zu präzisieren und zu manifestieren.[6]

Diese Entwicklungen haben zu einer sich öffnenden Schere zwischen den tatsächlichen Leistungsmöglichkeiten von Kulturpolitik/-förderung und einem wachsenden Aufgabenvolumen geführt. Da in vielen Teilen Deutschlands keine ausreichenden Ressourcen mehr zur Verfügung stehen (»Grenzen des Wachstums«), ist das Prinzip, additiv mit zusätzlichen Mitteln auf die steigenden Anforderungen zu reagieren, überholt. Besonders deutlich wird dies beim Blick auf die Neuen Länder (s. auch Elke Harjes-Ecker und Stephan Dorgerloh/Manuela Lück in diesem Band). Hier steht vielerorts eine breite, historisch gewachsene kulturelle Infrastruktur einem drastischen gesellschaftlichen Wandel in Form von sozialer Polarisierung, Abwanderung und Überalterung gegenüber. Offensichtlich wird dies beim Blick auf die Struktur der öffentlichen Theater in den Neuen Ländern. In der Spielzeit 2010/2011 wurden von 140 öffentlichen Theatern in der Bundesrepublik allein 53 in den Neuen Ländern – inklusive Berlin[7] – unterhalten (Deutscher Bühnenverein 2012), wenngleich dort gerade einmal knapp 20 Prozent der gesamtdeutschen Bevölkerung leben und dieser Anteil in den kommenden Jahren weiter zurückgehen wird. Die mit Abstand kostenintensivste Kultursparte Darstellende Künste stellt vor allem die zahlreichen Trägerkommunen in den Neuen Ländern mit weniger als 100 000 Einwohnern vor eine große Gestaltungsaufgabe.[8] Nicht selten beteiligen sich deswegen die Länder in umfangreichem Ausmaß, teilweise mit 50 Prozent und mehr, an den Kosten der kommunalen Theater, um diese Strukturen aufrecht zu erhalten. Was lange als Rezept galt, seitens der Länder weitere Ressourcen oder gar die Übernahme (»Staatstheater«) einzufordern, wird über kurz oder lang vermehrt ins Leere laufen, da die Länder selbst mit rückläufigen Haushalten

---

6 Vgl. exemplarisch den Ansatz der »aktivierenden Kulturpolitik« bei Scheytt 2008 und Sievers 2005.
7 Wobei nur ein öffentliches Theater auf dem Gebiet des ehemaligen West-Berlins betrieben wird (*Deutsche Oper Berlin*).
8 Vgl. zur besonderen Situation der öffentlichen Theater in den neuen Ländern Föhl 2011: 105–108.

zu kämpfen haben. Gleichfalls scheint das Ende der Fahnenstange oftmals auch deswegen erreicht, da das Gros der Landesförderung für Theater und Orchester – in Sachsen-Anhalt gegenwärtig zum Beispiel 42 Prozent – den Handlungsspielraum für andere Kultursparten und kulturelle Entwicklungen immer weiter einengt.

Während sich das reichhaltige kulturelle Erbe häufig als einzige zentrale (potenzielle) Stärke darstellt, die den schrumpfenden Städten und Regionen geblieben ist, werden sie folglich gleichzeitig aufgrund abnehmender Steuereinnahmen von diesem – haushalterisch gesehen – »erdrückt«. Dies gilt umso mehr vor dem Hintergrund, dass Ende dieses Jahrzehnts die Transfermittel für die Neuen Länder auslaufen (Ende des Solidarpakts II) beziehungsweise stark reduziert werden (EU-Mittel). Hierdurch entsteht in mehrfacher Hinsicht eine paradoxe Situation. Denn es werden eigentlich in ansteigendem Maße Ressourcen benötigt, um Kostensteigerungen aufzufangen und kulturelle Substanz zu erhalten. Anderseits sind Ressourcen gefragt, um die Zugänglichkeit der bestehenden kulturellen Einrichtungen in Form von neuen Vermittlungsansätzen und Kooperationen zu erhöhen (Kulturelle Bildung). Um auf dem in mehrfacher Hinsicht attraktiven Markt des Kulturtourismus[9] agieren zu können, werden ebenfalls Mittel benötigt. Hierbei ist noch nicht berücksichtigt, dass gerade Städte und Regionen im Wandel zusätzlich auf künstlerische und kulturelle Innovationen angewiesen sind, um diesen produktiv zu begleiten und zu gestalten. Doch gerade junge, selbständige Kulturakteure haben selten die Möglichkeit, einen Einstieg durch öffentliche Unterstützung zu finden (Omnibusprinzip). Gleichfalls agieren zahlreiche Kultureinrichtungen durch jahrelanges »Sparen als Politikersatz« auf einem Existenzminimum – während von ihnen immer mehr erwartet wird. Hier trifft nicht selten der Satz zu: »Zu viel zum Sterben und zu wenig zum Leben«. Die oben beschriebene Schere öffnet sich folglich in zunehmendem Maße und führt nicht selten zur Entsolidarisierung zwischen den Kulturschaffenden sowie zu tiefen Gräben zwischen der Kulturpolitik und der kulturellen Szene.

Vor dem dargestellten Hintergrund ist die Kulturpolitik nachdrücklich gefordert, sich angepasst auf die jeweiligen vor-Ort-Bedingungen neu zu definieren, zu legitimieren und konzeptionell auf Schwerpunkte zu konzentrieren. Weder ist ein »weiter wie bisher« möglich, noch liegen Modelle vor, wie die beschriebenen Entwicklungen in den Griff zu bekommen sind. Kulturpolitik muss unter Umständen völlig neu gedacht und die Stellung klassischer Kultureinrichtungen als Solitäre hinterfragt werden.[10] Konzeptorientierte Kulturpolitik kann dazu beitragen,

---

9 Kulturtouristische Aktivitäten können – bei tatsächlichen Potenzialen in diesem Bereich – einerseits zusätzliche Besucher und Einnahmen für Kultureinrichtungen sowie andere Akteure im Freizeitmarkt einer Stadt/Region generieren. Andererseits können sie die lokale/regionale Identität der Einwohner stärken, da ihre Kultur positiv von außen wahrgenommen wird. Kulturtourismus kann insgesamt dazu beitragen, positive Bilder zu erzeugen und der häufig negativen Rezeption von schrumpfenden Städten in den Neuen Ländern etwas entgegen zu setzen (vgl. Föhl/Pröbstle 2011).

10 Häufig wird gegenwärtig z. B. die Frage gestellt, warum öffentliche Theater nicht noch stärker als regionale Dienstleister auch für andere Kulturschaffende dienen und durch die Verstetigung von Kooperationen mit der regionalen Kulturszene neue Impulse aufnehmen können? Dadurch würden sich bestenfalls neue Begründungs- und Entwicklungsmuster für öffentliche Theater ergeben (vgl. Föhl 2011).

dringend notwendige kulturpolitische Entscheidungen herbeizuführen und damit gegenwärtig häufig vorzufindende Entscheidungsvakuen aufzulösen. Dabei befassen sich innovative kulturelle Planungen mit einrichtungs- sowie spartenspezifischen Fragen, aber auch mit Querschnittsmaßnahmen wie der Förderung von Kooperationen oder zeitgemäßen Kulturförderrichtlinien.

An der thematischen Struktur der Konzepte und Planungsansätze wird deutlich, welche Fragen und Probleme als evident für die Gestaltung von zeitgemäßer Kulturpolitik und -entwicklung erachtet werden. Die jüngst veröffentlichte *Kulturpolitische Strategie 2012* des Landes Brandenburg steht dabei stellvertretend für viele (s. den Beitrag von Sabine Kunst in diesem Jahrbuch). In diesem Fall wird einerseits die »Ressourcenbündelung kultureller Institutionen« in den Mittelpunkt gerückt. Andererseits werden landespolitische Schwerpunkte in der Kulturförderung definiert, wie sie gegenwärtig vielerorts diskutiert werden. Hierzu zählen die *Kulturelle Bildung*, die *Regionale Identität*, der *Kulturtourismus*, *Innovative Kulturvorhaben* und die *Aktivierung des bürgerschaftlichen Engagements* (MWFK 2012). An diesen Themen wird deutlich, wie breit und vielfältig das Handlungsfeld der Kulturpolitik heute ist. Insbesondere die *Kulturelle Bildung* steht in vielen Ländern ganz oben auf der kulturpolitischen Agenda (s. die Beiträge von Ute Schäfer, Werner Frömming und Michael Au in diesem Jahrbuch), aber auch die *Kultur- und Kreativwirtschaft* (s. den Beitrag von Steffen Saebisch in diesem Jahrbuch), die *Regionalisierung* (s. die Beiträge von Olaf Martin und von Albrecht Graf von Kalnein in diesem Band) sowie der *Kulturtourismus* (vgl. MWFK/TMB 2005) sind als landeskulturpolitische Aufgaben mittlerweile etabliert und markieren den Veränderungsprozess, der mit dem Titel dieses Jahrbuchs angezeigt wird.

Neben dem Ausbau von Interdependenzen (Kultur und Bildung sowie Kultur und Tourismus) und der Bündelung von materiellen sowie immateriellen Ressourcen wird hier auf die originären Wirkungsfelder (besser vielleicht: Funktionen) von Kultur (Innovation und Identität) rekurriert, als auch Alternativen staatlicher Daseinsfürsorge im Kulturbereich definiert (Aktivierung bürgerschaftlicher Beteiligung).

Was in den neuen Ländern hinsichtlich vermehrter Planungsnotwendigkeiten alternativlos erscheint, wird auch in den alten Bundesländern verstärkt gefordert sein. Während sich Länder wie Schleswig-Holstein und das Saarland bereits mit vergleichbaren Herausforderungen auseinandersetzen, werden sich auch die anderen Bundesländer – und die Kommunen und Regionen – mit den gesellschaftlichen Veränderungen sowie der gesteigerten Komplexität bei der Gestaltung von Kulturpolitik befassen müssen. Zusätzlich verlangt die wachsende Vernetzung von Kultur(-politik) mit anderen Politikfeldern belastbare Strategien, um unterschiedliche Handlungslogiken in einer machbaren und sinnvollen Programmatik zusammenzuführen.[11] Hierzu zählen vor allem diejenigen Felder, die aufgrund ihrer kom-

---

11 Auch für die »Neue Kulturpolitik« war und ist die Programmorientierung typisch. Beispielhaft können hier abermals die Kulturelle Bildung und die Regionalisierung genannt werden. Auch durch diese Programme wird die Konzeptorientierung der Kulturpolitik gestärkt.

plexen Vernetzungslogik auf Kommunikations-, Kooperations- und Koordinationskonzepte angewiesen sind, damit sie überhaupt funktionsfähig sind. Fasst man die vorliegenden Ansätze zusammen, übernimmt konzeptorientierte Kulturpolitik im Rahmen ihrer Formulierung und Umsetzung folgende Funktionen (vgl. im Folgenden Fürst/Ritter 2005: 766):

- »Kommunikationsfunktion«: Vermittlung, Austausch und Gewinnung von Informationen.
- »Moderations-/Beteiligungsfunktion«: Einbeziehung von durch die jeweilige Konzeption adressierten und interessierten Akteuren zur kooperativen Entwicklung von Ideen, Zielen und Maßnahmen. Ausräumung beziehungsweise Thematisierung von Konflikten.
- »Analysefunktion«: Auswertung vorhandener Daten und Konzeptionen. Gegebenenfalls auch Durchführung empirischer Untersuchungen zur Fundierung späterer Entscheidungen.
- »Entscheidungs-/Verpflichtungsfunktion«: Konzeptionelle Grundlegung von Entscheidungsverfahren, die in der Regel diverse Verpflichtungen nach sich ziehen.
- »Koordinationsfunktion«: Reduktion vorhandener Komplexität durch Schwerpunktsetzungen und klare Aufgabenverteilung.

Bei konzeptorientierter Kulturpolitik geht es folglich nicht allein um die Festlegung von Strategien, Kriterien, Schwerpunkten und auch Bereichen, die öffentlich nicht mehr gefördert werden. Die Einbeziehung und der Aufbau von Kooperationen mit Akteuren aus allen Sektoren beziehungsweise für die Kultur wichtigen Bereichen rückt in den Mittelpunkt. Die Aktivierung von Kooperation und Koordination als wesentliche Strategien zur Kulturentwicklung spielen dabei eine zentrale Rolle. Grundsätzlich ist festzustellen, dass im Sinne einer »kooperativen Demokratie« in gesteigertem Maße auf Partizipation gesetzt wird. Mit Akteuren aus den jeweils betroffenen Entwicklungsfeldern und mitunter auch Bürgern sollen – wenn möglich – Konsenspositionen formuliert werden, um politisch vertretbare Schwerpunkte und Maßnahmen zu formulieren. Der Staat ist zunehmend auf das Mitwirken möglichst vieler Akteure aus allen gesellschaftlichen Handlungsfeldern angewiesen, da ihm inzwischen das Wissen und die Ressourcen fehlen, um die beschriebene Komplexität alleine zu bewältigen (Priddat 2003). Die Einbeziehung zahlreicher Akteure birgt allerdings auch zahlreiche Herausforderungen. Hierzu gehören zum Beispiel die Aktivierung und die – zu begründende – Auswahl der Akteure, die Durchführung partizipativer Aktivitäten (Ressourceneinsatz) sowie die häufig vorzufindende Dominanz partikularer Interessen (Clement/Nowak/Scherrer/Ruß 2010).

Im Zusammenhang mit diesem Jahrbuch hat das *Institut für Kulturpolitik der Kulturpolitischen Gesellschaft* eine schriftliche Befragung bei den Kulturministerien der deutschen Bundesländer durchgeführt, um in Erfahrung zu bringen, welche konkreten »Instrumente« konzeptorientierter Kulturpolitik gegenwärtig Anwendung finden (s. den Beitrag von Ulrike Blumenreich in diesem Jahrbuch; außerdem Morr 1999 und Wagner 2011). Danach gibt es derzeit eine Vielzahl von Verfahren, die je nach Ausgangslage und Zielstellung – mitunter auch in Kombination – Anwendung finden. So genannte »Kulturkonzeptionen«, »Kulturförderpläne« und »Kulturentwicklungspläne« für Kommunen, Städte, Regionen oder Länder werden gegenwärtig vielerorts erarbeitet. Sie gehören zu den »Klassikern« konzeptbasierter Kulturpolitikansätze und erleben eine wahrhafte Renaissance. Diese – im Gegensatz zu früheren Planungsphasen – stärker partizipativ angelegten Verfahren formulieren in der Regel kulturpolitische Leitlinien und Leitziele sowie Maßnahmen, wie diese erreicht werden können. Zumeist werden zentrale Entwicklungsfelder benannt wie die Stärkung des Kulturtourismus und der Kulturellen Bildung als auch sparten- und/oder einrichtungsspezifische Maßnahmen. Darüber hinaus entstehen vermehrt sparten- (z. B. Museumsentwicklungskonzepte; s. Thomas Früh/ Norbert Haase in diesem Band) und themenspezifische Konzeptionen (z. B. für die Kulturwirtschaft).

Ein anderes gängiges Instrument sind »Kulturleitbilder«. Sie sind eher unverbindlich und definieren weit gefasste kulturpolitische Ziele. Konkreter stellen sich »Zielvereinbarungen« dar, die in der Regel zwischen der Öffentlichen Hand und geförderten Institutionen geschlossen werden. Zielvereinbarungen knüpfen öffentliche Förderung an spezifische Rahmenbedingungen (z. B. Durchführung von Kooperationen) und definieren – soweit möglich – das mit der Förderung gewünschte Ergebnis und dessen Wirkung. »Kulturförderrichtlinien« legen dagegen zum Beispiel Förderbereiche und -bedingungen fest und sind von der jeweiligen Haushaltssituation abhängig. Wesentlich präziser und verbindlicher sind »Kulturfördergesetze« wie das oben erwähnte »Sächsische Kulturraumgesetz« oder das gegenwärtig in Nordrhein-Westfalen diskutierte Kulturfördergesetz. »Kulturpreise und -wettbewerbe« stellen einen andersartigen Ansatz konzeptorientierter Kulturpolitik dar. Diese enthalten oft klare Begründungsmuster für das jeweilige Vergabeverfahren und tragen dazu bei, bestehende und neue Akteure im Kulturbereich hinsichtlich definierter Schwerpunkte zu unterstützen beziehungsweise zu würdigen. Die »Gründung von eigenständigen Organisationen«, die nach dem Prinzip der »Armlängendistanz« vorgehen, um mit größerer Autonomie und Zielorientierung vorab definierte kulturpolitische Aufgaben umzusetzen, ist ebenfalls als Beispiel einer konzeptorientierten Kulturpolitik zu interpretieren. Darüber hinaus existieren weitere Instrumente wie die Förderung interkommunaler oder regionaler Kulturentwicklungsansätze (z. B. Regionale Kulturpolitik in NRW) und der dauerhaften Expertenbeteiligung bei Entscheidungsprozessen (z. B. Kulturbeiräte).

In den kommenden Jahren wird sich zeigen, ob diese Instrumente geeignet sind, um die beschriebenen Strukturprobleme der Kulturpolitik zu bewältigen. Auf Anhieb wird dies sicherlich nicht gelingen, weil die Zustimmung zu den erforderlichen Veränderungen auf große Widerstände stoßen wird. Fest steht jedoch, dass die Kommunikation über die Herausforderungen und mögliche Antworten bereits vieles in Bewegung gesetzt hat.

Zu diesem Buch

Das Jahrbuch »Neue Kulturpolitik der Länder« enthält neben dem Schwerpunkt die regelmäßigen Rubriken jedes Jahrbuchs, die *Chronik kulturpolitischer und kultureller Ereignisse 2011,* die *Bibliografie kulturpolitischer Neuerscheinungen* und den *Adressenteil* mit wichtigen Institutionen, Gremien und Verbänden sowie *Kunst und Kultur im Internet.* Die gesonderte Rubrik *Kulturstatistik/Kulturwissenschaften* haben wir diesmal wieder mit einem Beitrag zur Kulturfinanzierung gefüllt, auch wenn die Bezugsdaten schon älteren Datums (2007) sind. Außerdem enthält sie zwei Aufsätze mit Ergebnissen empirischer kulturwissenschaftlicher Studien.

Allen Autorinnen und Autoren sei sehr herzlich gedankt für ihre Mitarbeit an diesem »Jahrbuch für Kulturpolitik«. Für die Erstellung der Bibliografie und der Adressenliste danken wir den Mitarbeiterinnen und Mitarbeitern des *Instituts für Kulturpolitik der Kulturpolitischen Gesellschaft* Katrin Hüfner, Mareike Thillmann, Ralf Brünglinghaus, Jörg Hausmann und Franz Kröger. Für die redaktionelle Bearbeitung der Texte und das Korrekturlesen waren vor allem Janine Huge und Ingo Brünglinghaus zuständig. Wolfgang Röckel und Karin Dienst haben wieder den Satz, die Ausführung der Korrekturen und die Gestaltung übernommen. Auch Ihnen sei allen herzlich gedankt!

Literatur

Clement, Ute/Nowak, Jörg/Scherrer, Christoph/Ruß, Sabine (Hrsg.) (2010): *Public Governance und schwache Interessen,* Wiesbaden: VS Verlag für Sozialwissenschaften

Deutscher Bühnenverein (2012): *Theaterstatistik 2010/2011,* 46. Heft, Köln

Deutscher Bundestag (Hrsg.) (2007): *Schlussbericht der Enquete-Kommission »Kultur in Deutschland«,* Berlin: Drucksache 16/7000 (11.12.2007)

Föhl, Patrick S. (2011): *Kooperationen und Fusionen von öffentlichen Theatern. Grundlagen, empirische Untersuchungen, Handlungsempfehlungen,* Wiesbaden: VS Verlag für Sozialwissenschaften

Föhl, Patrick S./Pröbstle, Yvonne (2011): »Kooperationen als Wesenselement des Kulturtourismus«, in: Hausmann, Andrea/Murzik, Laura (Hrsg.): *Neue Impulse im Kulturtourismus,* Wiesbaden: VS Verlag für Sozialwissenschaften, S. 111–138

Fürst, Dietrich/Ritter, Ernst-Hasso (2005): »Planung«, in: Akademie für Raumforschung und Landesplanung (Hrsg.): *Handwörterbuch der Raumordnung,* Hannover: Eigenverlag, S. 765–769 (4., neu bearb. Aufl.)

Glogner-Pilz, Patrick/Föhl, Patrick S. (Hrsg.) (2011): *Das Kulturpublikum. Fragestellungen und Befunde der empirischen Forschung,* Wiesbaden: VS Verlag für Sozialwissenschaften (2., erweiterte Auflage)

Institut für Kulturpolitik der Kulturpolitischen Gesellschaft e. V. (Hrsg.) (2010): *Jahrbuch für Kulturpolitik. Thema: Kulturelle Infrastruktur,* Essen/Bonn: Klartext

Knoblich, Tobias J. (2011): »Regionale Kulturpolitik am Beispiel des Freistaates Sachsen. Das Gesetz über die Kulturräume in Sachsen«, in: Morr, Markus (Hrsg.): *Kultur & Aspekte kulturwissenschaftlicher und kulturpolitischer Spannungsfelder,* Marburg: Jonas Verlag (Hessische Blätter für Volks- und Kulturforschung, Neue Folge 47), S. 78–92

Ministerium für Wissenschaft, Forschung und Kultur des Landes Brandenburg (Hrsg.) (2012): *Kultur in Brandenburg. Kulturpolitische Strategie 2012,* Potsdam: Selbstverlag

Ministerium für Wissenschaft, Forschung und Kultur des Landes Brandenburg/Tourismusmarketing Brandenburg GmbH (Hrsg.) (2005): *Leitfaden Kulturtourismus in Brandenburg,* Potsdam: Selbstverlag

Morr, Markus (1999): *Verplante Kultur? Die Rahmenbedingungen kultureller Planungen,* Essen: Klartext

Neufeldt, Wilhelm (1992), »›Soviel Anfang war nie …‹. Kulturpolitik in Brandenburg«, in: Schwencke, Olaf (Hrsg.): *Kulturdiskurs Niedersachsen. Erwartungen an eine Kulturpolitik in einem Flächenland*, Rehburg-Loccum: Evangelische Akademie Loccum (Loccumer Protokolle 27/1992), S. 51–61

Priddat, Birger P. (2003): »Umverteilung: Von der Ausgleichssubvention zur Sozialinvestition«, in: Lessenich, Stephan (Hrsg.): *Wohlfahrtsstaatliche Grundbegriffe. Historische und aktuelle Diskurse*, Frankfurt am Main/New York: Campus, S. 373–394

Scheytt, Oliver (2008): *Kulturstaat Deutschland. Plädoyer für eine aktivierende Kulturpolitik*, Bielefeld: transcript

Sievers, Norbert (2005): »Aktivierende Kulturpolitik in Nordhein-Westfalen. Aufstieg und Fall einer landeskulturpolitischen Konzeption«, in: Behrens, Fritz/Heinze, Rolf G./Hilbert, Josef/Stöbe-Blossey, Sybille (Hrsg.): *Ausblicke auf den aktivierenden Staat. Von der Idee zur Strategie*, Berlin: edition sigma, S. 337–363

Sievers, Norbert (2001): »Fördern ohne zu fordern. Begründungen aktivierender Kulturpolitik«, in: Institut für Kulturpolitik der Kulturpolitischen Gesellschaft e.V. (Hrsg.): *Jahrbuch für Kulturpolitik 2000. Thema: Bürgerschaftliches Engagement*, Bonn/Essen: Kulturpolitische Gesellschaft/Klartext-Verlag, S. 131–157

Spielhoff, Alfons (1976): »Kulturpolitik ist Gesellschaftspolitik«, in: *Vorgänge. Zeitschrift für Gesellschaftspolitik*, Heft 24 (1976), S. 25–33

Strittmatter, Thomas (2010): »Zur Entwicklung der kulturellen Infrastruktur im Land Brandenburg seit 1990. Aspekte des kulturellen Strukturwandels in den neuen Bundesländern«, in: Institut für Kulturpolitik der Kulturpolitischen Gesellschaft (Hrsg.): *Jahrbuch Kulturpolitik. Thema: Kulturelle Infrastruktur*, Essen/Bonn: Klartext-Verlag/Kulturpolitische Gesellschaft e.V., S. 73–93

Wagner, Bernd (2011): »Kulturentwicklungsplanung – Kulturelle Planung«, in: Klein, Armin (Hrsg.): *Kompendium Kulturmanagement: Handbuch für Studium und Praxis*, München: Franz Vahlen, S. 165–183 (3., überarb. Aufl.)

JOHANNA WANKA

Kulturpolitik und Kulturentwicklungskonzept des Landes Niedersachsen

»Mit Politik kann man keine Kultur machen,
aber vielleicht kann man mit Kultur Politik machen.«
Theodor Heuss
(31. Januar 1884 –12. Dezember 1963,
Deutscher Bundespräsident)

Die Bundesrepublik Deutschland ist etwas Besonderes. Vom Hochsauerland bis zur norddeutschen Tiefebene, von der Nordsee bis zur Ostsee, vom Bayerischen Wald bis zur Sächsischen Schweiz: Die Regionen sind sehr vielfältig. Menschen und Landschaften, Bauwerke, Kunst, Kultur und Sprache machen dieses Land so unverwechselbar.

Deutschland ist reich an kulturellem Erbe, reich an kreativen und kulturbegeisterten Menschen. Nirgendwo auf der Welt gibt es soviel Kultureinrichtungen wie bei uns. »Dazu gehören allein 130 professionelle Symphonie- und Kammerorchester. Das sind so viele Ensembles wie im Rest der Welt zusammen.« (Lammert 2004)

Deutschland ist ein Kulturstaat Die Mütter und Väter des Grundgesetzes aber haben diesen Tatbestand nicht ausdrücklich festgehalten. So ist dort lediglich zu lesen: »Die Bundesrepublik Deutschland ist ein demokratischer und sozialer Bundesstaat.« Damit verpflichtet das Grundgesetz den deutschen Staat ausdrücklich auf die Prinzipien der Demokratie, des Sozialstaats, des Bundesstaats und des Rechtsstaats, nicht aber auf den Kulturstaat. Tatsächlich hat die politische Praxis in genau diesem Zusammenhang die Verfassungstheorie längst eingeholt. Es gibt nur wenige Staaten, die für Kunst und Kultur so viele öffentliche Mittel einsetzen wie die Bundesrepublik Deutschland.

JOHANNA WANKA

Politik hat die Aufgabe, Kunst zu fördern, nicht sie zu reglementieren oder zu instrumentalisieren. Sie sollte Rahmenbedingungen für die Entwicklung von Kunst und Kultur schaffen, die kreativen Potenziale stärken, Innovation ermöglichen und Vielfalt fördern. Sehen wir uns jedoch die Förderlandschaft für Kultur in Deutschland an, stellen wir fest, dass über neunzig Prozent der Kulturausgaben aus öffentlichen Haushalten von Bund, Ländern und Kommunen aufgebracht werden. Weniger als zehn Prozent kommen von Privatpersonen, gemeinnützigen Organisationen, Stiftungen und Sponsoren. In den USA ist die Situation beinahe umgekehrt, Kunst und Kulturförderung werden dort als private, in Deutschland als öffentliche Aufgabe verstanden.

Kulturförderung und Kulturhoheit in Deutschland
Dazu kommt, dass im föderalen Deutschland die Zuständigkeiten für die Gesetzgebung der jeweiligen politischen Ebenen unterschiedlich verteilt sind. So sind für das Schul- und Erziehungswesen in erster Linie die Bundesländer verantwortlich. Das gleiche gilt für die Kultur. »Kulturhoheit der Länder« bedeutet, dass in Deutschland primär die 16 Länder für die Gesetzgebung der Kulturbelange zuständig sind. Festgelegt wird diese Zuständigkeit durch die geringe Regelungskompetenz, die das Grundgesetz dem Bund einräumt (Artikel 30 GG). Dort werden die grundsätzlichen staatlichen Aufgaben den Ländern zugewiesen. Die Kulturhoheit der Länder ist auch nach der Föderalismusreform 2006 beibehalten worden. In den letzten beiden Jahrzehnten allerdings hat der Bund mehr und mehr Aufgaben der Kulturförderung, das heißt vor allem Finanzierung, übernommen (Nohlen 2011). Dazu gehört unter anderem der Bereich der Filmförderung und der Kulturellen Bildung.

Entstehung des Landes Niedersachsen –
Bedeutung für die niedersächsische Kulturpolitik
Zurückblickend auf die Kulturhoheit der 16 Bundesländer ist Niedersachsen landesintern sozusagen noch einmal vierfach föderal unterteilt. Die Entstehung und Ausgestaltung der niedersächsischen Verfassung ist stärker als in anderen Bundesländern mit der politischen Entwicklung Deutschlands verknüpft.

Niedersachsen ist ein Land, das sich aufgrund seiner Historie und seiner relativ jungen Geschichte als Bundesland deutlich von anderen unterscheidet. Besonders die Frage nach kultureller Identität ist nicht einfach zu beantworten. Es gibt »den Oldenburger«, »den Ostfriesen« oder »den Braunschweiger«. Aber »den Niedersachsen« zu finden – darin sind sich Fachleute einig – ist nicht so einfach. Die wenigsten Einwohner sagen: »Ich bin Niedersachse«, sondern eher »Ich lebe in Niedersachsen und bin Oldenburger«. Von einer »niedersächsischen Identität« zu sprechen, ist deshalb schwierig. Niedersachsen ist mehr als andere Bundesländer ein Land der Regionen. (Albers 2006)

Die historischen Wurzeln der ehemals selbständigen Länder Braunschweig, Hannover, Schaumburg-Lippe und Oldenburg reichten so lange zurück, dass es schwierig war, innerhalb von »nur« 66 Jahren eine gemeinsame Identität zu entwickeln.

Überdies stieß die Gründung des Landes 1946 keineswegs nur auf Begeisterung. Am 1. November 1946 wurde das Land Niedersachsen offiziell gegründet, indem die britische Militärregierung die Zusammenfassung der Länder Hannover, Oldenburg, Braunschweig und Schaumburg-Lippe zu einem neuen Land Niedersachsen anordnete. (Borchers u. a. 1986)

Anfänge des Landes Niedersachsen
An den Diskussionen um die staatliche Neugliederung der britischen Zone plädierten im Zonenbeirat die Ministerpräsidenten Tantzen (Oldenburg) und Kubel (Braunschweig) für den Fortbestand und die Vergrößerung ihrer Länder, Hinrich-Wilhelm Kopf dagegen für die Bildung eines Landes Niedersachsen, dem er auch Lippe und die Regionen um Minden und Bielefeld zuschlagen wollte. Er setzte sich mit seinem Vorschlag durch, wenn auch unter Verzicht auf die westfälischen Randzonen. Am 22. November 1946 begründete die Verordnung Nr. 55 der britischen Militärregierung rückwirkend zum 1. November das Land Niedersachsen und bestimmte Hannover zur Hauptstadt. Oldenburg und Braunschweig traten als Verwaltungsbezirke neben die hannoverschen Regierungsbezirke. An die Spitze des ersten niedersächsischen Kabinetts, in dem alle damals bestehenden Parteien vertreten waren, wurde Hinrich-Wilhelm Kopf berufen. Ein Landtag wurde ernannt und dann im April 1947 durch ein gewähltes Parlament ersetzt, das zu Ende seiner Legislaturperiode, im April 1951, die vorläufige Niedersächsische Verfassung verabschiedete. (Hauptmeyer 2009)

Schon diese gewährten den kulturellen Traditionen und historisch gewachsenen Einrichtungen der in Niedersachsen aufgegangenen Länder einen besonderen Schutz. Zwar hielten sich regionale Eigenständigkeitsbestrebungen vor allem im Oldenburgischen noch geraume Zeit, doch insgesamt wurde die größere staatliche Einheit von der Bevölkerung rasch akzeptiert.

In Artikel 72, Absatz 1 der Niedersächsischen Verfassung, steht unter »Besondere Belange und überkommene Einrichtungen der ehemaligen Länder« geschrieben: »Die kulturellen und historischen Belange der ehemaligen Länder Hannover, Oldenburg, Braunschweig und Schaumburg-Lippe sind durch Gesetzgebung und Verwaltung zu wahren und zu fördern.« In Absatz 2 wird dann wie folgt konkretisiert: »Die überkommenen heimatgebundenen Einrichtungen dieser Länder sind weiterhin dem heimatlichen Interesse dienstbar zu machen und zu erhalten, soweit ihre Änderung oder Aufhebung nicht in Verfolgung organisatorischer Maßnahmen, die sich auf das gesamte Land Niedersachsen erstrecken, notwendig sind.« Gemäß dieser »Traditionsklausel« genießen unter anderem die Staatstheater Hannover, Braunschweig und Oldenburg und die sechs Landesmuseen, *Landesbibliothek Oldenburg*, *Staatsarchiv Wolfenbüttel*, die *Gottfried-Wilhelm-Leibniz-Bibliothek Hannover* und die *Herzog-August-Bibliothek Wolfenbüttel* gewissermaßen »Bestandsschutz«. Wenn wir also in Niedersachsen über Kultur und Kulturförderung sprechen, dann spielen genau diese genannten Faktoren eine bedeutende Rolle. (Die Verfassung des Landes Niedersachsen)

Johanna Wanka

Ein wichtiger kulturpolitischer Schritt – neben der »Bestandsschutzwahrung« – war es, der Vielfältigkeit des Landes Niedersachsen Rechnung zu tragen, indem 2005 die Entscheidung fiel, eine regionalisierte Kulturförderung über die 14 Landschaften und Landschaftsverbände zu installieren. Seitdem bekommen die Landschaften und Landschaftsverbände Mittel vom Land Niedersachsen, die diese gezielt und ohne Einfluss oder Beteiligung des Landes vor Ort zur Förderung von Kunst und Kultur einsetzen können. Ein bislang bundesweit einzigartiges Modell der Kulturförderung. Hier wird bewusst auf Partizipation und Teilhabe gesetzt, Verantwortung vom Land an die Landschaften gegeben und gleichzeitig ihre regionale und lokale Expertise für Kunst und Kultur gestärkt.

Grundprinzipien zu KEK Niedersachsen
Vielfalt und Teilhabe sind, unter Beachtung der besonderen historischen Situation Niedersachsens, auch die Basis für die Entstehung des *Kulturentwicklungskonzeptes* des Landes Niedersachsen, kurz: *KEK*.

Kulturpolitik kann und soll keine Kultur schaffen. Ihre Aufgabe ist vielmehr, die Rahmenbedingungen so zu gestalten, dass Entstehung und Entwicklung einer lebendigen – im Flächenland Niedersachsen auch auf die Potenziale der Regionen zugeschnittene – Kulturlandschaft nachhaltig ermöglicht wird.

Mit *KEK Niedersachsen* wird eine aktive und strategische Kulturpolitik initiiert. *KEK* verhilft, kulturpolitische Ziele zu formulieren, zu schärfen, abzustimmen, zu koordinieren und zu überprüfen. Zentrales Moment von *KEK* ist es, einen breiten und ergebnisoffenen Diskurs mit den Akteuren im Kultursektor zu führen, wie bereits im Schlussbericht der *Enquete-Kommission »Kultur in Deutschland«* gefordert. Damit sollen Entwicklungs- und Freiräume für Kunst und Kultur nachvollziehbar werden. Es geht um eine konzeptionelle Verständigung darüber, mit welchen Zielen Kulturpolitik beinhaltet werden soll und welche Strukturen dafür angemessen und finanzierbar sind. Nicht zuletzt geht es auch darum, einen Konsens für Schwerpunktsetzungen zu erarbeiten. Auf dieser Basis kann kulturpolitisches Handeln den aktuellen und zukünftigen finanziellen und gesellschaftlichen Herausforderungen sowie veränderten Rahmenbedingungen gerecht werden.

Das Programm zu *KEK Niedersachsen* ist anspruchsvoll, es weckt Hoffnungen und wird letztlich vielleicht nicht alle befriedigen. Wichtig aber ist uns, den Stellenwert von Kultur sichtbar zu machen: für die Kultur, für die Künstler, für die Kultureinrichtungen, für die Wirtschaft, für die Politik und besonders für die Bürgerinnen und Bürger Niedersachsens.

Unsere einzigartige Kulturlandschaft in Niedersachsen wird nur dann entwicklungsfähig bleiben, wenn wir immer wieder eine öffentliche Verständigung über den wahren Wert der Kultur erreichen. Kultur hatte und hat eine große sinn- und identitätsstiftende Funktion. Deshalb sind Investitionen in diesem Bereich wichtig für die Entwicklung und den Zusammenhalt unserer Gesellschaft. Sie sind keine Subventionen, die beliebig zurückgefahren werden können.

Wir stehen ständig vor den Fragen, inwieweit die öffentlichen Haushalte leistungsstark genug sind, um die Daseinsvorsorge der Kultur zu erbringen und in welchem Maße bürgerschaftliche Unterstützung oder eigenwirtschaftliches Handeln des Kulturbereichs notwendig sind, um die Strukturen zukunftsfähig zu gestalten. Aufwendungen und Ergebnisse kulturellen Schaffens in ein optimales Verhältnis zueinander bringen, ist daher auch Aufgabe von Kulturpolitik. Die landesseitigen Ausgaben für Kultur sind seit 2007 deutlich gestiegen. Allein in diesem Jahr stehen über elf Millionen Euro für Kunst und Kultur zusätzlich bereit, was einer Steigerung der Landesausgaben von rund sechs Prozent entspricht. Erstmals in der Geschichte des Landes weist Niedersachsen in 2012 einen Kulturetat von rund 200 Millionen Euro aus. Kaum ein anderes Bundesland bringt ein so hohes finanzielles Engagement für seine Theater auf wie Niedersachsen. Gemessen an den Zuschüssen der Länder für die Staatstheater, Stadttheater und Landesbühnen in der Spielzeit 2008/2009 belegt Niedersachsen hinter Berlin und Bayern Rang drei im Ländervergleich. Niedersachsen startete zudem in diesem Jahr ein neues Investitionsprogramm für kleinere ehren- und hauptamtlich geführte Museen, für das bis 2013 zwei Millionen Euro bereitgestellt werden und ein neues Investitionsprogramm für soziokulturelle Einrichtungen.

Unabhängig aller finanzieller Vorgaben benötigt unser Land eine kompetente Kulturpolitik, die motiviert und eine Balance findet zwischen kultureller Identität und Neugierde auf Anderes, die Individualismus und Kosmopolitismus zugleich ermöglicht. Die Konsolidierung öffentlicher Haushalte kann nicht über die Kultur-Etats erfolgen: Dafür ist ihr Anteil viel zu klein und ihre gesamtgesellschaftliche Bedeutung viel zu groß. Gemeinsame Aufgabe der Kulturpolitiker und Kulturverantwortlichen ist es, unsere kulturelle Infrastruktur zu erhalten und weiter zu entwickeln. Hierfür soll *KEK Niedersachsen* ein neues Instrument der Diskussion, der Partizipation und der Verständigung sein und erfüllt die Voraussetzungen eines umsetzbaren, kooperativen Kulturföderalismus.

Literatur

Albers, Petra (2006): »Die Niedersachsen suchen ihre Identität. Auch 60 Jahre nach der Landesgründung denken die Einwohner regional – Es fehlt ein gemeinsames Symbol«, in: *Die Welt* v. 5.9.2006, siehe unter: www.welt.de/print-welt/article150254/Die-Niedersachsen-suchen-ihre-Identitaet.html (letzter Zugriff: 8.10.2012)

Borchers/Marienfeld/Piller/Schaap/Willenborg (1986): *Gründung des Landes Niedersachsen – Darstellung und Quellen*, Hannover: Niedersächsische Landeszentrale für politische Bildung

Die Verfassung des Landes Niedersachsen, siehe unter: www.niedersachsen.de

Hauptmeyer, Carl-Hans (2009): *Geschichte Niedersachsens*, München: C. H. Beck

Lammert, Norbert (2004): *Alles nur Theater? Beiträge zur Debatte über Kulturstaat und Bürgergesellschaft*, Köln: DuMont

Nohlen, Grotz (2011): *Kleines Lexikon Politik*, Bonn: bpb (Schriftenreihe bpb, Band 1145)

Tobias J. Knoblich

Der Artikel 35 des Einigungsvertrages und seine kulturpolitisch-konzeptionellen Folgen für die gesamte Bundesrepublik

Über zwanzig Jahre nach der deutschen Wiedervereinigung läuft man Gefahr, bei der argumentativen Befassung mit dem Einigungsvertrag (EV) vom 31. August 1990 hier und da nur noch ein müdes Lächeln zu provozieren. Wer solle im Zweifel klagen, wenn einer der beiden Vertragspartner nicht mehr existiert? Welchen Missstand wollte man aus der Nichterfüllung bestimmter Regelungen ableiten, wenn die Bedingungen im gesamten Land inzwischen ganz andere und Schieflagen längst nicht mehr nur im Beitrittsgebiet zu beklagen sind?

Dennoch behaupte ich, dass der Einigungsvertrag – zumindest Artikel 35, der als so genannter Kulturartikel gilt und von mir näher betrachtet werden soll – mehr ist als eine transitorische Norm. Er hat Kulturpolitik in Deutschland gestärkt, vor allem aber konzeptionelles Arbeiten auf Länderebene stimuliert, nicht nur im Beitrittsgebiet. In diesem Beitrag möchte ich dies über eine interpretative Annäherung an dieses spezielle deutsch-deutsche Rechtsdokument und eine Analyse seines verfassungsrechtlichen und kulturpolitischen Wirkens belegen. Klar ist dabei von Anfang an, dass es nicht nur um das Rechtsdokument und seine legislative Relevanz gehen kann, sondern vielmehr um den mit ihm verbundenen oder gar forcierten politischen Prozess im gesamten Bundesstaat. Zugespitzt formuliert: Die kulturpolitisch-konzeptionellen Folgen, die man letztlich auf den Einigungsvertrag zurückführen kann, sind durchaus stärker als sein Nimbus. Dies zeigt sich schon darin, dass die Literatur, die sich unmittelbar mit ihm befasst, ausgesprochen überschaubar ist. Es ist kein Feuerwerk, das der Kulturartikel entfachte, eher eine stetige Transformation.

Was beinhaltet der Artikel 35?

Artikel 35 EV gliedert sich in sieben Absätze. Der erste trifft die weitreichende, aber letztlich deklaratorische Aussage, Kunst und Kultur seien in den Jahren der Teilung trotz unterschiedlicher Entwicklungen in den Teilstaaten eine Grundlage für die Einheit der Nation gewesen. Auch wird ihnen für die Herstellung sowohl der staatlichen als auch der europäischen Einigung eine eigenständige Funktion zugewiesen. Diese Setzung gewinnt erst Gewicht, wenn man mitdenkt, dass sich die DDR von einem »ethnisch-kulturell geprägten Begriff der Nation« zu verabschieden und die DDR-Nation »rein soziologisch-politisch« zu definieren strebte, um sich von der deutschen Kulturnation abzuheben (Wolle 2009: 47). Die »einigende Klammer« der Kultur ist insofern ein deutlicher Bruch mit der verquasten Abgrenzungsideologie, die einen kleinen Teilstaat ganzheitlich bestimmen wollte.

Ferner wird im ersten Absatz das Ansehen Deutschlands in der Welt von seiner Bedeutung als Kulturstaat abhängig gemacht und diese Dimension neben die wirtschaftliche gestellt. Damit ist das, was der gesamte »Zwischenbericht zur Enquete-Kommission ›Kultur in Deutschland‹« (Deutscher Bundestag 2005) für die Änderung des Grundgesetzes vorgeschlagen und abgewogen hatte und was letztlich scheiterte, eigentlich bereits verfassungsrechtlich erledigt. Das Kulturstaatsprinzip, wie es das Bundesverfassungsgericht nannte, wird durch diese Explikation herausgehoben und einmal ausgesprochen. Liest man Grundgesetz und Einigungsvertrag parallel und nimmt man beide als komplementäre Verfassungstexte, bleibt kulturpolitisch lediglich der Makel, dass der Kulturstaat erst durch die deutsche Einigung – und den formal rangniedrigeren Einigungsvertrag – auf den Begriff gebracht wurde. Interessanterweise geht die *Enquete-Kommission »Kultur in Deutschland«* darauf nicht näher ein, sondern reduziert sich neben der Darstellung wesentlicher Inhalte des Einigungsvertrags auf die für die kulturelle Staatszielbestimmung nicht eingelöste Empfehlung in Artikel 5, sich mit Fragen der Änderung oder Ergänzung des Grundgesetzes zu befassen (Deutscher Bundestag 2008: 93). Oliver Scheytt hebt die Konsequenz der Kulturstaatsklausel in Artikel 35 hier deutlicher hervor, indem er seine Feststellung unterstreichend zumindest die Bemerkung anschließt: »Der Einigungsvertrag hat verfassungsrechtlichen Charakter, ist daher höchstrangiges Recht.« (Scheytt 2005: 25; vgl. zur Bezeichnung von Art. 35 Abs. 1 als Kulturstaatsklausel auch Häberle 1998: 790)

Der zweite Absatz ist der bekannteste und vielleicht auch schwierigste: Die kulturelle Substanz im Beitrittsgebiet dürfe keinen Schaden nehmen. Absatz drei sichert die Erfüllung kultureller Aufgaben einschließlich ihrer Finanzierung und verweist auf die zuständigen föderalen Strukturen. Dies erschließt sich nur mit dem Wissen, dass kurz vor Abschluss des Einigungsvertrages die so genannten Neuen Bundesländer zwar gegründet worden waren, aber noch nicht über Volksvertretungen und Verfassungen verfügten[1] und folglich das Zusammenspiel von

---

1 Beigetreten waren folglich nicht die Länder, sondern mit dem Beschluss der Volkskammer vom 23. August 1990 war der Beitritt des (anerkannten) ostdeutschen Teilstaates faktisch bereits erklärt.

Ländern und Kommunen noch nicht in Gang gekommen war. Absatz vier regelt, in wessen Trägerschaft die in der DDR zentral geleiteten kulturellen Einrichtungen übergehen sollten und schließt eine Mitfinanzierung des Bundes in Ausnahmefällen nicht aus. In Absatz fünf wird die Zusammenführung der durch die Teilung Deutschlands getrennten ehemals preußischen Einrichtungen in Berlin bestimmt, in Absatz sechs die Perspektive des Kulturfonds – später bis zu seiner Auflösung Stiftung Kulturfonds – umrissen und ebenfalls eine Mitfinanzierung des Bundes nicht ausgeschlossen. Absatz sieben schließlich fixiert die Grundlagen für die Übergangsfinanzierung, die der Bund leisten kann und soll, um kulturelle Infrastrukturen und Maßnahmen im Sinne des Ausgleichs von Teilungsauswirkungen im Beitrittsgebiet zu unterstützen.

Der Artikel 35 des Einigungsvertrages und seine kulturpolitisch-konzeptionellen Folgen

Weniger bekannt ist eine Protokollnotiz zu Artikel 35, die den Umgang mit der ethnischen Minderheit der Sorben regelt, die in Brandenburg und Sachsen siedelt. Diese bleibt – wie der gesamte Einigungsvertrag gemäß Art. 45 Abs. 2 – nach Wirksamwerden des Beitritts geltendes Bundesrecht. Man kann sich also noch heute darauf berufen, unabhängig von der speziellen Wirksamkeit im Übergang. Dies passiert freilich auch, und zwar zum einen relativ häufig und als Verzweiflungsgeste, indem kulturelle Strukturpolitik kritisiert wird und angedachte Veränderungen explizit als Verstoß gegen den postulierten Substanzerhalt aufgefasst werden. Jüngstes Beispiel dafür ist eine Volksinitiative für den Erhalt der Orchester- und Theaterlandschaft in Mecklenburg-Vorpommern, wo inzwischen eine Halbierung dieser Institutionen stattgefunden hat (vgl. *Ostsee-Zeitung* 16.5.2012). Zum anderen – dies eher selten – als juristische Aufarbeitung von Problemen, die sich aus Folgen der DDR-Kulturpolitik ergeben, etwa im Umgang mit Museumsbeständen, die in der DDR als Volkseigentum großzügig die Häuser wechseln konnten (Deusing/Gnad 2005). Aufsehenerregende Prozesse haben sich daraus bisher nicht ergeben.

Inhaltlich scheint der Kulturartikel jedoch erst einmal nicht sonderlich spannend, sondern eher feierlich-pragmatisch und aus heutiger Perspektive naheliegend. Wie grundlegend er jedoch das Miteinander zwischen Ost und West in der Folge beeinflusste, illustriert der rückblickende Blick auf die Reflexionen zweier wichtiger Beteiligter.

Kulturpolitische Stimmen der Verhandlungspartner

Für die DDR war Herbert Schirmer an der Ausarbeitung beteiligt. Der letzte Kulturminister dieses Vertragspartners hat sich über die Probleme aus Sicht der ostdeutschen Politiker geäußert und präzise Einblicke in Interessenlagen, Verhandlungen unter Zeitdruck und Kompromisse gegeben, aber auch Desiderate aufgezeigt, deren Umsetzung die Fokussierung auf die »einigende Klammer« der vermeintlich ungeteilten Kulturnation vereitelte. Symptomatisch ist Schirmers Feststellung, »dass die Politik zu sehr auf eine noch zu definierende Einheit fixiert war, die sie in gemeinsamen kulturgeschichtlichen Wurzeln wähnte, als dass in vierzig Jahren gewachsene Unterschiede Berücksichtigung gefunden hätten. Diese Auslassung sollte später dramatische Folgen zeigen, als statt der Kunstwerke, die in der DDR entstanden waren, ihre Produzenten als politisch korrumpiert auf den Prüfstand gezerrt wurden und die Vorverurteilung ausschließlich an den biografischen Verfehlungen festgemacht wurde.« (Schirmer 2002: 39) Ein Beispiel dafür ist die »Skandalausstellung« zum Kulturhauptstadtjahr 1999 in Weimar »Aufstieg und Fall der Moderne«, bei der die Werke aus der Zeit zwischen 1933 und 1945 und die Kunstwerke aus der DDR in geradezu wilder »Petersburger Hängung« in der so genannten »Halle des Volkes« im ehemaligen Gauforum präsentiert worden waren (Bothe/Föhl 1999). Es ließen sich aber auch Beispiele aus der Literatur und weiteren Genres aufzählen, die die Diskrepanz zwischen Einigungsrhetorik, behaupteter gemeinsamer kultureller Identität und tatsächlicher Aneignung von Kunst und Kultur aus der DDR belegen können.

Für die alte Bundesrepublik sind die Texte Waldemar Ritters von großem Wert, der zum Zeitpunkt der Wiedervereinigung ins Bundesministerium des Innern gewechselt war und dort die Leitung der kulturpolitischen Aufgaben zur Förderung der deutschen Einheit übernommen hatte. Vorher wirkte er als Kenner der Kultur in der DDR seit 1967 im Bundesministerium für innerdeutsche Beziehungen. Er war ebenfalls unmittelbar in die Verhandlungen des Einigungsvertrages eingebunden und hatte maßgeblichen Anteil etwa an der Ausgestaltung der Übergangsfinanzierung Kultur des Bundes. In seinen Texten finden wir schon einen wesentlichen Hinweis auf die weit über die staatliche Einigung hinausgehende Bedeutung von Artikel 35: »Dieser Artikel 35 des Einigungsvertrages«, sagte er etwa in einem Vortrag der Alten Handelsbörse in Leipzig am 11. Juni 1993, »ist nicht nur die Magna Charta für die Herstellung der kulturellen Einheit Deutschlands. Er ist auch ein Aufruf zur gemeinsamen Wahrnehmung der zukünftigen kulturellen Verpflichtung durch die Länder und Gemeinden sowie den Bund.« (Ritter 2000: 46) Es schimmert hier bereits ein wachsendes Bewusstsein für ein Mehr an Kulturpolitik auf allen Ebenen des föderativen Systems zwischen den Zeilen hindurch, das durch die perennierende Rede über die Kulturnation und den Kulturstaat, wie er erstmals in einem Verfassungsdokument der Bundesrepublik explizit benannt wird, verstärkt wird. Ritters Texte leben aus der Spannung zwischen motivierender Rhetorik für die Kulturpolitik im Ganzen, Aufbaupathos speziell für die Situation in den Neuen Bundesländern und ordnungspolitischen Bemühungen, die nicht nur Zuständigkeiten im Osten klären, sondern Kulturpolitik auf allen Ebenen neu sortieren und letztlich stärken helfen sollten. Man könnte dies durchaus ein zweites »kulturpolitisches Erwachen« Deutschlands nennen; das erste erlebte die alte Bundesrepublik bekanntlich mit den späten 1960er Jahren beginnend (Trommler 1983: 382), als progressive Kulturpolitiker und Macher aus dem Schatten der restaurativen Adenauerära heraustraten und ihre Wirkungs- und Geltungsansprüche erheblich erweiterten. Es war mit den politisch-kulturellen Protestbewegungen und einem Wandel des politischen Klimas insgesamt einhergegangen, in seinem Ergebnis hatte sich eine »Neue Kulturpolitik« (Schwencke u. a. 1974) profiliert.

Einigungsvertrag – Symbol oder Handlungsgrundlage?

Zunächst sei noch einmal die Frage gestellt, die eine vertiefende Bedeutungssuche als eher unergiebig nahelegt: Ist der Einigungsvertrag – bei aller Verfassungswürde – dennoch letztlich nicht mehr, aber auch nicht weniger als ein zeitgeschichtliches Dokument, ein Bekenntnis zu staatlicher Einheit und ein Vehikel des Übergangs, das heute juristisch und politisch eher erschöpft ist? Dass der Einigungsvertrag sogar und in gewissem Widerspruch zum Grundgesetz der damaligen (und leider auch der heutigen) Bundesrepublik über einen »Kulturartikel« verfügt, bestärkt vielleicht sogar das resignierte Abwinken. Kann nicht gerade dies Hinweis auf den eher symbolischen Charakter sein, die Geste, die dieser Vertrag zweifelsohne auch war? Schließlich vollzog sich die Wiedervereinigung innerhalb größerer Koordinaten: »Es ist kein Zufall, dass die staatsrechtliche Vollendung der Anerkennung der Ost- durch die Westrepublik (sie vollzog sich innerhalb der 2+4-Konstellation des Friedensvertrags vom September 1990) mit dem Ende des einen der beiden vertragsschließenden Staaten beinahe zusammenfiel.« (Dieckmann 2003: 148) Schon kurz vorher war es zur Währungs-, Wirtschafts- und Sozialunion gekommen. Von gleichberechtigten Vertragspartnern konnte die Rede nie sein; die DDR sank sukzessive in die Wiedervereinigung hinein, zum Ende hin extrem beschleunigt. Genau dieses Niedersinken, das friedliche Sich-Ergeben evozierte die euphorischen Bilder, die heute im kollektiven Gedächtnis fortleben und manchmal über die Mühen der Ebene helfen. Der Eiserne Vorhang zwischen Ost und West war gefallen; die DDR existierte zwar an der Nahtstelle der Systeme und galt als besonderer Schauplatz einer geteilten Kulturnation, aber am Ende vollzog sich in ihr das Schicksal des gesamten Ostblocks. Das freilich relativiert schon geopolitisch den Einigungsvertrag, erst recht die Optionen, die sich kulturpolitisch unmittelbar aus ihm ergeben. Was konnte überhaupt der kulturpolitische Mehrwert sein?

Ob man nun eine fundierte kulturverfassungsrechtliche Auseinandersetzung mit dem Einigungsvertrag – die es meines Wissens nicht wirklich gegeben hat – vermisst oder ob man froh ist, dass der kulturpolitische Rückgriff auf dieses Dokument nur sehr selektiv und bezogen auf die speziellen Regelungen erfolgte, seine diskursive Kraft im veränderten Bundesstaat ist nicht zu unterschätzen. Die scheinbare Irrelevanz täuscht. Der Artikel 35 EV prägt uns sehr leise und indirekt. Insofern kann er vielleicht als typisch für den legislativ nur schwach reglementierten Kulturbereich gelten. Die deutsche Einigung setzte einen grundlegenden Wandel im politischen Selbstverständnis in Gang; der Einigungsvertrag wiederum zeigte insbesondere mit der Rede vom Kulturstaat Deutschland die neue Souveränität und den damit verbundenen Gestaltungsanspruch des Nationalstaates auf (Endreß 2005: 120ff.). Mit Artikel 35 erweiterten sich die staatlichen Aufgaben insbesondere des Bundes dauerhaft, so dass Kulturpolitik überhaupt erst aus dem zersplitterten Schattendasein auf Bundesebene heraustreten konnte. Verbunden war und ist das mit einem erheblich erhöhten Bundeskulturetat, einem wieder eingesetzten *Bundestagsausschuss für Kultur* und einer entfalteten Bundes-Kulturstadt

Der Artikel 35 des Einigungsvertrages und seine kulturpolitisch-konzeptionellen Folgen

Berlin. Dies hatte auch Auswirkungen auf die Kulturpolitik der Länder und der Kommunen, wobei dies freilich direkter im Osten, vermittelter und zeitversetzter im Westen sichtbar wurde.

Kräftigung des Verfassungsstaates von der Kultur her

Peter Häberle geht in seiner Interpretation so weit, dass Artikel 35 »eine Kräftigung des Verständnisses des Bundesstaates, ja des Verfassungsstaates« zu danken sei (Häberle 1998: 792). Der Einigungsvertrag habe das Feld der Kultur, dessen Bearbeitung primär den Ländern zustehe, umfassend in den Blick genommen und kulturstaatliche Regelungen von der Bundesebene her erwirkt, die in dieser Dichte neu waren. Und in der Tat hat die Übergangsfinanzierung Kultur des Bundes nicht nur geholfen, die ostdeutschen Bundesländer in der Etablierung ihrer Trägerschaften, der Förderung und des Umbaus von kulturellen Infrastrukturen zu unterstützen, sondern diese Aufgaben haben auch zu einem neuen Rollenverständnis des Bundes bis schließlich hin zur Gründung der Behörde des *Beauftragten der Bundesregierung für Kultur und Medien* oder der Gründung einer *Kulturstiftung des Bundes* geführt, die bisher am insuffizienten Gesamtstaatsverständnis gescheitert war. Ich denke, dass ohne das starke Bekenntnis des Einigungsvertrages zu unterschiedlichen Formen der Mitfinanzierungsoption des Bundes die Bundesrepublik nicht so schnell Wege aus tradierten kulturpolitischen Vorbehalten beschritten hätte. Und das, obwohl sie sich jenseits der DDR vor 1990 bereits vollständig wähnte. Wolfgang Thierse hat daher für eine »Erinnerungsgemeinschaft« plädiert, für die die Rolle der Kultur ein wichtiges Movens sein kann, das bis in die jüngsten geschichtspolitischen Entscheidungen des Bundes wirkt und zeigt, welche Kraft von der kulturellen Einigung und ihren Präferenzen ausgeht. (Thierse 2010: 19 ff.)

Ein konkretes Ergebnis auf Bundesebene ist auch der Blaubuchprozess, der die kulturellen Leuchttürme Ostdeutschlands herausgearbeitet und ihren Erhalt sowie ihre Weiterentwicklung als (mindestens) national bedeutsame Kultureinrichtungen unterstützt hat. Dies korrespondiert freilich mit konkreten dauerhaften Förderleistungen des Bundes, die auf dieser Grundlage erstmals systematisiert worden sind. Das heißt, das Bund-Länder-Verhältnis erlangte durch dieses Einigungsergebnis neue Konturen. Daraus ergab sich – leider noch immer im Stadium dezidierter Empfehlung – die Option der Erweiterung um ein Blaubuch Nordwestdeutschland, Westdeutschland, Süddeutschland und Berlin (Raabe 2006: 13; Deutscher Bundestag 2008: 269). Welche Potenzen im Blaubuchprozess stecken (für Deutschland und Europa) und warum die neuen Länder eine Vorreiterrolle spielen, zeigt Manfred Ackermann, auf den ich hier nur verweisen kann (2006: 28 ff.).

Häberle hat den Einigungsvertrag für einen »Wachstumsschub« des Föderalismus verantwortlich gemacht, dessen heutige Phase er als fiduziarische bezeichnet. Diese ist durch zwei Merkmale gekennzeichnet: erstens durch die zeitlich befristete Übernahme des Bundes von (ihm nicht zustehenden) Aufgaben in den ostdeutschen Ländern, zweitens einer Differenz zwischen zwei Bundesstaatshälften (Ost und West), die wirtschaftlich, mental und kulturell gegeben ist. Der fiduziarische Föderalismus bezeichnet Formen der treuhänderischen Wahrnehmung von Aufgaben durch den Bund, aber auch die »alten« Länder (Häberle 1998: 796). Da der in Art. 35 Abs. 3 geforderte Substanzerhalt »keinem zeitlichen oder sonstigen Vorbehalt« (ebd.: 795) unterliegt, ist also das Verhältnis zwischen Bund und Ländern grundlegend herausgefordert und übersteigt die Formen des bisherigen kooperativen Föderalismus. Besonders charmant an Häberles Gedanken ist die Verbindung von Verfassungslehre und kulturwissenschaftlichem Ansatz, die ihm erlaubt, die Rolle der Kultur im Föderalismus stärker zu gewichten und damit Bundesstaatlichkeit und kulturelle Freiheit eng zu verknüpfen. Daraus ergibt sich sowohl für den Bund als auch für die alten Länder eine »gesamthänderische Mitverantwortung für die Kultur in den neuen Ländern« (ebd.: 796) und freilich auch ein vertieftes Kulturpolitikverständnis für den Bundesstaat im Ganzen. Dies wirkt sich am Ende auch auf alle Länder aus und hebt das konzeptionell-strategische Entwicklungsniveau im föderalen Konzert.

Der Artikel 35 des Einigungsvertrages und seine kulturpolitisch-konzeptionellen Folgen

Im Grunde ähnelte die Situation anfangs jener der Weimarer Republik, als insbesondere der *Deutsche Werkbund* seinen kulturpolitischen Einfluss auf Reichsebene stärken wollte und die Installierung eines »Reichskunstwarts« vorantrieb. Vorbehalte hatten vor allem die Länder, die einen Kulturzentralismus fürchteten; am Ende wirkte die neue Institution mit ihrem ersten und einzigen Vertreter Edwin Redslob durchaus erfolgreich, vor allem bei der symbolischen Ausstattung der jungen Republik und der Beförderung der Moderne. (Vgl. Redslob 1972: 165 ff.; Welzbacher 2009: 111 ff.) Als kleine Organisation im Reichsinnenministerium, aber mit umfassender Querschnittswirkung, kann der »Reichskunstwart« in gewisser Weise als demokratische Vorform mit spezifischer Ausrichtung des heutigen *Beauftragten der Bundesregierung für Kultur und Medien* bezeichnet werden.

Christian Welzbacher kommt in der Analyse der Wirkens des »Reichskunstwarts« zu der Einschätzung, dass »aktuelle Kulturpolitik auf Landes- und Bundesebene sich generell deutlich weniger als Verwaltungs- und Förderstelle von Projekten versierter Antragssteller, denn als kreativ-konzeptioneller Mitgestalter, ja sogar Impulsgeber begreifen müsse.« (Welzbacher 2010: 46) Insofern geht von einer Stärkung der Republik beziehungsweise des Bundesstaates auch ein konzeptioneller Impuls aus, der alle Ebenen erreichen sollte. Der Blick auf die Weimarer Republik unterstreicht bei aller Differenz die Wirkung der deutschen Einigung 1990.

Auswirkungen für die Länder

Artikel 35 hat natürlich vor allem die Kulturpolitik der neuen Bundesländer geprägt und dort zunächst »in Gestalt von differenziertem, experimentierfreudigem neuen Kulturverfassungsrecht« (Häberle 1998: 790) Wirkung gezeigt. Es liegt daher im Trend und ist gewiss auch Resultat der neu entfachten Staatszieldebatte, dass etwa das Land Baden-Württemberg im Jahr 2000 Kulturförderung als Staatsziel in seine Verfassung aufgenommen hat und sich von den Verfassungen in Ostdeutschland inspirieren ließ.

Insbesondere nach Auslaufen der Übergangsfinanzierung Kultur des Bundes und parallel zur Entstehung leistungsfähiger Kulturverwaltungen ab etwa 1993 setzten die neuen Länder dann eigene Akzente, um Substanz zu erhalten, aber auch neue Wege auf der Grundlage nachhaltig tragfähiger Kulturstrukturen zu gehen. (Knoblich 2006: 373 ff.; Wanka 2004: 209 ff.) Bei allen ist mehr oder weniger deutlich zu spüren, dass Länderkulturpolitik intensiver wahrgenommen wurde als es bisher in den alten Ländern der Fall gewesen war, was freilich wesentlich auch mit der Finanzschwäche der ostdeutschen Kommunen und einer gewissen Alternativlosigkeit zu tun hatte. Das am weitesten reichende Modell mit inzwischen dauerhaftem Charakter ist nach wie vor das Gesetz über die Kulturräume in Sachsen, das zur flächendeckenden Gründung von Zweckverbänden und zu einer Lastenteilung zwischen Land und kommunalen Gebietskörperschaften führte. (Knoblich 2011: 78 ff.) Es ist sicher nicht von der Hand zu weisen, dass die jüngste Verdopplung des Landeskuluretats in Nordrhein-Westfalen und die dort bereits fortgeschrittene Suche nach einem Kulturfördergesetz mit der gestiegenen Bedeutung von Landeskulturpolitik korrespondiert, die mit dem Einigungsvertrag ihren Anfang nahm, den Bund stärkte und auch neue strategische und Förderpartnerschaften nach sich zog. Die Kultur-Enquete des Bundestages hatte dies erkannt und vielfältige Empfehlungen zu diesem Problemkreis ausgesprochen, was hier mit dem exemplarischen Hinweis auf die Empfehlung, Landeskulturentwicklungskonzepte zu erarbeiten, aufgezeigt sein soll (Deutscher Bundestag 2008: 147). Bis auf Baden-Württemberg sind die ostdeutschen Länder viel stärker und systematischer tätig geworden und verfügen auch heute noch über die höchsten Pro-Kopf-Ausgaben im Kulturbereich. Ferner sind sie durch innovative Kulturgesetze hervorgetreten, ob grundlegend wie Sachsen mit dem Kulturraumgesetz oder speziell wie Brandenburg und Sachsen-Anhalt mit Musikschulgesetzen. Dies strahlt bereits jetzt auf alle Länder aus.

Mit den Positionierungen in Artikel 35 EV ist schließlich eine grundlegende Aufwertung von Kunst und Kultur für die Gesellschaft verbunden, ein Zusammenhang, den Klaus Winterfeld in seiner Analyse von Entwicklungen auf kommunaler und regionaler Ebene feststellt (2010: 204 ff.). Man kann also davon ausgehen, dass die Länder gleichermaßen gefordert wie auch Vorbilder sowie Partner für kommunales Engagement sind. Da in den alten Bundesländern die kommunale Kulturpolitik ohnehin stärker ausgebildet war, können die Kommunen durch eine neue Gravitation auf Länder- und Bundesebene nur gewinnen. Dies bestätigt eine dem Einigungsvertrag innewohnende Tendenz, die Rolle der Kultur im vereinigten Deutschland neu zu gewichten (Davydchyk 2012: 166 ff.), von den sich zuspitzenden haushaltspolitischen Friktionen einmal abgesehen. Dieser Prozess ist nicht abgeschlossen; es können dies folglich nur Schlaglichter auf eine Entwicklung sein, die kulturpolitische Systematik und Wirkung hoffentlich noch weiter voranbringen wird.

Literatur

Ackermann, Manfred (2006): »Bund und Kultur. Kulturpolitik in Deutschland, im Deutschland der 16 Länder«, in: Raabe, Paul: *Blaubuch. Kulturelle Leuchttürme in Brandenburg, Mecklenburg-Vorpommern, Sachsen, Sachsen-Anhalt und Thüringen*, Berlin: Edition Leipzig

Bothe, Rolf/Föhl, Thomas (Hrsg.) (1999): *Aufstieg und Fall der Moderne*, Ostfildern: Hatje Cantz

Davydchyk, Maria (2012): *Transformation der Kulturpolitik. Kulturpolitische Veränderungen nach dem Zusammenbruch des sozialistischen Systems in Mittel- und Osteuropa*, Wiesbaden: VS

Deusing, Kai-Uwe/Gnad, Marcus (2005): »Können neuen Museen die im Zuge der Profilierung in der DDR verlorenen Exponate zurückerhalten?«, in: *Neue Justiz*, Heft 1/2005

Deutscher Bundestag (2005): *Zwischenbericht der Enquete-Kommission »Kultur in Deutschland«. Kultur als Staatsziel*, Berlin: BT-Drucksache 15/5560 (1.5.2005)

Deutscher Bundestag (2008): *Kultur in Deutschland. Schlussbericht der Enquete-Kommission des Deutschen Bundestages*, Regensburg: ConBrio

Dieckmann, Friedrich (2003): *Was ist deutsch? Eine Nationalerkundung*, Frankfurt am Main: Suhrkamp

Endreß, Alexander (2005): *Die Kulturpolitik des Bundes. Strukturelle und inhaltliche Orientierung zur Jahrtausendwende?*, Berlin: Duncker & Humblot

Häberle, Peter (1998): *Verfassungslehre als Kulturwissenschaft*, Berlin: Duncker & Humblot (2. Aufl.)

Knoblich, Tobias J. (2006): »Neue Kulturpolitik in den Neuen Bundesländern«, in: Institut für Kulturpolitik der Kulturpolitischen Gesellschaft (Hrsg.): *Jahrbuch für Kulturpolitik 2006. Thema: Diskurs Kulturpolitik*, Bonn/Essen: Institut für Kulturpolitik der Kulturpolitischen Gesellschaft e. V./Klartext Verlag

Knoblich, Tobias J. (2011): »Regionale Kulturpolitik am Beispiel des Freistaates Sachsen. Das Gesetz über die Kulturräume in Sachsen«, in: Morr, Markus (Hrsg.): *Kultur und Politik. Aspekte kulturwissenschaftlicher und kulturpolitischer Spannungsfelder*, Marburg: Jonas (Hessische Blätter für Volks- und Kulturforschung, Bd. 47)

Ostsee-Zeitung (2012): »Volksinitiative: Theaterpolitik in MV verletzt Einigungsvertrag«, 16.5.2012, Rostock, siehe unter: www.ostsee-zeitung.de (letzter Zugriff: 29.8.2012)

Raabe, Paul (2006): *Blaubuch. Kulturelle Leuchttürme in Brandenburg, Mecklenburg-Vorpommern, Sachsen, Sachsen-Anhalt und Thüringen*, Berlin: Edition Leipzig

Redslob, Edwin (1972): *Von Weimar nach Europa. Erlebtes und Durchdachtes*, Berlin: Haude&Spener

Ritter, Waldemar (2000): *Kultur und Kulturpolitik im vereinigten Deutschland*, Bonn/Berlin: Deutscher Kulturrat (Kulturpolitik – Dokumente, 1)

Scheytt, Oliver (2005): *Kommunales Kulturrecht. Kultureinrichtungen, Kulturförderung und Kulturveranstaltungen*, München: C. H. Beck

Schirmer, Herbert (2002): »Kulturpolitische Wege. Der Artikel 35 und die Folgen«, in: Hoffmann, Hilmar/Schneider Wolfgang (Hrsg.): *Kulturpolitik in der Berliner Republik*, Köln: DuMont

Schwencke, Olaf/Revermann, Klaus H./Spielhoff, Alfons (1974): *Plädoyers für eine neue Kulturpolitik*, München: Carl Hanser Verlag

Thierse, Wolfgang (2010): »Kultur als das Gemeinsame in den vierzig Jahren der Trennung und das Trennende in den zwanzig gemeinsamen Jahren?«, in: Drews, Albert (Hrsg.): *Zur Lage der Kulturnation. Wo sind kulturpolitischer Aufbruch und zivilgesellschaftlicher Gestaltungswille 20 Jahre nach der Wende? (55. Loccumer Kulturpolitisches Kolloquium)*, Rehburg-Loccum: Evangelische Akademie Loccum (Loccumer Protokolle, 05/10)

Trommler, Frank (1983): »Kulturpolitik der Bundesrepublik Deutschland«, in: Langenbucher, Wolfgang R./Rytlewski,Ralf/Weyergraf, Bernd (Hrsg.): *Kulturpolitisches Wörterbuch Bundesrepublik Deutschland/DDR im Vergleich*, Stuttgart: Metzler

Wanka, Johanna (2004): »Die Kultur und ihre Förderung in den neuen Ländern«, in: Lammert, Norbert (Hrsg.): *Alles nur Theater? Beiträge zur Debatte über Kulturstaat und Bürgergesellschaft*, Köln: DuMont

Weltzbacher, Christian (2009): *Erwin Redslob Biografie eines unverbesserlichen Idealisten*, Berlin: Matthes&Seitz

Weltzbacher, Christian (2010): *Der Reichskunstwart. Kulturpolitik und Staatsinszenierung in der Weimarer Republik 1918–1933*, Weimar: Weimarer Taschenbuchverlag

Winterfeld, Klaus (2010): »Eine Renaissance der Kultur im Osten Deutschlands«, in: Kulturstiftung des Bundes (Hrsg.): *Zeitspenden. Kulturelles Engagement in den neuen Bundesländern*, Halle: Mitteldeutscher Verlag

Wolle, Stefan (2009): *Die heile Welt der Diktatur. Alltag und Herrschaft in der DDR 1971–1989*, Berlin: Links

Der Artikel 35 des Einigungsvertrages und seine kulturpolitisch-konzeptionellen Folgen

Norbert Sievers, Kurt Eichler

Kulturpolitik als Strukturpolitik am Beispiel Nordrhein-Westfalen

Seit der Reformphase der 1970er Jahre ist in Deutschland eine Veränderung im Kulturpolitikverständnis festzustellen: von einer traditionellen, staatsmäzenatisch orientierten Kulturpolitik alter Prägung hin zu einer konzeptbasierten Kulturpolitik neuen Stils. Dabei handelt es sich jedoch nicht um einen radikalen Wechsel der Programme und Instrumente, sondern eher um ergänzende Optionen. Am Beispiel des Landes Nordrhein-Westfalen soll diese Entwicklung dargestellt werden.

Nach herkömmlichem Verständnis beinhaltet öffentliche Kulturpolitik die Pflege des kulturellen Erbes, die Förderung der Künste und die Kulturvermittlung.[1] Hierfür unterhält und finanziert der Staat ein entwickeltes System an Kultureinrichtungen, Angeboten der Aus- und Fortbildung sowie verschiedensten Kulturförderprogrammen nach Maßgabe der föderalen Kompetenzverteilung und der kommunalen »Allzuständigkeit«. Länder und Kommunen haben in vielen Fällen die Verantwortung und die Finanzierung für Kultureinrichtungen – vor allem Theater, Opernhäuser und Museen – übernommen, die aus vordemokratischer Zeit stammen oder sich bürgerschaftlicher Initiative verdanken (Wagner 2009: 317–367). Aus dieser Kontinuität erklärt sich auch das kulturpolitische Verständnis mäzenatischen Engagements (Steinert 1998: 9; Heinemann 2007: 173, 176).[2]

Die historisch gewachsene Rolle der Länder und Kommunen bei der Kulturförderung hat im Wesentlichen dazu beigetragen, dass die heute vorfindbare kulturelle Infrastruktur weniger durch planendes Handeln geprägt ist, sondern eher inkrementalistisch und durch konsensuale lokale Bedingungen, historisch-politi-

---

[1] Selbstverständlich erschöpft sich Kulturpolitik nicht in Kulturförderung, sondern beinhaltet auch die Gestaltung ordnungspolitischer Rahmenbedingungen (z. B. Steuerrecht, Künstlersozialversicherung, Zuwendungsrecht, Urheberrecht etc.). Dieser Aspekt bleibt hier ausgeblendet.
[2] Gemeint ist damit eine Kulturförderung, die aus »Leidenschaft« und »Liebe zur Kunst« betrieben wird; dem entsprechen sowohl ein bestimmter Typus des Kulturförderers als auch typische Legitimationsmuster und Verfahren.

sche Gemengelagen und nicht zuletzt individuelle Präferenzen bestimmt wird. Auch die Errungenschaften der Neuen Kulturpolitik sind nicht frei von diesen Prägungen. Fokussiert auf die tradierte Legitimationswirkung des »Wahren, Guten und Schönen«, einen unhinterfragten »Rechtfertigungskonsens« (Schulze 1992/2000: 513ff.) und vertrauend darauf, dass immer mehr öffentliche Mittel zur Verfügung stehen würden, ist das Kulturangebot gewachsen und stößt jetzt vielerorts an die Grenzen seiner Finanzierbarkeit und Auslastung.[3]

Nicht nur deshalb wird immer offensichtlicher, dass sich eine zukunftsorientierte Kulturpolitik gesellschaftspolitisch neu positionieren muss, insofern sie die strukturellen Rahmenbedingungen der Kulturproduktion und -rezeption ebenso wie den gesellschaftlichen Strukturwandel – zum Beispiel die Einflussfaktoren und die demografischen Veränderung kultureller Interessen – berücksichtigen muss.

Am Beispiel der Kulturpolitikentwicklung des Landes Nordrhein-Westfalen kann gezeigt werden, wie strukturelle Rahmenbedingungen seit vier Jahrzehnten eine immer größere Rolle spielen und das Profil der Landeskulturpolitik verändert haben.

Entwicklungsphasen der Kulturpolitik in Nordrhein-Westfalen

Nordrhein-Westfalen hat im Unterschied zu anderen Bundesländern wie Bayern, Baden-Württemberg, Sachsen oder Thüringen aufgrund der späten Eigenstaatlichkeit und der unterschiedlichen Landesteile keine ausgeprägte Staats- oder Residenzkultur in der Nachfolge von Königs- und Fürstenhöfen, die landeshoheitlich zu pflegen und zu repräsentieren wäre (Steinert 1998: 9). Traditionell herrscht vielmehr ein subsidiär geprägtes Kulturpolitikverständnis vor, demnach die Kulturaufgaben primär bei den Kommunen angesiedelt sind. Diese Besonderheit spiegelt sich in den Schwerpunkten der Landeskulturpolitik wider. So gibt es nur wenige repräsentative Kultureinrichtungen, die sich in der Trägerschaft und Finanzierungsverantwortung des Landes befinden.[4] Es sind in erster Linie die Kommunen und die (kommunal getragenen) Landschaftsverbände, die die öffentliche kulturelle Infrastruktur vorhalten, die dabei jedoch vom Land unterstützt werden. Entsprechend stark sind deren Selbstbewusstsein und ihre Stellung im Kreis der kulturpolitischen Akteure.

---

3 Darauf haben u. a. die Autoren des viel diskutierten Buches »Der Kulturinfarkt« hingewiesen. Sie kritisieren den planlosen, alle Wünsche addierenden Ausbau der Kultur als ein Symptom des nahenden Zusammenbruchs. (s. Haselbach, Klein, Knüsel, Opitz 2012: 19).
4 Genau genommen handelt es sich dabei vor allem um die *Kunstsammlung NRW*, die 50 %-Beteiligung an der *Neuen Schauspiel GmbH* in Düsseldorf, die Landesbeteiligung an der *Stiftung Schloss Moyland* mit dem Nachlass von Joseph Beuys und die *Kultur Ruhr GmbH* (Ruhrtriennale).

»Kulturpolitik ist Gesellschaftspolitik.«
Alfons Spielhoff, Kulturdezernent der
Stadt Dortmund (1962–1974)

Kulturpolitik als Strukturpolitik am Beispiel Nordrhein-Westfalen

Reformimpulse der Neuen Kulturpolitik

Die Kulturpolitik des Landes Nordrhein-Westfalen war bis weit in die 1960er Jahre hinein durch ein affirmatives Kulturverständnis und eine zurückhaltende Förderpolitik geprägt.[5] Wie in den anderen Bundesländern ging es zunächst darum, die kriegszerstörten Theater und andere Kultureinrichtungen wieder aufzubauen. Ansonsten galt auch hier die Devise: »Keine Experimente« (Ludwig Erhardt). Die Kultur ressortierte im Kultusministerium, das sich vor allem als Schulministerium verstand und mit der Bildungsreform Ende der 1960er Jahre genug zu tun hatte. Erst mit der Neuen Kulturpolitik, die Anfang der 1970er Jahre programmatisch entwickelt wurde, änderte sich diese Situation. Es war der Beginn einer neuen, aktiven Politikkonzeption im Kontext der Reformbewegungen dieser Zeit. Öffentliche Kulturpolitik wurde zunehmend als Gesellschaftspolitik (Spielhoff 1976) auf der Grundlage eines erweiterten Kulturbegriffes verstanden, mit dem eine thematische Ausweitung des Aktionshorizonts und ein neues Planungsdenken verbunden war. Dies fand vor allem in der Weiterbildungslandschaft, ihrer gesetzlichen Fundierung und dem damit verbundenen Planungsgebot seinen Niederschlag. Vor allem die Kommunen sollten demokratische Visionen wie eine »Kultur für alle und von allen« oder »Kultur und Bildung als Element der Stadtentwicklung«[6] umsetzen. In diesem Kontext wurden erste Ansätze einer kommunalen Kulturentwicklungsplanung praktiziert (etwa in Unna oder Bergkamen), und über die Entwicklung der kulturellen Infrastruktur auf städtischer und Landesebene wurde systematischer nachgedacht. (Heinemann 2007: 178)

Es war vor allem Nordrhein-Westfalen, wo die Neue Kulturpolitik programmatisch und praktisch erprobt wurde. Hier erkämpfte sich die soziokulturelle Bewegung ihre ersten selbstverwalteten Orte (1969: *K 14* in Oberhausen; 1974: *Die Börse* in Wuppertal; 1975: *Altstadtschmiede* in Recklinghausen). In Wuppertal fand mit »urbs 71« das erste von sechs Städten kooperativ organisierte Kulturprojekt statt, aus dem dann das in Wuppertal ansässige *Sekretariat für gemeinsame Kulturarbeit Nordrhein-Westfalen* (heute: *NRW-KULTURsekretariat*) hervorging. In Münster setzten Kaspar König und Klaus Bußmann die erste große Skulpturenausstellung im öffentlichen Raum in Szene. In Bergkamen gab es die nach Frankfurt zweite Kommunale Galerie, in Moers wurde das *Jazz-Festival* etabliert, und in Dortmund machte der da-

---

5 Typisch dafür sind die Definition des Verhältnisses von Staat und Kultur und der Kulturbegriff des Kultusministers Schütz *(CDU)*, der in seinen Amtszeiten (1954–1956 und 1958–1963) von dem Grundsatz ausging: »Staat und Kunst: In Freundschaft zueinander, in Freiheit voneinander.« Bei Kultur ging es ihm »stets um Werte des Wahren, Guten und Schönen, und für die Christen auch des Heiligen.« Kultur sei »somit Werteverwirklichung auf der Ebene der höheren, nicht dagegen der rein vitalen zivilisatorischen Werte« (n. Steinert 1998: 11 u. 12). Zur Entwicklung der Kulturpolitik in Nordrhein-Westfalen und zum kulturpolitischen Selbstverständnis des Landes siehe auch Heinemann 2007.

6 So der Titel einer programmatischen Erklärung der Hauptversammlung des *Deutschen Städtetages* vom 2. bis 4.5.1973 in Dortmund, die auch als »Magna Charta« der Neuen Kulturpolitik bezeichnet wurde. Darin wird die kommunale Kulturpolitik gesellschafts- und stadtentwicklungspolitisch begründet und konzipiert (s. Röbke 1993: 117–125).

malige Kulturdezernent Alfons Spielhoff mit seinem Plan Furore, in der örtlichen Oper Musiktheater nicht mehr selbst zu produzieren, sondern hochwertige Produktionen einzukaufen. Das erst 1966 wiedereröffnete Opernhaus wollte er zu einem für die gesamte Bevölkerung zur Verfügung stehenden »City-Kulturhaus« umbauen.

Spielhoff war es auch, der eine Reform der Theater- und Orchesterlandschaft in Nordrhein-Westfalen anmahnte. Er hatte zum Beispiel festgestellt, dass das Repertoire der Konzert- und Opernspielpläne im Ruhrgebiet nicht nur weitgehend identisch war, sondern auch die Auslastung der Säle zu wünschen übrig ließ. Dies veranlasste den damaligen Kultusminister Jürgen Girgensohn 1971 dazu, einen »Ausschuss zur Strukturplanung der Bibliotheken, Museen, Orchester und Theater« einzuberufen, der unter der Leitung des *WDR*-Journalisten Hans Schwab-Felisch ein umfassendes Konzept für die Entwicklung der kulturellen Infrastruktur erarbeiten sollte (Toetemeyer 1982: 189-197; auch Rolff 1982).

Nachdem das Land mit der Schulentwicklungsplanung die Bildungspolitik in die allgemeine Landesplanung (»Landesentwicklungsprogramm Nordrhein-Westfalen 1975«) eingebunden hatte, sollte dies – so der Kultusminister – in ähnlicher Weise auch für die kulturellen Einrichtungen erfolgen. Ausgangsfragen waren, ob die vorhandene räumliche Verteilung der Kulturinstitutionen Bestand haben könnte, welche Umstrukturierungen wünschenswert und notwendig seien und auf welche Weise das Land einen solchen Veränderungsprozess beeinflussen beziehungsweise unterstützen sollte oder müsste. Es ging um ein langfristiges Konzept, mit dem die Leistungsfähigkeit der kulturellen Versorgung in Nordrhein-Westfalen landesweit verbessert werden sollte. Angestrebt war ein möglichst gleichmäßiges, flächendeckendes Kulturangebot in allen Landesteilen, um für die potenziellen Nutzer kulturelle Chancengleichheit zu erreichen. Ausdrücklich bezog sich diese Kulturplanung auf die allgemeinen landesplanerischen Vorgaben wie die zentralörtliche Gliederung des Raumes sowie auf Berechnungen von Kapazitäten und notwendiger Basisbevölkerung für die Standorte, Schwerpunktbildungen und regionale Einzugsbereiche der Kultureinrichtungen. Historisch gewachsene Strukturen – gerade für Kultureinrichtungen ein wesentlicher Standortfaktor – blieben weitgehend unberücksichtigt. Insbesondere an der vorgeschlagenen Neuordnung der Theaterlandschaft entzündete sich scharfe Kritik unter anderem von Seiten der Kommunen, die ihre kulturelle Autonomie gefährdet sahen und die Verwirklichung der Vorschläge des Gutachtens blockierten (Eichler 1984: 5).

Die Empfehlungen des Strukturausschusses waren bundesweit auf Länderebene der erste Versuch eines umfassenden Konzeptes zur Entwicklung der kulturellen Infrastruktur. Auch wenn diese Planungen nicht verwirklicht wurden, entstanden in der Folge jedoch immerhin – quasi als Antwort der Städte auf die Landesinitiative – das *Sekretariat für gemeinsame Kulturarbeit Nordrhein-Westfalen* für die theater- und orchestertragenden Städte in Wuppertal (1974) und sein später (1981) gegründetes Pendant für die nichttheatertragenden Städte in Gütersloh – beide Einrichtungen in der eher lockeren unselbständigen Rechtsform einer »öffentlich-rechtlichen Vereinbarung« der beteiligten Kommunen.

> »Kultur ist nicht wie die Sahne auf dem Kuchen,
> ... sondern die Hefe im Teig.«
> Johannes Rau, Ministerpräsident
> des Landes NRW (1978–1998)

Kulturpolitik als Strukturpolitik am Beispiel Nordrhein-Westfalen

Intermediäre und konzeptionelle Orientierungen

Der Reformimpuls der 1970er Jahre entfaltete in vielerlei Hinsicht erst ein Jahrzehnt später seine diversifizierende Wirkung. Vor allem im Bereich der Sozio- und Freien Kultur entstanden in vielen Städten neue Initiativen und Einrichtungen sowie Organisationen der kulturellen Interessenvertretung, die die Kunst- und Kulturszene bereicherten und die Kulturpolitik des Landes beeinflussten. Das Land reagierte darauf Anfang der 1980er Jahre mit der Einrichtung eines so genannten »Feuerwehrfonds« beim Kultusministerium, um konkrete Projekte und Veranstaltungen (z. B. das Festival »Theaterzwang«) zeitnah fördern zu können. Wenige Jahre danach wurde dieses Instrument ergänzt um die Förderung von »Landesbüros«, darunter die fünf Literaturbüros (ab 1980), die *LAG Soziokultur* (1989), die *Kooperative Freier Theater* (1984), das *Büro Freie Kulturarbeit* (1989), die *Gesellschaft für zeitgenössischen Tanz* (1992) und das *Frauenkulturbüro* (1996), die zum Teil mit zusätzlichen Mitteln ausgestattet wurden, um Projekte in ihrem jeweiligen Wirkungskreis in eigener Verantwortung zu realisieren oder zu fördern. Das bestehende subsidiäre Selbstverständnis der Landeskulturpolitik – vor allem gegenüber den Kommunen – wurde auf diese Weise auch um zivilgesellschaftliche Akteure erweitert. Auf diese Weise ist in Nordrhein-Westfalen eine Förderlandschaft mit einer komplexen Akteursstruktur entstanden, die mehr Kooperation, mehr Koordination und mehr Kommunikation erforderlich machte. Die neue Vielfalt der Kulturträger korrespondierte fortan mit einer Pluralität der Förderzugänge und dem Förderprinzip der »Armlängendistanz« wie zum Beispiel in den Niederlanden und Großbritannien.

Kennzeichnend für die Entwicklung der Landeskulturpolitik der 1980er Jahre ist jedoch nicht nur die Förderung solcher intermediärer Instanzen, sondern auch die gesellschaftspolitische Fundierung der Kulturpolitik. Ein wichtiger Impuls ging dafür von dem groß angelegten, vom Wuppertaler *Kultursekretariat* initiierten und organisierten und vom Land unterstützten Diskurs »KULTUR 90« aus, an dem sich zwischen 1986 und 1988 29 Kommunen beteiligten, um in einem mit vielen Projekten und Experimenten unterlegten Programm die gesellschaftlichen Anforderungen an die Kulturpolitik zu diskutieren. Bemerkenswert war die explizite Bezugnahme auf den Strukturwandel und die Bedeutung von Kunst und Kultur für Arbeit, Wirtschaft und Stadtentwicklung (Richter 1985). So heißt es etwa im abschließenden Forderungskatalog: »Die Kultur ist ein Wirtschaftsfaktor und die Wirtschaft ist ein Kulturfaktor.« (Erny/Godde/Richter 1988: 336).[7] Auch wenn damit keine unmittelbaren landeskulturpolitischen Konsequenzen verbunden waren,

---

7 Diese Hinwendung zur Kulturwirtschaft entsprach auch dem kulturpolitischen Zeitgeist in Deutschland und Westeuropa. Erinnert sei in diesem Zusammenhang an das Diktum des damaligen französischen Kulturministers Jack Lang: »Wirtschaft und Kultur – derselbe Kampf« und die Diskussion um »Das neue Interesse an der Kultur«, angestoßen durch die *Kulturpolitische Gesellschaft* (s. Cornel/Knigge 1990).

so hatte »KULTUR 90« für das Selbstverständnis der Kulturpolitik und ihre Wirkungsmöglichleiten in anderen Politikbereichen großen Einfluss.[8]

Insbesondere der damalige NRW-Städtebauminister Christoph Zöpel (1980–1990) setzte bemerkenswerte bundespolitische Impulse durch die Erneuerung und Sanierung von Kultur- und Bildungseinrichtungen mit Mitteln der Städtebauförderung.

> »Unser Leitbild ist der aktivierende Staat
> in einer aktiven Bürgergesellschaft.«
> Ilse Brusis, Kulturministerin des Landes
> Nordrhein-Westfalen (1995–2000)

Aktivierende Kulturpolitik

Die 1990er Jahre waren geprägt durch zwei Modernisierungsimpulse, verbunden mit einer neuen Rollendefinition des Landes in der Kulturpolitik: das Leitbild des »aktivierenden Staates« und den Ansatz einer »Kulturpolitik als Strukturpolitik« (Sievers 2005). Die Landeskulturpolitik solle zukünftig aktiv eigene Akzente setzen und Nordrhein-Westfalen national und international zu einem erstrangigen Kulturstandort ausbauen, hieß es in einem Strategiepapier aus der Staatskanzlei. Da die einzelnen Kultureinrichtungen und Kommunen und auch das Land allein mit der notwendigen qualitativen Fortentwicklung der Kulturlandschaft überfordert seien, sei das Land gefordert, einen »gemeinsamen Gestaltungsanspruch« zu formulieren. Gemeint war damit nicht nur eine verbesserte Kooperation zwischen den Städten und dem Land, sondern auch die integrierende und Ressourcen bündelnde Vernetzung »der im engeren Sinne kulturpolitischen Aktivitäten mit solchen auf den Feldern der Stadtentwicklungs-, Freizeit-, Tourismus-, Denkmalpflege-, Jugend-, Bildungs-, Sport-, Wirtschafts- und Strukturpolitik«. (Meyer-Hesemann 1995) Das Land sollte dafür Anreize bieten und moderierend tätig werden.

Was eher zurückhaltend formuliert wurde, war der Anstoß für eine neue Politikkonzeption, die spätestens mit dem Amtsantritt von Ilse Brusis (1995–2000) als Leitbild des damaligen, für viel breitere Politikfelder als das frühere Kultusministerium zuständige *Ministerium für Stadtentwicklung, Kultur und Sport* – ab 1998 sogar: *Ministerium für Arbeit, Soziales und Stadtentwicklung, Kultur und Sport* – galt. Die von ihr verantwortete Kulturpolitik umfasste weit mehr als Anreize und Moderationstätigkeiten, auch wenn diese weiterhin eine besondere Rolle spielten. (Eichler u.a. 1999: 136–144) Beabsichtigt war, Kulturpolitik stärker in ein Zukunftskonzept der allgemeinen Landespolitik zu integrieren und als »Kulturstrukturpolitik« zu verstehen, die zur Optimierung des kulturellen Angebots im Lande beitragen und den

---

8 In diesem Zusammenhang ist auch der Bedeutungsgewinn der Kulturwirtschaft als Motor des Strukturwandels (s. Scheytt 2004) in den 1990er Jahren zu sehen. Im Jahr 1992 lag der erste »Kulturwirtschaftsbericht Nordrhein-Westfalen« vor, dem in NRW und bundesweit weitere folgen sollten. Sie bildeten eine wichtige Grundlage dafür, den Zusammenhang von Wirtschafts- und Kulturpolitik in den Blick zu nehmen und kulturwirtschaftliche Akteure durch Existenzgründungsprogramme (z. B. »Kulturelle Gründerzentren«, »StartART«) zu fördern.

wirtschaftlichen Strukturwandel vor allem im Ruhrgebiet unterstützen sollte. Vor diesem Hintergrund und angesichts der positiven Erfahrungen mit der regionalisierten Strukturpolitik des Landes allgemein (Scharfenorth 1997) und der *Internationalen Bauausstellung Emscher Park*[9] im Besonderen wurden zwei Programme entwickelt, die die Kulturpolitik des Landes im oben beschriebenen Sinne verändern sollten: die »Regionale Kulturpolitik«[10] und die daraus erwachsene *Kultur Ruhr GmbH*, die später für die Durchführung der »Ruhrtriennale« zuständig werden sollte.

Kulturpolitik als Strukturpolitik am Beispiel Nordrhein-Westfalen

Mit diesen Vorhaben setzte die Landesregierung eigene strukturelle Akzente und stellte sich als Akteur in der kulturpolitischen Arena neu auf. Sie sah sich im Verhältnis zu den Kommunen nicht mehr nur in einer komplementären, vor allem unterstützenden Rolle, sondern entwickelte Kulturpolitik »kraft eigener Legitimation und Zielsetzung« (Landmann 1999; Heinemann 2007: 186).

»Kreativität ist eine Schlüsselqualifikation für die Zukunft. Deswegen investieren wir in die Kreativität unserer Kinder und Jugendlichen.«
Ministerpräsident Jürgen Rüttgers (2005–2010)

»Das Ziel ›Kein Kind zurücklassen‹ verfolgt die Landesregierung in allen Politikfeldern, auch in der kulturellen Bildung.«
Kulturministerin Ute Schäfer (seit 2010)

Förderung von Spitze und Breite

Verstand sich die »Regionale Kulturpolitik« als flächendeckendes Programm für ganz Nordrhein-Westfalen, so erfolgte mit Beginn des neuen Jahrhunderts eine verstärkte Orientierung auf kulturelle »Leuchtturmprojekte«, die über das Land Nordrhein-Westfalen hinaus strahlen sollten. Dies kennzeichnete die Landeskulturpolitik in der Ägide des grünen Ministers Michael Vesper (2000–2005), nun zuständig für Städtebau und Wohnen, Kultur und Sport (Vesper 2001). Im Rahmen des Projektes »Kultur im Industrieraum« lag der Fokus dabei vor allem auf dem

---

9   Die *Internationale Bauausstellung Emscher Park* (1989–1999), die maßgeblich von Städtebauminister Christoph Zöpel politisch durchgesetzt und von Karl Ganser umgesetzt worden ist, war ein Beispiel für die regionalisierte Strukturpolitik; mit ihr wurden für rund 120 Einzelprojekte fünf Milliarden DM investiert, um den ökologischen, ökonomischen und kulturellen Umbau des altindustriellen Ruhrgebietes zu beschleunigen. Sie markiert für die Kulturpolitik im Nachrhein in den Übergang in eine neue Zeit (Heinemann 2007: 183) und hat der kulturellen Infrastruktur im Revier viele neue Einrichtungen beschert.

10 Die »Regionale Kulturpolitik« (s. dazu Kulturpolitische Gesellschaft 1997: 16–60) wurde im Jahr 1995 aus der Taufe gehoben und erstmals im Jahr 1996 im Kulturetat des Landes mit einem Ansatz von 13 Millionen DM verankert; sie folgt dem Modus der »regionalisierten Strukturpolitik« in Nordrhein-Westfalen, die im Prinzip bereits mit der »Zukunftsinitiative Montanregionen« (ZIM) in den 1980er Jahren entwickelt worden war. Ihre wesentlichen Merkmale bestehen in einem partizipativen und kooperativen Ansatz: der Einbeziehung regionaler Akteure in die Formulierung strukturpolitischer Strategien, der Zusammenführung von staatlichem und privatem Engagement sowie der Kooperation und Koordination aller Beteiligten (s. Scharfenorth 1997: 24). Diese Prinzipien und die ressortübergreifende Orientierung wurden auch in die Konzeption der Regionalen Kulturpolitik übernommen. Ein weiteres Beispiel für die regionalisierte Strukturpolitik ist auch das Programm »Regionale – Natur- und Kulturräume« (s. Vesper 2001: 125; Roters 2002), die ebenfalls dieser Logik folgt.

Ruhrgebiet und seiner kulturellen Aufrüstung.[11] Die »Ruhrtriennale«, die im Jahr 2002 unter der Leitung des international renommierten Intendanten Gerard Mortier startete, wurde für die ersten drei Jahre mit einem Etat von 40 Millionen Euro ausgestattet, um ein Programm von internationalem Format auf die Beine zu stellen. An industriekulturellen Spielorten des Ruhrgebietes – Hinterlassenschaften der *IBA Emscher Park* – wie etwa der Jahrhunderthalle in Bochum, der Zeche Zollverein in Essen und dem Gasometer in Oberhausen – sollten künstlerische Spitzenleistungen präsentiert werden.

Andererseits deutete sich bereits der Bedeutungsgewinn der Kulturellen Bildung an, unter anderem durch die Rahmenvereinbarungen zur Offenen Ganztagsgrundschule mit den Musik- und Jugendkunstschulen, die von der damaligen Schul- und Jugendministerin Ute Schäfer initiiert wurden.

Sichtbarstes Signal der Neuausrichtung der Kulturpolitik in der christdemokratisch-liberalen Regierungszeit von 2005–2010 war die Verdoppelung des Kulturetats[12] und die Integration der Kulturabteilung in die Staatskanzlei. Der bereits unter der Vorgängerregierung angedeutete Ausbau der Kulturellen Bildung wurde zum Markenzeichen des Kulturstaatssekretärs Hans-Heinrich Grosse-Brockhoff und erweiterte als neuer breitenkultureller Ansatz das Spektrum der Landeskulturpolitik. Die dabei aufgelegten Programme zeichneten sich vor allem durch ihre strukturell konfigurierten Konzepte aus, die auf Nachhaltigkeit angelegt sein sollten. Bereits im Dezember 2006 fiel der Startschuss für die das Jugend-, Bildungs- und Kulturressort übergreifende Initiative »Modell-Land kulturelle Bildung« mit dem Landesprogramm »Kultur und Schule«, dem Landeswettbewerb »Kommunale Gesamtkonzepte für kulturelle Bildung« und dem Modellprojekt »Jedem Kind ein Instrument« im Ruhrgebiet, das bundes- und europaweit starke Beachtung fand. (Staatskanzlei des Landes NRW 2008: 32 ff.) Weitere Akzente konnten in dieser Zeit gesetzt werden durch die »Landesinitiative Substanzerhalt« und die Erneuerung und Erweiterung der kulturellen Infrastruktur wie die *Kunstsammlung Nordrhein-Westfalen* in Düsseldorf, das *Westfälische Museum für Kunst- und Kulturgeschichte* in Münster oder das *Dortmunder U*.

Insbesondere das städteübergreifende Programm der »Kulturhauptstadt Europas RUHR.2010« mit dem Leitmotiv »Wandel durch Kultur – Kultur durch Wandel«

---

11 Die *Ruhrtriennale* steht im Zentrum des »Leitprojektes 4« des *Ministeriums für Städtebau und Wohnen, Kultur und Sport NRW* »Kultur im Industrieraum«. Die Idee ist als Folge der erfolgreichen *IBA Emscher Park* und der Vorschläge der Internationalen Expertenkommission (s. Anm. 7) entstanden. Weitere ehrgeizige Projekte wie das »Chorwerk Ruhr« und die »Tanzlandschaft Ruhr«, die aus der Regionalen Kulturpolitik entstanden sind, konnten sich ebenfalls erfolgreich etablieren.

12 Bereits vor der Landtagswahl und dem Regierungswechsel im Jahr 2005 hatte der *CDU*-Spitzenkandidat und spätere Ministerpräsident Jürgen Rüttgers angekündigt und nach dem Wahlsieg in der Koalitionsvereinbarung festgeschrieben, den Kulturetat (genauer: die im damaligen Kapitel »Kulturförderung« ausgewiesene Summe von 70,6 Millionen Euro) bis zum Ende der Legislaturperiode verdoppeln zu wollen (s. Staatskanzlei 2008: 6), was letztlich auch wahrgemacht wurde. Diese Initiative wurde um so mehr beachtet, als noch einige Jahre zuvor, also in *rot-grüner* Regierungszeit im Doppelhaushalt 2004/2005 im Bereich der Personalkostenzuschüsse und der institutionellen und projektbezogenen Förderungen insgesamt 40 Prozent der Mittel eingespart werden sollten, was insbesondere jene Einrichtungen und Akteure getroffen hat, die im Kontext der Neuen Kulturpolitik entstanden waren, auch wenn letztlich eine etwas abgeschwächte Kürzungspolitik umgesetzt wurde (s. Sievers 2003: 22–27).

hat dem strukturpolitischen Ansatz der Landeskulturpolitik neuen Sinn und eine neue Legitimation gegeben. Zu erwähnen sind in diesem Zusammenhang auch die Kulturförderberichte des Landes, die zum ersten Mal nicht nur einen Überblick über die Ziele, Aufgaben und Begründungen der Landeskulturpolitik, sondern auch einen transparenten Nachweis der Landeskulturausgaben liefern (siehe z.B. Staatskanzlei des Landes NRW 2008).

Kulturpolitik als Strukturpolitik am Beispiel Nordrhein-Westfalen

Konsolidierungsdruck und Forderung nach verlässlicher Kulturförderung

Der durch die europaweite Finanzkrise verursachte Konsolidierungsdruck auf Landes- und insbesondere kommunaler Ebene hat auch in der Kulturpolitik einen Perspektivwechsel eingeleitet. Gegenüber den vergangenen Jahrzehnten ist von spektakulären Infrastrukturprojekten oder neuen Großevents gegenwärtig nicht die Rede. Angesichts der prekären Finanzlage und der Notwendigkeit, begonnene Projekte zu bewältigen und bestehende Infrastrukturen abzusichern, ist die neue Ministerin Ute Schäfer für die Ressorts Familie, Kinder, Jugend, Kultur und Sport vorsichtig mit vollmundigen Ankündigungen. Im Koalitionsvertrag der rot-grünen Koalition wird als das zentrale Projekt der Kulturpolitik der Ausbau der Kulturellen Bildung fortgeschrieben. Die Teilhabe an und die Zugänge zu Kunst und Kultur ohne soziale Barrieren sollen auf diese Weise weiter verbessert werden. Ein neues landesweites Programm ist in diesem Zusammenhang der »Kulturrucksack«, der in den Kommunen für insgesamt 320 000 Kinder und Jugendliche Angebote bereithalten soll (Schäfer 2011). Dabei werden die bestehenden Programme der Kulturellen Bildung (»Jedem Kind ein Instrument« oder »Kultur und Schule«) uneingeschränkt fortgesetzt. Es ist ebenso bemerkenswert, dass der Kulturetat nicht nur nicht gekürzt wird, sondern weiter steigt. Im Rahmen eines »Theaterpakts«, fließen zum Beispiel den kommunalen Orchestern und Theatern Landesmittel in Höhe von jährlich zusätzlich 4,5 Millionen Euro zu.

Ehrgeiziger als diese Maßnahmen ist jedoch die Absicht, ein Gesetz zur Förderung der Kultur, der Kunst und der Kulturellen Bildung zu erarbeiten. Schon vor der Neuwahl im Jahr 2011 waren die Eckpunkte dafür von der Regierungskoalition formuliert worden (Eichler/Sievers 2011). Die Entwicklung des Kulturfördergesetzes selbst wurde durch eine Vielzahl regionaler Kulturkonferenzen im Land vorbereitet und unterstützt. Interessant an dieser Gesetzesinitiative ist vor allem der kultur-strukturpolitische Ansatz, der sich auch als konsequente Weiterentwicklung der immer stärker konzeptionell orientierten Kulturpolitik der letzten Jahrzehnte interpretieren lässt. Hier geht es nicht mehr um die staatsmäzenatische Inszenierung von »großen Projekten«, sondern um Regelungen, die eine verlässliche Kulturfinanzierung und -entwicklung der Kommunen und des Landes gewährleisten. Ziele sind die Erhaltung und Weiterentwicklung eines flächendeckenden Kulturangebotes in allen Landesteilen, die Verstärkung der Kooperation von öffentlichen und frei-gemeinnützigen Kulturakteuren sowie der Erhalt der kulturpolitischen Handlungsfähigkeit in den Kommunen, die der Haushaltssicherung unterliegen. Als ein Kernelement des Gesetzes soll ein »Kulturförderplan« für die jeweilige Legislaturperiode aufgestellt werden, um die Kulturförderung des Landes systematischer, nachvollziehbarer und strategischer betreiben zu können. Eine regelmäßige Kulturberichterstattung, Evaluationen und ein Qualitätsmanagement sollen dieses Steuerungsinstrument unterfüttern und den Kulturdiskurs im Land unterstützen. Aus den bisher bekannten Absichten zum Kulturfördergesetz geht hervor, dass sich durch eine transparente Planung und Strukturbildung gegenwärtig mehr Sicherheit für die Kulturlandschaft erreichen ließe als durch neue Programme oder Großprojekte – gerade gegenüber anderen, gesetzlich verfassten Ressorts. In der gegenwärtigen Situation erscheint eine solche Positionierung mindestens genauso wichtig und zukunftsweisend zu sein wie der Ruf nach mehr Geld.

Schlussbemerkung

Im Lauf der Jahrzehnte ist in Nordrhein-Westfalen aus dem eher inkrementalistischen und staatsmäzenatischen Politikmodell der 1950er und 1960er Jahre eine Landeskulturpolitik erwachsen, die erkennbar Kulturförderung nicht nur systematischer und struktureller anlegt, sondern aus gesellschaftspolitischen Überlegungen heraus auch eigene Akzente setzt. Damit geht ein neues Rollenverständnis des Landes einher, demnach das Verhältnis zu den Kommunen nicht mehr nur subsidiär ist. Das Land ist immer mehr zum Akteur und Initiator mit eigenen Zielen geworden. Der Aufgaben- und Wirksamkeitshorizont wurde weit über die originäre Kunstförderung hinaus ausgedehnt, indem Kulturpolitik eigene Beiträge zur Strukturpolitik geleistet und dabei auch strukturbildend agiert hat. Das hat der Landeskulturpolitik augenscheinlich nicht geschadet (Heinemann 2007: 193). Darüber hinaus erfordert die fortschreitende Diversifizierung der Kulturlandschaft eine klarere Strukturierung der Kulturpolitik selbst, wenn sie bewusst Schwerpunkte entwickeln und im Sinne einer aktivierenden Kulturpolitik handlungsfähig bleiben will. Man darf erwarten, dass das kommende Kulturfördergesetz diesen Prozess strukturorientierter Kulturpolitik in Nordrhein-Westfalen weiter verstärken wird.

Literatur

Cornel, Hajo/Knigge, Volkard (Hrsg.) (1990): *Das neue Interesse an der Kultur, Dokumentation der Kulturpolitischen Gesellschaft 34*, Hagen: Kulturpolitische Gesellschaft e. V.

Eichler, Kurt (1984): »Kulturentwicklungsplanung: Kulturpolitische Innovationen durch Planung«, in: *Mitteilungen des Informationskreises für Raumplanung 26*, Dortmund

Eichler, Kurt/Gau, Doris/Kröger, Franz/Sievers, Norbert (1999): »Kulturpolitik und Kulturförderung im Land Nordrhein-Westfalen«, in: Kulturpolitische Gesellschaft/Boekmanstichting/Duitsland Instituut Amsterdam (Hrsg.): *Kultur über Grenzen. Kulturförderung in den Niederlanden und in Nordrhein-Westfalen*, Amsterdam/Bonn

Eichler, Kurt/Sievers, Norbert (2011): »Nordrhein-Westfalen eröffnet ein neues Kapitel für die Kultur. SPD und Grüne formulieren Eckpunkte für ein Kulturfördergesetz«, in: *Kulturpolitische Mitteilungen*, Nr. 134 (III/2011), S. 4–6

Erny, Richard/Godde, Wilhelm/Richter, Karl (Hrsg.) (1988): *Handbuch Kultur 90. Modelle und Handlungsbedarf für die kommunale Kulturarbeit*. Köln: Deutscher Gemeindeverlag

Haselbach, Dieter/Klein, Armin/Knüsel, Pius/Opitz, Stephan (2012): *Der Kulturinfarkt. Von allem zu viel und überall das Gleiche*, München: Knaus-Verlag

Heinemann, Ulrich (2007): »NRW-Kultur: ›Eine Sache der Kommunen?‹ 60 Jahre Landeskulturpolitik«, in: Brautmeier, Jürgen/Heinemann, Ulrich (Hrsg.): *Mythen – Möglichkeiten – Wirklichkeiten. 60 Jahre Nordrhein-Westfalen*, Essen: Klartext, S. 173–198

Kulturpolitische Gesellschaft (Hrsg.) (1997): *Kulturpolitische Mitteilungen*, Heft 77 (II/1997) *(Schwerpunkt: Regionale Kulturpolitik)*, Bonn: Kulturpolitische Gesellschaft, S. 16–60

Landmann, Peter (1999): *Ziele und Aufgaben der Landeskulturpolitik in Nordrhein-Westfalen*, Düsseldorf (unv. Ms.)

Meyer-Hesemann, Wolfgang (1995): *Regionales Kulturmanagement und aktive Kulturpolitik des Landes* (unv. Ms.)

Richter, Karl (1985): »Kultur 90 – Kulturpolitik und die Grenzen des Wachstums«, in: *Kulturpolitische Mitteilungen*, Heft 29 (III/1995), S. 30–32

Röbke, Thomas (1993): *Zwanzig Jahre Neue Kulturpolitik. Erklärungen und Dokumente 1972–1992*, Hagen/Bonn: Kulturpolitische Gesellschaft/Klartext-Verlag (Edition Umbruch, Bd. 1)

Rolff, Hans-Günther (1982): »Faszinierendes Gesamtkonzept. Plädoyer für SPIELHOFFs ›Exposé II‹ vor dem Dortmunder Kultur- und Hochschulausschuss am 30.01.1974«, in: Kulturpolitische Gesellschaft e. V. (Hrsg.): *Kulturpolitik ist Gesellschaftspolitik. Festschrift für Alfons Spielhoff*, Hagen 1982, S. 145–151

Roters, Wolfgang (2002): »Die REGIONALE. Kultur- und Naturräume in Nordrhein-Westfalen«, in: *Kulturpolitische Mitteilungen*, Heft 96 (I/2002), S. 69–72

Schäfer, Ute (2011): »Ein ›Kulturrucksack‹ für Nordrhein-Westfalen. Auf dem Weg zum Kinder- und Jugendkulturland«, in: *Kulturpolitische Mitteilungen*, Heft 135 (IV/2011), S. 4–6

Scharfenorth, Karin (1997): »Regionalisierte Strukturpolitik in Nordrhein-Westfalen. Entstehung und Entwicklung«, in: *Kulturpolitische Mitteilungen*, Heft 77 (II/1997), S. 24–27

Scheytt, Oliver (2004): »Kulturwirtschaft als Motor des Kulturwandels«, in: Goch, Stefan (Hrsg.): *Strukturwandel und Strukturpolitik in Nordrhein-Westfalen*, Münster: Aschendorf, S. 328-340

Schulze, Gerhard (1992/2000): *Die Erlebnisgesellschaft. Kultursoziologie der Gegenwart*, Frankfurt am Main/New York: Campus Verlag

Sievers, Norbert (2003): »Wie der Rotstift regiert. Kürzungen im Landeskulturetat Nordrhein-Westfalen«, in: *Kulturpolitische Mitteilungen*, Heft 103 (IV/2003), S. 22–28

Sievers, Norbert (2005): »Aktivierende Kulturpolitik in Nordrhein-Westfalen. Aufstieg und Fall einer landeskulturpolitischen Konzeption«, in: Behrens, Fritz/Heinze, Rolf G./Hilbert, Josef/Stöbe-Blossey, Sybille (Hrsg.): *Ausblicke auf den aktivierenden Staat. Von der Idee zur Strategie*, Berlin: sigma-Verlag, S. 337–363

Spielhoff, Alfons (1976): »Kulturpolitik ist Gesellschaftspolitik«, in: *Vorgänge*, Heft 24, S. 25–33

Staatskanzlei des Landes NRW (Hrsg.) (2008): *Kulturbericht Nordrhein-Westfalen. Landeskulturförderung 2006/2007*, Düsseldorf

Steinert, Johannes-Dieter (1998): *Ein Land als Mäzen? Politik und Bildende Kunst in Nordrhein-Westfalen*, Köln: Klartext-Verlag

Toetemeyer, Hans-Günther (1982): »SPIELHOFF's Einsatz für die Theater- und Orchesterlandschaft an Rhein und Ruhr«, in: Kulturpolitische Gesellschaft e. V. (Hrsg.): *Kulturpolitik ist Gesellschaftspolitik. Festschrift für Alfons Spielhoff*, Hagen, S. 189–197

Vesper, Michael (2001): »Kultur im Umbruch: Kontinuität und Innovation in der Kulturpolitik NRW«, in: Canaris, Ute/Rüsen, Jörn (Hrsg.): *Kultur in Nordrhein-Westfalen. Zwischen Kirchturm, Förderturm & Fernsehturm*, Köln: Kohlhammer, S. 119–138

Wagner, Bernd (2009): *Fürstenhof und Bürgergesellschaft. Zur Entstehung, Entwicklung und Legitimation von Kulturpolitik*, Bonn/Essen: Kulturpolitische Gesellschaft/Klartext-Verlag (Edition Umbruch. Texte zur Kulturpolitik, Band 24)

Ulrike Blumenreich

Konzeptionelle Kulturpolitik in den Bundesländern – Eine Bestandsaufnahme

Einleitung

Zahlreiche Bundesländer haben in den letzten Jahren durch neue kulturpolitische Strukturen und Programme auf sich aufmerksam gemacht. Mittlerweile gibt es in den meisten der 16 Bundesländer konkrete Initiativen zu einer stärker konzeptgestützten und planvollen Kulturpolitik.

Einen Zwischenstand dieser Entwicklungen aufzuzeigen, ist Ziel dieses Beitrages. Basis dafür war eine Befragung der Abteilungsleiter für Kultur in den Kulturministerien der Bundesländer, die vom *Institut für Kulturpolitik der Kulturpolitischen Gesellschaft* im Sommer 2012 durchgeführt wurde, ergänzt durch weitere eigene Recherchen.

Gewidmet ist dieser Beitrag Dr. Bernd Wagner, dem das Thema »Konzeptionelle Kulturpolitik« sowohl in seiner Umsetzung in den Bundesländern als auch dessen Erforschung ein besonderes Anliegen war.

Die Darstellung des Zwischenstandes beginnt mit einer Übersicht, welche Bestimmungen zu Kunst und Kultur die jeweiligen Landesverfassungen beinhalten. Sie wird fortgesetzt mit einer Zusammenstellung der Kulturförder- und -fachgesetze in den Bundesländern. Im Zentrum des Artikels steht eine Bestandsaufnahme, welche Instrumente einer konzeptgestützten Kulturpolitik in den Ländern jeweils eingesetzt werden. Um die Informationen der tabellarischen Übersichten zu veranschaulichen, werden einzelne Beispiele aus den Bundesländern vorgestellt. Berücksichtigt werden dabei die 14 Länder, die sich an der Fragebogenerhebung beteiligt haben, für Hessen und Rheinland-Pfalz können diese Informationen leider nicht offeriert werden. Den Abschluss bildet ein Ausblick auf aktuelle und zukünftige Herausforderungen konzeptgestützter Kulturpolitik.

Landesverfassungen

Die Verfassungen nahezu aller Bundesländer regeln nicht nur die Organisation des Staatsapparates, sondern enthalten Aussagen zur Kunst und Kultur, beispielsweise zu ihrer Förderung, zu Teilhaben oder zum Schutz besonderer kultureller Bereiche (vgl. Wagner 2009: 8).[1] Daher bildet die Analyse der Länderverfassungen bezüglich ihrer spezifischen Bestimmungen zu Kunst und Kultur den Ausgangspunkt bei einer Betrachtung der konzeptionellen Kulturpolitik in den Bundesländern.

Von den 15 Länderverfassungen, die Bestimmungen zu Kunst und Kultur enthalten (nicht: Hamburg), gibt es in 14 Verfassungen Aussagen zu Freiheit der Kunst als wesentlichem Grundrecht (nicht: Hamburg und Schleswig-Holstein). 13 Länderverfassungen beinhalten allgemeine Verpflichtungen zur Kulturförderung (nicht: Hamburg, Baden-Württemberg und Hessen). Verpflichtungen, zur Teilhabe der Bevölkerung an Kunst und Kultur beizutragen, sind Bestandteil von sechs Landesverfassungen. Der Schutz der Kunst- beziehungsweise Kulturdenkmale findet ausdrücklich in neun Landesverfassungen Erwähnung, Bestimmungen zum Schutz von nationalen beziehungsweise kulturellen Minderheiten sind in fünf Länderverfassungen aufgenommen. Besonders zu erwähnen ist, dass in der Landesverfassung von Bayern der Freistaat als Kulturstaat definiert wird und dass mit Sachsen und Brandenburg in zwei der neuen Flächenländer staatszielähnliche Bestimmungen enthalten sind (*siehe Tabelle 1*).

Kulturförder- und -fachgesetze

Bislang existiert in lediglich einem Bundesland ein Kulturfördergesetz, das den gesamten Kulturbereich umfasst. Dabei handelt es sich um das Sächsische Kulturraumgesetz, das die Finanzierung der nichtstaatlichen Kultureinrichtungen in Sachsen regelt.[2] Es wurde 1993 vom Sächsischen Landtag beschlossen, trat 1994 in Kraft, wurde mehrmals verlängert und im Juni 2008 entfristet (sowie die festgeschriebene Fördersumme des Landes erhöht). 2011/2012 wurde das Kulturraumgesetz zuletzt geändert und die Finanzierung der Landesbühnen Sachsen – einer eigentlich freistaatlichen Aufgabe – in das Kulturraumgesetz integriert. Mit dem Kulturraumgesetz wurde Anfang der 1990er Jahre in einem der ostdeutschen Flächenländer ein neuer konzeptioneller Ansatz gewählt, der bis heute als vorbildhaft angesehen wird: die gemeinsame Finanzierung regional bedeutsamer Einrichtungen und Maßnahmen durch die Sitzgemeinde, den Kulturraum[3] und den Freistaat Sachsen im Rahmen eines sächsischen Kulturlastenausgleiches. Bedeutsam ist weiterhin, dass es sich um die erstmalige Verankerung von Kulturpflege als kommunale Pflichtauf-

---

1 Eine Ausnahme bildet die Hamburger Verfassung, in der lediglich der Staatsaufbau und seine Organisation festgelegt sind.
2 Das Sächsische Kulturraumgesetz geht auf Empfehlungen der *Naumann-Kommission* zurück. 1992 war dieses Gutachterteam unter der Leitung von Matthias Theodor Vogt beauftragt worden, die sächsische Theater- und Orchesterlandschaft zu analysieren.
3 Sachsen wurde in fünf ländliche und drei urbane Kulturräume aufgeteilt.

Tabelle 1: Bestimmungen zu Kunst und Kultur in den Länderverfassungen

Bundesland	zu Kunst und Kultur	zur Freiheit von Kunst und Kultur	zur Förderung von Kunst und Kultur	zur Förderung der Teilhabe an Kunst und Kultur	zum Schutz besonderer kultureller Bereiche	zu Sonstigem
Baden-Württemberg	ja	ja (implizit)*	nein	nein*	ja, Denkmäler der Kunst*	–
Bayern	ja	ja	ja	nein	ja, Denkmalschutz und Abwanderungsschutz	Kulturstaat
Berlin	ja	ja	ja	nein	nein	–
Brandenburg	ja	ja	ja	ja	ja, Sorben*	»dem Schutz ... der Kultur verpflichtetes ... Land«*
Bremen	ja	ja	ja	ja (implizit)*	nein	–
Hamburg	nein	–	–	–	–	–
Hessen*	ja*	ja*	nein*	nein*	ja, Denkmäler der Kunst*	–
Mecklenburg-Vorpommern	ja	ja*	ja	nein*	ja, Niederdeutsche Sprache und Nationale Minderheiten und Volksgruppen	–
Niedersachsen	ja	ja*	ja	nein	ja, Bestandsschutz bestimmter Landes-(Kultur)einrichtungen nach Art. 72*	–
Nordrhein-Westfalen	ja	ja (implizit)*	ja	nein	ja, Denkmäler der Kunst*	–
Rheinland-Pfalz*	ja*	ja*	ja*	ja*	ja, Denkmäler der Kunst*	–
Saarland	ja	ja	ja	ja	ja, Denkmäler der Kunst*	–
Sachsen	ja	ja	ja	ja*	ja, Sorben und Denkmale	»dem Schutz ... der Kultur verpflichteter ...Rechtsstaat«
Sachsen-Anhalt	ja	ja*	ja	ja	ja, Denkmale von Kultur sowie kulturelle und ethnische Minderheiten*	–
Schleswig-Holstein	ja	nein	ja	nein	ja, Niederdeutsche Sprache, Büchereiwesen, Volkshochschulen, Erwachsenenbildung, nationale Minderheiten und Volksgruppen	–
Thüringen	ja	ja	ja	nein	ja, Denkmale der Kultur, Kunst, Geschichte und Naturdenkmale	Verweis auf kulturellen Reichtum in Präambel

Quelle: Fragebogenerhebung bei den Kulturministerien der Bundesländer, * = eigene Recherche, Kursivsetzungen = Eigenrecherche abweichend von den Angaben in der Fragebogenerhebung

gabe mit Gesetzesrang handelt und dass die Fachöffentlichkeit an den kulturpolitischen Förderentscheidungen über die Kulturbeiräte der Kulturräume beteiligt wird.[4]

4 Eine Bilanz nach etwa zehnjähriger Etablierung ist bei Winterfeld 2006 nachzulesen. Siehe außerdem den Beitrag von Tobias J. Knoblich in diesem Band.

Tabelle 2: Kulturförder- beziehungsweise Kulturfachgesetze

Bundesland	Existenz von Kulturfördergesetzen für den gesamten Kulturbereich	Existenz rechtlicher Regelungen für Teilbereiche	Musikschule	Bibliotheken
Baden-Württemberg	nein	ja	im Jugendbildungsgesetz* (1996/2012)	im Weiterbildungsförderungsgesetz* (1975/2004)
Bayern	nein	ja	im Gesetz über Erziehungs- und Unterrichtswesen* (1994/2000)	nein
Berlin	nein	ja	im Schulgesetz (2004/2010)	nein
Brandenburg	nein	ja	eigenes Musikschulgesetz (2000/2003)	nein
Bremen	nein	ja	im Ortsgesetz über die Musikschule Bremen (1998/ 2011)	Im Ortsgesetz über den Eigenbetrieb Stadtbibliothek Bremen (1998/2011)
Hamburg	nein	ja	nein	nein
Hessen*	nein*	ja*	nein*	nein*
Mecklenburg-Vorpommern	nein	ja*	nein*	nein*
Niedersachsen	nein	ja	nein	nein
Nordrhein-Westfalen	nein, aber für 2014 in Planung	ja	nein	nein
Rheinland-Pfalz*	nein*	ja*	nein*	nein*
Saarland	nein	ja	nein	nein
Sachsen	ja, Kulturraumgesetz (1994/2008)	ja	nein	nein
Sachsen-Anhalt	nein	ja	eigenes Musikschulgesetz (2006)	eigenes Bibliotheksgesetz (2010)
Schleswig-Holstein	nein	ja	nein	Nein, aber für diese Legislaturperiode 2012 bis 2017 in Planung
Thüringen	nein	ja	nein	eigenes Bibliotheksgesetz (2008)

Quelle: Fragebogenerhebung bei den Kulturministerien der Bundesländer, * = eigene Recherche wegen fehlender Beteiligung an der bogenerhebung; Jahreszahlen in Klammern: 1. Jahreszahl = erste Verabschiedung eines entsprechenden Gesetzes, 2. Jahreszahl =

Rechtliche Regelungen für einzelne kulturelle Tätigkeitsfelder, wie beispielsweise für Denkmalpflege, Archive, Musikschulen, Bibliotheken et cetera, existieren inzwischen in allen Bundesländern – wenn auch in unterschiedlicher Ausprägung – wie die *Tabelle 2* zeigt.

Innerhalb der einzelnen kulturellen Tätigkeitsfelder nehmen die Denkmalpflege und die Archive eine besondere Rolle ein, denn für beide kulturellen Tätigkeitsfelder haben alle Bundesländer Gesetze verabschiedet. Dabei war die Denkmalpflege der erste der Bereiche, für den eigene Gesetze geschaffen wurden – nämlich in den Alten Bun-

Konzeptionelle Kulturpolitik in den Bundesländern

Archive	Denkmalpflege	Erwachsenenbildung (E)/ Weiterbildung (W)	Sonstiges
ja* (1987, *2004*)	ja (1972/2004)	W ja (1975/2004)	–
ja* (1989/1999)	ja (1973/2009)	E ja* (1974/2012)	–
ja* (1993/2001)	ja (1995/2005)	nein; zur VHS im Schulgesetz	–
ja* (1994/2012)	ja* (1991/2004)	W ja (1993/2006)	–
ja (1991/1992)	ja (1975/2004)	W ja* (1996/2012)	–
ja* (1991/2005)	ja* (1973/2007)	nein	Kulturelle Bildung als Bestandteil des Hamburgischen Schulgesetzes* (2007)
ja* (1989/2007)	ja* (1974/2011)	E ja* (1978); jetzt W (2001/2006)	–
ja* (1997/2006)	ja* (1993/2006)	W ja* (1994/2006)	–
ja* (1993)	ja (1978/2011)	E ja (1970/2004)	Allg. Kulturförderung, Stiftung Niedersachsen, Niedersächsisches Glücksspielgesetz
ja (1989/2010)	ja (1980/2005)	W ja (1974/2005)	Kunsthochschulgesetz, Kinder- und Jugendhilfegesetze
ja* (1990/2005)	ja* (1978/2008)	W ja* (1995/2002)	–
ja (1992)	*ja (1977/2009)*	*W ja (1970/2006)*	–
ja* (1995/2001)	ja (1993/2009)	W ja* (1998/2004)	Sächsisches Sorbengesetz (1999)
ja* (1995/2001)	ja (1991/2005)	E ja (1992/2005)	–
ja (1992/2010)	ja (*1972/2012*)	ja: Bildungsfreistellungs- und Qualifizierungsgesetz* (1990/2012)	Finanzausgleichsgesetz (Sicherung der Theater und des Büchereiwesens)
ja (1992)	ja (*1992/2007*)	E ja (*1992*/2010)	Hochschulgesetz (Hochschulbibliotheken)

Fragebogenerhebung bzw. fehlender Angaben; Kursivsetzungen = Eigenrecherche bzw. Abweichung von den Angaben in der Fragebogen-letzte Änderung

desländern in den 1970er Jahren, auch in den Neuen Bundesländern wurden in der Regel hier die ersten Gesetzesvorhaben entwickelt. Die Erarbeitung von Archivgesetzen begann erst in der zweiten Hälfte der 1980er Jahre. Baden-Württemberg hat 1987 das erste Archivgesetz (noch vor dem Bund, der ein Jahr später folgte) verabschiedet.

In 14 Bundesländern existieren Gesetze zur Weiterbildung beziehungsweise Erwachsenenbildung (nicht: Hamburg, in Berlin sind Regelungen zur Volkshochschule im Schulgesetz enthalten). In letzterem Bereich ist eine große zeitliche Spanne bei der Verabschiedung von Gesetzen zu beobachten. Eine Hälfte der Alten Bundesländer

(Niedersachsen, Saarland, Bayern, Nordrhein-Westfalen, Baden-Württemberg und Hessen) waren hier bereits in den 1970er Jahren aktiv, die andere Hälfte der Alten Bundesländer sowie die Neuen Bundesländer haben in den 1990er Jahren gesetzliche Regelungen für die Weiterbildung beziehungsweise Erwachsenenbildung geschaffen.

Gesetzliche Regelungen zu Musikschulen halten sieben Bundesländer vor, wobei sie in fünf Ländern Bestandteil unterschiedlicher Gesetze – wie beispielsweise Jugendbildung- oder Schulgesetz – sind. Mit Brandenburg und Sachsen-Anhalt sind es zwei der Neuen Bundesländer, die 2002 beziehungsweise 2006 eigene Musikschulgesetze geschaffen haben. Für die Bibliotheken gibt es in drei Bundesländern gesetzliche Regelungen, wobei es auch hier zwei ostdeutsche Bundesländer sind – Sachsen-Anhalt und Thüringen – die in den letzten Jahren (2006 und 2010) eigene Bibliotheksgesetze verabschiedet haben.

Instrumente der konzeptgestützten Kulturpolitik

Aktivitäten zu einer stärker konzeptgestützten Kulturpolitik sind derzeit in nahezu allen Bundesländern zu beobachten. Sie unterscheiden sich aber deutlich sowohl in Bezug auf die dafür eingesetzten Instrumente als auch hinsichtlich der Intensität der Umsetzung – beispielsweise in der Bedeutungsbeimessung, der Legitimation, der Kontinuität beziehungsweise der Einbeziehung von weiteren Akteuren.

Um einen Zwischenstand über den Einsatz von Instrumenten konzeptioneller/ strategischer Kulturpolitik geben zu können, wurde eine Systematik der Instrumente erarbeitet.[5] Darin werden diese in vier Gruppen mit jeweils zwei Untergruppen unterteilt:

Instrumente der programmatischen Ausrichtung:
- Planungen und Konzeptionen
- Leitlinien und Strategiepapiere

Entscheidungs- und Planungsgrundlagen:
- Bestandsaufnahmen und Analysen
- Wissenschaftliche Untersuchungen und Analysen

Governance-Instrumente:
- Diskurse und Beteiligungsverfahren
- Vereinbarungen

Operationalisierungsinstrumente:
- Förderprogramme
- Dokumente zu Förderbedingungen.

---

5 Bislang existiert weder in der wissenschaftlichen Community noch unter den ausführenden Akteuren eine einheitliche Definition von Kulturentwicklungsplanung oder eine einheitliche Systematik der verschiedenen Instrumente, siehe dazu auch die sehr aufschlussreiche Analyse verschiedener existierender Modelle (entwickelt u. a. von Nordhoff, Wiesand, Richter, Heinrichs und Klein) von Markus Morr (Morr 1999). Nach Morrs Definition bestehen Kulturentwicklungsplanungen aus: Bestandsaufnahme und Analyse, kulturpolitischen Zielen und ihrer Priorisierung, Maßnahmen zur Zielerreichung, einer Quantifizierung der dafür benötigten finanziellen oder personellen Ressourcen und der Beabsichtigung einer Zielüberprüfung.

Tabelle 3: Einsatz von Instrumenten zur progammatischen Ausrichtung in den Bundesländern

Planungen und Konzeptionen, darunter	Baden-Württemberg, Bayern, Berlin, Brandenburg, Bremen, Mecklenburg-Vorpommern, Niedersachsen, Nordrhein-Westfalen, Sachsen, Sachsen-Anhalt, Schleswig-Holstein, Thüringen
Kulturentwicklungskonzeption	Brandenburg, Niedersachsen, Schleswig-Holstein
Kulturkonzeption	Baden-Württemberg, Bremen, Sachsen-Anhalt, Schleswig-Holstein, Thüringen
Strukturplan	Mecklenburg-Vorpommern
Sonstiges	Bayern: Bayerischer Musikplan; Berlin: Entwicklungspläne für Teilbereiche; Sachsen: Museumskonzeption 2020
Leitlinien und Strategiepapiere, darunter	Baden-Württemberg, Bayern, Berlin, Brandenburg, Bremen, Hamburg, Niedersachsen (*), Saarland, Sachsen, Sachsen-Anhalt, Schleswig-Holstein, Thüringen
Kulturpolitisches Strategiepapier	Berlin: Rahmenkonzept Kulturelle Bildung; Brandenburg: Kulturpolitische Strategie 2012; Hamburg: Rahmenkonzept Kinder- und Jugendkulturarbeit, Niedersachsen (*); Schleswig-Holstein: Rahmenkonzept kulturelle Bildung
Kulturpolitische Leitlinien	Baden-Württemberg, Bayern, Bremen, Hamburg: Globalrichtlinie Stadtteilkultur und Globalrichtlinie Rahmenprogramm integrierte Stadtteilentwicklung, Niedersachsen (*), Sachsen: Kulturkompass Sachsen-Anhalt, Schleswig-Holstein, Thüringen
Kulturpolitische Empfehlungen	Sachsen-Anhalt, Schleswig-Holstein, Niedersachsen (*)

Quelle: Fragebogenerhebung bei den Kulturministerien der Bundesländer, (*) = wird derzeit erarbeitet

Basierend auf dieser Systematik und den dazu unterbreiteten Angaben im Fragebogen wird im Folgenden dargestellt, welche Instrumente von welchen Bundesländern eingesetzt werden[6]. Hessen und Rheinland-Pfalz sind aufgrund der Nichtbeantwortung des Fragebogens dabei nicht berücksichtigt. Einen kleinen Einblick in die Intensität der Umsetzung erlauben die Beispiele aus den einzelnen Ländern.

Instrumente der programmatischen Ausrichtung
Zwölf der 14 Bundesländer haben angegeben, dass bei ihnen Planungen und Konzeptionen zur konzeptgestützten Kulturpolitik eingesetzt werden, elf von ihnen haben konkrete Instrumente – wie beispielsweise Kulturentwicklungskonzeptionen, Kulturkonzeptionen, Strukturpläne oder Entwicklungspläne – benannt.

Auch kulturpolitische Strategiepapiere und Leitlinien sind inzwischen in der überwiegenden Mehrzahl der Bundesländer erarbeitet (siehe oben).

Um neben der bloßen Aufzählung des Einsatzes dieser Instrumente zur programmatischen Ausrichtung einen Eindruck über den jeweiligen Entstehungsprozess zu

---

[6] Die Angaben in den nachfolgenden Tabellen basieren ausschließlich auf den Antworten der AbteilungsleiterInnen in den Fragebögen. Sie sind nicht für alle Instrumente noch einmal definitiv überprüft worden.

vermitteln, wird dieser exemplarisch in einigen Bundesländern aufgezeigt. Ausgewählt wurden dafür die Bundesländer, deren Instrumente entweder als »Vorbild« dienten oder die besonders partizipative Verfahren eingesetzt haben.

Baden-Württemberg, Kunstkonzeption:
Bereits 1989 wurde in Baden-Württemberg eine Kunstkonzeption vorgelegt (Rettich 1990). Sie wurde vom Ministerpräsidenten Lothar Späth in Auftrag gegeben und von Hannes Rettich, Kunstkoordinator im *Staatsministerium für Kultur*, unter Mitwirkung von weiteren Landesministerien, Kultur- und kommunalen Spitzenverbänden erarbeitet. Die umfangreiche, fast 400 Seiten umfassende Publikation enthält zum einen eine detaillierte Bestandsaufnahme der baden-württembergischen Kunstförderung[7] und zum anderen einen »Perspektivteil«, in dem Defizite benannt und weitreichende Handlungsvorschläge formuliert werden. Diese Kunstkonzeption hat nicht nur landesweit große Aufmerksamkeit erfahren – so wurde sie nicht nur vom Ministerpräsidenten der Öffentlichkeit und dem Parlament vorgestellt und war sogar Gegenstand einer eigenen Regierungserklärung Lothar Späths (Staatsministerium Baden-Württemberg 1990) – sondern diente anderen Bundesländern »als Vorbild« (Ministerium für Wissenschaft, Forschung und Kunst Baden Württemberg 2010. 15) beziehungsweise als Mutter der Kunstkonzeptionen.

2000 wurde eine erneute Bilanzziehung der Kunstförderung des Landes von der 1997 eingesetzten Kulturstrukturkommission[8] vorgenommen. Die Landesregierung hat die Empfehlung der Kommission weitgehend übernommen und ihre Umsetzung beschlossen (Ministerium für Wissenschaft, Forschung und Kunst Baden-Württemberg 2000).

Unter dem Titel »Kultur 2020« (Ministerium für Wissenschaft, Forschung und Kunst Baden-Württemberg 2010) wurde zehn Jahre später eine erneute »Gesamtschau der Kunst- und Kulturpolitik«[9] vorgelegt, in der die Landesregierung »zentrale Handlungsfelder, Perspektiven und Ziele für die Kunstpolitik des Landes in den kommenden zehn Jahren« (ebd.: 12) aufzeigt. Diese Konzeption wurde in einem dialogorientierten Prozess mit VertreterInnen aus Kunst und Kultur, Politik und Verwaltung erarbeitet: zwei Kunstkongresse (2005 und 2009), ein drei Jahre arbeitender Kunstbeirat, interministerielle Arbeitsgemeinschaften aller Landesministerien mit Kulturbezug, elf Arbeitsgruppen mit VertreterInnen der Kunstszene sind nur einige Bausteine des mehrjährigen Prozesses, an dessen Ende die Beratung im Parlament und ein einstimmiger Beschluss des Landtages stand.[10]

---

7 Berücksichtigt wurden dabei folgende Bereiche: Theater, Musik, Literatur, Film, Bildende Kunst, Museen, Staatliche Schlösser und Gärten, Denkmalpflege, Künstlerische Ausbildung und Fortbildung, spartenübergreifende Kunstförderungsmaßnahmen, Kunst und Wirtschaft, grenzüberschreitende Kulturelle Beziehungen.
8 Diese Kommission wurde zur »Überprüfung und Optimierung der öffentlichen Förderung« (Ministerium für Wissenschaft, Forschung und Kunst Baden Württemberg 2000) einberufen. Ihr gehörten unter Leitung von Hellmuth Matiasek acht externe Fachleute an.
9 So die Bezeichnung des Prozesses und der Publikation auf den Internetseiten des Kunstministeriums Baden-Württemberg http://mwk.baden-wuerttemberg.de/kunst-und-kultur/kulturpolitik/kultur-2020/ (letzter Zugriff: 13.11. 2012).
10 Zur Kommentierung der Kunstkonzeptionen vergleiche den Beitrag von Achim Könneke in diesem Band.

Bayern, Musikplan:
Der Freistaat Bayern hat 1978 als erstes der Bundesländer einen Musikplan herausgegeben und darin ein Entwicklungsprogramm für alle Bereiche der Musikerziehung, Musikausbildung und Musikpflege festgelegt. Auf Grundlage von Vorschlägen von Musikverbänden und weiteren Akteuren wurde 1989 eine erste Fortschreibung des Musikplans beschlossen. 2010 wurde der Musikplan erneut aktualisiert und unter Einbeziehung neuer Herausforderungen (z. B. Ganztagsschule und demographischer Wandel) auf 90 Seiten neu gefasst (Bayerisches Staatsministerium für Wissenschaft, Forschung und Kunst 2012). Für die einzelnen Bereiche (z. B. Laienmusik, professionelle Musik, Konzert- und Festivallandschaft, aber auch für Aus- und Weiterbildungsstätten der Musik und übergreifende Aufgaben der Musikpflege) werden die Ziele der staatlichen Förderung und Vorschläge zur Weiterentwicklung dargelegt. Der dritte Musikplan basiert auf einem vom *Bayerischen Musikrat* erarbeiteten Vorschlag, er wurde 2010 vom *Bayerischen Ministerrat* beschlossen und im *Bayerischen Landtag* erörtert.[11]

Berlin, Rahmenkonzept Kulturelle Bildung:
Seit Mitte der 2000er Jahre verfolgt Berlin ein eigenständiges Modell für Kulturelle Bildung. Zielgruppe sind im Wesentlichen die Kinder- und Jugendlichen, Ziel ist eine stärkere Vernetzung der Kultureinrichtungen mit Kitas, Schulen und Trägern der Jugendkulturarbeit. Der Anstoß ging von der »Offensive Bildung« aus, die insbesondere von einem Zusammenschluss von Berliner Kulturinstitutionen und -projekten, dem *Rat für die Künste*, 2006 in Zusammenarbeit mit anderen Akteuren ins Leben gerufen wurde.[12] 2008 legte der Senat nach Aufforderung des Abgeordnetenhauses dieses Rahmenkonzept (Senat Berlin 2008) vor, in dem drei Kernaufgaben und zentrale Handlungsfelder für Kulturelle Bildung in Berlin definiert sind. Bestandteil des Rahmenkonzeptes ist eine Evaluation der Angebote zur Kulturellen Bildung in den institutionell geförderten Kultureinrichtungen. Daher wurden 2010 alle 60 vom Land Berlin institutionell geförderten Kultureinrichtungen von einer »Kulturmanagement-Beratungsfirma« untersucht. Außerdem informiert die *Senatsverwaltung für Bildung, Wissenschaft und Forschung* das Berliner Abgeordnetenhaus regelmäßig über die Umsetzungsergebnisse des Rahmenkonzeptes.

Parallel zum Rahmenkonzept wurde ein »Projektfonds Kulturelle Bildung« etabliert, der mit jährlich 2 Millionen Euro ausgestattet ist und der Kooperations- und Vernetzungsprojekte zwischen Kultur- und Bildungseinrichtungen fördert.

Konzeptionelle Kulturpolitik in den Bundesländern

---

11 Ein weiteres Instrument sind die »Leitlinien Bayerischer Kulturpolitik«. 2010 wurden vom Staatsminister Wolfgang Heubisch »Leitlinien Bayrischer Kulturpolitik« (Bayerisches Staatsministerium für Wissenschaft, Forschung und Kunst 2010) vorgelegt. Dem vorausgegangen war im Vorjahr eine Anfrage an den Bayerischen Landtag nach der Umsetzung der Empfehlungen der *Enquete-Kommission »Kultur in Deutschland«*, insbesondere bei der Erarbeitung von Landesentwicklungskonzepten. Ende 2011 wurden diese Leitlinien in einer öffentlichen Anhörung im Kulturausschuss diskutiert. Zur Kommentierung dieser Leitlinien siehe den Beitrag von Eva Leipprand in diesem Band.
12 Zur Rolle der Künstler bei der Initiierung des Modells siehe Wostrak 2007.

Brandenburg, Kulturentwicklungskonzeption und Kulturpolitische Strategie 2012:
Das Land Brandenburg hat sich bereits sehr frühzeitig und auch kontinuierlich der Um- und Ausgestaltung der kulturellen Infrastruktur gewidmet (vgl. Strittmatter 2010: 75). 1992 hat das *Brandenburgische Ministerium für Wissenschaft, Forschung und Kultur* eine erste Bestandsaufnahme der kulturellen Infrastruktur in Brandenburg in Auftrag gegeben. Fünf Jahre später startete das Projekt »Kultur erhält Priorität – Kulturentwicklungskonzeption des Landes Brandenburg (KEP)«, getragen vom *Kulturministerium* und dem *Ministerium für Arbeit, Soziales, Gesundheit und Frauen*, der *Fachhochschule Potsdam*, den kreisfreien Städten und Landkreisen sowie mehreren kulturellen Landesverbänden. »Seine wesentlichen kulturpolitischen Ziele bestanden darin, unter dem anhaltenden Sparzwang Kulturkonzeption im Land ›von unten nach oben‹ zu erarbeiten, dabei die kulturpolitischen Prioritäten der Kommunen und des kulturellen Landesengagements zu bestimmen und somit eine relative Planungssicherheit für die verschiedenen Kulturträger zu gewährleisten. Besonders stimuliert werden sollten dabei regionale Kooperationen ...« (Strittmatter 2002: 40) Dieser partizipative Ansatz wurde bei der weiteren Arbeit an der Kulturentwicklungskonzeption fortgesetzt: beispielsweise in Regionalgesprächen zwischen Kulturabteilung und Landkreisen sowie mit kommunalen Spitzenverbänden, Kulturlandesverbänden und Kulturinstitutionen. Als Ergebnis des mehrjährigen Diskussions- und Entscheidungsfindungsprozesses unter Einbeziehung vieler Akteure wurde 2002 von der Regierung eine »Bestandsaufnahme Kultur im Land Brandenburg – Vorschlag für Prioritäten (Kulturentwicklungskonzeption)« vorgelegt und dem Landtag präsentiert. 2004 und 2009 legte die Landesregierung jeweils Fortschreibungen vor, denn die Kulturentwicklungskonzeption wird nicht als ein »Planwerk, das die zukünftige Entwicklung festschreibt, sondern eine auf vielfältige Kommunikation gegründete Darstellung des in den jeweiligen Berichtszeiträumen Erreichten sowie der daraus erwachsenen weiteren Entwicklungschancen« (Landtag Brandenburg 2009: 4) angesehen.[13]

Anstelle einer erneuten Fortschreibung der Kulturentwicklungskonzeption hat Brandenburg im September 2012 eine »Kulturpolitische Strategie 2012« veröffentlicht (Ministerium für Wissenschaft, Forschung und Kultur Brandenburg 2012). Im Herbst 2011 hat ein ministeriumsinterner Verständigungsprozess über Schwerpunkte und Leitlinien stattgefunden. Ergebnis waren die Eckpunkte einer »Kulturpolitischen Strategie«, die von der Kulturministerin Sabine Kunst im Februar der Öffentlichkeit vorgestellt wurde. Diese Präsentation bildet den Beginn eines offenen Kommunikationsprozesses mit den Kulturakteuren, Kommunen und der interessierten Öffentlichkeit – beispielsweise durch die Durchführung von moderierten Fachforen zu einzelnen Themen und verschiedenen Diskussionsveranstaltungen.[14]

---

13 Für weitere Informationen, u. a. zum Entstehungsprozess der Kulturentwicklungskonzeption von 2002 und zu den Inhalten der Fortschreibung 2004, siehe Cornel 2009.
14 Die inhaltlichen Schwerpunkte der Kulturpolitischen Strategie beschreibt Sabine Kunst in diesem Band.

Hamburg, Rahmenkonzept Kinder- und Jugendkultur:
2004 hat die *Kulturbehörde Hamburg* ein »Rahmenkonzept Kinder- und Jugendkulturarbeit« vorgelegt. Beauftragt vom Senat im Rahmen der Fortschreibung des Leitbildes »Metropole Hamburg – Wachsende Stadt«, hat die *Kulturbehörde* in Zusammenarbeit mit den Behörden für Kultur und Sport, Soziales und Familie, Wissenschaft und Gesundheit sowie den Bezirken und VertreterInnen von Kulturinstitutionen dieses Fachkonzept erarbeitet. Es beinhaltete eine ausführliche Bestandsaufnahme der Kinder- und Jugendkultur in der Hansestadt, wies auf Lücken hin und entwarf Entwicklungspotentiale sowie Ziele und Strategien. Der Senat nahm die Grundlinien des Fachkonzeptes auf und führte diese in ein »Rahmenkonzept Kinder- und Jugendkultur«, in dem Ziele, Maßnahmen und Finanzierung dargelegt sind. Es wurde im Juli 2004 vom Senat verabschiedet.

Nachdem 2006 die Qualität und Umsetzung des Rahmenkonzeptes von einem wissenschaftlichen Institut untersucht und positiv bewertet wurde, 2007 ein umfassender Bericht zur Umsetzung des Konzeptes von der Kultursenatorin vorgelegt wurde, beauftragte 2011 die *Hamburgische Bürgerschaft* den Senat respektive die *Kulturbehörde*, in einem Sachbericht Stellenwert und Umsetzung zu beschreiben und »im Sinne einer Fortschreibung oder einer Potenzialstudie relevante Felder künftigen Handelns aufzuzeigen. Darüber hinaus sollte er ›bis zum Beginn der Haushaltsberatungen 2013/2014 der Bürgerschaft berichten, wie die Maßnahmen im Bereich der Kinder- und Jugendkulturarbeit auf eine dauerhaft tragfähige finanzielle Grundlage gestellt werden können und Möglichkeiten einer verstärkten Kooperation zwischen der Kulturbehörde, der Behörde für Schule und Berufsbildung und der Behörde für Arbeit, Soziales, Familie und Integration aufzeigen‹.« (Bürgerschaft der Freien und Hansestadt Hamburg, 2012: 1). Die Fortschreibung dieses Rahmenkonzeptes, deren Diskussion erneut in einem sehr beteiligungsorientierten Prozess stattfand, wurde im Juni 2012 vom Senat verabschiedet.

Niedersachsen, Kulturentwicklungskonzeption:
Im Bereich der Kulturförderung ist Niedersachsen schon bekannt als Vorreiter für neue konzeptionelle Wege: so wurde die Soziokulturförderung des Landes von 1996 bis 2007 in die Hände der *Landesarbeitsgemeinschaft Soziokultur* als »beliehener Unternehmer« gelegt, seit 2005 ist eine regionalisierte Kulturförderung über die 14 Landschaften und Landschaftsverbände etabliert. Auch im Bereich der konzeptgestützten Kulturpolitik – über die Kulturförderung hinaus – gab es in Niedersachsen bereits 1992 erste Aktivitäten: Das *Kulturministerium* initiierte zusammen mit der *Kulturpolitischen Gesellschaft* und anderen Akteuren einen Kulturdiskurs, bei dem KulturpolitikerInnen, VertreterInnen von Verbänden und Kulturschaffende die weitere Entwicklung der Kulturpolitik beziehungsweise einen Landeskulturentwicklungsplan diskutierten, der aber nicht umgesetzt wurde.[15] 2011 hat das *Minis-*

---

15 Die Tagung »Kulturdiskurs Niedersachsen«, die 1992 in Loccum stattfand, ist in den dortigen Protokollen dokumentiert (Evangelische Akademie Loccum 1992). Siehe dazu auch den Beitrag von Hans-Jörg Siewert in diesem Band.

terium für Wissenschaft und Kultur Niedersachsen mit der Erarbeitung einer Kulturentwicklungskonzeption (KEK) einen weiteren Prozess begonnen: »Mit KEK Niedersachsen soll 2012 und 2013 eine aktive und strategische Kulturpolitik vorbereitet, abgestimmt und umgesetzt werden. ... Es geht um eine konzeptionelle Verständigung darüber, welche Ziele in der Kultur verfolgt werden sollen, welche Strukturen dafür angemessen und finanzierbar sind. Es geht darum Gestaltungsspielräume zu schaffen, aber auch Konsens für Schwerpunktsetzungen zu finden.« (Wanka 2011: 31) Am Beginn stand eine Bestandsaufnahme, die in Form eines Kulturberichtes veröffentlicht, auf einer Landespressekonferenz von der Ministerin vorgestellt und als Einladung zum Diskurs mit den kulturellen Akteuren kommuniziert wurde. Flankierend dazu wurden und werden verschiedene wissenschaftliche Institute mit der Durchführung von Studien beauftragt, um beispielsweise Einblicke in die kulturelle Partizipation der niedersächsischen Bevölkerung mit und ohne Migrationshintergrund zu gewinnen. Als weiterer wichtiger Grundpfeiler des Prozesses wird der Diskurs mit den Akteuren angesehen, der unter anderem in regionalen Kulturforen und Konsultationen stattfindet. Ergebnis des beteiligungsorienterten Prozesses wird 2013 die Entwicklung eines Kulturbildes sein.[16]

Thüringen, Kulturkonzept des Freistaates Thüringen und Leitbild:
2011 hat Thüringen als erstes Land ein Leitbild Kultur erarbeitet – »das erste Ergebnis eines neuen Aufbruchs in der Thüringer Kulturpolitik« (Ministerium für Bildung, Wissenschaft und Kultur des Freistaates Thüringen, 2012: 5). Vorausgegangen war das »1. Thüringer Kulturforum«, bei dem die Ziele der Thüringer Kulturpolitik unter breiter Beteiligung vieler Akteure diskutiert wurden. Für die Weiterentwicklung des Kulturkonzeptes wurden im Frühjahr 2011 acht Arbeitsgruppen (fünf spartenspezifische, drei spartenübergreifende) gebildet, in denen VertreterInnen der Kulturverbände, der Kulturinstitutionen, der Verwaltung, externe Fachleute und Mitarbeiter der Landesressorts mitwirkten. Koordiniert wurde das Verfahren von einer Lenkungsgruppe unter dem Vorsitz des *Kulturministeriums*, Mitwirkende waren Akteure des *Gemeinde- und Städtebunds Thüringen*, des *thüringischen Landkreistags* sowie VertreterInnen der Kulturverbände. Ergebnis des Gesamtprozesses ist das Kulturkonzept, das sowohl einen Überblick über die Kulturlandschaft Thüringens bietet als auch Herausforderungen benennt und zukünftige Perspektiven darstellt. Es bildet den Rahmen für die weitere Kulturpolitik des Landes, die zu grundsätzlichen Fragestellungen für die einzelnen Sparten entwickelten Perspektiven sollen schrittweise in den nächsten Jahren umgesetzt werden. Das Kulturkonzept wurde im Oktober 2012 vom Kabinett verabschiedet, im November war es Gegenstand einer Regierungserklärung des Kulturministers Christoph Matschies.

---

16 Für weitere Informationen zur Kulturentwicklungskonzeption siehe die Beiträge von Johanna Wanka und Hans-Jörg Siewert in diesem Band.

Tabelle 4: Einsatz von Instrumenten als Entscheidungs- und Planungsgrundlagen

Bestandsaufnahmen/Analysen, darunter	Baden-Württemberg, Bayern, Berlin, Brandenburg, Bremen, Hamburg, Mecklenburg-Vorpommern, Niedersachsen, Nordrhein-Westfalen, Saarland, Sachsen-Anhalt, Schleswig-Holstein, Thüringen
Kulturbericht	Bayern, Berlin, Brandenburg, Niedersachsen, Nordrhein-Westfalen, Schleswig-Holstein, Thüringen (ab 2013)
Bestandsaufnahme	Baden-Württemberg, Bayern, Brandenburg, Bremen, Mecklenburg-Vorpommern (Kulturanalysen), Niedersachsen, Nordrhein-Westfalen, Sachsen-Anhalt, Schleswig-Holstein, Thüringen (als Teil des Kulturkonzeptes)
Kulturwirtschaftsberichte und Sonstiges	Baden-Württemberg: Datenreport zur Kultur- und Kreativwirtschaft 2010 Bayern: Kultur- und Kreativwirtschaftsbericht 2012, Berlin: Kulturwirtschaftsberichte 2005 und 2008, Brandenburg: Kultur- und Kreativwirtschaft in Brandenburg 2007 sowie 2008/2009, Bremen: Kulturwirtschaftsbericht 2010, Hamburg: Kulturwirtschaftsbericht 2006, Kreativwirtschaftsbericht 2012, Mecklenburg-Vorpommern: Kulturwirtschaftsbericht 1997, Niedersachsen: Kulturwirtschaftsbericht 2002, 2007, Nordrhein-Westfalen: Kulturwirtschaftsbericht 1991/1992, 1995, 1998, 2002, 2007 sowie weitere Expertisen 2009 und 2012, Saarland: Kreativwirtschaftsbericht 2011, Sachsen: Kulturwirtschaftsbericht 2008, Sachsen-Anhalt: Kulturwirtschaftsbericht 2001 und 2007, Schleswig-Holstein: Kulturwirtschaftsbericht 2004 und 2010, Thüringen: Kulturwirtschaftsbericht 2008 und 2011, Länderförderkonzept für die Aufarbeitung der SED-Diktatur und für die Gedenkstätten
Wissenschaftliche Untersuchungen/Analysen, darunter	Baden-Württemberg, Brandenburg, Bremen, Hamburg, Niedersachsen, Nordrhein-Westfalen, Sachsen, Sachsen-Anhalt, Schleswig-Holstein, Thüringen
Wissenschaftliche Untersuchungen	Niedersachsen, Nordrhein-Westfalen, Sachsen-Anhalt, Thüringen
Expertisen	Brandenburg, Bremen, Hamburg, Sachsen-Anhalt
Sonstiges	Hamburg: Evaluation der Privattheater 2008 und Evaluationsbericht der Stadtteilkultur 2010, Schleswig-Holstein: Evaluation der Kulturförderung und Musikförderung

Quelle: Fragebogenerhebung bei den Kulturministerien der Bundesländer

Entscheidungs- und Planungsgrundlagen

Die Erarbeitung von Bestandsaufnahmen und Analysen gehört – entsprechend der Angaben der Fragebogenerhebung – in allen antwortenden Bundesländern zum Handwerkszeug konzeptgestützter Kulturpolitik. So liegen beispielsweise in Bayern[17], Nordrhein-Westfalen (Staatskanzlei des Landes Nordrhein-Westfalen

---

17 Wenig bekannt ist, dass das *Bayerische Staatsministerium für Kunst* mit dem »Kulturstaat Bayern« bereits seit 1998 einen Kulturbericht herausgibt. 2005 und 2010 wurden die Berichte aktualisiert. Ihr Ziel ist es, »Einblicke und Einsichten in den kulturellen Reichtum Bayerns« (Bayerisches Staatsministerium für Wissenschaft, Forschung und Kunst 2010: 7). Für die einzelnen kulturellen Sparten wird jeweils die Landschaft, besondere Aktivitäten und ihre Förderung dargestellt.

2009, 2010, 2011) und Niedersachsen (Niedersächsisches Ministerium für Wissenschaft und Kultur 2011) eigenständige Kulturberichte vor. In Brandenburg, Berlin und Thüringen sind die Bestandsaufnahmen, die vorgenommen wurden, Teile der jeweiligen Kultur(entwicklungs)- beziehungsweise Rahmenkonzepte. In der Regel ist das jeweilige Kulturministerium Initiator der Bestandsaufnahmen beziehungsweise Kulturberichte, bei den Autorenschaften beziehungsweise verantwortlichen DurchführerInnen gibt es allerdings Unterschiede – die Modelle reichen von der alleinigen Verantwortung der Kulturministerien bis zur Übergabe an Verbände beziehungsweise wissenschaftliche Institute.

Für einen Teilbereich der Kulturpolitik – die Kultur- und Kreativwirtschaft – haben alle befragten Bundesländer inzwischen Berichte erstellt, wie in *Tabelle 4* ebenfalls dokumentiert ist.

Governance-Instrumente
Ein sich inzwischen immer weiter verbreitender Ansatz, auf die aktuellen gesellschaftlichen Herausforderungen zu reagieren, ist der Einsatz von Governance-Instrumenten. Ist schon bei der Erarbeitung insbesondere der jüngeren Kulturkonzepte zu beobachten, dass diese diskursiv und beteiligungsorientiert angelegt waren (siehe oben), so werden aktuell in der Mehrzahl der Bundesländer auch andere, vielfältige Formen von Kooperationen beziehungsweise partizipativen Verfahren eingesetzt. Sie reichen vom Kulturkonvent in Sachsen-Anhalt, über Spartengespräche (u. a. in Bremen), regionale Kulturforen (u. a. in Niedersachsen), Runde Tische (u. a. in Schleswig-Holstein) bis zum Kulturdialog (u. a. in Nordrhein-Westfalen und Schleswig-Holstein). Allerdings unterscheiden sich diese zum Teil erheblich – beispielsweise bei der Auswahl der einzubeziehenden Akteure, im Formalisierungsgrad, im Steuerungsprozess und bei der Zurverfügungstellung von Ressourcen zur Umsetzung. Welche Instrumente in welchen Bundesländern eingesetzt werden, ist in *Tabelle 5* dargestellt.

Kulturkonvent in Sachsen-Anhalt: Die Landesregierung Sachsen-Anhalts hat im Koalitionsvertrag die Durchführung eines Kulturkonvents verankert, um Empfehlungen zur künftigen Kulturentwicklung und Kulturförderung zu erarbeiten. Die Empfehlungen des Konvents sollen als Grundlage für die Erstellung eines Landeskulturkonzepts für den Zeitraum bis 2025 dienen. Im September 2011 wurde die Einrichtung des Konvents vom Landtag beschlossen, einen Monat später hat er seine Arbeit aufgenommen. Ende Dezember 2012 wird der Konvent einen Abschlussbericht mit Empfehlungen vorlegen. Dem Konvent gehören 36 Mitglieder aus verschiedenen gesellschaftlichen Bereichen an, unter anderem von VetreterInnen der Landtagsfraktionen, des *Landkreistages* und *Städte- und Gemeindebundes*, der *Kirchen*, der *Hochschulrektorenkonferenz*, des *Kultursenats*, des *Schülerrats*, des *Seniorenrats*, der Arbeitgeber- und Wirtschaftsverbände, der Gewerkschaften, verschiedener Ministerien und diverser Kulturverbände. Der Konvent wird moderiert von Olaf Zimmermann. Im Konvent wurden fünf Arbeitsgruppen zu folgenden Themen gebildet: »Neubestimmung der grundlegenden Ziele der Landeskulturpolitik«, »Pro-

Tabelle 5: Einsatz von Governance-Instrumenten

Diskurse und Beteiligungsverfahren, darunter	**Baden-Württemberg, Bayern, Berlin, Brandenburg, Bremen, Hamburg, Mecklenburg-Vorpommern, Niedersachsen, Nordrhein-Westfalen, Sachsen, Sachsen-Anhalt, Schleswig-Holstein, Thüringen**
Kulturkonvent	Sachsen-Anhalt, Thüringen (*)
Kulturdiskurs	Baden-Württemberg, Brandenburg, Bremen, Niedersachsen, Nordrhein-Westfalen, Sachsen-Anhalt, Schleswig-Holstein, Thüringen
Sonstiges	Baden-Württemberg: Arbeitstreffen und Fachbeiräte, Bayern: auf informeller Ebene, Berlin: fachspezifische öffentliche Veranstaltungen (z. B. Diversity), Bremen: 5-jährige Kontrakte, Hamburg: Landesrat für Stadtteilkultur; Mecklenburg-Vorpommern: Kulturrat; Niedersachsen: Konsultationen, Regionale Kulturforen, Schleswig-Holstein: Theaterstrukturkommission, Runder Tisch Gedenkstätten, Runder Tisch Bildungsstätten, Thüringen: jährliche Kulturforen, Arbeitsgruppen, Fachbeiräte
Vereinbarungen, darunter	**Baden-Württemberg, Bayern, Berlin, Brandenburg, Bremen, Hamburg, Mecklenburg-Vorpommern, Niedersachsen, Nordrhein-Westfalen, Sachsen-Anhalt, Schleswig-Holstein, Thüringen**
Ziel-/Leistungsvereinbarungen	Baden-Württemberg, Bayern, Berlin, Brandenburg, Bremen, Hamburg, Mecklenburg-Vorpommern, Niedersachsen, Nordrhein-Westfalen, Sachsen-Anhalt, Schleswig-Holstein
Kooperationsvereinbarungen	Berlin: mit Bezirksregierungen und Land Brandenburg, Bremen, Hamburg, Mecklenburg-Vorpommern, Nordrhein-Westfalen, Sachsen-Anhalt, Thüringen: mit diversen Verbänden und Einrichtungen
Sonstiges	Baden-Württemberg: Verträge mit Land und Kommunen, Berlin: Hauptstadtkultur und -finanzierungsvertrag, Brandenburg: Theaterverträge, Thüringen: mehrjährige Finanzierungsvereinbarungen

Quelle: Fragebogenerhebung bei den Kulturministerien der Bundesländer, (*) = wird derzeit erarbeitet

bleme und Zielkonflikte bei der Landeskulturpolitik«, »Kulturpolitik im übergreifenden Zusammenhang«, »Struktur der Finanzierung der Kulturarbeit« und »Mittel und Wege zur Erreichung der kulturpolitischen Ziele«.[18] Während die Sitzungen der Arbeitsgruppen nicht öffentlich sind, führt der Gesamtkonvent eine Reihe von öffentlichen Tagungen durch.

In elf der 14 Bundesländer haben die Kultur- beziehungsweise Kunstministerien mit einzelnen Einrichtungen oder allen von ihnen geförderten Einrichtungen Ziel- beziehungsweise Leistungsvereinbarungen abgeschlossen, beispielsweise

- wurden in Berlin bereits Ende der 1990er Jahre Zielvereinbarungen mit Einrichtungen der Darstellenden Kunst abgeschlossen, inzwischen existieren sie mit Einrichtungsleitungen aus allen Sparten[19]

---

18 Noch vor Abschluss der Arbeit des Kulturkonvents hat der Landtag Sachsen-Anhalts eine Kürzung des Kulturetats um 5,8 Prozent gegenüber dem Vorjahr beschlossen.
19 Dabei handelt es sich um einzelvertragliche Vereinbarungen, die in der Regel mit flexiblen Gehaltsbestandteilen verknüpft sind.

- bestehen in Hamburg mit allen institutionell geförderten Einrichtungen Zielbeziehungsweise Leistungsvereinbarungen
- existieren in Niedersachsen Zielvereinbarungen sowohl mit Verbänden aller vier Säulen und Kultureinrichtungen.[20]

Operationalisierungsinstrumente
Der Einsatz von Operationalisierungsinstrumenten, wie die Entwicklung von Förderprogrammen und die Erarbeitung von Dokumenten zu Förderbedingungen, ist in allen Bundesländern selbstverständlich geworden. Bei der Befragung haben die AbteilungsleiterInnen aller Bundesländer jeweils mehrere Förderprogramme angegeben und auf die Existenz von Förderrichtlinien und -grundsätzen hingewiesen. Für welche kulturellen Tätigkeitsfelder welche Formen von Förderinstrumenten mit welchem Verbindlichkeitsgrad und welcher Form der Einbeziehung der Akteure bei der Erstellung und Umsetzung der Instrumente in den einzelnen Bundesländern existieren, ist nur ein Ausdruck der Vielfalt der Landeskulturpolitiken. Einen Einblick in die unterschiedliche Ausgestaltung der Förderung(sinstrumente) beispielsweise der Soziokultur und der Freien Theater in den einzelnen Bundesländern liefern die jeweiligen Untersuchungen des *Instituts für Kulturpolitik der Kulturpolitischen Gesellschaft e.V.* (Blumenreich 2004: 122 ff. und Blumenreich 2007: 118 ff.). Zu den von den AbteilungsleiterInnen genannten Förderprogrammen[21] gehörten zum Beispiel

- in Baden-Württemberg: Innovationsfonds Kunst, Förderprogramm Knaben- und Mädchenchöre sowie Projektmittel für die Bereiche Kleintheater und Kulturelle Bildung,
- in Bayern: Kulturfonds, Atelierförderprogramme, Stipendien, Denkmalpflegemittel und Entschädigungsfonds,
- in Brandenburg: Programm Musikalische Bildung für alle, Förderung der Freien Theater,
- in Bremen: Kunst im öffentlichen Raum,
- in Hamburg: Programme in allen Kultursparten,
- in Niedersachsen: Investitionsprogramme zur Soziokultur und für kleinere Museen, Kunstschule 2020, Museumsregistrierung, Modellprojekt »Vermittlung an nds. Kunstvereinen«,
- in Nordrhein-Westfalen: Landesprogramm Kultur und Schule, Kulturrucksack, Regionale Kulturförderung und Freie Szene,

---

20 Diese Zielvereinbarungen wurden geschlossen mit 4 Verbänden der Säule Kultur und Bildung; 6 Verbänden des Kulturellen Erbes; 4 Verbänden des Musiklands Niedersachsen sowie 7 Verbänden der Literatur. Außerdem wurden sie geschlossen mit Kommunaltheatern, Staatstheatern, Landesmuseen, dem *Landesamt für Denkmalpflege* und den *Händelfestspielen*. In die Verhandlungen werden die kulturpolitischen Zielvorstellungen des Landes und der Verbände beziehungsweise Einrichtungen eingebracht. Die Zielvereinbarungen gelten für einen Zeitraum von 3 bis 5 Jahren.

21 Bei den hier aufgeführten Programmen handelt es sich um diejenigen, die von den Befragten explizit hervorgehoben wurden. Darüber hinaus existieren in den einzelnen Ländern viele weitere Programme.

Tabelle 6: Die wichtigsten Instrumente der konzeptgestützten Kulturpolitik in den Bundesländern

Bundesland	Instrument 1	Instrument 2
Baden-Württemberg	Konzeption Kultur 2020	
Bayern	Bayerischer Musikplan	Leitlinien Bayerischer Kulturpolitik
Berlin	Zielvereinbarungen mit Einrichtungsleitungen	Rahmenkonzepte (z.B. Kulturelle Bildung, Berliner Mauergedenken)
Brandenburg	Kulturpolitische Strategie	Theaterverträge (Theater- und Konzertverbundvertrag)
Bremen	Spartengespräche	Kontrakte und Leistungsvereinbarungen
Hamburg	Rahmenkonzept Kinder- und Jugendkultur in Hamburg 2012	Kreativwirtschaftsbericht
Mecklenburg-Vorpommern	Richtlinien über die Gewährung von Zuwendungen zur Projektförderung	Richtlinie über die Gewährung von Zuwendungen zur Förderung von Musikschulen und von Kinder- und Jugendkunstschulen
Niedersachsen	Zielvereinbarungen mit den Kulturverbänden in den vier Säulen	Regionalisierung der Kulturförderung, Zielvereinbarungen mit Trägern der regionalen Kulturförderung
Nordrhein-Westfalen	Kulturförderbericht	Kulturdialog
Sachsen	Sächsisches Kulturraumgesetz	Kulturkompass (Kulturpolitische Leitlinien)
Schleswig-Holstein	Kulturdialog	Theaterstrukturkommission Instrument 3: Investitionsprogramm Kulturelles Erbe 2009–2012
Thüringen	Leitbild Kulturland Thüringen	Kulturkonzept des Freistaates Thüringen

Quelle: Fragebogenerhebung bei den Kulturministerien der Bundesländer, keine Angaben vom Saarland und von Sachsen-Anhalt

- in Schleswig-Holstein: Programm zur Sicherung des Baubestands des Kulturellen Erbes; Förderung für Projekte, die Kultur und Wirtschaft vernetzen, zur Förderung der Theater, zur Förderung der Kinodigitalisierung, zum Büchereiwesen,
- in Thüringen: Projektmanagerprogramm, Programm für jugendkulturelle MitarbeiterInnen und Technikerprogramm zur Ausbildung von VeranstaltungstechnikerInnen für freie Theater.

Die nach Einschätzung der AbteilungsleiterInnen in ihrem Bundesland wichtigsten Instrumente konzeptgestützter Kulturpolitik

Einen weiteren Einblick in den jeweiligen Stand der konzeptgestützten Kulturpolitik bieten auch die Angaben der AbteilungsleiterInnen, welche Instrumente die wichtigsten in ihrem jeweiligen Bundesland sind. Diese sind in *Tabelle 6* zusammengestellt.

Ulrike Blumenreich

Ausblick: Zukünftige Herausforderungen konzeptgestützter Kulturpolitik

Ein wesentlicher Ansatz beim Einsatz der Instrumente konzeptgestützter Kulturpolitik in den letzten Jahren ist, dass die zahlreichen Kulturentwicklungskonzeptionen nicht als statische Planungsinstrumente entwickelt und wahrgenommen werden, sondern als kontinuierlich fortzuschreibende. Dieser Ansatz eröffnet die Möglichkeit, auch zukünftige Herausforderungen perspektivisch einzubeziehen.

Zu den größten Herausforderungen zählen nach Auffassung der AbteilungsleiterInnen der Kulturministerien die folgenden:

1. Demographischer Wandel (angeführt von 11 Bundesländern: Baden-Württemberg, Berlin, Brandenburg, Bremen, Mecklenburg-Vorpommern, Niedersachsen, Nordrhein-Westfalen, Sachsen, Sachsen-Anhalt, Schleswig-Holstein, Thüringen)
Die zunehmende Alterung der Bevölkerung, ein Rückgang der Bevölkerung im ländlichen Raum, der Wegzug junger Menschen (insbesondere auch die ostdeutschen Flächenländer betreffend) sind Entwicklungen, mit denen sich eine konzeptgestützte Kulturpolitik auseinandersetzen muss.

2. Finanzsituation der Öffentlichen Hand (angeführt von 9 Bundesländern: Baden-Württemberg, Berlin, Brandenburg, Hamburg, Nordrhein-Westfalen, Saarland, Sachsen, Sachsen-Anhalt, Schleswig-Holstein)
Die Finanzsituation der Öffentlichen Hand stellte in einigen Bundesländern einen nicht unwichtigen Anlass für den Beginn stärker konzeptionell orientierter Aktivitäten der Kulturpolitik dar. Gleichwohl werden ihre Auswirkungen (»Haushaltskonsolidierung«, »Sparzwang«, »Schuldenbremse«) auf den Kulturbereich ständiger Begleiter der Fortschreibung der bisher erarbeiteten Konzepte sein.

3. Digitalisierung/technologischer Wandel (angeführt von 7 Bundesländern: Bayern, Berlin, Nordrhein-Westfalen, Saarland, Sachsen, Sachsen-Anhalt, Schleswig-Holstein)
Der technologische Wandel, der sich auf alle Bereiche des Kulturlebens auswirkt, zeigt sich beispielsweise in einer zunehmenden Digitalisierung der Kulturproduktion, -distribution, -rezeption und auch -vermittlung.

4. Kulturelle Teilhabe/Kulturelle Bildung (angeführt von 5 Bundesländern: Bayern, Bremen, Niedersachsen, Nordrhein-Westfalen, Schleswig-Holstein)

5. Interkultur/Diversity (angeführt von 4 Bundesländern: Bayern, Berlin, Bremen, Hamburg)

6. Erhalt des Kulturgutes in kulturellen Einrichtungen wie Bibliotheken, Museen oder Archiven (angeführt von 2 Bundesländern: Bayern und Thüringen).

Darüber hinaus wurden als Herausforderungen für die nächsten Jahre jeweils einmal benannt: Integration/Inklusion (Hamburg), integrierte Stadtentwicklung (Hamburg), Verlässlichkeit und Planungssicherheit beim Denkmalschutz (Bayern), Sanierungsbedarf bei Kulturbauten (Bayern), Energiewende und Forderung nach energetischen Gesamtbilanzen – Denkmalpflege – (Niedersachsen) und Spielräume für neue Ansätze (Berlin).

Wie sich die genannten Herausforderungen auf die weitere Gestaltung der konzeptorientierten Kulturpolitik auswirken werden, haben die AbteilungsleiterInnen der Kulturministerien ebenfalls dargestellt. Ihre Antworten lassen sich wie folgt zusammenfassen:

Konzeptionelle Kulturpolitik in den Bundesländern

1. Publikumserhaltung/Publikumsgewinnung/Gewährleistung der kulturellen Teilhabe (7 Bundesländer: Baden-Württemberg, Bayern; Berlin, Brandenburg, Niedersachsen, Sachsen, Thüringen)
    Zur Erreichung dieses Ziels werden in den einzelnen Bundesländern unterschiedliche Wege beschritten: die Schaffung von Rahmenbedingungen für die Teilhabe älterer BürgerInnen (in Brandenburg und Niedersachsen), die Gewinnung des »Publikums von morgen« (in Bayern und Niedersachsen[22]) unter anderem durch die Stärkung der kulturellen und interkulturellen Bildung (in Baden-Württemberg und Berlin), die Stärkung der Kulturvermittlung (Berlin) oder die Gewährleistung der kulturellen Teilhabe durch den Ausbau der Digitalisierung von Kulturgut (Sachsen) beziehungsweise der Beteiligung an der »Deutschen Digitalen Bibliothek« (z. B. Thüringen). Oder, um es in den Worten der thüringischen Abteilungsleiterin Elke Harjes-Ecker zu formulieren: »Allen im Land Lebenden und den Besuchern des Freistaates Thüringen muss in der Gegenwart und der Zukunft die Möglichkeit einer umfassenden Teilhabe am kulturellen Leben gewährleistet werden. Da Kultur ein Wert an sich ist, ermöglichen kulturelle Angebote Lebensqualität und können damit auch demografischen Entwicklungen entgegenwirken (Standortfaktor für die Gewinnung von Fachkräften und gegen Abwanderung).« (Antwort in der Fragebogenerhebung des *IfK*)
2. Überprüfung und gegebenenfalls Neujustierung der bisherigen Kulturförderpolitik (4 Bundesländer haben dies explizit herausgestellt: Berlin, Brandenburg, Bremen, Nordrhein-Westfalen)
    So setzt beispielsweise Berlin auf eine Überprüfung der Förderpolitik sowie des Programms, Personals und Publikums bezüglich Berücksichtigung der geänderten ästhetischen Präferenzen und der Auswirkungen der Einwanderungsgesellschaft. Ziel ist eine stärkere Fokussierung der Kulturförderung auf Nutzung, Wirkung, Vernetzung und Nachhaltigkeit. Brandenburg überlegt eine Neuausrichtung der Projektförderung nach fünf neuen landespolitischen Schwerpunkten und eine strukturelle und inhaltliche Konzentration der Fördermittel, um sie effektiver und effizienter einzusetzen. Bremen diskutiert eine neue Entwicklung von Programmstrukturen und die Entwicklung von nachhaltigen Kultur- und Projektförderstrategien. Nordrhein-Westfalen setzt auf eine stärkere Abstimmung, Vernetzung und Kooperation, eine Überprüfung von bestehenden Strukturen und Angeboten und die Entwicklung von Konzepten, die Gleichwertigkeit der Lebensverhältnisse ermöglicht.

---

22 Heike Fliess vom *Niedersächsischen Ministerium für Wissenschaft und Kultur* hebt beispielsweise hervor: »Frühe Erfahrungen kultureller Teilhabe beeinflussen den lebenslangen Zugang zu kulturellen Angeboten positiv. Daher sollen zum Beispiel bei den Musikalisierungsprojekten 80 Prozent der Kindergartenkinder und 30 Prozent aller Grundschulkinder erreicht werden.« (Antwort in der Fragebogenerhebung des *IfK*)

3. Erhaltung des Status quo der Kulturförderung (2 Bundesländer: Bayern und Thüringen). Beide Bundesländer formulieren das Ziel, den gegenwärtigen Kulturetat auf gleichbleibendem Niveau zu sichern.

Zu den weiteren Maßnahmen, die in den Bundesländern geplant beziehungsweise teilweise schon umgesetzt sind, zählen auch die Sensibilisierung der Akteure in Kulturpolitik, -verwaltung und -einrichtungen für eine stärkere Auseinandersetzung mit den Themen Diversity und Integration in ihrer Arbeit (Hamburg) und die Entwicklung kreativer Milieus und Konzepte, die ausgleichend auf Disparitäten im Stadtraum wirken und die Lebensqualität in Stadtteilen mit Entwicklungsbedarf erhöhen (Hamburg).

Diese Ausführungen geben den momentanen Zwischenstand der Entwicklung konzeptgestützter Kulturpolitik in den Bundesländern wider. Aber diese Entwicklung wird weiter voranschreiten, so wird beispielsweise in Nordrhein-Westfalen derzeit an einem Kulturfördergesetz gearbeitet, das 2014 in Kraft treten soll[23], Schleswig-Holstein plant für diese Legislaturperiode 2012 bis 2017 ein eigenes Bibliotheksgesetz und die Erarbeitung von Leitlinien im Dialog mit den Kulturschaffenden.

Abschließende Anmerkung

Aber nicht nur auf Ebene der Bundesländer spielt die konzeptgestützte Kulturpolitik in den letzten Jahren eine größer werdende Rolle, auch in vielen Regionen und Kommunen setzen sich Akteure aus Kulturpolitik-, -verwaltung und Verbänden[24] aktiv mit den Herausforderungen für die Kulturpolitik auseinander.

Leider existiert derzeit aber keine bundesweite Übersicht, die den Stand der konzeptionellen Kulturpolitik in den Regionen beziehungsweise Kommunen beziehungsweise die Existenz von Kulturentwicklungskonzeptionen dokumentiert.[25] Auch die Befragung der Abteilungsleiter in den Kulturministerien nach Regionen beziehungsweise Kommunen, für die beziehungsweise in denen bereits Kulturentwicklungsplanungen oder andere Instrumente erarbeitet wurden, konnte nur einen sehr kleinen Ausschnitt aufzeigen.[26] Dabei wäre eine solche Zusammenstellung

---

23 Siehe hierzu auch den Beitrag von Norbert Sievers und Kurt Eichler in diesem Band.
24 Beispiele für die Erarbeitung konzeptioneller Grundlagen durch zivilgesellschaftliche Akteure, die von den AbteilungsleiterInnen genannt wurden, sind: die *Landesgruppe Bayern der Kulturpolitischen Gesellschaft* mit den »Bausteinen bayerischer Kulturpolitik« (Kulturpolitische Gesellschaft 2008) sowie der *Museumsverband Thüringen* mit einem Museumsentwicklungskonzept und der *Bibliotheksverband Thüringen* mit dem sich in Bearbeitung befindlichen Bibliotheksentwicklungsplan.
25 Zu den wenigen Übersichten, die zumindest für einzelne Regionen existieren, gehört die von Reinhart Richter, die für Westfalen-Lippe zusammengestellt wurde. Sie ist – unterteilt nach Kulturentwicklungsplänen, Kulturkonzepten, Masterplänen, Leitbilder, Teilplanungen – unter www.kulturkontakt-westfalen.de/index.php?id=85 abrufbar (letzter Zugriff: 13.11.2012).
26 Zu den von den AbteilungsleiterInnen im Fragebogen hervorgehobenen Aktivitäten zählten beispielsweise: konzeptionelle Ansätze des baden-württembergischen *Ministeriums für Ländliche Räume und Verbraucherschutz*; in Thüringen die von den regionalen Planungsgemeinschaften erarbeiteten 5 Regionalpläne; Kulturentwicklungspläne beziehungsweise -konzepte für Landkreise beziehungsweise Kreise (u. a. Ostprignitz und Stormann) sowie für große, mittlere und kleine Kommunen (u. a. Köln, Kiel, Rostock, Brandenburg an der Havel).

und Auswertung der Erfahrungen bei der Erarbeitung und Umsetzung dieser Kulturentwicklungsplanungen eine verdienstvolle Aufgabe, da ihre Ergebnisse nicht nur den Akteuren zukünftiger Planungen eine wertvolle Unterstützung sein können, sondern den gesamten Diskussions- und Umsetzungsprozess der konzeptionellen Kulturentwicklung sowohl auf kommunaler, regionaler als auch Bundesländerebene weiter voranbringen würde.

Literatur

Bayerisches Staatsministerium für Wissenschaft, Forschung und Kunst (Hrsg.) (2012): *Bayerischer Musikplan*, Kirchheim: GG-Media

Bayerisches Staatsministerium für Wissenschaft, Forschung und Kunst (Hrsg.) (2010): *Kulturstaat Bayern. Förderung von Kunst und Kultur*, München: Selbstverlag

Bayerisches Staatsministerium für Wissenschaft, Forschung und Kunst (2010): *Leitlinien Bayerischer Kulturpolitik*, München: Selbstverlag

Bayerisches Staatsministerium für Unterricht, Kultus, Wissenschaft und Kunst (Hrsg.) (1998): *Kulturstaat Bayern. Finanzierung und Förderung von Kunst und Kultur in Bayern*, München: Selbstverlag

Blumenreich, Ulrike (2007): »Förderstrukturen für die darstellenden Künste in nicht öffentlicher Trägerschaft in der Bundesrepublik Deutschland auf der Ebene der Bundesländer«, in: Institut für Kulturpolitik der Kulturpolitischen Gesellschaft/ Fonds Darstellende Künste (Hrsg.): *Freies Theater in Deutschland. Förderstrukturen und Perspektiven*, Bonn/Essen: Kulturpolitische Gesellschaft/Klartext (Dokumentation 65), S. 118–216

Blumenreich, Ulrike (2004): »Synopse der Soziokulturförderung der Länder«, in: Institut für Kulturpolitik der Kulturpolitischen Gesellschaft e. V. (IfK)/LAKS Hessen e.V. (Hrsg.): *Soziokultur und ihre Förderung durch die Länder*, Bonn/Essen: Kulturpolitische Gesellschaft/Klartext (Dokumentationen 63), S. 122–127

Bürgerschaft der Freien und Hansestadt Hamburg (2012): *Rahmenkonzept der Kinder- und Jugendkultur 2012*, Hamburg: Drucksache 20/4450 vom 12.6.2012

Cornel, Hajo (2009): »Die Kulturentwicklungskonzeption des Landes Brandenburg«, in: *Kulturpolitische Mitteilungen*, Heft 124 (I/2009), S. 46–48

Evangelische Akademie Loccum (1992): *Kulturdiskurs Niedersachsen. Erwartungen an eine Kulturpolitik in einem Flächenlan* (Dokumentation einer Tagung vom 26.–27.2.1992), Rehburg-Loccum: Evangelische Akademie Loccum (Loccumer Protokolle, 27/92)

Landtag Brandenburg (2009): *Kulturentwicklungskonzeption der Landesregierung Brandenburg. Bericht 2009*, Potsdam: Drucksache 4/7524

Kulturpolitische Gesellschaft, Landesgruppe Bayern (Hrsg.) (2008): *Bausteine Bayerischer Kulturpolitik. Eine Diskussionsgrundlage*, Nürnberg: Selbstverlag (3. Auflage)

Ministerpräsident des Landes Nordrhein-Westfalen (2010): *Kulturbericht Nordrhein-Westfalen. Landesförderung 2009*, Düsseldorf: Staatskanzlei

Ministerium für Bildung, Wissenschaft und Kultur des Freistaates Thüringen (2012): *Kulturkonzept des Freistaates Thüringen*, Erfurt (Oktober 2012)

Ministerium für Wissenschaft, Forschung und Kultur des Landes Brandenburg (2012): *Kulturpolitische Strategie 2012* (September 2012), Potsdam

Ministerium für Wissenschaft, Forschung und Kunst Baden-Württemberg (Hrsg.) (2010): *Kultur 2020. Kunstpolitik für Baden-Württemberg*, Stuttgart

Ministerium für Wissenschaft, Forschung und Kunst Baden-Württemberg (Hrsg.) (2000): *Kunstpolitik in Baden-Württemberg: 1990 – 2000 – 2010. Bilanz und Ausblick*, Stuttgart: Selbstverlag

Morr, Markus (1999): *Verplante Kultur? Die Rahmenbedingungen kultureller Planung*, Bonn: Kulturpolitische Gesellschaft e. V.

Niedersächsisches Ministerium für Wissenschaft und Kultur (2011): *Kulturbericht Niedersachsen 2010*, Hannover: Selbstverlag

Rettich, Hannes (Hrsg.) (1990): *Kunstkonzeption des Landes Baden-Württemberg*, Freudenstadt: Verlag und Druck

Senat Berlin (2008): *Kulturelle Bildung – Ein Rahmenkonzept für Berlin!*, Berlin

Staatskanzlei des Landes Nordrhein-Westfalen, Kulturabteilung: *Kulturbericht Nordrhein-Westfalen. Landeskulturförderung 2008*, Redaktion: Institut für Kulturpolitik der Kulturpolitischen Gesellschaft e. V. in Zusammenarbeit mit der Kulturabteilung der Staatskanzlei, Düsseldorf: Selbstverlag 2009

Staatsministerium Baden-Württemberg (1990): *Regierungserklärung von Ministerpräsident Lothar Späth zur Kunstkonzeption vor dem Landtag Baden-Württemberg am 13. Dezember 1989*, Freudenstadt: Verlag und Druck

Strittmatter, Thomas (2010): »Zur Entwicklung der kulturellen Infrastruktur im Land Brandenburg seit 1990. Aspekte des kulturellen Strukturwandels in den neuen Bundesländern«, in: Institut für Kulturpolitik der Kulturpolitischen Gesellschaft e. V. (Hrsg.): *Jahrbuch für Kulturpolitik 2010. Thema: Kulturelle Infrastruktur*, Bonn/Essen: Klartext, S. 73–92

Strittmatter, Thomas (2002): »Macht Not erfinderisch? Zwei Regionalisierungskonzepte ostdeutscher Länder«, in: *Kulturpolitische Mitteilungen*, Heft 99 (IV/2002), S. 39–41

Wagner, Bernd/unter Mitarbeit von Boris Hagedorn (2009): *Rechtliche Regelungen von kommunalen Kulturaktivitäten. Materialien zum Workshop am 16.4.2009 in Essen*, Bonn: Institut für Kulturpolitik

Wanka, Johanna (2011): »Kulturpolitik konzeptionell gestalten. Beispiel Niedersachsen«, in: *Kulturpolitische Mitteilungen*, Heft 135 (IV/2011), S. 30–33

Winterfeld, Klaus (2006): *Das sächsische Kulturraumgesetz – Eine Bilanz nach elf Jahren*, Dresden: Dresdner Studien zur Kultur (Band 5)

Wostrak, Annette (2007): »Offensive Kulturelle Bildung in Berlin. Künste und Schule: Patenschaften für langfristige Zusammenarbeit auf Augenhöhe«, in: *Kulturpolitische Mitteilungen*, Heft 117 (II/2007), S. 8

Patrick S. Föhl

Governance im Kulturbereich – Neue Konzepte braucht das Land?
Sicherheit und Unsicherheit – Wie weiter mit der kulturellen Infrastruktur?

Die Debatten der letzten Jahre über die kulturelle Infrastruktur (siehe: Institut für Kulturpolitik der Kulturpolitischen Gesellschaft 2010, Haselbach u. a. 2012) sind Belege für eine paradoxe Situation: Der Kulturbetrieb und viele seiner Protagonisten scheinen gefangen zu sein zwischen Besitzstandsbewahrung (*Sicherheit*) und der großen Ungewissheit, wie es mit der bestehenden kulturellen Infrastruktur tatsächlich weitergehen soll (*Unsicherheit*). Beide Positionen sind verständlich, doch dürfte allen an der Gestaltung von Kulturpolitik und Kulturarbeit beteiligten Akteuren angesichts der massiven gesellschaftlichen Umwälzungen klar sein, dass der Status quo nur noch wenige Jahre zu halten ist.

Auch wenn nicht selten der Eindruck entsteht, dass die Grundprobleme der Kulturpolitik unlösbar scheinen[1] oder die beschriebene Schockstarre nur schwerlich überwunden werden kann, so sind die laufenden Diskussionen elementar und wichtig. Sie erzeugen zunehmende Transparenz – auch darüber, was gegenwärtig getan und gedacht wird. Kritische Bestandsaufnahmen und Analysen sind notwendig, um Veränderungen behutsam und mit klarem Verstand anzugehen. Denn Strategien sollten, wenn sie dem *Sparen als Politikersatz* oder kurzfristigen Behelfslösungen beziehungsweise Zugeständnissen tatsächlich einen nachhaltigen Entwicklungshorizont entgegensetzen wollen, möglichst auf die Vor-Ort-Situationen angepasst, mit Fakten fundiert und partizipativ entwickelt werden. Letztgenannter Punkt ist besonders wichtig, damit sich Politik, Verwaltung und die jeweiligen kulturellen Meinungsführer sowie die lokalen Eliten keine passfähige Strategie *auf den Leib*

---
1 Hier sei exemplarisch an die Baumolsche Kostenkrankheit und die über Jahrzehnte praktizierte additive Kulturpolitik gedacht.

schreiben (Clement u. a. 2010). Vielmehr sind differenzierte Positionen abzubilden, mit denen dann ein Umgang zu finden ist – auch wenn die Politik letztendlich, möglicherweise gegen Wünsche von Bürgern und Kulturakteuren, entscheiden muss.

Mit diesen Beobachtungen befindet man sich mitten in der seit einigen Jahren auch im Kulturbereich geführten Governance-Debatte, die diese Perspektiven einer kooperativen Kulturpolitik und -arbeit differenziert aufgreift. Sie soll im Folgenden vertieft werden. Dabei wird zunächst detaillierter allgemein auf das Governance-Konzept eingegangen, bevor es auf die Landesebene bezogen wird. Der Aufsatz schließt mit einer zusammenfassenden Einschätzung.

Governance – Was ist das?

Die zahlreichen Herausforderungen, die gegenwärtig im Raum stehen *(Abb. 1)*, die multiplen Lösungsansätze (wie etwa die Bemühungen im Kulturmarketing oder im Bereich der Kulturellen Bildung,[2] die auf jene Herausforderungen zu reagieren versuchen) und ein nach wie vor über all dem stehendes Wachstumsparadigma als nicht mehr zeitgemäßes Leitkonzept (vgl. Enquete-Kommission Wachstum, Wohlstand, Lebensqualität 2012) zeigen vor allem eins: dass der Kulturbereich – und alle anderen gesellschaftlichen Bereiche – durch eine kaum noch überschaubare Komplexität gekennzeichnet sind.

Diese schwierige Situation fördert allerdings gegenwärtig viele Erkenntnisse zutage, die einen gewichtigen Beitrag leisten, Ansätze einer zeitgemäßen Kulturpolitik und -arbeit zu entwickeln. Zwei Punkte sind dabei besonders elementar und richtungsweisend: Angesichts der beschriebenen Komplexität müssen – vor dem Hintergrund stagnierender oder gar abnehmender Ressourcen bei zunehmendem Ressourcenbedarf – Schwerpunkte entwickelt und kulturpolitische Entscheidungen getroffen werden. Dies geschieht zunehmend konzeptbasiert und kooperativ. Ziel ist es, den Kulturbereich auf lokaler, regionaler oder landesweiter Ebene möglichst gesamtheitlich zu erfassen und bedarfsgerechte sowie zeitgemäße Ziele und Maßnahmen zu formulieren. Der zweite Punkt – neben der Konzeptbasierung – ist die Kooperation: »Der Staat wird auf Kooperation setzen müssen, weil er in einer dynamischen Welt keine andere Chance hat. Der Staat verfügt über kein Wissen, über das die Gesellschaft – die Bürger wie ihre Wirtschaft – nicht längst besser verfügt.« (Priddat 2003: 393) Gleiches gilt selbstredend auch für materielle Ressourcen, wenngleich hier alle gesellschaftlichen Akteure *in einem Boot sitzen* und zunehmend aufeinander angewiesen sind. Doch wer steuert solche Prozesse? Hier richten sich vor allem an den Staat Erwartungen hinsichtlich eines entsprechenden *Interdependenzmanagements* (Papadopoulos 2010: 227).

Der Governance-Ansatz, welcher mit dem Erscheinen des Schlussberichts der *Enquete-Kommission »Kultur in Deutschland« des Deutschen Bundestages* im Jahr 2008 nachdrücklich in die kulturpolitische Debatte eingeführt wurde, greift die genannten

---

[2] Vgl. für eine Übersicht gegenwärtiger Lösungsansätze zur Bewältigung der Herausforderungen im Kulturbereich: Föhl 2011: 31–37.

Abbildung 1: Herausforderungen im Kulturbereich

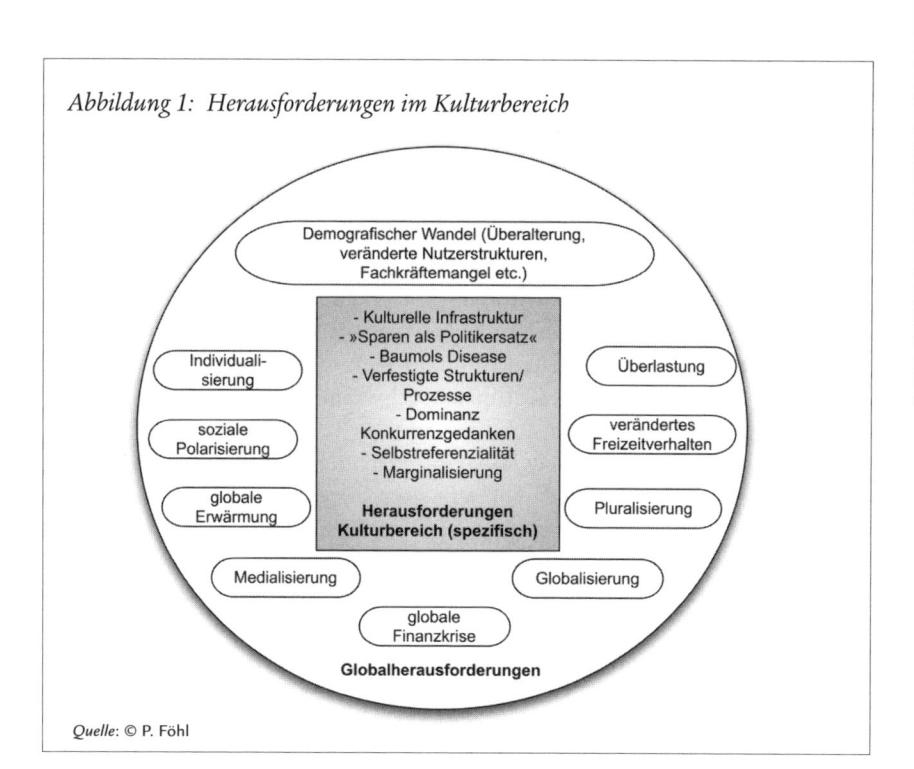

- Demografischer Wandel (Überalterung, veränderte Nutzerstrukturen, Fachkräftemangel etc.)
- Individualisierung
- soziale Polarisierung
- globale Erwärmung
- Medialisierung
- globale Finanzkrise
- Globalisierung
- Pluralisierung
- verändertes Freizeitverhalten
- Überlastung

Herausforderungen Kulturbereich (spezifisch)
- Kulturelle Infrastruktur
- »Sparen als Politikersatz«
- Baumols Disease
- Verfestigte Strukturen/Prozesse
- Dominanz Konkurrenzgedanken
- Selbstreferenzialität
- Marginalisierung

Globalherausforderungen

Quelle: © P. Föhl

kooperativen Perspektiven auf. So heißt es dort unter anderem: »Das Leitbild Governance der öffentlichen Verwaltung bedeutet für den Kulturbereich eine Fokussierung auf die kulturpolitischen Ziele und eine kooperative Lösungsstrategie, die alle kulturpolitischen Akteure (staatliche und private) einbezieht.« (Deutscher Bundestag 2008: 128) Aufgenommen wurde diese Perspektive wenig später in Oliver Scheytts Plädoyer für eine *aktivierende Kulturpolitik* (Scheytt 2008), die kooperative Ansätze ermöglichen und koordinieren soll. (Vgl. hierzu auch Sievers 2005) Fürst geht sogar noch etwas weiter und sieht Governance als zentrales Instrument, den gegenwärtigen Herausforderungen und – angesichts von Verteilungskämpfen – ansteigenden Entsolidarisierungstendenzen in der Gesellschaft etwas entgegenzusetzen: »Die Diskussion zu ... Governance richtet sich auf die Frage, wie Entwicklungsprozesse ... in einer zunehmend fragmentierten und sektoralisierten Welt verwirklicht werden. Angenommen wird, dass Akteure hierbei gemeinschaftliche Lösungen finden müssen. Wenn etwa in einer schrumpfenden Region jeder isoliert handelt, löst dies einen Circulus vitiosus sich beschleunigender Abwanderung aus, weil niemand Zukunftschancen sieht. Setzen sich dagegen die Akteure zusammen, entwickeln Ideen des ›Standhaltens‹ und bemühen sich um gemeinsame Aufbruchstimmung, lässt sich der Prozess möglicherweise aufhalten.« (Fürst 2007: 353)

Für Governance existiert allerdings keine feststehende Begriffsdefinition. Dies lässt sich auf die verschiedenen Anwendungsfelder, die Beforschung durch eine

Vielfalt an Wissenschaften sowie das noch relativ frühe Entwicklungsstadium dieses Ansatzes und seine Funktion als Brückenbegriff zurückführen (Schuppert 2006). Dennoch kann ein gewisser Grundkonsens an definitorischen Annäherungen zusammengefasst werden (Benz/Dose 2010):

- Steuern und koordinieren oder auch regieren mit dem Ziel des Managements von Interdependenzen zwischen in der Regel kollektiven Akteuren aus dem öffentlichen, privaten oder privat-gemeinnützigen/zivilgesellschaftlichen Sektor und/ oder innerhalb dieser Sektoren.
- Steuerung und Koordination beruhen auf zumeist institutionalisierten Regelsystemen, welche das Handeln der Akteure lenken sollen, wobei üblicherweise Kombinationen aus unterschiedlichen Regelsystemen – wie zum Beispiel Markt, Hierarchie und Mehrheitsregeln – vorliegen.
- Interaktionsmuster und Modi kollektiven Handelns, welche sich im Rahmen von Institutionen – unter anderem Netzwerke, Vertragsbeziehungen oder Initiativen zum Beispiel Bürgervereinigungen – ergeben.
- Prozesse des Steuerns beziehungsweise Koordinierens sowie Interaktionsmuster, die der Governance-Begriff erfassen will, überschreiten in aller Regel Organisationsgrenzen, insbesondere auch die Grenzen von Staat und Gesellschaft, die in der politischen Praxis zunehmend fließend werden. Politik und Gestaltungsprozesse in diesem Sinne finden im Zusammenwirken staatlicher und nicht-staatlicher Akteure beziehungsweise Organisationen statt.

Neuorientierung von Kulturpolitik

Aus den genannten Aspekten ergibt sich perspektivisch eine grundsätzlich neue Orientierung von Kulturpolitik. Diese wird durch eine Neujustierung des Verhältnisses von staatlicher Politik, gesellschaftlicher Selbststeuerung und marktwirtschaftlichen Mechanismen determiniert. (Vgl. hier und im Folgenden ausführlich Wagner 2007) Während die Rollen der drei Sektoren *Staat* (Government/sozialstaatliches Versorgungsdenken), *Zivilgesellschaft/intermediärer Sektor* (die Verantwortung des Einzelnen) und des *Markts* beziehungsweise der *Privatwirtschaft* (neoliberale Deregulierung) erhalten bleiben, werden diese durch sektorenübergreifende Kombinationen von öffentlicher Regulierung, marktvermittelter Produktion und gesellschaftlichem Engagement erweitert. Gleichfalls sollen kooperative Prozesse innerhalb der Sektoren gestärkt werden.

Das Konzept der *aktivierenden Kulturpolitik* (vgl. zur kontroversen Debatte über dieses Begriffspaar Fuchs/Scheytt 2010) kann in diesem Kontext als Grundlegung des Governance-Ansatzes in der kulturpolitischen Debatte verstanden werden, da es durch Anreizmechanismen und konzeptbasierte Beteiligungsverfahren auf die Aktivierung von Kooperationen, Abstimmungsverfahren, Koordination und Eigenverantwortung setzt (Scheytt 2008). Hierdurch sollen angesichts der dargestellten Herausforderungen unter anderem folgende Effekte erzielt werden (Knoblich/ Scheytt 2009, Wagner 2007):

- Förderung von künstlerischen/konzeptionellen Innovationen durch neue Vernetzungen,
- Aktivierung vorhandener endogener Potenziale durch sparten- und sektorenübergreifendes Handeln, zum Beispiel zwischen Kultur und Tourismus, Kultur und Wirtschaft sowie Kultur und Bildung,
- Entlastung der öffentlichen Finanzierungssysteme,
- Ergänzung/Ersatz der staatlichen Produzentenrolle durch eine Gewährleistungsrolle,
- Etablierung neuer Betrachtungsweisen von kultureller Infrastruktur und entsprechender Wertigkeiten,
- neuartige Synthesen aus staatlicher Gesamtverantwortung, privatwirtschaftlichen Leistungen und bürgerlicher Selbsttätigkeit durch deren konsequente Koordination und – wo sinnvoll – Verbindung.

Verfahren, Themen und Bezugspunkte – Komplexe Systeme

Im Rahmen der geschilderten *kooperativen Perspektive* stellen sich die Fragen, wer entscheidet und wie entschieden wird? Häufig werden Governance beziehungsweise Verfahren einer *kooperativen Demokratie* (Föhl 2010) als Ersatz für die bisherigen demokratisch legitimierten Entscheidungs- und Beschlussfindungsverfahren verstanden. Das Gegenteil ist der Fall: Wie dargestellt, ist richtig verstandene *Governance* kein Ersatz, sondern eine Ergänzung der vorhandenen *Government*-Strukturen. Entscheidungsfindungsverfahren, die zumeist durch die Öffentliche Hand gesteuert oder unterstützt werden, sollen durch eine breitere Beteiligung *partizipativer* – also besser vermittelt und *näher dran* – und durch die Einbeziehung externer *Wissensressourcen* qualitativ hochwertiger vollzogen werden. Dieser Austausch kann durch dauerhafte oder temporäre Dialogstrukturen[3] aktiviert und manifestiert werden. Mit Blick auf materielle Ressourcen richtet sich der Fokus unter anderem darauf, wie die *vorhandenen Ressourcen*, gemeinsam auf Ziele ausgerichtet, potenziell *mehr bewirken* und welche bislang öffentlichen Leistungen gegebenenfalls durch Dritte – oder in Mischformen – erbracht werden können. Insgesamt basiert erfolgreiche Governance dabei auf verschiedenen Grundbedingungen (Scheytt/Kersten 2009: 15 f.):

- Konsens durch dauerhaften Dialog,
- Ko-Existenz von Autonomie und Interdependenz,
- Anerkennung und Wahrnehmung der Vielfalt der Kulturakteure und Bürger,
- Anerkennung des Dualismus von Governance und Government,
- Kontextsensibilität,
- Spannungsverhältnis zwischen Gemeinwohlorientierung (Staat) und partikularen Interessen (Kulturakteure, Bürger, Unternehmen etc.) bewusst thematisieren und im Auge behalten,
- *Co-Opetition* befördern (Kooperation wo möglich, Konkurrenz wo nötig).

3 Beispiele für dauerhafte Dialogstrukturen sind Beiräte und regionale Entwicklungsvereine. Für temporäre Austauschformen lassen sich Lenkungskreise im Rahmen von Kulturentwicklungsplanungen exemplarisch anführen.

Da Governance als Grundmuster auf eine partnerschaftliche Entwicklung von Ideen, Konzeptionen und Maßnahmen ausgerichtet ist, sind die möglichen Ausformungen in der Praxis entsprechend vielfältig. Hierzu zählen – wie dargestellt – kooperative Planungsverfahren, permanente Beteiligungsprozesse, die Implementierung langfristiger Kooperationsverbünde, die Entwicklung regionaler Themenverbünde, die Fundierung ressortübergreifender politischer Handlungsfelder, mehrdimensionale Finanzierungsstrategien, Strukturen eines kooperativen Kulturföderalismus, die Beförderung des Ehrenamts und vieles mehr.

Abgesehen von den verschiedenen Formen gibt es gegenwärtig diverse Themen, die als *Governance-Treiber* zu identifizieren sind. Hierzu zählen vor allem diejenigen Felder, die eine *Kooperations- und Koordinationsimmanenz* aufweisen und die auf eine entsprechende Aktivierung sowie Steuerung angewiesen sind. Hierzu zählen zuvorderst

- die *Kulturelle Bildung*,
- der *Kulturtourismus*,
- die *Kulturwirtschaft*,
- die Durchführung von *Kulturentwicklungsplanungen* (wie gegenwärtig z. B. in Dessau-Roßlau oder im Landkreis Peine) sowie
- die *Regionalentwicklung* im Allgemeinen.

In zahlreichen Fällen kann man zudem eine Art thematisches *Dreiecksmuster* feststellen, wie dies unter anderem bei den Kulturstrategien des Landkreises Ostprignitz-Ruppin und des Landes Brandenburg der Fall ist: Die Fokussierung auf die *Kulturelle Bildung* (Innenorientierung) und den *Kulturtourismus* (Außenorientierung) auf Grundlage der Stärkung *regionaler Identität*.

So fern und doch so nah? – Governance auf Landesebene

Die Ausführungen implizieren, dass Governance, wenn es konkret werden soll, in der Regel *nah dran* sein muss an den Akteuren, lokalen Themen und vor-Ort-Bedingungen. Nur dann scheint das notwendige *Involvement* von Politikern, Kulturverwaltern, Kunst- und Kulturschaffenden, Bürgern sowie Unternehmen aktivierbar. Deswegen erfährt Governance vor allem auf der lokalen und regionalen Ebene eine besondere Aufmerksamkeit. Allerdings sind diese Schlussfolgerungen zu kurz gedacht. Im föderalen System der Bundesrepublik stehen die verschiedenen staatlichen Ebenen in vielfältigen Wechselbeziehungen, die sich zwangsläufig aufgrund der anwachsenden Herausforderungen weiter verstärken werden. Hier sei exemplarisch an Landeseinrichtungen und ihre *Auswirkungen* auf und ihren *Abstimmungsbedarf* mit dem jeweiligen regionalen Umfeld gedacht oder an die *Landesförderungen im Theaterbereich*, die zunehmend neu strukturiert werden müssen – und dies bestenfalls kooperativ in Abstimmung mit den Trägerkommunen. Sucht man nach systematisierten Governance-Ansätzen auf der Landesebene im Bereich Kultur, lassen sich verschiedene Herangehensweisen finden.

Im Mittelpunkt konzeptbasierter Governance-Ansätze steht die ansteigende Zahl von *partizipativ ausgerichteten Landeskulturentwicklungsplanungen*, die in enger Kooperation mit Landkreisen, Kommunen, Kulturakteuren und anderen Interessengruppen entwickelt wurden und werden.[4] Exemplarisch lassen sich die »Kulturentwicklungskonzeption des Landes Brandenburg« (letzte Fortschreibung 2009) und die daraus hervorgegangene schlankere, aber ebenfalls partizipativ erarbeitete »Kulturstrategie 2012 des Landes Brandenburg« benennen, die Schwerpunkte für die Landeskulturpolitik und entsprechende Förderbereiche definieren (Sabine Kunst in diesem Jahrbuch). Das Land Niedersachsen arbeitet nach demselben Prinzip und erstellt auf Basis des »Kulturberichts 2010« (Bestandsaufnahme) gegenwärtig eine kooperative und diskursiv angelegte Kulturentwicklungskonzeption. Mittels Konsultationen und regionalen Kulturforen werden über 100 kulturelle Organisationen, Einrichtungen, Institutionen und Initiativen beteiligt.[5] Darüber hinaus wird ein niedersachsenweites *Kulturmonitoring* erstellt und weitere empirische Untersuchungen wie das »InterKulturBarometer« hinzugezogen. Ende 2013 erfolgt eine erste Bilanzierung (siehe dazu die Beiträge von Johanna Wanka und Hans-Jörg Siewert in diesem Jahrbuch).

Die Konzeption »Kultur 2020 – Kunstpolitik für Baden-Württemberg« wurde darüber hinaus mittels einer aufwändigen Beiratsstruktur erarbeitet (Achim Könneke in diesem Jahrbuch). Ähnlich verfährt der gegenwärtige Kulturkonvent in Sachsen-Anhalt, welcher mit einem 36-köpfigen Gremium aus verschiedenen gesellschaftlichen Bereichen – unter anderem durch die Anhörung externer Experten – an Empfehlungen zur künftigen Kulturentwicklung und Kulturförderung in Sachsen-Anhalt arbeitet. Diese sollen als Grundlage für die Erstellung eines Landeskulturkonzepts für den Zeitraum bis 2025 dienen (Stephan Dorgerloh/Manuela Lück in diesem Jahrbuch).

Wenngleich die Landeskulturkonzepte[6] in ihrer Wirkung noch nicht abschließend beurteilt werden können, sind sie dennoch Belege für einen Paradigmenwechsel: Eine bislang Top-Down gesteuerte Entscheidungskette wird durch einen dualen Prozess der Einbeziehung von Wissen und Meinungen aus verschiedenen gesellschaftlichen Feldern bereichert. Government-Strukturen, wie exklusive Beratungen im politischen Bereich oder Beschlussfassungsverfahren in den Parlamenten, bleiben dabei bestehen.

Fragen nach dem *Impact* solcher Planungen und dem Nutzen breiter Beteiligungsverfahren, müssen sicherlich noch ausführlich diskutiert und evaluiert werden. Ein Ergebnis ist jedoch bereits manifest: Durch solche Verfahren entsteht gegenseitige Transparenz und ein gesteigertes Verständnis für die Situation des anderen. Gleichzeitig werden mitunter weitergehende Planungsprozesse auf der kommunalen Ebene in Gang gesetzt, die zu einer Verzahnung zwischen den Überlegungen auf der

Governance im Kulturbereich – Neue Konzepte braucht das Land?

---

4 Vgl. für eine umfangreiche Übersicht aktueller Entwicklungen im Bereich konzeptbasierter Länderkulturpolitik Ulrike Blumenreich in diesem Jahrbuch.
5 Ähnlich ist man bei dem jüngst veröffentlichten »Kulturkonzept des Freistaates Thüringen« vorgegangen.
6 Parallel entstehen zudem vermehrt spartenspezifische Landeskonzeptionen wie die »Museumskonzeption des Freistaates Sachsen« (Thomas Früh/Norbert Haase in diesem Jahrbuch).

Landesebene und den konkreten vor-Ort-Verhältnissen in den Kreisen, Städten und Gemeinden führen. Ein Beispiel hierfür ist abermals das Land Brandenburg, in dem in den letzten Jahren kommunale und regionale Kulturentwicklungskonzeptionen entstanden sind. Diese rekurrieren auf die Schwerpunkte des Landes und wurden mitunter durch das *Ministerium für Wissenschaft, Forschung und Kultur* aus Mitteln des *Europäischen Sozialfonds* umfänglich bei der Planung unterstützt.[7] Auf diese Weise können verzahnte Ansätze entstehen, die bei stagnierenden und zukünftig abnehmenden Ressourcen eine Verständigung auf gemeinsame künstlerische sowie kulturelle Entwicklungsschwerpunkte zulassen.

Ergänzend zu den dargestellten Kernstücken konzeptbasierter Governance auf Landesebene, sollen weitere Herangehensweisen exemplarisch aufgeführt werden:

- Ansätze einer *kooperativen Regionalentwicklung* im Kulturbereich, wie sie vor allem durch die *Regionale Kulturpolitik in Nordrhein-Westfalen* praktiziert werden, sind ebenfalls als Governance-Ansatz zu verstehen. Hier werden regionale Kulturentwicklungsprozesse angestoßen, welche landesweit in den jeweiligen Regionen spezifische Aktivitäten entfalten, die die Menschen bei ihren regionalen Gewohnheiten und Identitäten abholen (Norbert Sievers/Kurt Eichler in diesem Jahrbuch). (Vgl. für weitere kulturregionale Ansätze Föhl 2012)
- Die klassischen Ansätze einer *kooperativen Kulturförderung* zwischen den Ländern und Kommunen, die über Förderverträge und ähnliches geregelt werden, erfahren zunehmend eine Ergänzung durch verbindliche konzeptbasierte Vereinbarungen wie der *Theater- und Konzertverbund des Landes Brandenburg* oder Gesetze wie das *Sächsische Kulturraumgesetz*.
- Abschließend soll als Beispiel für einen *institutionalisierten Governance-Ansatz* auf den *Kulturland Brandenburg e. V.* hingewiesen werden, der auf verschiedenen Wegen – substanziell gefördert durch das *Ministerium für Wissenschaft, Forschung und Kultur des Landes Brandenburg* – Ressourcen und Potenziale aus anderen Landesressorts, aus Kommunen und von privaten Akteuren bündelt. Ziel ist die Ermöglichung qualifizierter Kulturangebote im gesamten Bundesland. Dies geschieht im Kern durch jährliche Themenkampagnen und durch die Koordination sowie Vermittlung von Information und Qualifizierung.[8]

Kinderschuhe oder Siebenmeilenstiefel – Wo stehen wir?

Abschließend kann festgehalten werden, dass der Governance-Gedanke in zahlreichen – aber bei weitem nicht allen – Ländern angekommen ist, auch wenn dieser in den seltensten Fällen so benannt beziehungsweise konzeptionell reflektiert wird. Insgesamt kann überdies nachvollzogen werden, dass im Sinne eines *kooperativen*

---

7 Beispiele hierfür sind die Stadt Brandenburg an der Havel, der regionale Wachstumskern Prignitz, die Fontanestadt Neuruppin und der Landkreis Ostprignitz-Ruppin.
8 Beispiele für die Vermittlung von Informationen und Qualifizierung seitens des *Kulturland Brandenburg e. V.* sind der Betrieb der *Plattform Kulturelle Bildung*, die Koordination des *Arbeitskreises der Kulturverwaltungen im Land Brandenburg* und die Offerierung des kulturtouristischen Qualifizierungsprogramms *Brandenburgisch-Preußische Kulturlandschaft erleben*.

Kulturföderalismus und eines zunehmend vernetzen Denkens, bereits unproduktive Segmentierungen und Doppelstrukturen aufgebrochen wurden. Gleichfalls sind neue Möglichkeitsräume durch Kooperationen – und weniger Partikularität – geschaffen worden. Dies sind bislang die wichtigsten Ergebnisse, die bereits als Erfolg gewertet werden können.

Abschließend sollen – neben den genannten Potenzialen – die Herausforderungen und Gefahren von Governance nicht unerwähnt bleiben. Diese können eintreten, wenn das Konzept missverstanden, undurchdacht oder zum Schein, zum Beispiel zur Befriedigung des Interesses nach Partizipation, Anwendung findet (vgl. hierzu auch Scheytt/Kersten 2009):

- Politischer Legitimations- und Steuerungsverlust,
- Gleichschaltung von Kultur (Innovationsverlust)/Stärkung der Mittelmäßigkeit,
- Erosion gemeindlicher Selbstverwaltungskompetenz,
- Governance als Vehikel zum Abbau staatlicher Fürsorge,
- Stärkung partikularer Interessen unter dem Deckmantel partizipativer Prozesse,
- Dominanz der Eliten in Governance-Prozessen,
- Verlangsamung von Entscheidungsprozessen/Entscheidungsvakuum.

Diesen Gefahren kann mit durchdachten *Spielregeln* begegnet werden. Gleichfalls ist Klarheit darüber herzustellen, warum, wie, zu welchem Punkt und von wem Entscheidungen getroffen werden.

Neben den genannten Gefahren ist darüber hinaus zu bedenken, dass Kulturpolitik und Kulturakteure bezüglich Governance am Anfang stehen und diesem *Modell* eine große *Feuerprobe* erst noch bevorsteht. Es ist nämlich das eine, Schwerpunktsetzungen kooperativ zu diskutieren und zu implementieren – auch wenn diese bereits schmerzhaft sein können, da sie potenziell den Kreis öffentlicher Leistungsempfänger verkleinern. Etwas anderes ist die Diskussion über die Zukunft kultureller Infrastruktur, spezifischer Sparten oder gar einzelner Einrichtungen. Deswegen kann zum Beispiel mit großer Spannung auf die Ergebnisse des sächsisch-anhaltinischen Kuiulturkonvents geblickt werden. Dieser muss vor dem Hintergrund massiv abnehmender Landesmittel unter anderem konzise Aussagen über die Zukunft der öffentlichen Theater in Sachsen-Anhalt treffen, da diese substantiell von Landesförderungen abhängig sind. Ob dem Kulturkonvent dies in seiner kooperativen Struktur gelingt und wie entsprechende Ansätze mit den Kommunen im Detail geklärt beziehungsweise verhandelt werden, wird auch Hinweise darüber geben, wie weitreichend Governance-Ansätze wirken können oder wo sie möglicherweise an ihre Grenzen stoßen.

Literatur

Benz, Arthur;/Dose, Nicolai (Hrsg.) (2010): *Governance – Regieren in komplexen Regelsystemen. Eine Einführung*, Wiesbaden: VS Verlag für Sozialwissenschaften (2., aktual. u. veränderte Aufl.)

Clement, Ute/Nowak, Jörg;/Scherrer, Christoph/Ruß, Sabine (Hrsg.) (2010): *Public Governance und schwache Interessen*, Wiesbaden: VS Verlag für Sozialwissenschaften

Deutscher Bundestag (Hrsg.) (2008): *Kultur in Deutschland. Schlussbericht der Enquete-Kommission des Deutschen Bundestages. Mit allen Gutachten der Enquete sowie der Bundestagsdebatte vom 13.12. 2007 auf DVD*, Regensburg: ConBrio

Enquete-Kommission »Wachstum, Wohlstand, Lebensqualität – Wege zu nachhaltigem Wirtschaften und gesellschaftlichem Fortschritt in der Sozialen Marktwirtschaft« des Deutschen Bundestages (2012): *Thesen nach einem Jahr Arbeit der Enquete-Kommission »Wachstum, Wohlstand, Lebensqualität« des Deutschen Bundestages*, Berlin: Kommissionsdrucksache 17(26)73

Föhl, Patrick S. (2012): »Kulturregionen in Deutschland. Eine bundesweite Übersicht zu Zielen, Aufgaben und Organisationsformen«, in: Loock, Friedrich/Scheytt, Oliver (Hrsg.): *Handbuch Kulturmanagement und Kulturpolitik*, Kap. B 2.11, Berlin: Raabe (2006 ff.)

Föhl, Patrick S. (2011): »Nachhaltige Entwicklung in Kulturmanagement und Kulturpolitik: Neustart oder Placebo? Grundlagen und Diskussionsanstöße«, in: Föhl, Patrick S./Glogner-Pilz, Patrick/Lutz, Markus/Pröbstle, Yvonne (Hrsg.): *Nachhaltige Entwicklung in Kulturmanagement und Kulturpolitik. Ausgewählte Grundlagen und strategische Perspektiven*, Wiesbaden: VS Verlag für Sozialwissenschaften, S. 19–68

Föhl, Patrick S. (2010): »Gesellschaftliche Mitwirkung und Teilhabe bei Planungs- und Entscheidungsprozessen: Governance-Aspekte einer zeitgemäßen Museumspolitik«, in: Dreyer, Matthias/Wiese, Rolf (Hrsg.): *Das offene Museum. Rolle und Chancen von Museen in der Bürgergesellschaft*, Rosengarten-Ehestorf: Förderverein des Freilichtmuseums am Kiekeberg, S. 123–146

Fuchs, Max/Scheytt, Oliver (2010): »Der Politikbegriff des Enquete-Berichts. Ein Streitgespräch«, in: Drews, Albert (Hrsg.): *»Kultur in Deutschland« – Was ist geschehen? Wie geht es weiter? Aufgaben der Kulturpolitik ein Jahr nach Erscheinen des Bundestags-Enquete-Berichts*, Loccumer Protokolle 06/09, Rehburg-Loccum: Evangelische Akademie Loccum, S. 83–105

Fürst, Dietrich (2007): »Regional Governance«, in: Benz, Arthur;/Lütz, Susanne/Schimank, Uwe/Simonis, Georg (Hrsg.): *Handbuch Governance. Theoretische Grundlagen und empirische Anwendungsfelder*, Wiesbaden: VS Verlag für Sozialwissenschaften, S. 353–365

Haselbach, Dieter/Klein, Armin/Knüsel, Pius/Optiz, Stephan (2012): *Der Kulturinfarkt. Von allem zuviel und überall das Gleiche*, München: Knaus

Institut für Kulturpolitik der Kulturpolitischen Gesellschaft (Hrsg.) (2010): *Jahrbuch für Kulturpolitik 2010. Thema: Kulturelle Infrastruktur*, Essen: Klartext

Knoblich, Tobias J./Scheytt, Oliver (2009): »Governance und Kulturpolitik – Zur Begründung von Cultural Governance«, in: Föhl, Patrick S./Neisener, Iken (Hrsg.): *Regionale Kooperationen im Kulturbereich. Theoretische Grundlagen und Praxisbeispiele*, Bielefeld: transcript, S. 67–81.

Papadopoulos, Yannis (2010): »Governance und Demokratie«, in: Benz, Arthur/Dose, Nicolai (Hrsg.): *Governance – Regieren in komplexen Regelsystemen. Eine Einführung*, 2., aktual. u. veränd. Aufl., Wiesbaden: VS Verlag für Sozialwissenschaften, S. 225–249

Priddat, Birger P. (2003): »Umverteilung: Von der Ausgleichssubvention zur Sozialinvestition«, in: Lessenich, Stephan (Hrsg.): *Wohlfahrtsstaatliche Grundbegriffe. Historische und aktuelle Diskurse*, Frankfurt am Main/New York: Campus, S. 373–394

Scheytt, Oliver (2008): *Kulturstaat Deutschland. Plädoyer für eine aktivierende Kulturpolitik*, Bielefeld: transcript

Scheytt, Oliver/Kersten, Rüdiger (2009): »Zielsetzungen als Elemente von Kulturpolitik. Konsens und Kooperation in der Vielfalt kulturpolitischer Akteure«, in: Loock, Friedrich/Scheytt, Oliver (Hrsg.): *Handbuch Kulturmanagement und Kulturpolitik*, Kap. B. 1.6., Berlin: Raabe (2006 ff.)

Schuppert, Gunnar Folke (Hrsg.) (2006): *Governance-Forschung. Vergewisserung über Stand und Entwicklungslinien*, Baden-Baden: Nomos (2. Aufl.)

Sievers, Norbert (2005): »Aktivierende Kulturpolitik in Nordrhein-Westfalen. Aufstieg und Fall einer landeskulturpolitischen Konzeption«, in: Behrens, Fritz/Heinze, Rolf G./Hilbert, Josef/Stöbe-Blossey, Sybille (Hrsg.): *Ausblicke auf den aktivierenden Staat. Von der Idee zur Strategie*, Berlin: edition digma, S. 337–363

Wagner, Bernd (2007): »Kulturpolitik im Zusammenwirken von Staat, Markt und Gesellschaft«, in: Loock, Friedrich/Scheytt, Oliver (Hrsg.): *Handbuch Kulturmanagement und Kulturpolitik*, Kap. B 2.2., Berlin: Raabe, (2006 ff.)

UTE SCHÄFER

Kulturelle Bildung eröffnet Lebenschancen! Nordrhein-Westfalen auf dem Weg zum Kinder- und Jugendkulturland

Vorbemerkungen

Mit der neuen Legislaturperiode setzen wir unsere bereits in der letzten Regierungszeit begonnene Initiative, Nordrhein-Westfalen zu einem *Jugendkulturland* zu machen, fort. Wir wollen der Kulturellen Jugendbildung den ihr gebührenden Stellenwert geben und haben bereits in den letzten zwei Jahren deutliche Akzente gesetzt:

- Wir haben den »Kulturrucksack NRW« eingeführt. Das Projekt spricht gezielt 10- bis 14-jährige junge Menschen an und will sie für kulturelle Aktivitäten gewinnen – besonders auch diejenigen, die bisher kaum für Kunst und Kultur ansprechbar waren. Schon in der ersten Phase haben sich 55 Städte und Gemeinden erfolgreich beworben. In diesem Jahr kommen zwölf Städte, fünf Kreise und sechs kommunale Verbünde hinzu, so dass inzwischen mehr als 130 Städte und Kommunen beteiligt sind.
- In der Kulturellen Bildung konnten wir durch eine Aufstockung der Mittel im Kinder- und Jugendförderplan die Möglichkeiten, neue Ansätze zu entwickeln und auch neue Zielgruppen zu gewinnen, deutlich erweitern und vor allem die Jugendkunstschulen stärken. Auch konnten wir wichtige Ansätze im Medienbereich und in der Kulturellen Filmbildung fördern.
- Das Programm »Kultur und Schule«, durch das Künstlerinnen und Künstler in die Schule kommen und mit den Schülerinnen und Schülern »Wege zur Kunst« gehen, haben wir genutzt, um die Kooperation zwischen Kultur und Schule zu verbessern. Diese Schwerpunkte wurden begleitet von der Finanzierung einer breiten Infrastruktur der Kulturellen Jugendarbeit und durch die Förderung und Initiierung einzelner attraktiver kultureller Projekte, beispielswei-

se im Kontext der offenen Ganztagsgrundschule und der Kinder- und Jugendarbeit. Das macht deutlich, welch wichtigen Stellenwert wir der Kulturellen Jugendbildung, ihren Trägern und Einrichtungen sowie den Fachkräften beimessen.

Der Landesregierung ist es sehr wichtig, jungen Menschen den Weg zur Kunst zu bahnen. Wir wollen ihnen möglichst früh die Möglichkeit bieten, sich mit Kunst und Kultur auseinanderzusetzen und ihre individuellen Stärken zu entwickeln – besonders auch denjenigen Kindern und Jugendlichen, die bisher kaum oder gar nicht die Gelegenheit dazu hatten.

Weiter so – Neues entwickeln

Die Ausgangsbedingungen für die neue Legislaturperiode sind folglich gut. Wir werden mit voller Kraft daran gehen, Kunst und Kultur in der Kulturellen Bildung weiteren Entfaltungsraum zu geben. Es ist inzwischen eine Binsenweisheit: »Bildung ist mehr als Schule«. Das wird unser Leitmotiv bleiben. Der gerade erschienene »Bildungsbericht 2012« (Autorengruppe Bildungsberichterstattung 2012) macht uns nicht nur Mut, er vollzieht auch das, was das Land in den letzten zwei Jahren angeregt und umgesetzt hat. Er bestätigt uns auf unserem Weg, diese »andere Seite der Bildung« unverändert mit viel Schwung anzugehen. Das Projekt »Jugendkulturland NRW« spielt dabei eine große Rolle.

Rahmenbedingen des Aufwachsens beachten

Dabei wissen wir: Die Rahmenbedingungen des Aufwachsens haben sich geändert. Sie sind pluraler, vielschichtiger und heterogener als in früheren Jahren. Die demografische Entwicklung, Verschiebungen im Verhältnis der Generationen, soziale und ökonomische Veränderungen, die erhebliche Ausweitung der Optionen in der Freizeit-, Konsum- und Medienwirtschaft, die zunehmende Individualisierung und vieles mehr sind Entwicklungen, die wir nicht aufhalten können. Hinzu kommen die Einflüsse einer global orientierten Welt, die für viele unüberschaubar scheint. Diese Einflüsse verändern auch die Kindheit und die Jugendphase. Das macht sich nicht allein an der Nutzung und der Dominanz der neuen Medien fest, sondern auch an der enormen Dichte und Vielfalt an neuen Kommunikationsmöglichkeiten. Die Mobilität und das eigenständige Konsumieren sind ebenso Teil dieser Veränderungen wie die Erosion der gesellschaftlichen Milieus. Anerkennungskulturen wandeln sich und Statusverleihung über Konsum wird immer bestimmender. Das Zeitbudget wird ein anderes, denn die Schule weitet sich über den Tag aus. Nicht selten müssen Schülerinnen und Schüler länger lernen als Erwachsene arbeiten. Die Hinweise des »Bildungsberichtes 2012« (Autorengruppe Bildungsberichterstattung 2012) über das Zeitbudget sind jedenfalls beachtlich; eine 40-Stunden-Woche und mehr ist in bestimmten Altersgruppen bereits die Regel.

Jugendpolitik kann nicht die *Zuständigkeit* oder gar die Verantwortung übernehmen, diese Entwicklungen gewissermaßen *im Lot* zu halten. Sie wird sich aber mit den Verschiebungen im Jugendalter auseinandersetzen und nach Wegen und Möglichkeiten suchen müssen, wie es gelingen kann, auch diejenigen mitzunehmen, die bei diesen Entwicklungen auf Grund ihrer sozialen Herkunft hinten anstehen und nicht mithalten können. Ihre Zahl ist immer noch hoch; auf knapp 25 Prozent schätzen die Fachleute diesen Kreis. Politik kann durch entsprechende Rahmensetzungen die Startbedingungen für ein gelingendes Aufwachsen verbessern.

Kulturelle Bildung eröffnet Lebenschancen!

Dafür müssen die Rückschlüsse aus den veränderten Rahmenbedingungen auf alle Felder, in denen Kinder und Jugendliche betroffen sind, heruntergebrochen werden. Dazu gehört zu erkennen, dass wir nicht mehr von homogenen Gruppen von Kindern oder Jugendlichen ausgehen können. Wir müssen diese Altersphasen sehr viel differenzierter sehen und unsere Förderungen verstärkt auch auf diese Differenziertheit ausrichten. Für die kulturpolitischen Entscheidungen ist daher wichtig, danach zu fragen, wie Kinder und Jugendliche in ihrer Unterschiedlichkeit zu fördern sind und wie allen der Zugang zu neuen Perspektiven ermöglicht werden kann.

Ein wichtiger Ansatz ist die Kulturelle Bildung, denn sie ermöglicht einen anderen Zugang zu jungen Menschen. Auch bieten ihre besonderen Formen und Methoden gute Chancen, die individuellen Entfaltungsmöglichkeiten junger Menschen erkennen und unterstützen zu können. Wir fangen hier, dank der zahlreichen Partner in dem Feld, auch nicht *bei Null* an. Es geht insbesondere darum, jungen Menschen eine Teilhabe am kulturellen Leben zu eröffnen und sie zu einem differenzierten Umgang mit Kunst und Kultur zu befähigen. Die Ansätze in der Praxis, zum Beispiel in den Kommunen, bei Jugendkunstschulen, bei Theatern, Orchestern zeigen mir, dass es gelingt, junge Menschen aus sozial benachteiligten Familien zu erreichen.

Das bedeutet vor allem aber auch, dass der integrative Blick dazu gehört und die Kulturelle Bildung mit anderen Ansätzen der Kinder- und Jugendförderung sowie der Kunst und Kultur verbunden werden kann und sollte. Das verändert nicht die eigentliche Aufgabe von Kunst und Kultur, sondern schärft eher den Blick dafür, was junge Menschen brauchen und was ihnen geboten werden kann. Denn es geht nicht nur darum, die Defizite junger Menschen zu beachten und Kulturelle Bildung somit als *Ausfallbürge* für nicht erreichte Teilhabe in anderen Bereichen, wie etwa der Familie oder der Schule, zu *verzwecken*. Eine Inpflichtnahme allein für sozialpolitische Perspektiven würde unserem Ziel nicht dienen. Es geht darum, die Kompetenzen und Stärken von Kindern und Jugendlichen zu sehen und von diesen auszugehen. Da gibt es zahlreiche gute Beispiele in der Kulturellen Bildung sowohl im Feld der Kunst und Kultur wie in der Kinder- und Jugendarbeit im Rahmen des Kinder- und Jugendförderplans.

UTE SCHÄFER

Umsetzungsperspektiven

Das Konstrukt eines *Jugendkulturlandes NRW* hat für mich mehrere Dimensionen:

- Es ist zum einen eine strukturelle Perspektive, die sichtbar macht, dass wir in unserem Land über eine breite und vielfältige Infrastruktur an Angeboten, Einrichtungen, Sparten, Organisationen et cetera für alle Kinder und Jugendlichen verfügen, die für gelingende Teilhabe an Kunst und Kultur stehen.
- Es fordert zum anderen zu einer integrativen Sichtweise heraus, die die Förderung junger Menschen nicht allein aus der jeweils ressortspezifischen »Säulenbetrachtung« sieht, sondern die wahrnimmt, dass sich die soziale Umwelt für das Aufwachsen verändert hat und diese immer wieder neu nachgezeichnet werden muss. Dabei geht es mir nicht um ein In-Frage-Stellen der Existenzberechtigung der Säulen, wohl aber um eine engere Verzahnung und ein engeres Zusammenwirken, beispielsweise in kommunalen Bildungslandschaften.
- Es soll schließlich die Kinder und Jugendlichen selbst ansprechen und deren Möglichkeiten der individuellen Entfaltung ins Zentrum ihrer Konzepte stellen und sie auch daran ausrichten. Nicht der Institutionenblick, sondern die Entwicklung neuer Arrangements, die den Zugang zu Kindern und Jugendlichen leichter und selbstverständlicher macht, muss der prioritäre Blick sein.

Eine solche »Fiktion« hat einen ganz konkreten Hintergrund: Alle vorliegenden empirischen Daten zur Bedeutung – und zum Teil auch zur Wirkung – der Kulturellen Bildung weisen auf den enormen Gewinn hin, den Kinder und Jugendliche und auch ihre Familien haben, wenn sie entsprechend teilhaben können. Hier hilft ein Blick auf die Ergebnisse der *Enquete-Kommission »Kultur in Deutschland« des Deutschen Bundestages* (2008) mit einem Schwerpunkt auf die Kulturelle Bildung und – ganz aktuell – auf den »Bildungsbericht 2012« (Autorengruppe Bildungsberichterstattung 2012) mit seinem Schwerpunkt Musisch-ästhetische Bildung. Beide Berichte heben insbesondere die Notwendigkeit der Herausbildung von sozialen und kulturellen Kompetenzen hervor und weisen auf die Bedeutung der außerschulischen Kulturellen Bildung für die Persönlichkeitsentwicklung hin. Auch die Ergebnisse der *Enquete-Kommission »Chancen für Kinder« des Landtags NRW* von 2008 heben diesen Stellenwert hervor. Wir wissen dies aber auch aus ganz praktischen Erfahrungen, etwa durch die Ergebnisse des Wirksamkeitsdialogs in der Kulturellen Bildung oder durch Erfahrungen aus Projekten wie beispielsweise »Jugendkulturpreis«, »Nacht der Jugendkultur« oder das Entstehen von neuen Kulturräumen durch Jugendliche im Kulturhauptstadtjahr 2010.

Zugleich leitet sich diese *Fiktion* aus der Betrachtung der Nutzerrealität in Kunst und Kultur ab. Ein Blick auf Nutzerstudien von Kulturangeboten zeigt, dass zum einen jede Kulturform *ihr* Publikum hat und sich auch auf dieses Publikum ausrichtet. Zum andern spiegeln die Nutzergruppen keinesfalls ein Abbild der Zusammensetzung unserer Gesellschaft und ihrer Milieus wider. Daraus lässt sich der Schluss ziehen, dass – rein objektiv betrachtet – ganze Teile unserer Gesellschaft von der Partizipation an Kunst und Kultur ausgeschlossen beziehungsweise ausgegrenzt sind. Wir sind also weit davon entfernt, die Vision von Hilmar Hoffmann, der eine »Kultur für alle« anstrebte, aktuell realisieren zu können. Auch wenn dies nur eine Vision sein kann, so vermag eine solche aber für die Setzung politischer Rahmenbedingungen und auch für die Kunst- und Kultureinrichtungen selbst der rote Faden für ihre weiteren Strategien zu sein. Denn sie hat nicht nur etwas mit der individuellen Förderung junger Menschen zu tun, sie ist zugleich eine Überlebensstrategie der Einrichtungen selbst. Sie müssen sich ihr Publikum suchen, was nicht mit einem Qualitätsverlust von Kunst gleichzusetzen ist. Um dieses Ziel zu erreichen, bedarf es vieler Schritte. Es ist ein längerer, vielleicht sogar langer Prozess. Ein Schritt ist die Förderung von Kindern und Jugendlichen in ihren biografischen Stationen. Damit früh zu beginnen und die Förderung kontinuierlich fortzusetzen, ist eine wichtige Aufgabe auch der Kulturellen Bildung. Und dabei dort hinzugehen, wo junge Menschen leben und aufwachsen, ist nur konsequent. Jugendkunstschulen leisten hier bereits einen wichtigen Beitrag. Ihr Spektrum an Angeboten, ihr Bemühen um neue Zielgruppen, ihre Verankerung im sozialen Umfeld junger Menschen, ihre Kontakte zu Schulen und ihr Mitwirken am Schulalltag sind gute Voraussetzungen dafür, einen Teil des *Jugendkulturlandes NRW* widerzuspiegeln. Auch ihre Mitwirkung an der Umsetzung des »Kulturrucksacks NRW« macht die Jugendkunstschulen zu einem *Zentrum* der Kulturellen Bildung im lokalen Raum, jedenfalls dort, wo die inzwischen 45 vom Land geförderten Einrichtungen bestehen.

Kulturelle Bildung eröffnet Lebenschancen!

Mit dem Koalitionsvertrag haben wir Eckpunkte für eine solche Beteiligung gesetzt. Dazu gehören selbstverständlich die Förderung der kulturellen Infrastruktur, die wir unvermindert fortsetzen werden, die Förderung der Jugendkunstschulen und besonderer Projekte wie zum Beispiel »Kultur und Schule«. Aber wir werden hier nicht stehen bleiben, sondern weitere Schritte nach vorn gehen.

Stärkung der Infrastruktur der Kulturellen Jugendbildung

Jugendkunstschulen leisten gute Arbeit. Sie sind als Teil des »Kinder- und Jugendförderplans« inzwischen unverzichtbar geworden. Das gilt auch für die Arbeitsgemeinschaften in den einzelnen Sparten der Kulturellen Bildung. Aber beide Bereiche können nicht alle Kinder und Jugendlichen erreichen. Daher streben wir an, diese Einrichtungen und Angebote durch so genannte *Kulturschulen* zu ergänzen. Das Profil solcher Schulen müssen wir noch im Einzelnen entwickeln. Ansätze in der Praxis gibt es bereits, die wir mit aufgreifen wollen. Im Kern sollen es allgemeinbildende Schulen sein, die sich für den Schwerpunkt Kunst und Kultur entscheiden und Kulturelle Bildung als eine zentrale Aufgabe in ihr Schulprofil übernehmen und mit außerschulischen Partnern der Kulturellen Bildung eng zusammenwirken. Wir können hier bereits an eine gute Praxis in der Zusammenarbeit unterschiedlicher Partner anknüpfen. So haben wir mit dem Programm »Kultur und Schule«, mit »Jedem Kind ein Instrument (JEKI)« und anderen ähnlichen

Projektansätzen beispielsweise mit Ganztagsgrundschulen sowie den Ansätzen in der Offenen und Kulturellen Kinder- und Jugendarbeit bereits gute Erfahrungen gemacht. Auch einige Kommunen haben bereits von sich aus die Initiative ergriffen und Kulturschulen entwickelt, so beispielsweise die Stadt Oberhausen. An diesen Schulen wird deutlich, dass sich schulisches Lernen und außerschulisches Lernen sehr gut miteinander verbinden lassen. Denn es zeigt sich, dass Kinder und Jugendliche neben ihrer Rolle, die sie als Schüler und Schülerin wahrzunehmen haben, viel Begeisterung und Lernwillen in die Schule einbringen und sich die Schulatmosphäre verändert: Das Lehrerteam *lernt mit*, Schulräume werden bunter und als kreative Orte wahrgenommen. Kurz, die Schule nimmt die Lebenswelt der Schülerinnen und Schüler in ihren Ort auf.

Noch vieles mehr gehört in ein Konzept *Jugendkulturland*. Hier müssen unsere Projekte wie zum Beispiel »JEKI« und die Förderung der Arbeitsgemeinschaften der Kulturellen Bildung mit ihren vielfältigen Sparten im Bereich der Kinder- und Jugendarbeit ebenso einbezogen werden wie Projekte der Medienkunst und auch der Jugendmedienarbeit sowie der interkulturellen Kulturarbeit. Selbstverständlich einzubeziehen sind auch attraktive Projekte wie »Nacht der Jugendkultur« und die »Kreativhäuser«, die in Selbstorganisation von Jugendlichen im Kulturhauptstadtjahr entwickelt wurden. Aber auch die zahlreichen interessanten Beiträge der klassischen Kultureinrichtungen wie Theater und Museen sowie die Kinder- und Jugendtheater gehören dazu, ebenso die soziokulturellen Zentren. Das zeigt, dass es eine große Vielfalt in der Kulturellen Jugendbildung gibt, sowohl in der Kulturszene als auch in der Kinder- und Jugendarbeit, auf die unser Land stolz sein kann. Allein diese Aktivitäten im Ganzen darzustellen, wie dies auf einer derzeit in Vorbereitung befindlichen Internetseite geschehen soll, würde unserem *Jugendkulturland* ein besonderes Gesicht geben.

Ausblick

Das Konzept *Jugendkulturland NRW* setzt darauf, das, was wir in NRW bereits dank des Engagements der Kommunen und der zahlreichen Träger der Jugendkulturarbeit haben, erkennbarer und durchschaubarer zu machen. Wir wollen Möglichkeiten eröffnen, neue Wege zu erschließen und das Nutzerspektrum deutlich erweitern. Was sich so selbstverständlich anhört, bleibt jedoch eine große Aufgabe, die bewältigt werden muss. Denn hier ziehen viele an einem Strang – manchmal auch in unterschiedliche Richtungen. Deshalb gilt es immer wieder, das gemeinsame Anliegen zu betonen: junge Menschen für Kunst und Kultur zu begeistern, Institutionen der Bildung dafür zu öffnen, die Lebenswelten junger Menschen einzubeziehen und ihre Stärken sichtbarer zur Entfaltung zu bringen.

Die zehn Jahre, die seit dem so genannten »*PISA-Schock*« vergangen sind und die von viel Hektik bei bildungspolitischen Entscheidungen geprägt waren, haben uns gezeigt: Es gibt viel Potenzial, auf das wir zurückgreifen und das wir nutzen können, wenn wir unsere Säulen verlassen und offen sind für die Entwicklung in sich verbundener und verzahnter Angebote der Kulturellen Bildung. Ein integrativer Blick unter Anerkennung der jeweils ganz spezifischen Aufgaben und Kompetenzen der einzelnen Bereiche beziehungsweise Handlungsfelder hilft, Hürden zu überwinden und den Weg frei zu machen für ein Gesamtbild der Kulturellen Bildung. Das wollen wir in den kommenden Jahren gemeinsam mit den Akteuren in der Kultur und im schulischen sowie außerschulischen Bereich der Kinder- und Jugendarbeit konzipieren.

Kulturelle Bildung eröffnet Lebenschancen!

Literatur

Autorengruppe Bildungsberichterstattung (Hrsg.) (2012): *Bildung in Deutschland 2012. Ein indikatorengestützter Bericht mit einer Analyse zur kulturellen Bildung im Lebenslauf*, Bielefeld: W. Bertelsmann Verlag

Deutscher Bundestag (Hrsg.) (2008): *Kultur in Deutschland. Schlussbericht der Enquete-Kommission des Deutschen Bundestages* (mit allen Gutachten der Enquete sowie der Bundestagsdebatte vom 13.12.2007 auf DVD), Regensburg: ConBrio

Landtag Nordrhein-Westfalen (Hrsg.) (2008): *Enquete-Kommission »Chancen für Kinder – Rahmenbedingungen und Steuerungsmöglichkeiten für ein optimales Betreuungs- und Bildungsangebot in Nordrhein-Westfalen«*, Düsseldorf: Selbstverlag

Schäfer, Ute (2010): »Jugendkulturland Nordrhein-Westfalen: Utopie oder erreichbares Ziel? Aspekte zur Kinder und Jugendkulturpolitik«, in: *infodienst – Das Magazin für Kulturelle Bildung*, Heft 98 (2010), S. 23–26

WERNER FRÖMMING

Kulturelle Bildungslandschaft Hamburg
Hamburg als Modellregion für die Kinder- und Jugendkulturarbeit

Über die Entwicklung Hamburgs als Modellregion für die Kinder- und Jugendkulturarbeit ist vielfach geschrieben und gesprochen worden. Im aktuellen Diskurs zu Perspektiven Kultureller Bildung stehen aber eher Ansätze im Vordergrund, die aus Modellphasen oder Laborstadien in regelhafte und nachhaltig wirksame Strukturen führen.

Die in diesem Feld federführende *Hamburger Kulturbehörde* sieht sich seit 2004 bereits in der vierten Legislatur als strategischer Planer, Projektentwickler, Netzwerker, Kommunikator und Fundraiser sowohl im engen Austausch mit anderen Fachbehörden (Bildung, Soziales, Stadtentwicklung) und Bezirksämtern (sieben große Verwaltungsbezirke) als auch mit zahlreichen Kultureinrichtungen, Initiativen, Künstlerinnen und Künstlern und vor allem auch Förderpartnern aus Unternehmen, Stiftungen und mäzenatischen Strukturen. Die konzeptionellen Grundlinien der Arbeit (Bürgerschaft der Freien und Hansestadt Hamburg 2004) wurden jüngst fortgeschrieben. Die *Kulturbehörde* legte mit der Drucksache »Rahmenkonzept Kinder- und Jugendkultur in Hamburg 2012« (Bürgerschaft der Freien und Hansestadt Hamburg 2012) auf Grundlage eines Ersuchens des Landesparlaments die Fortschreibung zu Rahmenbedingungen, Strukturen und Handlungsfeldern vor.

Das aktuelle Rahmenkonzept begreift Kinder- und Jugendkultur als relevanten Erfahrungs- und Gestaltungsraum im kulturellen Feld, der es Kindern und Jugendlichen ermöglicht, sich eigene Handlungs-, Erfahrungs- und Deutungsspielräume zu schaffen. Auf diese Weise kommt es zu einer kreativen und innovativen Auseinandersetzung mit gegebenen Strukturen und kulturellem Erbe. Diesen Prozess lebendig zu gestalten, ist für Individuum und eine dynamische Stadtgesellschaft gleichermaßen entscheidend. Er entfaltet seine Dynamik in dem Maße, wie beteiligte Einrichtungen und Akteurinnen und Akteure sich für einen wechselseitigen Lernprozess öffnen.

Die Künste bieten Freiräume und Experimentierfelder, um sich mit Formen der Kommunikation und des Ausdrucks, des Zusammenlebens und des materiellen Gestaltens der Lebenswelt auseinanderzusetzen. Kulturelle Bildung entsteht dabei im Wechselspiel von Rezeption und Produktion, ästhetischer Wahrnehmung und künstlerischem Handeln. Dieser Prozess soll vom Grundsatz her für alle Kinder und Jugendlichen gleichermaßen offen gestaltet werden.

Der Erfahrungshintergrund aus vielfältigen Kooperationserfahrungen von Künstlerinnen und Künstlern, Kultureinrichtungen und Schulen wächst. So konnten wir 2009 in Hamburg das »Jahr der Künste« feiern. Es folgte einem breiten Ansatz, Schulen auf Grundlage künstlerisch-kultureller Projektarbeit zu öffnen und sozialräumlich zu erden (siehe www.jahrderkuenste.de). Eine Fülle von Projekten und darunter liegenden Strukturen sind zum Thema »Stadt(t)räume« entstanden, um die Kommunikation und Kooperation zwischen Schulen und außerschulischen Partnern in neuer Qualität voran zu bringen. Das gilt auch für das erfolgreiche Kooperationsprojekt »TUSCH« (»Theater und Schule«). Erfahrungen aus zehnjähriger, erfolgreicher Projektarbeit sind in einem Werkbuch aufbereitet und im Frühjahr 2012 im Rahmen einer bundesweiten Fachtagung diskutiert worden (Sting u. a. 2012).

Kulturelle Bildung als integraler Bestandteil des Bildungs-
und Erziehungsauftrages

Kulturelle Bildung ist integraler Bestandteil des Bildungs- und Erziehungsauftrages der Schule (Hamburgisches Schulgesetz 2007/Sekretariat der Ständigen Konferenz der Kultusminister der Länder in der Bundesrepublik Deutschland 2007). Alle Kinder und Jugendlichen haben einen individuellen Anspruch auf Kulturelle Bildung in der Schule. Dazu leisten sowohl der Unterricht, insbesondere in den künstlerischen Fächern, als auch AGs und Projekte und die vielfältigen sonstigen Formen schulischen Zusammenlebens einen entscheidenden Beitrag. Darüber hinaus tragen alle Fächer, Lernbereiche und Aufgabengebiete zur Kulturellen Bildung bei, ermöglichen den Erwerb überfachlicher Kompetenzen, bieten Gelegenheiten zu fächerverbindendem und fächerübergreifendem Lernen und prägen die vielfältigen Formen des Zusammenlebens in der schulischen Gemeinschaft mit. Neue Perspektiven erwachsen dabei aus den aktuellen Programmen »kulturschule Hamburg 2011-2014«, einer Kooperation der *Schulbehörde* und *Kulturbehörde* mit der *Gabriele Fink Stiftung* (siehe www.kulturschule.hamburg.de) und den »Kulturagenten für kreative Schulen«, eine Kooperation der *Schulbehörde* und *Kulturbehörde* mit der *Kulturstiftung des Bundes* und der *Stiftung Mercator* (siehe www.kulturagenten-programm.de), in deren Rahmen sich insgesamt 31 Schulen neu auf kulturelle Projekt- und Bildungsarbeit ausrichten. Hier fließen gute Erfahrungen ein, die 2005-2008 mit dem Hamburger Projekt »Pilotschule Kultur« gemacht wurden. Ziel ist es, kulturelle Projektarbeit und Kooperation im künstlerisch-kulturellen Feld curricular in Schulen zu verankern.

Die Projekte »Kulturschule Hamburg 2011–2014« und »Kulturagenten« im Detail

Die sieben am Projekt »Kulturschule Hamburg 2011–2014« beteiligten Schulen haben in ihrer Bewerbung gezeigt, dass sie sich auf einen Schulentwicklungsprozess einlassen wollen, der die Entwicklung kultureller und künstlerischer Kompetenzen im Rahmen einer ganzheitlichen Persönlichkeitsentwicklung in den Mittelpunkt von Bildungsprozessen stellt. Die teilnehmenden Schulen verstärken ihr Engagement, den Unterricht zu öffnen, Fächergrenzen oder Jahrgangsgrenzen zu überwinden und einen schulischen Schwerpunkt auf die Entwicklung Kultureller Bildung zu setzen. Sie zeichnen sich durch enge Abstimmungsprozesse aus, in die Schülerinnen und Schüler, ihre Eltern, pädagogisches und nicht-pädagogisches Personal sowie außerschulische Kooperationspartner eingebunden sind. Die Zusammenarbeit mit Kulturschaffenden ist verpflichtender Grundbaustein. In diesem Prozess des Miteinanders und der Zusammenführung der unterschiedlichen Expertisen erleben Schülerinnen und Schüler Unterricht in anderer Form, gestalten aktiv den Lernprozess und entwickeln ein Gespür für künstlerische Praxis und Qualität. Das Programm »Kulturschule Hamburg 2011–2014« ist zunächst auf vier Jahre angelegt. Eine weitere Förderung der Schulen bis 2018 ist aber vorgesehen.

Mit ähnlichen Zielstellungen beteiligen sich 24 Hamburger Stadtteilschulen seit dem Schuljahr 2011/2012 am Agenten-Programm der *Kulturstiftung des Bundes* und der *Stiftung Mercator, Schulbehörde* und *Kulturbehörde* in Hamburg kooperieren hier in enger Abstimmung mit einem stiftungsseits beauftragten Landesbüro. Jeweils drei Agenten – Menschen mit Sensibilität für künstlerisch-ästhetische Praxis und Fingerspitzengefühl für schulische Entwicklungsprozesse – arbeiten im Verbund mit jeweils drei Schulteams. Auch hier wird der Blick auf kulturelle Schulentwicklung geschärft und das sozialräumliche Kooperationsnetzwerk durch Partnerschaften mit Künstlerinnen und Künstlern beziehungsweise Kultureinrichtungen aufgeladen. Besonders spannend wird sein, die Projektfigur im Austausch mit den anderen Bundesländern auszugestalten.

Sozialräumliche Orientierung als ein Grundprinzip

Sozialräumliche Orientierungen ziehen sich in Hamburg durch viele Senatsbereiche. So ist es der *Kulturbehörde* gelungen, zahlreiche Kulturprojekte als hochwirksame Elemente in die integrierte Stadtteilentwicklung einzubringen. In 2007 und 2008 hat dazu in Hamburg unter der Projektformel »Lebenswerte Stadt Hamburg« ein Großprojekt stattgefunden, mit dem auch spannende Neuentwicklungen wie die *HipHop-Academy Hamburg* (siehe www.hiphopacademy-hamburg.de) ins Leben gekommen sind. In dem deutschlandweit einzigartigen Kulturprojekt trainieren Jugendliche zwischen 13 und 20 Jahren mit professionellen und prominenten Fachkräften der HipHop-Branche. Der Kerngedanke der *HipHop-Academy Hamburg* ist, den teilnehmenden Jugendlichen kostenlos eine langfristige Talentförderung anzubieten. Sie geht Kooperationen mit professionellen Agenturen, Ausbildungsträgern und der Musikwirtschaft ein, um die tatsächlichen Marktchancen der talentierten AbsolventInnen zu erhöhen. Das Stadtteilkulturzentrum *Kulturpalast Hamburg* arbeitet als Initiator des Projektes eng mit Schulen und Jugendeinrichtungen in zahlreichen Hamburger Stadtteilen zusammen und hat auch starke, private Förderpartner gefunden.

Offen für stadtteilbezogene Kooperationen und die Gestaltung lokaler Bildungslandschaften sind auch die anderen Hamburger Stadtteilkulturzentren, die zum Teil langjährige Erfahrungen mit lokalen Netzwerken sammeln konnten und erfolgreiche Partnerschaften mit Schulen ausgebildet haben (siehe www.stadtkultur-hh.de). Stadtteilkulturzentren sind in Hamburg vielfältige Träger künstlerisch-kreativer Projektarbeit mit Kindern und Jugendlichen, die in anderen Bundesländern von Jugendkunstschulen geleistet wird.

Kultur- und Bildungsarbeit mit sozialräumlichen Bezügen stellt sich seit 2009 in einzelnen Handlungsfeldern der integrierten Stadtteilentwicklung dar (siehe »RISE – Rahmenprogramm integrierte Stadtteilentwicklung«, www.hamburg.de/rise). Lokale Bildungsnetzwerke rücken stärker in den Vordergrund. Als Beispiel dafür ist die »Bildungsoffensive Elbinseln Wilhelmsburg« zu nennen. Sie ist ein Querschnittsprojekt der *Internationalen Bauausstellung (IBA) Hamburg* und hat zum Ziel, die Bildungssituation auf den Elbinseln nachhaltig zu verbessern. Von 2006 bis 2013 wirkt die *IBA Hamburg* als Katalysator für dieses Engagement. In enger Kooperation mit über 100 Bildungs- und Beratungseinrichtungen, den zuständigen Fachbehörden und dem Bezirk Hamburg-Mitte soll auf den Elbinseln Veddel und Wilhelmsburg eine Lernlandschaft mit systematisch vernetzten Angeboten für Bewohnerinnen und Bewohner aller Altersgruppen geschaffen werden. Eines von fünf Handlungsfeldern in diesem Kontext ist die Kulturelle Bildung (siehe www.iba-hamburg.de).

Kulturelle Projektarbeit in Stadtteilen mit Entwicklungsbedarf wird auch von Seiten privater Stiftungen nachhaltig betrieben. Als profiliertestes Projekt ist hier die Initiative »Kultur bewegt« zu nennen, die von *Kulturbehörde* und *Stiftung Maritim Hermann und Milena Ebel* getragen wird (siehe www.kultur-bewegt.de).

Kooperation als Grundvoraussetzung für erfolgreiche kulturelle Bildungsprogramme

Kultureinrichtungen und -initiativen saßen zudem selbstverständlich mit am Tisch, als in 2011 stadtweit das Startsignal zum Aufbau regionaler Bildungskonferenzen gegeben wurde. In ihnen vernetzen sich die regionalen Institutionen für Bildung, Beratung und Erziehung. In enger Abstimmung entstehen effiziente, lokal organisierte Angebote, die sich an den Bedürfnissen der Kinder und Jugendlichen vor Ort orientieren. Die Projektsteuerung für die Bildungskonferenzen liegt bei der *Schulbehörde* und den jeweiligen Bezirksämtern.

Kooperation vor Ort prägt und verändert gleichzeitig Partnereinrichtungen kultureller Bildungsarbeit. Darauf müssen große Institutionen und kleine Einrichtungen gleichermaßen eingestimmt sein. Wer in diesen Lernprozess nicht offen einsteigt, wird seine Anschlussfähigkeit an künftige Entwicklungen und relevante Zielgruppen verlieren und als Partner keine Akzeptanz erfahren. Am Beispiel der Leseförderung in Hamburg ist vor diesem Hintergrund positiv zu illustrieren, wie beginnend mit einem frühen, stadtweiten Impuls durch »Buchstart« (siehe www.buchstart-hamburg.de), den darauf bezogenen, lokalen Lesegruppen »Gedichte für Wichte«, der Kooperation zwischen dem lokal verankerten Netzwerk »Hamburger Bücherhallen« (siehe www.buecherhallen.de), Kindertageseinrichtungen und Schulen und den Aktiven im Hamburger Lesenetzwerk mit privat initiierten Leseclubs (siehe www.lesenetz-hamburg.de) bis hin zum »Lesefest Seiteneinsteiger« (siehe www.seiteneinsteiger-hamburg.de) ein dichtes, gut abgestimmtes Angebot zur Förderung von *Literacy* verfügbar wird. Das Beispiel zeigt auch, dass als Voraussetzung erfolgreicher Arbeit immer wieder der Austausch über Netzwerke und die Entwicklung von Arbeitsplattformen identifiziert werden kann, die das Zusammenwirken unterschiedlicher Fachbehörden, Bezirksämter und Akteure aus dem kulturellen und sozialen Feld fördern.

Eine starke Hamburger Kinder- und Jugendkulturinitiative braucht aber auch eine starke, aktive Basis. Im Kinder- und Jugendkulturbereich ist mit der *Landesarbeitsgemeinschaft Kinder- und Jugendkultur e.V.* eine Struktur entwickelt worden, die Künstlerinnen und Künstlern und Kultureinrichtungen ein Forum für den Erfahrungsaustausch bietet. Dieses Forum ist diskursfreudig und offen für neue Kooperationen. Dies gilt insbesondere in Bezug auf den Diskurs zur Gestaltung regionaler Bildungslandschaften.

Die in meinem Beitrag skizzierten Facetten einer großstädtischen, kulturellen Netzwerkarbeit zeigen, mit welcher Vielfalt bezogen auf Zielgruppenansprache, sozialräumlicher Differenzierung, künstlerischer Profilierung, Arbeitsformen und Trägerstrukturen umgegangen werden muss, wenn man auf Kooperation setzt. Diesen Prozess auf den unterschiedlichen Ebenen öffentlicher Verwaltung konstruktiv zu begleiten und langfristig zu sichern und als relevanten Förderbereich auch über wechselnde Legislaturen im politischen Raum wach zu halten, ist ein ambitioniertes Vorhaben. Wir brauchen einen langen Atem, um zum Beispiel an Schulen kulturelle Bildungsarbeit in Kooperation mit externen Kulturpartnern curricular zu verankern, an Kindertagesstätten ein kulturell dauerhaft anregendes Milieu zu schaffen und auch in den relevanten Kultureinrichtungen eine selbstverständliche Orientierung auf nachwachsende Generationen zu befördern oder Kooperationsstrukturen mit Bildungseinrichtungen aufzubauen.

Die Diskussion dazu hat in Hamburg mit Vorlage des neuen Rahmenkonzepts im politischen Raum gerade wieder Fahrt aufgenommen. Dem Erfahrungsaustausch mit anderen Bundesländern kommt in diesem Zusammenhang – neben haushaltspolitischen Prioritäten – eine besondere Bedeutung zu. Der Senat thematisiert deshalb die Perspektive auf Kulturelle Bildung im Kooperationsfeld Schule/außerschulische Partner auch im Kontext der *Kultusministerkonferenz*, deren Präsidentschaft in diesem Jahr in Hamburg liegt.

Literatur

Bürgerschaft der Freien und Hansestadt Hamburg (Hrsg.) (2004): »Mitteilung des Senats an die Bürgerschaft. Rahmenkonzept Kinder- und Jugendkulturarbeit in Hamburg«, Hamburg: Drucksache 18/649 vom 27.7.2004

Bürgerschaft der Freien und Hansestadt Hamburg (Hrsg.) (2012): »Mitteilung des Senats an die Bürgerschaft. Rahmenkonzept Kinder- und Jugendkultur in Hamburg 2012«, Hamburg: Drucksache 20/4450 (12.6.12), siehe auch: www.kinderkinder.de/rahmenkonzept.pdf (letzter Zugriff: 6.9.2012)

Hamburgisches Schulgesetz (HmbSG) § 2 Absatz 4

Sekretariat der Ständigen Konferenz der Kultusminister der Länder in der Bundesrepublik Deutschland (2007): *Empfehlung der Kultusministerkonferenz zur kulturellen Kinder- und Jugendbildung, Beschluss der Kultusministerkonferenz vom 1.2.2007*, siehe unter: www.kmk.org/fileadmin/veroeffentlichungen _ beschluesse/2007/2007_02_01- Empfehlung-Jugendbildung.pdf (letzter Zugriff: 12.9.2012)

Sting, Wolfgang/Mieruch, Gunter/Stüting, Eva Maria/Klinge, Anne Katrin (Hrsg.) (2012): *TUSCH: Poetiken des Theatermachens. Werkbuch für Theater und Schule*, München: kopaed Verlag

Michael Au

Initiativen für mehr Kulturelle Bildung in Rheinland-Pfalz

Rheinland-Pfalz hat in den zurückliegenden Jahrzehnten einen Prozess nachholender Modernisierung erlebt. Das ehedem als Land der Reben und Rüben belächelte Fleckchen Erde im Südwesten Deutschlands hat sich kontinuierlich zu einem in seiner politischen wie ökonomischen Bedeutung stetig gewachsenen Teil der 16 Bundesländer entwickelt, wie der Historiker Professor Dr. Michael Kißener (2006: 8) resümiert.

Befördert wurde dieser Modernisierungsprozess durch einen Strukturwandel, der nach Ende des Kalten Krieges und dem Abzug der *NATO*-Verbündeten notwendig geworden war. Seit 1990 wurden durch die Bundeswehr und die alliierten Streitkräfte in ganz Rheinland-Pfalz weit mehr als 600 militärische Liegenschaften freigegeben. Seit 1992 hat das Land rund zwei Milliarden Euro für Konversionsprojekte zur Verfügung gestellt, bei denen nach Angaben der Landesregierung 50 000 Arbeitsplätze direkt oder indirekt entstanden sind.

Auch mit Blick auf die kulturelle Produktion ist die Modernisierung in Rheinland-Pfalz eine nachholende. Ein Grund dafür dürfte das Fehlen urbaner Zentren sein. Mit ihren 200 000 Einwohnerinnen und Einwohnern ist die Landeshauptstadt Mainz die mit Abstand größte Stadt des Landes, gefolgt von Ludwigshafen mit etwas mehr als 160 000 Einwohnerinnen und Einwohnern. Trier, Koblenz und Kaiserslautern bewegen sich jeweils um die 100 000 Einwohnerinnen und Einwohner herum. Das war es dann auch schon mit der Großstadt-Herrlichkeit. Stattdessen darf sich Rheinland-Pfalz damit schmücken, das waldreichste Bundesland zu sein. 42 Prozent der Landesfläche sind bewaldet.

Für die Ausbildung regionaler Identität sind Kunst und Kultur auch in Rheinland-Pfalz von enormer, leider allzu oft unterschätzter Bedeutung. Sie waren es von Anfang an. Worunter das Land jedoch leidet, ist die überschaubare Zahl von Kristallisationspunkten schöpferischer Innovation. Und weil's daran mangelt, zieht's begabte – manchmal auch nur sich für begabt haltende – Künstlerinnen und Künstler mehr denn je nach Berlin und in andere Metropolen. Edgar Reitz, der große Filmemacher aus dem rheinland-pfälzischen Hunsrück, hat dies in seiner monumentalen Leinwand-Saga »Heimat« auf unvergessliche Art und Weise thematisiert. »Als Hermann 18 Jahre alt war, verließ er das Dorf für immer. Er studierte Musik in den Hauptstädten und wurde Komponist.« (Reitz 1993: 155) So endet Teil 9 von »Heimat«; hieran knüpft »Die Zweite Heimat« an. Das war in den sechziger Jahren so, in denen die »Zweite Heimat« spielt. Das gilt mehr denn je in unserer Zeit, welche die Anything-goes-Illusionen in unverantwortlicher Weise nährt.

Wer nun meint, Rheinland-Pfalz wäre kulturelles Ödland, irrt. Irrt sogar gewaltig. Das Kulturangebot im Land steigt von Jahr zu Jahr – übersteigt hin und wieder jedes rezipientenorientierte Maß. Die Lust der Menschen auf Musik, Theater und Bildende Kunst ist geradezu explodiert. Mit einer klugen Förderpolitik hat das Land diese Bedürfnisse nicht nur befriedigt, sondern selbst angeregt. Der seit 21 Jahren bestehende »Kultursommer«, der in den Sommermonaten Veranstaltungen unterstützt und eigene Produktionen realisiert, steht beispielgebend für diese Förderpolitik, die einen Akzent auf die Breitenwirkung setzt. Und die Kunst und Kultur nutzt, um das Bindestrich-Land, das lange unter einer fehlenden Landesidentität litt, weiter zusammenwachsen zu lassen.

Rheinland-Pfalz realisiert damit Hilmar Hoffmanns Forderung aus den siebziger Jahren nach einer »Kultur für alle«. Etwas später wiederum, aber dafür durchaus überzeugend.

Wen wundert es da, dass man in Rheinland-Pfalz anfänglich etwas gezögert hat, das Thema Kulturelle Bildung politisch zu besetzen und finanziell erkennbar zu unterfüttern – obwohl auch dort die gesellschaftliche Entwicklung schon viel weiter war? Zum sympathischen Teil der rheinland-pfälzischen Mentalität gehört es nun mal, die modischen Aufgeregtheiten im Rest der Republik aus gelassener Distanz zu beobachten. Wenn man sich dann jedoch zum Handeln entschließt, dann zu einem entschlossenen. So auch bei der Kulturellen Bildung.

Sie erlebt seit einiger Zeit eine nie zuvor gesehene Blüte. Deren Farbenpracht ist auch das Ergebnis eines kulturpolitisch grünen Daumens des Landes. Sie gründet aber nicht minder auf einem kräftigen gesellschaftlichen Humus.

Wenn *SPD* und *Bündnis 90/Die Grünen*, die das Land seit dem Frühsommer 2011 regieren, als eines ihrer zentralen kultur- und bildungspolitischen Anliegen proklamieren, »jedem Menschen kulturelle Teilhabe zu ermöglichen, die eigene Kreativität entwickelt sowie ihn befähigt und motiviert, am kulturellen Leben der Gesellschaft aktiv teilzunehmen«, dann ist dies Ausdruck einer seit einiger Zeit bestehenden Übereinstimmung von politischer Willensbildung und zivilgesellschaftlicher Realität.

Dafür einige Beispiele aus der Praxis der vergangenen Jahre:

- Im Jahr 2008 wurde ein Landesprogramm zum flächendeckenden »Auf- und Ausbau von Jugendkunstschulen« gestartet. Es ist mit 300 000 Euro pro Jahr ausgestattet. Kein schwindelerregender Beitrag. Aber was mit diesen Mitteln angestoßen worden ist, ist enorm. Gerade in kleinen Städten oder gar Dörfern tragen ein paar tausend Euro aus diesem Programm dazu bei, dass den Kindern und Jugendlichen eine ganz neue Perspektive ihrer Freizeitgestaltung geboten wird. In den Jugendkunstschulen sollen für Kinder und Jugendliche Projekte im künstlerisch-gestaltenden Bereich angeboten werden, vor allem in den Sparten Bildende Kunst und moderne Medien. Das Projekt Jugendkunstschulen funktioniert, weil das Land an dieser Stelle ein ehrenamtliches wie professionelles gesellschaftliches Engagement gleichermaßen anregt wie unterstützt.
- Ebenfalls seit 2008 gibt es ein vom *Landesverband professioneller freier Theater Rheinland-Pfalz e. V.* entwickeltes und vom Land finanziertes Förderkonzept für freie Theatergruppen. Mit ihm wird die Differenz der üblichen Theaterhonorare und dem, was ein nicht-kommerzieller Veranstalter zu zahlen in der Lage ist, ausgeglichen. Auf diese Weise schaffen wir es, Kultur auf's Land, in Schulen und Kindergärten zu bringen. Und damit insbesondere zu denen, die nicht im kulturellen Überfluss leben.
- Programmkinos, die im ländlichen Raum meist der Kulturtreffpunkt für eine ganze Region sind, werden für ihre Programmangebote für Erwachsene wie für Kinder prämiert – nicht nur eine Unterstützung für kulturelle Bildungsarbeit, sondern ganz nebenbei auch noch Strukturpolitik zum Erhalt von Kulturstätten. Der »Kinoprogrammpreis« würdigt das Bestreben der Kinobetreiber, anspruchsvolle Filme jenseits des Mainstreams zu zeigen; für anspruchsvolle Kinder- und Jugendfilme und Kurzfilme gibt es Sonderpreise.
- Der rheinland-pfälzische Landtag hat im vergangenen Jahr die Mittel für die freien Theater, die freie Musikszene und die Soziokultur auf rund zwei Millionen Euro erhöht. Das ist eine Anerkennung gerade auch der kulturellen Bildungsarbeit, die in diesem Bereich geleistet wird.
- Theater, Museen, Orchester – Kulturelle Bildung ist längst Teil ihres professionellen Selbstverständnisses. Man hat sich geöffnet – empfängt Kinder und Jugendliche, sucht aber auch deren Lebensräume auf. Und natürlich nutzt man dabei auch die Möglichkeiten der neuen Medien, wie etwa die *Deutsche Staatsphilharmonie Rheinland-Pfalz* mit ihrer interaktiven Homepage www.listen-to-our-future.de oder einer interaktiven Lern-DVD, die in spielerischer Form Wissenswertes rund um ein Sinfonieorchester aufbereitet.

Auch in den Kindertagesstätten und Schulen des Landes hat es in den vergangenen Jahren einen ganz beträchtlichen Zuwachs an kulturellen Angeboten gegeben – von der Einrichtung von Leseecken an Schulen über eine steigende Zahl von Musikklassen, in denen das Musizieren im Klassenverband Schwerpunkt ist, bis hin zu Fortbildungen von Erzieherinnen und Erziehern sowie Lehrerinnen und Lehrern.

Initiativen für mehr Kulturelle Bildung in Rheinland-Pfalz

Gerade in Ganztagsschulen – in diesem Bereich darf Rheinland-Pfalz ohne Wenn und Aber eine Vorreiterrolle für sich reklamieren – ist die Kultur viel beschäftigter Kooperationspartner. Rahmenvereinbarungen des Landes mit diversen Landesverbänden der Künstlerinnen und Künstler unterschiedlicher Sparten schaffen dafür eine transparente Grundlage. Im Jahr 2001 hatte sich die damalige rheinland-pfälzische Landesregierung zu einem bundesweit beachteten Ausbauprogramm für Ganztagsschulen entschlossen. Das für die laufende Legislaturperiode formulierte Ziel lautet: bis 2016 soll jede zweite der knapp 1 550 allgemein bildenden Schulen in Rheinland-Pfalz Ganztagsschule sein.

Auch hinsichtlich einer gezielten kulturellen Spitzenförderung ist die Schullandschaft in Rheinland-Pfalz nunmehr bestens aufgestellt. Das Landesmusikgymnasium in Montabaur und das Landeskunstgymnasium in Alzey sind qua Definition in besonderer Weise der ästhetischen Erziehung verpflichtet. Sie bereiten fundiert auf entsprechende Studien- und Ausbildungsgänge nach Ende der Schulzeit vor.

Die Erfahrungen aus der mittlerweile unüberschaubar gewordenen Fülle solcher Angebote, Projekte und Initiativen sollen nun in einem Modellprojekt münden, das die Koalitionsregierung für diese Legislaturperiode auf die Agenda gesetzt hat. Unter der Überschrift »Jedem Kind seine Kunst« sollen, so der Arbeitsauftrag der Politik, beispielhaft neue Wege der Vernetzung von Bildungseinrichtungen mit Künstlerinnen und Künstlern sowie Kulturinstitutionen entwickelt werden.

»Jedem Kind seine Kunst« wird eine bunte Mixtur all dessen sein, was in Rheinland-Pfalz selbst und in anderen Ländern bereits erfolgreich praktiziert wird.

Unser Anliegen ist es, modellhaft aufzuzeigen, welche Voraussetzungen erfüllt sein müssen, damit Kulturelle Bildung nachhaltig wirken kann. Eben diese Nachhaltigkeit braucht eine Kultur- und Bildungsarbeit, die sich der Förderung jener Kinder und Jugendlichen verpflichtet fühlt, die nicht in einem Elternhaus mit Klavier und gut gefüllten Bücherregalen aufwachsen.

Zugleich wollen wir bei diesem Projekt der Kultur mit Blick auf die Kulturelle Bildung die Deutungshoheit sichern. Das heißt, wegzukommen von der Engführung des Unterrichts auf kognitive Lerninhalte und stattdessen kulturelle Sozialisation als Teil einer ganzheitlichen Persönlichkeitsentwicklung erfahrbar zu machen.

Ungeachtet des nun schon einige Zeit anhaltenden Hypes um die Kulturelle Bildung sind die nachfolgend skizzierten Defizite und Mängel sicherlich kaum von der Hand zu weisen – da unterscheidet sich Rheinland-Pfalz nicht vom Rest der Republik:

1. Wir haben bundesweit eine öffentlich geförderte kulturelle Infrastruktur, wie es sie im internationalen Vergleich nicht allzu oft gibt. Die allermeisten, wenn nicht alle kulturellen Institutionen engagieren sich mittlerweile in der Kulturellen Bildung – nicht zuletzt natürlich deshalb, weil sie erkannt haben, dass ihnen vor dem Hintergrund des demografischen Wandels sonst das Publikum wegbricht. Gleichwohl fließt nur ein Bruchteil der öffentlichen Kulturförderung von Bund, Ländern und Gemeinden in die Kulturelle Bildung.

2. Kulturelle Bildung ist zu häufig noch abhängig von der Begeisterung einzelner, die sich solchen Projekten mit Haut und Haar verschreiben – auch wenn alle Kulturinstitutionen mittlerweile Kulturelle Bildung anbieten. Um Trends zu verstetigen, bedarf es überpersonaler Strukturen, die auch dann wirksam sind, wenn intrinsisch außergewöhnlich motivierte und engagierte Kulturmenschen nicht mehr da sind.

3. Kulturelle Bildung bedarf einer klaren politischen Schwerpunktsetzung. Wenn Bund, Länder und Gemeinden wünschen, dass die von ihr getragenen oder unterstützten Einrichtungen Kulturelle Bildung zu einer erstrangigen Daueraufgabe machen, dann muss dies einhergehen mit einem eindeutigen Auftrag und entsprechenden Fördermitteln.

4. Wir müssen uns weiter und noch stärker darum bemühen, mit Kultureller Bildung Kinder und Jugendliche jenseits der Akademikerhaushalte zu erreichen. »In der Mehrzahl profitieren vor allem junge Leute mit hoher Schulbildung von den geschaffenen Bildungsangeboten in Kultureinrichtungen. Sie werden nicht nur von der Schule, sondern verstärkt auch vom Elternhaus an entsprechende Angebote herangeführt«, bilanziert das im Frühjahr 2012 vorgestellte »2. Jugend-KulturBarometer« (Keuchel/Larue 2012: 187). Ein Befund, der Politik und Gesellschaft auffordert, noch mehr hinsichtlich einer bildungsheterogeneren Zielgruppenansprache zu leisten.

Die neue rheinland-pfälzische Landesregierung hat erklärt, die finanzielle Förderung der Kultur verstärken zu wollen. Angesichts der allgemeinen Rahmenbedingungen eine bemerkenswerte Schwerpunktsetzung. Dass sie dabei kulturelle Teilhabe und Kulturelle Bildung als »Hauptziel« ausgewiesen hat, ist eine Ermutigung für all jene, die daran mitwirken, dass möglichst viele junge Menschen die kreativen Seiten ihrer Persönlichkeit entdecken und ausleben können.

Literatur

Autorengruppe Bildungsberichterstattung (2012): *Bildung in Deutschland 2012. Ein indikatorengestützter Bericht mit einer Analyse zur kulturellen Bildung im Lebenslauf*, Bielefeld: W. Bertelsmann Verlag

Deutscher Bundestag (Hrsg.) (2008): *Kultur in Deutschland. Schlussbericht der Enquete-Kommission des Deutschen Bundestages. Mit allen Gutachten der Enquete sowie der Bundestagsdebatte vom 13.12. 2007 auf DVD*, Regensburg: ConBrio

Keuchel, Susanne/Weil, Benjamin (2010): *Lernorte oder Kulturtempel – Infrastrukturerhebung: Bildungsangebote in klassischen Kultureinrichtungen*, Köln: ARCult Media GmbH

Keuchel, Susanne/Larue, Dominic (2012): *Das 2. Jugend-KulturBarometer – Zwischen Xavier Naidoo und Stefan Raab*, Köln: ARCult Media GmbH

Kißener, Michael (2006): *Kleine Geschichte des Landes Rheinland-Pfalz*, Leinfelden-Echterdingen: DRW-Verlag Weinbrenner

Landesforsten Rheinland-Pfalz: Homepage, siehe unter: www.wald-rlp.de

Reitz, Edgar (1993): *Drehort Heimat: Arbeitsnotizen und Zukunftsentwürfe* (herausgegeben von Michael Töteberg), Frankfurt am Main: Verlag der Autoren

SPD Rheinland-Pfalz und Bündnis 90/Die Grünen Rheinland-Pfalz (2011): *Koalitionsvertrag Rheinland-Pfalz 2011-2016. Den sozial-ökologischen Wandel gestalten*, Mainz

Staatskanzlei Rheinland-Pfalz (2010): »Zwei Milliarden für Konversion – Strukturwandel geglückt«, *Pressemitteilung der Staatskanzlei Rheinland-Pfalz vom 14.9.2010*

Steffen Saebisch

Förderung der Kultur- und Kreativwirtschaft in Hessen

Kultur- und Kreativwirtschaft als Standortfaktor und Wirtschaftsbereich

Hessen beherbergt, insbesondere in der äußerst dynamischen Rhein-Main-Region und der Stadt Kassel, eine lebendige Kunst- und Kulturszene. Sie trägt maßgeblich zur hohen Lebensqualität bei und umfasst mit Museen von Weltgeltung, renommierten Festivals und internationalen Messen die Institutionen der Hochkultur ebenso wie Avantgarde und freie Szene. Universitäten, Hochschulen und exzellente Institutionen bilden den künstlerischen und kreativen Nachwuchs aus und inspirieren innovative Gründungen.

Kunst, Kultur und Kreativität sind nicht nur weiche Standortfaktoren, sondern tragen auch konkret zu Wertschöpfung und Beschäftigung bei. Die beiden umsatzstärksten Teilmärkte in Hessen sind der Werbemarkt sowie die Software- und Games-Industrie, gefolgt von der Designbranche und dem Pressewesen. Insgesamt erwirtschafteten die knapp 21 000 in der Umsatzsteuerstatistik in Hessen erfassten Unternehmen der Kultur- und Kreativwirtschaft im Jahr 2010 einen Umsatz von rund 12,5 Milliarden Euro. Über 65 000 sozialversicherungspflichtig Beschäftigte waren dort tätig (Hessisches Ministerium für Wirtschaft, Verkehr und Landesentwicklung 2012), mehr als beispielsweise in der Chemie- und Pharmaindustrie oder im Maschinenbau. Die Kultur- und Kreativwirtschaft ist ein wirtschaftlicher Wachstumsmarkt und erfindet sich mit Hilfe digitaler Infrastrukturen immer wieder neu. Sie gilt zudem als Triebfeder für Innovationen in anderen Wirtschaftsbranchen.

Als wirtschaftsstarkes Flächenland bietet Hessen Kultur- und Kreativschaffenden ein exzellentes Umfeld: Die Vielfalt der Kreativszene ermöglicht immer wieder neue Kooperationen und schafft so Synergien. Umsatzstarke Kunden aus der Dienstleistungsbranche und dem produzierenden Sektor schaffen einen guten Absatzmarkt.

Branchenunterstützung durch das Land Hessen

Lange bevor sich der Begriff Kultur- und Kreativwirtschaft etablierte, förderte Hessen bereits die für das Land wichtigen Teilmärkte Film und Design, indem es Landeseinrichtungen wie die *Kulturelle Hessische Filmförderung* in Frankfurt und *Hessen Design e. V.* in Darmstadt gründete. Doch dauerte es längere Zeit, bis die Kultur- und Kreativwirtschaft in ihrer Breite als förderwürdig anerkannt war.

Einen wichtigen Beitrag dazu leisteten die seit 2003 veröffentlichten vier Kultur- und Kreativwirtschaftsberichte sowie mehrere Gutachten zu den *Creative Industries* in Hessen. Diese analysierten die Kreativbranche in ökonomischer und struktureller Hinsicht und vertieften wichtige Einzelfragen. So stellte der 2. Kulturwirtschaftsbericht »Kultursponsoring und Mäzenatentum« (Hessisches Ministerium für Wirtschaft, Verkehr und Landesentwicklung u. a. 2005) privates Kulturengagement in den Mittelpunkt, sein Nachfolger »Kulturwirtschaft fördern – Stadt entwickeln« (Hessisches Ministerium für Wirtschaft, Verkehr und Landesentwicklung u. a. 2008) beleuchtete den lokalen Mehrwert der Kulturwirtschaft für Stadtentwicklungsprozesse. Der 2012 veröffentlichte 4. Bericht (Hessisches Ministerium für Wirtschaft, Verkehr und Landesentwicklung) behandelt das Thema »Innovation durch Design, Vernetzung und Digitalisierung«.

Unterstützung der Kreativbranche

Zur Unterstützung der Kultur- und Kreativwirtschaft nutzt das Land Hessen die Synergien seiner Programme der Unternehmens- und Strukturförderung sowie der Städtebauförderung. Aus Mitteln des *Europäischen Fonds für regionale Entwicklung*, Stichwort »Programm Lokale Ökonomie«, werden an ausgewählten Standorten Zuschüsse für Gründer und Kleinstunternehmen gezahlt. In Orten mit geringem Angebot an Atelierräumen dienen leer stehende Landesimmobilien vorübergehend als Kreativ-Gründungszentren. Baumaßnahmen bei derartigen Zwischennutzungen unterstützt das Land im Rahmen seiner Städtebauförderung.

Alle Unternehmensförderprogramme stehen grundsätzlich auch der Kultur- und Kreativwirtschaft offen. Auch die auf den Bedarf der Kreativen maßgeschneiderte Gründer- und Unternehmensberatung, genannt *Kulturcoaching*, stößt auf große Nachfrage. Seit 2011 fördert Hessen zudem kleine Kinos und Programmkinos dabei, auf digitale Projektionstechnik umzustellen. Das für die digitale Ertüchtigung ländlicher Regionen wichtige Thema Breitband wird ebenso in den Fokus genommen.

Seit kurzem gibt es eine hessische Förderung für innovative Projekte im Games-Bereich. Der 2008 ins Leben gerufene »European Innovative Games Award« (E.I.G.A.) ist für die Branche zu einem wichtigen und anerkannten Preis geworden. Hessen fördert zudem besonders innovative Forschungs- und Entwicklungsvorhaben, so genannte »Hessen ModellProjekte«, die als Kooperationen mehrerer Partner (Unternehmen, Hochschulen und Forschungseinrichtungen) organisiert sind. Beispielsweise arbeiten das Frankfurter *Städel Museum* und die *Universitäts- und Landesbibliothek Darmstadt* in Förderprojekten mit mehreren Partnern aus Wirtschaft und Wissenschaft gemeinsam daran, künftig den Museums- und Bibliotheksbestand über mobile Geräte bereitzustellen und mit multimedialen Inhalten und Angeboten über die Cloud verknüpfen zu können. Diese Vorhaben werden aus Mitteln der Landesoffensive zur Entwicklung wissenschaftlich-ökonomischer Exzellenz (LOEWE 3: KMU-Verbundvorhaben) gefördert.

Die bedeutsame Teilbranche Designwirtschaft wird über das landesweit agierende Kompetenzzentrum *Hessen Design e. V.* in Darmstadt gefördert. Als einziges Bundesland unterstützt Hessen zudem den in Frankfurt ansässigen *Rat für Formgebung*, der die Kommunikation und den Wissenstransfer für die deutsche Designwirtschaft auch international stärkt.

In der Filmwirtschaft ist die *Hessische Filmförderung* seit über 20 Jahren Ansprechpartnerin für hessische Produzenten und den Filmnachwuchs und fördert Filmproduktionen ebenso wie Filmfestivals, Filmreihen und innovative Kinoprojekte mit Zuschüssen. Seit 2001 unterstützt zusätzlich die wirtschaftliche Filmförderung *HessenInvestFilm*, angesiedelt bei der *Wirtschafts- und Infrastrukturbank Hessen*, auf Darlehensbasis Produktionen, die künstlerisch und wirtschaftlich Erfolg versprechen. Die Beratungs- und Serviceeinrichtung *Film Commission Hessen* leistet Hilfe bei der Vermittlung von Filmcrews und Drehorten.

Ein besserer Zugang zu internationalen Märkten, beispielsweise durch Messeförderung und durch eine verstärkte Nutzung der Kooperations- und Fördermöglichkeiten auf europäischer Ebene, kann das Branchenwachstum fördern und den Kreativunternehmen wichtige Kommunikations- und Präsentationsplattformen bieten. Die Förderdatenbank auf der Webseite des *Hessischen Ministeriums für Wirtschaft, Verkehr und Landesentwicklung* bietet einen Überblick über die zahlreichen Fördermöglichkeiten (www.kulturwirtschaft-hessen.de).

Neben der monetären Förderung hat die Hessische Landesregierung zahlreiche Projekte initiiert, um die Querschnittsbranche Kultur- und Kreativwirtschaft sichtbar zu machen und die Netzwerkbildung innerhalb der Branche und mit anderen Wirtschaftsbereichen zu verbessern. So wurde beispielsweise auf dem zweitägigen Kongress »Create-it – Kreativwirtschaft trifft IT« Ende 2011 die branchenübergreifende Vernetzung zwischen Vertretern der Informations- und Kommunikationstechnologien und der Kultur- und Kreativwirtschaft angeregt.

Ausblick

Die Kultur- und Kreativwirtschaft ist in ihrer Breite ein wichtiges Handlungsfeld für die Landespolitik geworden. Die Einbeziehung von Kreativen verschiedener Sparten in unternehmerische Prozesse kann helfen, neue Perspektiven zu eröffnen sowie neue Produkte zu generieren und marktfähig zu machen. So kann die Branche zur Innovationsfähigkeit von Unternehmen und zur regionalen Wettbewerbsfähigkeit beitragen. Insbesondere Designer und Architekten nehmen, neben ihrer

Funktion als Formgeber, eine strategische Rolle bei der Entwicklung von Ideen zu marktfähigen Produkten ein. Mit ihrem Transferpotenzial in andere Wirtschaftsbranchen leistet die Kultur- und Kreativwirtschaft einen wichtigen Beitrag für Wachstum, Entwicklung und Etablierung vielversprechender Unternehmungen. Die hessische Landesregierung hat diese Schlüsselfunktion erkannt. Der »4. Hessische Kultur- und Kreativwirtschaftsbericht« (2012) listet Handlungsoptionen auf, die das Land Hessen bei seinen künftigen Aktivitäten berücksichtigen wird:

Innovationspolitik
Ein Merkmal der Kultur- und Kreativwirtschaft ist, dass sie ständig neue Lösungen entwickelt. Der Stellenwert kreativer Leistungen in unternehmerischen Innovationsprozessen, vor allem durch Produkt- und Kommunikationsdesign, ist beträchtlich und wird weiter wachsen. In Hessen setzen große Unternehmen Design, über dessen Funktion als Formgeber für Produkte hinaus, erfolgreich im gesamten Wertschöpfungsprozess ein. Damit auch kleine und mittlere Unternehmen dieses Innovationspotenzial nutzen lernen, brauchen sie Unterstützung. Dafür ist insbesondere der Know-how-Transfer über den strategischen Nutzen von Produkt-, Prozess- und Kommunikationsdesign anhand von *Best-Practice*-Beispielen zu verbessern. Ein sehr wichtiges Handlungsfeld ist die Designförderung. Insbesondere der Mittelstand soll verstärkt von Beratungsleistungen durch Designer profitieren können. Die Kultur- und Kreativwirtschaft soll deshalb Bestandteil der hessischen Innovationspolitik sein.

Die Digitalisierung bringt neuen Handlungsbedarf mit sich, da sie Museen und Bibliotheken unter Veränderungsdruck setzt. Die Digitalisierung erfordert einerseits hohen finanziellen Aufwand, bietet jedoch auch die Chance, das kulturelle Erbe zu bewahren und leichter zugänglich zu machen. Die Landespolitik kann bei der Bewältigung der Herausforderungen durch den digitalen Wandel helfen.

Professionalisierung und Vernetzung
Vernetzung spielt in der Kultur- und Kreativwirtschaft eine zentrale Rolle. Deshalb ist die Schaffung von Kooperationsmöglichkeiten ein wichtiges Element der Förderpolitik: Neben Gründerzentren und Gewerbehöfen bieten *Coworking Spaces* hohe Flexibilität, vielfältige Kontaktgelegenheiten und die Nutzung kostensparender digitaler Werkzeuge. Durch *Social Media*, *Crowdfunding* und *Open Innovation* ergeben sich zusätzlich digitale Vernetzungen..

Ein wichtiges Handlungsfeld wird es sein, die Professionalisierung, Vernetzung und Markterschließung für Kreative zu unterstützen. Dies kann mit Qualifizierungsreihen zum Erwerb von unternehmerischem Know-how wie dem *Kulturcoaching* erreicht werden.

Kultur- und Kreativschaffende sind beruflich häufig nicht allein der Privatwirtschaft, dem öffentlichen Bereich oder der freien Szene zuzuordnen, sondern in mehreren Bereichen tätig. Kleine Kreativunternehmen und Selbständige können in selbst organisierten Netzwerken und gesteuerten Clustern von Arbeitsteilung profitieren sowie Kooperationspartner und Märkte erschließen. Daher ist es wichtig, die Kultur- und Kreativwirtschaft in die Programme der Clusterförderung aufzunehmen.

Sichtbarkeit der Standortqualität
Hessen bietet mit seinen vielen Kultur- und Kreativinstitutionen, Unternehmen und Branchenveranstaltungen hervorragende Rahmenbedingungen. Angesichts der ökonomischen Bedeutung der Kultur- und Kreativwirtschaft soll der Kreativstandort Hessen künftig stärker vermarktet werden. Neue Konzepte und Veranstaltungsformen sollen seine Wahrnehmung verbessern. Die stärkere Verankerung der Kultur- und Kreativwirtschaft in der hessischen Landespolitik ist ein aktuelles Thema. Entsprechend werden die Belange der Kultur- und Kreativwirtschaft auch in der neuen Förderperiode der Europäischen Union eingebracht.

Förderung der Kultur- und Kreativwirtschaft in Hessen

Literatur

Hessisches Ministerium für Wirtschaft, Verkehr und Landesentwicklung/Hessisches Ministerium für Wissenschaft und Kunst (Hrsg.) (2005): *Kultursponsoring und Mäzenatentum in Hessen, 2. Hessischer Kulturwirtschaftsbericht* (Bearbeitung und Redaktion: Piesk, Susanne/Giebel, Regina), Wiesbaden: HA Hessen Agentur GmbH

Hessisches Ministerium für Wirtschaft, Verkehr und Landesentwicklung/Hessisches Ministerium für Wissenschaft und Kunst/Schader-Stiftung (Hrsg.) (2008): *Kulturwirtschaft fördern – Stadt entwickeln, 3. Hessischer Kulturwirtschaftsbericht* (Bearbeitung der Studie: Krökel, Karin/Piesk Susanne), Wiesbaden: HA Hessen Agentur GmbH

Hessisches Ministerium für Wirtschaft, Verkehr und Landesentwicklung (Hrsg.) (2012): *Innovation durch Design, Vernetzung und Digitalisierung, 4. Hessischer Kultur- und Kreativwirtschaftsbericht* (Verfasserin: Susanne Stöck), Wiesbaden: HA Hessen Agentur GmbH

Sabine Kunst

Verlässlichkeit und Flexibilität

*Brandenburgs neue Kulturpolitische Strategie
setzt Schwerpunkte und will Innovationen ermöglichen*

Im März 2012 erschien in dem Nachrichtenmagazin *Der Spiegel* der Artikel »Die Hälfte«, der eine lebhafte bundesweite Debatte auslöste und der Ankündigung des Buches »Der Kulturinfarkt« war. Darin schlagen die Autoren in einem »Gedankenexperiment« vor, nicht weniger als die Hälfte der öffentlichen Kultureinrichtungen zu schließen, um die frei werdenden Mittel für den Kulturbereich anders zu verwenden.

Die dort aufgeführten Anwürfe sind nicht grundsätzlich neu: Immer wieder gibt es Stimmen, die zum Beispiel die hohe Subventionierung eines Opernhausplatzes beklagen und darauf hinweisen, dass davon vor allem die kulturaffine Bevölkerung profitiere, der es ohnehin besser gehe, als vielen anderen. Bereits knapp drei Wochen zuvor hatte das *Brandenburger Ministerium für Wissenschaft, Forschung und Kultur* ein Diskussionspapier veröffentlicht, das einige Motive beinhaltet, die auch »Der Kulturinfarkt« aufgreift. Ich will mir die pauschale Hypothese, es gäbe »von Allem zu viel und überall das Gleiche« ausdrücklich nicht zu eigen machen. Allerdings ist es wichtig zu sehen, dass sich Kulturpolitik kritischen Betrachtungen stellen und sich immer wieder hinterfragen muss.

Das Ministerium hat unmittelbar nach Veröffentlichung des ersten Entwurfs des Strategiepapiers einen umfangreichen Beteiligungsprozess initiiert. Bei einer Reihe moderierter Fachforen, Präsentationen und Diskussionsrunden wurde die Strategie gemeinsam mit Kommunen, Kulturakteuren und der interessierten Öffentlichkeit bis zum Sommer dieses Jahres diskutiert und weiterentwickelt: Ein aufwendiges Verfahren, das sich aber als wertvoll herausgestellt hat.

Auch, obwohl natürlich nicht in allen Überlegungen Übereinstimmung bestand, fanden viele wichtige Anregungen Eingang in das Papier. Die so entstandene *Kulturpolitische Strategie* wird für die kommenden Jahre Grundlage der Kulturförderung des Landes sein.

Natürlich kann Kulturpolitik nie statisch sein. An sie wird zu Recht die Anforderung gestellt, auch gesamtgesellschaftliche Ziele im Blick zu haben. Zugleich braucht Kultur den Freiraum, sich entwickeln zu können, auch ohne bestimmten Zielen zugeordnet werden zu können. Eine Kulturpolitische Strategie sieht sich somit immer im Spannungsfeld ganz verschiedener Vorstellungen, einerseits den Freiraum von Kultur und Kunst zu ermöglichen und andererseits Bedarfe und Anforderungen der Nutzer in den Blick zu nehmen.

Kulturpolitik in Brandenburg:
Auf dem Erreichten aufbauen und Herausforderungen begegnen

In den Jahren nach der Wiedervereinigung hat das Land Brandenburg viel Geld in seine kulturelle Infrastruktur investiert. Das Ergebnis kann sich sehen lassen und muss sich nicht hinter anderen Bundesländern verstecken. Diese erstklassige Kultur-Infrastruktur soll beibehalten werden. Wie dies aber auch in Zukunft gelingen soll und wie wir die Struktur noch stärker mit Leben füllen können, dieser Debatte müssen wir uns stellen.

Der demografische Wandel ist längst auch in vielen Regionen der alten Bundesländer angekommen und doch stellt er für das Land Brandenburg eine besondere Herausforderung dar. Bis 2030 wird die Bevölkerungszahl in Brandenburg um rund 250 000 Einwohner zurückgehen. Das entspricht einem Minus von knapp zehn Prozent! Dabei gibt es regional große Unterschiede. Während etwa die Landeshauptstadt Potsdam eine der am schnellsten wachsenden Kommunen in ganz Deutschland ist, sehen sich andere Regionen wie zum Beispiel die Uckermark mit deutlichen Bevölkerungsrückgängen konfrontiert.

Für viele Kultureinrichtungen und kulturelle Initiativen hat dies mittelfristig eine ganze Reihe zum Teil schmerzhafter Konsequenzen: Der Rückgang an (zahlendem) Publikum ist dabei nur die offensichtlichste Auswirkung. Hinzu kommt das Problem, dass die öffentlichen Geldgeber aus Haushaltsgründen ihr Engagement nicht immer aufrecht erhalten können. Auch im ehrenamtlichen Bereich Mitwirkende, Aktive und Helfer zu finden, wird zunehmend schwieriger.

Der Bevölkerungsrückgang geht in Brandenburg mit einer konsequenten Haushaltskonsolidierung einher. Im Haushaltsentwurf für das Jahr 2014 konnte die Nettoneuverschuldung erstmals auf Null gesetzt werden. Bemerkenswerterweise ist der Kulturetat von Sparauflagen im aktuellen Haushalt nicht betroffen. Klar ist aber auch: Ein Zuwachs an Mitteln scheint vorerst unrealistisch.

Auch bei stabilen Haushalten muss es Offenheit für Neues geben

Trotz der stabilen Basis muss sich die Politik Gedanken machen, wie unter diesen Rahmenbedingungen Kulturpolitik so gestaltet werden kann, dass sie langfristig Verlässlichkeit für die Kulturschaffenden ermöglicht, zugleich aber offen bleibt für neue Entwicklungen.

Dabei treten manche Ziele – wie zum Beispiel die Konzentration auf weniger Einrichtungen, die dann weiterhin eine hohe künstlerische Qualität bieten oder diese sogar noch verbessern können einerseits und das mehr als nur Aufrechterhalten kultureller Aktivitäten in eher ländlich geprägten Regionen andererseits – manchmal vordergründig in Konflikt zueinander.

Verlässlichkeit und Flexibilität

Zugleich ist der Kulturetat des Landes Brandenburg derzeit faktisch zu rund 98 Prozent mit langfristig vereinbarten oder zumindest seit langem tradierten Förderungen festgelegt. Die Gestaltungsspielräume für innovative Entwicklungen oder neue Schwerpunktsetzungen sind sehr eng. Die Folge: Der kulturellen Entwicklung droht ein Stillstand.

Würde man das Thema jetzt nicht auf die Tagesordnung setzen, verlöre man sich in einem »Weiter so!«. Doch gerade dies wäre fatal, denn Kunst und Kultur selbst stehen nicht still und finden zudem in einem sich ständig verändernden gesellschaftlichen Rahmen statt. Um eine tragfähige Weichenstellung zu erreichen, bedarf es zweierlei: Der Wiedergewinnung von Gestaltungsspielräumen durch geschicktes Ressourcenmanagement und der Setzung klarer Schwerpunkte.

Viele (An-)Forderungen an die Kulturpolitik

Für mich stehen dabei folgende Fragen im Vordergrund:

- Wie verlässlich und transparent ist die öffentliche Förderung?
- Wie gestalten wir Freiräume insbesondere für junge Kulturschaffende, die in der Förderung *etablierter* Einrichtungen möglicherweise zu wenig berücksichtigt werden?
- Wie können wir die *kulturelle Grundversorgung* in der Fläche auch in Zukunft gewährleisten oder sie sogar noch besser machen?
- Wie können wir unsere qualitativ hochwertigen Kulturangebote – auch bei einer zurückgehenden Bevölkerungszahl – einem noch breiteren Publikum zugänglich machen?
- Wie erreichen wir dabei insbesondere die so genannten bildungsfernen Schichten?

Aber auch:

- Welche Rolle kann und soll der Kulturtourismus bei der wirtschaftlichen Entwicklung des Landes spielen? Und welche Angebote aus dem Kulturbereich eignen sich dafür?
- Wie können wir durch richtige Weichenstellungen der öffentlichen Förderung die Kultur- und Kreativwirtschaft voranbringen, deren Potenziale in Deutschland auch perspektivisch weiter wachsen?

Die Liste der Fragen kann man noch erweitern. Klar ist, dass die Herausforderungen sehr differenziert sind und es darauf ankommt, Verknüpfungen zu schaffen: zwischen Kultureinrichtungen, zwischen Kultur- und Bildungseinrichtungen, zwischen urbanem und ländlichem Raum. So ist es beispielsweise wichtig, dass unsere anerkannten Theater und Orchester nicht nur in ihren *Stammhäusern* spielen, sondern ihre Kunst weiter ins Land tragen. Auf Tour – gerade auch in kleineren Orten – gilt es, neues Publikum zu finden. Ebenso kann sich ein lokales Museum – mit der entsprechenden Unterstützung – zu einem interessanten Ziel für Besucher von außerhalb entwickeln.

Das ist nicht unbedingt neu; vieles davon findet bereits statt. In Brandenburg gibt es ganz wunderbare Beispiele für solche Entwicklungen. Aber es geht darum, solche Ideen und Ziele zusammenzubringen und es nicht bei einmaligen Aktivitäten zu belassen, sondern solchen Verknüpfungen eine Kontinuität zu ermöglichen.

Gestaltungsspielräume schaffen, auch durch Bündelung von Ressourcen

Dort, wo Kultureinrichtungen komplementäre Profile aufweisen, sollen sie in Brandenburg in Zukunft enger kooperieren oder, wenn dies sinnvoll ist, sogar fusionieren. Das Zusammengehen des *Filmmuseums Potsdam* mit der *Hochschule für Film und Fernsehen* zeigt, dass dies ein zielführender Weg sein kann.

In absehbarer Zeit sollen auch das *Haus der Brandenburgisch-Preußischen Geschichte (HBPG)* und der *Trägerverein Kulturland Brandenburg (KLB)* zu einer Institution vereinigt werden. Die Verzahnung der unterschiedlichen, aber in mehrfacher Hinsicht aufeinander bezogenen Aufgaben in einer Institution wird in der Summe mehr bewirken können als beide Teile alleine.

Ein weiterer wichtiger Aspekt ist die Evaluierung des Ressourceneinsatzes. Hier wird derzeit an zwei Schwerpunktthemen gearbeitet: Erstens wird der Theater- und Konzertverbund daraufhin untersucht, ob er noch bedarfsgerecht aufgebaut ist und welche Theater und Orchester zukünftig zusätzlich an ihm partizipieren können. Zweitens werden die Strukturen und die Arbeit der geförderten Landesverbände der Kultur – die in Brandenburg von großer Bedeutung sind und daher vom Land finanziell gefördert werden – auf ihre Wirksamkeit hin untersucht.

Und zum Dritten muss bedacht werden, wie sich die finanziellen Leistungen des Landes im Hinblick auf das Subsidiaritätsprinzip darstellen und welche Aufgabenteilung zwischen Land und Kommunen zielführend ist. In der derzeitigen Förderpraxis werden die Landesmittel weniger dazu eingesetzt, bestimmte künstlerische Projekte zu fördern, sondern vielmehr um die Existenz von Einrichtungen zu erhalten. Hier gilt es, mit den Kommunen über langfristig tragfähige Strukturen zu beraten.

Kulturelle Bildung, Regionale Identität und Kulturtourismus sind Schwerpunkte

Die neu gewonnenen Spielräume sollen dazu genutzt werden, inhaltliche Akzente zu setzen. In der *Kulturpolitischen Strategie* werden drei kulturpolitische Schwerpunkte definiert und durch zwei weitere Querschnittsbereiche ergänzt. Sie sollen in der zukünftigen Projektförderung des Landes von besonderer Relevanz sein.

Kulturelle Bildung ist eine wesentliche Voraussetzung für die Teilhabe am kulturellen Leben. Im Land Brandenburg sind Kultureinrichtungen aller Sparten seit langem engagiert dabei, ihre Angebote mit der Vermittlung Kultureller Bildung zu flankieren. Die Musikschulen haben ein in der Breite wirksames Netz an Unterrichtsorten. Die Kinder- und Jugendtheater sind im Lande unterwegs. Auch die museumspädagogische Arbeit hat neue Impulse erfahren.

Doch zeigt alle Erfahrung, dass sich damit noch nicht jedes Kind und jeder Jugendliche eingeladen fühlt, weil es noch immer vielen an Vorerfahrungen im Umgang mit Kunst und Kultur fehlt. Deshalb hat die Landesregierung parallel zur Diskussion um die *Kulturpolitische Strategie 2012* ein »Konzept Kulturelle Bildung« beschlossen, das seinen Fokus auf die Schnittstelle von Kultur und Schule und hierbei auf Vernetzung und Qualifizierung legt. Der aktuelle Bildungsbericht mit dem Schwerpunkt »Kulturelle Bildung« bestärkt diese Fokussierung.

Der Schwerpunkt *Regionale Identität* verweist unmittelbar auf die kulturelle Infrastruktur des Landes. Zum einen geht es um solche Einrichtungen, die aus historischen Gründen für einen Ort und einen Inhalt stehen, also etwa Frankfurt (Oder) als Geburtsstadt von Heinrich von Kleist oder Neuruppin als Geburtsstadt und weite Teile Brandenburgs als Thema Theodor Fontanes. Jedoch ist die Wirkung von Kultureinrichtungen nicht auf historische Kontexte beschränkt. Es ist zu fragen, in welchem Maße diese so in der jeweiligen Region verwurzelt sind, dass sie gleichsam einen Teil des Identitätsgefühls generieren und dieses nach außen tragen.

Einen dritten Schwerpunkt stellt der *Kulturtourismus* dar. Die Erzielung kulturtouristischer Effekte ist eine lohnende Aufgabe in vielen Bereichen der Kultur. Die großen preußischen Schlösser und Gärten werden wegen ihrer besonderen historischen Bedeutung gepflegt und sind zugleich ein Besuchermagnet. Die kleinen sommerlichen Musikfeste in berlinfernen Regionen des Landes sind für die Bevölkerung ein wichtiger Teil des kulturellen Lebens. Ohne die Touristen, die sie besuchen, wären viele von ihnen aber nicht überlebensfähig. Kulturelle Attraktivität kann in einem produktiven Verhältnis zu touristischer Attraktivität stehen.

Kultur lebt von Kreativität. *Innovation* ist deshalb eine immanente Eigenschaft von Kunst und Kultur. Innovation kann sich sowohl auf die Inhalte wie auf die Formen kultureller Angebote beziehen als auch auf deren Vermarktung. Sie ist dennoch kein Zweck für sich alleine. Deshalb wird sie in der *Kulturpolitischen Strategie 2012* als Querschnittsfunktion betrachtet. Innovative Ansätze sollen in der zukünftigen Kulturförderung stärker als bisher beachtet werden.

Bei der Stärkung *Bürgerschaftlichen Engagements* geht es nicht darum, bisher bezahlte Arbeit in Kultureinrichtungen billiger zu machen. *Bürgerschaftliches Engagement* ist eine wirkungsvolle Tätigkeit von Engagierten, die neben der Hilfe für die Einrichtungen selbst auch ganz entscheidend deren Verwurzelung in ihrem Umfeld befördert. Deshalb müssen sich Interessierte hinreichend dazu eingeladen fühlen, mitzutun.

Nicht alle Kultureinrichtungen im Lande Brandenburg können und sollen in gleichem Maße die genannten Schwerpunkte bedienen. Und es gibt andere Kriterien

Verlässlichkeit und Flexibilität

als die genannten, die auch zukünftig beachtet werden müssen, etwa im Bereich der Erinnerungskultur. Für die Neuausrichtung der Kulturförderung im Lande Brandenburg kommt es darauf an, dass sich zukünftig die Fördermaßnahmen im Einzelnen ins Verhältnis zu den Landesschwerpunkten setzen und die vorhandenen Potenziale angemessen entwickelt werden. Daraus wird neben den direkten Effekten eine höhere Transparenz und Nachvollziehbarkeit der Förderentscheidungen entstehen.

Es war und ist mir ein hohes Anliegen, einen möglichst breiten Konsens zu den Kernaussagen und Schwerpunkten der *Kulturpolitischen Strategie* herzustellen. Nun geht es darum, diese Linien zu den Handlungsfeldern der Kulturpolitik in Bezug zu setzen. Nach dem intensiv genutzten Beteiligungsverfahren sind wir dabei, die Umsetzung der *Kulturpolitischen Strategie* mit den einzelnen Institutionen zu beraten. Auch dies wird noch einige Zeit in Anspruch nehmen.

Die Diskussion der letzten Monate hat deutlich gezeigt, dass vereinfachte Formeln und plakative Forderungen, wie sie zum Teil auch im »Kulturinfarkt« nahegelegt werden zwar Denkanstöße sein können, aber keine Umsetzungsstrategie darstellen. Vielfach erschöpft sich derlei Kritik leider auch oft im Feststellen von Problemen, ohne aber Lösungen und Verbesserungen aufzuzeigen.

Wie wir auch in Zukunft ein attraktives, bereicherndes und zu Diskurs und Auseinandersetzung anregendes kulturelles Leben in den Regionen sichern können, dazu gibt es sicherlich unterschiedliche Entwicklungspfade. *Die Kulturpolitische Strategie 2012* soll einen Beitrag dazu liefern, diese Herausforderung der Zukunft zu meistern.

Die Kulturpolitische Strategie des Landes Brandenburg 2012 sowie weitergehende Informationen finden Sie im Internet unter http://mwfk.brandenburg.de

Carmen Emigholz

Kulturentwicklungsplanung in Bremen

Bremen hat eine lange Tradition in Fragen konzeptioneller Kulturentwicklung. Diese wurde in den siebziger Jahren besonders durch Willy Brandts Postulat »Mehr Demokratie wagen« geprägt und fand in der Positionierung von Hilmar Hoffmann »Kultur für alle« seine Entsprechung. Die damit in Zusammenhang stehenden öffentlichen Debatten bewegten damals die ganze Republik und beeinflussten auch sehr konkret die Überlegungen zur strategischen Kulturförderung der Länder – so auch in Bremen.

Es entstanden grundlegende Konzeptionen: Kulturentwicklungspläne, Kulturförderplattformen und nicht zuletzt das Programm »Kunst im öffentlichen Raum«, das bundesweit als Beispiel für die ästhetische Gestaltung des Stadtraums Beachtung fand.

Die besondere Struktur des Zweistädtestaates Bremen ermöglicht es bis heute, eine Laborfunktion für neue Entwicklungen und deren Umsetzung auszuüben. Man muss konstatieren: Viele Ideen haben sich in der Praxis bewährt, wenn auch – natürlich – nicht alle.

Stadtstaat mit Laborfunktion
Bremen entwickelte zudem ein Gespür für Trends. So wurden in Zeiten sich herausbildender wirtschaftlicher Krisen in den achtziger Jahren neue Begründungsmuster für eine gezielte Kulturförderung gesucht.

Die immer spürbarer werdenden wirtschaftlichen Begrenzungen des öffentlichen Haushaltes sowie der leider bisher bundesgesetzlich nicht aufgehobene Status von Kultur als freiwilligem Leistungsbereich der Öffentlichen Hand führten in der Konsequenz zu der Maßgabe, stärkere finanzpolitische Überlegungen auch in die Kulturpolitik einzuführen.

Das Bundesland nahm hier eine Vorreiterrolle ein, indem die ersten Studien zur wirtschaftlichen Dimension von Kulturförderung entwickelt wurden. *Umwegrentabilität* war damals ein prägender Begriff, bei dessen Anwendung in der Folge sorgfältig vermieden werden musste, dass das redliche Bemühen um die Betonung des gesellschaftlichen Stellenwerts von Kulturförderung auf der einen Seite nicht zur bloßen Ökonomisierung von Kultur auf der anderen Seite führte. In der Folgezeit gab es intensive Bestrebungen, den Bereich Kultur in seiner Bedeutung umfassend abzubilden. Kultur wird als »urbane und soziale Ressource« verstanden. Auch der letzte »Masterplan für die Kulturentwicklung Bremens 2006–2011« ist ein Beleg für diesen Versuch. Auf 43 Seiten werden begriffliche Klärungen vorgenommen, die Anwendung eines breit angelegten Kulturverständnisses erläutert, die unterschiedlichen Wirkungsfelder und Aufgaben beschrieben – vom Selbstverständnis als Kulturstadt, als Beitrag zum Strukturwandel bis hin zum Angebot, »übergreifender Orientierungs- und Handlungsrahmen für städtische Interessen auch außerhalb des Kulturbereichs« zu sein. Eine Lektüre, die sich lohnt, um das strategische Förderfeld in seiner Vielseitigkeit erfassen zu können.

Wer hingegen Antworten auf grundlegende und damit häufig existenzielle Fragestellungen in wirtschaftlichen Krisenzeiten, die inzwischen nicht nur Bremen erreicht haben, finden möchte, sucht vergeblich. Hier werden Rahmensetzungen, Ziele und Kriterien angeboten, die Kulturentwicklung verschwommen als »work in progress« verstehen. Die aktuelle Herausforderung ist, den Schutz der Substanz zu gewährleisten und damit den Wert kultureller Angebote zu sichern. Dabei geht es nicht um das bloße Konservieren von Zuständen, sondern auch um eine Erneuerung von innen, die auf den gesellschaftlichen Wandel reagiert und damit eine Perspektive eröffnet, die Relevanz kultureller Aktivitäten zu bestimmen.

Gestaltungsspielräume zu erkennen und die Freiheit künstlerischer Produktivität zu schützen, dazu bedarf es jedoch nicht nur allgemeiner programmatischer Leitsätze, sondern eines klugen Einsatzes politischer Instrumente. Diese in ihren Grenzen und Möglichkeiten richtig einzuschätzen, ist häufig nur über fundierte Praxiskenntnisse möglich – aber lohnend, weil der Erfolg kulturfachlicher Überlegungen sehr stark von der tatsächlichen Gestaltung abhängig ist.

Schwerpunkt der vorliegenden Darstellung ist die Betrachtung der Voraussetzungen für die Entwicklung und Umsetzung (!) einer Kulturplanung, die nachhaltig wirken soll.

Strukturelle Voraussetzungen
Eine moderne Kulturverwaltung ist Voraussetzung für die erfolgreiche Umsetzung einer strategischen Kulturplanung
Es wird nicht überraschen, dass gegen Ende der neunziger Jahre des letzten Jahrhunderts auch hier der Werkstattcharakter eines relativ kleinräumlichen Gemeinwesens genutzt wurde, und Bremen sich mit Hilfe externer Gutachter jahrelang an der Reorganisation einer Kulturverwaltung, die durch eine privatwirtschaftliche

GmbH in wirtschaftsfachlichen Fragen unterstützt werden sollte, versuchte. Dieses System hat sich in der Folge als nicht praktikabel erwiesen. Eine Parallelstruktur aus Öffentlicher Hand und privater Gesellschaft ist nicht nur organisationspolitisch mit gravierenden Mängeln behaftet, sondern auch rechtssystematisch kritisch zu beurteilen.

Dem gegenüber muss klargestellt werden, dass es – unbeschadet der damaligen Organisationsform – durchaus ein sinnvolles Anliegen ist, betriebswirtschaftliche Kompetenz in einem Förderfeld zu sichern, das mit ganz unterschiedlichen Rechtsträgern operiert. Der Senator für Kultur, Bürgermeister Jens Böhrnsen, entschied bei seinem Amtsantritt 2007, dass der Reorganisationsprozess wieder aufgenommen werden sollte mit dem Ziel, das klassische Verwaltungsmodell mit neuen Standards einzuführen. Dieser Prozess erfolgte nicht über zusätzliche Beratungsleistungen von außen, sondern wurde von der Hausspitze ausschließlich in Zusammenarbeit und unter Einbeziehung der Erfahrung aller Mitarbeiterinnen und Mitarbeiter gestaltet.

Das neue Organisationsmodell ist in den Referaten spartenübergreifend konzipiert und bündelt zudem sowohl kulturfachliche als auch betriebswirtschaftliche Kompetenzen. Die Kolleginnen und Kollegen arbeiten im Rahmen dezentraler Ressourcenverantwortung, nehmen regelmäßig an Weiterbildungen teil und sind in ihren Fachbereichen auch in übergeordnete Steuerungsprozesse eingebunden. So ist es möglich, Erfahrungen der täglichen Förderpraxis in Kulturentwicklungsfragen einfließen zu lassen.

Der Vorteil einer Ressortstrategie, die schwerpunktmäßig auf hausinterne Steuerungsprozesse setzt, besteht darin, dass nachhaltig personelle Kompetenzen entwickelt und gestärkt werden. Damit haben Kulturakteure, unabhängig von politischen Entwicklungen, Ansprechpartner, die sie kontinuierlich unterstützen und auf deren fachliche Einschätzung sie sich beziehen können.

Eine Herausforderung bleibt es weiterhin, zu erkennen und zu entscheiden, wo – trotz einschlägiger Erfahrungen mit verbreiteter »Gutachteritis« – externer Sachverstand in Arbeitsprozessen hilfreich ist. Hier sollte als *Inspiration* auch nicht die Fülle von Beratungsunternehmen und Consultants gesehen werden, sondern der Bereich von Fachleuten, die sich in ihrer Verantwortung gleichermaßen als Visionäre und Praktiker erwiesen haben.

Kommunikation ist entscheidend. Neue Formate gewährleisten einen kontinuierlichen Austausch mit Akteuren und interessierter Öffentlichkeit
Politische Entscheidungsprozesse und Verwaltungshandeln bedürfen in Zeiten moderner technologischer Kommunikationsformen sowie eines gesteigerten öffentlichen Interesses an Transparenz und Beteiligung einer klaren Vermittlungsstrategie.

Gerade bei engen Haushaltsspielräumen ist die Kommunikation über Förderansätze und die Erörterung programmatischer Überlegungen unverzichtbar – insbesondere auch deshalb, weil immer wieder befürchtet wird, dass die wirtschaftlichen Rahmenbedingungen zu einer Ökonomisierung von Kultur und zu willkürlichen

Sparüberlegungen führen, die den Eigenwert kultureller Produktivität nicht mehr angemessen schützen.

Dies ist die Schlussfolgerung, die Politik und Verwaltung in Bremen aus berechtigten kritischen kulturpolitischen Debatten vergangener Jahre gezogen haben. Nachvollziehbarkeit von öffentlichem Handeln ist eine Grundlage für ein notwendiges Vertrauensverhältnis zwischen den kulturpolitischen Akteuren und ihrer zuständigen Förderinstanz.

Vor diesem Hintergrund haben wir mit den so genannten »Spartengesprächen« ein Format erarbeitet, das kontinuierlich und nach Tagesordnung sowohl kulturpolitische Grundsatzthemen in den Mittelpunkt stellt als auch ein Forum für die Diskussion um kulturfachliche Alltagsfragen bietet und so einen offenen und kritischen »Dialog auf Augenhöhe« ermöglicht. Themenbezogene Runden werden zusätzlich durch fachlich übergreifende Gesamtkonferenzen ergänzt, um gemeinsame Ziele zu erarbeiten.

Diese dialogorientierte Arbeitsform hat sich bewährt. Das Gegenseitigkeitsprinzip gewährleistet einen offenen und konstruktiven Diskurs und damit das Aufnehmen von Impulsen aus der Szene. Kontinuierlicher Austausch auf einer Vertrauensbasis schafft zudem auf beiden Seiten nicht nur ein Gespür für bestehende oder kommende Problemlagen, sondern ermöglicht die Schaffung von mittel- bis langfristigen Entwicklungslinien.

Erste Ergebnisse

Zur Kulturförderung: Kontraktmanagement als Instrument verlässlicher Kulturfinanzierung

Wir haben in Bremen mit Kulturakteuren intensiv erörtert, welche Strategie Einrichtungen und Initiativen am sinnvollsten unterstützt. Entscheidend ist dabei, wie insbesondere profilierte Kulturarbeit langfristig ermöglicht werden kann, die ein für eine Großstadt angemessenes Angebot sichert. Neben engen wirtschaftlichen Rahmenbedingungen müssen auch immer komplexer werdende gesellschaftliche Herausforderungen wie Interkulturalität, demografischer Wandel oder die Förderung Kultureller Bildung bewältigt werden.

Breiter Konsens ist es, dass eine verlässliche Finanzierung über mehrere Jahre den Einrichtungen nicht nur in ihrer strukturellen Verfassheit Sicherheit gibt, sondern auch eine Programmplanung ermöglicht, die kulturfachliche Profilbildung besser vorantreibt als kurzfristige Förderperioden mit jährlich wiederkehrenden Antragstellungen. Die beteiligten Einrichtungen verpflichten sich im Gegenzug, klar vereinbarte innerbetriebliche/wirtschaftliche und fachliche Ziele umzusetzen.

Inzwischen bietet das Kulturressort in Bremen individuell gestaltete Vereinbarungen mit einer Laufzeit von zwei bis fünf Jahren an, die in der Kulturszene auf hohe Akzeptanz stoßen. Für beide Seiten sind die wirtschaftlichen Rahmenbedingungen und die kulturfachlichen Zielstellungen klar definierte Vertragsgrundlagen, die auch eine Überprüfbarkeit sicherstellen.

Kontrakte wurden inzwischen sowohl mit *großen* als auch mit *kleinen* Kultureinrichtungen abgeschlossen. Dabei wird in diesem Kontext auch nicht zwischen traditionellen Institutionen und so genannten Kulturleuchttürmen einerseits und der Freien Szene andererseits unterschieden, sondern allein nach der Angemessenheit des Instruments für die jeweilige Organisationsform. So verfügen unter anderem das *Bremer Theater* als klassisches Stadttheater wie auch das *Kulturzentrum Schwankhalle* als freie künstlerische Produktionsstätte über Fünf-Jahres-Kontrakte.

Projektförderung als innovatives Förderfeld
Ein wichtiges, flexibles Instrument der Kulturförderung ist die Ermöglichung von Projektarbeit. Hier liegen wesentliche Gestaltungsoptionen für einen Kulturraum, weil die Aktivitäten schon vom Grundsatz her zeitlich begrenzt definiert sind und damit immer wieder neue Impulse für die Szene gesetzt werden können. Dabei ist entscheidend, dass die Vergaben kontinuierlich evaluiert werden, weil diese in besonderer Weise Innovationen ermöglichen sollen und eine *Beweglichkeit* haben, die in der institutionellen Förderung nur schwer zu erreichen ist, da sie andere Zielstellungen verfolgt.

Das Instrument allein ist aber noch keine Gewähr für programmatische Erneuerungen. Deshalb wurde in den letzten Jahren politisch intensiv über begleitende Anforderungen diskutiert, die Entwicklungspotenziale für die Freie Szene stärker sichtbar machen sollen. In diesem Kontext ist die Festlegung von bestimmten fachlichen Ansätzen notwendig. Für das Jahr 2013 sind dies in Bremen die Schwerpunktfelder: Künstlerische Produktivität, kulturelle Netzwerkarbeit und die Entwicklung der Stadtkultur.

Fachliche Herausforderungen
Bei allem verständlichen Bedürfnis der Kulturszene nach langfristiger Absicherung ist es politisch unerlässlich, kulturelle Angebote immer wieder im Licht aktueller Entwicklungen zu betrachten, denn der Wandel der Gesellschaft macht auch vor der Kultur nicht halt.

Es ist wichtig, Einrichtungen und Initiativen in ihrem Fortkommen sowohl nach innen wie auch nach außen zu unterstützen. Spartenübergreifende Ansätze, neue Netzwerke und Freiräume bei der zu leistenden Arbeit spielen dabei eine wesentliche Rolle. Kulturförderung ist ein aktiver Beitrag zum Strukturwandel, betreibt Stadtentwicklung im umfassenden Sinn und definiert das Selbstverständnis eines Gemeinwesens.

Bremen hat eine sehr vielfältige Szene mit profilierten Akteuren. Dies gilt sowohl für den Bereich der Künste als auch für die Einrichtungen Kultureller Bildung.

Die Herausforderung der kommenden Jahre besteht darin, die Ergebnisse der Spartengespräche zusammenzuführen und aus den genannten »Bausteinen« ein stabiles Fundament zu errichten, das im Sinne eines regional identifizierbaren Kulturraums Strahlkraft nach innen und außen entwickelt. Dies heißt, die kreativen Kräfte zu bündeln und der Stadt ein nachhaltiges kulturelles Profil zu geben.

Fazit

Die Grundlagen für Kulturarbeit zu schaffen, hängt nicht nur von wirtschaftlichen Rahmenbedingungen ab, sondern auch von einer reflektierten Förderstrategie der Öffentlichen Hand. Hier spielt die Arbeit der Verwaltung eine ebenso große Rolle wie die Bereitschaft der Politik, sich auf einen Dialog mit den Akteuren einzulassen.

Wenn Ziele gemeinsam erarbeitet und umgesetzt werden, sind Herausforderungen besser zu bewältigen. Kontinuität in der Kommunikation schafft Vertrauen, das gerade in Zeiten der wirtschaftlichen Krise helfen kann, Problemlagen zu beseitigen. Verlässlichkeit in der Förderstrategie und Sensibilität für die notwendige Fokussierung der Aufgaben sind für das Spannungsfeld zwischen ökonomischer Begrenzung und dem Schutz kultureller Produktivität zwingende Voraussetzungen.

Klare Leitbilder schaffen zudem für die Vermittlung nach innen und nach außen Orientierungspunkte. Die neue Kulturentwicklungsplanung steht vor der Aufgabe, die drängenden existenziellen Fragen stärker ins Visier zu nehmen und nicht in den abstrakten Konsens zu flüchten.

Eines sollte bei allem anerkannten Realitätssinn der Kulturakteure hinsichtlich der finanziellen Spielräume klar sein: Kein Haushalt ist mit noch so drastischen Sparmaßnahmen im Kulturbereich zu sanieren. Oft wirken Kürzungsmaßnahmen, die zur Zeit bundesweit diskutiert werden, wie Symbole eines Opferrituals. Ob diese Gesten in einem vernünftigen Verhältnis zu ihrer oft zerstörerischen Wirkung für die Identität eines Gemeinwesens stehen, darf bezweifelt werden und fordert damit den Mut der Politik, engagierte Zeichen des Widerstands zu setzen.

Bei alledem bleiben wir verpflichtet, die Werte der Aufklärung zu bewahren und sie mit dem notwendigen Pragmatismus zu verbinden. Mit einem Augenzwinkern lässt sich feststellen, dass die Auseinandersetzung über die Frage, ob die »Schaubühne als moralische Anstalt« gilt oder ob das Theater vornehmlich den Charakter eines Event- und Unterhaltungsbetriebes hat, immer noch von gesellschaftlicher und politischer Aktualität ist. Und keiner sollte meinen, dass die Grundlagen unseres Zusammenlebens mit dieser Diskussion nichts zu tun hätten.

ELKE HARJES-ECKER

Der demografische Wandel in Thüringen und das Kulturkonzept 2012

Seit mehreren Jahren wird über die Auswirkungen des demografischen Wandels gesprochen, von dem mehr oder weniger alle deutschen Bundesländer betroffen sind. Es werden Maßnahmen von der Politik eingefordert, um angemessen und steuernd auf die Auswirkungen dieses Wandels zu reagieren. Im Rahmen von Landesentwicklungskonzeptionen werden auf Landesebene Instrumentarien entwickelt, um den Herausforderungen des demografischen Wandels zu begegnen. Kultur spielte dabei bisher zumeist eine untergeordnete Rolle; Schwerpunkte sind überwiegend die Weiterentwicklungen der Wirtschafts-, Verkehrs- und Bildungsinfrastruktur. Kultur wurde in diesen Zusammenhängen zumeist als *weicher Standortfaktor* verstanden und formuliert. Auch Thüringen ist als eines der neuen Länder vom demografischen Wandel besonders betroffen.

Folgen der demografischen Entwicklung

Im Jahr des Beitritts zur Bundesrepublik Deutschland verzeichnete Thüringen noch rund 2,6 Millionen Einwohner und aktuell (2011) etwas mehr als 2,2 Millionen Einwohner. Auch perspektivisch wird Thüringen nach dem Ergebnis der 12. koordinierten Bevölkerungsvorausberechnung (12. KBV) vom November 2010 bis zum Jahr 2030 jährlich durchschnittlich etwas über 19 000 Einwohner verlieren, was vor allem auf einen Sterbefallüberfluss (jährlich durchschnittlich 15 300) und zum kleineren Teil auf einen Gesamtwanderungsverlust (ca. 3 800 Fälle jährlich) zurückzuführen sein wird. Waren im Jahr 2010 etwa 29 Prozent der Thüringer Bevölkerung älter als 60 Jahre, werden dies 2025 schon 41 Prozent sein, wobei die Quote kontinuierlich ansteigen wird. Thüringen ist darüber hinaus ein ländlich geprägtes Flächenland, über 70 Prozent der Einwohner wohnen im ländlichen

Raum¹. Das Land verfügt, abgesehen von der Landeshauptstadt Erfurt mit rund 212 000 Einwohnern sowie der Stadt Jena mit rund 105 000 Einwohnern, über keine Großstadt². Der Rückgang und die damit einhergehende Überalterung der Bevölkerung machen sich insbesondere in den ländlichen Gebieten abseits von der Hauptachse an der Bundesautobahn A 4 bemerkbar. Dem folgt auch weitgehend die wirtschaftliche Entwicklung in den Randregionen. Sinkende Einwohnerzahlen bedeuten zumeist auch weniger Steuereinnahmen. Die Einwanderungsquoten sind bisher gering, in Thüringen lebten am 31. Dezember 2010 nach einer Auswertung des Ausländerzentralregisters 35 220 ausländische Bürger, das entspricht einem Bevölkerungsanteil von 1,58 Prozent. Auch wenn sich aktuell leicht positive Tendenzen abzeichnen, dass der Wanderungssaldo sinkt oder gar gestoppt werden kann, können etliche ländliche Regionen kaum von dieser Entwicklung profitieren, da überwiegend ein Zuzug in die Städte erfolgt.

Kulturlandschaft und kulturelle Beteiligung

Thüringen hat eine der dichtesten historisch gewachsenen Kulturlandschaften in Deutschland, ein über Jahrhunderte zusammengetragenes kulturelles Erbe, angefangen vom Thüringer Königreich bis zu den Thüringer Residenzen, das bis heute besonders das Land prägt und den Grundstock für die kulturelle Infrastruktur bildet. Die Aufbrüche und Verwerfungen des 19. und 20. Jahrhunderts haben ebenso ihre Spuren hinterlassen. So verfügt Thüringen derzeit über rund 30 000 Kulturdenkmale, darunter rund 1000 Denkmalensembles, über 200 Museen, 270 öffentliche und zehn wissenschaftliche Bibliotheken, acht Ein- beziehungsweise Mehrspartentheater³, zehn Theaterorchester beziehungsweise selbständige Kulturorchester, 25 kommunal getragene Musikschulen, zwölf Jugendkunstschulen⁴, 31 Mitgliedsgruppen und -bühnen der Amateurtheater beziehungsweise freien Theater⁵, über 65 soziokulturelle Vereine und Zentren, eine dichte Musiklandschaft mit über 100 000 Mitgliedern in Chören, Laienorchestern, Landesjugendensembles, zahlreiche literarische Gesellschaften, Schriftsteller und Schriftstellerinnen sowie bildende Künstlerinnen und Künstler. Die Aufzählung erhebt nicht den Anspruch auf Vollständigkeit.

Die demografische Entwicklung bietet scheinbar keine günstige Voraussetzung für die weitere Entwicklung der dichten Thüringer Kulturlandschaft und so könnte der eine oder andere auf die Idee kommen, *weniger ist mehr* zu fordern. Dem ist

---

1   Aus Sicht des *Bundesinstitutes für Bau-, Stadt- und Raumforschung* im Bundesamt für Bauwesen und Raumordnung ist ländlicher Raum negativ in Abgrenzung zum städtischen Raum definiert: Alle kreisfreien Großstädte sowie die städtischen Kreise bilden den städtischen Raum, alle verbleibenden ländlichen Kreise bilden den ländlichen Raum. Eine Übersichtskarte über städtischen und ländlichen Raum in Deutschland kann unter dem nachfolgenden Link abgerufen werden: www.bbsr.bund.de/cln_032/nn_1171982/BBSR/DE/Raumbeobachtung/Raumabgrenzungen/Kreistypen2__2011/KarteKreistypen2011, property=poster.gif (letzter Zugriff: 20.8.2012).
2   Gemäß der Begriffsbestimmung »Großstadt« durch die *Internationale Statistikkonferenz 1887* sind hierunter alle Städte zu verstehen, die mindestens 100 000 Einwohner haben.
3   ohne das *Theaterhaus Jena*.
4   nur Mitglieder der *Landesarbeitsgemeinschaft*.
5   Mitglieder der *LAG Spiel und Theater in Thüringen e. V.* (12) sowie Mitglieder des *Thüringer Theaterverbandes e. V.* (19).

die Thüringer Landesregierung entgegengetreten. Bereits in ihrem Leitbild Kultur[6] aus dem Jahre 2011 bekannte die Landesregierung sich dazu, die kulturelle Vielfalt gemeinsam mit den kommunalen Gebietskörperschaften und sonstigen Akteuren zu sichern und den demografischen Wandel als Chance für eine Weiterentwicklung zu nutzen. Dieses Bekenntnis wurde im »Kulturkonzept« der Landesregierung weiter vertieft.

Der demografische Wandel in Thüringen und das Kulturkonzept 2012

Im Frühjahr 2011 wurden neun Arbeitsgruppen, eine Lenkungsgruppe, drei Grundsatz- und fünf thematische Arbeitsgruppen zur Erarbeitung des »Thüringer Kulturkonzeptes 2012«[7] unter Beteiligung von Vertretern der kommunalen Gebietskörperschaften, der kulturellen Institutionen und Fachverbände, von Sachverständigen sowie verschiedener Landesressorts gebildet. Die Grundsatzarbeitsgruppe »Kulturelle Vielfalt und Kulturlandschaft« hat sich intensiv mit den Auswirkungen des demografischen Wandels auf die Kultur befasst. Dabei wurden auch die Entwicklungen der Kulturlandschaft in den letzten zehn Jahren analysiert.

Die Besucherzahlen in Museen, Theatern und Bibliotheken sind zumeist konstant geblieben oder gar leicht gestiegen, in einigen Bereichen wie den zumeist kommunal getragenen Musikschulen sind die Anmeldungen in den letzten Jahren höher als die freien Plätze, die freien Theater verzeichnen ebenfalls Zuwächse. Es kann also geschlussfolgert werden, auch wenn keine empirische Untersuchung dies belegt, dass weniger Einwohner nicht zu geringeren Nutzerzahlen führen. Auch haben sich das veränderte Freizeit- und Rezeptionsverhalten sowie die wachsende Bedeutung der Neuen Medien noch nicht negativ auf die Besucherzahlen in Thüringen ausgewirkt. Gleichwohl ist es ein Desiderat für alle kulturellen Institutionen, sich mit neuen Formen der Vermittlung auseinanderzusetzen und auch geeignete Partizipationsmöglichkeiten zu finden.

Kulturpolitische Konsequenzen und Konzeptionen

Die bereits auch in anderen Ländern und auch in Diskussionsbeiträgen zusammengetragenen Handlungsansätze[8] wurden auch in unsere Überlegungen einbezogen und sind auch im neuen »Kulturkonzept« beschrieben:

- Kulturelle Bildung und bessere Teilhabemöglichkeiten, wobei die Vermittlung von Kultureller Bildung als ein lebenslanger Lernprozess verstanden wird und Angebote für alle – angefangen vom Kleinkind bis zu den Senioren – ausgebaut oder geschaffen werden sollen;
- die Gewinnung neuer Zielgruppen für die Kultur und die Entwicklung neuer Kulturangebote oder Weiterentwicklungen unter Nutzung der Chancen, die eine älter werdende Bevölkerung bietet;

---

6 Siehe unter: www.thueringen.de/th2/tmbwk/aktuell/aktuelles/daten/67775/ (letzter Zugriff: 20.8.2012).
7 »Kulturkonzept des Freistaats Thüringen« siehe unter: www.thueringen.de/imperia/md/content/tmbwk/... (letzter Zugriff: 20.8.2012).
8 Matthias Dreyer und Lothar Hübl (2007): »Demografischer Wandel und kulturelle Infrastruktur: Auswirkungen und Handlungsansätze«, *Diskussionspapier* Nr. 359.

- dazu gehört die Stärkung und Förderung des ehrenamtlichen sowie bürgerschaftlichen Engagements;
- ebenso liegen auch perspektivisch Chancen in einer stärkeren Interkulturalität, für die es gilt, Konzepte zu entwickeln und die klassischen Kulturangebote weiter zu entwickeln, auch wenn dieses Thema zurzeit noch stärker im Fokus der alten Länder ist;
- Chancen werden auch in stärkerer Vernetzung und Kooperationen der Institutionen untereinander gesehen;
- entsprechendes gilt für den Ausbau des Kulturtourismus.[9]

All dies sind Handlungsansätze, die durch eine gezielte Förderpolitik des Landes und der kommunalen Gebietskörperschaften sowie einer Entwicklung der entsprechenden Angebote durch die kulturellen Institutionen und Vereine befördert werden können. Gleichwohl ist angesichts der bisherigen Prognosen nicht zu erwarten, dass der starke Bevölkerungsrückgang in einzelnen Regionen allein durch die Attraktivität der Kulturangebote und Hinzugewinnung neuer Gruppen aufgefangen werden kann und diese finanzierbar bleiben.

In der Arbeitsgruppe wurde daher nach Handlungsansätzen gesucht, die gestaltend auf die kulturelle Infrastruktur einwirken und einem konzeptlosen Wegbrechen kultureller Angebote, insbesondere im ländlichen Raum, entgegenwirken sollen. Die Sicherung einer kulturellen Grundversorgung als Bestandteil der Daseinsfürsorge soll als Gemeinschaftsaufgabe des Landes, der kommunalen Gebietskörperschaften und der Zivilgesellschaft stärker an regionale Verantwortungsgemeinschaften geknüpft, verstärkt ins öffentliche Bewusstsein gerückt und neue Wege der interkommunalen Kooperation intensiver genutzt werden. Dabei wird von der kleinteiligen Struktur Thüringens, ein Erbe der zahlreichen früheren Residenzen und der heutigen Landkreisstruktur[10], ausgegangen. Im »Kulturkonzept 2012« wurde daher die Empfehlung gegeben, überregionale Kulturentwicklungskonzeptionen, die alle Sparten umfassen, ab 2013 durch das Land zu fördern. Dabei sollen sich mindestens zwei Landkreise bereit erklären, gemeinsam eine überregionale Kulturentwicklungskonzeption aufzustellen. In einem dialogorientierten Prozess mit den Kultureinrichtungen und Kulturschaffenden sollen die Regionen eine Bestandsaufnahme der kulturellen Infrastruktur (u.a. Bibliotheken, Museen, Volkshochschulen, Musikschulen, Theater, Soziokulturelle Zentren und andere Angebote) einschließlich der Finanzierung leisten, die Situation analysieren und gemeinsame Zielstellungen erarbeiten. Bei der Erarbeitung der Konzeptionen wird auch die übrige Infrastruktur (u.a. Schul- und Kindergartennetz, Verkehrsinfrastruktur) als Voraussetzung für eine kulturelle Teilhabe in geeigneter Weise einzubeziehen sein. Das Thüringer *Ministerium für Bildung, Wissenschaft und Kultur* wird in einer ersten Stufe die professionelle Begleitung der Konzeptionsphase durch eine Agentur oder eine geeignete Beratungsstelle finanzieren. Dafür wurden auch gesonderte

---

9 Kulturtourismuskonzeption für Thüringen siehe unter: www.thueringer-wirtschaftsministerium.de
10 17 Landkreise und 6 kreisfreie Städte

Haushaltsmittel veranschlagt, die voraussichtlich ab 2013 zur Verfügung stehen. Der Prozess soll auf kommunaler Ebene durch Vertreter der Kommunen und der Kultureinrichtungen sowie Sachverständige begleitet werden. Auf Landesebene ist angedacht, ebenfalls einen Beirat einzusetzen, der aus Vertretern der für Kultur und Landesplanung zuständigen Ressorts, des *Thüringer Kulturrats* und der kommunalen Spitzenverbände gebildet wird. In einer zweiten Phase sollen dann Modellregionen bei der Umsetzung ihrer Konzeptionen unterstützt werden.

Einzelheiten dazu werden in den kommenden Wochen mit den kommunalen Spitzenverbänden und dem Kulturrat verhandelt. Dieser Ansatz ist kein Patentrezept, aber der Versuch, sich gemeinsam über die weitere Entwicklung der Kulturlandschaft zu verständigen.

Der demografische Wandel in Thüringen und das Kulturkonzept 2012

Hans-Jörg Siewert

Kulturkonzept Niedersachsen

Zur Entstehung von Kulturentwicklungsplanungen
Nachdem in den siebziger Jahren unter den Aspekten der »Neuen Kulturpolitik« in den Kommunen Ansätze zur Kulturentwicklungsplanung und deren politische Umsetzung[1] entwickelt worden waren, begannen erst Mitte der achtziger Jahre einzelne Länder mit einer kritischen Reflexion der Ziele ihrer Kulturpolitik. Fragen zum Erhalt und zur Modernisierung der kulturellen Infrastruktur, Kultur als Standortfaktor und Kultur als Image- und Identifikationsfaktor sind die Rahmenthemen. In der »Kunstkonzeption des Landes Baden-Württemberg« werden ambitionierte Entwicklungsziele formuliert, modernisierte Infrastrukturen entworfen und intelligente Fördermodelle entwickelt.

Die verschiedenen Ansätze litten jedoch unter einem hohen Maß an Diskontinuität. Konzepte verschwanden wieder, landeten auf Ideenfriedhöfen. Der entscheidende Schub auch für die heutige, sehr viel breitere Diskussion ging von den Folgen der deutschen Einheit aus. Kulturentwicklungskonzepte wurden verstärkt in den Neuen Bundesländern initiiert und durchgeführt. Der Kulturbetrieb der DDR hatte auf Grundlage staatlicher Regeln und Wertvorstellungen funktioniert, war durch zentral bereitgestellte Ressourcen geplant, inhaltlich gesteuert und finanziert worden. Mit der staatlichen Vereinigung war ein Strukturwandel notwendig, auch um defizitäre Strukturen zu verändern. Nach der Wende erforderten die Kultureinrichtungen der DDR neue Begründungen und Legitimationen. Die Übergangsfinanzierung gab den Ländern und Kommunen Zeit und Geld für notwendige Strukturanpassungen und Neuorganisation. *Kulturentwicklungskonzepte* (KEK) und *Kulturentwicklungsplanung* (KEP) waren dafür notwendige Instrumente. In Sachsen wurde von den Kulturräumen die Erstellung von Kulturentwicklungsplänen gefordert. Das Land Brandenburg ermutigte Kommunen und Regionale Wachstumskerne (RWK), Entwicklungspläne und -konzepte zu erstellen, stellte ab 2008

---

1   Der erste kommunale Kulturentwicklungsplan wurde 1976 von der Stadt Osnabrück verabschiedet.

zum Teil auch Mittel (*EFRE*) zur Verfügung. Spätestens nach den Impulsen und Empfehlungen durch die *Enquete-Kommission »Kultur in Deutschland« des Deutschen Bundestages* wird unter dem Leitbild *Governance* auch in den Alten Bundesländern wieder verstärkt über Kulturkonzepte nachgedacht.

»Frühstart« in Niedersachsen
Niedersachsen initiierte schon 1992 zusammen mit der *Kulturpolitischen Gesellschaft*, die wiederum mit den Kulturberatern Reinhart Richter und Wolfgang Hartung zusammenarbeitete, einen Kulturdiskurs, in dem gemeinsam mit Kulturschaffenden, Kulturverbänden, Kommunen und der (Landes-)Politik die Anforderungen an eine moderne, demokratische Kulturpolitik diskutiert werden sollte. Ziel war auch damals schon die konsensuale Formulierung von Perspektiven, Prioritäten und Verfahren.[2]

Der Landeskulturentwicklungsplan sollte umfassen: Bestandserhebung, Formulierung der Entwicklungsziele und Beschreibung ihrer Umsetzung (= Kulturkonzept), Quantifizierung der Ressourcen. Themen waren ökologische Modernisierung, Verschiebungen im Generationenverhältnis, Individualisierungstendenzen, multikulturelle Strukturen der Gesellschaft, Arbeit und Freizeit sowie neue Kommunikationstechnologien.[3] Als Handlungsfelder der Landeskulturpolitik wurden der Ausgleich von Disparitäten kultureller Lebensbedingungen (regional, alters- und sozialgruppenspezifisch), die Anregung von Innovationen und kulturellen Experimenten sowie die Unterstützung von Kooperationen öffentlicher und freier Kulturarbeit beziehungsweise von Kulturarbeit und anderen gesellschaftlichen Bereichen definiert.

Das (zu?) ambitionierte Vorhaben hatte noch ein zweites Kulturgespräch in der *Bundesakademie Wolfenbüttel* mit den Schwerpunkten Kultur und Region, Soziokultur und Theater zur Folge, blieb aber ohne inhaltliche Konsequenzen. Lediglich ein »Regionales Kulturgespräch Südniedersachsen« schloss sich an – ebenfalls ohne kulturpolitische Folgen. 1998/99 wurden im Rahmen eines Diskurses die bisherigen Förderstrukturen im freien Bereich – einschließlich einer Reform der Verbandsstrukturen – in moderierten Workshops (*VW-Coaching*) überprüft, analysiert und bewertet. Einzelinteressen eines Verbandes blockierten jedoch eine qualitative Veränderung.

2011 wurde, initiiert von Ministerin Prof. Wanka, mit den Arbeiten zu *KEK Niedersachsen* (Kulturentwicklungskonzept) begonnen (siehe dazu auch den Beitrag von Johanna Wanka in diesem Jahrbuch).

---

2 Das Konzept ist seinerzeit in Kooperation mit dem Osnabrücker Kulturberater Reinhart Richter erarbeitet worden. Es wurde im Rahmen einer Tagung in der *Evangelischen Akademie Loccum* am 26./27. Februar 1992 fachöffentlich diskutiert. Siehe dazu Schwencke 1992.
3 Grundlage dafür waren nicht zuletzt die *Bausteine für eine kommunikativ und ökologisch orientierte Kulturpolitik*, an denen der Verfasser mitgearbeitet hat. Siehe Krings u. a. 1990.

KEK Niedersachsen: Ziele
Bei *KEK* geht es um eine konzeptionelle Verständigung darüber, mit welchen Zielen Kulturpolitik betrieben werden soll und welche Strukturen dafür angemessen und finanzierbar sind. Nicht zuletzt geht es auch darum, Konsens für Schwerpunktsetzungen zu erarbeiten. Auf dieser Basis soll kulturpolitisches Handeln den aktuellen und zukünftigen finanziellen und gesellschaftlichen Herausforderungen sowie veränderten Rahmenbedingungen gerecht werden.

Zentral für den kulturpolitischen Stellenwert ist: Die Kultur kommt insgesamt (und nicht nur sektoral) auf allen Ebenen der Politik und in der (erweiterten) kulturellen Öffentlichkeit ins Gespräch. Es geht um die Relevierung von Kultur und Kulturpolitik. Ferner stehen im Vordergrund: Längerfristige konzeptionelle Orientierung und Verständigung; Priorisierung von kulturpolitischen Zielen; Akzeptanz- und Konsensbildung; Planungssicherheit und Finanzsicherheit.

Kulturbericht 2010 als Basis
Bei vielen Kulturentwicklungsplanungen und -konzepten wird deutlich: der Vorlauf ist zu umfassend und damit zu zeitaufwändig. Die Dauer der Bestandsaufnahme lässt Interesse und Motivation der kulturpolitisch Engagierten verblassen. In *KEK Niedersachsen* geht es deshalb nicht um eine langwierige, akribische und vollständige Beschreibung der niedersächsischen Kulturlandschaft. Vielmehr bildet ein Kulturförderbericht, erstellt von einer Arbeitsgemeinschaft des Ministeriums und der *Kulturpolitischen Gesellschaft*, in Niedersachsen die Bestandsaufnahme. Der »Kulturbericht Niedersachsen 2010« legt sowohl den Kulturschaffenden, den Kultureinrichtungen, der Politik und dem Nutzer Förderungen, Spielräume und Entwicklungen in der Kultur offen. Einen vergleichbaren Einblick hat bislang lediglich Nordrhein-Westfalen seinen Kulturakteuren verschafft.[4] Der Kulturbericht ist die erste Phase des *KEK Niedersachsen* und lädt die Kulturakteure zum Diskurs ein. Er verschafft einen systematischen Überblick der Landeskulturförderung in 2010 (ab einer Höhe von 10 000 Euro), einschließlich Einblick in die Förderphilosophie. Innovative, zukunftsorientierte und nachhaltige Projekte sind als Exzellenzbeispiele aufgeführt. Das beabsichtigte zweijährliche Erscheinen verspricht Zuverlässigkeit und Kontinuität. Der Bericht ist am 22. November 2011 auf einer Landespressekonferenz der Öffentlichkeit vorgestellt worden. Er wurde an die Partner und Akteure im Kulturfeld versandt und ins Netz gestellt. Der Kulturbericht war Basis und Anreiz für alle Konsultationsgespräche.

Kulturmonitoring
Nicht nur Niedersachsen benötigt ein Monitoringsystem, um Ausgangssituation sowie Entwicklungstrends der Kultur zu erfassen. Kulturmonitoring ist ein auf Fundierung, Begleitung und Umsetzung angelegtes, permanent verfügbares Instru-

---

4 In Nordrhein-Westfalen sind inzwischen vier Kulturberichte des Landes erschienen; der fünfte erscheint Ende 2012. Die Prototypen dieser Berichte sind vom *Institut für Kulturpolitik (IfK) der Kulturpolitischen Gesellschaft* entwickelt worden. Nach dem Land Niedersachsen (ebenfalls mit Unterstützung des *IfK*) hat nun auch Berlin einen eigenen Kulturbericht vorgelegt.

ment der Politikberatung. Es geht um den Aufbau verlässlicher empirischer Daten zur kulturellen Infrastruktur, den Kulturinteressen und zum Nutzerverhalten der Bevölkerung. Bestandteile sind eine Angebotsanalyse für ganz Niedersachsen und eine repräsentative Befragung der niedersächsischen Bevölkerung beispielsweise zu: Interesse an der Kultur, Veranstaltungsbesuchen, eigenen Kulturaktivitäten, Angebotszufriedenheit, Ausgaben für Kulturaktivitäten. Niedersachsen hat sich auch beim ersten bundesweiten »InterKulturBarometer« engagiert und gemeinsam mit dem Bundesbeauftragten für Kultur und Medien sowie dem Land Nordrhein-Westfalen diese Untersuchung des *Zentrums für Kulturforschung* gefördert. Diese repräsentative Befragung verschafft für kulturpolitisches Handeln einen notwendigen Einblick zu Fragen der Einstellung und kulturellen Partizipation der Menschen mit Zuwanderergeschichte. Eine geplante Sekundäranalyse der Ergebnisse der Zielvereinbarungen mit den Landesmuseen, den Landes- und Hochschulbibliotheken, den kommunalen Theatern und den Staatstheatern war als weiterer Baustein des Kulturmonitoring in Funktion einer Besucherbefragung gedacht, wird sich jedoch aufgrund der Datenlage erst in 2013 realisieren lassen.

Die Folgen demografischen Wandels sind ein zentrales Thema in Politik und Kultur. Schon in den achtziger Jahren haben unter dem Begriff »Infrastrukturrevision« in der Stadtentwicklungsplanung demografische Entwicklungstrends, Umbrüche in der Produktionsweise und auf dem Arbeitsmarkt sowie Veränderungen gesellschaftlicher Werthaltungen zu ersten Diskussionen und zu konkreten Maßnahmen geführt. Der demografische Wandel heute hat viele Gesichter: Schrumpfung, Alterung und Zuwanderung sind die zentralen Themen. Deren Auswirkung auf die Kulturangebote und Kultureinrichtungen gilt es schwerpunktmäßig nachzugehen.

Integration, Kulturelle Bildung und Teilhabe, *Audience Development*, Kreativwirtschaft und Kulturberufe, Kulturtourismus, Innovation, Umbau kultureller Infrastruktur, Breitenkultur, bürgerschaftliches Engagement sowie Sprachencharta (Niederdeutsch und Saterfriesisch) sind auch in dieser Breite in Niedersachsen dringliche Aufgabenfelder.

Praxistagungen und empirische Projekte
KEK Niedersachsen ist wissenschaftlich fundiert. Die Zusammenarbeit mit den niedersächsischen Hochschulen, insbesondere mit dem *Institut für Kulturpolitik der Stiftungsuniversität Hildesheim*, aber auch mit der *Bundesakademie für kulturelle Bildung Wolfenbüttel* und dem *Institut für Kulturpolitik der Kulturpolitischen Gesellschaft* war begleitet durch öffentliche Tagungen.[5] Kleinere Vorhaben wie zum Beispiel »Weißbuch zur Breitenkultur«, (Wolfgang Schneider mit Studierenden der *Stiftungsuniversität Hildesheim*) bearbeiteten zentrale Fragestellungen im Rahmen von *KEK*. Auch empirische Untersuchungen des *Musiklandes Niedersachsen*, jüngst »Musik an allen Orten. Festi-

---

5 Zum Beispiel »Symposium InterKulturBarometer Deutschland – Kulturelle Teilhabe, künstlerische Interessen, Kulturpolitik« am 13. April 2012 in Hildesheim, »InterKulturBarometer – Kulturelle Vielfalt und Teilhabe in Niedersachsen« (Diskussionsforum mit in der kulturellen Praxis arbeitenden Akteuren) am 10. und 11. Oktober 2012 in Wolfenbüttel und »Kultur auf dem Land«, am 19. November 2012 in der *Koppelschleuse Meppen*.

vals im Musikland Niedersachsen« können in *KEK* integriert werden. Die repräsentative Umfrage »InterKulturBarometer« und die »Landesweite Bevölkerungsumfrage zu den kulturellen Interessen und Aktivitäten im Rahmen des Kulturmonitorings Niedersachsen« wurden in Verantwortung des *Zentrums für Kulturforschung*, Sankt Augustin, durchgeführt. Angeregt durch den »Kulturwirtschaftsbericht Niedersachsen 2007. Ein ökonomischer Blick auf den Kultur- und Musiksektor« ist die Studie »Zur Lage der Kulturberufe in Niedersachsen« unter Einbeziehung der Absolventenforschung kulturvermittelnder Studiengänge von Michael Söndermann, *Büro für Kulturwirtschaftsforschung* Köln 2012 gestartet worden.

KEK: diskursiv und partizipativ
KEK Niedersachsen ist beteiligungsorientiert und diskursiv angelegt. In der Landtagsdrucksache 16/3266 »Kleine Anfrage mit Antwort« wird von der Landesregierung ausgeführt: »Kulturentwicklung hilft, die kulturpolitischen Ziele des Landes zu schärfen, abzustimmen und zu koordinieren. Deshalb ist zentrales Motiv ein möglichst breiter und ergebnisoffener Diskurs mit allen am kulturpolitischen Entwicklungsprozess Beteiligten...« Beteiligungsorientiert bedeutet insbesondere auch gemeinsames Erarbeiten von Fragestellungen, Untersuchungsdesigns und Lösungen zwischen zum Beispiel Kultureinrichtungen, Fachverbänden, Landschaften und dem Niedersächsischen Ministerium für Wissenschaft und Kultur. Ein offener Austausch über Kulturkonzept und Kulturentwicklung braucht ein Forum, das die Akteure konstruktiv einbindet. Bis zum Frühsommer 2012 fanden zahlreiche Gesprächsrunden (»Konsultationen«) statt: mit Vertreterinnen und Vertretern der Kulturstiftungen, der kommunalen Spitzenverbände, der Hochschulen, Museen, Theater, der Kirchen und Religionsgemeinschaften sowie der Bibliotheken, der Freien Kulturverbände (AKKU), der Landschaften und Landschaftsverbände und des *Musiklandes Niedersachsen*. An diesen Konsultationen haben über 200 Multiplikatoren aus über 120 kulturellen Organisationen, Einrichtungen, Institutionen und Gruppen teilgenommen. Erstmals war eine gesamte Theaterlandschaft von den Amateurtheatern, Freilichtbühnen, niederdeutschen Bühnen, den Freien Theatern, bis zu den kommunalen Theatern und Staatstheatern in einer Konsultation vertreten, mit verblüffender Kommunikation.

Vier »Regionale Kulturforen« erweiterten den Teilnehmerkreis von *KEK* noch einmal beträchtlich. Neben Kommunal-, Regionalpolitikern und Landtagsabgeordneten, Kulturverbänden und Kultureinrichtungen sind vor allem auch die Nutzer kultureller Einrichtungen angesprochen. Die Kulturforen fanden im September und Oktober 2012 in Kultureinrichtungen von vier Regionen statt. Themen sind, neben regionalspezifischen Akzenten, das Kulturentwicklungskonzept, Kulturelle Bildung, Ländlicher Raum und Ehrenamt, Demografie und Integration. Orte waren Barsinghausen für das Gebiet der Landeshauptstadt Hannover, Region Hannover, Hildesheim, Schaumburg, Diepholz und Nienburg/Weser. Weitere Orte waren Oldenburg für Oldenburg, Wesermarsch, Friesland, Wittmund, Aurich, Leer, Ammerland, Emsland, Grafschaft Bentheim, Cloppenburg, Vechta und Osnabrück, Göttingen für Göttingen, Northeim, Holzminden, Osterode am Harz, Braunschweig, Salzgitter, Wolfenbüttel, Goslar, Helmstedt und Hameln-Pyrmont, Neuenkirchen für Cuxhaven, Stade, Rotenburg (Wümme), Osterholz, Verden, Soltau-Fallingbostel, Harburg, Lüneburg, Uelzen, Gifhorn, Lüchow-Dannenberg, Celle und Wolfsburg. Die Foren wurden ausgewertet und die Ergebnisse ins Netz gestellt.

Kulturbild für Niedersachsen
Niedersachsen lässt sich von den Handelnden im Kulturbereich beraten (Konsultationen und regionale Kulturforen): vom Bürger, vom Nutzer, vom Kulturschaffenden und Kulturvermittler. Aus den Konsultationen und den regionalen Kulturforen soll ein »Kulturbild Niedersachsen« entwickelt werden. Das Kulturbild ist eine Zukunftsorientierung für Niedersachsen. Es beschreibt, was gemeinsam erreicht werden soll und wie die Partner zusammenarbeiten. Das muss jedoch mehr sein als »gute Absicht« beziehungsweise »Wohlfühlprosa«. Das Spektrum reicht beispielsweise von Fragen zur Bedeutung der niedersächsischen Kultur (und Kulturförderung) für das Land und die Landesentwicklung bis zu Fragen nach sinnvollem Ressourceneinsatz im Kulturbereich und der Effektivität von Steuerungsinstrumenten. Ferner: Wie gestaltet sich die Beziehung zwischen der Kulturpolitik des Landes und der der Kommunen? In welchem Maße sind die Bürger des Landes mit den kulturellen Angeboten des Landes zufrieden? Wie kann ein effektiver Mitteleinsatz (auch unter schwierigen Bedingungen) garantiert werden? Wie kann und soll Kulturpolitik sich auf absehbare Veränderungen und Entwicklungen einstellen? Wie lässt sich Planungssicherheit im Kulturbereich garantieren? Das Frageraster ist offen. Der Vorstellungs- und Fragevielfalt, dem Ideenreichtum der am Prozess Beteiligten sind keine Grenzen gesetzt.

Unter den Aspekten was ist typisch (für) Niedersachsen, wo liegen für Kunst und Kultur in Niedersachsen die Herausforderungen, Chancen und Risiken sollen Thesen Anreiz zur Diskussion liefern. Als Beispiel sei angeführt: »Niedersachsen – Land der Integration«: Der Zugang zu Kunst und Kultur für alle ist geprägt von unterschiedlichen Hemmnissen. Es gilt diejenigen zu gewinnen, die bisher nicht oder nur selten kulturell aktiv sind. Unterschiedliche Milieus und Minderheitskulturen sollen die Chance haben, bestehen zu bleiben (Diversifizität), sich im Austausch zu berühren (Brückenfunktion) und sich verschränken zu können (Transkultur).«

Erste Ergebnisse in 2013
In den Konsultationen sind vielfältige Anregungen zur niedersächsischen Kulturpolitik und -förderung erfolgt. Einige Teilnehmer haben die Einladung zur Verschriftlichung und Vertiefung aufgenommen, untereinander diskutiert, zeitnah dem *Ministerium für Wissenschaft und Kultur* übermittelt und damit wieder in den Prozess KEK eingespeist. Neben den Landesmuseen, die erstmals eine gemeinsame Plattform erarbeitet hatten, waren es überwiegend Beiträge der Freien Kulturszene, so die Literaturbüros und der *bödeker kreis*, Landeskulturelle Jugendbildung und Kunstschulen, *LAGS Soziokultur*, Freie Theater und Musikschulen.

Kulturkonzept Niedersachsen

Die vier regionalen Kulturforen waren gut besucht, bei lebhafter und engagierter Diskussion. Oberthemen waren »Kulturelle Bildung«, »Ländliche Räume und Ehrenamt«, »Demografie und Integration«. Die Teilnehmer der Podien umfassten das gesamte Spektrum der Niedersächsischen Kulturszenen: Museen, Freies Theater, Stadttheater und Staatstheater, Freilichttheater, Soziokultur, Musikschule, Landschaften, Kulturamtsleiter und -dezernenten, Stipendienstätten, Büchereizentrale, Musikfestival, Heimatpflege und Plattdütskbüro.

Auch wenn, wie erwartet, die Diskussionen regional unterschiedlich verliefen, so schälten sich aus der Sicht der Teilnehmer folgende *Hauptthemen* heraus: Verhältnis kommunale Förderung und Landesförderung; engere Zusammenarbeit Kultusministerium und Ministerium für Wissenschaft und Kultur; Planungssicherheit, institutionelle Förderung und Offenheit für Neues; Zusammenarbeit unterschiedlicher Kultureinrichtungen; Strukturen des Ehrenamtes (von Fort-, Weiterbildung zu »Ehrenamt braucht Hauptamt«). Fragen der Finanzen selbst traten (zunächst) in den Hintergrund.

Aus den Konsultationen sind erste Projekte entstanden; mit ihrer Umsetzung ist begonnen worden, parallel zu allen weiteren Phasen von *KEK*: »Kulturoffensive KEK Harz« - Zusammenarbeit von Kirchengemeinden, Kommunen und Freien Kulturträgern unter den Folgen des demografischen Wandels; Modell »Kulturschule für Niedersachsen« - Zusammenarbeit von Schulen und Einrichtungen der Kulturellen Bildung; »Fachkraft ästhetische Bildung für den Elementar- und Primarbereich« - Qualifizierung für Dozenten an Kunstschulen über die Agentur für Erwachsenenbildung sowie »Medienkiste für Senioren«.

KEK Niedersachsen umfasst unterschiedlichste Schritte und Teilprojekte. Der Prozess ist iterativ angelegt und damit höchst komplex: Teilergebnisse werden immer wieder in den Prozess eingespeist und verändern den Prozess selbst, mit der Folge erheblicher Anforderungen an Organisation, vor allem auch Kommunikation.

Ende 2013 ist eine erste Zwischenbilanz als Plattform für weitere Schritte und erste kulturpolitische Konsequenzen in *KEK Niedersachsen* vorgesehen. Der Niedersächsische Landtag wird sich mit *KEK Niedersachsen* befassen.

Mit dem Kulturkonzept Niedersachsen wird aus der Ministerialverwaltung heraus eine aktive und strategische Kulturpolitik erarbeitet, gemeinsam mit den Kulturschaffenden und Kulturträgern. *KEK* befördert Auseinandersetzung, Vernetzung und Kooperation. Rahmenbedingungen für Kultur werden entwickelt, die die Stärkung der niedersächsischen Kulturlandschaften nachhaltig ermöglichen.

Literatur

Krings, Eva/Roters, Andreas/Sievers, Norbert/Siewert, Jörg/Zühlke, Werner (1990): »Bausteine für eine kommunikativ und ökologisch orientierte Kulturpolitik«, in: *Kulturpolitische Mitteilungen*, Heft 51 (IV/1990), S. 16–21

Schwencke, Olaf (Hrsg.) (1992): *Kulturdiskurs Niedersachsen. Erwartungen an eine Kulturpolitik in einem Flächenland*, Rehburg-Loccum: Evangelische Akademie (Loccumer Protokolle 27/1992)

Reinhart Richter, Barbara Rüschoff-Thale

Regionale Kulturentwicklungsplanung und strategische Kulturplanungen von Kommunen
»Kulturagenda Westfalen«

Im Rahmen des Projektes »Kultur in Westfalen«, getragen von der *LWL-Kulturstiftung* und der *Westfalen-Initiative* und gefördert vom *Ministerium für Familie, Kinder, Jugend, Kultur und Sport des Landes Nordrhein-Westfalen*, wird seit Mai 2012 ein regionaler Prozess der Kulturentwicklungsplanung – die »Kulturagenda Westfalen« – durchgeführt (www.kulturkontakt-westfalen.de). Ein wichtiges Ziel ist die Anregung und Unterstützung vieler strategischer kulturpolitischer Diskurse und Planungen von Kreisen, Städten, Gemeinden und mit der Kulturarbeit verbundener Organisationen und Institutionen.

Das Projekt »Kultur in Westfalen« will Kultur in Westfalen stärken und damit zur Profilbildung der Region beitragen. Mit »literaturland westfalen« sowie »Gärten und Parks in Westfalen-Lippe« hat es bereits vor Beginn der »Kulturagenda Westfalen« erste Akzente gesetzt. Der *Landschaftsverband Westfalen-Lippe (LWL)*[1] übernimmt in dem ganzen Prozess vor allem eine moderierende Rolle. Die »Kulturagenda Westfalen« wird außerdem von der *Kulturstiftung der Westfälischen Provinzial Versicherung* und der *Sparda-Bank Münster* gefördert.

Kulturentwicklungsplanung für eine riesige Region – Westfalen-Lippe

Das Vorhaben einer Kulturentwicklungsplanung für eine große und vielgestaltige Region wie Westfalen-Lippe ist beispiellos. Bisherige Kulturentwicklungspläne

---

[1] Der *Landschaftsverband Westfalen-Lippe (LWL)* arbeitet als Kommunalverband für die 8,3 Millionen Menschen in der Region. Die neun kreisfreien Städte und 18 Kreise in Westfalen-Lippe sind die Mitglieder des *LWL*. Er betreibt 35 Förderschulen, 21 Krankenhäuser, 17 Museen und ist einer der größten deutschen Hilfezahler für Menschen mit Behinderung.

beziehen sich in der Regel auf eine Kommune, einen Kreis oder ein Bundesland. Bei diesen Planungen gibt es *ein* politisches Entscheidungsgremium, *ein* Budget und *eine* Kulturverwaltung oder *ein* Ministerium, das die kulturpolitischen Entscheidungen umsetzt. Diese Ausgangslage ist in Westfalen-Lippe nicht gegeben. Zwar gibt es mit dem *Landschaftsverband Westfalen-Lippe* eine Organisation, die in der ganzen Region und in allen Kultursparten tätig ist, doch sie ist die einzige.

Daneben gibt es drei Bezirksregierungen, 18 Kreise, neun kreisfreie Städte, 222 kreisangehörige Städte und Gemeinden mit ihren Kultureinrichtungen sowie ungezählte Vereine, Verbände und Kulturförderer sowie ehrenamtlich oder privat getragene Kultureinrichtungen, die am Kulturleben mitwirken. Sie alle haben eigene Entscheidungsstrukturen, eigene Budgets, eigene Einrichtungen und Projekte, eigene kulturpolitische Interessen. Darüber hinaus gibt es in Westfalen starke Teilidentitäten, zum Beispiel im Lipperland oder im Münsterland, die es bei der Entwicklung kulturpolitischer Ziele zu berücksichtigen gilt.

Die verbindliche Festlegung von Zielen, Entscheidungen über Maßnahmen, Budgets, Prioritäten, Zeitplänen ist daher für die Kulturentwicklung für *ganz* Westfalen-Lippe nicht möglich.

Trotzdem ist das anspruchsvolle Vorhaben, eine gemeinsame handlungsleitende kulturpolitische Orientierung für Westfalen-Lippe zu erarbeiten und den Prozess und seine Ergebnisse als Entwicklungschance für die ganze Region zu nutzen, wichtig und sinnvoll. Ergebnis eines solchen Prozesses kann jedoch nicht ein herkömmlicher Kulturentwicklungsplan sein, sondern sollte ein begeisternder, motivierender Zukunftsprozess sein, an dem viele Kulturverantwortliche, Kulturschaffende, Kulturförderer und Kulturinteressierte mitwirken, um eine gemeinsame Vision von Kultur in Westfalen zu entwickeln und zu verwirklichen. Dabei ist der Weg ein wesentlicher Bestandteil des Zieles. Für möglichst viele muss das Bewusstsein entstehen, durch ihre Mitwirkung gemeinsam etwas für die Kultur in Westfalen-Lippe und für ihre überregionale Strahlkraft zu erreichen – und gleichermaßen auch für die eigenen Kulturanliegen zu profitieren.

Bei diesem Vorgehen kann das Ergebnis nicht ein von einem einzelnen Gremium wie der *Landschaftsversammlung Westfalen-Lippe* zu beschließender Kulturentwicklungsplan sein, sondern eine Zukunftsorientierung für die Kultur in Westfalen-Lippe in Form von einer Vision/einem Leitbild, Handlungsfeldern und gemeinsamen Projekten. Dies ist auf der Visionskonferenz am 6. und 7. September 2012 unter Beteiligung von 150 Kulturverantwortlichen aus Politik und Verwaltung, Kulturschaffenden, Kulturförderern und Kulturveranstaltern geschehen. Diese Zukunftsorientierung wird für das kulturpolitische Handeln des *Landschaftverbands Westfalen-Lippe* eine wichtige Grundlage sein, für viele andere Akteure aber mehr den Charakter einer *Einladung zum Mittun* sein, das dann verbindlich wird, wenn Kreistage, Stadträte und die Entscheidungsgremien anderer Kulturträger entsprechende Beschlüsse fassen.

Entwicklung eines Systems kulturfachlicher Knotenpunkte

»Kulturagenda Westfalen«

Die Sicherung der kommunalen Kulturarbeit trotz schwieriger Haushaltslage und die Förderung der interkommunalen Zusammenarbeit in der Kultur werden zunehmend wichtiger. In dieser Situation soll ein System kulturfachlicher Knotenpunkte, das ein Ergebnis der »Kulturagenda Westfalen« sein wird, helfen. Kulturfachliche Knotenpunkte sind Kommunen, Kulturorganisationen (z. B. Kultursekretariate) und Kultureinrichtungen, die über besondere Kompetenzen und Erfahrungen in der Kulturplanung oder einem Feld der Kulturarbeit verfügen und diese anderen zur Verfügung stellen. Dadurch soll ein *sich selbst regulierendes und organisierendes System* der gegenseitigen Beratung, Unterstützung und Kooperation in Kulturplanung und der Kulturarbeit entstehen. Kompetenzen und Potenziale, die in einzelnen Kommunen oder Kultureinrichtungen vorhanden sind, sollen so für andere, ohne großen Kostenaufwand und ohne dass neue Strukturen geschaffen werden müssen, und nutzbar werden.

In Zeiten der schwierigen Kulturbudgets wird es damit möglich, trotzdem kulturelle Dynamik durch Wettbewerb und gute Beispiele zu erzeugen, strategische kulturpolitische Steuerung zu verbessern und dabei die Kompetenzen vieler Fachkundiger einzubeziehen, gute Lösungen in der Kulturarbeit voranzubringen und ein produktives Klima der Kooperation und Gemeinsamkeit zu erzeugen.

Die besondere Qualität des Systems liegt in der *systematischen Entwicklung* von Zusammenarbeit, Unterstützung und Beratung. Die damit verbundene Stärkung und optimale Nutzung der vorhandenen, vielfach jedoch zu wenig bekannten Potenziale in der Region – nicht zuletzt auch der Dienstleistungsfunktionen des *Landschaftsverbandes Westfalen-Lippe* – wird zu einem Qualitätssprung in der Kulturarbeit führen, macht Erhalt und Weiterentwicklung des Angebotes auch in schwierigen Haushaltssituationen leichter möglich und verbessert die kulturelle Versorgung – auch besonders in ländlichen Gebieten, wo die Bevölkerungszahl abnimmt. Mit der Unterstützung von sich selbst organisierenden Systemen der Kooperation und des gegenseitigen Lernens wird eine sehr wirkungsvolle und vergleichbar günstige Möglichkeit für den Erhalt und die Weiterentwicklung der kommunalen Kulturarbeit in schwierigen Haushaltssituationen entstehen. Die in Zukunft immer wichtiger werdende kommunale Kooperation in der Kulturpolitik wird dadurch beispielgebend gefördert und das System lässt sich auf andere Regionen übertragen.

Die Kommunikation mit den Knotenpunkten und der Knotenpunkte untereinander erfolgt über die neu gestaltete Informations- und Dialogplattform »www.kulturkontakt-westfalen.de«. Hier werden Informationen bereitgestellt und ausgetauscht, Probleme und Projekte gemeinsam diskutiert und es können Hilfen und Kooperationen vereinbart werden. Die Plattform ist schnell, unaufwändig, transparent und affin auch für junge Zielgruppen. Durch dieses Instrument ist es nicht nötig, neue Strukturen für die Verwaltung und die Organisation zu schaffen. Die Plattform ist besonders auch für Kulturausschussmitglieder interessant.

Als ehrenamtlich Tätige sind sie häufig nur auf ihre Kommune bezogen. Die Plattform bietet die Möglichkeit, räumliche und andere Grenzen zu überwinden und sich unaufwändig über Entwicklungen zu informieren.

Um für andere unterstützend und beratend tätig werden zu können, benötigen die kulturfachlichen Knotenpunkte finanzielle Unterstützung, damit sie Arbeitskapazität einkaufen können (z. B. Honorar- und Werkverträge), welche die Fachleute entlastet. Das könnte in Kombination eines Grundbetrages mit einem auf die Nachfrage berechneten Betrages geschehen.

Das Verfahren zur Auswahl der Kommunen und Einrichtungen, die kulturfachliche Knotenpunkte werden wollen, ist noch zu bestimmen. Denkbar wäre die Form eines Wettbewerbes. Interessierte Organisationen könnten sich mit ihren besonderen Kompetenzen bewerben. Die Entscheidung sollte durch eine externe, fachkundige Jury getroffen werden. Die Anerkennung und finanzielle Förderung sollte auf drei Jahre erfolgen und danach ein neuer Wettbewerb stattfinden. Durch dieses Verfahren würde zusätzlich eine besondere Dynamik in Kulturpolitik und Kulturarbeit entstehen.

Kulturfachliche Knotenpunkte im Bereich Kulturplanung
Es gibt, auch ausgelöst durch den Abschlussbericht der *Enquete-Kommission »Kultur in Deutschland«*, ein wachsendes Bedürfnis, strategische Kulturplanungen zu erarbeiten. Das wird erschwert – häufig verhindert – durch mangelnde Fachkenntnis, fehlende Zeit oder fehlendes Budget für externe Unterstützung.

Die Erarbeitung und regelmäßige Evaluierung von vielen Kulturplanungen in Westfalen-Lippe, unter Einbeziehung vieler Kulturverantwortlicher in Politik und Verwaltung, Kulturschaffender und Kulturförderer, würde zu einer starken Qualitätsentwicklung der kulturpolitischen Diskussion, größerem Stellenwert der Kultur in der Gesellschaft und gesellschaftlicher Dynamik führen. Denn gemeinsame Analyse und Überlegungen der Akteure bereichern die Planung mit vielen Erfahrungen und Ideen. Dies erzeugt eine größere Verbindlichkeit, weil viele als Mitschöpfer Verantwortung übernehmen. Die regelmäßige Evaluierung macht die Planung immer wieder zur kulturpolitischen Entscheidungsgrundlage und verhindert, dass sie im Schreibtisch vergessen wird. Ein solches Vorgehen hätte auch allgemein positive Auswirkungen auf die Qualität anderer strategischer Planungen und Entscheidungen in den Kommunen.

Als Beispiele für kulturfachliche Knotenpunkte im Bereich Kulturplanung sind zu nennen:
- Kulturentwicklungsplanung Stadt,
- Kulturentwicklungsplanung Kreis,
- Kulturentwicklungsplanung im ländlichen Raum,
- Kulturhandbuch/-adressbuch digital,
- Evaluation von Kulturplanungen,
- Kulturplanung eines Vereins/Heimatvereins,
- Entwicklungsplanung Museum/Kultureinrichtung.

Kulturfachliche Knotenpunkte im Bereich Handlungsfelder und Projekte
Kulturfachliche Knotenpunkte soll es auch auf der Ebene von Handlungsfeldern und Projekten geben, zum Beispiel das Handlungsfeld: *Jungen Menschen Gestaltungsräume in der Kulturarbeit geben*. Projekt: »Museen und Kunsthallen vergeben die Kuratierung einiger Ausstellungen an junge Kuratorenteams«.

Für Westfalen-Lippe haben auf der Visionskonferenz vom 6. und 7. September 2012 elf Handlungsfelder, in denen viele Kulturakteure gemeinsam tätig werden wollen, großes Interesse gefunden, darunter:

- Durch Diskurse und strategische Kulturplanungen den gesellschaftlichen Wert der Kultur deutlich machen,
- Ausdrucksformen der Jugendkultur sichtbar machen,
- Kooperationen und Vernetzungen fördern und neue Formen der Kulturarbeit unterstützen,
- Stärkung und Förderung des Ehrenamtes,
- Rahmenbedingungen und Gestaltungsräume für junge »Kulturprofis« schaffen,
- Neue Formen und Wege der Kulturarbeit eröffnen für Menschen, die nicht selbstverständlich Zugang zur Kultur haben.

Aus diesen Handlungsfeldern wurden bei der Konferenz konkrete Projekte abgeleitet, neben denen im Verlauf der Kulturagenda sicher weitere Projekte entstehen.

Initiierung und Unterstützung strategischer Kulturplanungen von Kommunen

In den letzten zehn Jahren sind in Westfalen-Lippe ein Kulturentwicklungsplan, sechs Kulturkonzepte, ein Masterplan sowie etliche Leitbilder und Teilplanungen, zum Beispiel zur Kulturellen Bildung, entstanden. Keiner der 18 Kreise hat eine strategische Kulturplanung. Die Stadt Bielefeld hat eine Kulturentwicklungsplanung begonnen. Der *Landschaftsverband Westfallen-Lippe* hat ein im Jahr 2003 beschlossenes kulturpolitisches Konzept. Dies soll unter Berücksichtigung der Ergebnisse der »Kulturagenda Westfalen« fortgeschrieben werden. Nur wenige Planungen werden systematisch evaluiert und als Grundlage für kulturpolitische Entscheidungen genutzt.

Mit dem Planungsprozess für Westfalen-Lippe werden viele Kommunen, Organisationen und Einrichtungen motiviert, strategische Kulturplanungen zu beginnen.

Pilotplanungsprozesse
Das Angebot, im Rahmen der »Kulturagenda Westfalen« für acht Kommunen oder Kooperationen von Kommunen Pilotplanungsprozesse ohne Kosten für Beratung und Moderation durchzuführen, ist auf großes Interesse gestoßen. Drei Kreise, zehn Städte, drei Gemeinden und zwei kommunale Planungskooperationen mit fünf Städten und einer Gemeinde sowie eine Kultureinrichtung haben sich um die Teilnahme beworben. Die Bewerber haben sich bereit erklärt, folgende Voraussetzungen zu erfüllen:

- Bereitschaft des Kulturausschusses und der Kulturverwaltung, im Planungszeitraum von vier bis sechs Monaten an Halbtages- und Ganztagesveranstaltungen im Umfang von vier Tagewerken teilzunehmen;
- Bereitschaft, einmal im Jahr eine Sitzung des Kulturausschusses mit dem Schwerpunkt *Evaluation der Kulturplanung* durchzuführen;
- Bereitschaft der Kommune, Kulturschaffende und Kulturförderer am Planungsprozess zu beteiligen;
- Bereitschaft, Vertreter anderer Kommunen und Organisationen am Planungsprozess als Beobachter teilnehmen zu lassen;
- Bereitschaft, bei Planung über die eigenen kommunalen Grenzen hinauszuschauen;
- Bereitschaft im Rahmen der »Kulturagenda Westfalen« über den Prozess zu berichten und die Dokumentation zur Veröffentlichung zur Verfügung zu stellen;
- Förderlich: Bereitschaft ein digitales Kulturhandbuch (wie Stadt Minden oder Kreis Siegen-Wittgenstein) zu erstellen und zu pflegen.

Die Erfüllung dieser Bedingungen soll eine neue Qualität von Planung in einem für alle Interessierten offenen Prozess und eine nachhaltige Steuerungswirkung erreichen.

Nach der Beratung der Bewerbungen in der Steuerungsgruppe, die die »Kulturagenda Westfalen« fachlich begleitet, werden folgende neun Pilotplanungsprozesse ab Herbst 2012 durchgeführt:

- Kreis Höxter (Kulturentwicklungsplanung),
- Kreis Olpe (Kinder- und Jugendkulturentwicklungsplanung),
- Kreisfreie Stadt Hagen (Masterplan Kultur mit Schwerpunkt Interkultur),
- Stadt Lippstadt (Kulturentwicklungsplanung, mittlere Stadt),
- Stadt Freudenberg (Kulturentwicklungsplanung, kleine Stadt),
- Kooperation der Städte Halver, Kierspe, Meinerzhagen und Schalksmühle (Kulturkonzept),
- Kooperation der Städte Ahlen und Beckum (Kinder-und Jugendkulturentwicklungsplanung),
- Stadt Hattingen (Kulturentwicklungsplanung),
- Stadt Witten (Kulturentwicklungsplanung.

Rund zwei Dutzend Kommunen und Kulturorganisationen werden die Prozesse als Beobachter begleiten. Es ist davon auszugehen, dass es bis Ende 2013 in Westfalen-Lippe eine Vielzahl an strategischen Kulturplanungen geben wird.

Mit einem für die »Kulturagenda Westfalen« entwickelten Planungsverfahren ist die Erarbeitung einer strategischen Kulturplanung (ohne detaillierte Beschreibung und Finanzplanung der Maßnahmen) in sechs Tagesveranstaltungen möglich.

Die Arbeitsschritte sind:
- Gesellschaftliche Entwicklungen, die in Zukunft Rahmenbedingungen für Kulturpolitik beeinflussen können, Arbeitstreffen von Kulturausschuss, Stadtentwicklungsausschuss und Teilnehmenden des Planungsprozesses,

- Kenntnis des Kulturlebens – optional Kulturhandbuch,
- SWOT- Analyse²,
- Visionskonferenz: Visionen, Leitlinien,
- Zielwerkstatt: Ziele, Evaluationskriterien,
- offene Werkstatt: Strukturen, Projekte, Maßnahmen.

»Kulturagenda Westfalen«

Die Ergebnisse werden in der Kulturverwaltung vertiefend bearbeitet. Sie erarbeitet auch die Dokumentation des Prozesses und die Vorlage für den Kulturausschuss beziehungsweise das entsprechende Gremium. Nach Beratung im Kulturausschuss wird der Kulturplan vom Stadtrat oder Kreistag beschlossen. Da die Kulturpolitik intensiv am Planungsprozess beteiligt wird, ist der Zeitbedarf für Beratung und Entscheidung gering.

Die Planung kann in sechs bis acht Monaten durchgeführt werden. Der gewählte Zeitraum muss dabei die zeitlichen Möglichkeiten der am Planungsprozess Beteiligten berücksichtigen.

»Kulturagenda Westfalen« und ihre Schnittstellen zum Kulturfördergesetz und darauf aufbauender Kulturförderpläne in Nordrhein-Westfalen

Kulturplanung

In Nordrhein-Westfalen ist ein Kulturfördergesetz in Vorbereitung. Auf dieser Basis werden dann voraussichtlich Kulturförderpläne für die jeweilige Legislaturperiode entstehen.

Eine strategische Kulturplanung des Landes Nordrhein-Westfalen kann sinnvollerweise nur in Kommunikation von Land und Kommunen gemeinsam entstehen. Diese notwendige Kommunikation wird erleichtert, wenn viele Kommunen aktuelle, strategische Kulturplanungsprozesse durchführen oder durchgeführt haben. Das trifft bislang nur auf sehr wenige Kommunen in Nordrhein-Westfalen zu. Viele Kommunen oder Kulturverantwortliche scheuen aus Kostengründen, Zeitgründen oder zur Erhaltung spontaner Einzelentscheidungsräume eine Planung. In dieser Ausgangslage die notwendige Grundmenge kommunaler Partner für die Kommunikation mit dem Land zu gewinnen, würde mehrere Jahre dauern. Es ist zu vermuten, dass die kommunalen Spitzenverbände in Nordrhein-Westfalen diese Defizitsituation ähnlich einschätzen und auch deswegen in der Steuerungsgruppe die »Kulturagenda Westfalen« stark unterstützen.

Optimierung der kulturellen Infrastruktur in Nordrhein-Westfalen

Da die kulturelle Infrastruktur fast ausschließlich von den Kommunen getragen wird, kann eine Optimierung nur durch die Kommunen – besonders durch kommunale Kooperationen und mit den beiden Landschaftsverbänden als Kommunalverbände – entstehen.

2 SWOT seht für Strengths, Weaknesses, Opportunities and Threats.

Auslöser werden Haushaltsprobleme sein, vorrangiges Ziel kann aber nur die Qualitätsentwicklung sein. Das Land kann dafür Anregungen geben, Verständigungsprozesse unterstützen oder moderieren, die Erarbeitung von Informationsgrundlagen ermöglichen und durch die Landesförderung Anreize schaffen. Diese Entwicklungen werden erleichtert, wenn es gelingt, ein gemeinsames Bewusstsein, eine Motivation der kommunalen Familie für die Notwendigkeit von Kooperationen und eine gemeinsame Zukunftsentwicklung der Kultur in Nordrhein-Westfalen zu erzeugen.

Eine erfolgversprechende Kommunikation zwischen Land und Kommunen zur Zukunft der Kultur in Nordrhein-Westfalen setzt als Verständigungsgrundlage voraus, dass es gemeinsam erarbeitete Zukunftsvorstellungen – vielleicht sogar eine Vision – gibt. Die Erfahrungen, die in Westfalen-Lippe mit der Visionskonferenz im September 2012 gemacht wurden, können dafür hilfreich sein.

Wenn das vorgeschlagene System kulturfachlicher Knotenpunkte verwirklicht wird, würde ein motivierendes Beispiel dafür entstehen, wie in Würdigung vielfältiger Potenziale und Kompetenzen Netzwerke kommunaler Kooperation entstehen, die zu mehr Qualität und zur Verbesserung der kulturellen Infrastruktur führen. Der regionale Kulturentwicklungsprozess Westfalen-Lippe – die »Kulturagenda Westfalen« – kann somit nicht nur zur Sicherung von Kunst und Kultur beitragen, sondern auch zur Profilbildung der Region insgesamt.

Olaf Martin

Die regionalisierte Kulturförderung in Niedersachsen[1]

Warum überhaupt regional kooperieren?

Nach wie vor sind die beiden wichtigsten Ebenen, auf denen Kulturpolitik und -förderung agieren, die der Kommune und die des Landes. In manchen Bundesländern – und dort eher in ländlichen Räumen – nehmen zwar auch Landkreise kulturelle Aufgaben wahr. Die Landkreise sind jedoch Gemeindeverbände, ihre Kompetenzen sind aus denen der kreisangehörigen Städte und Gemeinden abgeleitet, sie lassen sich also der kommunalen Ebene zuordnen. Gibt es nun rationale und praktische Gründe dafür, Kulturarbeit wie -förderung oberhalb dieser kommunalen Gebietskörperschaften, aber unterhalb der Landesebene, kurz: auf der regionalen Ebene anzusiedeln?

Alle Flächenbundesländer sind aus sehr unterschiedlichen historischen Territorien zusammengefügt worden. Diese Gebiete lassen sich meist auch heute noch nach Dialekt, Konfession oder sonstigen Eigenheiten von benachbarten Räumen abgrenzen. Diese Prägungen sind oft attraktiver und wirkmächtiger als die Identifizierung mit dem vergleichsweise neuen und *künstlichen* Bundesland. Es liegt im Interesse jeder Landesregierung, solche Zentrifugaltendenzen einzuhegen, weil gemeinhin ein Wir-Gefühl auf Landesebene als wichtiger Faktor im Standortwettbewerb angesehen wird. In Organisationseinheiten – zumal im Kulturbereich –, die sich an historischen Räumen orientieren, können regionalistische Strömungen kanalisiert werden.

Ein weiterer, ganz nüchterner Grund: Bei einer Kooperation mehrerer Städte oder Landkreise verteilen sich Kosten auf verschiedene Schultern, bestimmte Leistungen lassen sich effizienter erbringen. Was für Mülldeponien gilt, lässt sich auch

---

1 Weitere Informationen auf den Internetseiten der AG der Landschaften und Landschaftsverbände in Niedersachsen: www.allvin.de sowie des *Niedersächsischen Ministeriums für Wissenschaft und Kultur*: www.mwk.niedersachsen.de > »Themen« > »Kultur« > »Regionale Kulturförderung«.

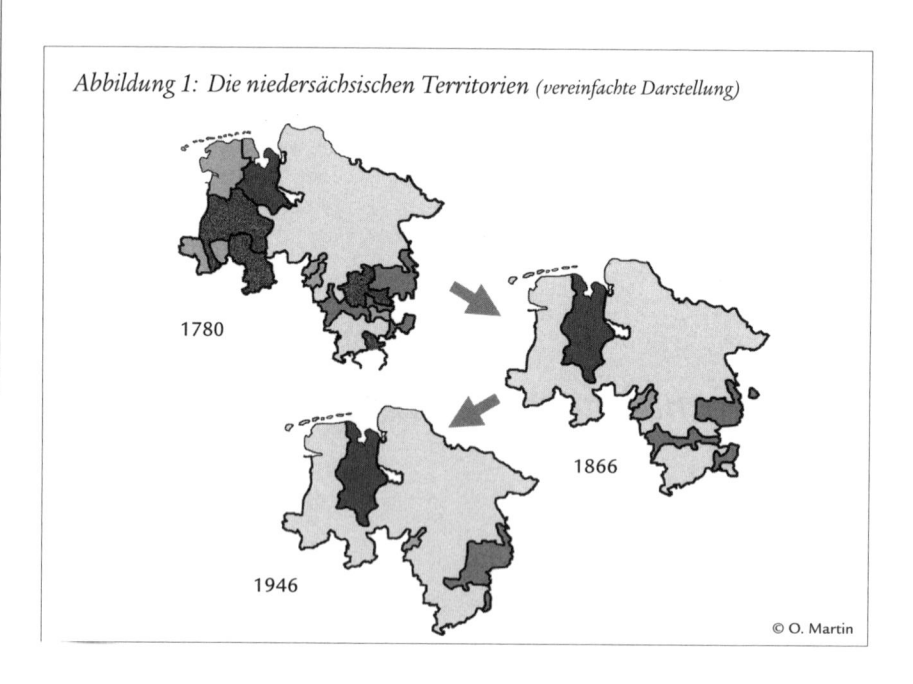

Abbildung 1: Die niedersächsischen Territorien (vereinfachte Darstellung)

1780

1866

1946

© O. Martin

auf den Unterhalt von Theatern, Museen oder Archäologenteams anwenden. Beliebig groß bis hinauf zur Landesebene lassen sich solche Kooperationen aber nicht aufblähen. Der Aktionsradius der Adressaten – in der Regel also der Einwohner des Gebietes – ist begrenzt, ab einer gewissen Raumgröße kann man Personal nicht mehr an einem zentralen Ort konzentrieren, sondern müsste die Verwaltung der Kooperation ihrerseits wieder in Filialen unterteilen.

Kommt es nun zur Bildung solcher Kulturregionen, so decken sich bei deren räumlichen Zuschnitten im Idealfall die Grenzziehungen der Historie, der Effizienz und der Praktikabilität. Häufig werden sie auf ein Oberzentrum ausgerichtet sein und regelmäßig wird es an den Rändern solcher Regionen *Unschärfen* in der Zuordnung geben.

Das Spartenprinzip und das Regionsprinzip

Es spricht also nichts dagegen, dass man auch Kulturarbeit und ihre Förderung auf diese Weise regional organisiert. Aber ist das zwingend? Immerhin gibt es ein konkurrierendes Prinzip, das bei der Strukturierung von Kulturpolitik sozusagen den Standard darstellt: die Spartenorientierung. Förderkonzepte werden für bestimmte Kultursparten entwickelt, Förderentscheidungen an sparten-immanenten Qualitätszielen ausgerichtet. Verstärkt wird dieser Ansatz durch die ebenfalls nach Sparten organisierten Fachverbände.

Eine an Regionen orientierte Kulturpolitik neigt dagegen eher zu einer spartenübergreifenden Querschnittsbetrachtung. Implizit werden Qualitätskriterien rela-

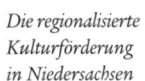

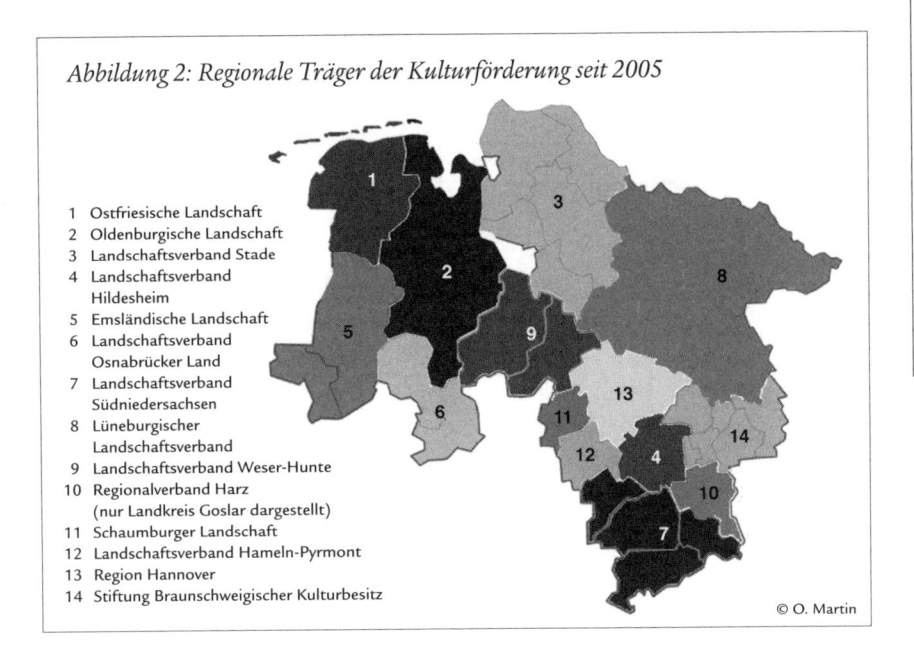

Abbildung 2: Regionale Träger der Kulturförderung seit 2005

1 Ostfriesische Landschaft
2 Oldenburgische Landschaft
3 Landschaftsverband Stade
4 Landschaftsverband Hildesheim
5 Emsländische Landschaft
6 Landschaftsverband Osnabrücker Land
7 Landschaftsverband Südniedersachsen
8 Lüneburgischer Landschaftsverband
9 Landschaftsverband Weser-Hunte
10 Regionalverband Harz (nur Landkreis Goslar dargestellt)
11 Schaumburger Landschaft
12 Landschaftsverband Hameln-Pyrmont
13 Region Hannover
14 Stiftung Braunschweigischer Kulturbesitz

© O. Martin

tiviert: Ein und dieselbe Kunstausstellung kann in der einen Region höchst förderwürdig und in der anderen chancenlos sein, je nach den örtlichen Verhältnissen und den Prioritäten der regional Verantwortlichen.

Beispielhaftes Niedersachsen

Das heutige Bundesland Niedersachsen wurde 1946 aus den ehemaligen Territorien des Königreichs Hannover, des Großherzogtums Oldenburg, des Herzogtums Braunschweig und des Fürstentums Schaumburg-Lippe zusammengefügt, diese Wurzeln sind heute noch spürbar. So existieren etwa die alten Landstände in Teilen Niedersachsens durch ungewöhnliche historische Umstände bis heute fort. Sie gaben sich nach dem Zweiten Weltkrieg eine moderne Verfassung als höherer Kommunalverband oder gründeten gemeinsam mit den Landkreisen neue Institutionen, die so genannten *Landschaftsverbände*. Auch in den restlichen Gebieten Niedersachsens kam es nach diesem Vorbild zur Gründung neuer regionaler Verbände, die alle Kulturförderung als zentrale Aufgabe haben.

Der Gegensatz zwischen einer spartenorientierten Fachpolitik und einer querschnittsorientierten Regionalisierung wurde deutlich, als mit Ende des Jahres 2004 die vier Bezirksregierungen aufgelöst wurden, also die den Ministerien nachgeordneten staatlichen Mittelbehörden. Wo sollten die Kompetenzen und Etats dieser Verwaltungen nun angesiedelt werden? Neben einer vollständigen Konzentration aller Mittel und Zuständigkeiten im Ministerium bot sich eine Übertragung gewisser Aufgaben (spartenorientiert-landesweit) auf die Fachverbände oder (quer-

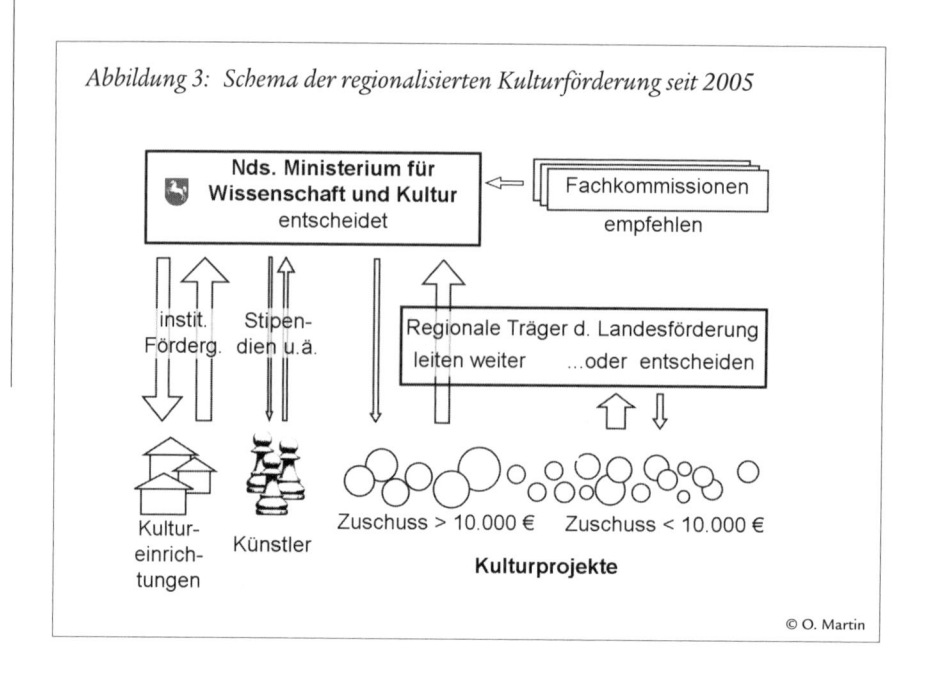

Abbildung 3: Schema der regionalisierten Kulturförderung seit 2005

schnittsorientiert-regional) auf die Landschaftsverbände an. Die nach monatelangen Diskussionen und Verhandlungen gefundene Lösung begünstigte die Landschaftsverbände.

Die regionalisierte Kulturförderung in Niedersachsen seit 2005

Das Personal und die meisten Zuständigkeiten aus den Kulturdezernaten der Bezirksregierungen wanderten zum *Ministerium für Wissenschaft und Kultur*. Im Gegenzug erhöhte man stark die institutionelle Förderung für die Landschaftsverbände und gab diesen neue Aufgaben.

Bis auf wenige Ausnahmen sind alle Anträge auf eine Projektförderung des Landes an den betreffenden Landschaftsverband beziehungsweise sonstigen regionalen Träger der Landesförderung zu richten. Anträge ab 10 000 Euro werden mit einer Stellungnahme an das Ministerium weitergeleitet und dort ohne weitere Beteiligung der Landschaftsverbände bearbeitet und entschieden. Für einen Teil der Förderungen stützt sich das Ministerium dabei auf die Empfehlungen von Fachkommissionen. Die Förderrichtlinien und formalen Anforderungen sind dabei für die einzelnen Sparten nach wie vor sehr unterschiedlich.

Die kleinen und mittleren Zuschussanträge unter 10 000 Euro verbleiben beim jeweiligen Landschaftsverband und werden dort entschieden. Hierfür stellt das Land Mittel von etwa 2,8 Millionen Euro zur Verfügung (2012), die nach einem Schlüssel, in den je zur Hälfte Einwohnerzahl und Fläche einfließt, auf die vierzehn Träger der regionalisierten Förderung verteilt werden. Die Vorgaben für die Mittelverwendung sind durch Zielvereinbarungen geregelt, die für vier Jahre gelten. Der Rahmen, innerhalb dessen diese Mittel eingesetzt werden können, ist für alle Regionen gleich, lässt jedoch im Detail relativ viel Spielraum.

Erfahrungen – Chancen und Probleme

Im achten Jahr dieses Fördermodells haben sich bereits einige Erfahrungen angesammelt.

Basisnähe: Aus der Perspektive des Landes ist die Entscheidungsebene für Projektförderungen so nah an die Antragsteller herangerückt wie noch nie zuvor. Die größere Nähe der Ansprechpersonen zu ihrer Klientel vereinfacht die Kommunikation, erspart Kontrolle und individualisiert die Betreuung.

Vereinfachung: Die meisten Träger der regionalisierten Förderung müssen gegenüber den von ihnen Geförderten nicht das Zuwendungsrecht des Landes anwenden, sondern nur die allgemeinen Vorgaben der Zielvereinbarungen sowie des Vereins- und des Gemeinnützigkeitsrechts beachten. Das erlaubt eine – allerdings nicht von allen Verbänden genutzte – erhebliche Vereinfachung der Förderverfahren. Diese Konstellation ist günstiger als die ebenfalls diskutierte Beleihung der Landschaftsverbände, die ihnen hoheitliche Kompetenzen verliehen, sie aber auch vollständig an das öffentliche Verwaltungsrecht gebunden hätte.

Befriedung: Der auch in der Kulturpolitik des Landes latent schwelende Verteilungskampf zwischen (Landeshaupt-)Stadt und ländlichem Raum konnte durch dieses Modell ansatzweise befriedet werden. Die Einbeziehung der Fläche in den Verteilungsschlüssel der Landesmittel bevorzugt Regionen mit geringer Einwohnerdichte. Aus Sicht der Landesregierung hat dieses Regionalisierungsmodell außerdem den Charme, dass es von allen Seiten unterstützt wird, weil nicht nur das gesamte Land davon profitiert, sondern in den Gremien der Landschaftsverbände auch kommunale Vertreter aus allen großen Parteien agieren. Soweit erkennbar, genießt diese Lösung daher parteiübergreifenden Rückhalt.

Schließlich ein subtiler Effekt: Die Zielvereinbarungen müssen für die Zuschussförderung der regionalen Träger Vorgaben machen, die alle Kultursparten umfassen. Erstmals ist damit eine Konstellation gegeben, in der das Land vergleichsweise ausführlich und in praktikabler Weise seine kulturpolitischen Förderziele darlegen muss. Formulierte es seine Ziele zu ungenau, hätte es anschließend kaum Argumente in der Hand, wenn die regionale Förderpraxis in – aus Landessicht – unerwünschte Richtungen verläuft. Allein diese sachliche Notwendigkeit hat beim *Kulturministerium* wie den regionalen Trägern zu einer fruchtbaren Debatte über operationale Förderziele geführt, die in Teilen auch schon Ergebnisse zeitigte.

Neben diesen positiven Entwicklungen gibt es jedoch auch Probleme, die nicht einfach einer schlechten Umsetzung geschuldet sind, sondern systembedingt mit einer solchen Regionalisierungsstrategie einhergehen:

Durch die Regionalisierung ist die landesweite Förderlandschaft sehr vielfältig geworden. Projekte, die in einer Region gefördert werden, werden in der Nachbarschaft aus formalen oder inhaltlichen Gründen abgelehnt. Die Landschaftsverbände verweisen mit einigem Recht darauf, dass solche regionale Eigenständigkeit doch gerade politisch gewollt sei; ihnen müsse es möglich sein, unterschiedliche Prioritäten zu setzen. Deren regelmäßiger und intensiver Austausch in einer landesweiten Arbeitsgemeinschaft hat inzwischen dazu geführt, dass untereinander ein *edler Wettstreit* um die besten Lösungen herrscht und eine gewisse Angleichung der Förderverfahren zu beobachten ist.

Die Heterogenität der Regionen macht sich auch in anderer Hinsicht bemerkbar. Einige Landschaftsverbände sind kaum größer als ein Landkreis, was teils historisch begründet ist, teils mit politischen Konstellationen bei der Verbandsgründung zu tun hat. Für einen relativ geringen Anteil am Förderbudget des Landes mussten jedoch auch diese kleinen Verbände ein komplettes Zuschusswesen aufbauen und sind mit den sonstigen regionalisierten Aufgaben wie der Begutachtung und Weiterleitung von Anträgen stark belastet. Das Land hatte es bei der Anbahnung dieses Modells versäumt, eine sinnvolle Mindestgröße der regionalen Träger vorzugeben; das hätte einen Anreiz zur Fusionierung oder Zusammenarbeit kleinerer Verbände gegeben.

Unbefriedigend ist auch die Abgrenzung der nur regional bedeutsamen Projekte von den landesweit bedeutsamen anhand der Zuschusshöhe bei 10 000 Euro. Alle Vorschläge, sinnvollere Abgrenzungen zwischen der Zuständigkeit des Ministeriums und jener der regionalen Träger zu finden, hätten jedoch die Unübersichtlichkeit der Förderverfahren deutlich erhöht, so dass es wohl bis auf weiteres bei dieser pragmatischen Grenzziehung bleiben wird.

Nach außen hin weniger sichtbar ist eine andere Konsequenz der Auflösung von staatlichen Mittelbehörden. Im alltäglichen Geschäft ist von Seiten des Ministeriums immer wieder die Neigung zu spüren, die regionalen Träger wie eine nachgeordnete Behörde zu behandeln. Jenseits der in den Zielvereinbarungen geregelten Verfahren sollen dann für das *Kulturministerium* zum Beispiel Informationen zur Beantwortung einer Landtagsanfrage zusammengestellt werden.

Auswirkungen gibt es auch im politischen Raum. Für den Landtagsabgeordneten einer Regierungsfraktion gehört es sich, in seinem Wahlkreis die Wohltaten der Regierung mit seinem Engagement in Verbindung zu bringen. Bei einem nennenswerten Teil des Kultur-Etats ist das – im Unterschied zu den Zeiten der Bezirksregierungen – nicht mehr möglich: Auf die Entscheidungen der Landschaftsverbände lässt sich von Ministern wie Landtagsabgeordneten kaum Einfluss nehmen und auch von Seiten der regionalen Träger gibt es meist keinen Anlass, Landespolitiker in die Entscheidungsfindung oder in die Präsentation der Ergebnisse einzubeziehen.

Ausblick

Trotz der zuletzt aufgezählten Mängel ruht das Regionalisierungsmodell in Niedersachsen derzeit auf einem breiten Konsens und hat sich vor allem im Vergleich zur Arbeit der früheren Bezirksregierungen bewährt. Derzeit ist auch nicht erkennbar, dass dies zu einem kontroversen Thema für die nächste Landtagswahl werden wird. Abzuwarten bleibt, welche Konsequenzen sich aus der Erarbeitung der *Kulturentwicklungskonzeption des Landes Niedersachsen* ergeben (vgl. die Beiträge von Johanna Wanka und Jörg Siewert in diesem Jahrbuch). Noch ungewisser sind die Auswirkungen der Schuldenbremse, die ab 2020 greifen soll, aber natürlich schon in den kommenden Jahren ihre Spuren im Landeshaushalt hinterlassen wird.

Auf längere Sicht wäre es denkbar, dass ähnlich dem sächsischen Kulturraumgesetz in die Regionalisierung auch die institutionellen Förderungen des Landes integriert werden, soweit sie sich auf Kultureinrichtungen mit regionaler Reichweite beziehen, wie etwa die kommunalen Theater. Damit ließe sich das kulturpolitische Dauerproblem einer Umlandbeteiligung bei der Finanzierung solcher Häuser besser handhaben. Nicht nur in der Kulturpolitik, aber eben auch dort wird langfristig der demografische Wandel zum dominierenden Problem werden, einige niedersächsische Regionen werden heute schon als *Wolfserwartungsland* tituliert. Das niedersächsische Modell bietet hier eine gute Grundlage für regional angepasste Strategien – diese zu erarbeiten wird den Beteiligten noch einige Gedankenarbeit, Beobachtungsgabe und Fantasie abfordern.

Albrecht Graf von Kalnein

Hessen: Der Kulturfonds Frankfurt RheinMain
Kultur als Seismograph, Labor und Speicher einer Region im Wandel

»Frankfurt RheinMain« zählt, ähnlich wie »Metropole Ruhr«, zu den Begriffen, die einen Wandel markieren, ohne schon begriffliche Klarheit vermitteln zu können. Sie sind eher Gradmesser einer Bewegung als schon Zielmarke eines Weges. Es ist eine Städte-Region zwischen Mainz und Aschaffenburg, Limburg und Darmstadt, in der an die fünf Millionen Menschen wohnen. Sie weist eine außerordentliche Dichte an Hochschul- und Forschungsinstituten auf (z. B. *Gutenberg-Universität* in Mainz, *Goethe-Universität* in Frankfurt, *TU Darmstadt*, *Hochschule für Gestaltung* in Offenbach) und steht für einen Großteil des Bruttoinlandproduktes von Hessen. Dicht besiedelt verfügt sie gleichwohl mit dem Flughafen und dem Hauptbahnhof in Frankfurt über Verkehrsknoten von europäischer Bedeutung.

Seit knapp 20 Jahren erleben wir eine neue Phase der Verflechtungen dieser Metropolregion mit, in der wie so oft die Rhythmen und Dynamik von Wirtschaft, Gesellschaft und Politik divergieren. Während die Bürger wie auch die Firmenwelt an täglicher Mobilität und überörtlichem Austausch zulegen, ihre Kreise immer weiter ziehen, spiegeln die Verwaltungsstrukturen vergangene Zeiten.

Für solche Phasen des Um- und Aufbruchs gewinnen Kunst und Kultur in dreifacher Hinsicht an Bedeutung. Zunächst wirken sie wie Seismographen, indem sie feinfühlig die Aufweichungen und Verschiebungen ausmachen und sie hellsichtig für künstlerische Begegnung und Herausforderungen nutzen. Sodann dienen sie als Labore für neue Tendenzen und Mixturen. Wo hergebrachte Strukturen und Grenzen aufweichen, hat Avantgarde oft leichtes Spiel. Als kulturelle Speicher eines Gemeinwesens (nach Aleida Assmann) schließlich legen Kunst und Kultur überwachsene Modelle der Lebensgestaltung und Raumordnung wieder frei, lassen scheinbar überkommene Muster des Zusammenlebens wieder erlebbar werden.

Der 2007 errichtete *Kulturfonds Frankfurt RheinMain* steht inmitten dieser Bewegungen und wirkt zugleich an ihnen mit. Begründet auf Drängen der hessischen Landesregierung dank einer Initiative Roland Kochs, soll er auf dem Feld der Kultur zu einem Beispiel freiwilliger Kooperation verschiedenartiger Akteure im Sinne der Ausgestaltung des »Ballungsraumes« an Main und Rhein werden. Zugleich nahm der *Fonds* sich von Beginn an vor, die doppelte Kraft von Kultur für diesen Prozess zu nutzen: Die Fördertätigkeit sollte gerade auch den zeitgenössischen Künsten und deren Protagonisten gelten; kulturgeschichtlich definierte Schwerpunktthemen wiederum sollten tragende Kultur(ge)schichten schöpferisch in Erinnerung rufen, die für Verbindungen über kommunale Grenzen hinweg standen.

Vergleichend betrachtet ist der *Kulturfonds* als Mischform zwischen Kulturförderin eines Landes und interkommunalem Verbund der Metropol-Bildung neuartig. Eingeschränkt vergleichbar wären die *Ruhrtriennale*, die Landschaftsverbände beziehungsweise deren Kulturförder-Abteilungen in Nordrhein-Westfalen oder aber die »Kulturräume« des Freistaats Sachsen. Umso lohnender mag es sein, fünf Jahre nach Errichtung der *Gemeinnützigen Kulturfonds Frankfurt RheinMain GmbH* eine Zwischenbilanz zu ziehen sowie Erkenntnisse und Empfehlungen festzuhalten. Ich gebe im Folgenden eine geraffte Übersicht über die Entstehung des *Kulturfonds* und dessen Aufbau, gefolgt von Ausführungen zu ausgewählten Themen und Projekten. Abschließend versuche ich eine Zwischenbilanz zu ziehen, mit Blick auf dessen fünfjähriges Bestehen.

Gründung

Die Diskussion, wie denn der so vielfältige Kulturraum, der geografisch so erkennbar zusammenhängt, zu ordnen und zu verbinden sei, ist nicht neu. Seit den gravierenden Veränderungen im 19. Jahrhundert – das Ende des Alten Reichs 1806 mit der Mediatisierung zahlreicher Fürstentümer gerade auch der geistlichen Hand; die erzwungene Neuordnung des Raumes im Gefolge des preußisch-österreichischen Krieges 1866 – wurde immer wieder diskutiert, ob sich diese »Metropolregion« nicht politisch einen ließe. So versuchte man sich beispielsweise 1924 an einem »Rhein-Mainischen Städtekranz« zwischen Taunus und Odenwald. Zwei Generationen später, in den regulierungsfreudigen 1970er Jahren, kamen erneut ambitionierte Pläne auf, die Region nach zentralem, zweckrationalem Modell zu ordnen.

Erst in den 1990er Jahren, nach dem Ende so mancher zentralistischer Ordnungsvorstellung, erlahmte schließlich die Suche nach dem einen, umfassenden Muster für diese Region. Seither bestimmt eine andere Vorstellung die Diskussionen: die der freiwilligen, sektoralen Zusammenschlüsse. Das prominenteste Beispiel hierfür ist mittlerweile gewiss der *Rhein-Main-Verkehrsverbund* (RMV). Einen jüngeren Beleg für diese Tendenz bietet die Entwicklung des *Kulturfonds Frankfurt RheinMain*.

Seiner Errichtung im Dezember 2007 gingen politische Auseinandersetzungen im Zeichen des »Ballungsraum-Gesetzes« voraus, mit welchen Mitteln und Methoden die Balance zwischen urbanen Kulturzentren und vielteiliger Siedlungsstruktur, zugespitzt: zwischen Frankfurt und »der Region«, zu finden sei. Eines der in der Landesregierung erwogenen Instrumente war es, übergreifende Themen und Aufgaben wie Infrastruktur oder Kultur durch Zwangsverbände zu regeln. Die Debatten zwischen Regierung und Opposition, zwischen Politikern der Landes- und der kommunalen Ebenen, letztlich auch zwischen *CDU* und *SPD* drohten um 2005 zu eskalieren, als die »Mediation Kulturregion Frankfurt-Rhein-Main« 2006 schließlich den Weg wies. Gestützt auf ein von externen Fachleuten erarbeitetes Modell – Wolfgang R. Assmann, langjähriger Oberbürgermeister Bad Homburgs; Herbert Beck, langjähriger Direktor des *Städel Museums*; Joachim v. Harbou, Präsident der *IHK Frankfurt*; Staatsminister a. D. Karl Starzacher – verabredeten schließlich im Dezember 2007 die Städte Frankfurt und Darmstadt, der Hochtaunuskreis, der Main-Taunus-Kreis sowie das Land Hessen, die *Gemeinnützige Kulturfonds Frankfurt RheinMain GmbH* in Bad Homburg zu errichten. Der Ort der Gründung war bezeichnenderweise politikfern, die *Industrie- und Handelskammer Frankfurt*. Diese errungene Einigung bedeutete nicht nur eine gültige Absprache zu zusätzlicher, großzügiger Förderung von Kultur. Nach jahrelanger Grundsatzdebatte über Art und Grad der Verfasstheit des »Ballungsraumes« an Main und Rhein war dies auch ein Bekenntnis zu einem Modell freiwilliger Kooperation und pragmatischer Arbeit.

Dieser Einigung voraus ging 2005 die Gründung einer bewusst rein kommunalen Förderinstitution, der *KulturRegion Frankfurt RheinMain gGmbH*. Die über 30 städtischen Gesellschafter wirken darin insbesondere über Netzwerkarbeit und zusätzliche Öffentlichkeitsarbeit zusammen, um die verbindenden Themen und Wege der Kulturregion an Main und Rhein bekannter zu machen (»Route der Industriekultur«; »Schlösser, Burgen und Paläste« u. a.)

Die Präambel der Satzung des *Kulturfonds* benennt die Ziele, die der mühselig errichteten Institution mitgegeben wurden: »Unter Einbeziehung von Land, Kreisen, Städten und Wirtschaft soll die Bewahrung tradierter und die Entwicklung neuer Kultur ermöglicht und die Lebensqualität in der Region weiter verbessert werden.« Hinzu kam ein weiterer Gesichtspunkt, die Überzeugung, in einem internationalen »Standort-Wettbewerb« zu stehen, denn »Ein klar erkennbares kulturelles Profil macht den Kulturstandort Rhein-Main national und international stärker wahrnehmbar und verbessert die Wettbewerbschancen der Region im internationalen Vergleich.«

Die Präambel hält schließlich einen Zustand fest, der in bezeichnender Diktion an die eigenwillige Gründungsgeschichte erinnert. Zugleich formuliert sie einen wegweisenden Auftrag: »Die bereits bestehende ›KulturRegion Frankfurt RheinMain gGmbH‹ betreibt derzeit eine Förderung der regionalen und überregionalen Kultur. ... Mittelfristig sollen regionale, überregionale, nationale und international bedeutsame Kulturprojekte auch institutionell vernetzt werden.«

Die Satzung des *Kulturfonds* wurde um eine Finanzierungsvereinbarung ergänzt, die eine feste Grundlage für die hochgreifenden Ziele schuf. In ihr haben sich die kommunalen Gesellschafter verpflichtet, zwei Euro pro Bürger und Jahr bereit-

Hessen:
Der Kulturfonds
Frankfurt
RheinMain

zustellen, die wiederum durch das Land Hessen verdoppelt werden. In den ersten drei Jahren des Aufbaus (2008 bis 2010) steuerte das Land zusätzlich jeweils eine Million Euro bei. Jährlich standen somit rund fünf Millionen Euro an verfügbaren Fördermitteln für Kunst und Kultur zur Verfügung.

Dieses besondere Engagement der Kommunen wie der Landesregierung gründet auf zwei Überzeugungen: 1. der des Wertes von Kunst und Kultur für das Selbstverständnis und Profil des Landes. Was sich hierdurch bewegen lässt, hat beispielsweise das »Museumsufer« in Frankfurt über die Jahre demonstriert. Hinzu kommt 2. für das Land etwas anderes – die Überzeugung, dass die Metropolregion eine Art »Motor der gesellschaftlichen, wirtschaftlichen, sozialen und kulturellen Entwicklung« für Hessen darstellt (Gesetz über die Metropolregion). Dieser Grundüberzeugung entsprechend versteht das Land sich im *Kulturfonds* nicht als Stimmführer oder übergeordnete Instanz. Vielmehr achtet es darauf, das gemeinsame Ziel und Streben der im *Kulturfonds* vereinten Städte und Kreise zu bestärken und zu unterstützen. Es führt nicht das erste Wort, sondern steuert in kluger Zurückhaltung die *zweite Mark* bei.

Die verwickelte Gründungsgeschichte des *Kulturfonds* fand ihren guten Abschluss 2012 durch den Beitritt weiterer zwei Städte. Mit Wiesbaden und Hanau umfasst dessen Wirkungsbereich nun zentrale Teile des Rhein-Main-Gebiets.

Aufbau, Themen und Projekte

Getragen von dem schließlich erreichten Gründungskonsens der heterogenen Gesellschafter nahm die Geschäftsführung die Tätigkeit im Frühjahr 2008 auf. Es ist an ihr, innerhalb des vom Aufsichtsorgan, dem »Kulturausschuss« gesetzten Rahmen Konzepte zu entwickeln, Förderpartner zu suchen, den Aufbau der Gesellschaft voranzutreiben. Im Vergleich zu anderen »Rhein-Main-Gesellschaften« weist der *Kulturfonds* indes eine Besonderheit auf. Neben dem politisch besetzten Kulturausschuss, dessen Vorsitz in zweijährigem Wechsel alterniert (erster Vorsitzender Kulturdezernent Felix Semmelroth, nun Landrat Ulrich Krebs), richtete er ein Kuratorium ein, das zwölf namhafte Fachleute verschiedener Sparten umfasst, die durch biografische Nähe und Unbefangenheit zugleich charakterisiert sind (Vorsitz Staatsministerin a. D. Ruth Wagner, stv. Vorsitzender Klaus-Dieter Lehmann). In sorgfältiger Balance wurde sichergestellt, dass inhaltliche Entscheidungen des *Kulturfonds* im Verein der drei Organe, Geschäftsführung, Aufsichtsrat und Beirat getroffen werden.

Grundanliegen der eigentlichen Fördertätigkeit sind, a) Projekte von fachlich herausragender Qualität und überregionaler Strahlkraft zu ermöglichen oder zu unterstützen; b) Netzwerke kultureller Institutionen zusammenzuführen; c) Schwerpunktthemen, die für die Rhein-Main-Region mit Frankfurt als ihrem Zentrum konstitutiven Charakter haben, als Bezugspunkte für verbindende Projektarbeit zu benennen.

Zwei Beispiele können dies veranschaulichen: Im Frühjahr 2012 fand mit »RAY 2012« die erste Fototriennale in Frankfurt RheinMain statt. Elf Institutionen mit besonderen Beständen und entsprechender kuratorischer Kraft fanden sich nach einer Anregung des *Kulturfonds* (Gründungsgeschäftsführer Herbert Beck) zu einem Bündnis für moderne Fotografie zusammen. Ein Kuratorium von sechs Fachleuten unter dem Vorsitz von Luminita Sabau verantwortete die künstlerische Leitung; die Geschäftsführung übernahmen Albrecht Haag, Darmstadt, und Sabine Seitz, Frankfurt. Unter dem Leitmotiv »Making History« zu Bildern der Macht/Macht der Bilder steuerten folgende Einrichtungen je eigene Ausstellungen, Symposien, Publikationen bei: *Art Collection Deutsche Börse, Darmstädter Tage der Fotografie, DZ Bank Kunstsammlung, Fotografieforum Frankfurt, Stiftung Opelvillen, MMK Museum für Moderne Kunst, Stadtmuseum Hofheim am Taunus, Städel Museum*. Eigene Beiträge der einschlägigen Hochschulinstitute in Frankfurt und Offenbach kamen hinzu.

Hessen: Der Kulturfonds Frankfurt RheinMain

Somit entstand im Verbund (Netzwerk) eine auf Anhieb international beachtete Ausstellungsfolge (Strahlkraft), die ein für die Rhein-Main-Region als Schaltstelle der Moderne prägendes Genre, die zeitgenössische Fotografie, hervorhob (Schwerpunktthema).

Einer anderen Epoche und anderen Sparten gilt das Thema »Impuls Romantik«, welches der *Kulturfonds* für 2012 bis 2015 ausgerufen hat. In der Epoche um 1800, in der »Sattelzeit der Moderne« (Reinhart Koselleck) entstanden Werke von zeitloser Bedeutung – beispielsweise von den Brüdern Grimm, Felix Mendessohn, Caspar David Friedrich, Peter Joseph von Lenné. Für die Herausbildung der Romantik hatte die Handels- und Transitregion rund um Frankfurt am Main tragende Bedeutung. 1802 brachen Clemens Brentano und Achim von Arnim von Frankfurt am Main zu einer Rheinreise auf, die als Geburtsstunde der Rheinromantik gelten kann. Die zahllosen Landschaftsgärten und Parks aus jenen Jahren (beispielsweise *Wilhelmsbad* in Hanau, der *Kurpark* in Bad Homburg, *Brentanopark* in Frankfurt Rödelheim) galten schon früh jeder für sich, aber auch in ihren Wechselbezügen, als beispielhafte Gartenkunst. Bot dieses kulturelle Erbe nicht einen guten Ausgangspunkt, kulturgeschichtliche Gemeinsamkeiten einer polyzentrischen Region aufzuzeigen? Der *Kulturfonds* richtete 2011 das Schwerpunktthema »Impuls Romantik« ein, das in vier Sparten – Literatur, Bildende Kunst, Musik, Gärten und Parks – Fördermittel für Projekte mit besonderer Strahlkraft bereitstellt. Dies hat bislang zu Vorhaben geführt wie »Hänsel und Gretel im Bilderwald. Illustrationen romantischer Märchen aus 200 Jahren« (*Freies Deutsches Hochstift*), »Auf den Spuren der Romantik«(*Alte Oper Frankfurt*), »Schwarze Romantik. Von Goya bis Max Ernst« (*Städel Museum*), der »Via Brentano. Route der Romantik« oder der Fachtagung »Rheinromantik – Mainromantik« über Landschaftsgärten an Rhein und Main (*Verwaltung der Hessischen Schlösser und Gärten* sowie *Hessisches Landesmuseum Wiesbaden*).

Die 2011 eingerichtete »Via Brentano« dient im Übrigen auch einem zweiten Ziel. Sie ist das erste Projekt einer Folge von »Kultur-Kooperationen« mit der *KulturRegion* (s. o.). Beide Einrichtungen zeigen damit bewusst pragmatisch auf, wie sich das Ziel der freiwilligen Zusammenarbeit zugunsten der Ausformung der Metropolregion im Feld der Kultur erreichen lässt.

An beidem zeigt sich: Der *Kulturfonds* ist bestrebt, zunächst inhaltlich anzuregen und übergreifende Themen zu benennen; in der Hoffnung auf eigenständige Vorhaben und Projekte von Kultureinrichtungen aus Frankfurt RheinMain, die auf fester wissenschaftlicher Basis das Potenzial zu überregionaler Strahlkraft aufweisen. Mit seinen Förderungen soll eben dies entwickelt, aber auch ein Netzwerk an thematisch begründeter Kulturkooperation geknüpft werden. Dies kann im Ergebnis dreierlei bewirken: herausragende Projekte aus Kunst und Kultur auf dem Gesellschaftergebiet des *Fonds* fördern; die entsprechenden Einrichtungen über kommunale Grenzen hinweg kooperieren zu lassen; Kultur(ge)schichten aufzeigen und freilegen, die für Verbindungen und Gemeinsamkeiten des vielteiligen Kulturraums von Frankfurt und Region stehen.

Einordnung, Zwischenbilanz

Der *Kulturfonds* hat in den ersten vier Jahren seiner Tätigkeit über 21 Millionen Euro an Förderungen für Projekte mit Leuchtturmcharakter in Frankfurt, Darmstadt, Wiesbaden, dem Main-Taunus-Kreis sowie dem Hochtaunuskreis bewilligen können. Jährlich stehen über vier Millionen Euro an Fördermitteln für besondere Projekte im Kulturbereich bereit (Musik, Tanz, Theater, Literatur, Bildende Kunst, Fotografie), im Regelfall vermehrt um Zuwendungen Dritter (Stiftungen insbesondere). Damit steht der *Kulturfonds* in der Riege von Landesförderern wie der *Stiftung Niedersachsen*, der *Kulturstiftung Sachsen* oder der *Kulturstiftung Rheinland-Pfalz*.

In seinem kulturpolitischen Selbstverständnis möchte er, der »Ruhrtriennale« vergleichbar, über Kunst und Kultur zur engeren Verbindung eines vielteiligen, historisch gesehen eher zerklüfteten, Städte-Raums beitragen. Anders als bei mancher Landes-Stiftung zur Kulturförderung (Sachsen, Niedersachen) firmiert der *Fonds* noch zurückhaltend als gGmbH, ein Bündnis für übergreifende Kulturarbeit zugunsten der Herausbildung einer Metropolregion. In der Präambel der Satzung ist freilich ein Entwicklungsziel benannt, an dem den Gründern lag: »Mittelfristiges Ziel ist die Überführung der *Gemeinnützigen Kulturfonds Frankfurt RheinMain* in eine Stiftung«.

Der im Dezember 2007 juristisch errichtete *Kulturfonds* nutzt den anstehenden fünften Jahrestag zu einer Zwischenbilanz. Hierfür stützt er sich pragmatisch bedingt auf Auswertungen der Projektpartner, eigene Erhebungen (wie den »Kulturbarometer«) und Einschätzungen externer Fachleute. Ohne wissenschaftlichen Anspruch lässt sich herausfiltern: Dieses Bündnis für besondere Kulturförderung zugunsten der Lebensqualität und Attraktivität des Großraums Frankfurt Rhein-Main hat Art und Grad der Zusammenarbeit zwischen namhaften Kultureinrichtungen an Main und Rhein substanziell gesteigert; durch Förderprojekte wie »RAY 2012« sowie den »Impuls Romantik« (oder auch »Tanzplan 21« oder das Festival für zeitgenössische Musik »cresc«) hat der *Fonds* das Ansehen dieser Metropolregion als Kulturstandort gemehrt; mit solchen thematischen Impulsen und Verbundthemen scheint es zu gelingen, in der Bevölkerung ein kulturgeschichtlich begründetes Selbstverständnis als zusammenhängender Kulturraum zu stärken. Beim »Kulturbarometer«, einer Umfrage im Auftrag des *Kulturfonds* vom Mai 2012, antworteten auf die Frage, welchen Stellenwert Kunst und Kultur für die Rhein-Main-Region mittlerweile haben, 52 Prozent klar positiv.

Gleichwohl bleibt es ein Experiment, über gehegte Grenzen hinweg eine Metropolregion mit genügend starkem Gemeinschaftsgefühl heranzubilden. Wie weit führt der Weg bewusst freiwilliger Vergemeinschaftung von Teilbereichen des öffentlichen Lebens? Nach einem Diktum von Theodor Heuss lässt sich mit Politik keine Kultur machen, mit Kultur dagegen vielleicht Politik. In einem politisch gesetzten Rahmen mag der *Fonds* über fundierte, großzügige Förderung von Kultur zur Herausbildung eines Gemeinschaftsgefühls der Metropolregion Frankfurt RheinMain beitragen. Auch kann es gelingen, ein Erfolgsmodell interkommunaler Kooperation auf freiwilliger, privatrechtlicher Basis zu entwickeln.

Doch von selbst geschieht das nicht; noch ist einiges zu tun. Einige Desiderate gilt es in der nächsten Phase des *Kulturfonds* zu beheben. Dies umfasst, wie zu erwarten bei einer noch jungen Einrichtung, Fragen der Austarierung des Wechselspiels zwischen den Organen des *Fonds*: Kulturausschuss – Kuratorium – Geschäftsführung. Es meint, zweitens, die Frage nach Art und Grad der Rückbindung an die Politik im engern Sinne. Jede über die Herkunft der Mittel de facto öffentlich-rechtliche Institution ist letztlich ein Akteur des politischen Lebens. Zugleich legt der Blick auf vergleichbare Fördereinrichtungen (s. o.) nahe, für deren nachhaltigen Erfolg und die fachliche Qualität ihrer Arbeit auf ein genügendes Maß an Autonomie des Handelns zu achten. Den Rahmen und die Ressourcen zu gewähren und zu kontrollieren, obliegt den Verantwortlichen der verfassten Politik. Die Verantwortlichkeit der sachlichen Arbeit, der Qualitätssicherung, der Umsetzung der Fördertätigkeit liegt bei den bewährten Förderinstituten auf Seiten der Fachkräfte. Ein weiteres Entwicklungsziel schließlich, das gerade für diesen *Fonds* besondere Bedeutung hat, ist es, Akteure des wirtschaftlichen Lebens an Main und Rhein zu eigenen Beiträgen für die Kulturförderung zugunsten der Region Frankfurt RheinMain zu gewinnen.

Hessen:
Der Kulturfonds
Frankfurt
RheinMain

Literatur

Gesetz über die Metropolregion Frankfurt/Rhein-Main vom 1. April 2011, siehe unter: www.region-frankfurt.de/Regionalverband/%C3%9Cberuns/Metropolgesetz (letzter Zugriff: 5.11.2012)

Gemeinnützige Hertie-Stiftung (Hrsg.): *Hertie-Studie FrankfurtRheinMain*, Frankfurt: Societätsverlag 2010

Kulturbarometer Frankfurt RheinMain. Umfrage des Instituts für Markt- und Politikforschung *dimap*, Bonn, im Auftrag des *Kulturfonds Frankfurt RheinMain*, Mai 2012

STEPHAN DORGERLOH, MANUELA LÜCK

Kulturkonvent Sachsen-Anhalt
Öffentlicher Diskurs für eine Kulturpolitik bis 2025

Das unbekannte Land – Neu(er)findung nach 1990

Bindestrichland oder geschichtsloses Land waren leicht despektierliche Bezeichnungen und kenntnisarme Bemerkungen, wenn in den frühen neunziger Jahren von Sachsen-Anhalt die Rede war. Diese Stimmen sind inzwischen sehr leise geworden, wenn nicht gar verstummt. Im oft unbekannten und häufig verkannten Land zwischen Elbe, Harz und Saale tat man sich nach 1990 schwerer als etwa in Sachsen oder Thüringen, eine eigene und einigende Landesidentität zu finden. Heute, nach Jahren des Transformationsprozesses, dem Zusammenbruch der Stahlindustrie und der Wiederauferstehung einer modernen Chemieindustrie findet das Bindestrichland seinen Frieden mit der Lage zwischen den kulturellen Scheidelinien von Preußen, Anhalt, Thüringen und Brandenburg. Es nimmt sein vielgestaltiges und mitunter disparates industrielles und kulturelles Erbe an, zu dem auch die inzwischen umgeformten landschaftlichen Hinterlassenschaften (Holtmann u. a. 2010) und schwierigen postindustriellen Landschaftsbilder gehören.[1] Das kulturelle Erbe indes ist reich, sehr reich und die Bezeichnung »Kernland der deutschen Geschichte« entspringt keiner überhöhten Selbstdarstellung, sondern ist Ausdruck einer dichten, marksteinsetzenden Kulturlandschaft. Das Durchschreiten der europäischen Geistes- und Kulturgeschichte beginnt in der Zeit der frühen Besiedlungen, wovon die *Himmelsscheibe von Nebra* kündet, über die Epoche der Ottonen und dem Heiligen Römischen Reich, die Zeit der Reformation und den weltverändernden Ideen des Martin Luther und seiner Mitstreiter, den Impulsen

---

[1] Erinnert sei hier beispielsweise an die von Hugo-Junkers (1859–1935) gegründeten Fabriken in Dessau, die großen Stahlwerke in Magdeburg (*SKET*), den Braunkohletagebau und die Chemieindustrie um Bitterfeld-Wolfen. Bitterfeld ist eine jener Industrieregionen, die erfolgreich den Wandel von einem der dreckigsten Flecken der Erde zu einer Seen- und Kulturlandschaft (Beispiel »Ferropolis« und »Melt! Festival«) geschafft haben. Siehe auch Monika Maron (1981 und 2009), wo der Wandel auch literarisch nachgezeichnet ist.

Stephan Dorgerloh, Manuela Lück

der Aufklärung bis in die Moderne mit dem Bauhaus und der prägenden Industriegeschichte. Mit vier *UNESCO*-Welterbestätten[2] verzeichnet Sachsen-Anhalt die höchste Anzahl in der Bundesrepublik und weitere stehen auf der Tentativliste beziehungsweise befinden sich im Antragsverfahren.[3] Daneben gibt es zahlreiche Burgen, Schlösser und Denkmale von hohem kunstgeschichtlichem Wert, eine Musikgeschichte die mit Schütz, Bach, Telemann, Händel, Weill und anderen einzigartig in Europa ist. Dazu kommt eine lebendige zeitgenössische Kulturszene und eine sich dynamisch entwickelnde Kulturwirtschaft, nicht nur im Umfeld der Burg Giebichenstein, sowie traditionsreiche Theater, Orchester, Museen, Bibliotheken und Stiftungen zwischen Magdeburg, Halle, Dessau, Tangermünde und Jerichow.

Herausforderungen und Rahmenbedingungen

Dieses an kulturellem Erbe so reiche Land leidet wie kein zweites in Ostdeutschland unter einem extrem beschleunigten demografischen Wandel. Seit 1990 hat Sachsen-Anhalt knapp 19 Prozent seiner Einwohner durch Abwanderung verloren und schenkt man den Prognosen der Statistiker Glauben, werden bis ins Jahr 2025 durch das demografische Echo weitere 18,6 Prozent hinzukommen. Die Gesamtbevölkerung wird dann unter die Zwei-Millionen-Marke sinken und den höchsten Anteil der über 65-Jährigen in ganz Europa aufweisen (Landesportal Sachsen-Anhalt 2012). Der ländliche Raum, unter anderem die Landkreise Mansfeld-Südharz, Wittenberg und Salzlandkeis und die Stadt Dessau-Roßlau, sind mit einem durchschnittlichen Rückgang von 20 bis 27 Prozent von dieser Entwicklung ungleich stärker betroffen als die beiden Oberzentren Halle und Magdeburg, wo sich der Trend in den nächsten Jahren verlangsamt (Interministerieller Arbeitskreis 2011, Statistisches Landesamt 2011). Der demografische Wandel kann, neben der zwangsläufigen Schrumpfung und dem einhergehenden infrastrukturellen Rückbau, Räume für Neues und Experimentelles schaffen. Die *IBA Stadtumbau 2010* hat dies in Städten wie Aschersleben, Dessau, Halberstadt und Köthen, unter anderem mit künstlerischen und ästhetischen Interventionen aufgezeigt.[4] Zu den demografischen Herausforderungen tritt ein sich verengender finanzieller Handlungsspielraum, denn mit dem Auslaufen des Solidarpaktes II, dem Verlust des Status als Ziel-1-Region und von EU-Förderungen, der vereinbarten »Schuldenbremse« und dem zu erwartenden Rückgang von Steuereinnahmen durch den demografischen Wandel, werden ab 2019 deutlich weniger Finanzmittel für alle Bereiche zur Verfügung stehen. Der Kulturetat des Landes unterliegt bereits jetzt deutlichen Absenkungen und wird für das Jahr 2013 voraussichtlich knapp 84 Millio-

---

2   Dies sind die *Stiftung Luthergedenkstätten* in Wittenberg und Eisleben, die *Stiftung Bauhaus* in Dessau, das *Dessau-Wörlitzer Gartenreich*, die *Stiftskirche sowie Schloss und Altstadt von Quedlinburg*.
3   Die *Franckeschen Stiftungen zu Halle*, der *Naumburger Dom* und die hochmittelalterliche Herrschaftslandschaft an Saale und Unstrut stehen auf der Tentativliste als *UNESCO*-Weltkulturerbe.
4   Vgl. Ministerium für Landesentwicklung und Verkehr des Landes Sachsen-Anhalt (Hrsg.) (2010). Beispiel »DRIVE THRU gallery« in Aschersleben.

nen Euro (2012: 90 Millionen Euro) betragen. Die Höhe der Vorbindungen durch Rechtsverpflichtungen liegt bei 94 Prozent und der größte Teil des Kulturetats wird durch die Theater- und Orchesterlandschaft sowie die zahlreichen öffentlich-rechtlichen Stiftungen beansprucht. Im bundesweiten Vergleich liegt Sachsen-Anhalt bei den Kulturausgaben nach Sachsen und Thüringen an dritter Stelle. (Statistische Ämter des Bundes und der Länder 2010)

Der Kulturkonvent Sachsen-Anhalt – Neue Wege übers Land

Wie kann Kulturpolitik angesichts dieser ernüchternden Zukunftsprognosen ihre Handlungsfähigkeit erhalten beziehungsweise wiedererlangen und langfristige Strategien des Agierens und Gestaltens entwickeln? Können im beschleunigten demografischen Wandel und unter den sich verengenden finanziellen Rahmenbedingungen die kulturelle Infrastruktur, der Erhalt des kulturellen Erbes und eine sich verändernde Nutzerstruktur vereint werden? In welchen Bereichen müssen strukturelle Anpassungen vorgenommen werden und wie entwickeln sich die Kultureinrichtungen weiter? Welche Kultur kann sich Sachsen-Anhalt in Zukunft noch leisten und was muss sie leisten, um dem Anspruch der kulturellen Daseinsvorsorge gerecht zu werden?

Unter diesen Prämissen wurde im Sommer 2011 vom neu gewählten Landtag einstimmig auf Vorschlag des Kultusministers der Beschluss für die Einrichtung eines Kulturkonvents beschlossen. In einem breiten zivilgesellschaftlichen und unabhängigen Forum werden innerhalb eines Jahres Empfehlungen für die Kulturentwicklung und Kulturförderung für Sachsen-Anhalt erarbeitet. Die Empfehlungen, die zum Jahreswechsel 2012/13 vorliegen werden, sind Grundlage für ein zu erstellendes Landeskulturkonzept mit der Perspektive bis 2025.[5] Dem Kulturkonvent gehören 36 Mitglieder aus (fast) allen gesellschaftlichen Bereichen an; Landtagsfraktionen (*CDU, SPD, Die Linke, Bündnis 90/Die Grünen*), Ministerien (Finanzen, Kultus, Inneres und Sport, die nicht stimmberechtigt teilnehmen), *Städte- und Gemeindebund, Landkreistag, Katholische* und *Evangelische Kirche, Hochschulrektorenkonferenz, Landesseniorenverband, Landesschülerrat, Landestourismusverband, IHK/ HWK, Arbeitgeber- und Wirtschaftsverbände* sowie aus dem Kulturbereich jeweils gleichberechtigt: *Landesmusikrat, Landesdenkmalrat, Deutscher Bühnenverein, Museumsverband, Bibliotheksverband, Landesheimatbund, Literaturrat, Landesvereinigung kulturelle Kinder- und Jugendbildung, Landesverband Soziokultur, Verband der Bildenden Künstler, Arbeitsgemeinschaft Deutscher Kunstvereine, Landesverband Spiel und Theater, Landesverband der Musikschulen, Stiftung Dome und Schlösser, UNESCO-Welterbestätten*, der *Kultursenat*[6] und die Gewerkschaft *ver.di*. Der Kulturkonvent, dessen Mitglieder ehrenamtlich

Kulturkonvent Sachsen-Anhalt

---

5   Die letzten konzeptionellen Überlegungen stammen aus dem Jahr 2004. (Leitlinien zur Kulturpolitik des Landes Sachsen-Anhalt)
6   Der Kultursenat wurde im Jahr 2005 einberufen, um als Gremium die Landesregierung in kulturpolitischen Fragen zu beraten. Im Oktober 2012 wurde der Kultursenat mit Beschluss des Landtags von Sachsen-Anhalt aufgelöst.

arbeiten, nahm im Oktober 2011 seine Arbeit auf und wird von Olaf Zimmermann, Geschäftsführer des *Deutschen Kulturrats*, moderiert. Über einen Blog und Facebook-Auftritt wird die Öffentlichkeit regelmäßig über Termine, Themen und den Diskussionsstand informiert, sind Protokolle abrufbar und wird der inhaltliche Austausch gesucht.[7] In vier Arbeitsgruppen[8], die mehrmals monatlich tagen, werden einzelne Fragestellungen und Themen intensiv diskutiert und die Empfehlungen für die Abstimmung im Konvent, der öffentlich tagt, vorbereitet. Zunächst stand, um einen Überblick über die kulturelle Infrastruktur und die Stärken und Schwächen der einzelnen Sparten und Bereiche zu gewinnen, die gemeinschaftliche und konsensuale Erstellung einer Bestandsaufnahme an, die im Sommer abgeschlossen werden konnte und die Arbeitsgrundlage der zweiten Jahreshälfte bildet. Die kommenden Monate bis zur Übergabe der Empfehlungen an den Landtag werden von intensiven Diskussionen und sicher manch einer kontroversen Auseinandersetzung über die zukünftige konzeptionelle, strukturelle und finanzielle (Aus-)Gestaltung der Kulturlandschaft geprägt sein und gestaltbare Wege aufzeigen müssen.

Tendenzen

Die Empfehlungen des Kulturkonvents werden erst zum Jahreswechsel 2012/13 vorliegen und ihnen kann und soll an dieser Stelle nicht vorgegriffen werden. Einige Tendenzen lassen sich aber beschreiben. Die Kulturlandschaft Sachsen-Anhalts unter dem demografischen Wandel zu bewahren und weiterzuentwickeln, heißt, das kulturelle Erbe und die Herausforderungen der skizzierten Rahmenbedingungen miteinander zu verbinden. Kulturelle Bildung in all ihren Formen und für alle Altersgruppen wird, neben Fragen der Mobilität im Flächenland, der Stärkung des bürgerschaftlichen Engagements und verstärkten Formen des Austausches, der Vernetzung (u.a. thematisch) und der (verpflichtenden) Kooperationen sowohl zwischen der freien Szene, der Kulturwirtschaft und den Kultureinrichtungen, einen Hauptaspekt bilden. Strukturelle und inhaltliche Veränderungen, unter anderem auf der Angebots- und Rezeptionsebene, werden in einigen Bereichen und Kultureinrichtungen unumgänglich, aber abhängig von der noch zu setzenden Entscheidung zur Schwerpunktsetzung sein. Es muss Ziel sein, den Kulturetat signifikant zu erhöhen und weitere Kürzungen zu vermeiden. In den Arbeitsgruppen wurden Modelle der Erhöhung beziehungsweise Stabilisierung der finanziellen Ressourcen diskutiert, vorstellbar sind, eine Zweckbindung für Kultur im Finanzausgleichsgesetz, die Einführung von Kulturförderabgaben auf kommunaler Ebene und die Schaffung eines Innovationsfonds für neue Kooperationen und Vernetzungen, herausragenden Projekten sowie eine stärkere Bundesförderung der *UNESCO*-Welt-

---

7   Homepage: www.sachsen-anhalt.de/index.php?id=kulturkonvent, Blog: kulturkonvent.wordpress.com, facebook/kulturkonvent Sachsen-Anhalt (letzter Zugriff: 9.10.2012).
8   Die Arbeitsgruppen teilen sich auf in: »Neubestimmung der grundlegenden Ziele der Landeskulturpolitik«, »Probleme und Zielkonflikte bei der Landeskulturpolitik«, »Kulturpolitik im übergreifenden Zusammenhang«, »Struktur der Finanzierung der Kulturarbeit/Mittel und Wege zu Erreichung der kulturpolitischen Ziele«.

erbestätten. Die nächsten Jahre mit ihren anstehenden Jubiläen, unter anderem Luther 2017 und Bauhaus 2019, bieten erhebliches nationales und internationales kulturtouristisches Potenzial für die Herausarbeitung der kulturellen Stärken im Land und sollten auch als Chance für eine integrative Landesidentität wahrgenommen werden. Wenn es dem Konvent gelingt, den gordischen Knoten zwischen Sparteninteressen und der gesamten Kulturentwicklung mutig zu durchschlagen und trag- und zukunftsfähige Empfehlungen für Sachsen-Anhalt vorzulegen, könnte diese Form des kommunikativ offenen, beratenden und gestaltenden Gremiums Vorbildcharakter entwickeln.

Literatur

Bildungskonvent für das Land Sachsen-Anhalt (2010): *Abschlussdokumentation mit den bildungspolitischen Empfehlungen für das Land Sachsen-Anhalt*, Magdeburg

Holtmann, Everhard/Jaeck, Tobias/Völkl, Kerstin (2010): *Sachsen-Anhalt-Monitor 2010. Sachsen-Anhalt – Land mit Eigenschaften. Das Land Sachsen-Anhalt in der Wahrnehmung seiner Bewohner*, Halle: Institut für Politikwissenschaft und Japanologie der Martin-Luther-Universität Halle-Wittenberg (im Auftrag der Landeszentrale für politische Bildung Sachsen-Anhalt)

Interministerieller Arbeitskreis Raumordnung, Landesentwicklung und Finanzen unter Federführung des Ministeriums für Landesentwicklung und Verkehr des Landes Sachsen-Anhalt (2011): *Handlungskonzept »Nachhaltige Bevölkerungspolitik in Sachsen-Anhalt«*, siehe unter: www.sachsen-anhalt.de/index.php?id=55020 (letzter Zugriff: 9.10.2012)

Landesportal Sachsen-Anhalt (2012): *Demografie auf einen Blick*, siehe unter: www.sachsen-anhalt.de/ index.php?id=23023 (letzter Zugriff: 9.10.2012)

Leitlinien zur Kulturpolitik des Landes Sachsen-Anhalt (2004), siehe unter: www.sachsen-anhalt.de/ fileadmin/Files/Landeskulturkonzept_ Sachsen-Anhalt.pdf (letzter Zugriff: 9.10.2012)

Maron, Monika (1981): *Flugasche*, Frankfurt am Main: Fischer

Maron, Monika (2009): *Bitterfelder Bogen. Ein Bericht*, Frankfurt am Main: Fischer

Ministerium für Landesentwicklung und Verkehr des Landes Sachsen-Anhalt (Hrsg.) (2010): *Weniger ist Zukunft. 19 Städte – 19 Themen*, Berlin: Jovis (Katalog zur gleichnamigen Ausstellung in der Stiftung Bauhaus)

Statistische Ämter des Bundes und der Länder (Hrsg.) (2010): *Kulturfinanzbericht 2010*, Wiesbaden: Statistisches Bundesamt, siehe unter: https://www-ec.destatis.de/csp/shop/sfg/ bpm.html.cms.cBroker.cls?cmspath=struktur,vollanzeige.csp&ID=1026567 (letzter Zugriff: 9.10.2012)

Statistisches Landesamt Sachsen-Anhalt, Berechnungen des Ministeriums für Landesentwicklung und Verkehr Sachsen-Anhalt (2011): *5. Regionalisierte Bevölkerungsprognose Sachsen-Anhalt im Vergleich zur tatsächlichen Entwicklung (Abweichungen)*, siehe unter: www.sachsen-anhalt.de/index.php?id=55020 (letzter Zugriff: 9.10.2012)

ACHIM KÖNNEKE

»Kultur 2020 – Kunstpolitik für Baden-Württemberg«

Ein kritisches Zwischenfazit der bisherigen Umsetzung

Nach 58 Jahren Regierungsverantwortung wurde die CDU-Regierung Baden-Württembergs im Frühjahr 2011 durch eine grün-rote Koalition abgelöst. Im Sommer des Vorjahres wurde noch eine Kulturkonzeption »Kultur 2020 – Kunstpolitik für Baden-Württemberg« (Ministerium für Wissenschaft, Forschung und Kunst (MWK) 2010a) vorgelegt. Im Folgenden werden insbesondere die spezifische Beirats-Kultur der alten Landesregierung sowie die bisherigen Maßnahmen zur Stärkung der »Kultur 2020«-Schwerpunkte Kulturelle Bildung und Interkulturelle Kulturarbeit betrachtet. Deutlich wird dabei, dass diese Kulturkonzeption schon mehr mutloser Abgesang der CDU-Regierung denn perspektivenreiche Zieldefinition war und dass die bisherigen Umsetzungsschritte der neuen Regierung noch nicht überzeugen können.

Die Mutter aller Konzeptionen

Sie gilt als die Mutter aller Landes-Kulturberichte und Landes-Kulturkonzeptionen: die legendäre »Kunstkonzeption des Landes Baden-Württemberg« von 1989 (Staatsministerium Baden-Württemberg 1990). An ihr muss sich die aktuelle Fortschreibung messen lassen. Ein Blick zurück: Baden-Württemberg hatte sich damals vom einstigen Nehmerland im Länderfinanzausgleich wirtschaftlich längst zum *Muster-Ländle* entwickelt. Die *goldenen Achtziger* steigerten die Potenz zum Drehen großer Räder. Ministerpräsident Lothar Späth hielt sich ab 1988 einen *Landes-Kunstkoordinator*. Hannes Rettich, Leiter der Kunstabteilung in der Staatskanzlei, durfte erstmals das gesamte Spektrum kultureller und kulturpolitischer Aktivitäten und Zuständigkeiten eines Bundeslandes reflektierend aufarbeiten. Und noch heute klingt vieles von dem, was Rettich in den Vorbemerkungen über Kunst und

Politik, Kunst und Wirtschaft, Sponsoring und über die vier zentralen Prinzipien der Kulturförderung: Liberalität, Pluralität, Subsidiarität und Dezentralität differenziert ausgeführt hat, aktuell und überzeugend. Durchgehend gibt es zu jeder Sparte und jedem Handlungsfeld einen Perspektiventeil: immer konkret und stets politische Ziele sowie ihre Konsequenzen deutlich aufzeigend.

Bedeutend wurde die Kunstkonzeption auch, weil sie weitreichende kulturpolitische Visionen zur Diskussion stellte, die dann auch umgesetzt wurden: etwa das *Zentrum für Kunst und Medientechnologie ZKM* und die *Hochschule für Gestaltung HfG* in Karlsruhe, die *Akademie Schloss Solitude* und die *Theaterakademie Stuttgart*, die *Filmakademie* und das *Institut für Kulturmanagement* in Ludwigsburg und vieles mehr. Baden-Württemberg wollte Zukunft gestalten, mutig und innovativ. Auch die Idee zur Einrichtung der *Popakademie Mannheim*, in der Kunstkonzeption noch nicht skizziert, stammt aus dieser Zeit unbedingten Gestaltungsanspruchs.

Besitzstandswahrung als Vision

Heute tickt Politik, funktioniert strategische Kulturplanung anders. Als Ergebnis eines langen Prozesses ist »Kultur 2020« eine breit angelegte Darstellung aller kulturpolitischen Handlungsfelder des Landes und so eher ein voll und ganz überzeugender »Kulturbericht 2009/2010«. Viel mehr aber nicht. Im Gegensatz zur Konzeption von 1989 bringt »Kultur 2020« keine wesentlichen inhaltlichen oder strukturellen Impulse. Unsystematisch und oft in Nebensätzen versteckt, wird die Leistungsbilanz hier und da mit allerlei unverbindlichen und ungefähren Perspektiven oder Ausblicken des unter Umständen künftig Denkbaren ergänzt. Besitzstandswahrung erscheint als visionär genug. »Wenn man wie 1989 direkt dem Ministerpräsidenten zuarbeitet und viel Geld zur Hand nehmen kann, kann man leicht Visionen entwickeln« zitiert die *Stuttgarter Zeitung* aus der Landtagsanhörung Jean-Baptiste Joly, den Leiter der *Akademie Schloss Solitude* und lässt Petra von Olschowski, damals Leiterin der *Kunststiftung Baden-Württemberg* ergänzen: »Jetzt aber ... sind wir weniger in einer Phase der Neugründungen, sondern der Sicherung und des Ausbaus.« (Schleider 2010)

Sicher ist: Jede Zeit hat ihre Akteure und die »Späth-Gründerzeit« ist Geschichte. Und selbstverständlich sind Sicherung und Ausbau des Erreichten ehrenwerte Motive nachhaltiger Politik. Doch beim Lesen wird vor allem deutlich: »Kultur 2020« soll weder anstoßen noch auslösen. Dies immerhin wurde erreicht. Die neue Kunstkonzeption wurde im Sommer 2010 mit großem Konsens im Landtag beraten, vom Ministerrat an-, allerdings ansonsten nicht weiter wahrgenommen. Sind Dialog und Konsens bereits Politikersatz?

»Die Zauberworte, mit denen die Kulturpolitiker trotz knapper Kassen den erreichten Besitz bewahren und wenigstens vorsichtig ausbauen wollen, lauteten: Kulturelle Bildung und Integration mittels Kultur.« (Ebd.) Nur leider kommt die neue Kulturkonzeption selbst in diesen erklärten Schwerpunkten über eine brave Aufarbeitung des anderswo seit Jahren bereits die Praxis bestimmenden Diskurses nicht hinaus. (Könneke 2010b) Die kulturellen Handlungsfelder werden künftig, so der damalige Kunst-Staatssekretär Birk (*CDU*) bei der Vorstellung von »Kultur 2020«, vom technischen Fortschritt, dem demografischen Wandel, zunehmender Medialisierung und geändertem Freizeitverhalten bestimmt. Dies hatte Rettich 20 Jahre vorher im Kern nicht anders beschrieben. Entscheidend sind aber die Konsequenzen. Hatte Rettich zwar noch keine Querschnittsthemen Kulturelle Bildung und Interkulturarbeit ausgerufen, so doch immerhin konkret für den flächendeckenden Ausbau der Theater- und Museumspädagogik argumentiert. Birk sieht die Politik nun – nach fünf Jahren Expertendiskurs – erschreckend unkonkret in der Pflicht, »mit den Begriffen Professionalisierung, Profilschärfung, Vernetzung und besonderen Angeboten (zu) antworten.« (MWK 2010b)

»Kultur 2020 – Kunstpolitik für Baden-Württemberg«

Beirats-Kultur

Ein Blick auf die Beirats-Kultur vor, während und nach »Kultur 2020« lässt die Verfasstheit heutiger kulturpolitischer Gestaltungsansprüche – und vielleicht auch der realen Möglichkeiten – nachvollziehen. 15 Jahre nach der Kunstkonzeption von 1989 beantragte die *GRÜNE*-Landtagsfraktion im Jahr 2004 eine Fortschreibung derselben. (Landtag Baden-Württemberg 2004) Ministerpräsident Günther H. Oettinger lud im November 2005 zum ersten Kunstkongress »Haupt Sache Kunst« und versprach einen kontinuierlichen Diskurs. Im März 2006 berief der Ministerrat dann für drei Jahre einen Landes-Kunstbeirat und erteilte diesem folgende Aufträge: »Bewertung der bestehenden Kunst- und Kulturförderung, Beratung der Landesregierung bei der Gestaltung der Kunst- und Kulturförderung bei einer Fortschreibung des Etats auf gleicher Höhe, Unterstützung beim Finden von Spielräumen für neue Förderungen.« (MWK 2009a: 6) Ein zweiter »Haupt Sache Kunst«-Kongress fand im Frühjahr 2009 statt (MWK 2009b). Nach dreijähriger Arbeit legte der Kunstbeirat dann dem Ministerpräsidenten im Herbst 2009 seinen Abschlussbericht vor (MWK 2009a).

In der Konsequenz geschah dann – nichts. Die unter Vorsitz von Prof. Ernst Ehlitz von 17 hochkarätigen Expertinnen und Experten erarbeiteten Empfehlungen wurden politisch im Grunde ignoriert. Zwar gab es noch den obligatorischen Pressetermin, eine gezielte politische Auswertung der zahlreichen und teils sehr konkreten Empfehlungen aber fand, wenn überhaupt, nur sehr intern statt. Stattdessen wurde der Beiratsbericht ohne jegliche Prioritätensetzung pauschal weitergereicht. Denn unter aufgeteilter Federführung von sieben (!) Ministerien sollten nun unter – grundsätzlich lobenswerter – Einbindung von allerlei Verbänden, Kommunen, Hochschulen und Einrichtungen etwa 20 Gremien und AGs die Kunstkonzeption 1989 fortschreiben und »Kultur 2020« erarbeiten (Könneke 2010a).

Der Landeskunstbeirat aber hatte eigentlich viel Weiterreichenderes empfohlen. Er hatte eine »strategische Kulturentwicklungsplanung« angeregt, die sich in Form und Ansprüchen an den Empfehlungen der Bundes-Enquete »Kultur in Deutschland« orientieren sollte. Als notwendig wurde von der Enquete eine nachhaltige Planung angemahnt, in der systematisch »kulturpolitische Ziele formuliert, Prioritäten gesetzt, unterfinanzierte Felder aufgezeigt und ein mögliches Überangebot identifiziert werden« (MWK 2009a: 54). All dieses wagt »Kultur 2020« nicht einmal im Ansatz.

Aufgrund auch seiner eigenen Erfahrungen wollte der Landeskunstbeirat die künftige strategische Kulturentwicklungsplanung auch nicht von einem Ministerium – und schon gar nicht von sieben – koordiniert wissen. Neben einer radikalen Konzentration der breit aufgeteilten Kulturzuständigkeiten sollte nach Vorbild des Sächsischen Kultursenats, also auf gesetzlicher Basis und weitgehend unabhängig, ein ständiger Landes-Kunstbeirat etabliert werden, der die baden-württembergische Kulturpolitik künftig kritisch begleiten sollte. Solch ein strukturell verankerter Kunstbeirat, zusammengesetzt aus Fachleuten und Persönlichkeiten der zivilgesellschaftlichen, privatwirtschaftlichen und öffentlichen Bereiche der Kultur, hätte ein deutliches Signal der ernsthaften Weiterentwicklung der Bürgergesellschaft setzen und den Mut zu neuen *Governance*-Strukturen unterstreichen können. Dass die alte Landesregierung diesen Schritt nicht gewagt hat, verwundert nicht. Der neuen Landesregierung aber böte sich hier durchaus immer noch ein Feld, das zu bestellen wäre.

Auf Zeit spielen

Die grün-rote Landesregierung wird vorerst zumindest nicht müde, zu erklären, dass auch sie gewillt sei, »Kultur 2020« umzusetzen. Wie also ist zwei Jahre nach Beschluss von »Kultur 2020« und einundhalb Jahren Grün-Rot der Stand der Umsetzung? Ebenso wie der Landeskunstbeirat erklären auch »Kultur 2020« und in der Folge auch der grün-rote Koalitionsvertrag (Bündnis 90/Die Grünen und SPD Baden-Württemberg 2011: 79) die Kulturelle Bildung und die Interkulturelle Kulturarbeit zu Schwerpunkten der Kulturpolitik.

Querschnittsthemen also, deren Relevanz seit zehn Jahren in aller Kulturakteure Munde ist. Handlungsfelder, zu denen zahlreiche Modellprojekte, beispielhafte Förderstrukturen anderer Länder und zahlreiche kluge Empfehlungen aller maßgeblichen Verbände für die Ausgestaltung der baden-württembergischen Kultur- und Bildungspolitik lange vorliegen. Sowohl vom Kunstbeirat als auch für »Kultur 2020« wurden all diese noch einmal ausgewertet und im Kern dieselben Maßnahmen skizziert.

Doch anstatt nun konkrete Ziele zu definieren und zentrale Maßnahmen zur politischen Umsetzungsreife zu qualifizieren, wurde im Februar 2011 tatsächlich noch einmal ein 30-köpfiger Fachbeirat, diesmal explizit zur Kulturellen Bildung, gegründet. Auftrag: bis Ende 2012 Empfehlungen erarbeiten, wie die Kulturelle Bildung gestärkt werden könnte. Es darf gewettet werden, dass auch die neuen Maßnahmen wieder den schon bekannten entsprechen, befürchtet werden muss allerdings, dass diese einem weiteren Weichspülgang unterzogen werden.

Schwerpunkt Kulturelle Bildung

Denn schaut man genauer hin und vergleicht in den verschiedenen Papieren die Formulierungen etwa zu den seit Jahren zur Diskussion stehenden *Kulturbeauftragten* an Schulen, so sieht man, wie diese für »Kultur 2020« bereits *weichgespült* wurden. Da überrascht es nicht, dass am Ende des mehrjährigen Fachdiskurses Kunststaatssekretär Jürgen Walter (*GRÜNE*) diese Strukturmaßnahme so banalisiert: »Wir versuchen, eine Lehrerin oder einen Lehrer zu benennen, so dass die Kulturschaffenden wissen, wen sie anrufen müssen, wenn sie irgendetwas mit Schulen machen wollen.« (Walter 2012: 6f.)

Staatssekretär Walter, der vom Kultusministerium jetzt auch die Federführung des Fachbeirats Kulturelle Bildung übernommen hat, geht denn auch davon aus, dass dessen Empfehlungen erst ab 2014/15 – also 4 bis 5 Jahre nach Beschluss von »Kultur 2020« umgesetzt werden, dann aber richtig: »Es nützt nichts, dafür nur einen Fachbeirat zu haben. Es muss ja schon bei der Lehrerausbildung anfangen, dass die Kultur eine Rolle spielt.« (Ebd.) Wohl wahr. Baden-Württemberg hat im Jahr 2004 den eigenständigen Musik- und Kunstunterricht in der Grundschule und später auch in den Haupt- und Werkrealschulen abgeschafft. Den unaussprechlichen Verbundfächern stehen bis heute keine entsprechenden Studienangebote gegenüber. »Kultur 2020« empfiehlt stattdessen sieben Jahre später, dass »die Lehrkräfte sich grundständige Kenntnisse und praktische Fertigkeiten in Musik und Kunst aneignen« (MWK 2010a: 425), und wünscht als »Nahziel für alle Erzieherinnen und Erzieher, Lehrerinnen und Lehrer der Grundschulen ... das Erlernen eines Instruments.« (Ebd.: 391). Bleibt die Frage, ob das Wünschen das politische Gestalten schon komplett abgelöst hat.

Streichen braucht weniger Vorlauf: Das allseits als wegweisend gelobte Modellprojekt »Singen-Bewegen-Sprechen« (SBS) mit dem *Landesverband der Musikschulen* und dem *Landesmusikverband* wollte »Kultur 2020« immerhin ausgebaut wissen, auf »zunächst 1000 Gruppen mit 20000 Kindern.« (Ebd.: 392) Grün-Rot hat »SBS« stattdessen inzwischen eingestellt, beziehungsweise um Singen und Bewegen auf Sprechen gestutzt. Angeblich da es die *CDU* nicht in der mittelfristigen Finanzplanung verankert hatte.

Schwerpunkt Interkultur

Leider fällt die Zwischenbilanz der Stärkung Interkultureller Kulturarbeit nicht erfreulicher aus. Als im Jahr 2009 deutlich wurde, dass der Landes-Kunstbeirat schon in seinem Zwischenbericht die Interkulturelle Kulturarbeit als weißen Fleck auf der Agenda des Kunstministeriums kritisieren würde, richtete das Ministerium ad hoc einen landesweiten Arbeitskreis Interkultur ein. Zweimal im Jahr trifft sich seit nunmehr drei Jahren eine illustre Runde aus kompetenten Akteuren der Interkulturellen Kulturarbeit aus Kommunen, freien Trägern sowie der Forschung im Ministerium zu halbtägigen Runden des Informationsaustauschs. Absehbar lobte der Abschlussbericht des Kunstbeirats nun diese Initiative. Allerdings nicht ohne deutlich zu machen, dass dieses nur ein erster Schritt sein könne, hin zu einem entsprechenden Referat im Ministerium, »das initiierend und fördernd, steuernd und moderierend tätig sein kann.« (MWK 2009a: 13) Auch »Kultur 2020« übernimmt diese Einschätzung und listet gar konkret Bestandteile der notwendigen Förderpraxis auf. (MWK 2010a: 366f.) Und auch aus dem Arbeitskreis wird regelmäßig daran erinnert, dass man doch eigentlich das Land beim Aufbau sinnvoller Strukturen beraten wolle. Die politische Steuerungsebene übt stattdessen aber bereits die Rolle rückwärts: »Ich weiß nicht, ob man da ein Referat braucht«, weicht Staatssekretär Walter im Sommer 2012 auf die Frage nach interkulturellen Förderstrukturen aus: »Ich habe den Eindruck, dass erstens im Fachbeirat Kulturelle Bildung Interkultur immer mitgedacht wird. Und ich habe auch den Eindruck, dass viele schon wieder einen Schritt weiter sind und sagen, wir wollen das nicht separieren. Was ich auch nicht möchte, ist, dass Leute mit Migrationshintergrund das Objekt der Kultur sind. Sie sollen das Subjekt sein. Das ist mir ein zentrales Anliegen. Ich glaube, dass da schon viel passiert.« (Walter 2012: 6f.)

Ressourcen

Passiert ist im Kunstministerium selbst bisher zur personellen und strukturellen Stärkung der neuen Schwerpunkte noch nicht viel Konkretes. Weder auf der Website noch im Organigramm des Ministeriums finden sich bis heute die Bereiche Kulturelle Bildung oder Interkulturelle Kulturarbeit. Zu *CDU*-Zeiten war für beide eher nachrangig eingestufte Bereiche insgesamt eine Mitarbeiterin zuständig, auf einer halben Stelle. Das ist bis heute so. Und es soll so bleiben. »Ich kann keine neuen Stellen schaffen« entschuldigt sich der Staatssekretär, »es gibt so viele Sachzwänge.« (Walter 2012: 6f.)

Befriedung statt Gestaltung?

Die neue grüne Spitze des Kunstministeriums steht zu »Kultur 2020« und setzt bisher auf Kontinuität zur *CDU*, etwa in der Nichtbeachtung der Kultur durch die Ministerin. Kunst ist ausschließlich Angelegenheit des Staatssekretärs. Von ihm wurde schnell die 2:1 Förderung der Soziokultur eingeführt; ein *CDU*-Versprechen der Kunstkonzeption - der von 1989!

Außerdem gibt es seit 2012 einen »Innovationsfonds«, um »Schwerpunkte aus der Konzeption Kultur 2020 ... umzusetzen« (MWK 2012a). Man wolle die *Closed-Shops* aufbrechen und innovative - aber nur einmalige - Projekte fördern. Frisches Geld für neue Projekte ist immer richtig. Niemand in der Kultur kann dagegen sein. Und drei Millionen sind ein Wort. Oder nicht? Im Haushalt waren nämlich nicht drei, sondern fünf Millionen eingeplant. (MWK 2011: 75) Und am Ende wurden nicht die ausgeschriebenen drei Millionen, sondern ohne ein erklärendes Wort tatsächlich weniger als zwei Millionen an 59 von 263 beantragte Projekte vergeben (MWK 2012b). Dabei ging »ein beträchtlicher Teil der Bewilligungen ... dieses Mal an etablierte Einrichtungen« (Ebd.). Nicht zuletzt bestätigte dies exakt die vorab vielfach geäußerte Befürchtung vieler kleiner, freier und noch nicht zur *Closed-Shop-Community* zählender Akteure.

»Kultur 2020 – Kunstpolitik für Baden-Württemberg«

So strikt die Bewerbungen nach den drei Bereichen Künste, Interkultur und Kulturelle Bildung getrennt werden mussten, entschieden hat ein und dieselbe sechsköpfige Jury, in ihr zur Hälfte Kulturjournalisten aber auch ein Oberbürgermeister. Fast durchweg wurden wichtige und unterstützenswerte Projekte gefördert. Aber manche Entscheidungen irritieren dann doch. Etwa, dass im Bereich Kulturelle Bildung die zweithöchste Förderung mit 65 000 Euro in die Digitalisierung und didaktische Aufbereitung der Landtagsprotokolle von 1815-1933 und somit in politische Bildung fließt. Ansonsten generierte dieser als zentrale Umsetzungsmaßnahme der Kunstkonzeption deklarierte Schrumpf-Fonds mindestens so viele Mitnahmeeffekte wie tatsächliche Impulse oder Innovationen. Teils bleibt sogar nebulös, ob es sich tatsächlich um ein Projekt von Dritten oder nicht um eine beauftragte Dienstleistung des Ministeriums handelt. Auch ist die Evaluation der bisherigen Landesförderungen für Projekte der kulturellen Bildung von Freien Theatergruppen zwar sicher sinnvoll aber selbst bei größtem Wohlwollen kaum als innovatives Kunstprojekt zu definieren.

Der Innovationsfonds soll bleiben. Wichtig wäre, seine Kriterien zu schärfen und die Jury für alles und jeden durch drei echte Fachjurys zu ersetzen. Wichtiger aber ist: Der Fonds darf keineswegs ein billiger Ersatz für notwendige strukturelle und nachhaltige Stärkungen bisher vernachlässigter Handlungsfelder bleiben.

Fazit und Ausblick

»Kultur 2020« ist kein großer Wurf. Kulturelle Bildung und Interkultur zu kulturpolitischen Schwerpunkten zu entwickeln, war absehbar und überfällig. Aber wenn die aktuelle Kunstkonzeption schon keine großen Visionen aufzeigen durfte, wäre zu erwarten, dass zumindest die erklärten Ziele mit aller Konsequenz umgesetzt werden. Bisher allerdings werden die eigenen kulturpolitischen Schwerpunkte und die zahlreichen Expertenempfehlungen nicht ernst genug genommen. Die tatsächlich eingeleiteten Maßnahmen sind ungenügend, unspezifisch und teils kontraproduktiv. Auch über »Kultur 2020« hinaus wird noch nicht deutlich, ob und wie sich die grün-rote Landesregierung kulturpolitisch nachhaltig profilieren will.

Nach rund 60 Jahren *CDU*-Regierung war und ist in den Kulturszenen noch immer die Erwartung – und selbst dort wo sie eher als Befürchtung herrscht – sehr hoch, dass es starke Akzentverschiebungen hin zu einer grünen oder grün-roten Kulturpolitik gibt; dass vielleicht erstmals so etwas wie eine grüne Kulturpolitik entwickelt wird. Mit klaren Zielen, überzeugenden Argumenten und nachvollziehbar vermitteltem Gestaltungswillen würden von vielen selbst radikale Setzungen akzeptiert. Ebenso gäbe es sicher Verständnis, wenn gut begründete Maßnahmen nur in homöopathischen Dosen umgesetzt werden könnten. Ohne glaubwürdig begründete konkrete Ziele aber ist alles Nichts.

Es wird Zeit die *CDU*-Strategie, mit immer neuen Kommissionen und Beiräten primär auf Zeit zu spielen, endlich zu beenden. Es wäre ein Trugschluss zu glauben, die Kulturakteure würden etwa den unspezifischen Innovationsfonds nicht als Befriedungs-Zuckerle zur Kompensation für ausbleibende politische Gestaltungen erkennen. Mehr Dialog und Streitkultur, mehr Partnerschaft und mehr Professionalität werden erwartet. Die Landesregierung wird ihre kulturpolitischen Schwerpunkte glaubwürdig nur vertreten können, wenn sie in einem ersten, absolut überfälligen Schritt, die Kraft aufbringt, die angeblichen Schwerpunkte personell und strukturell im Kunstministerium zu etablieren. Erst dann werden vom Kunstministerium, etwa in Zusammenarbeit mit seinem Arbeitskreis Interkultur, gezielt geplante Impulse gesetzt werden können.

In der Kulturellen Bildung geht es absolut nicht darum, dass Kultureinrichtungen »irgendwas mit Schulen machen wollen«. Das allseits als Desaster erkannte Streichen der Schulfächer Musik und Kunst durch die *CDU* muss rückgängig gemacht werden, die absolute Marginalisierung der ästhetischen und Kulturellen Bildung in den Schulen muss endlich Konsequenzen in der Lehrerausbildung und dem Fächerkanon haben. Darüber hinaus sollte sich die Politik vom Irrglauben verabschieden, den erschreckenden Mangel an musischer und ästhetischer Bildung sowie an Schulkultur durch singuläre Kooperations-»Projektitis« und durch strukturelle Instrumentalisierung der Kultureinrichtungen kaschieren oder gar beheben zu können. Kulturelle Bildung muss wieder in der Breite etabliert werden.

Die Kulturinstitutionen zeigen sich seit vielen Jahren bereit, ihren Teil der Verantwortung für eine gelingende »Kultur des Aufwachsens« auszubauen. Sie bieten sich den Schulen überall seit langem als professionelle Partner an, vielerorts entstehen lokale Netzwerke. Diese stoßen aber überall auf die gleichen strukturellen Hindernisse und Blockaden der Schulbürokratie. Sollen Kultureinrichtungen tatsächlich stärker für die Zusatzaufgabe in die Pflicht genommen werden, bessere Schulen zu schaffen, so müssen sie zuerst substanziell gestärkt und ausgebaut werden. Dann sind verlässliche Rahmenbedingungen und angemessene Budgets für mehrjährige nachhaltige Kooperationen statt einmaliger und vermeintlicher Innovationsförderungen nötig. Hier warten auf die angeblich eingerichtete Schnittstelle zwischen Kultus- und Kunstministerium wichtige Aufgaben. Die Konzepte liegen alle vor. »Der Wechsel beginnt« ist der Koalitionsvertrag überschrieben. Hoffen und Glauben oder das Vermitteln von Telefonnummern aber werden dazu strukturell nicht ausreichen.

Literatur

Bündnis 90/DieGrünen Baden-Württemberg und SPD-Baden-Württemberg (2011): *Der Wechsel beginnt. Koalitionsvertrag zwischen Bündnis 90/Die Grünen und der SPD Baden-Württemberg. Baden-Württemberg 2011–2016*, siehe unter: www.gruene-bw.de/fileadmin/gruenebw/dateien/Koalitionsvertrag-web.pdf (letzter Zugriff: 9.9.2012)

Landtag Baden-Württemberg (2004): »Antrag der Fraktion GRÜNE und Stellungnahme des Ministeriums für Wissenschaft, Forschung und Kunst: Neuausrichtung der Kulturförderung in Baden-Württemberg«, Stuttgart: *Drucksache 13/3479*

Könneke, Achim (2010 a): »Das ›Ländle‹ erarbeitet eine neue Kunstkonzeption. Empfehlungen des Landeskunstbeirats Baden-Württemberg haben Konsequenzen«, in: *Kulturpolitische Mitteilungen*, Heft 128 (I/2010), S. 18–19

Könneke, Achim (2010 b): »Dick, schwer und visionsfrei. ›Kultur 2020. Kunstpolitik für Baden-Württemberg‹ – Ein Kommentar«, in: *Kulturpolitische Mitteilungen*, Heft 131 (IV/2010), S. 4–5

Ministerium für Wissenschaft, Forschung und Kunst Baden-Württemberg (Hrsg.) (2009 a): *Haupt Sache Kunst. Empfehlungen des Kunstbeirats der Landesregierung Baden-Württemberg*, Stuttgart: Selbstverlag

Ministerium für Wissenschaft, Forschung und Kunst Baden-Württemberg (Hrsg.) (2009 b): *Haupt Sache Kunst. Dokumentation zum Kunstkongress der Landesregierung Baden-Württemberg im ZKM, Zentrum für Kunst und Medientechnologie Karlsruhe am 4. Mai 2009*, Stuttgart: Selbstverlag

Ministerium für Wissenschaft, Forschung und Kunst Baden-Württemberg (Hrsg.) (2010 a*): Kultur 2020. Kunstpolitik für Baden-Württemberg*, Stuttgart: Selbstverlag

Ministerium für Wissenschaft, Forschung und Kunst Baden-Württemberg (2010 b): »*Kultur 2020. Kunstpolitik für Baden-Württemberg*« liegt in gedruckter Fassung vor. Pressemitteilung des Ministeriums für Wissenschaft, Forschung und Kunst Baden-Württemberg, siehe unter: http://mwk.baden-wuerttemberg.de/service/pressemitteilungen/presse-detail/article//kultur-20/ (letzter Zugriff: 9.9.2012)

Ministerium für Wissenschaft, Forschung und Kunst Baden-Württemberg (2011): *Bericht zum Staatshaushaltsplan für 2012*, siehe unter: http://mwk.baden-wuerttemberg.de/fileadmin/pdf/ministerium/Geschaeftsbericht_MWK_2012.pdf (letzter Zugriff: 9.9.2012)

Ministerium für Wissenschaft, Forschung und Kunst Baden-Württemberg (2012 a): *Land schreibt Innovationsfonds Kunst mit 3 Millionen aus*. Pressemitteilung des Ministeriums für Wissenschaft, Forschung und Kunst Baden-Württemberg, siehe unter: http://mwk.baden-wuerttemberg.de/service/pressemitteilungen/presse-detail/article//land-schreibt-innovationsfonds-kunst-mit-3-millionen-euro-aus/ (letzter Zugriff: 9.9.2012)

Ministerium für Wissenschaft, Forschung und Kunst Baden-Württemberg (2012 b): *Innovationsfonds Kunst: Zwei Millionen für innovative Ideen*. Pressemitteilung des Ministeriums für Wissenschaft, Forschung und Kunst Baden-Württemberg, siehe unter: http://mwk.baden-wuerttemberg.de/service/pressemitteilungen/presse-detail/article//innovations-fonds-kunst-zwei-millionen-fuer-innovative-ideen/ (letzter Zugriff: 9.9.2012)

Schleider, Tim (2010): »Die Menschen ins Museum holen. Kulturkonzept für Baden-Württemberg«, in: *Stuttgarter Zeitung* v. 9. Juni 2010, siehe unter: www.stuttgarter-zeitung.de/inhalt.kulturkonzept-fuer-baden-wuerttemberg-die-menschen-ins-museum-holen.4a082f07-25c1-4478-9d23-117c0439d185.html (letzter Zugriff: 9.9.2012)

Staatsministerium Baden-Württemberg/Der Kunstkoordinator des Landes Baden-Württemberg (Hrsg.) (1990): *Kunstkonzeption des Landes Baden-Württemberg*, Freudenstadt: VDU

Walter, Jürgen (2012): Interview von Tanja Ratzke und Achim Könneke, in: *Kulturpolitische Mitteilungen* Heft 138 (III/2012), S. 6–7

Eva Leipprand

Zukunftsentwürfe und Leitlinien: Länderkulturpolitik in Bayern
Die Bedeutung des Kulturellen

Irgendwann in seiner Gattungsgeschichte hat der Mensch die Fähigkeit entwickelt, sich in andere hineinzudenken, mit ihnen zu kommunizieren und gemeinsam zu handeln. *Wir-Intentionalität* nennt das Michael Tomasello, Co-Direktor des *Max-Planck-Instituts für evolutionäre Anthropologie* in Leipzig (Tomasello 2010, Greffrat 2009). In seiner Forschung zeigt Tomasello, wie sich aus dieser Fähigkeit Sprache entwickelt hat, dazu Normen, Werte, Symbole, Institutionen, die Kultur einer Gesellschaft. Dass der Mensch zu kooperieren gelernt hat, hat sich in der Evolution als Wettbewerbsvorteil erwiesen, und dass er seine Kultur an die nächste Generation weitergeben kann, wirkt, so Tomasello, wie ein *Wagenhebereffekt*. Wir müssen nicht, wie zum Beispiel die Schimpansen, mit jeder neuen Generation neu anfangen, sondern können auf dem in der Kultur gespeicherten Wissen und der Erfahrung früherer Generationen aufbauen. Was wir von den Vorfahren übernehmen, wie wir damit umgehen, was wir hinzufügen, verwerfen, verändern, was wir der nächsten Generation für ihre Entwicklung weitergeben, das ist entscheidend für die kulturelle Evolution und die Zukunft unserer Gesellschaft. Diese enorme Bedeutung des Kulturellen ist uns meist nicht bewusst. Vielleicht aber sind Kulturdiskussionen auch deshalb oft so emotional, weil wir unterschwellig spüren, es geht um etwas ganz Wesentliches, um die Gestaltung der Welt. Vordergründig wird meist über Geld diskutiert. Aber dahinter steht die Frage: Wer darf in diesem großen gesellschaftlichen Gespräch mitreden und Einfluss nehmen? Kultur*politik* als derjenige Teil des kulturellen Prozesses, der die Parlamente und die Verwaltung beschäftigt und öffentliche Mittel verwendet, ist Gesellschaftspolitik im tiefsten Sinn und muss sich deshalb in aller Transparenz verantworten, muss Ziele und Strategien entwickeln und der Öffentlichkeit zur Diskussion stellen.

Soll es zum Beispiel darum gehen, ein kulturelles Profil zu entwickeln, um den Tourismus zu fördern und damit den Wohlstand des Landes? Um dem Standort nach außen Glanz zu verleihen und auf diese Weise Wettbewerbsvorteile zu erlangen? Oder soll es darum gehen, die Kreativen zu fördern und so die klugen Köpfe ins Land zu holen? Oder ist das Ziel die Weiterentwicklung der Gesellschaft, die Kunst als Labor, der freie Raum der Möglichkeiten? Oder soll kulturelle Identität und Heimatgefühl gefördert werden, um die (auch durch Zuwanderung) sich immer mehr ausdifferenzierende Gesellschaft zusammenzuhalten? Oder gilt es, Kulturelle Bildung zum Zwecke demokratischer Teilhabe in den Vordergrund zu stellen? Oder kulturelle Vielfalt zu gewährleisten, auch als Ideenpool, als Ressource für die Zukunft, und um den Weg zu einem globalen Wir-Gefühl zu ebnen? Und das kulturelle Gedächtnis zur Verfügung zu halten, im Sinne Tomasellos, damit wir es auf Erfahrungen hin abklopfen können, die wir für die Zukunft brauchen, in diesem speziellen Stadium der menschlichen Evolution, wo die Transformation unserer Gesellschaft in Richtung Nachhaltigkeit überlebenswichtig ist?

Kulturentwicklungspläne als kooperative Strategie der Entscheidungsfindung

Kulturentwicklungspläne, wie von der *Enquete-Kommission »Kultur in Deutschland« des Deutschen Bundestages* vorgeschlagen und vielerorts schon aufgestellt, sind ein guter Weg, solche Fragen – am besten in einem Beteiligungsprozess mit Kulturschaffenden und Bürgerinnen und Bürgern – zu durchdenken und Strategien festzulegen. So erscheint Kulturpolitik dann auch der Öffentlichkeit nicht mehr einfach wie die Erfüllung einer Anhäufung von Wünschen unersättlicher Intendanten oder repräsentationswütiger Politiker, sondern wird als gesellschaftspolitische Strategie erkennbar, die man diskutieren kann und muss.

In Bayern gibt es eine solche Diskussionsgrundlage bislang nicht. Die Koalitionsvereinbarung der *CSU-FDP*-Landesregierung hat gerade einmal zwei Seiten zum Thema Kultur aufzuweisen und ist sehr allgemein gehalten. Im Ministerium verweist man gerne auf die Tatsache, dass Bayern einen allseits bewunderten und beneideten kulturellen Reichtum pflege, und zwar mit großem Erfolg, und mehr Mittel für Kultur ausgebe als das oft zitierte Vorbild Nordrhein-Westfalen. Das ist zwar zutreffend (der Freistaat Sachsen gibt pro Kopf allerdings erheblich mehr aus als der Freistaat Bayern!), doch heißt das keineswegs, dass sich die Frage nach kulturpolitischen Strategien erübrigt. Kulturpolitik ist Gesellschaftspolitik und muss sich demokratischer Kontrolle und Mitgestaltung öffnen und stellen.

In letzter Zeit ist aber auch in Bayern etwas in Bewegung geraten. Der Anstoß kam nicht von der Regierung, sondern von der Opposition; auch die *bayerische Landesgruppe der Kulturpolitischen Gesellschaft* war und ist an dem Prozess engagiert beteiligt.

Am 12. Oktober 2009 stellte die Fraktion *Bündnis 90/Die Grünen* im Bayerischen Landtag die schriftliche Anfrage »Abschlussbericht zur Enquete-Kommission ›Kultur in Deutschland‹ – Umsetzung in Bayern«. Darin wurde insbesondere gefragt, wie weit von Seiten der Bayerischen Staatsregierung der Empfehlung der Kultur-enquete-Kommission gefolgt werde, dass Land, Kommunen und freie Kulturträger gemeinsam Landeskulturentwicklungspläne und -konzepte erarbeiten; welche kulturpolitischen Ziele in diesen Plänen festgelegt worden seien; und welche notwendigen Ressourcen, Mittel und Verfahren darin definiert seien. Im gleichen Jahr hatte es bereits zwei *Grüne*-Anträge an die Staatsregierung gegeben, zur Erstellung eines Kultur- und Kreativwirtschaftsberichts sowie eines Landesentwicklungskonzepts Kultur. Begründung: »Ein Landesentwicklungskonzept Kultur ist Voraussetzung für Transparenz und Verteilungsgerechtigkeit: es ermöglicht eine langfristige Planung und damit eine strategische Herangehensweise. Durch die Erarbeitung eines solchen Konzeptes und insbesondere durch die klare Strukturierung von Zielen und Zielhierarchien wird deutlich, auf welchen kulturpolitischen Feldern Schwerpunkte liegen bzw. in den nächsten Jahren liegen werden.« (Bayerischer Landtag 2009)

Am 1. Oktober 2010 antwortete der bayerische Staatsminister für Wissenschaft, Forschung und Kunst, Dr. Wolfgang Heubisch (*FDP*), mit einem knapp zwölfseitigen Papier, den »Leitlinien bayerischer Kulturpolitik« (Bayerisches Staatsministerium für Wissenschaft, Forschung und Kunst (STMWFK) 2010). Die *Landesgruppe Bayern der Kulturpolitischen Gesellschaft* hat sich mit dem Papier befasst und eine Stellungnahme erarbeitet, die Hintergrund der folgenden Beurteilung ist.

Kritische Anmerkungen zu den Leitlinien bayerischer Kulturpolitik

Die »Leitlinien bayerischer Kulturpolitik« sind kein Landeskulturentwicklungsplan, sondern eine Zusammenstellung einzelner grundsätzlicher Überlegungen des Ministeriums, eine knappe Beschreibung dessen, was auf Landesebene kulturpolitisch getan wird. Die Darstellung der Traditionslinien der bayerischen Kultur (»das reiche Erbe des Hauses Wittelsbach«, »die historisch gewachsene Vielfalt des Landes«) stehen am Anfang des Textes, die Bewahrung des kulturellen Erbes hat hohes Gewicht. Insofern wirken die *Leitlinien* etwas statisch beziehungsweise *vormodern*. Bei der Arbeitsteilung zwischen Bund, Land und Kommunen geht es dem Papier mehr um verfassungsrechtliche Kompetenzabgrenzungen als um die Chancen des gemeinsamen Handelns der Akteure. Die herausgehobene Rolle der Landeshauptstadt wird unumwunden deutlich gemacht. Der Begriff Soziokultur taucht nicht auf. Die Querschnittsthemen, die genannt werden – Kulturelle Bildung, Kulturwirtschaft als Zukunftsaufgabe, der demografische Wandel als Herausforderung (das Thema Interkulturalität kommt hier – wie auch sonst in dem Text – nicht vor; unter demografischem Wandel wird nur die Abnahme und Alterung der Bevölkerung abgehandelt) – stehen am Ende des Papiers, obwohl sie als Grundlage der kulturpolitischen Überlegungen am Anfang stehen müssten. Eigentlich müsste zunächst gefragt werden, welche Aufgaben die Kulturpolitik hat und welche Ziele sie in Bezug auf die Zukunft unserer Gesellschaft verfolgt – erst daraus lassen sich dann Infrastrukturmaßnahmen und Förderstrategien formulieren.

Die *Landesgruppe der Kulturpolitischen Gesellschaft* nahm die *Leitlinien* zum Anlass, um mit dem Ministerium und den Fraktionen im Landtag Gespräche zu führen und dabei die Veranstaltung eines *Hearings* anzuregen.

Im Ausschuss für Hochschule, Forschung und Kultur des Landtags wurden die *Leitlinien* von den Oppositionsfraktionen sehr kritisch aufgenommen. (Münchner Merkur 2010) Sepp Dürr von den *Grünen* sprach von »erzkonservativem Kulturverständnischen Gesellschaft hätten keinen Niederschlag gefunden. Der Vorsitzende des Hoch«, Isabell Zacharias von der *SPD* stellte fest, Veränderungen der bayerisschulausschusses, Bernd Sibler *(CSU)*, stellte sich jedoch voll und ganz hinter die *Leitlinien*, so etwa in seiner Eröffnungsrede beim Kultursalon der *CSU*-Fraktion im Bayerischen Landtag am 17. Juni 2010, wo er den wesentlichen Inhalt des Papiers bereits vorwegnahm. Innerhalb der Aufgabenteilung zwischen Bund, Land und Kommune schrieb er dem Land folgenden Auftrag zu: »Der Freistaat Bayern ist aufgefordert, dafür Sorge zu tragen, dass unser reiches kulturelles Erbe an Schlössern, Burgen, Kirchen und Denkmälern, unsere weltweit beachteten Kunst- und Kultursammlungen als lebendiger Beitrag unserer Geschichte ausgebaut und gefördert werden.« Auch in Siblers Rede kommt das Thema Zuwanderung als kulturpolitische Herausforderung nicht vor. Immerhin kündigte er an, der beantragte bayerische Kulturwirtschaftsbericht werde »derzeit auf Initiative des Landtags unter federführender Beteiligung des Wirtschaftsministeriums gemeinsam mit dem Kunstministerium ... erarbeitet«.

Am 30. November 2011 fand dann im Bayerischen Landtag eine öffentliche Anhörung des Ausschusses für Hochschule, Forschung und Kultur zu den »Leitlinien bayerischer Kulturpolitik« statt, unter dem neuen Vorsitzenden Oliver Jörg (*CSU*). Anwesend waren Vertreter des Ministeriums und der Fraktionen sowie als Experten Nikolaus Bachler (Intendant der *Bayerischen Staatsoper*), Max Fuchs (*Deutscher Kulturrat*), Bernd Schweinar (*Verband für Popkultur*), Jürgen Enninger (Kultur- und Kreativwirtschaft) und zwei Mitglieder der *Kulturpolitischen Gesellschaft*: Dieter Rossmeissl (*Kulturausschuss des Bayerischen Städtetags*), und Christine Fuchs (*Netzwerk Bayerischer Städte*). Der zuständige Minister selbst nahm an der Anhörung nicht teil.

»Zu viel Vergangenheit, zu viel München« betitelte die *Bayerische Staatszeitung* ihren Bericht über die Anhörung (Kahl 2011). Vom Staatsoperintendanten abgesehen ließen die Experten kaum ein gutes Haar an den *Leitlinien*. Max Fuchs vermisste insbesondere das Thema Teilhabegerechtigkeit und kulturelle Vielfalt und sah sich in seiner Erwartung getäuscht, »dass bei einem politischen Gesamtkonzept, das die nächsten Jahre kulturpolitisch steuernd regeln soll, Dinge, die kulturpolitisch hochrelevant sind, ... zumindest benannt werden.« Das seien überhaupt gar keine Leitlinien. Auch Dieter Rossmeissl konnte in dem Papier kein Kulturentwicklungsprogramm erkennen und beklagte den eingeengten Blickwinkel der *Traditionslinien* sowie das mangelnde Gewicht der Kulturellen Bildung. Christine Fuchs betonte, die Kunstfreiheit, die das Papier so hochhalte, verbiete dem Staat nicht, seinen kulturpolitischen Gestaltungsspielraum zu nutzen. Bernd Schweinar fasste seinen Eindruck folgendermaßen zusammen: »Eigentlich sollten diese Leitlinien mit dem Anspruch entstanden sein, nach vorne zu blicken. Dieser Blick ist, vorsichtig formuliert, nicht vorhanden.«

Diskussion über eine konzeptgestützte bayerische Kulturpolitik fortsetzen

Ein Zukunftsentwurf also sind sie nicht, die »Leitlinien bayerischer Kulturpolitik«. Die Anhörung hat mehr als deutlich gemacht, dass Bayern, was konzeptgestützte, zukunftsorientierte Kulturpolitik betrifft, nicht auf der Höhe der Zeit ist. Wie soll es aber weitergehen? Die Fraktionen des Landtags sind offenbar entschlossen, die Diskussion fortzuführen. In der *SPD*-Fraktion gibt es Überlegungen zu einer Enquete-Kommission, aber wohl erst nach der Landtagswahl 2013. Die *Grünen* wünschen sich einen breiten Dialogprozess draußen im Land. Als Vorbild könnte Nordrhein-Westfalen mit seinem *Kulturdialog* dienen, oder auch Baden-Württemberg mit *Kultur 2020*, einem Programm, das aus einem breiten Konsultationsprozess hervorgegangen ist. Die bayerischen Kommunen sind ein Machtfaktor im Bereich Kulturpolitik. So wird auch der *Kulturausschuss des Bayerischen Städtetags* das Thema sicher nicht auf sich beruhen lassen.

Die *Landesgruppe Bayern der Kulturpolitischen Gesellschaft* hat ihre Erwartungen an den Diskussionsprozess bereits in ihrer Stellungnahme aufgelistet. Dabei geht es unter anderem um eine Präzisierung des Themas »Kulturwirtschaft«, eine Verstärkung des Themenfelds »Kulturelle Bildung« und eine Aufnahme des Themenfelds »Interkulturalität« in die *Leitlinien*. Auch soll weiterführend darüber diskutiert werden, wie kulturpolitische Themen und Potenziale in Fragen der Landesentwicklung, der Bildungs- und Schulpolitik und in die Sozialpolitik eingehen können. Auf der Basis der über viele Jahre erarbeiteten »Bausteine Bayerischer Kulturpolitik« wird die Landesgruppe weiter daran arbeiten, dass die Kulturpolitik sich auch in Bayern als strategischer Gestalter einer zukunftsfähigen Gesellschaft begreift.

Literatur

Bayerischer Landtag (2009): »Antrag Landesentwicklungskonzept Kultur«, München: *Landtags-Drucksache* 16/869 (4.3.2009)

Bayerisches Staatsministerium für Wissenschaft, Forschung und Kunst (STMWFK) (2010): *Leitlinien Bayerischer Kulturpolitik*, siehe unter: www.sepp-duerr.de/upload/pdf/100201_Leitlinien_bayerischer_Kulturpolitik.pdf (letzter Zugriff: 1.9.2012)

Greffrath, Mathias (2009): »Das Tier, das ›Wir‹ sagt. Michael Tomasello sucht nach der Einzigartigkeit des Menschen und findet sie in dessen Kooperationsfähigkeit«, in: *Die Zeit*, 4.9.2012, siehe unter: www.zeit.de/2009/16/PD-Tomasello (letzter Zugriff: 1.9.2012)

Kahl, Angelika (2011): »Zu viel Vergangenheit, zu viel München. Anhörung im Kulturausschuss: Experten kritisieren die ›Leitlinien bayerischer Kulturpolitik‹«, in: *Bayerische Staatszeitung* (2.12.2011), siehe unter: www.bayerische-staatszeitung.de/ staatszeitung/landtag/detailansicht-landtag/artikel/zu-viel-vergangenheit-zu-viel-muenchen.html?tx_felogin_pi1%5bforgot%5d=1 (letzter Zugriff: 1.9.2012)

Münchner Merkur (2010): »Streit über bayerische Kultur im Landtag. Die neuen ›Leitlinien zur bayerischen Kultur‹ bringen die Staatsregierung im Landtag in Bedrängnis«, *Münchner Merkur* (10.2.2010), siehe unter: (letzter Zugriff: 8.9.2012)

Tomasello, Michael (2010): *Warum wir kooperieren*, Berlin: Suhrkamp

Thomas Früh, Norbert Haase

Die Museumskonzeption des Freistaates Sachsen
Verlässliche Rahmenbedingungen für die Museumslandschaft schaffen

Am 29. April 2009 wurde durch das *Sächsische Staatsministerium für Wissenschaft und Kunst* (*SMWK*) der Öffentlichkeit die »Museumskonzeption 2020 – Kulturland Sachsen« (SMWK 2009) vorgestellt. Anspruch dieser Konzeption war es, der Entwicklung der Kulturlandschaft Sachsens Raum zu geben und für die sächsische Museumslandschaft unter möglichst verlässlichen Rahmenbedingungen zukunftsfähige Strukturen im Hinblick auf inhaltliche Angebote, räumliche Unterbringung und rechtliche Trägerschaften zu schaffen. Dabei sollten neben konkreten Festlegungen auch Zielvorstellungen und längerfristige Visionen Eingang in die Konzeption finden. Sachsen verdankt seine Anziehungskraft und sein Erscheinungsbild ganz wesentlich der Vielfalt und Tradition seiner interessanten, Identität stiftenden Kulturlandschaft. Diese wird insbesondere durch die bedeutenden staatlichen Sammlungen und die mehr als 600 nichtstaatlichen Museen geprägt.

Dem zuständigen Fachministerium ging es darum, für den Wandel der im unmittelbaren Geschäftsbereich befindlichen Museumseinrichtungen eine Korrespondenz organisatorischer und inhaltlicher Aspekte zu erreichen. Immer nach Maßgabe der fiskalischen Rahmenbedingungen sollte die Museumskonzeption in drei Stufen kurzfristige Planungen, haushaltsabhängige mittelfristige Vorhaben sowie langfristige Visionen zur sächsischen Museumslandschaft enthalten. Vertiefend lässt sich dies auf der Homepage des *SMWK* nachvollziehen, der zusammenfassende Thesen vorangestellt sind.[1]

1 Siehe hierzu: www.smwk.sachsen.de/download/Museumskonzeption_gesamt(2).pdf (letzter Zugriff: 26.9.2012).

Thomas Früh, Norbert Haase

Die vor drei Jahren vorgestellte kulturpolitische Planungsgrundlage, die noch während der *CDU/SPD*-geführten Legislaturperiode erarbeitet worden war, passte gut in die langfristigen zyklischen Abläufe sächsischer Landespolitik. Zum einen schien es geboten, im Zuge der allgemeinen Landesentwicklungsplanung mit dem Zeithorizont 2020 auch zentralen Elementen der Kulturpolitik die ihnen gebührende Geltung zu verschaffen. Zum anderen drängte sich angesichts des bevorstehenden zwanzigsten Jubiläums der Wiedererrichtung des Freistaates Sachsen im vereinten Deutschland eine Bilanzierung der bisherigen Museumsentwicklung Sachsens, verbunden mit der Vision für die kommende Dekade, regelrecht auf. Die Museumskonzeption dient der Staatsregierung – nun ebenfalls in der *CDU/FDP*-geführten Koalition – seither als gewissermaßen *dynamische Grundlage* einer konzeptionell gesteuerten Landeskulturpolitik. Sie schafft für das Verwaltungshandeln und die politische Führung wie auch der 2009 vom *SMWK* herausgegebene »Kulturkompass« für die gesamte Kulturpolitik des Freistaates Sachsen einen verlässlichen Orientierungsrahmen.

Die Reichweite dieses Dokuments erstreckt sich – dies muss zum Verständnis hier vorausgeschickt werden – durchaus auf das Gebiet des gesamten Freistaates Sachsen, weist jedoch in Bezug auf die sehr unterschiedlichen Trägerschaften von Museen in Sachsen eine ebenso unterschiedliche Regelungsdichte auf. Dies ist selbstverständlich, ist doch der Freistaat Sachsen für Museen in Trägerschaft des Bundes oder von Privaten nicht zuständig, obschon sie zur Kulturlandschaft der Region gehören. Auch Museen in kommunaler Trägerschaft gehören nicht in den unmittelbaren Verantwortungsbereich der Landesverwaltung, diese kann lediglich Kriterien definieren, nach welchen sie solchen eine staatliche Förderung gewährt und sie wird ihre eigenen Standards immer wieder aufs Neue mit der guten Praxis der Museen in anderer Trägerschaft messen müssen. Ausschließlich in Bezug auf diejenigen Museen und Museumsinstitutionen, die sich in landesunmittelbarer Trägerschaft befinden, sei es als Organisationseinheit eines Landesamtes, als Staatsbetrieb oder auch als öffentlich-rechtliche Stiftung, wurden in der »Museumskonzeption 2020« Konzepte zu Struktur und Personalausstattung der staatlichen Museen im Geschäftsbereich des *SMWK* dargelegt.

Als Wermutstropfen muss man wohl zur Kenntnis nehmen, dass das Papier lediglich eine vom zuständigen Fachministerium herausgegebene Fachkonzeption ist, die indes nicht durch die politischen Gremien von Kabinett und Landtag zusätzlich legitimiert wurde. Andererseits kommt dem Papier zugute, dass es in sehr intensiver Weise eine Abstimmung mit den Museen selbst, mit anderen Landesministerien, mit Museumsfachleuten und kulturpolitischen Akteuren in Sachsen, aber auch außerhalb des Freistaates, erfahren hat, was seiner Gültigkeit als Orientierungsleitfaden die entsprechende Nachhaltigkeit beschert.

Konzeptionelle Begleitung von Veränderungsprozessen

Verdichtungsprozesse vorhandener Strukturen folgen nicht selten politischen Erfordernissen, die zunächst vorrangig finanz- beziehungsweise strukturpolitisch bedingt sind. So gibt es durch einen Landtagsbeschluss von 2005 Auflagen zum allgemeinen Personalabbau in der Landesverwaltung, dem sich auch die Kulturverwaltung des Freistaates nicht ohne Weiteres entziehen kann. Hinzu kommt, dass der Freistaat Sachsen wegen seiner voraussichtlich degressiven demografischen Entwicklung – im kommenden Jahrzehnt verringert sich die Bevölkerung in Sachsen voraussichtlich um annähernd zehn Prozent – und wegen daraus resultierender Mindereinnahmen sowie wegen des Wegfalls des Solidarpakts II zu Einsparungen in allen Bereichen gezwungen sein wird, sofern sich die Öffentliche Hand nicht zusätzlich verschulden will.

Die hier genannten Faktoren, die sich unmittelbar auf die Kulturentwicklung auswirken, machen eine konzeptionelle Arbeit in der Kulturverwaltung keineswegs überflüssig. Im Gegenteil: Wenn knappere Ressourcen die Verdichtung von Strukturen mit sich bringen, kommt es – wie die sächsische Erfahrung zeigt – gerade auf eine konzeptionelle Begleitung solcher Prozesse an, um überhaupt vorausschauend Impulse geben zu können und in der Verwaltung des traditionellen Kulturerbes bisweilen auch die erwünschten Neuentwicklungen zu stimulieren.

Museumsfusionen in Sachsen

Unter dem Aspekt der spartenübergreifenden Kulturkonzeptionen, die im Fokus dieses Kapitels des Jahrbuches stehen, hat sich ein bestimmter koordinierter Verdichtungsprozess als zukunftsweisend und vielversprechend innovativ erwiesen – und dies in weit höherem Maße als dies zum Zeitpunkt des Verfassens der Museumskonzeption vielleicht absehbar gewesen wäre. Freilich enthält die Konzeption auch noch eine Reihe weiterer Aspekte des Spartenübergreifenden, betrachtet man die Struktur des *Museumsverbundes der Staatlichen Kunstsammlungen Dresden* mit zwölf Einrichtungen einerseits oder die institutionellen Kooperationen des künftigen *Staatlichen Museums für Archäologie* im früheren *Kaufhaus Schocken* (Architekt: Erich Mendelsohn) Chemnitz zum Beispiel mit dem *Leipziger Max-Planck-Institut für evolutionäre Anthropologie*. Denn was in der »Museumskonzeption 2020« nur in Ansätzen artikuliert war, hat durch die weitere Entwicklung der *Staatlichen Kunstsammlungen Dresden* (*SKD*) einschließlich der inzwischen vollständig integrierten *Staatlichen Ethnographischen Sammlungen* (*SES*) mit ihren Standorten in Leipzig und Herrnhut längst eine profilbildende Fortsetzung erfahren: Zum 1. Januar 2010 sind *SKD* und *SES* zu einer Institution verschmolzen.

Sachsens neue Kunstministerin Sabine von Schorlemer bewertete dieses Zusammengehen ihrerseits positiv, mit diesem lange und intensiv vorbereiteten Schritt sei eine zukunftsweisende, fachübergreifende Verbindung entstanden, die für eine weitere internationale Profilierung der sächsischen Museumslandschaft wichtig sei. »Beide Sammlungen werden Synergieeffekte nutzen und doch ihr eigenes Profil schärfen können. Vor allem bei der interdisziplinären Arbeit ermöglicht die Fusion vereinfachte Rahmenbedingungen. Mit den beiden Sammlungen haben sich zwei Partner gefunden, die sich auf gemeinsame Wurzeln besinnen und neue Wege beschreiten werden«, so von Schorlemer.

Der damalige Generaldirektor Martin Roth befand seinerzeit optimistisch, dass es in dieser Kooperation gelinge, ein bisher für die klassische Kunstgeschichte interessiertes Publikum für die Kulturen der Welt zu begeistern. Und *Ethnografie*-Direktor Claus Deimel bezeichnete den Integrationsprozess in Zeiten fortschreitender Globalisierung als den einzig gangbaren Weg, da für die Vermittlung interkultureller Kompetenzen gerade Völkerkundemuseen besonders geeignet seien. Die Verknüpfung traditioneller ethnografischer Sammlungskonzepte mit den Dresdner Kunstsammlungen bedeute eine Stä
rkung des Auftritts beider Institutionen.

Diese Einschätzungen bargen keineswegs überzogene Versprechungen, im Gegenteil: Denn die *SKD* inklusive der Ethnografie waren kreativ in der interdisziplinären Aufnahme des neuen Sammlungsbereichs in ihren Museumsverbund, wie es an Ausstellungen und wissenschaftlichen Projekten ablesbar ist. Zu nennen sind hier vor allem eine temporäre Begegnung von Skulpturen aus dem völkerkundlichen Sammlungsbestand mit den Inkunabeln der *Galerie Alter Meister*, das Kulturaustauschprojekt »Die Macht des Schenkens« mit kanadischen *First Nations* in Bezug auf die Geschenkkultur des *Potlatch*, nicht zu vergessen die Neueröffnungen des *Völkerkundemuseums im GRASSI* in Leipzig sowie der Dependance im oberlausitzischen Herrnhut. Der Paradigmenwechsel in Bezug auf die außereuropäische Kunst ist nicht zuletzt an Forschungsprojekten wie solchen über »Textile Kunst aus Afrika und die Kunst der Moderne« ablesbar. Die gleichnamige Ausstellung verfolgt das Ziel, außereuropäische und europäische/westliche Kunstkonzepte über das Formale hinaus miteinander in Beziehung zu setzen. Dass sich in einem solchen Prozess auf der Verwaltungsebene Synergien ergeben, ist beinahe evident.

Der Verbund der Sammlungen unter einem Dach hat historische, fachliche wie organisatorische Gründe. Beide Kunstsammlungen gehen aus der 1560 von Kurfürst August I. gegründeten *Kurfürstlichen Kunst- und Raritätenkammer* hervor, ergänzt durch die Sammlungen in Leipzig und Herrnhut. Im 19. und 20. Jahrhundert nahmen Kunstmuseen und Ethnografische Museen (Völkerkundemuseen) getrennte Entwicklungen. Erst in jüngerer Zeit wurden Museen, die sich fremden Kulturen widmen, wieder in den Kontext anderer Sammlungen gestellt, sogar fachübergreifende Museen neu gegründet. An diesem Prozess haben sich die staatlichen Museen des Freistaates Sachsen aktiv beteiligt. So fusionierten 2004 die drei sächsischen Völkerkundemuseen zu einem Verbund und wurden zum zweitgrößten ethnologischen Museum Deutschlands nach Berlin.

Was hier durch die kuratorische Kooperation unter dem Direktorat von Martin Roth und Claus Deimel einvernehmlich auf den Weg gebracht wurde, hat in dem neuen Generaldirektor der *SKD* Hartwig Fischer einen überzeugten Anwalt gefunden, der gerade aus dieser neuen Situation innovative Impulse ableiten möchte. Die beschriebene konzeptionelle integrale Verdichtung und daraus folgende Entwicklungsprozesse korrespondieren in besonderer Weise mit den Zielen des neuen Generaldirektors. Er möchte die *SKD* als Ort der Identität und zugleich als Ort der Weltoffenheit und Humanität mit nationaler wie internationaler Ausstrahlung stärken. Schon wird ein neuer Akzent in der künftigen Arbeit des sächsischen Museumsverbundes erkennbar, wenn Hartwig Fischer zu Amtsantritt bekundet, die Funktion der Staatlichen Kunstsammlungen müsse sich auch darin bewahren, von dort, wohin wir gehen, Werke und Menschen, Kenntnisse und Erfahrungen hierher zu holen und uns hier mit ihnen auseinanderzusetzen. Wohin uns diese Reise führt und welche Gäste sie uns bescheren wird, gehört wohl zu den spannendsten kulturpolitischen Entwicklungen der sächsischen Museumslandschaft der vor uns liegenden Dekade.

Spartenübergreifende Ansätze

Hält man in der »Museumskonzeption 2020 – Kulturland Sachsen« nach spartenübergreifenden Ansätzen Ausschau, so fällt mithin vor allem diese ins Auge: Die Profilierung der *SKD* als Museumsverbund hat durch die Integration der *Staatlichen Ethnographischen Sammlungen Sachsen* eine neue Ausprägung erfahren.

Aber auch in Bezug auf bestimmte Handlungsfelder und Großvorhaben zeichnet sich die Konzeption durch eine übergreifende Perspektive aus. Zu nennen wäre hier vor allem der Bereich der Provenienzforschung, bei der die *SKD* mit ihrem Projekt »Daphne« gewissermaßen eine Vorreiterrolle eingenommen hat. Das Knowhow, das im Zuge dieses lang angelegten Forschungsprojekts erworben wurde, hilft dem Museumsverbund in anderen Bereichen seiner Praxis, vor allem auch der Kulturellen Bildung, und ist als Modell zunehmend auch für andere Museen attraktiv. Unterdessen haben sich die *SKD* auf den Weg gemacht, vom Wissenschaftsrat als Forschungsinstitution evaluiert und anerkannt zu werden, um die ohnehin bereits vielfältig mit Forschungsinstituten und Hochschulen vernetzten Museen optimal zu profilieren.

Konzeptbasierte Entscheidungsfindung

Die »Museumskonzeption 2020« ist ein Beleg dafür, dass die Veränderung und krisenhafte Zuspitzung in anderen Politikbereichen nicht automatisch zu einem Reflex des *Kopf-in-den-Sand-Steckens* führen muss. Aus demselben Grund hat das *SMWK* 2009 auch einen »Kulturkompass« als kulturpolitische Leitlinie aufgelegt, welcher die gewachsene Struktur der sächsischen Kulturlandschaft beschreibt und zugleich wegweisende Schwerpunkte der Landeskulturpolitik für die vor uns liegende Dekade benennt. Strukturentscheidungen müssen weder übereilt getroffen werden noch müssen sie gar nicht getroffen werden – zum Schaden der traditionell gewachsenen kulturellen Infrastruktur. Die Entwicklungsprozesse sind dabei freilich offen und nicht präzise vorhersehbar. Es muss sich noch zeigen, ob solch ein Prozess behutsamer Zusammenführung in allen Sparten als so etwas wie ein Königsweg dienen kann, blickt man etwa auf die beabsichtigte Zusammenführung der Staatstheater (*Sächsische Staatsoper* und *Staatsschauspiel Dresden*) unter einem organisatorischen Dach bei Wahrung der jeweiligen Identität. In dem Versuch Veränderungen zu steuern, ist natürlich immer auch die Gefahr des Scheiterns angelegt. An den Beispielen institutioneller Fusionen und interdisziplinärer Museumspraxis im Kontext der »Museumskonzeption 2020« für Sachsen und ähnlicher Prozesse in der Kultur lässt sich jedoch ablesen, welch wichtige Bedeutung einer vorausschauenden, das heißt konzeptionell unterlegten Kulturpolitik heute und künftig zukommt.

Literatur

Staatsministerium für Wissenschaft und Kunst (2009): *Museumskonzeption 2020 – Kulturland Sachsen*, Dresden: Sächsisches Staatsministerium für Wiss. und Kunst, Presse- und Öffentlichkeitsarbeit

Staatsministerium für Wissenschaft und Kunst (2009): *Kulturkompass. Wegweiser für die Kulturentwicklung in Sachsen*, Dresden: Sächsisches Staatsministerium für Wissenschaft und Kunst

Rita Gerlach-March

Der letzte Vorhang?
Mecklenburg-Vorpommern streitet über die Zukunft seiner Theater und Orchester

Bis Ende des Jahres 2012 soll im nordöstlichsten Bundesland Mecklenburg-Vorpommern, dem mit der geringsten Einwohnerdichte, – nach Wunschvorstellung des zuständigen *Ministeriums für Bildung, Wissenschaft und Kultur Mecklenburg-Vorpommern* – eine jahrzehntelange Diskussion beendet sein. Der Koalitionsvertrag zwischen *SPD* und *CDU* vereinbarte im Oktober 2011 die »grundlegende« Überarbeitung des Theater- und Orchesterkonzepts im »engen Dialog mit allen Akteuren« mit dem Ziel der nachhaltigen Sicherung des Theater- und Orchesterangebots »bei nicht steigenden Landeszuschüssen« (Landtag Mecklenburg-Vorpommern 2011). Es krachte immer lauter im Gebälk der Theaterlandschaft: Allein zur Abwendung einer Insolvenz des *Mecklenburgischen Staatstheaters Schwerin* gab die Landesregierung Ende 2011 eine halbe Million Euro (und sagte Mitte 2012 ausnahmsweise bis zu zwei Millionen für den Ausgleich weiterer Verluste zu).

Im Eilverfahren erfolgte daher im April 2012 eine Ausschreibung des Kultusministeriums zur Erarbeitung von Modellen zur Weiterentwicklung der Theater (Ministerium für Bildung, Wissenschaft und Kultur des Landes Mecklenburg-Vorpommern 2012), die die Münchener Managementberatung *Metrum* gewann – mit Zuschlagsfrist Mitte Juni, interner Ergebnispräsentation Ende August sowie öffentlicher Vorstellung Ende September. Bis dahin haben auch die Schweriner Stadtvertreter ihre Entscheidung über das *Mecklenburgische Staatstheater Schwerin* ausgesetzt.

Die Situation des Mecklenburgischen Staatstheaters Schwerin

Dessen finanzielle Notlage ist so gravierend, dass die städtischen Soforthilfen von jeweils einer halben Million Euro im Juni und im November 2011 (plus Landesmittel) die Zahlungsunfähigkeit immer nur um ein halbes Jahr verschieben konnten.

Im Februar 2012 verabschiedete die Stadt ein Rettungspaket mit weiteren bis zu 1,4 Millionen Euro – mit der Auflage zu sparen und zu sanieren. Im März stellte Intendant Joachim Kümmritz das von der Wirtschaftsprüfung *Wikom* erstellte Sanierungskonzept vor, das erstmals ein Theater entsprechend des für erwerbswirtschaftliche Unternehmen entwickelten IDW-Standards S6 begutachtete (Wikom 2012): Acht Millionen Euro sollten eingespart werden durch die Abschaffung der renommierten sommerlichen Schlossfestspiele, die Streichung von 79 Stellen in Schauspiel, Ballett, Orchester und Chor sowie durch die Schließung des Puppentheaters und der Fritz-Reuter-Bühne. Letztere ist das einzige professionelle Schauspielensemble für niederdeutsche Sprache im Land, das plattdeutsche Inszenierungen produziert und international auf Tournee geht.

Mit dem *Mecklenburgischen Staatstheater Schwerin* ist nicht nur ein wichtiger Arbeitgeber bedroht, sondern vor allem ein Kulturanbieter erster Güte, was zuletzt die Einladung von Herbert Fritschs »Biberpelz«-Inszenierung zum *Berliner Theatertreffen 2011*, *Echo Klassik*-Preise und der Erfolg der *Roncalli*-Kooperation beim Open-Air-»Bajazzo« dokumentierten. Aber die Leuchtturminstitution steht nur stellvertretend für die Lage aller Theater und Orchester im ärmsten östlichen Flächenland – und die aktuellen Diskussionen um Orchesterfusionen und Sparmaßnahmen spiegeln die Krise der personalintensiven, hoch subventionierten Kultursparte bundesweit.

Die »Entwicklung« der Theater- und Orchesterlandschaft in Mecklenburg-Vorpommern

Seit der Wiedervereinigung wurde die Theater- und Orchesterlandschaft nicht nur in den Neuen Bundesländern immer wieder umstrukturiert, die öffentliche Beteiligung zurückgefahren (Deutsche Orchestervereinigung 2010). In Mecklenburg-Vorpommern führte das beispielsweise im Orchesterbereich zur Auflösung des *Philharmonischen Landesorchesters Mecklenburg* (*Schweriner Philharmonie*) 1992 und des *Orchesters des Landestheaters Mecklenburg* in Neustrelitz 1994; außerdem wurden das *Orchester des Staatlichen Folklore-Ensembles der DDR* in Neustrelitz und das *Staatliche Tanz- und Unterhaltungsorchester Schwerin* abgewickelt.

Das *Vorpommersche Sinfonieorchester Greifswald* und das *Sinfonieorchester des Theaters Stralsund* fusionierten 1994 zum *Philharmonischen Orchester des Theaters Vorpommern*. Insgesamt blieben von acht Orchestern mit 530 Planstellen im Jahr 1991 bis heute vier Orchester mit 292 Planstellen übrig. Der Vorschlag des *Landesrechnungshofs*, weiter zu reduzieren auf zwei Orchester à 70 MusikerInnen, erregt daher die Gemüter: Der Geschäftsführer der *Deutschen Orchestervereinigung*, Gerald Mertens, kritisierte das von der Berliner Unternehmensberatung *Veberas* für den *Landesrechnungshof* erstellte Gutachten Ende 2011 als oberflächlich, die Vorschläge als undurchführbar – der *Landesrechnungshof* habe damit seine Kompetenzen überschritten (Veberas 2011, Deutsche Orchestervereinigung 2011).

Auch die Theater haben schon einiges hinter sich: Regiebetriebe wurden in private Rechtsformen überführt, Personal abgebaut. Das *Volkstheater Rostock* mit dem ältesten Theaterzettel (von 1520) schrumpfte von 700 auf unter 350 MitarbeiterInnen und kommt aus den negativen Schlagzeilen nicht mehr heraus (Bilanzüberschuldung, Neubau, Personalia). Das zweite große Mehrspartenhaus in Schwerin stand trotz Personalabbau (von 640 auf 320) und Betriebseinnahmensteigerung mehrfach vor der Insolvenz. Die Mehrspartentheater in Stralsund und Greifswald wurden 1994 zur *Theater Vorpommern GmbH* fusioniert, der sich 2006 auch das *Bespieltheater Putbus* auf Rügen anschloss. Ein viertes Mehrspartentheater, die *Theater und Orchester GmbH*, entstand 2001 aus der Fusion der *Landestheater Mecklenburg GmbH* in Neustrelitz, der *Neubrandenburger Philharmonie e. V.* und dem *Kammertheater Neubrandenburg e. V.* im Schauspielhaus, dem ältesten Theatergebäude Mecklenburgs (von 1793/94). Das Ballett des Landestheaters war schon 1996 aufgelöst worden. Die *Deutsche Tanzkompanie Neustrelitz*, seit 1991 eine privatrechtliche und gemeinnützige Stiftung, kooperiert mit der *Theater und Orchester GmbH* seit 2009/2010 als *Deutsche Tanzkompanie gGmbH*. Zu Fusionen beziehungsweise Kooperationen gezwungen wurden die Einspartentheater in Parchim (*Mecklenburgisches Landestheater*) und Anklam (*Kinder- und Jugendtheater*, seit 1993 *Vorpommersche Landesbühne GmbH*) sowie die noch übrigen Bespieltheater in Güstrow (*Ernst-Barlach-Theater*) und der Hansestadt Wismar.

Mecklenburg-Vorpommern hat nur eine relativ kleine freie Theaterszene und – trotz hohen ehrenamtlichen Engagements für die Kultur – auch relativ wenig Amateurtheater. Angesichts dessen sind die institutionellen Theater und Orchester ein wichtiges Rückgrat des kulturellen Angebots. Sie werden aber vom Land, das fast nur von Dienstleistungen und (Kultur-)Tourismus lebt, nicht als Wirtschaftsfaktor und potenzielle Innovationsmotoren erkannt, sondern in erster Linie als Zuschussgeschäft und Kostenfaktor gesehen – trotz der beschriebenen Konsolidierungen. Dabei hat sich am Landeszuschuss seit 1994 nichts getan – schlimmer: Die so genannte »Verstetigung« der Landesförderung auf die bisherigen jährlich 35,8 Millionen Euro bis 2020 (also ein Vierteljahrhundert ohne Inflationsausgleich) wird verkauft als Bekenntnis zur Sicherung der Theaterlandschaft auf hohem künstlerischen Niveau, und man droht für 2020 mit dem Ende der bisherigen Beteiligung wegen Auslaufens des Solidarpakts II (Ministerium für Bildung, Wissenschaft und Kultur des Landes Mecklenburg-Vorpommern 2010).

Alle Konzepte des Landes beruhen auf dem finanziellen Argument: Gemessen an der Einwohnerzahl in Mecklenburg-Vorpommern seien die Zuschüsse von Land und Kommunen doppelt so hoch wie in vergleichbaren westdeutschen Flächenländern – mehr könne/wolle sich das Land nicht leisten (Veberas 2011: 6). Da auch die jeweiligen Städte und Gemeinden genauso argumentieren, müssen die Theater sparen, mehr einnehmen oder es droht ihre Schließung.

2008 schlug ein »Eckpunktepapier der Landesregierung zu den künftigen Theater- und Orchesterstrukturen in Mecklenburg-Vorpommern 2010-2020« vor, in zwei Stufen auf zwei Kulturkooperationsräume (rechts und links der Autobahn) hinzuarbeiten (Ministerium für Bildung, Wissenschaft und Kultur des Landes Mecklenburg-Vorpommern 2008). Das wird inzwischen aber als »obsolet« (Veberas 2011: 4) beziehungsweise »gescheitert« (Landtag Mecklenburg-Vorpommern 2012 a: 2) bezeichnet.

2010 setzte der »FAG-Theatererlass 2010-2013« – eine gemeinsame Verwaltungsvorschrift des *Kultur-* und des *Innenministeriums* – eine leistungsbezogenere Verteilung der Mittel aus dem Länderfinanzausgleich um und zwang die Einsparten- und Gastspieltheater zu inzwischen umgesetzten Kooperationen oder Fusionen, da andernfalls eine Mittelkürzung oder -streichung drohte (Ministerium für Bildung, Wissenschaft und Kultur/Finanzministerium des Landes Mecklenburg-Vorpommern 2010).

Die Volksinitiative »Für den Erhalt der Theater- und Orchesterstrukturen in Mecklenburg-Vorpommern«

Nach dem Orchestergutachten des *Landesrechnungshofes* gründeten sechzehn Erstunterzeichner im Dezember 2011 die Volksinitiative »Für den Erhalt der Theater- und Orchesterstrukturen in Mecklenburg-Vorpommern«.[1] Vertreten wurde sie von Anette Uhland, Sängerin am *Theater Vorpommern*, Prof. Hartmut Möller, Musikwissenschaftler an der *Hochschule für Musik und Theater Rostock* und Torsten Koplin, Mitglied des Landtages Mecklenburg-Vorpommern (*Die Linke*). Sie bemängelte: »Kooperationen und Fusionen (...) wurden nicht unter kulturpolitischen und inhaltlich-konzeptionellen, sondern ausnahmslos unter finanziellen Gesichtspunkten gefordert und vorangetrieben« und forderte eine »auskömmliche« finanzielle Unterstützung und die Erarbeitung eines zukunftsfähigen Konzepts im Dialog mit Theatern/Orchestern und Kommunen (Landtag Mecklenburg-Vorpommern 2012 a). Dafür unterschrieben binnen weniger Wochen statt der nötigen 15 000 fast 50 000 Menschen landesweit. Der Antrag wurde in den Landtag eingebracht und im *Ausschuss für Bildung, Kultur und Wissenschaft* sowie im *Finanzausschuss* diskutiert. Am 16. Mai kam es zu einer konstruktiven Expertenanhörung mit Sachverständigen von Bühnen, *Landesrechnungshof*, ausgewählten Landkreisen und der *Deutschen Orchestervereinigung* sowie VertreterInnen der Volksinitiative. Sie erläuterten ihre jeweiligen Standpunkte zur Bedeutung von Theater für Tourismus, Wirtschaft und gegen Rechts (Probleme wie Suchtprävention, für die die sinnstiftende Kultur ebenfalls einen unschätzbaren Beitrag leistet, wurden im Fragenkatalog nicht thematisiert) sowie zu Finanzierung und Fusionen. Während der *Landesrechnungshof* erhebliche Kompromisse (und Fusionen) unumgänglich und eine einvernehmliche Lösung für das ganze Land unmöglich fand, lehnte die *Deutsche Orchestervereinigung* weitere Fusionen aus sachlich-betriebswirtschaftlichen Gründen ab. Einige Theater und die *Deutsche Orchestervereinigung* forderten die Dynamisie-

---

1 Siehe auch die Internetpräsenz der Volksinitiative (www.theater-sind-unverzichtbar.de). Parallel gründete Ralph Reichel, Chefdramaturg des *Schweriner Theaters*, gemeinsam mit Mitarbeitern, Zuschauern und engagierten Menschen aus Schwerin und Umland das Aktionsbündnis »Kulturschutz« (www.theater-schwerin-kulturschutz.de). Dessen Protestaktionen vor Landtag und Rathaus sorgten für Publikum, Medienpräsenz und die Kulturmarke »Kulturmanager des Monats Oktober 2012« der Berliner Sponsoringagentur *Causales*; weitere Aktivitäten flankieren die aktuelle Diskussion.

rung der Landeszuschüsse, zum Teil auch die Aufnahme der Kulturförderung in die Landesverfassung (somit eine Verpflichtung auch der Kommunen). Einig waren sich die VertreterInnen der Theater mit denen der Landkreise in ihrer Forderung nach mehr Zeit für einen gemeinsamen politischen Willensbildungsprozess über ein tragfähiges Zukunftskonzept.

Der letzte Vorhang?

Trotzdem empfahl der *Bildungsausschuss* nach seiner abschließenden Beratung am 6. Juni, die »für ihr Engagement zu würdigende« Volksinitiative abzulehnen, da sie »nur auf den Erhalt der bestehenden Strukturen ziele« (Landtag Mecklenburg-Vorpommern 2012 b). Tatsächlich votierte anschließend auch das Parlament mehrheitlich dagegen, wenn auch das bürgerliche Engagement vom Parlament noch einmal »gewürdigt« wurde.

Das Theater- und Orchesterkonzept der Linken

Als einzige Oppositionspartei hatte *Die Linke* im April 2012 parallel ein eigenes Konzept zur Zukunftssicherung der Theater zur Berücksichtigung im Willensbildungsprozess eingebracht (Landtag Mecklenburg-Vorpommern 2012 c). Darin wurde unter anderem die fehlende Betrachtung von Abfindungszahlungen und volkswirtschaftlichen Gesamtbilanzen in der Orchesterfusionsdiskussion kritisiert und die Gegenfinanzierung des Mehrbedarfs der Theater mit den zu erwartenden und kalkulierbaren Steuermehreinnahmen des Landes (1,21 % der zusätzlichen 321 Mio. Euro) gefordert. Vorgeschlagen wurde ein Drei-Säulen-Modell. Dieses sieht erstens vor, dass das *Mecklenburgische Staatstheater* in die Trägerschaft des Landes übergeht. Derzeit hält die Stadt Schwerin die Mehrheit des Stammkapitals der gGmbH und finanziert ihren Etat jährlich zu rund 30 Prozent (über 40 % kommen über Finanzausgleichsgesetz vom Land). Parallel sollten den anderen Theatern Landeszuschüsse per Vertrag zugesichert werden. Zweitens sollte eine *Landesstiftung Kultur und Tourismus* aus Landesmitteln sowie Erträgen einer Kulturabgabe (Bettensteuer) und Zustiftungen sowie Spenden errichtet werden. Sie sollte ab 2021 neben Tourismus (50 %) und Theatern (25 %) auch Basis- und Soziokultur (25 %) finanzieren. Drittens sollten die Theater die eigenen vorhandenen Konsolidierungspotenziale erschließen.

Obwohl eine nicht nur die Theater unterstützende Landesstiftung, die zudem privatwirtschaftliche und bürgerschaftliche Zustiftungen ermöglicht, eine zukunftsweisende Idee ist, wurde der Antrag klanglos auf der Landtagssitzung am 26. April abgelehnt. Der Grund war das Abweichen von der Standardbeschränkung auf die eingefrorenen Mittel – *Die Linke* hatte die Finanzierung statt von den Kosten einmal von der Leistung (positive wirtschaftliche und politische Effekte) und vom Bedarf (Vier-Standorte-Modell) ausgehend gedacht.

Interesse und Unterstützung der Wirtschaft

Auch die Wirtschaft möchte Kultur nicht als reinen Kostenfaktor sehen: Bereits Anfang 2012 appellierten Kammern, Verbände und Vereine in Westmecklenburg gemeinsam für den Erhalt einer vielfältigen Kulturlandschaft in Mecklenburg-Vorpommern: Kultur rege Innovation, Kreativität und Interdisziplinarität an und mache die Region attraktiv für die Wirtschaft, schaffe also Arbeitsplätze. Gefordert wurden neue Ansätze der Kulturpolitik, ein Kulturentwicklungskonzept und klare Aussagen nebst konkreten Maßnahme- und Zeitplänen zur Umsetzung; die Wirtschaft würde auch weiterhin einen aktiven Beitrag zur Kulturförderung leisten (Industrie- und Handelskammer 2012).

Auf einer Podiumsdiskussion Mitte September in der *IHK Schwerin* wurden neue Ansätze der Kulturpolitik präsentiert, wobei besonders das von Prof. Matthias Theodor Vogt vorgestellte Beispiel Sachsen überzeugte (er bezeichnete übrigens »Format und Geschmack«, also Kultur, als wichtigste Bausteine der Zukunftsfähigkeit des Landes Mecklenburg-Vorpommern). In der Podiumsdiskussion ermutigten die Wirtschaftsvertreter andere Unternehmer, sich stärker für die Kultur zu engagieren, da man gute Erfahrungen damit gesammelt habe. Waldemar Hoppe, Prokurist der *Invest in Mecklenburg-Vorpommern GmbH*, bezeichnete Kultur als klassischen »soften« Standortfaktor, dessen *Unique Selling Proposition* nicht zu messen, der aber unerlässlich zur Ansiedlung von Unternehmen und hochqualifizierten Arbeitskräften sei. Anne Leibold, Geschäftsführerin der *German Pellets GmbH* in Wismar und Vorsitzende des *Freundeskreises des Schweriner Museums*, forderte bessere Rahmenbedingungen für unternehmerische Kulturförderung, verlässliche langfristige kulturpolitische Konzepte über Legislaturperioden hinaus und Planungssicherheit für die Wirtschaft.

Handels- und Handwerkskammern sowie Unternehmen und Initiativen, die im Umfeld der Theater davon leben, wie Tourismus und Gastronomie, gehören zu den Institutionen, die in den Prozess der Neukonzeptionierung der Strukturen und Finanzierung eingebunden gehören.

Die neun Metrum-Modelle

Die Landesregierung führte seit Ende 2011 einen »Dialog« zur Zukunft der Theater- und Orchesterstrukturen, der sich auf die Träger und betroffenen Kulturbetriebe beschränkt und zunächst die Form einer Erhebung einheitlicher Daten über die Finanz- und Personalsituation an den Theatern annahm. Auf Basis dieser von Theatern, Trägern und Freundeskreisen ausgefüllten Fragebögen führte das Beratungsunternehmen *Metrum* im Sommer 2012 Gespräche mit den Theaterleitungen und ermittelte einen Einsparbedarf von rund zwölf Millionen Euro in 2020 gegenüber 2011. Unter Maßgabe der Deckelung der Mittel bis 2020 erarbeitete die Beratung die neun in *Tabelle 1* zusammengefassten Modelle, die als Basis für die weitere Diskussion dienen sollten (Metrum 2012a, Metrum 2012b).

Tabelle 1: Die neun Modelle des Metrum-Gutachtens

Bezeichnung	Kurzbeschreibung
1. Autonomie	Autonomie kommunaler Theater und Orchester (Status quo)
2. Autonomie und Kooperation	Autonome Theater und Orchester kooperieren
3. Staatsoper Mecklenburg	Eine Opernkompanie durch Zusammenlegung der Musiktheatersparten *Volkstheater Rostock* / *Mecklenburgisches Staatstheater Schwerin*
4. Zwei Landesopern	Zwei Opernkompanien durch Zusammenlegung der Musiktheatersparten *Volkstheater Rostock* /*Mecklenburgisches Staatstheater Schwerin* und *Theater Vorpommern GmbH*/*Theater und Orchester GmbH*
5. Staatsoper Mecklenburg-Vorpommern	Eine Opernkompanie durch Zusammenlegung aller Musiktheatersparten im Land
6. Staatstheater Mecklenburg	Zusammenlegung des *Volkstheater Rostock* und des *Mecklenburgisches Staatstheater Schwerin* zu einem Theater
7. Zwei Staatstheater	Zusammenlegung des *Volkstheater Rostock*/*Mecklenburgisches Staatstheater Schwerin* sowie *Theater Vorpommern GmbH*/*Theater und Orchester GmbH*
8. Leuchtturmtheater Mecklenburg	*Volkstheater Rostock* und *Mecklenburgisches Staatstheater Schwerin* werden jeweils Leuchtturmtheater (Erhalt aller Sparten), Neueinstufung der übrigen
9. Leuchtturmtheater Mecklenburg-Vorpommern	*Mecklenburgisches Staatstheater Schwerin* und *Theater Vorpommern GmbH* werden jeweils Leuchtturmtheater (Erhalt aller Sparten), Neueinstufung der übrigen

Quelle: Metrum 2012b: 55

Verkündet wurden die Ergebnisse am 25. September parallel der Öffentlichkeit auf der Landespressekonferenz und Trägern sowie Einrichtungen auf einer geschlossenen Versammlung im Ministerium. Schon tags darauf diskutierte der Landtag bei einer Aktuellen Stunde die neun Modelle, mit teils scharfer Kritik der Oppositionsparteien (Berger 2012) – und seitdem kommen fast täglich neue, mehr oder weniger fundierte Alternativmodelle hinzu (*Tab. 2*). Da die angemessene Darstellung und Diskussion der Vor- und Nachteile der neun (und aller weiteren) Modelle den Rahmen dieses Übersichtsartikels sprengen würde, folgen nun noch, kurz und vorläufig, eine Bewertung des Entscheidungsprozesses und ein Ausblick.

Und weiter?

Eine Betrachtung der nächsten Schritte im Meinungsbildungs- und Entscheidungsprozess und insbesondere der Kommunikationspolitik der Landesregierung ist aufschlussreich und suggeriert eine problematische Grundeinstellung hinsichtlich schlüssiger und nachhaltiger kulturpolitischer Konzeptionen und Leitlinien (die für das Land nicht existieren). Einige wenige Beispiele sollen genügen.[2]

[2] Die in diesem Abschnitt verwendeten Zitate und genannten Unterlagen sind auf www.culture-etc.de/aktuelles/theater-mv-2012 (letzter Zugriff: 27.8.2012) in den Originaltexten nachzulesen beziehungsweise herunterzuladen.

Tabelle 2: Alternativ-Modelle (Auswahl)

›Autoren‹	Kurzbeschreibung	Mehrkosten oder Vorteil
1a. Linke	Stiftung plus Fusion von vier Orchestern des Landes zum Landesorchester Mecklenburg und zum Landesorchester Vorpommern	Mehrkosten: neun, ab 2020 vier Mio. Euro p.a. plus 20 Mio. Stiftungskapital
1b. Linke	Stiftung plus *Mecklenburgisches Staatstheater Schwerin* in Landesträgerschaft, Rest erhalten und Finanzierung um zwei Mio. Euro angehoben	Mehrkosten: neun Mio. Euro p.a. plus Stiftungskapital
2. MST/ Schwerin	*Mecklenburgisches Staatstheater Schwerin* in Landesträgerschaft, *Volkstheater Rostock* Stadttheater und eine Landesbühne Vorpommern oder Modell 6 (optimiert)	Vorteil: Einsparbedarf in Neustrelitz und Neubrandenburg reduzieren
3. Rostock	Modell 1 (Autonomie) mit zusätzlich an die Einwohnerzahl gebundenem Finanzierungsmodell oder Modell 8	–
4. Anklam	Fusion Anklam mit *Theater und Orchester GmbH* zum Landestheater Vorpommern-Strelitz (Leuchtturm)	–

Quelle: Eigene Darstellung auf Basis verschiedener Quellen (siehe Fußnote 2)

Bei Verkündigung der heilsbringenden neun *Metrum*-Modelle Ende September wurde das Ziel vorgegeben, dass die Theater und deren Träger sich in vier bis sechs Wochen einvernehmlich auf eine Vorzugsvariante einigen sollten. Dabei wäre mehr Zeit nötig, damit die demokratisch gewählten Gremien der Theaterträger und Theater die Chance hätten, sich intensiv mit den Vorschlägen und der konkreten Situation vor Ort zu beschäftigen. Entsprechend beschwerte sich der Landrat der Mecklenburgischen Seenplatte, Heiko Kärger, in einem persönlichen Brief über zu enge Fristen (Koslik 2012). Am 10. Oktober beantragte die Landtagsfraktion *Bündnis 90/ Die Grünen*, »von der bisher vorgegebenen Zeitplanung Abstand zu nehmen und bis zum 1. Dezember 2012 einen Zeitplan inkl. Format und Inhalt geplanter Veranstaltungen für diesen Dialog vorzulegen, der die kommunalen Entscheidungsprozesse und dabei insbesondere die Haushaltsberatungen auf kommunaler wie auch auf Landesebene angemessen berücksichtigt«, was am 26. Oktober abgelehnt wurde.

Die von der Landesregierung durchgeführten vier regionalen Workshops mit Trägern und betroffenen Akteuren an den Standorten der Mehrspartentheater, um sich »intensiv über die Modelle aus(zu)tauschen«, fanden am 18. und 19. Oktober zum Teil parallel statt, was einer gütlichen landesübergreifenden Einigung entgegensteht. Nachdem sich die Theatervertreter auf einem Krisengipfel in Rostock im September dazu entschlossen hatten, zusammenzurücken, führen zwei Taktiken der Landesregierung wieder zu einem Verteilungskampf der Theater untereinander. Zum einen wird mit dem Entzug von Zuschüssen gedroht: So wollte Bildungsminister Brodkorb »darüber nachdenken, die Finanzausgleichsgesetz-Zuweisungen neu zu organisieren, um einen Anreiz zu setzen«, sollten sich die Theater-Träger nicht einigen.

Zweitens beschränkt man sich eisern auf die neun *Metrum*-Modelle. Der Antrag der *Linksfraktion* vom 11. Oktober hatte eine öffentliche Anhörung zum Inhalt, die auch alternative Modelle (wie die zwei wieder eingebrachten Varianten des *Linke*-Konzepts vom Frühjahr) diskutiert – wurde aber wieder von der Koalition abgelehnt. Gleichzeitig will man auch nicht von der Deckelung der Landeszuschüsse abweichen: Der abgelehnte Antrag der *Grünen* forderte auch, »eine mögliche Erhöhung der Landesförderung für die Jahre bis 2020 in den Dialog- und Prüfungsprozess mit einzubeziehen«.

Vom 5. bis 30. Oktober lud das Ministerium alle Interessierten, also erstmals auch die Bürger ein, online über die neun Modelle abzustimmen (Alternativen waren nicht vorgesehen). Nicht nur aufgrund der fehlenden Blockierung von Mehrfachabstimmungen wurde diese Befragung allseits mit Häme aufgenommen: »gelinde gesagt – extrem ungeeignet, um nicht zu sagen schwachsinnig« (Chef der *Deutschen Orchestervereinigung* Mertens), »Rohrkrepierer« (*Schweriner Volkszeitung*), »Posse« und »ein Witz – auf Kosten der Kultur« (*Die Deutsche Bühne*), »Die Wahl zwischen Pest und Cholera« (*Grüne*), »reines Blendwerk« (*Linke*). Brodkorb verteidigte sich zwar damit, dass ein wichtiges »Stimmungsbild« entstünde – aber was ist ein solches, wissenschaftlich völlig unhaltbares und der Komplexität der Angelegenheit völlig unangemessenes Verfahren wert, wenn gleichzeitig das Votum von 50 000 Unterzeichnenden ignoriert wird? Eine adäquate Beteiligung der Steuerzahler wäre dabei höchst notwendig, wenn man relevante und nachhaltige Theater im Lande erhalten möchte.

Der letzte Vorhang?

Literatur

Berger, Ulrike (2012): »Theatermodelle verschleiern die Entscheidung für Kulturabbau«, Pressemitteilung 258/2012, 26.9.2012, siehe unter: http://gruene-fraktion-mv.de/startseite/volltext-startseite/article/2582012_theatermodelle_verschleiern_die_entscheidung_fuer_kulturabbau (letzter Zugriff: 25.10.2012)

Deutsche Orchestervereinigung (2011): »Landesrechnungshof Schwerin in der Kritik«, Pressemitteilung vom 6.12.2011, siehe unter: www.dov.org/Newsreader/items/Landesrechnungshof_Schwerin_in_der_Kritik.html (letzter Zugriff: 28.08.2012)

Deutsche Orchestervereinigung (2010): »Rechts- und Betriebsformänderungen, Auflösungen und Fusionen deutscher Kulturorchester seit der Wiedervereinigung«, siehe unter: www.miz.org/intern/uploads/statistik95.pdf (letzter Zugriff: 28.8.2012)

Industrie- und Handelskammer zu Schwerin (2012): »Appell der Wirtschaft zum Erhalt der Kulturlandschaft in MV«, in: *Wirtschaftskompass* 04/2012: S. 8, siehe unter: http://ihkzuschwerin.de/ihksn/Medien/Dokumente/PR/2012_ Appell_Wirtschaft_KulturlandschaftMV.pdf (letzter Zugriff: 25.10.2012)

Koslik, Max-Stefan (2012): »Landrat kontra Bildungsminister«, in: *Schweriner Volkszeitung*, 12.10.12

Landtag Mecklenburg-Vorpommern (2012a): »Antrag der Volksinitiative gemäß Artikel 59 der Verfassung des Landes Mecklenburg-Vorpommern ›Für den Erhalt der Theater- und Orchesterstrukturen in Mecklenburg-Vorpommern‹«, *Drucksache* 6/535, siehe unter: www.landtag-mv.de/fileadmin/media/Bilder/Landtag/Fraktionen/Drs06-0535_01.pdf (letzter Zugriff: 28.8.2012)

Landtag Mecklenburg-Vorpommern (2012b): »Beschlussempfehlung und Bericht des Ausschusses für Bildung, Wissenschaft und Kultur« (7. Ausschuss), *Drucksache* 6/841, siehe unter: www.landtag-mv.de/fileadmin/media/Dokumente/Parlamentsdokumente/Drucksachen/6_Wahlperiode/D06-0000/Drs06- 0841.pdf (letzter Zugriff: 28.8.2012)

Landtag Mecklenburg-Vorpommern (2012c): »Antrag der Fraktion Die Linke. Konzept zur Zukunftssicherung der Theater und Orchester in Mecklenburg-Vorpommern«, Drucksache 6/572, siehe unter: www.landtag-mv.de/fileadmin/media/Dokumente/Parlamentsdokumente/Drucksachen/6_Wahlperiode/D06-0000/Drs06-0572.pdf (letzter Zugriff: 28.8.2012)

Landtag Mecklenburg-Vorpommern (2011): *Koalitionsvereinbarung zwischen SPD und CDU Mecklenburg-Vorpommern für die 6. Wahlperiode 2011–2016*, Punkt 232: S. 40, siehe unter: http://service.mvnet.de/_php/download.php?datei_id=47762 (letzter Zugriff: 28.8.2012)

Metrum Managementberatung (2012 a): *Modelle zur Weiterentwicklung der Theater- und Orchesterstrukturen in Mecklenburg-Vorpommern. Zusammenfassung des Abschlussberichts*, siehe unter: http://service.mvnet.de/_php/download.php?datei_id=62652 (letzter Zugriff: 25.10.2012)

Metrum Managementberatung (2012 b): *Erarbeitung von Modellen zur Weiterentwicklung der Theater- und Orchesterstrukturen in Mecklenburg-Vorpommern. Abschlussbericht*, siehe unter: http://service.mvnet.de/_php/download.php?datei_id=62653 (letzter Zugriff: 25.10.2012)

Ministerium für Bildung, Wissenschaft und Kultur des Landes Mecklenburg-Vorpommern (2012): *Vergabemodalitäten für die Erarbeitung von Modellen zur Weiterentwicklung der Theater- und Orchesterstrukturen in Mecklenburg-Vorpommern*, Ausschreibung vom 24.4.2012, siehe unter: http://service.mvnet.de/_php/download.php?datei_id=54635 (letzter Zugriff: 28.8.2012)

Ministerium für Bildung, Wissenschaft und Kultur des Landes Mecklenburg-Vorpommern (2010). »Minister Tesch: Finanzierung der Theater und Orchester durch das Land weiterhin sicher – Kabinett verabschiedet FAG-Theatererlass«, Pressemitteilung Nr. 091-10 – 01.06.2010, siehe unter: www.regierung-mv.de/cms2/Regierungsportal_prod/Regierungsportal/de/bm/_Service/Presse/Aktuelle_Pressemitteilungen/index.jsp?&pid=19874 (letzter Zugriff: 28.8.2012)

Ministerium für Bildung, Wissenschaft und Kultur des Landes Mecklenburg-Vorpommern (2008): »Diskussions- und Eckpunktepapier der Landesregierung zur Weiterentwicklung der Theater- und Orchesterstrukturen in Mecklenburg-Vorpommern 2010-2020«, siehe unter: http://service.mvnet.de/_php/download.php?datei_id=3745 (letzter Zugriff: 28.8.2012)

Ministerium für Bildung, Wissenschaft und Kultur/Finanzministerium des Landes Mecklenburg-Vorpommern (2010): »Gemeinsame Verwaltungsvorschrift (...) zu Zuweisungen für Theater und Orchester nach § 19 des Finanzausgleichsgesetzes Mecklenburg-Vorpommern für die Jahre 2010 bis 2013 (FAG-Theatererlass 2010 bis 2013)«, siehe unter: http://service.Mvnet.de/_php/download.php?datei_id=21370 (letzter Zugriff: 28.8.2012)

Veberas Consulting GmbH (2011): *Bericht. Wirtschaftliche Kennzahlen und Strukturdaten aller Mehrspartentheater in Mecklenburg-Vorpommern*, siehe unter: www.lrh-mv.de/land-mv/LRH_prod/LRH/Veroeffentlichungen/Jahres-_und_Sonderberichte/Sonderberichte_und_Nachtraege_zu_den_Jahresberichten/Kurzgutachten_Mehrspartentheater.pdf (letzter Zugriff: 28.8.2012)

Wikom Wirtschaftsprüfungsgesellschaft AG (2012): *Sanierungskonzept für die Mecklenburgisches Staatstheater Schwerin gGmbH*. Ausfertigung vom 5. März 2012, siehe unter: http://bis.schwerin.de/vo0050.php?__kvonr=3832&search=1 (letzter Zugriff: 29.8.2012)

Christoph Weckerle

Kulturpolitik Schweiz –
Aktuelle Feinjustierungen an einer etablierten Konstellation

Die Kulturpolitik der Schweiz ist in hohem Maß durch den Föderalismus geprägt. Sowohl die Ressourcen als auch die Entscheidungsmechanismen sind primär in den Kantonen und Städten verortet. Verstärkt werden die dezentralen Mechanismen durch das Prinzip der Subsidiarität, welches dem privaten Engagement eine wichtige Rolle zuschreibt. Der Bund spielt in vielen Bereichen eine untergeordnete Rolle, seine beschränkten Aktivitäten sind auf klar bestimmte Felder ausgerichtet.

Ein solches System motiviert bestimmte Verhaltensweisen und führt zu Ergebnissen, welche überzeugende und weniger überzeugende Seiten aufweisen.

Durch das 2011 in Kraft getretene Kulturförderungsgesetz sind – noch in schwacher Ausprägung – neue Entwicklungen erkennbar. Es stellt sich die Frage, ob und allenfalls wie diese im positiven Sinn auf das erfolgreich etablierte System wirken können.

Einstieg: Statistischer Überblick

Die auffälligsten Spezifika der Kulturfinanzierung sollen einleitend zur Charakterisierung der Schweizer Kulturpolitik erläutert und anhand ausgewählter Eckdaten und Indikatoren ausgeführt werden (siehe *Tabelle 1*).

Tabelle 1: *Kulturausgaben der Öffentlichen Hand in der Schweiz; wichtigste Indikatoren* [1]

	2008	2009
Kulturausgaben (in Mio. Franken)	2 307,7	2 433,0
Gemeinden	1 121,8	1 172,0
Kantone[2]	929,1	995,8
Bund	256,8	265,2
in Prozent der gesamten Kulturausgaben	100	100
Gemeinden	48,6	48,2
Kantone[2]	40,3	40,9
Bund	11,1	10,9
in Prozent der Gesamtausgaben der öffentlichen Gemeinwesen	1,5	1,7
Gemeinden	3,1	3,1
Kantone[2]	1,9	2
Bund	0,4	0,5
in Franken pro Einwohner/in	299	312
Gemeinden	145	150
Kantone[2]	120	128
Bund	33	34
in Prozent des BIP	0,4	0,5

[1] Ohne Doppelzählungen. Der Sport, die Freizeit und die Kirche sind nicht berücksichtigt; [2] Die Beträge aus den Lotterien sind in den Ausgaben der Kantone enthalten. *Quelle*: Bundesamt für Statistik 2012 (siehe unter: www.bfs.admin.ch)

Sichtbar werden die Spezifika eines Landes, welches mit Ausgaben pro Kopf von 312 Schweizer Franken (1 Euro = CHF 1,2) für das Jahr 2009 über eine solide finanzielle Grundlage verfügt, und welches eine stark föderalistische Praxis pflegt: Knapp 50 Prozent der Ausgaben für kulturelle Zwecke der Öffentlichen Hand stammen im Jahr 2009 von den Gemeinden, rund 40 Prozent von den Kantonen und gut zehn Prozent schließlich vom Bund. In Bezug gesetzt zu den gesamten Ausgaben der Öffentlichen Hand, geben die Gemeinden drei Prozent ihres Etats für Kultur aus, die Kantone deren zwei Prozent, der Bund noch 0,5 Prozent.

Ergänzen muss man die statistische Kurzübersicht mit dem Hinweis, dass die Schweiz über eine ausgeprägte Stiftungstradition verfügt. Gemäß »Schweizer Stiftungsreport« (Schurbein u. a. 2012) wurden 2011 in der Schweiz über 12 500 gemeinnützige Stiftungen gezählt. Die Zahl der Neugründungen lag bei über 350. Die höchste Stiftungsdichte weist dabei die Stadt Basel mit rund 46 Stiftungen auf 10 000 Einwohner auf. Das gesamte Schweizer Stiftungsvermögen wird auf rund 70 Milliarden Franken geschätzt.

Man geht davon aus, dass pro Jahr rund 1,5 Milliarden Franken für gemeinnützige Zwecke ausgeschüttet werden. Der Anteil für kulturelle Zweckbestimmungen wird – je nach Kulturbegriff – bei etwa 30 Prozent geschätzt.

Zum ebenfalls ausgeprägten Engagement von privaten Sponsoren im Bereich Kultur liegen keine neueren Zahlen vor. Eine Studie aus dem Jahr 2003 (Bundesamt für Statistik) beziffert den Betrag mit über 300 Millionen Franken. Dies bedeutet, dass sowohl die Stiftungen als auch die privaten Sponsoren je mehr Geld für die Kultur ausgeben als dies der Bund tut.

Nebst dem Engagement der Stiftungen kennt die Schweiz – sicherlich auch aufgrund ihrer föderalistisch-subsidiären Tradition – eine ausgeprägte Praxis der Freiwilligenarbeit. So übten gemäß der Schweizerischen Arbeitskräfteerhebung (Bundesamt für Statistik 2011) im Jahr 2010 rund 33 Prozent der Wohnbevölkerung ab 15 Jahren mindestens eine institutionalisierte oder informelle Freiwilligenarbeit aus. Dabei steht das Engagement in kulturellen Vereinen im Bereich der institutionalisierten Freiwilligenarbeit nach dem Sport an zweiter Stelle.

Und nicht zuletzt gilt es in einer statistischen Kurzübersicht zur Schweiz darauf hinzuweisen, dass die Kulturausgaben der fünf größten Städte der Schweiz (Zürich, Basel, Genf, Bern, Lausanne) bereits rund 50 Prozent der öffentlichen Kulturausgaben der Schweiz ausmachen, dass die Ausgaben pro Kopf je nach Region stark schwanken – weniger als 100 Franken im Kanton Schwyz und über 750 Franken im Kanton Basel-Stadt – oder dass das oben dargestellte Verhältnis von 46 Stiftungen pro 10 000 Einwohner im Kanton Aargau bei weniger als einem Fünftel zu liegen kommt.

Stand der Dinge

Zusammenfassend geben die Daten und Kommentare der Einleitung das Bild einer ausgeprägten föderalistischen, dezentralen Tradition und eines subsidiären Grundverständnisses bezüglich des Politikfeldes Kultur wieder. Sichtbar werden zudem große regionale Unterschiede.

Die Schweiz kann folglich nicht als Land der übergeordneten (nationalen) Programme beschrieben werden. Wenn drei und teilweise gar vier Sprach- beziehungsweise Kulturtraditionen in einem System abgebildet werden müssen, so bleibt oft das pragmatische Vorgehen. In der Bundesverfassung heißt es daher im Artikel 69 zur Kultur im ersten Absatz: »Für den Bereich der Kultur sind die Kantone zuständig.«

Jedoch auch auf der Ebene der Kantone und Städte – also rund 90 Prozent der öffentlichen Kulturausgaben der Schweiz – bietet sich kaum ein anderes Bild. Die Homepages der *Städtekonferenz Kultur* (*SKK*) und der *Konferenz der kantonalen Kulturbeauftragten* (*KBK*) können hier als einfacher Indikator für deren Aktivitäten dienen: Mitglieder der *SKK* können (auf freiwilliger Basis) Gemeinden mit mehr als 10 000 Einwohnern werden, die im Kulturbereich Zentrumsfunktion wahrnehmen und Kulturförderung auf professionellem Niveau betreiben wollen. Orientierung bieten die Thesen der *SKK* aus dem Jahr 1982, welche im Jahr 2006 überarbeitet wurden. Neueren Datums sind Stellungnahmen zu kulturpolitischen Prozessen aus den Jahren 2010 und 2011. Außerdem stehen Künstlern der Mitgliedsstädte der *SKK* drei Auslandsateliers zur Verfügung.

Noch knapper hält es die *KBK*. Das Gremium stellt die Koordination in Vollzugsfragen und den fachlichen Austausch zwischen den Kantonen sicher. Zudem prüft es Anliegen und Gesuche von gesamtschweizerischer Bedeutung, richtet Empfehlungen an die Kantone und berät politische Gremien. Zum Download bereit stehen hier die Statuten und die Richtlinien zum Verfahren bei Finanzierungsgesuchen.

Die Dynamik der Städte und Kantone wird in der Schweiz nicht über koordinierende Gremien und gemeinsame Interessen erzeugt; auch hier wird wenig Energie in übergeordnete Konzepte gesteckt.

Ein System, welches Schwerpunkte dezentral setzen kann, überzeugt auf vielen Ebenen. Erwähnt seien hier stellvertretend die Dimensionen der Prozesse, der Inhalte und der Wirkung:

Die Prozesse der multiplen Supportstrukturen sind im Vergleich zu anderen europäischen Ländern unbürokratisch und werden vergleichsweise rasch und effizient abgewickelt. Ein Antragsteller verbringt bis zum positiven oder negativen Bescheid weniger Stunden mit der Gesuchstellung als andernorts und verhandelt mit kompetenten Personen vor Ort.

Projekte werden weniger an übergeordneten Richtlinien gemessen als vielmehr an spezifischen Anforderungen und Bedürfnissen. Es gelingt so erstaunlich oft, innovativen Ideen zum Durchbruch zu verhelfen.

Die Maßnahmen, welche zur Unterstützung von KünstlerInnen entwickelt werden, orientieren sich an deren Realität. Die dezentrale Optik ermöglicht eine hohe Passgenauigkeit und erzielt somit eine nachhaltige Wirkung.

Ein solches System hat jedoch immer auch eine zweite Seite. Die andere Leseart des Kleinteiligen, Direkten und Spezifischen heißt Verzettelung und bisweilen Orientierungslosigkeit. Wer in der Schweiz Kunst auch als Politikfeld verstanden haben möchte, welches über einzelne Projekte hinaus zukunftsorientiert Themenfelder besetzt, der wird oft enttäuscht. Immer wieder ziehen relevante Debatten unbemerkt vorbei. So etwa geschehen mit den Feldern Kultur- und Kreativwirtschaft oder Kunstvermittlung, die in der Schweiz lediglich vereinzelt und erst dann diskutiert wurden, als andere Länder wichtige Positionen bereits bezogen hatten.

Vielschichtige und diversifizierte Supportstrukturen können auch bedeuten, dass staatliches Engagement in neuen Feldern immer nur dann zustande kommt, wenn eine private Institution dazu den Anschub geleistet hat. Dies kann sowohl auf der Ebene der Inhalte als auch auf der Ebene der Ressourcen zu einem eher passiven Verhalten seitens der Politik führen.

Selten konzipiert und produziert ein solches System breit angelegte Projekte. Wenn Ressourcen eher nicht gebündelt, wenn Prozesse eher nicht abgestimmt werden, so ist die konzertierte Anstrengung im Hinblick auf ein gemeinsam definiertes Ziel hin eher die Ausnahme und in jedem Fall immer komplex.

Die Aktualität und Relevanz solcher grundsätzlichen Fragen der Kulturförderung in der Schweiz zeigt exemplarisch eine Debatte, die zur Filmförderungspolitik entbrannt ist und die für die Museumslandschaft strukturell bedingt ansteht und anhand der die unterschiedlichen Herausforderungen für die Ebenen von Bund, Kantonen und Städten aufgezeigt werden soll.

Kulturpolitik Schweiz – Aktuelle Feinjustierungen an einer etablierten Konstellation

Die nachfolgende Tabelle (*Tabelle 2*) vergleicht den Marktanteil einheimischer Filme der Schweiz mit ausgewählten europäischen Ländern, die über eine etablierte Filmförderung verfügen.

Tabelle 2: Marktanteil einheimischer Filme der Schweiz im Vergleich mit ausgewählten europäischen Ländern

	Anzahl einheimischer Filme	Heimmarktanteil in Prozent
Dänemark	36	28,0
Norwegen	45	24,5
Niederlande	48	21,9
Schweden	38	19,8
Finnland	32	17,0
Island	13	9,3
Schweiz	83	4,4

Quelle: Procinema/Screen International (zitiert nach: *NZZ am Sonntag*, 29.7.2012)

Die Schweiz produziert demnach vergleichsweise viele Filme bei einem vergleichsweise geringen Heimmarktanteil. Ob die oben dargelegte typische Schweizer Vielfalt in der Kulturförderung auch für den Filmmarkt angebracht ist, wird unter Förderinstitutionen und Politikern zurzeit intensiv diskutiert – zumal ja das Interesse des Schweizer Publikums an Schweizer Filmen eher beschränkt zu sein scheint. Positionen, welche den *künstlerisch wertvollen* Film in den Vordergrund stellen, treffen auf Aussagen, wonach ein Film für ein Publikum produziert wird, und dass selbst ein *künstlerisch wertvoller* Film nicht förderungswürdig ist, wenn sich niemand dafür interessiert. Eine dritte Position ist erkennbar, welche darauf hinweist, dass die kulturpolitischen Herausforderungen im Filmmarkt nicht beim Marktanteil des einheimischen Films liegen, sondern dass Antworten auf Herausforderungen wie Digitalisierung oder Globalisierung anstehen: nämlich wie der Film zum Kunden kommt, wie Schweizer Filme auf Video-on-Demand-Plattformen positioniert werden. Im Hintergrund – jedoch nicht weniger bedeutsam – schwelt zudem ein Konflikt, ob die Filmausbildung im Rahmen eines gesamtschweizerischen Netzwerkes organisiert werden soll, föderalistisch also, oder ob sie nicht an einem Ort wie Zürich, der nahezu die gesamte Filmwirtschaft der Schweiz vereint, konzentriert werden soll.

Man fragt sich, weshalb niemand einen Prozess lanciert, der Kriterien zur Beurteilung einer erfolgreichen Filmförderung in der Schweiz entwickelt, und so einen Ausgangspunkt für die anspruchsvolle Diskussion definiert. Die Grundprinzipien der Evaluation im Kultur- und Bildungsbereich lehren, dass diese Kriterien von *Peers*, beispielsweise von Vertretern ausländischer Förderagenturen, entwickelt und anschließend von Schweizer Institutionen angewendet werden sollten. Da jedoch nicht klar ist, wer denn diesen Prozess lancieren soll – der Akteure sind viele, die Ressourcen liegen auf unterschiedlichen Ebenen, die Kompetenzen sind verteilt, Maßnahmen beschränken sich in der Regel auf das Zurverfügungstellen von Rahmenbedingungen – erstaunt es kaum, wenn nichts dergleichen passiert.

Nebst der Filmförderung zeigt ein Blick auf die Museumslandschaft in der Schweiz strukturell ähnliche Herausforderungen. Mit gut 1 100 Museen verfügt die Schweiz über eine der höchsten Museumsdichten der Welt. Ein Blick in die Statistik (siehe: www.museums.ch) zeigt, dass 36 Prozent der Museen der Schweiz so genannte regionale und lokale Museen sind. 18 Prozent sind so genannte thematische Museen, welche sich in der Regel ebenfalls an den Interessen eines mehr oder weniger lokal verankerten Sammlers orientieren. Die regionalen und lokalen Museen vereinen rund fünf Prozent der Eintritte, die thematischen Museen rund zehn Prozent. Ein Phänomen folglich, welches weiter oben beim Heimmarktanteil der Schweizer Filme bereits sichtbar wurde. Die Vielzahl von Museen entspricht zwar den föderalistischen Strukturen und bildet die kleinteiligen regionalen Verhältnisse ab, befriedigt jedoch nicht mehr wirklich die Interessen des Museumsbesuchers des 21. Jahrhunderts.

Es stellen sich immer dringender Fragen, wie man diese vielen kleinen Häuser – öffentliche und private – gegenüber den großen, international agierenden Institutionen positioniert, um weiterhin eine interessante Museumslandschaft zu garantieren. Es müssten Ansätze diskutiert werden, welche die einzelnen Lokalmuseen aus ihrer Isolation in ein strukturelles und thematisches Netzwerk überführen, und nicht zuletzt müsste wohl eine Debatte zu zukunftsfähigen Sammlungsstrategien lanciert werden, welche neueren Phänomenen – oftmals immaterieller Natur – im Schweizer Föderalismus gerecht werden. Ob eine national verordnete Museumsstrategie sich nachhaltig mit diesen Herausforderung beschäftigen kann, ist fraglich. Ebenso deutlich wird jedoch, dass die lokalen Strukturen hierbei überfordert sind.

Vielleicht vermag eine neue Entwicklung, die der Bund im Rahmen der Umsetzung des seit 2011 in Kraft gesetzten Kulturförderungsgesetzes definiert hat, dafür einen Lösungsansatz bieten. Zum ersten Mal wurden für die Jahre 2012 bis 2015 für die Bereiche des Bundes längerfristige Ansätze definiert. Von besonderem Interesse für den Fokus dieses Artikels ist das Kernziel *Kulturdialog*. Die Vereinbarung hat namentlich zum Ziel, eine allgemeine kulturpolitische Debatte zu fördern, die Zusammenarbeit zwischen den Staatsebenen zu verstärken, den Informationsaustausch zu verbessern und die Tätigkeiten der verschiedenen Staatsebenen besser aufeinander abzustimmen.

Ausblick: Neue Governance-Strukturen?

Steht die Schweiz vor einem Paradigmenwechsel? Werden die Gewichte nun von den Städten und Kantonen hin zum Bund verschoben? Wird die auf den ersten Blick etwas chaotisch anmutende, jedoch sehr effiziente Landschaft der Kulturförderung nun zugunsten eines stringenteren und nachvollziehbareren Systems verändert? Die Vorteile des aktuellen Systems sind zu groß und die entsprechenden gesetzgeberischen Kompetenzen des Bundes dafür gar nicht vorhanden. Dennoch ist der Moment gut gewählt, darüber nachzudenken, wie das bestehende System optimiert werden könnte.

Dabei wäre erstens die Frage zu klären, wo es denn so etwas wie eine übergeordneten Ebene überhaupt braucht, ob sich Kulturpolitik nicht primär lokal und global abspielt und eine nationale Ebene nicht mehr benötigt wird. Weiter oben haben wir am Beispiel der Filmförderung und der Museumslandschaft aufgezeigt, dass Gesamtbetrachtungen hilfreich sein können. Versteht man Kulturpolitik als mehr als lediglich Kultur- oder Kunstförderung, so finden sich rund um die Bereiche Digitalisierung, Globalisierung und das Verhältnis des Künstlers zu Markt und Gesellschaft viele weitere Felder, wo Absprachen und längerfristige Planungen durchaus sinnvoll sind.

Eine zentrale Bedingung für einen solchen *Kulturdialog* wäre zweitens die Bestimmung eines gemeinsamen Erfolgsmodells (Grand/Bartl 2011): Damit verbunden wären Antworten auf die Fragen nach einer von Bund, Kantonen und Gemeinden getragenen Definition von Erfolg kulturpolitischer Maßnahmen, nach den Voraussetzungen, welche dazu notwendig sind, nach den Ressourcen, welche dafür benötigt werden und nach der Rolle, welche die beteiligten Akteure zu spielen haben.

Ist das Erfolgsmodell definiert, wäre drittens die Frage der Steuerung (Lange 2009) des Prozesses zu klären: Mit wenigen Ausnahmen praktiziert die Schweiz zwischen Städten, Kantonen und Bund im Bereich Kultur primär das Prinzip des *Self-Governance*. Überzeugt, dass das System dann effizient funktioniert, wenn die Zuständigkeiten nah bei den handelnden Akteuren liegen, und dass Kooperation und Abstimmung dann sinnvoll ist, wenn es aus der eigenen Perspektive Sinn macht, hat sich die aktuelle Praxis entwickelt. Dass dies mehr als lediglich situatives Handeln meint, zeigt etwa der Kulturlastenausgleich zwischen den Kantonen Zürich und Luzern und den umliegenden Kantonen: Die Kultureinrichtungen der Kantone Zürich und Luzern sind von überregionaler Bedeutung. Die im Jahr 2010 in Kraft getretene interkantonale Vereinbarung ermöglicht, dass diese beiden Standortkantone von umliegenden Kantonen gemäß deren Mitbenutzung finanziell entlastet werden. Dieser interkantonale Kulturlastenausgleich führt dazu, dass Zürich jährlich mit rund acht Millionen und Luzern mit rund vier Millionen Schweizer Franken entschädigt werden. Das Prinzip ist neu für die Schweiz, wurde regional entwickelt und könnte von anderen Standortkantonen kopiert werden.

Als Alternativen zum *Self-Governance* bieten sich hierarchische Formen des *Governance* an, welche internationales (Kultur-)Marketing und andere übergreifende Handlungsstrategien ermöglichen würden. Da dies für die Schweiz jedoch kaum von Relevanz sein dürfte, scheint die interessante Form diejenige der *Co-Governance* zu sein. Dabei gilt es eine Praxis zu entwickeln, welche die Prinzipien des *Self-Governance* weiterhin ermöglicht und fallweise um übergeordnete Aspekte erweitert. Dies verlangt von den Akteuren der Kulturpolitik der Städte, der Kantone und des Bundes auf der Grundlage gegenseitigen Vertrauens flexible Handlungsmuster, welche basierend auf einer gemeinsam entwickelten Erfolgsdefinition unter anderem langfristige und kurzfristige Ziele, Aspekte der Image- und der Kulturförderung, institutionelle und individuelle Kriterien zu integrieren vermag.

Die Lösung könnte demnach in einer intelligenten Form des *Governance* liegen, welche die Vorteile des föderalistisch geprägten Zugangs nutzt, um diesen zukunftsfähig zu machen.

Wenn hier exemplarisch die Filmförderung und die Museumslandschaft näher beschrieben wurden, so ist Handlungsbedarf in weit mehr Feldern erkennbar. Es wäre beispielsweise auch die Diskrepanz zwischen der in hohem Maß immateriellen Wertschöpfung der Schweiz und weitgehend fehlender Überlegungen zum Branchenkomplex der Kreativwirtschaft ebenso zu thematisieren wie eine Professionalisierung der Kulturvermittlungsdebatte.

Es wird interessant sein, diese junge Initiative des Bundes weiter zu verfolgen. Erfolgreich wird der *Kulturdialog* dann sein, wenn eine Diskussionsebene definiert wird, auf der sich die Akteure des Bundes, der Kantone und der Städte zu Themenkomplexen treffen, welche gemeinsam erfolgreicher behandelt werden können als alleine und dies mit einem Fokus, der in die Zukunft gerichtet ist. Dazu wird es nötig sein, Erfolgsfaktoren der Kulturpolitik der verschiedenen Ebenen der Schweiz zu benennen und, wo nötig, abzustimmen.

Literatur

Bundesamt für Statistik (Hrsg.) (2003): *Kulturfinanzierung durch die Unternehmen. Erhebung über die Kulturausgaben der Unternehmen in der Schweiz im Jahr 2001*, Neuchâtel: Selbstverlag

Bundesamt für Statistik (Hrsg.) (2011): *Freiwilligenarbeit in der Schweiz 2010*, Neuchâtel: Selbstverlag

Grand, Simon/Bartl, Daniel (2011): *Executive Management in der Praxis*, Frankfurt am Main: Campus

Lange, Bastian u. a. (Hrsg.) (2009): *Governance in der Kreativwirtschaft*, Bielefeld: transcript Verlag

Schnurbein, Georg von/Eckhardt, Beate/Jakob, Dominique (2012): *Der Schweizer Stiftungsreport 2012*: Basel: Universität Basel, Centre for Philanthropy Studies (CEPS) (CEPS Forschung und Praxis Band 06)

Michael Wimmer

Kulturkonzeptionelle Trends in Österreich: Die Macht des Betriebes ist die Ohnmacht der Politik

Als ich die Einladung erhielt, einen Beitrag zu den gegenwärtigen Trends von konzeptgestützter und planvoller Kulturpolitik aus österreichischer Sicht beizusteuern, war ich in Versuchung, mit der Übermittlung einiger leerer Seiten zu antworten. Meine diesbezüglichen Ambitionen wurden auch nicht schwächer nach Rücksprache bei einem Spitzenbeamten des österreichischen *Bundesministeriums für Unterricht, Kunst und Kultur*, der auch nach insistierendem Nachfragen meinerseits keinerlei Belege für eine konzeptiv ausgerichtete Kulturpolitik beizubringen vermochte.

Wenn ich nunmehr doch die Herausforderung annehme, die ursprünglich leeren Seiten mit Text zu füllen, dann tue ich es in erster Linie mit der Absicht, Gründe dafür zu benennen, warum es gerade in einem kulturaffinen Kontext – immerhin wird Österreich mit seiner herausragenden infrastrukturellen Ausstattung gerne als kulturstaatlicher Ausnahmefall hochstilisiert – besonders schwer fällt, eine kulturpolitisch gestalterische Handschrift zu entwickeln.

Es ist ja nicht so, dass keine diesbezüglichen Versuche unternommen worden wären. Der letzte liegt freilich schon 15 Jahre zurück und wurde vom damaligen sozialdemokratischen Bundeskanzler Viktor Klima, der zuvor als »Kunstkanzler« Kunst und ihre kulturpolitische Behandlung sogar zur Chefsache erklärt hatte, initiiert. Dazu lud er eine Reihe von ExpertInnen zu einem breit angelegten Beratungsprozess ein, dessen Ergebnisse in Form eines »Weißbuches – Zur Reform der Kulturpolitik in Österreich« (Republik Österreich 1999) veröffentlicht wurden. Freilich gerieten diese bereits wenige Monate später angesichts geänderter politischer Mehrheiten in Vergessenheit.

Wenn sich für die folgenden, von konservativ-rechtspopulistisch geprägten Regierungen ab dem Beginn der 2000er Jahre ein spezifisches kulturpolitisches Konzept ausmachen lässt, so hat dies der damalige Parlamentspräsident Andreas Khol in seinem Buch »Die Wende ist geglückt« (2001) so charakterisiert: Vorrangiges kulturpolitisches Anliegen sei »die Brechung der linken und grünen Kulturhegemonie«. Noch deutlicher wurde der führende Kopf der immer wieder hart am Rechtsextremismus vorbeischrammenden Freiheitlichen Partei Jörg Haider, der die Leitlinien für die Kulturpolitik anlässlich einer seiner Aschermittwochsreden so formulierte: »Die Hand, die füttert, beißt man nicht« (2000).

Mit der Wiederauflage einer sozialdemokratisch-konservativen Koalition im Jahr 2006 lebten die Hoffnungen auf ein Ende unmittelbar politischer Instrumentalisierungsversuche wieder auf. Diese waren zuvor darauf gerichtet, den Kulturbetrieb für die Legitimation des eigenen Regierungsanspruchs zu nutzen, zugleich von politischen KritikerInnen zu säubern und so auf Linie zu bringen. Nach ihrem zweiten Anlauf zur Bildung eines Regierungsbündnisses 2008 versuchte die rot-schwarze Bundesregierung der breiten Erwartung des Kulturbereichs auf Erneuerung zu entsprechen, in dem sie sich für den »Erhalt und Ausbau der kulturellen Vielfalt und eines offenen kulturellen Klimas« (Republik Österreich 2008) aussprach und einen »offenen Dialog mit Kunst- und Kulturschaffenden« in Aussicht stellte, freilich ohne dabei noch einmal die Hoffnung auf so etwas wie eine »linke kulturelle Hegemonie« aufkommen zu lassen.

Die aus dem Bankenbereich kommende neue Bundesministerin Claudia Schmied, die seitens der Sozialdemokratie in die Regierung entsandt wurde und erstmals die Zuständigkeiten für Unterricht, Kunst und Kultur auf sich vereinte, traute man einen durchaus konzeptiven Zugang zu Fragen der Kulturpolitik zu. Mit der Forderung nach stärker auf *evidence* basierenden Entscheidungsprozessen tat sie das Ihre, diesen zu untermauern. Sie repräsentierte damit eine kurzzeitige Aufbruchsstimmung, die sich in einer Reihe programmatischer Reden äußerte, etwa zur Eröffnung der großen Sommerfestivals, deren Botschaften darin bestanden, das bislang bestenfalls randständige Politikfeld und mit ihm KünstlerInnen künftig wieder stärker ins Zentrum der politischen Aufmerksamkeit rücken zu wollen. In mehreren informellen Beratungsrunden – an denen der Autor Gelegenheit hatte teilzunehmen – kristallisierte sich bald der Aspekt der »Kunst- und Kulturvermittlung« als vorrangiges kulturpolitisches Thema heraus, für das ein Kultur- und Bildungspolitik gleichermaßen umfassendes Gesamtkonzept geschaffen werden sollte.[1]

Aber bereits anlässlich der Nationalratswahlen 2008 mehrten sich enttäuschte Stimmen aus dem Kulturbereich, die auf die wachsende Kluft zwischen programmatischen Bekundungen einerseits und dem Mangel an konkreten Maßnahmen andererseits hinwiesen. So kritisierte die *IG Kultur* als Interessensvertretung der freien Kulturinitiativen die Konzentration des Ressorts auf bildungspolitische Fragen – während Kulturpolitik zunehmend aus dem öffentlichen Blick zu rücken drohe. Ihre Analyse anlässlich der Fortsetzung der rot-schwarzen Regierung: »Die

---

1 *EDUCULT* wurde in diesem Zusammenhang beauftragt, eine erstmalige Gesamtanalyse Kultureller Bildung in Österreich durchzuführen, die auf eine Reihe von Empfehlungen zur nachhaltigen Implementierung eines diesbezüglichen kultur- und bildungspolitischen Schwerpunktes hinauslief. Siehe dazu: EDUCULT (2007).

Ausgangslage für emanzipatorische, politische Kulturpolitik war und ist nicht rosig: Kunst- und Kulturpolitik wurde im hierfür geschaffenen Ministerium bislang leider stiefmütterlich behandelt und auf Fragen der Vermittlung auf schulischer Ebene reduziert. Gegen Kunst und Kultur im Bildungsbereich an sich ist nichts zu sagen, aber als einzige Schwerpunktsetzung neben der Versorgung der Hochkultur fällt die bisherige Bilanz von Ministerin Claudia Schmied sehr mager aus.« (IG Kultur Österreich 2008)

Kulturkonzeptionelle Trends in Österreich

An dieser skeptischen Grundeinschätzung hat sich seither nur mehr wenig geändert; allenthalben hat sich die Frustration über das Fehlen von kulturpolitischen Konzepten jedenfalls auf Bundesebene weiter verschärft. So heißt es in einer Kritik des Kunstberichts 2011: »Musealisierung geht weiter – Die oftmals angekündigte kulturpolitische Wende in Richtung zeitgenössisches, dezentrales Kulturschaffen lässt auf sich warten« (IG Kultur Österreich 2012).

Um nochmals eine breitere öffentliche kulturpolitische Debatte in Gang zu setzen, hat die *IG Kultur* zuletzt eine Kommentarreihe »Alternativen zum Verlust der Kulturpolitik«[2] ins Leben gerufen. Daran hat sich unter dem Titel »Künstlerisches Schaffen und intellektuelle Kritik sind Motor für gesellschaftliche Entwicklung« (Schmied 2011) auch die amtierende Kunst- und Kulturministerin beteiligt, wobei sie zu einzelnen Punkten des Regierungsprogramms und vor allem zu ihrem Erfolg, im Unterschied zu vielen anderen europäischen Ländern »ihren« Haushalt für Kunst und Kultur weitgehend stabil zu halten, Stellung genommen hat.

Womit wir möglicherweise bei einem der Gründe für das Fehlen eines auf strukturelle Änderungen abzielenden Zugangs zu Fragen der Kulturpolitik wären. Immerhin hat die zumindest nominelle Fortschreibung der Bundeskunst- und Kulturbudgets in der Höhe von 450 Millionen Euro (0,6 % des Bundesbudgets) bislang eine offensive Umverteilungsdebatte nicht aufkommen lassen. Dies obwohl allein wegen der Gehaltsautomatik immer mehr Mittel an einige wenige große Kunst- und Kultureinrichtungen gehen, während freie Initiativen immer schwierigere Realisierungsbedingungen vorfinden.

In dem Zusammenhang zeigt ein Blick in die jüngere Vergangenheit, dass konzeptive Ansprüche in Österreich stets von einem starken politischen Willen nach Umverteilung gespeist waren, etwa wenn es in den 1970er Jahren darum ging, neue Schichten der Bevölkerung am kulturellen Leben zu beteiligen und dafür ein Bündel an ressourcenrelevanten kulturpolitischen Maßnahmen zu implementieren (Bundesministerium für Unterricht und Kunst 1975: 34ff). Ein solcher politischer Wille lässt sich gegenwärtig seitens der offiziellen Kulturpolitik nicht festmachen.[3] Stattdessen meinte die amtierende Kulturministerin anlässlich der Eröffnung der Salzburger Festspiele 2012, sie halte nichts von einem Gegeneinanderausspielen

---

2 Siehe hierzu: http://igkultur.at/medien/presse (letzter Zugriff: 17.9.2012).
3 Diesbezügliche Kritik wird bislang ausschließlich von Seiten der kulturpolitisch schwachen Interessensvertretungen und den *Grünen* geäußert. Siehe dazu etwa das Interview des grünen Kultursprechers Wolfgang Zinggl mit *APA*: »›Kulturinfarkt‹ – Zinggl: ›Diese Debatte wird immer dringender‹«, vom 16.3.2012, siehe unter: http://science.apa.at/ApaScience/natur_und_technik/detail?ch=similar&key=SCI_20120316_SCI0077 (letzter Zugriff: 12.09.2012)

von Altem und Neuem. Es gälte, kulturpolitisch einen »Spagat zwischen Tradition und Zukunft« zu vollführen, der durch die Aufgabe charakterisiert würde »zu bewahren und zugleich fortzuschreiben« (Schmied 2012).

Angesichts der ungebrochen ungleichen Budgetverteilung zwischen Traditionspflege und Förderung von Gegenwartskunst[4] kann diese Aussage gerade in Salzburg als *dem* Zentrum traditioneller Kulturvorstellungen nur als ein Eingeständnis von höchster Stelle in die weitgehende Unveränderbarkeit der kulturpolitischen Gesamtverfassung interpretiert werden.

An anderer Stelle (Wimmer 2011) habe ich versucht, die Besonderheit der österreichischen Kulturpolitik auf die Existenz einiger weniger, weitgehend selbstreferenziell agierender Kunst- und Kultureinrichtungen zurück zu führen. Auf Grund ihrer historisch gewachsenen Bedeutung bestimmen im Wesentlichen nicht die politisch Verantwortlichen, sondern die institutionellen RepräsentantInnen, oft in heftiger Konkurrenz zueinander, wohin die kulturpolitische Reise geht.

Von den Entscheidungen über das führende Personal abgesehen, entziehen sich damit die großen Kultureinrichtungen allen kulturpolitischen Interventionsversuchen und machen auf diese Weise deutlich, wer kulturpolitisch das Sagen hat.

Dies mag einen weiteren Grund für einen mangelnden kulturpolitischen Konzeptionswillen darstellen. Zu augenscheinlich ist allen Beteiligten die Befürchtung, diesbezügliche Gestaltungsabsichten könnten an den Mauern des bestehenden Kulturbetriebs zerschellen.

Deshalb erscheint es durchaus ambitioniert, wenn die amtierende Bundesministerin trotz dieser traditionellen Abhängigkeit von den Interessen einiger weniger großer Kultureinrichtungen versucht, mit den seit den frühen 2000er Jahren in die Vollrechtsfähigkeit entlassenen Einrichtungen ein neues Verständnis von *public governance* zu verhandeln und bei der Gelegenheit ein neues Regelwerk vor allem zu den rechtlichen und wirtschaftlichen Verantwortlichkeiten zu verankern. Inhaltlich ist ihr dabei der Vermittlungsaspekt ein besonderes Anliegen. Diesbezügliche Hinweise finden sich mittlerweile in den Geschäftsordnungen beziehungsweise in den Rahmenzielvereinbarungen aller Bundesmuseen und auch der Nationalbibliothek. Das gilt auch für die Arbeitsgrundlagen der Bundestheater oder für das neue Statut des Bundesdenkmalamtes, in die ebenfalls der Aufgabenbereich des Vermittelns aufgenommen wurde.

Bei dieser kulturpolitischen Schwerpunktsetzung droht freilich der freie Bereich aus dem Blick der kulturpolitischen Aufmerksamkeit zu geraten. Er muss sich mit gutgemeinten Sonntagsreden zu seiner großen Bedeutung begnügen, während sich die konkreten Maßnahmen auf wenig ambitionierte Initiativen im Bereich der Nachwuchsförderung, von Preisverleihungen und der Entsendung zu internationalen Festivals beschränken. Statt einer Weiterentwicklung der Förderstrukturen des Bundes auf der Grundlage der gegenwärtigen Herausforderungen werden sie

---

4 Von den rund 450 Mio. Euro, die der Bund jährlich für Kunst und Kultur vergibt, fließen nur rund 85 Mio. in das Budget der Kunstabteilung; rund 5 Mio. davon gehen in die Förderung neuer, zeitgenössischer Kulturinitiativen.

auf die bislang noch ungenügend genutzten Fördermaßnahmen im Rahmen der Regionalfonds der EU verwiesen, zu deren Nutzbarkeit für den Kulturbereich das Bundesministerium jüngst eine Studie hat anfertigen lassen (Österreichische Kulturdokumentation 2011).

Aus alldem lässt sich kein stringentes kulturpolitisches Konzept, wohl aber eine kulturpolitische Absicht herauslesen, die darin besteht, vor allem die großen Kulturtanker für neue Zielgruppen zu öffnen. Dieser Absicht dient auch der freie Eintritt für junge Menschen bis 19 Jahren in die Bundesmuseen und die Nationalbibliothek (dem jahrelange zähe Verhandlungen zur Kompensation der ausfallenden Erträge mit den betroffenen Einrichtungen vorausgegangen waren) sowie die Organisation spezieller Vermittlungsprogramme, die die Absicht verbindet, die Zusammenarbeit der Kultureinrichtungen mit Schulen zu verbessern. Als Ziel formuliert dazu die amtierende Bundesministerin, dass bis zu den nächsten Nationalratswahlen 2013 alle Schulen eine Kooperation mit einer Kunst- oder Kultureinrichtungen eingegangen sein sollen. (Schmied 2010)

Die angesprochenen Bemühungen, den kulturpolitischen Primat im traditionellen Kulturbetrieb zumindest ansatzweise wieder herzustellen, können nicht darüber hinweg täuschen, dass sich im föderal verfassten Österreich zuletzt die kulturpolitischen Kräfteverhältnisse nachhaltig in Richtung Länder und Gemeinden verschoben haben. Galt der Bund noch bis in die 1980er Jahre als Vorreiter kulturpolitischer Entwicklungen, so haben – auch auf Grund der weitgehenden Konzeptlosigkeit – mittlerweile die anderen Gebietskörperschaften die Initiative ergriffen.[5]

Besonders hervorzuheben ist in diesem Zusammenhang die oberösterreichische Landeshauptstadt Linz, die zur Vorbereitung als Europäische Kulturhauptstadt 2009 bereits zu Beginn der 2000er Jahre ein auf breite Partizipation angelegtes Verfahren zur Entwicklung eines Kulturentwicklungsplans in Gang gesetzt hat. Weil die Stadt mit dieser Form der BürgerInnenbeteiligung ganz offensichtlich gute Erfahrungen gemacht hat, sich aber in der Zwischenzeit die Rahmenbedingungen nachhaltig geändert haben, hat man sich nunmehr zu einer Neuauflage entschlossen. Der Prozess ist im Gange und kann auf der Internetseite zur Kulturentwicklungsplanung der Stadt Linz mitverfolgt werden.

Nicht ganz so ambitioniert hat sich bislang die Bundeshauptstadt Wien gezeigt, in der sich weite Teile der österreichischen kulturellen Infrastruktur befinden. Rechtzeitig vor den letzten Gemeinderatswahlen hat der zuständige Kulturstadtrat Mailath-Pokorny unter dem Titel »Wien denkt weiter« eine öffentliche Diskussion zu Fragen der Wiener Kulturpolitik ins Leben gerufen. Bald nach den Wahlen hat die Initiative – die bislang weitgehend konsequenzlos agiert hat – rasch an Dynamik eingebüßt und erschöpft sich mittlerweile in gelegentlichen Stellungnahmen des Kulturstadtrats. Stattdessen hat die seither in der Stadt regierende rot-grüne

---

5   Dies beinhaltet durchaus auch negative Aspekte, wenn zuletzt das Bundesland Steiermark sein Kulturbudget um durchschnittlich 25 Prozent gekürzt hat, wobei nicht nur die freien Initiativen sondern auch die großen Einrichtungen betroffen sind. Siehe dazu: »Steiermark: Einsparungen beim Kulturbudget. Hauptbetroffene sind Theaterholding und Joanneum«, vom 16.3.2011, siehe unter: http://derstandard.at/1297820598838/Steiermark-Einsparungen-beim-Kulturbudget (letzter Zugriff: 12.9.2012)

Koalition zu einer neuen kulturpolitischen Dynamik geführt, wobei vor allem die *Grünen* auf Grund der zunehmend heterogenen Zusammensetzung der Wiener Bevölkerung auf eine engere Zusammenschau von Integrations- und Kulturpolitik drängen.

Unmittelbar zu Redaktionsschluss hat die amtierende Kunst- und Kulturministerin in einer Presseaussendung einen Mehrbedarf an öffentlichen Mitteln für Kunst und Kultur angemeldet[6] und zugleich eingeschränkt, dass sie damit den anstehenden Verhandlungen mit dem Finanzministerium nicht vorgreifen möchte. Vielleicht macht es ja Sinn, bei einer nächsten Behandlung der konzeptionellen Grundlagen österreichischer Kulturpolitik zuerst einmal im Finanzministerium vorstellig zu werden.

Literatur

Austria Presse Agentur (2000): *Die Hand, die füttert, beißt man nicht,* (9.3.2010), Wien

Bundesministerium für Unterricht und Kunst (Hrsg.) (1975): *Kunstbericht 1975,* Wien: BMUK

EDUCULT (2007): *Vielfalt und Kooperationen – Kulturelle Bildung in Österreich,* Wien, siehe unter: www.bmukk.gv.at/kultur/bm/kulturellebildung.xml

IG Kultur Österreich (2008): »Die Regierung wechselt...«, vom 25.11.2008, siehe unter: http://igkultur.at/kulturpolitik/kommentare/die-regierung-wechselt-... (letzter Zugriff: 12.9.2012)

IG Kultur Österreich (2012): »IG Kultur Österreich zum Kunstbericht 2011: Musealisierung geht weiter!«, vom 28.6.2012, siehe unter: www.ots.at/presseaussendung/OTS_20120628 _OTS0130/ig-kultur-oesterreich-zum-kunstbericht-2011-musealisierung-geht-weiter (letzter Zugriff: 12.9.2012)

Khol, Andreas (2001): *Die Wende ist geglückt. Der schwarz-blaue Marsch durch die Wüste Gobi,* Wien: Molden

Österreichische Kulturdokumentation (Hrsg.) (2011): *Der Kreativmotor für regionale Entwicklung. Kunst- und Kulturprojekte und die EU- Strukturförderung in Österreich,* Wien: Österreichische Kulturdokumentation

Republik Österreich (1999): *Weißbuch – Zur Reform der Kulturpolitik in Österreich,* Wien: Falter

Republik Österreich (2008): *Regierungsübereinkommen 2008–2013. Gemeinsam für Österreich,* Wien

Schmied, Claudia (2011): »Künstlerisches Schaffen und intellektuelle Kritik sind Motor für gesellschaftliche Entwicklung«, vom 28.7.2011, siehe unter: http://igkultur.at/kulturpolitik/kommentare/kuenstlerisches-schaffen-und-intellektuelle-kritik (letzter Zugriff: 12.09.2012)

Schmied, Claudia (2012): »Rede von Frau Bundesministerin Dr. Claudia Schmied zur Eröffnung der 92. Salzburger Festspiele«, vom 27.7. 2012, siehe unter: www.bmukk.gv.at/ministerium/ministerin/reden/salzburg_2012.xml (letzter Zugriff: 12.9.2012)

Schmied, Claudia (2010) »Jede Schule in Österreich soll die Chance nützen, eine Kunst- und Kulturpartnerschaft mit einer Kultureinrichtung einzugehen«, siehe unter: www.culture-connected.at/die-initiative/bundesministerin-dr-claudia-schmied/ (letzter Zugriff: 12.9.2012)

Wimmer, Michael (2011): *Kultur und Demokratie – Kulturpolitik in Österreich,* Innsbruck: Studienverlag

---

6 »Schmied ortet Bedarf an mehr Mitteln für Kultur«, Pressemitteilung, *Der Standard* vom 26.8.2012, siehe unter: http://derstandard.at/1345165221565/Schmied-ortet-Bedarf-nach-mehr-Mitteln-fuer-Kultur (letzter Zugriff: 12.9.2012)

Ralf Ebert, Friedrich Gnad[1]

Vernachlässigte Wahrheiten der Beschäftigtenentwicklung in der Kultur- und Kreativwirtschaft

Eine Analyse am Beispiel des Landes Nordrhein-Westfalen

Mit der »Entdeckung« der Kulturwirtschaft im Ruhrgebiet vor rund 25 Jahren verband sich die Hoffnung, dass die Entwicklung dieser Branche zu neuen Beschäftigungsmöglichkeiten führt und auch zum Strukturwandel der Region beiträgt. Diese Hoffnung hat sich über viele Jahre teilweise auch im Ruhrgebiet, insbesondere jedoch in den Großstädten bestätigt. Im Rahmen einer lange Zeit fordistisch geprägten Wertschöpfungskette einiger Teilmärkte der Kultur- und Kreativwirtschaft (u. a. Mit einer großen Bedeutung der Copy-Industrien wie etwa der CD-Produktion in der Musikwirtschaft) erwies sich die Kulturwirtschaft über viele Jahre insgesamt als »Jobmaschine«. So nahm in Nordrhein-Westfalen die Anzahl der sozialversicherungspflichtig Beschäftigten zwischen 1980 und 1998 um elf Prozent zu (in der Gesamtwirtschaft betrug die Zuwachsrate lediglich 2%, MWMTV NRW 1998: 13ff.). Die Kulturwirtschaft war damit sowohl Treiber für neue kulturbezogene sozialversicherungspflichtige Beschäftigung als auch für selbständige Tätigkeiten. Dies zeigen die Zuwachsraten bei der Anzahl der Steuerpflichtigen. Dabei war immer klar, dass der *Kreative Kern* der KünstlerInnen, MusikerInnen, ArchitektInnen et cetera in einigen Teilmärkten der Kulturwirtschaft wenig mit standardisierten Erwerbsstrukturen der traditionellen Industriearbeit gemeinsam hat.

Seit einiger Zeit weist die Kultur- und Kreativwirtschaft jedoch nicht nur in Nordrhein-Westfalen, sondern auch bundesweit in vielen Zweigen der Branche stagnierende und sinkende Zahlen bei den sozialversicherungspflichtig Beschäftigten auf. So sank in Nordrhein-Westfalen zwischen 1999 und 2006 die Anzahl der sozial-

1 Wir danken Uwe van Ooy, der uns wichtige Hinweise bei der Auswertung der Daten gegeben hat.

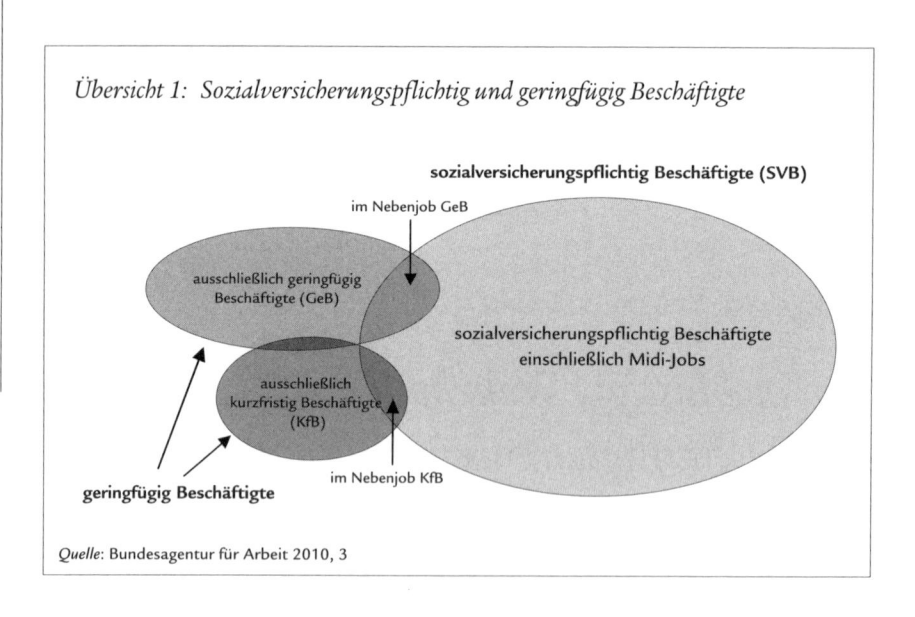

Übersicht 1: Sozialversicherungspflichtig und geringfügig Beschäftigte

[Diagramm: sozialversicherungspflichtig Beschäftigte (SVB); im Nebenjob GeB; ausschließlich geringfügig Beschäftigte (GeB); sozialversicherungspflichtig Beschäftigte einschließlich Midi-Jobs; ausschließlich kurzfristig Beschäftigte (KfB); im Nebenjob KfB; geringfügig Beschäftigte]

Quelle: Bundesagentur für Arbeit 2010, 3

versicherungspflichtig Beschäftigten in der Kulturwirtschaft (ohne Software und Werbung) um neun Prozent und damit deutlich stärker als in der Gesamtwirtschaft mit vier Prozent (MWME NRW 2007: 31). Auch wenn deren Anzahl in den letzten Jahren wieder leicht zugenommen hat, ist ein tendenzieller Rückgang erkennbar. Gründe für diese Entwicklung sind unter anderem die Digitalisierung von Produktion und Distribution in einigen Teilmärkten, zunächst in der Musikwirtschaft und seit einiger Zeit auch erkennbar in der Filmwirtschaft und im Buchmarkt, aber auch eine Phase der verstärkten Existenzgründung ehemals sozialversicherungspflichtig Beschäftigter. In diesem Zusammenhang wird immer wieder darauf hingewiesen (Weinlein 2011), dass, wie in vielen anderen Wirtschaftsbranchen auch in der Kultur- und Kreativwirtschaft, sozialversicherungspflichtige Voll- und Teilzeitarbeitsplätze, so genannte »Normalarbeitsverhältnisse«, zunehmend durch geringfügig entlohnte und befristete Beschäftigungen, durch Leih- und Zeitarbeit, Minijobs und (Solo-)Selbständigkeit ersetzt werden. Solche »atypischen« Beschäftigungsverhältnisse werden zumeist mit prekären Arbeits- und Lebensbedingungen gleichgesetzt. Zu diesem Umstrukturierungsprozess der Arbeitsmarktbedingungen in der Kultur- und Kreativwirtschaft gibt es bislang jedoch wenig empirisch-quantitativ untermauerte Studien.

- *Die Kultur- und Kreativwirtschaft zählt zu den Branchen mit einem überdurchschnittlichen Anteil an »geringfügig Beschäftigten«*

Im Jahre 2008 entfielen auf je 100 sozialversicherungspflichtig Beschäftigte in der Kultur- und Kreativwirtschaft zusätzlich 42 geringfügig entlohnte Beschäftigte. Ohne die in vielerlei Hinsicht für die Branche untypische Software-/Games-Industrie (u.a. hinsichtlich des Kapitalbedarfs bei Existenzgründungen durch die hierfür

Übersicht 2: Verhältnis der sozialversicherungspflichtigen Beschäftigungen (SvB) zu den geringfügig entlohnten Beschäftigungen (GeB) nach Teilmärkten der Kultur- und Kreativwirtschaft und ausgewählten Branchen in Nordrhein-Westfalen 2004 und 2008

Vernachlässigte Wahrheiten der Beschäftigtenentwicklung in der Kultur- und Kreativwirtschaft

Teilmärkte der Kultur- und Kreativwirtschaft	2004				2008			
	SvB	GeB	Verhältnis	GeB-Index*	SvB	GeB	Verhältnis	GeB-Index*
1 Musikwirtschaft	5 393	1 659	100:31	3,23	4 847	1 564	100:32	3,13
2 Buchmarkt	14 487	4 544	100:31	3,23	12 734	4 734	100:37	2,70
3 Kunstmarkt	849	933	100:110	0,91	875	857	100:98	1,02
4 Filmwirtschaft	9 065	3 644	100:40	2,50	8 333	4 066	100:49	2,04
5 Rundfunkwirtschaft	4 780	128	100:3	33,33	4 819	129	100:3	33,33
6 Markt für Darstellende Künste	2 242	2 150	100:96	1,04	2 618	2 741	100:105	0,95
7 Designwirtschaft	1 352	812	100:60	1,67	1 489	904	100:61	1,64
8 Architekturmarkt	13 755	4 977	100:36	2,78	13 235	4 635	100:35	2,86
9 Pressemarkt	20 722	16 637	100:80	1,25	18 984	16 877	100:89	1,12
10 Werbemarkt	23 897	20 210	100:85	1,18	27 251	20 551	100:75	1,33
11 Software-/Games-Industrie	50 783	5 855	100:12	8,33	58 610	7 336	100:12	8,33
12 sonstige Wirtschaftszwabeige	3 322	1 311	100:39	2,56	3 051	1 559	100:51	1,96
Kultur- und Kreativwirtschaft (Grundmodell)	*150 647*	*62 860*	*100:42*	*2,38*	*156 846*	*65 953*	*100:42*	*2,38*
Kultur- und Kreativwirtschaft (Grundmodell) ohne Software	*99 864*	*57 005*	*100:57*	*1,75*	*98 236*	*58 617*	*100:60*	*1,66*
Alle Wirtschaftsbranchen in NRW	5 645 236	1 583 182	100:28	3,57	5 798 424	1 746 333	100:30	3,33
darunter: Gastgewerbe	129 083	153 971	100:119	0,84	135 637	166 828	100:123	0,81
darunter: Automobilbranche	80 069	1 448	100:2	50,0	84 024	1 714	100:2	50,0

* Der GeB-Index ist basiert auf dem Verhältnis der Anzahl der SvB zu GeB, bei einem Wert unter 1 ist der Anteil der GeB höher als der SvB. – Quelle: STADTart 2011, nach Bundesagentur für Arbeit 2010

erforderliche technische Ausstattung) sind es mit 60 deutlich mehr. Im Durchschnitt aller Branchen, der Gesamtwirtschaft, beträgt diese Verhältnisgröße für das Jahr 2008 dagegen nur 100 zu 30. Diese Angaben zeigen zweierlei: Zum einen ist die Bedeutung der Kultur- und Kreativwirtschaft für den Arbeitsmarkt des Landes um vieles größer als über viele Jahre Studien ausgewiesen haben, da geringfügig entlohnte Beschäftigte lange Zeit in Untersuchungen zur Kultur- und Kreativwirtschaft nicht berücksichtigt worden sind. Zum anderen ist die Kultur- und Kreativwirtschaft eine Branche mit einem überdurchschnittlichen Anteil an geringfügiger Beschäftigung.

Übersicht 3: *Verhältnis der kurzfristig Beschäftigten beziehungsweise der geringfügig entlohnten Beschäftigten zu den sozialversicherungspflichtig Beschäftigten* in den Teilmärkten der Kultur- und Kreativwirtschaft und ausgewählten Vergleichsbranchen in Nordrhein-Westfalen (2008)*

Branche	kurzfristige Beschäftigung (KfB)	geringfügig entlohnte Beschäftigung (GeB)	sozialversicherungspflichtige Beschäftigung (SvB)
Musikwirtschaft	1	32	100
Buchmarkt	9	37	100
Kunstmarkt	15	98	100
Filmwirtschaft	4	49	100
Rundfunkwirtschaft	4	3	100
Markt für darstellende Künste	8	105	100
Designwirtschaft	2	61	100
Architekturmarkt	0	35	100
Pressemarkt	24	89	100
Werbemarkt	64	75	100
Softwareindustrie/Games	0	12	100
sonst. kulturbez. Wirtschaftszweige	17	51	100
Kultur- u. Kreativwirtschaft	15	42	100
Grundmodell ohne Software	24	60	100
alle Wirtschaftsbranchen in NRW	1	30	100
Gastgewerbe	2	123	100
Automobilindustrie	0	2	100

* Basis: Sozialversicherungspflichtig Beschäftigte (SvB) hier jeweils = 100; *Quelle:* STADTart 2011, nach Bundesagentur für Arbeit 06/2010

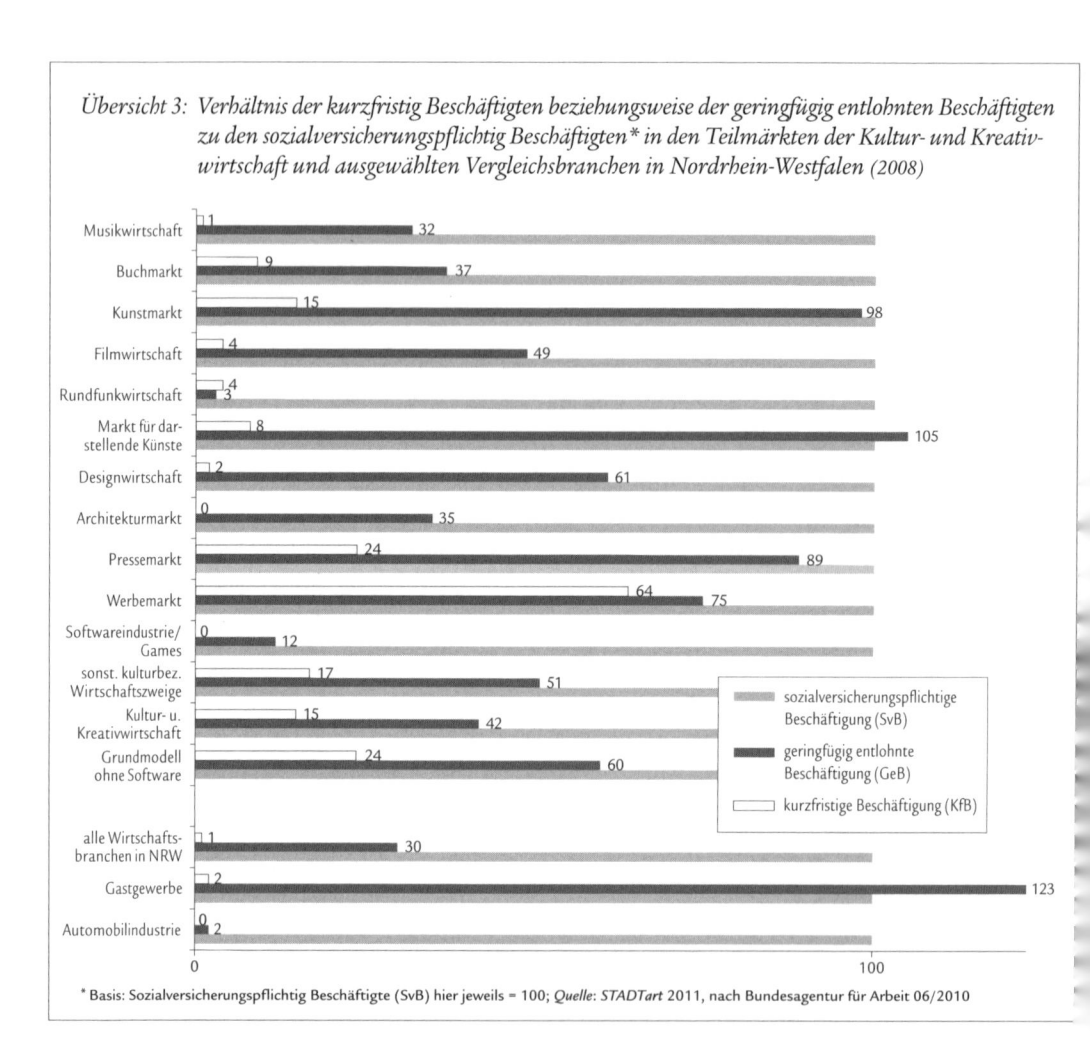

Deutlich höher als in der Kultur- und Kreativwirtschaft liegt die Relation zwischen sozialversicherungspflichtig Beschäftigten und geringfügig entlohnten Beschäftigten zum Beispiel im Gastgewerbe (100:119), viel niedriger etwa in der Automobilbranche (100:2), in der es kaum eine geringfügige Beschäftigung gibt *(Übersicht 2)*.

- *In manchen Teilmärkten der Kultur- und Kreativwirtschaft liegt die Relation zwischen sozialversicherungspflichtig und geringfügig Beschäftigten deutlich höher als in anderen*

Das Verhältnis der sozialversicherungspflichtig zu den geringfügig Beschäftigten ist jedoch nicht in allen Teilmärkten der Kultur- und Kreativwirtschaft gleichermaßen ausgeprägt. So gab es im Jahr 2008 im »Markt für Darstellende Künste«, im »Kunstmarkt« und im »Pressemarkt« annähernd so viele oder sogar mehr geringfügig entlohnte Beschäftigte als Sozialversicherungspflichtige, während dies in den

Teilmärkten »Software-/Games-Industrie« und »Rundfunkwirtschaft« kaum der Fall war *(Übersicht 2)*. Kurzfristige Beschäftigungsverhältnisse, wozu etwa Tätigkeiten als Austräger zählen, sind nur in zwei Teilmärkten der Kultur- und Kreativwirtschaft bedeutsam, vor allem im Werbemarkt, auf den 2008 mit rund 17 400 fast drei Viertel aller in der Kultur- und Kreativwirtschaft erfassten kurzfristig Beschäftigten entfielen, aber auch im Pressemarkt, mit rund 4600 *(Übersicht 3)*.

Vernachlässigte Wahrheiten der Beschäftigtenentwicklung in der Kultur- und Kreativwirtschaft

- *Die Entwicklung des Verhältnisses von sozialversicherungspflichtig Beschäftigten zu geringfügig Beschäftigten in der Kultur- und Kreativwirtschaft entspricht weitgehend dem der Gesamtwirtschaft*

Vergleicht man die Angaben zu den sozialversicherungspflichtig Beschäftigten und zu den geringfügig entlohnten Beschäftigten für die Jahre 2004 und 2008, so lässt sich für diesen Zeitraum in Nordrhein-Westfalen die vielfach geäußerte Annahme, dass auch in der Kultur- und Kreativwirtschaft des Landes sozialversicherungspflichtig Beschäftigte durch geringfügig entlohnte Beschäftigte ersetzt werden, nicht belegen *(Übersicht 2)*. Vielmehr ist die Relation in dieser Branche zumindest in diesen vier Jahren bei Zunahme beider Beschäftigungsformen konstant geblieben (100:42), im Unterschied zur Entwicklung in der Gesamtwirtschaft, in der atypische Beschäftigungsverhältnisse stärker zugenommen haben als die Anzahl der sozialversicherungspflichtig Beschäftigten. Damit hat sich auch die Relation zwischen beiden Beschäftigungsformen von 100:28 im Jahre 2004 auf 100:30 im Jahre 2008 verändert. Ähnlich verlief die Entwicklung in der Kultur- und Kreativwirtschaft, wenn man die Software-Industrie dabei nicht berücksichtigt: von 100:57 auf 100:60 *(Übersicht 2)*.

- *In den einzelnen Teilmärkten der Kultur- und Kreativwirtschaft hat sich zwischen 2004 bis 2008 die Relation von sozialversicherungspflichtig zu geringfügig entlohnten Beschäftigten unterschiedlich entwickelt*

In den einzelnen Teilmärkten der Kultur- und Kreativwirtschaft des Landes stellt sich die Entwicklung des Verhältnisses der sozialversicherungspflichtig Beschäftigten (SvB) zu den geringfügig entlohnten Beschäftigten (GeB) für den Zeitraum zwischen 2004 und 2008 jedoch unterschiedlich dar. Drei Entwicklungstypen lassen sich dabei unterscheiden *(Übersicht 4)*:

– *Entwicklungstyp 1: Überproportionale Zunahme an geringfügig entlohnten Beschäftigten:* Eine solche Entwicklung lässt sich in den Teilmärkten Buchmarkt, Filmwirtschaft, Pressemarkt und Markt für Darstellende Künste feststellen. Sie verlief in diesen Teilmärkten allerdings zum Teil unterschiedlich. So stieg im Markt für Darstellende Künste die Anzahl der SvB (+16,8%), bei einer noch stärkeren Zunahme der Anzahl der GeB (+27,5%). Demgegenüber verzeichnen der Buchmarkt (SvB -12,1%; GeB +4,2%), die Filmwirtschaft (SvB -8,1%; GeB +11,6%), der Pressemarkt (SvB -8,4%; GeB +1,4%) und die sonstigen Wirtschaftszweige (SvB -8,2%; GeB +18,9%) alle eine Abnahme der SvB bei gleichzeitiger Zunahme der GeB.

– *Entwicklungstyp 2: Konstantes Verhältnis der sozialversicherungspflichtig zu geringfügig entlohnten Beschäftigten:* In den Teilmärkten Musikwirtschaft, Rundfunkwirtschaft,

Designwirtschaft, Architekturmarkt und Software-/Games-Industrie blieb das Verhältnis der beiden Beschäftigungsformen mehr oder weniger gleich. Unterschiedliche Entwicklungen gab es jedoch auch innerhalb dieser Gruppe. So verzeichneten die Teilmärkte Rundfunkwirtschaft (SvB +0,8%; GeB +0,1%), Designwirtschaft (SvB +10,1%; GeB +11,3%) und Software-/Games-Industrie (SvB +15,4%; GeB +25,3%) sowohl mehr SvB als auch mehr GeB, während sich dies in der Musikwirtschaft (SvB -10,1%; GeB -5,7%) und im Architekturmarkt (SvB -3,8%; GeB -6,9%) genau umgekehrt verhält. In diesen Teilmärkten sanken beide Werte. Letzteres verweist auf grundlegende negative Marktveränderungen.

– *Entwicklungstyp 3: Überproportionale Zunahme an sozialversicherungspflichtig Beschäftigten:* In zwei Teilmärkten ist der GeB-Index zwischen 2004 und 2008 dagegen gesunken. Während im Werbemarkt beide Beschäftigungsformen zugenommen haben (SvB +14,0%; GeB +1,7%), verzeichnet der Kunstmarkt als einziger Teilmarkt eine sinkende Anzahl an GeB, demgegenüber eine steigende Anzahl an SvB (SvB +3,1%; GeB -8,1%).

Die vorliegende Analyse macht deutlich, dass die Kultur- und Kreativwirtschaft im Vergleich zur Gesamtwirtschaft insgesamt eine Branche mit überdurchschnittlich vielen atypischen beziehungsweise geringfügig entlohnten Beschäftigungsverhältnissen ist. Der Branchenwert verdeckt jedoch teilmarktspezifische Besonderheiten sowohl hinsichtlich der Struktur als auch der Entwicklung. Dabei nehmen die Rundfunkwirtschaft und der Teilmarkt der Software/Games-Industrie eine Sonderstellung ein. Dies zeigt erneut, dass die Subsummierung der Software unter die Kultur- und Kreativwirtschaft dem Charakter der anderen Teilmärkte grundlegend widerspricht und sich daher gemeinsame Strategien unter dem Begriff der Kultur- und Kreativwirtschaft als wenig geeignet erweisen. Wohl können der von Teilmarkt zu Teilmarkt unterschiedlich hohe Anteil an geringfügiger Beschäftigung beziehungsweise dessen Zunahme zwischen 2004 und 2008 prekäre Arbeits- und Lebensbedingungen nach sich ziehen, wie aktuell das Beispiel von Dokumentarfilmern zeigt (Agneskirchner/Langer 2012), doch dies ist nicht generell der Fall, da Mehrfachtätigkeiten und Mehrfachbeschäftigung unter anderem durch mehrere »Nebenjobs« etwa bei MusikerInnen weit verbreitet sind. Dies zeigen berufliche Werdegänge des *Kreativen Kerns* der Kultur- und Kreativwirtschaft, von denen viele sowohl im öffentlich geförderten als auch im intermediären sowie im privaten Sektor tätig sind (Beauftragter der Bundesregierung für Kultur und Medien 2012).

Aussichten der Beschäftigungsverhältnisse in der Kultur- und Kreativwirtschaft und Schlussfolgerungen

Andere Untersuchungen für Nordrhein-Westfalen und Deutschland lassen vermuten, dass sich bis 2010 das Verhältnis in der Kultur- und Kreativwirtschaft zwischen sozialversicherungspflichtig Beschäftigten und geringfügig entlohnten Beschäftigten weiter in Richtung eines jeweils gleichen Anteils verändert. Danach betrug

Übersicht 4: Veränderung der GeB-Indizes in den Teilmärkten der Kultur- und Kreativwirtschaft in Nordrhein-Westfalen 2004 und 2008

Veränderung des GeB-Indexes (2004–2008)	Teilmärkte der Kultur- und Kreativwirtschaft in Nordrhein-Westfalen
steigender GeB-Index = überproportionale Zunahme an GeB	– Buchmarkt – Filmwirtschaft – Markt für Darstellende Künste – Pressemarkt
gleichbleibender GeB-Index = gleichbleibendes Verhältnis von SvB und GeB	– Musikwirtschaft – Rundfunkwirtschaft – Designwirtschaft – Architekturmarkt – Software-/Games-Industrie
sinkender GeB-Index = überproportionale Zunahme an SvB	– Kunstmarkt – Werbemarkt

Quelle: STADTart 2011, nach Bundesagentur für Arbeit 2010

Vernachlässigte Wahrheiten der Beschäftigtenentwicklung in der Kultur- und Kreativwirtschaft

die Relation für Nordrhein-Westfalen im Jahre 2010 anscheinend 100 rund 70[2] (MWEIMH NRW 2012: 10; BMWi 2012: 18). Vor dem Hintergrund der vorliegenden Analyseergebnisse für den Zeitraum 2004 bis 2008 ist davon auszugehen, dass diese Entwicklung sich jedoch von Teilmarkt zu Teilmarkt unterscheidet und sich dabei die Tendenzen der letzten Jahre in manchen Teilmärkten verschärft haben, jedoch vermutlich kaum im Teilmarkt Software/Gamesindustrie. Im Rahmen postfordistischer Wertschöpfungsketten, aufgrund veränderter Produktions- und Distributionsbedingungen und Konvergenzentwicklungen, ist auch in Zukunft von einer Abnahme der sozialversicherungspflichtig Beschäftigungen bei gleichzeitiger Zunahme atypischer beziehungsweise geringfügig entlohnter Beschäftigungsverhältnisse und damit Mehrfachbeschäftigung auszugehen. Ebenso wird es mehr geringfügig selbständig Tätige[3] geben. Diese Entwicklung wird, wie derzeitig Veränderungsprozesse etwa im Pressewesen zeigen, noch mehr Teilmärkte betreffen.

Situation wie Entwicklungstendenzen können nicht ohne Rückwirkung auf die zahlreichen Initiativen des Bundes, der Länder und der Kommunen zur Unterstützung der Kultur- und Kreativwirtschaft bleiben:

- Deshalb sollte man in Verantwortung für die zahlreichen »Kreativen« der Branche davon absehen, die generellen Beschäftigungsmöglichkeiten allzu rosig dar-

---

2 Diese Ergebnisse sind zwar aufgrund gravierender Änderungen der Klassifikation der Wirtschaftszweige mit den Ergebnissen der vorliegenden Studie nur näherungsweise vergleichbar, doch zeigt sich auch hier ein hoher Anteil an geringfügig entlohnter Beschäftigung in der Kultur- und Kreativwirtschaft

3 Freiberufler und Selbständige, die unter 17 500 Umsatz Jahreseinkommen erzielen und daher in der Umsatzsteuerstatistik nicht erfasst werden. Diese Gruppe wird für die Kultur- und Kreativwirtschaft in Deutschland für das Jahr 2010 auf rund 12 Prozent aller Erwerbstätigen in der Kultur- und Kreativwirtschaft geschätzt (BMWi 2012: 18).

zustellen, was in den letzten Jahren angesichts des europa- und bundesweiten *Hypes* um die Kultur- und Kreativwirtschaft bis heute häufig zu beobachten ist. Diejenigen, die sich für die Branche interessieren, sollten im Kontext bestehender Förderprogramme beziehungsweise Initiativen auf die sich abzeichnenden Bedingungen der Mehrfachbeschäftigung deutlich hingewiesen werden.

- Seitens des Bundes ist zu überlegen, wie Regelungen bei Mehrfachbeschäftigung entbürokratisiert beziehungsweise im Interesse dieser Akteure vereinfacht werden können (etwa bei intermediären Trägern im Kulturbereich).

- Zudem legen die Ergebnisse dieser Analyse nahe, in der Kultur- und Kreativwirtschaft im Rahmen eines integrierten Ansatzes verstärkt teilmarktspezifische Strategien zu verfolgen, da nur so die von Teilmarkt zu Teilmarkt sich unterscheidenden Beschäftigungsmöglichkeiten adäquat berücksichtigt werden können.

Abgesehen davon ist den aktuellen Arbeitsmarktbedingungen in Deutschland verstärkt Rechnung zu tragen. Danach sind wohl auch »kulturell Kreative« gefragt, doch gute Beschäftigungsaussichten haben schon seit einiger Zeit vor allem »technisch Kreative«.

Literatur

Agneskirchner, Alice/Langer, Jörg (2012): *Untersuchung der AD DOK zur beruflichen Situation von Dokumentarfilmautoren und Dokumentarfilmregisseuren (m/w)*, Berlin: LANGER Media Consulting

Beauftragter der Bundesregierung für Kultur und Medien (Hrsg.) (2012): *Öffentlich geförderter, intermediärer und privater Kultursektor – Wirkungsketten, Interdependenzen, Potenziale. Forschungsgutachten für den Beauftragten der Bundesregierung für Kultur und Medien (BKM), Endbericht, Langfassung*; erstellt durch STADTart, Institut für Kulturpolitik der Kulturpolitischen Gesellschaft, Hamburgisches WeltWirtschaftsinstitut, Dortmund: STADTart

Bundesagentur für Arbeit (2010): *Kurzfristige Beschäftigung. Methodenbericht der Statistik der BA*, Nürnberg: Selbstverlag

Bundesministerium für Wirtschaft und Technologie (BMWi) (2012): *Monitoring zu ausgewählten wirtschaftlichen Eckdaten der Kultur- und Kreativwirtschaft 2010*, Berlin: Selbstverlag

Ministerium für Wirtschaft, Energie, Industrie, Mittelstand und Handwerk des Landes NRW (MWEIMH) (2012): *Kreativ-Report NRW. Ökonomische Bedeutung und Potenziale der Kultur- und Kreativwirtschaft in Nordrhein-Westfalen*, Düsseldorf: Selbstverlag

Ministerium für Wirtschaft und Mittelstand, Technologie und Verkehr des Landes NRW (MWMTV NRW) (Hrsg.) (1998): *3. Kulturwirtschaftsbericht: Kulturwirtschaft in Nordrhein-Westfalen – Kultureller Arbeitsmarkt und Verflechtungen*. Düsseldorf/Dortmund: Selbstverlag

Ministerium für Wirtschaft und Mittelstand und Energie des Landes NRW (MWME NRW) (Hrsg.) (2007): *5. Kulturwirtschaftsbericht: Kultur- und Kreativwirtschaft: Wettbewerb – Märkte – Innovationen*, Düsseldorf,/Dortmund: Selbstverlag Stein, Kathrin (2010): »Atypische Beschäftigung«, in: *Arbeitsmarkt – Bildung, Kultur, Sozialwesen*, Heft 49/2010, IV-VIII

Weinlein, Alexander (2011): »An der Schmerzgrenze – Kultur und Medien Ausschuss informiert sich über soziale Lage der Künstler in Deutschland«, in: *Das Parlament*, Nr. 20/21 (16. Mai 2011)

Dörte Nitt-Drießelmann

Öffentliche Kulturfinanzierung in Deutschland[1]

Der öffentlich geförderte Kultursektor stellt kulturelle Infrastruktureinrichtungen bereit. Er finanziert und unterstützt Museen, Theater, Bibliotheken, Konzerthäuser, Veranstaltungen und Ausstellungen und lobt Kunst- und Kulturpreise aus. Weiterhin trägt er neben den Ausgaben für die Bildung in den künstlerisch-musischen Fächern an den allgemein bildenden Schulen auch die der Hochschulausbildung. Eine solche Ausbildung wird für viele berufliche Tätigkeiten in der Kultur- und Kreativwirtschaft sowie im öffentlich geförderten und intermediären Kultursektor als notwendige Voraussetzung für eine erfolgreiche Teilhabe und Erwerbstätigkeit gesehen.

Finanzmittel im öffentlich geförderten Kultursektor

Die Untersuchung stützt sich im Wesentlichen auf den aktuellen Kulturfinanzbericht des *Statistischen Bundesamtes* (Statistische Ämter des Bundes und der Länder 2010). Der Kulturfinanzbericht, der auf der Basis der Kulturdefinition der Europäischen Union erstellt wird, enthält Angaben zu den eingesetzten Grundmitteln. Diese umfassen die Ausgaben eines Ausgabenbereichs (Personalausgaben + laufender Sachaufwand + Sachinvestitionen + Zahlungen an andere Bereiche) abzüglich der unmittelbaren Einnahmen (aus dem öffentlichen und nicht öffentlichen Bereich). Grundmittel spiegeln somit den tatsächlichen Finanzierungsbedarf der Öffentlichen Hand wider. Neben den Unterstützungsleistungen für Kultureinrichtungen in unmittelbarer öffentlicher Trägerschaft werden auch die Leistungen

---

[1] Der Aufsatz enthält Auszüge aus dem Gutachten »Öffentlich geförderter, intermediärer und privater Kultursektor – Wirkungsketten, Interdependenzen, Potenziale«, Dortmund 2012 (BKM 2012) beziehungsweise greift auf einzelne Teile des Gutachtens zurück. Die Langfassung des Forschungsgutachtens für den *Beauftragten der Bundesregierung für Kultur und Medien (BKM)* kann seit August 2012 von der Homepage des *BMWi Bundesministerium für Wirtschaft und Technologie* abgerufen werden.

an ausgelagerte öffentliche Einrichtungen erfasst. Zudem ist die Förderung von privaten Unternehmen (z. B. von Privattheatern), Vereinen, Stiftungen oder Einzelpersonen durch die Einbeziehung der gezahlten Zuschüsse in den Zahlen enthalten, so dass alle Finanzierungsbedarfe der Öffentlichen Hand, unabhängig von der Rechtsform der geförderten Institution, aufgeführt werden.

Allerdings ist die Liste der im Kulturfinanzbericht im Zusammenhang mit Kultur entstehenden staatlichen Aus- und Aufgabenbereiche nicht umfassend genug. Im Bildungsbereich werden beispielsweise nur die Zuschüsse an die Kunsthochschulen erfasst, während entsprechende Bildungsgänge an Universitäten und Fachhochschulen und der Kunst- und Musikunterricht an allgemein bildenden Schulen unberücksichtigt bleiben. Um ein vollständiges Bild der Bildungsanstrengungen der Öffentlichen Hand im kulturellen Bereich zeichnen zu können, werden daher ergänzend weitere Datenquellen einbezogen.

Sofern bei der öffentlichen Förderung der Kulturwirtschaft die Wirtschaftsförderung im Vordergrund steht, wird sie im Kulturfinanzbericht ebenfalls ausgeklammert. Entgangene Steuereinnahmen des Staates, die durch Steuervergünstigungen entstehen, die der Staat direkt durch die Möglichkeit der Anrechnung oder durch Freibeträge im privatwirtschaftlichen oder intermediären Sektor der Kulturwirtschaft gewährt, werden ebenfalls nicht quantifiziert.

Grundmittel insgesamt
Differenziert nach den eingesetzten Grundmitteln der Öffentlichen Hand stellte sich die Situation im Jahre 2007 wie folgt dar:
- Für »Kultur«, wozu die Aufgabenbereiche »Theater und Musik«, »Museen, Sammlungen«, »Bibliotheken«, »Denkmalschutz und -pflege«, »Kulturelle Angelegenheiten im Ausland«, »Sonstige Kulturpflege«, »Kunsthochschulen« und »Verwaltung für kulturelle Angelegenheiten« zählen, beliefen sich die Grundmittel auf insgesamt knapp 8,5 Milliarden Euro. Hauptfinanzier waren mit 3,8 Milliarden Euro die Gemeinden, gefolgt von den Ländern mit 3,6 Milliarden Euro. Der Bund stellte Mittel von ca. 1,1 Milliarden Euro bereit.
- Für den kulturnahen Bereich, darunter fallen »Volkshochschulen«, »Sonstige Weiterbildung«, »Unterstützung der Rundfunkanstalten und des Fernsehens« sowie »Kirchliche Angelegenheiten«, wurden Grundmittel in Höhe von weiteren 1,6 Milliarden Euro aufgebracht (Länder 0,8, Bund 0,5 und Gemeinden 0,3 Mrd. Euro).

Insgesamt überstiegen die Ausgaben für Kultur und die kulturnahen Bereiche damit 2007 erstmals die 10-Milliarden-Euro-Marke (ohne Berücksichtigung der Filmförderung des Bundes und der Länder in Höhe von weiteren 309 Mio. Euro). Die vorläufigen Ist-Zahlen des *Statistischen Bundesamtes* für das Jahr 2009 zeigen einen weiteren Anstieg der Gesamtausgaben für Kultur (9,2 Mrd. Euro, Steigerung um 8,6 % gegenüber 2007) und der kulturnahen Bereiche um insgesamt knapp acht Prozent gegenüber 2007 auf 10,8 Milliarden Euro.

Übersicht 1: Anteil der Körperschaftsgruppen an den Grundmitteln für Kultur und für die kulturnahen Bereiche im Jahre 2007

Körperschaft	Kultur (in Prozent)	Kulturnahe Bereiche (in Prozent)	Insgesamt (in Prozent)	Insgesamt (in Mrd. Euro)
Bund	12,6	33,9	15,9	1,6
Länder	43,0	48,8	43,9	4,4
Gemeinden	44,4	17,3	40,2	4,1
Summe	100,0	100,0	100,0	10,1

Quelle: BKM 2012 nach Statistische Ämter des Bundes und der Länder 2010

Grundmittel nach Gebietskörperschaften

Da die Kulturhoheit bei den Ländern und die Hoheit für die Selbstverwaltung bei den Kommunen liegen, verwundert es nicht, dass die Länder und Gemeinden mit 44 Prozent beziehungsweise 40 Prozent den überwiegenden Teil der gesamten Kulturausgaben bestreiten. Zwischen den Bundesländern differieren die Anteile, die Länder und Gemeinden jeweils tragen, jedoch erheblich, da sie von der entsprechenden Ausgestaltung des kommunalen Finanzausgleichs abhängig sind. So trugen, um die beiden Extreme bei den Flächenländern zu nennen, die Gemeinden in Nordrhein-Westfalen im Jahre 2007 fast 80 Prozent der Kulturausgaben, während im Saarland ihr Anteil nur bei 40 Prozent lag. In der Gesamtheit betrachtet sind die Länder sowohl im Bereich Kultur[2] als auch in den kulturnahen Bereichen stark engagiert, während das Schwergewicht der Kulturausgaben auf Gemeindeebene auf dem Kulturbereich im engeren Sinne liegt (*Übersicht 1*).

Bei isolierter Betrachtung der kulturnahen Bereiche zeigt sich, dass hier der Bund im Vergleich einen wesentlich höheren Anteil und die Gemeinden einen wesentlich niedrigeren Anteil an den gesamten Ausgaben bestreiten. Insbesondere in den Bereichen »Volkshochschule« und »Sonstige Weiterbildung« ist der Bund mit gut 38 Prozent der Grundmittel stark engagiert.[3] Auch die ausgewiesenen Grundmittel für die Rundfunkanstalten trägt der Bund alleine, da im Kulturfinanzbericht ausschließlich die Ausgaben für die *Deutsche Welle* aufgeführt sind, während die in der *ARD* zusammengeschlossenen Landesrundfunkanstalten, das *ZDF* und das *Deutschlandradio* in der Berichterstattung unberücksichtigt bleiben (*Übersicht 1*).

---

2   84 Prozent der gesamten Ausgaben über alle Körperschaften fließen in den Bereich Kultur, 16 Prozent der gesamten Ausgaben über alle Körperschaften werden für die kulturnahen Bereiche eingesetzt.
3   Dieser hohe Anteil ist unter anderem auch damit zu erklären, dass in den öffentlichen Ausgaben für Volkshochschulen und Sonstige Weiterbildung neben den Ausgaben für Kunst und Kultur auch Sprach-, Gesundheits- und Computerkurse einbezogen werden. Eine isolierte Betrachtung der Ausgaben für Kunst und Kultur ist nicht möglich.

Grundmittel nach Aufgabenfeldern
Bei den eingesetzten Grundmitteln aller Gebietskörperschaften dominiert der Bereich »Theater und Musik«, auf den ein knappes Drittel (31%) aller Grundmittel entfällt. Es folgt mit einem guten Sechstel der Grundmittel der Bereich »Museen und Sammlungen« (16%), ein weiteres Achtel wird für »Bibliotheken« (12%) eingestellt. Für die »Sonstige Kulturpflege« werden neun Prozent der Grundmittel aufgewendet. Die weiteren Aufgabenfelder kommen auf Anteile zwischen drei bis fast sieben Prozent (*Übersicht 2*).

Grundmittel nach Gebietskörperschaften und Aufgabenfeldern
Mit Ausnahme der Aufwendungen für »Kulturelle Angelegenheiten im Ausland«, die nahezu ausschließlich vom Bund getragen werden, verausgaben die Gemeinden und Länder den überwiegenden Anteil der Grundmittel für Kultur und die kulturnahen Bereiche.

- Die Finanzierung durch die Gemeinden ist in drei Aufgabenfeldern von zentraler Bedeutung. So kommen die eingesetzten Mittel im Bereich »Theater und Musik« zu 53 Prozent von den Gemeinden und zu 46 Prozent von den Ländern. Auch bei den »Museen« tragen die Gemeinden mit 48 Prozent den Löwenanteil, während der Anteil der Länder bei 34 Prozent liegt. Im Bereich »Bibliotheken« stammt jeder zweite Euro von den Gemeinden und jeder dritte von den Ländern.

- Die Länder hingegen übernehmen mit 44 Prozent der Grundmittel den höchsten Finanzierungsanteil in der »Sonstigen Kulturpflege« (Gemeinden 37%). Zur »Sonstigen Kulturpflege« zählen beispielsweise die Förderung des Schrifttums und des Filmwesens sowie die Unterstützung von Kunstvereinigungen oder Berufsverbänden bildender Künstler. Weiterhin fallen darunter Aufgaben der Volks- und Heimatkunde, der christlich-jüdischen Zusammenarbeit und der Denkmalpflege von historischen Bauten. Somit werden unter anderem Literaturhäuser, Kinder- und Jugendkulturprojekte, Stadtteilkulturzentren, Geschichtswerkstätten, Filmfestivals oder der Kulturaustausch durch Städtepartnerschaften unterstützt.[4] Im »Denkmalschutz« liegt der Finanzierungsanteil der Länder mit rund 65 Prozent der dafür eingesetzten Grundmittel noch höher (Gemeinden 25%). Da die Bildung an allgemein bildenden Schulen und an Hochschulen weitgehend Aufgabe der Länder ist, fällt auch die Finanzierung der »Kunsthochschulen« vollständig in deren Verantwortung.

---

4 Bei der »Sonstigen Kulturpflege« gestalten sich die Ausgaben im Ländervergleich sehr unterschiedlich. Einige Länder, wie z. B. Thüringen, verteilen die Ausgaben sehr genau auf einzelne Sparten, so dass auf die »Sonstige Kulturpflege« nur 3 Prozent der gesamten Grundmittel gebucht werden. In Brandenburg hingegen werden unter dieser Position 37 Prozent der Grundmittel subsumiert.

Öffentliche
Kulturfinanzierung
in Deutschland

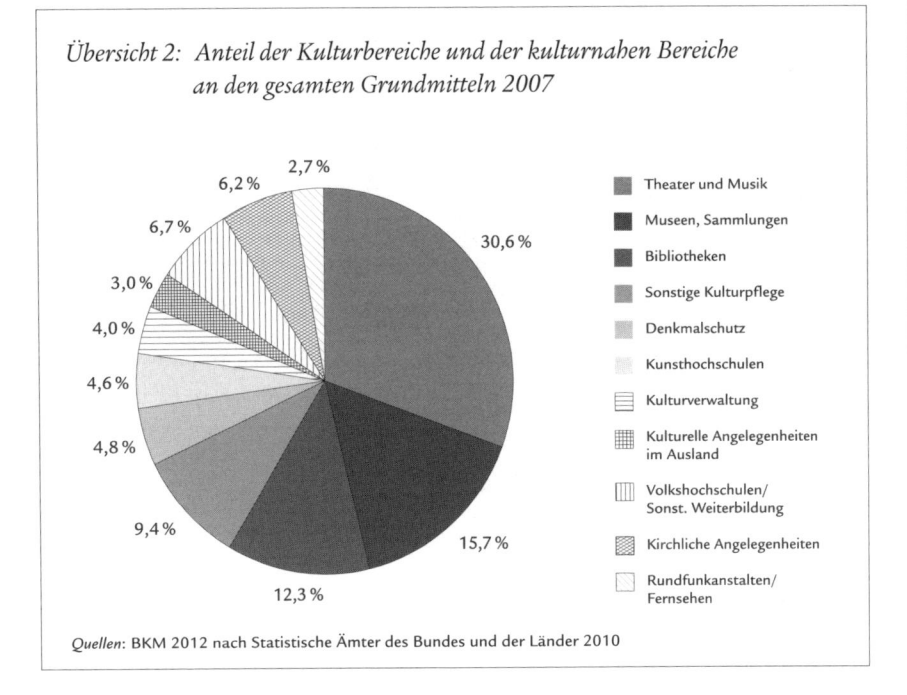

Übersicht 2: Anteil der Kulturbereiche und der kulturnahen Bereiche an den gesamten Grundmitteln 2007

- Theater und Musik: 30,6 %
- Museen, Sammlungen: 15,7 %
- Bibliotheken: 12,3 %
- Sonstige Kulturpflege: 9,4 %
- Denkmalschutz: 4,8 %
- Kunsthochschulen: 4,6 %
- Kulturverwaltung: 4,0 %
- Kulturelle Angelegenheiten im Ausland: 3,0 %
- Volkshochschulen/Sonst. Weiterbildung: 6,7 %
- Kirchliche Angelegenheiten: 6,2 %
- Rundfunkanstalten/Fernsehen: 2,7 %

Quellen: BKM 2012 nach Statistische Ämter des Bundes und der Länder 2010

Anteil der privaten Kulturfinanzierung bei öffentlich geförderten Kultureinrichtungen
Die Öffentliche Hand förderte im Jahr 2007 Kultureinrichtungen mit insgesamt 8,3 Milliarden Euro. Davon flossen nach einer groben Schätzung des *Statistischen Bundesamtes* mit 4,2 Milliarden Euro rund eine Hälfte in Kultureinrichtungen in direkter öffentlicher Trägerschaft, die andere Hälfte (4,1 Mrd. Euro) in ausgegliederte öffentliche Kultureinrichtungen (z.B. Konzerthäuser als GmbH geführt) sowie in private Einrichtungen der Kultur- und Kreativwirtschaft (z.B. private Theater) oder solche des intermediären Sektors (z.B. Vereine).[5] Zusätzlich zu den Zuschüssen durch die Öffentliche Hand erhielten die Kultureinrichtungen laut der Schätzung des *Statistischen Bundesamtes* weitere Zuwendungen von privaten Haushalten, Unternehmen, Stiftungen und anderen privaten Organisationen ohne Erwerbszweck (z.B. durch Freundeskreise) in Höhe von insgesamt 2,1 Milliarden Euro. 1,0 Milliarden Euro dieser Gelder flossen an Kultureinrichtungen in direkter öffentlicher Trägerschaft (Statistische Ämter des Bundes und der Länder 2010). Insgesamt standen somit allen durch die Öffentliche Hand geförderten Kultureinrichtungen circa 10,5 Milliarden Euro zur Verfügung, wovon 20 Prozent durch den privaten Bereich finanziert waren (*Übersicht 3*).

5 Annahmen: 1. Die Zahlungen der Öffentlichen Hand an private Kultureinrichtungen und Einrichtungen des intermediären Sektors entsprechen dem Zuschussbedarf dieser Einrichtungen durch die Öffentliche Hand. 2. Die ausgegliederten öffentlichen Einrichtungen haben die gleiche Finanzierungsstruktur wie die öffentlichen Kultureinrichtungen. Ausnahme: Vollständig privat finanzierte Kultureinrichtungen (z. B. Rockkonzerte, Musicaltheater) wurden bei dieser groben Schätzung nicht berücksichtigt.

Übersicht 3: *Öffentliche und private Finanzierung von Kultureinrichtungen in Milliarden Euro (Stand 2007)*

für ausgegliederte öffentliche Unternehmen sowie zum privaten bzw. intermediären Kultursektor zählende Kultureinrichtungen	Ausgaben der öffentlichen Hand	für Kultureinrichtungen in öffentlicher Trägerschaft
1,0 Mrd. Euro / 4,1 Mrd. Euro	8,3 Mrd. Euro	4,2 Mrd. Euro / 1,1 Mrd. Euro
5,1 Mrd. Euro	**Insgesamt** 10,4 Mrd. Euro	5,3 Mrd. Euro
	2,1 Mrd. Euro	

Zuwendungen von privaten Haushalten, Wirtschaftsunternehmen, Stiftungen, privaten Organisationen ohne Erwerbszweck

Quellen: BKM 2012 nach Statistische Ämter des Bundes und der Länder 2010

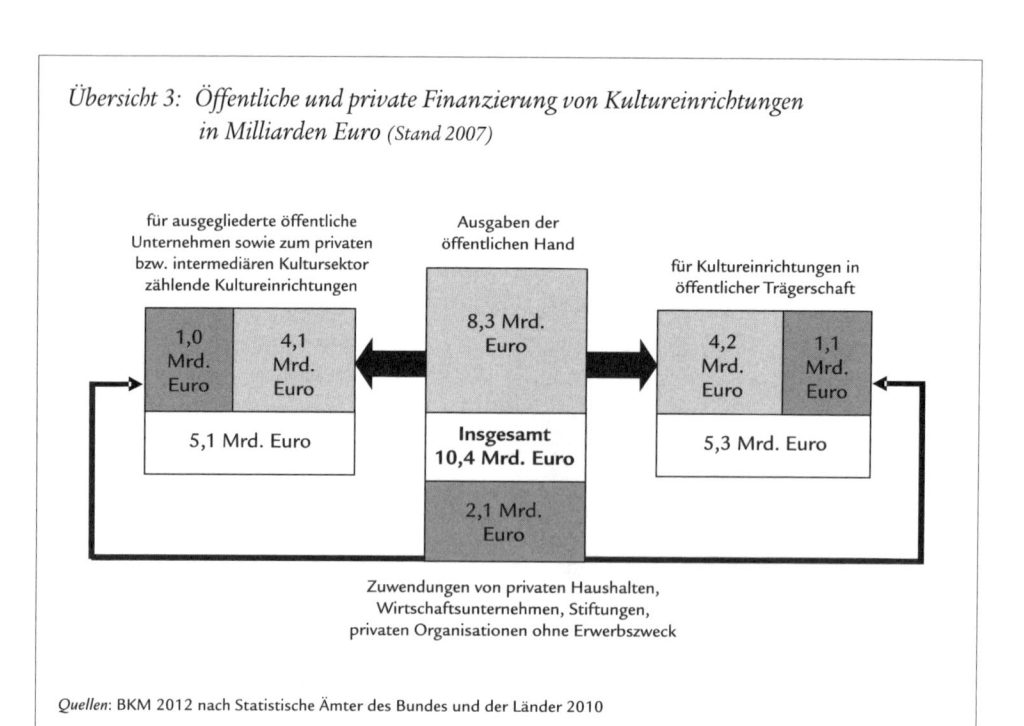

Bildungsausgaben der Öffentlichen Hand für künstlerisch-musische Fächer

Die Öffentliche Hand investiert auch in die für viele Tätigkeitsfelder in den drei Kultursektoren und für die kulturelle Nachfrage bedeutsame Hochschulausbildung beziehungsweise in die Basisausbildung an den allgemein bildenden Schulen.

Hochschulausbildung
Die Hochschulausbildung in der Fächergruppe Kunst/Kunstwissenschaft erfolgt in Deutschland an Universitäten, Fachhochschulen oder Kunsthochschulen. Die Kulturfinanzstatistik für 2007 weist nur die aufgewendeten Grundmittel für die Kunsthochschulen in Höhe von 465,7 Millionen Euro aus. Die tatsächlichen Ausgaben sind jedoch deutlich höher, wenn alle Hochschularten und Studiengänge einbezogen werden, die für eine Tätigkeit in der Kultur- und Kreativwirtschaft qualifizieren.

→ *Studierende nach Fächergruppen*
Im Wintersemester 2009/2010 waren von den rund 2,1 Millionen Studierenden in Deutschland knapp vier Prozent (absolut 81 463) in der Fächergruppe »Kunst und Kunstwissenschaft« eingeschrieben. 32 237 dieser Studienplätze befanden sich an einer Kunsthochschule (Statistisches Bundesamt 2011b). Die Studierenden verteilten sich auf die jeweiligen Fächer wie folgt (Statistisches Bundesamt 2010a):

- Der Studienbereich »Gestaltung« lag mit 24 950 Studierenden knapp vor dem Bereich »Musik und Musikwissenschaft« mit 24 045 Studierenden.
- Es folgte der Studienbereich »Kunst und Kunstwissenschaft« mit 19 256 Studierenden.
- In »Darstellender Kunst«, »Film und Fernsehen« und »Theaterwissenschaft« wurden 7 152 Studierende unterrichtet, während auf die »Bildende Kunst« 6 060 besetzte Studienplätze entfielen.

Darüber hinaus entschieden sich 8 177 Personen für ein Studium der Kulturwissenschaften (i.e.S.), während in der Bibliothekswissenschaft die Studierendenzahl bei 3 138 lag. In der Summe sind dies insgesamt etwa sechs Prozent der Studierenden in Deutschland, die ein Fach gewählt haben, das direkt für eine Tätigkeit in einem der drei Kultursektoren qualifiziert. Einbezogen wurden in die Rechnung nicht Studiengänge wie »Architektur und Innenarchitektur« (33 810 Studierende), »Germanistik« (85 235 Studierende), »allgemeine Sprach- und Kulturwissenschaft« (25 581 Studierende) oder »Informatik« (130 014 Studierende), die ebenfalls Voraussetzung für Tätigkeiten in der Kultur- und Kreativwirtschaft sein können (Statistisches Bundesamt 2010a). Im Jahr 2009 haben rund 24 000 Studierende in den Studienfächern »Kunst/Kunstwissenschaft«, »Kulturwissenschaft« und »Bibliothekswesen« einen Abschluss erworben (Berechnungen nach Statistisches Bundesamt 2011c). Das sind mehr als sieben Prozent aller AbsolventInnen im Erststudium oder weiterem Studium an allen Hochschulen.

→ *Grundmittel nach Hochschularten*
Bei den von der Öffentlichen Hand eingesetzten Grundmitteln für Lehre und Forschung ergeben sich nach Hochschularten für die Fächergruppe »Kunst/Kunstwissenschaft« große Unterschiede:
- Während die Öffentliche Hand für einen Bachelor-Abschluss im Rechnungsjahr 2008 mit einer durchschnittlichen Fachstudiendauer an einer Fachhochschule 12 200 Euro aufwendet und ein Masterabschluss mit weiteren 6 400 Euro zu Buche schlägt, kostet an der Universität der Masterabschluss (bei etwa gleichen Kosten für den Bachelorabschluss) 8 700 Euro.
- Für einen künstlerischen Abschluss an einer Kunsthochschule in der Fächergruppe »Kunst/Kunstwissenschaft« wird seitens des Staates doppelt so viel investiert wie für einen Masterabschluss an einer Universität. Für ein Studium in der durchschnittlichen Fachstudiendauer von 4,1 Jahren werden Grundmittel in Höhe von 40 100 Euro aufgebracht. Nur für Abschlüsse in der Humanmedizin (Universitärer Abschluss 203 700 Euro Grundmittel), in der Veterinärmedizin (62 100 Euro) und in den Agrar-, Forst- und Ernährungswissenschaften (57 900 Euro) wurden mehr Mittel eingesetzt (Statistisches Bundesamt 2010b).

Bei den Kunsthochschulen werden 93 Prozent der Ausgaben durch Grundmittel gedeckt (2007), während sie im Durchschnitt über alle Fächergruppen nur zur Hälfte durch Grundmittel finanziert werden müssen. Die restlichen 50 Prozent werden durch Beiträge der Studierenden, Einnahmen aus wirtschaftlicher Tätigkeit und Drittmittel erzielt (Statistisches Bundesamt 2009). Die Kunsthochschulen sind demnach stärker als alle anderen Hochschulen (mit Ausnahme der Verwaltungshochschulen) bei der Finanzierung ihrer Aufgaben von den Zuwendungen der Öffentlichen Hand abhängig.

Zusammenfassend kann festgestellt werden, dass der Staat jährlich für circa 24 000 akademische Abschlüsse, die für Tätigkeiten in allen drei Kultursektoren qualifizieren, nach Schätzungen mindestens circa 620 Millionen Euro an Grundmitteln aufwendet.[6] Hinzu kommen noch mindestens 20 Millionen Euro,[7] die für die berufliche Qualifizierung von Studenten, die ihr Studium nicht abschließen, anfallen. Gegenüber den im Kulturfinanzbericht ausgewiesenen Grundmitteln für die Kunsthochschulen sind die Aufwendungen für die akademische Ausbildung somit um fast 40 Prozent höher anzusetzen (absolut ca. 175 Mio. Euro). Dabei sind die Aufwendungen des Staates für andere akademische Ausbildungen, etwa von GermanistInnen oder InformatikerInnen, die in unterschiedlichem Maße ebenfalls in allen drei Kultursektoren ihr berufliches Betätigungsfeld finden können, nicht eingerechnet.

Ausbildung an allgemein bildenden Schulen
Basis einer akademischen Ausbildung sowie der Nachfrage nach kulturellen Produkten und Dienstleistungen sind Ausbildungsangebote an allgemein bildenden Schulen in den künstlerischen Fächern Musik, Kunst, Darstellende Kunst, textiles Gestalten oder Werken.

Unter der konservativen Annahme, dass an allgemein bildenden Schulen acht bis zehn Prozent der Aufwendungen für das Unterrichten künstlerischer Fächer entstehen,[8] summiert sich das jährliche Ausgabenvolumen der Öffentlichen Hand für diesen Fächerkanon auf 3,8 Milliarden Euro bis 4,8 Milliarden Euro. Dafür werden rechnerisch etwa 32 000 bis 40 000 Lehrervollzeitstellen sowie 21 000 bis 27 000 Teilzeitstellen benötigt.[9] Diese Aufwendungen dürften bei der zunehmenden Bedeutung des Nachmittagsunterrichts und der Ganztagsbetreuung in den kommenden Jahren trotz sinkender Schülerzahlen weiter ansteigen.

---

6 Annahme: 40 Prozent Abschlüsse an Kunsthochschulen (entspricht dem Anteil der Studierenden an allen Studierenden in dieser Fächergruppe), 30 Prozent Abschlüsse als Bachelor an Universitäten oder Fachhochschulen, 15 Prozent der Abschlüsse als Master an Universitäten, 15 Prozent der Abschlüsse als Master an Fachhochschulen.
7 Schätzung auf Basis der Quote der Studienabbrecher – 13 Prozent der Studienanfänger beenden ihr Studium nach einem Fünftel der durchschnittlichen Fachstudiendauer (Statistisches Bundesamt 2011d).
8 Diese Zahl kann nur geschätzt werden, da sich die Stundentafeln in den einzelnen Bundesländern unterscheiden. In der Primarstufe werden meist weit mehr als 10 Prozent der Unterrichtszeit in künstlerischen Fächern unterrichtet. Dies gilt auch in der Sekundarstufe I. Auch in der Sekundarstufe II muss in der Regel mindestens ein künstlerisches Fach gewählt werden (also mindestens ca. 5 Prozent der Unterrichtszeit).
9 Im Schuljahr 2009/2010 betraf dies 8,9 Mio. Schüler an deutschen allgemein bildenden Schulen, die in allen Fächern von insgesamt 400 000 Vollzeitlehrkräften, 270 000 teilzeitbeschäftigten sowie 90 000 stundenweise beschäftigten Lehrern unterrichtet wurden (Statistisches Bundesamt 2011 a und 2011 e). Für den gesamten Unterricht an allgemeinbildenden Schulen entstanden der Öffentlichen Hand in 2007 Kosten von 5 400 Euro pro Schüler, in der Summe also mehr als 48 Mrd. Euro. 80 Prozent der Kosten waren Aufwendungen für das Personal (Statistisches Bundesamt 2010 d).

Öffentliche Kulturfinanzierung in Deutschland

Übersicht 4: Beschäftigte und Bildungsausgaben der Öffentlichen Hand für die künstlerischen Fächer an verschiedenen Bildungseinrichtungen
(ohne berufliche Schulen und vorschulische Bildungseinrichtungen)

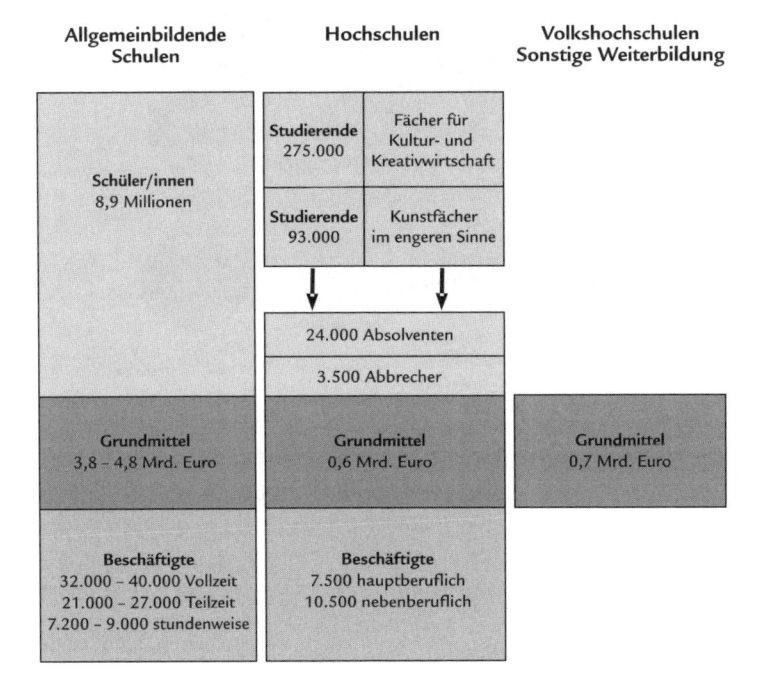

Allgemeinbildende Schulen
- Schüler/innen: 8,9 Millionen
- Grundmittel: 3,8 – 4,8 Mrd. Euro
- Beschäftigte:
  - 32.000 – 40.000 Vollzeit
  - 21.000 – 27.000 Teilzeit
  - 7.200 – 9.000 stundenweise

Hochschulen
- Studierende 275.000 — Fächer für Kultur- und Kreativwirtschaft
- Studierende 93.000 — Kunstfächer im engeren Sinne
- 24.000 Absolventen
- 3.500 Abbrecher
- Grundmittel: 0,6 Mrd. Euro
- Beschäftigte:
  - 7.500 hauptberuflich
  - 10.500 nebenberuflich

Volkshochschulen Sonstige Weiterbildung
- Grundmittel: 0,7 Mrd. Euro

Quellen: BKM 2012 nach Statistische Ämter des Bundes und der Länder 2010, Statistisches Bundesamt 2009, 2010a, 2010b, 2010c, 2010d, 2011b, 2011c, 2011d, 2011e

Bildungsausgaben der Öffentlichen Hand für künstlerische Fächer insgesamt
Ohne Einbeziehung der künstlerischen Fächer in vorschulischen Bildungseinrichtungen und beruflichen Schulen[10] sowie der Unterstützung entsprechender Angebote bei kirchlichen Trägern, summieren sich die von der Öffentlichen Hand für diesen Bereich eingesetzten Grundmittel auf einen jährlichen Betrag zwischen fünf und sechs Milliarden Euro. Allein im Bereich der allgemein bildenden Schulen und der Hochschulen werden damit 40 000 bis 50 000 Vollzeitstellen und 30 000 bis 40 000 Teilzeitstellen beziehungsweise Tätigkeiten im Nebenberuf finanziert (*Übersicht 4*).

10 Die Aufwendungen können nicht ermittelt werden, da der Anteil je nach Ausbildungszweig stark variiert (Statistisches Bundesamt 2010d). Für den gesamten Unterricht an berufsbildenden Schulen wurden für die 2,8 Mio. Schüler im Schuljahr 2009/2010 durchschnittlich 3 600 Euro eingesetzt, bei einer Ausbildung im dualen System 2 200 Euro, insgesamt rund 10 Mrd. Euro.

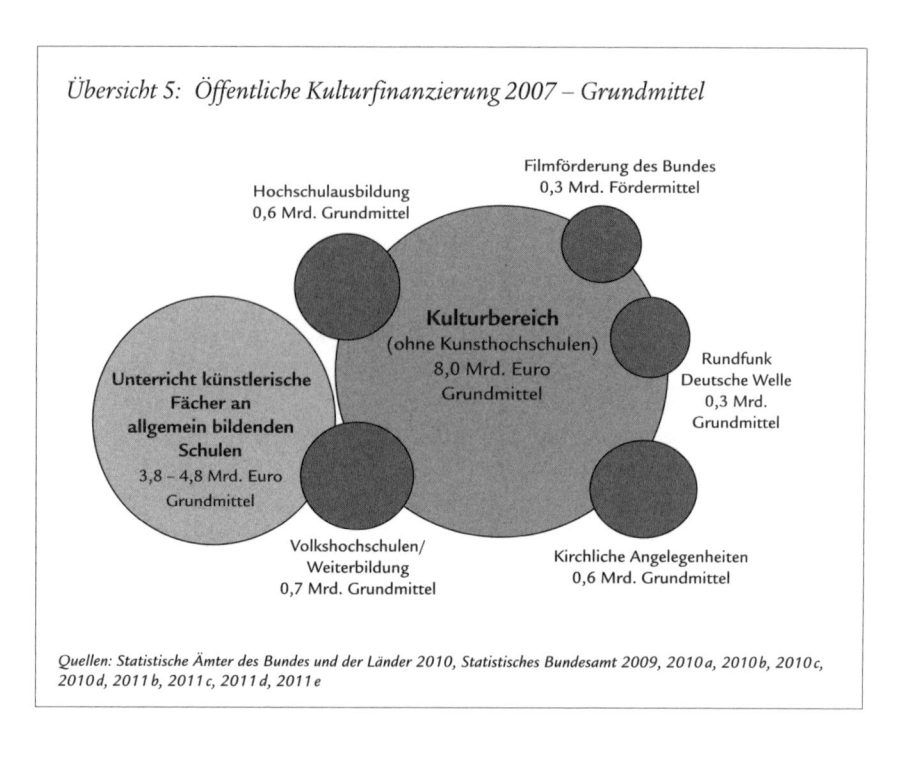

Übersicht 5: Öffentliche Kulturfinanzierung 2007 – Grundmittel

Filmförderung des Bundes
0,3 Mrd. Fördermittel

Hochschulausbildung
0,6 Mrd. Grundmittel

Kulturbereich
(ohne Kunsthochschulen)
8,0 Mrd. Euro
Grundmittel

Rundfunk
Deutsche Welle
0,3 Mrd.
Grundmittel

Unterricht künstlerische Fächer an allgemein bildenden Schulen
3,8 – 4,8 Mrd. Euro Grundmittel

Volkshochschulen/
Weiterbildung
0,7 Mrd. Grundmittel

Kirchliche Angelegenheiten
0,6 Mrd. Grundmittel

Quellen: Statistische Ämter des Bundes und der Länder 2010, Statistisches Bundesamt 2009, 2010a, 2010b, 2010c, 2010d, 2011b, 2011c, 2011d, 2011e

Öffentliche Kulturfinanzierung insgesamt

Für den Bereich Kultur (Theater, Musik, Museen, Bibliotheken, Denkmalschutz, Kulturelle Angelegenheiten im Ausland, Sonstige Kulturpflege und Verwaltung) wurden 2007 ohne Einbeziehung der Ausgaben für die Kunsthochschulen von allen Körperschaften gut acht Milliarden Euro Grundmittel eingesetzt. In die kulturnahen Bereiche (Unterstützung der Rundfunkanstalten und kirchlicher Angelegenheiten) flossen unter Ausschluss der Ausgaben für Volkshochschulen und Sonstige Weiterbildung 0,9 Milliarden Euro Grundmittel. Die Grundmittel für die Bildungsausgaben der Öffentlichen Hand für die künstlerischen Fächer summieren sich auf gut 5 bis 6 Milliarden Euro. Mehr als drei Viertel dieser Gelder fließen in die allgemein bildenden Schulen. 0,6 Milliarden Euro stehen für die Hochschulbildung, 0,7 Milliarden Euro für Volkshochschulen oder die Sonstige Weiterbildung zur Verfügung (*Übersicht 5*).

Literatur

Beauftragter der Bundesregierung für Kultur und Medien (BKM) (Hrsg.) (2012): *Öffentlich geförderter, intermediärer und privater Kultursektor – Wirkungsketten, Interdependenzen, Potenziale. Forschungsgutachten für den Beauftragten der Bundesregierung für Kultur und Medien (BKM). Endbericht, Langfassung*, erstellt durch STADTart, Institut für Kulturpolitik der Kulturpolitischen Gesellschaft, Hamburgisches WeltWirtschaftsInstitut, Dortmund 2012, online als pdf verfügbar unter: www.kultur-kreativ-wirtschaft.de

Statistische Ämter des Bundes und der Länder (2010): *Kulturfinanzbericht 2010*, Wiesbaden: Selbstverlag

Statistisches Bundesamt (2009): *Hochschulstandort Deutschland 2009. Ergebnisse aus der Hochschulstatistik*, Wiesbaden

Statistisches Bundesamt (2010 a): *Bildung und Kultur, Studierende an Hochschulen, Wintersemester 2009/2010*, Wiesbaden (Fachserie 11 Reihe 4.1.)

Statistisches Bundesamt (2010 b): *Bildung und Kultur, Monetäre hochschulstatistische Kennzahlen*, Wiesbaden (Fachserie 11, Reihe 4.3.2.)

Statistisches Bundesamt (2010 c): *Bildung und Kultur, Personal an Hochschulen*, Wiesbaden (Fachserie 11, Reihe 4.4.)

Statistisches Bundesamt (2010 d): *Bildungsfinanzbericht 2010*, Wiesbaden

Statistisches Bundesamt (2011 a): *Personal im öffentlichen Dienst*, siehe unter: www.destatis.de, (letzter Zugriff: 18.8.2011)

Statistisches Bundesamt (2011 b): *Bildung, Forschung, Kultur, Hochschulen*, siehe unter: www.destatis.de, (letzter Zugriff: 19.9.2011)

Statistisches Bundesamt (2011 c): *Bildung und Kultur, Nichtmonetäre hochschulstatistische Kennzahlen*, Wiesbaden (Fachserie 11, Reihe 4.3.1.)

Statistisches Bundesamt (2011 d): *Hochschulen auf einen Blick*, Ausgabe 2011, Wiesbaden

Statistisches Bundesamt (2011 e): *Bildung und Kultur, Allgemeinbildende Schulen, Schuljahr 2009/2010*, Wiesbaden (Fachserie 11, Reihe 1)

KARL-HEINZ REUBAND

Steigt das Interesse der Bürger an »Kultur-Events«?
Eine Bestandsaufnahme bekundeter Interessenorientierungen im Zeitverlauf

Steigende Besucherzahlen bei Musikfestivals

Der Besuch von Theater, Oper und klassischen Konzerten stagniert oder ist rückläufig. Die Zahl der Besucher von Theater- und Musikfestivals ist jedoch in den letzten Jahren geradezu explosionsartig gestiegen (Haselbach u. a. 2012: 18). Für zahlreiche Beobachter des gesellschaftlichen und kulturellen Lebens ist dies nicht verwunderlich. Sie sehen darin eine längerfristige Entwicklung hin zur »Event«-Kultur. Gesprochen wird vom Aufkommen einer »Erlebnis-Gesellschaft« (Schulze 1997), in der das Alltagsleben ästhetisiert wird und das Streben nach intensivem Erleben immer stärker das Denken und Handeln der Menschen bestimmt.

Das Aufkommen der Event-Kultur wird in der Literatur gewöhnlich als Folge eines gesellschaftlichen Individualisierungsprozesses und eines Wertewandels verstanden, der die Ausbreitung immaterieller, ästhetischer und auf Selbstverwirklichung ausgerichteter Bedürfnisse und Werte begünstigt hat.[1] Kollektiv geteilte Traditionen verblassen, individuelle Entscheidungsprozesse rücken in den Vordergrund. Man geht nicht mehr in die Oper oder das Konzert, weil es gesellschaftlich zum *guten Ton* gehört oder man glaubt, dazu aufgrund der eigenen Berufsposition oder Bildung gesellschaftlich verpflichtet zu sein. Stattdessen werden die Entschei-

---

1 Zur Frage der Herausbildung der Event-Orientierungen siehe u. a. Schulze (1997). Zur Bedeutung von Events in Gegenwartsgesellschaften siehe u. a. Gebhardt u. a. (2000), Betz u. a. (2011). Der zentrale Theoretiker des Wertewandels, der Selbstverwirklichungstendenzen in den Mittelpunkt seiner Theorie und Forschung gestellt hat, ist Inglehart (vgl. u. a. Inglehart 1998). In seiner Konzeption sind ästhetische Werte den Selbstverwirklichungstendenzen unmittelbar zugeordnet und in der Bedürfnishierarchie an oberster Stelle angesiedelt. Empirische Studien zu den Konsequenzen auf der Ebene ästhetischer Orientierungen und Verhaltensweisen wurden bislang in den Arbeiten, die in der Tradition der Inglehart'schen Theorie stehen, nicht durchgeführt.

dungen immer wieder neu, unter Abwägung der materiellen und nichtmateriellen Kosten und des persönlichen Nutzens, getroffen. Man orientiert sich an Ereignissen, die ein Maximum persönlicher Befriedigung versprechen. Und diese sind, so scheint es, solche mit außergewöhnlichem Charakter.

Auch wird im Zusammenhang mit dem Aufkommen der »Event«-Kultur auf die vermehrte Konkurrenz auf dem Erlebnismarkt verwiesen. Diese schaffe geradezu einen Zwang, im Wettbewerb mit anderen Angeboten das Außergewöhnliche und Einzigartige des eigenen kulturellen Angebots zu betonen. Kulturmanagement ist aus diesem Grund in den letzten Jahren in zunehmendem Maße oft zu einem *Event-Management* geworden: einem Management, bei dem man besonders bemüht ist, dem jeweiligen Ereignis einen außergewöhnlichen, spektakulären Rahmen zu verleihen. In dem Maße, wie das Außergewöhnliche des kulturellen Angebots hervorgehoben wird, in dem Maße dürften auch auf Seiten des Publikums Erwartungen geweckt werden, die das Außergewöhnliche zum Maßstab individueller Entscheidungen machen.

Aber gibt es auf Seiten der Bürger tatsächlich einen Trend, der durch das Bedürfnis nach einem intensiven Erleben außergewöhnlicher, ästhetischer Ereignisse geprägt ist? Kann man davon ausgehen, dass sich immer mehr Bürger nur noch für Kulturereignisse interessieren, die sich durch die Aura des Außergewöhnlichen auszeichnen? Ist der Anstieg in der Besucherzahl von Kulturfestivals Anzeichen eines langfristigen Wandels, der auch in der Zukunft anhalten wird? Allein auf der Basis der Besucherzahlen von Theater- und Musikfestivals eine entsprechende Antwort zu finden, fällt schwerer als es zunächst den Anschein hat. Denn die gestiegene Zahl der Besucher ist nicht allein Folge einer gestiegenen Nachfrage, sondern auch eines gestiegenen Angebots. Und dieses Angebot hat in den letzten Jahren erheblich zugenommen.

Musik-Festspiele und Festivals sind keine neue Erscheinung. Bereits in der zweiten Hälfte des 19. Jahrhunderts kam es zu einer Welle von Festspielgründungen. Zu einer zweiten Welle kam es dann – nach einer gewissen Zeit der Stagnation – in der Weimarer Republik.[2] Der eigentliche Boom aber setzte erst nach Kriegsende ein, primär in den späten 1980er und 1990er Jahren. Wurden in der Zeit 1945 bis 1968 in Deutschland lediglich 19 Musikfestivals neu geschaffen, die klassische Musik zum Thema hatten, so kam es in der Zeit von 1985 an zu 69 Neugründungen. Besonders seit der Nachwendezeit vervielfachte sich die Zahl der Musikfestivals: Verzeichnete das Musikinformationszentrum 1993/94 noch 136 überregional bedeutende Festspiele und Festivals, so waren es 1999/2000 schon 203 und 2007/08 mehr als 360. Die meisten davon widmen sich der klassischen Musik. Einer aktuellen Auswertung zufolge gab es im Jahr 2012 342 Musikfestivals, auf denen klassische Musik dargeboten wird.[3]

---

[2] Siehe in diesem Zusammenhang zum Beispiel die Autobiografie von Ernst Krenek (2012), in der er die zahlreichen Festivals erwähnt, die er besuchte und auf denen zum Teil auch seinen eigenen Kompositionen aufgeführt wurden (Krenek 2012: 465, 532, 550, 734, 735).

[3] Vgl. Musikinformationszentrum (2007, 2012), Willnauer (2010); eigene Berechnungen. Bei der Berechnung der aktuellen Zahl an Musikfestivals (August 2012) wurden von uns die Festivals mit klassischer Musik ausgezählt, ausgelassen wurden Jazz, Rock & Pop, World Music, Techno und genreübergreifende Musik.

Ein wesentlicher Grund für den rapiden Anstieg in der Zahl der Musik-Festivals liegt darin, dass in den letzten Jahren immer mehr Städte und Orte Festivals sowohl als Mittel der eigenen Profilierung als auch als Mittel der Wirtschaftsförderung für sich entdeckt haben. In manchen Fällen sind es Orte, die seit jeher auf einen breiten Touristenstrom zurückblicken können und das kulturelle Angebot gewissermaßen als *Mehrwert* eines Aufenthalts anbieten. In anderen Fällen gewinnt der Ort erst durch das kulturelle Angebot an Attraktion. Ohne ein entsprechendes Festival würde sich kaum jemand dorthin verirren. Dabei greift man auf die jeweils verfügbaren Räumlichkeiten zurück und bietet, was unter den gegebenen Bedingungen möglich ist: Orgelkonzerte in der Kirche, Kammermusik im Schloss, Musik in der *Scheune*.

Steigt das Interesse der Bürger an »Kultur-Events«?

Das Spektrum an Musikfestivals, das sich heutzutage darbietet, ist durch eine große Vielfalt gekennzeichnet. Neben den älteren Musikfestivals, wie Bayreuth oder Salzburg, finden sich eine Vielzahl von neuen. Manche finden weit über eine Region hin verstreut statt (wie im Fall des Schleswig-Holstein-Festival), andere sind in größeren oder mittleren Städten angesiedelt (wie München oder Bonn), andere an spektakulären Örtlichkeiten wie etwa an Seen (wie Bregenz), andere in kleinen Kurorten (wie z. B. Bad Kissingen oder Bad Wörishofen). Manche Festivals sind thematisch und musikalisch breit angelegt, andere eng auf einzelne Komponisten ausgerichtet (z. B. Telemann-Tage Köthen, Rossini in Wildbad) (vgl. Willnauer 2010: 6).

Besonders stark dürfte im Lauf der Zeit die Zahl kleinerer Festivals mit beschränktem Platzangebot zugenommen haben. Dies dürfte auch der Grund dafür sein, dass die durchschnittliche Zahl der Besucher pro Festival längerfristig gesunken ist (vgl. Haselbach u. a. 2012: 18). Sie ist gesunken, weil es immer mehr Veranstaltungen gibt, bei denen aufgrund der Örtlichkeiten und des Einzugsbereichs der Besucherkreis zahlenmäßig notwendigerweise begrenzt bleiben muss. Einheimische und Auswärtige nutzen oftmals aufgrund der verbesserten Zugänglichkeit die Gelegenheit der Zerstreuung, ohne dass sich notwendigerweise der Kreis derer vergrößert haben muss, der sich für Musik-Festivals interessiert.

Verändertes Interesse an Kultur-Events?

Will man etwas über die »Event«-Orientierung der Bürger aussagen, bedarf es anderer Daten als bloße Besucherzahlen: Es bedarf Daten, die etwas über die Interessenslage aussagen und Angaben über längerfristige Veränderungen in diesem Bereich ermöglichen. Eine gute Grundlage dafür bietet die »Allgemeine Werbeträgeranalyse« (AWA) des *Instituts für Demoskopie Allensbach*. Es handelt sich um eine groß angelegte, jährliche Mehrthemenbefragung der deutschsprachigen Bevölkerung ab 14 Jahren, auf der Basis von Face-to-Face-Interviews. Pro Erhebung werden rund 21 000 Personen befragt. Bestandteile des umfassenden Fragekatalogs sind seit 2004 Fragen zum Interesse an Kultur-»Events«. Und zu diesen zählen auch zwei, die im Zusammenhang mit musikalischen »Events« für unsere Fragestellung von besonderem Interesse sind: »Klassische Musikfestivals, wie Salzburg, Bayreuth usw.« sowie »Premierenvorstellungen (Theater, Oper usw.)«.[4]

Im erstgenannten Fall handelt es sich um Festivals, die auf eine längere Tradition zurückblicken und ihren Nimbus bis heute nicht verloren haben. Im zweitgenannten Fall handelt es sich nicht um ein Festival im klassischen Sinne, wohl aber um ein Ereignis mit Eventcharakter: Premieren sind Veranstaltungen, die im öffentlichen Blickpunkt stehen. Sie haben den Charakter der Einmaligkeit, weil zum ersten Mal eine neue Produktion präsentiert wird. Das Publikum ist nicht das übliche, lokale Prominenz ist in verstärktem Maße vertreten. Und die Massenmedien widmen der Veranstaltung erhöhte Beachtung, es gibt in den lokalen – zum Teil auch den überlokalen – Zeitungen an einem der folgenden Tage meist einen längeren Bericht dazu im Kulturteil.

Betrachtet man die Umfragen für die Jahre 2004 bis 2011, so zeigt sich (vgl. *Tabelle 1*): das Interesse an »Kultur-Events« ist nicht – wie man aufgrund der Besucherzahlen erwarten könnte – gestiegen, sondern im Gegenteil kontinuierlich gesunken. Die Zahl derer, die sich für »klassische Musikfestivals, wie Salzburg oder Bayreuth« interessieren, ist von 12,1 Prozent im Jahr 2004 auf 8,0 Prozent im Jahr 2011 zurückgegangen. Und die Zahl derer, die an Premierenvorstellungen (Theater, Oper etc.) interessiert sind, ist von 19,2 Prozent auf 12,6 Prozent geschrumpft. Dies entspricht in beiden Fällen einem Rückgang von 34 Prozent.[5]

Betrachtet man die Entwicklung auf der Ebene der einzelnen soziodemografischen Gruppen, so wird der rückläufige Trend allgemein reproduziert. Selbst unter denen, die traditionell Träger der Hochkultur sind, schwindet das Interesse. So nimmt mit steigendem Alter und steigender Bildung das Interesse an klassischen Musikfestivals zu. Aber auch unter den Älteren und Hoch-Gebildeten ist der Trend rückläufig. Desgleichen lässt sich bei denen ein Rückgang feststellen, die aufgrund ihrer ökonomischen Ressourcen am ehesten zur Umsetzung ihrer Interessen in der Lage wären.[6] Angesichts dessen ist es höchst unwahrscheinlich, dass sich der Wandel aufgrund veränderter ökonomischer Bedingungen vollzogen haben könnte – die Bürger womöglich ihr Anspruchsniveau reduziert haben, weil ihnen aus finanziellen Gründen die Möglichkeiten der Realisierung zunehmend verwehrt sind.

Natürlich ist es denkbar, dass das Interesse an »klassischen Musikfestivals, wie Salzburg und Bayreuth« gesunken, das Interesse an »nicht-klassischen« Festivals jedoch gestiegen ist. Leider gibt es keine Daten dazu.[7] Auch stellt sich die Frage, ob die beschriebene Entwicklung möglicherweise nur eine Sonderentwicklung darstellt, die den Kulturbereich von Theater, Oper und klassischen Konzerten betrifft

---

4   Die Tabellen aus den Umfragen der AWA zu Fragen der Kultur wurden dem Verfasser freundlicherweise vom *Institut für Demoskopie* zur Verfügung gestellt.
5   Differenz von 4,1 Prozent bezogen auf den Ausgangswert von 12,1 Prozent, und Differenz von 6,6 Prozent bezogen auf den Ausgangswert von 19,2 Prozent.
6   So findet sich zum Beispiel bei den 60- bis 69-Jährigen in den Jahren 2006 bis 2010 ein Rückgang von 20,6 Prozent auf 14,1 Prozent und unter den Befragten mit abgeschlossenem Hochschulstudium von 23,1 Prozent auf 17,0 Prozent. Bei den Befragten mit einem Haushaltsnettoeinkommen von 3 500 Euro und mehr von 15,9 Prozent auf 10,3 Prozent (vgl. auf der Basis der AWA Daten: Musikinformationszentrum 2011).

Tabelle 1: Interesse an Kultur-Events im Zeitverlauf (in Prozent)

Steigt das Interesse der Bürger an »Kultur-Events«?

	Klassische Musikfestivals (wie Salzburg, Bayreuth) in Prozent	Premierenveranstaltungen (Theater, Oper usw.) in Prozent	Ausstellungseröffnungen, Vernissagen in Prozent
2004	12,1	19,2	19,2
2005	12,1	18,5	18,6
2006	11,8	17,8	17,8
2007	10,7	17,3	17,5
2008	9,7	16,4	17,4
2009	9,2	14,7	15,8
2010	8,4	14,1	15,4
2011	8,0	12,6	14,3

Frageformulierungen: »Hier auf dieser Liste sind einige Veranstaltungen aufgeschrieben. Bitte nennen Sie mir alle Veranstaltungen, die Sie interessieren.« – *Basis*: Bevölkerung ab 14 Jahren; *Quelle*: Allensbacher Markt- und Werbeträgeranalyse (AWA).

und nicht auf andere Bereiche der Hochkultur hin generalisiert werden kann. So könnte sich zum Beispiel im Bereich der Bildenden Kunst die Situation ganz anders darstellen. Schließlich hat sich in der Vergangenheit immer wieder gezeigt, wie sehr Sonderausstellungen große Menschenmassen mobilisieren und die Besucherstatistiken der Museen in die Höhe getrieben haben.

Gemessen am Interesse an »Ausstellungseröffnungen, Vernissagen« ergibt sich jedoch ein ähnliches Bild wie zuvor: Auch hier findet im Beobachtungszeitraum 2004–2011 ein Rückgang statt – in diesem Fall von 19,2 Prozent auf 14,3 Prozent. Dies entspricht einem Rückgang von 26 Prozent. Dieser Rückgang ist zwar geringer als in den zuvor genannten Fällen, aber auch hier gilt: Von einem Anstieg – wie es der These von der »Event«-Kultur entspricht – ist nichts zu erkennen, es dominieren die rückläufigen Tendenzen.

Kulturelle Interessen und ihre Realisierung

Was bedeutet diese Entwicklung? Sie bedeutet zum einen, dass man nicht aus der Zahl der Besucher – wie im Fall der Musikfestivals – unmittelbar auf die Zahl der Interessenten zurückschließen kann. Denn es gibt immer mehr Interessenten als Personen, die von dem kulturellen Angebot tatsächlich Gebrauch machen. Ob davon Gebrauch gemacht wird oder nicht, hängt von der eigenen Zeit und den Kosten ab, die man für den Kartenerwerb aufbringen muss, und es hängt von Gelegenhei-

---

7 Der Begriff des klassischen Musikfestivals kann in zweierlei Weise verstanden werden: als ein Musikfestival mit klassischer Musik oder als eines, das als Verkörperung des typischen, traditionellen Musikfestivals (mit klassischer Musik) gilt. Zu anderen Musikfestivals mit klassischer Musik wurden keine Fragen gestellt. Wohl aber wurde das Interesse an Rock & Pop Festivals und Jazzfestivals erfragt. Danach ist in den letzten Jahren auch das Interesse daran gesunken (vgl. die Daten des *Instituts für Demoskopie* zit. in Musikinformationszentrum 2011).

ten ab – ob man sich zum Beispiel als Tourist an einem Ort aufhält, an dem gerade ein Festival stattfindet.[8]

Bei manchen viel besuchten Festivals ist die Umsetzung des Interesses zudem maßgeblich von der Verfügbarkeit der Karten abhängig. Die Nachfrage kann größer sein als das Angebot. In Bayreuth lag zum Beispiel im Jahr 2009 die Zahl angefragter Karten bei 438 136, das Gesamtkontingent betrug demgegenüber nur 57 750 Karten (Deutscher Bundestag 2011: 1). Unter diesen Bedingungen müssen interessierte Bayreuth-Besucher jahrelang warten, ehe sie überhaupt eine Karte erwerben können (es sei denn, sie sind Mitglieder des *Freundeskreises der Bayreuther Festspiele*). Desgleichen dürfte auch Salzburg nach wie vor ein Ort sein, wo der Zugang zu Karten knapp und die Nachfrage größer als das Angebot ist.

Dementsprechend ist es nicht verwunderlich, dass die Zahl derer, die sich für klassische Musikfestivals wie Salzburg oder Bayreuth interessieren, und die Zahl derer, die diese jemals besuchten, weit auseinanderfallen. So gaben in Umfragen des *Instituts für Demoskopie* aus den Jahren 2004 und 2005 2,9 Prozent der Befragten an, sie hätten »in den letzten 1,2 Jahren« klassische Musikfestivals wie Salzburg oder Bayreuth besucht. Bezogen auf diejenigen, die daran Interesse bekundeten (12,1 %), entspricht dies – auf Aggregatebene berechnet – einer Umsetzungsquote von 24 Prozent.[9] Da sich die Frage nicht auf Salzburg oder Bayreuth allein bezog, sondern auch auf andere klassische Musikfestivals und es den Befragten überlässt, diese entsprechend zu definieren, dürfte die Realisierungschancen für Salzburg und Bayreuth noch weitaus niedriger liegen.

Demgegenüber ist es naturgemäß leichter, das Interesse am Besuch von Premierenveranstaltungen in die Tat umzusetzen: In den Jahren 2004/2005 bekundeten 11,9 Prozent der Befragten, sie hätten derartige Veranstaltungen in den letzten ein bis zwei Jahren besucht. Umgerechnet auf die Zahl der Interessenten entspricht dies einer Realisierungsquote von 62 Prozent. Am größten ist die Realisierungschance dort, wo die Zugangsbarrieren noch niedriger liegen – so liegt die entsprechende Realisierungsquote bei »Ausstellungseröffnungen, Vernissagen« bei rund 74 Prozent.[10] Gewiss gibt es hier mitunter Beschränkungen – etwa bei Vernissagen –, aber bei Eröffnungen anderer Ausstellungen (etwa in Museen) dürfte dies weniger der Fall sein.

Die Entwicklung des Interesses an Musikfestivals beziehungsweise Premieren einerseits und die Zahl der Besuche von Musikfestivals andererseits dokumentiert,

---

8 Die Frage, wie der Besuch von Kultur-Festivals in den Tourismus eingebunden ist, ist bislang wenig erforscht. In manchen Fällen – wie Salzburg – begeben sich viele Besucher eigens des Festivals wegen dorthin und halten sich dort auch längere Zeit auf. In anderen Fällen steht die sonstige touristische Attraktivität des Orts im Vordergrund. Dazu und über die Besucher von Festivals weiß man bislang freilich relativ wenig (vgl. Pröbstle 2010). Selbst zu den traditionellen Festivals wie Salzburg oder Bayreuth hält sich das Wissen in Grenzen (vgl. Kyrer/Populorum 1995, Gebhardt/Zingerle 1998). Zum Salzburg Festival siehe aus ökonomischer Perspektive auch Frey (2010).
9 Die Umsetzungsquoten wurden jeweils auf der Basis der Aggregatdaten berechnet. Dass sich die Quote auf Individualebene etwas anders darstellen könnte – etwa wenn Nichtinteressierte durch den Partner zu einer Veranstaltung mitgenommen werden – ist denkbar, dürfte alles in allem aber kaum ins Gewicht fallen.
10 2004 gaben 14,5 Prozent und 2005 13,6 Prozent der Befragten an, in den letzten 1,2 Jahren Ausstellungseröffnungen, Vernissagen besucht zu haben. Das entsprechend bekundete Interesse lag 2004 bei 19,2 Prozent und 2005 bei 18,6 Prozent. Der im Text zitierte Wert ist der Mittelwert aus den beiden Jahren (eigene Berechnungen).

Tabelle 2: Interesse an Kunst- und Kulturszene im Zeitverlauf (in Prozent)

Steigt das Interesse der Bürger an »Kultur-Events«?

	Interessiert mich ganz besonders in Prozent	Interessiert mich auch, aber nicht so sehr in Prozent	Interessiert mich kaum, gar nicht in Prozent
1996	11,7	32,9	55,4
1997	11,1	32,6	56,3
1998	10,8	32,5	56,7
1999	11,0	32,1	56,9
2000	11,0	31,9	57,1
2001	11,3	33,1	55,6
2002	12,0	31,9	56,1
2003	11,2	31,5	57,3
2004	10,9	30,8	58,3
2005	10,7	31,1	58,2
2006	10,1	31,1	58,8
2007	9,9	30,2	59,9
2008	9,5	29,9	60,6
2009	8,9	29,5	61,6
2010	9,2	29,9	60,9
2011	9,3	30,0	60,7

Die Zahlen addieren sich zeilenweise auf 100 Prozent. – *Frageformulierung*: »Es ist ja so, dass man über manches gern mehr erfahren möchte, anderes interessiert einen weniger. Könnten Sie jetzt bitte einmal die Karten hier auf dieses Blatt verteilen, je nachdem, wie sehr Sie das interessiert. Sie sehen ja, was hier steht.« (Vorlage eines Kartenspiels und eines Bildblattes zum Verteilen) – Kunst und Kulturszene; *Basis*: Bevölkerung ab 14 Jahren; *Quelle*: Allensbacher Markt- und Webeträgeranalyse (AWA)

dass sich schleichende Veränderungen in der Nachfrage vollziehen können, ohne dass sich dies auf der Ebene der Besucherzahlen (zunächst) niederschlagen muss. Dass das sinkende Interesse primär die Folge eines allgemein sinkenden Interesses an der Hochkultur ist – etwa Folge anderer, konkurrierender Freizeitangebote oder anderer Interessenlagen – ist unwahrscheinlich. Denn gemessen an dem bekundeten Informationsinteresse an der »Kunst- und Kulturszene« (vgl. *Tabelle 2*), ist der Schwund bei den Musikfestivals und Premierenvorstellungen überproportional stark ausgeprägt. Bekundeten 2004 41,7 Prozent der Befragten ein entsprechendes Interesse (»besonders« oder »auch interessiert«), waren es 2011 mit 39,3 Prozent nur etwas weniger. Dies entspricht umgerechnet einem Rückgang von lediglich sechs Prozent. Würde man sich nur auf diejenigen beziehen, die »besonders« interessiert sind, würde der Rückgang zwar etwas größer sein (15 %), doch bliebe er weiterhin unterhalb des oben beschriebenen Wertes für das Interesse an »Kultur-Events«.

Der Schwund des Interesses an »Kultur-Events« ist auch etwas größer als der Wandel in der Nutzung der kulturellen Einrichtungen. So ist die Zahl derer, die nach eigenen Angaben »regelmäßig« Theater, Oper oder Schauspielhaus besuchen

Tabelle 3: Besuch von Theater, Oper oder Schauspielhaus im Zeitverlauf (in Prozent)

	Regelmäßig in Prozent	Gelegentlich in Prozent	Nie in Prozent
1992	5,7	41,6	52,7
1993	5,3	42,7	52,0
1994	5,1	42,4	52,5
1995	5,0	41,4	53,5
1996	4,8	40,9	54,2
1997	4,2	40,5	55,3
1998	4,2	39,7	56,1
1999	4,4	40,2	55,4
2000	4,3	41,7	54,0
2001	4,3	42,1	53,6
2002	4,5	42,4	53,1
2003	4,0	42,5	53,2
2004	4,4	41,6	54,1
2005	4,0	40,3	55,7
2006	3,9	39,6	56,5
2007	3,8	39,8	56,4
2008	3,6	39,5	57,0
2009	3,6	39,7	56,8
2010	3,6	39,5	57,0
2011	3,4	37,5	59,2

Die Zahlen addieren sich zeilenweise auf 100 Prozent. – *Frageformulierung*: »Was von den folgenden Dingen machen Sie selbst regelmäßig, was gelegentlich und was nie? Würden Sie bitte in jeder Zeile die für Sie zutreffende Antwort ankreuzen?« (Blatt zum Selbstausfüllen) – Ins Theater, Oper oder Schauspielhaus gehen. *Basis*: Bevölkerung ab 14 Jahren; *Quelle*: Allensbacher Markt- und Webeträgeranalyse (AWA)

(*Tabelle 3*), zwischen 2004 und 2011 von 4,4 Prozent auf 3,4 Prozent gesunken – was einem Rückgang von rund 23 Prozent entspricht. Würde man diejenigen einbeziehen, die »gelegentlich« in Theater, Oper oder Schauspielhaus gehen, würde der Schwund gar nur bei 11 Prozent liegen. Im Fall derer, die regelmäßig »Museen, Galerien oder Kunstausstellungen« besuchen, gibt es hingegen keine Schwundquote. Daran würde sich auch dann nichts in nennenswertem Maße ändern, wenn man die gelegentlichen Besuche dazu zählt (*Tabelle 4*). Als Fazit kann gezogen werden: Das Interesse an Festivals und Events ist stärker zurückgegangen als die Zahl der Besucher von Kultureinrichtungen.

Erosion des Interesses an der Hochkultur?

In der bisherigen Diskussion haben wir uns jeweils auf den Zeitraum bezogen, für den Fragen zum Interesse an Kultur-Events gestellt wurden – die Zeit ab 2004. Der große Vorteil der Allensbacher Umfrageserie aber besteht darin, dass im Hinblick

Tabelle 4: Besuch von Museen, Galerien, Kunstausstellungen im Zeitverlauf (in Prozent)

	Regelmäßig in Prozent	Gelegentlich in Prozent	Nie in Prozent
1998	2,7	37,9	59,4
1999	3,0	38,9	58,1
2000	2,9	40,2	56,9
2001	3,0	41,0	56,1
2002	3,0	41,0	56,0
2003	3,0	40,5	56,5
2004	3,1	40,0	56,9
2005	2,9	40,2	56,9
2006	2,8	40,4	56,8
2007	2,8	41,6	55,6
2008	3,0	41,5	55,5
2009	3,0	40,1	57,0
2010	3,2	40,3	56,5
2011	3,1	39,1	57,7

Steigt das Interesse der Bürger an »Kultur-Events«?

Die Zahlen addieren sich zeilenweise auf 100 Prozent. – *Frageformulierung*: »Was von den folgenden Dingen machen Sie selbst regelmäßig, was gelegentlich und was nie? Würden Sie bitte in jeder Zeile die für Sie zutreffende Antwort ankreuzen?« (Blatt zum Selbstausfüllen) – Museen, Galerien, Kunstausstellungen besuchen. *Basis*: Bevölkerung ab 14 Jahren
Quelle: Allensbacher Markt- und Werbeträgeranalyse (AWA)

auf die Nutzung kultureller Einrichtungen der Zeitraum, der über Umfragedaten abgedeckt werden kann, noch größer ist: im Fall des Besuchs von »Theater, Oper oder Schauspiel« liegen Daten ab 1992 vor und im Fall von »Museen, Galerien, Kunstausstellungen« ab 1998. Damit eröffnet sich die Möglichkeit, die Frage der Nutzung von Einrichtungen der Hochkultur in einer noch umfassenderen Zeitperspektive zu untersuchen.

Dabei müssen wir allerdings in Kauf nehmen, dass die Frageformulierung nicht optimal ist: gefragt wird, ob man diese Einrichtungen »regelmäßig«, »gelegentlich« oder »nie« besuche. Wer von sich sagt, er besuche sie »regelmäßig«, kann jemand sein, der häufig die Einrichtungen nutzt. Es kann aber auch jemand sein, der sie nur gelegentlich, aber dennoch regelmäßig – etwa zu bestimmten Anlässen – nutzt. Da die in der Frageformulierung genannte Alternative nicht der Begriff »unregelmäßig«, sondern »gelegentlich« ist, dürften die Mehrheit der Befragten freilich den Begriff »regelmäßig« mit »häufig« gleichgesetzt haben. Aus dieser Sicht spiegelt sich in den Angaben zum »regelmäßigen« Besuch ein Muster häufiger Kulturnutzung wieder.

Wie es sich verhält, wenn man konkrete Zeitangaben verwendet, lässt sich anderen Untersuchungen entnehmen. Einer Umfrage des *Zentrums für Kulturforschung* aus dem Jahr 2005 zufolge besuchten 29 Prozent der Bundesbürger innerhalb des letzten Jahres ein Musiktheater (Keuchel 2011). Ähnliche Werte erbrachten in etwa der gleichen Zeit Umfragen in bundesdeutschen Großstädten mit gut ausgebauter kultureller Infrastruktur. Und sie zeigten weiterhin, dass beim Theaterbesuch die Werte noch höher liegen (Reuband 2011).[11] Demnach liegt der Anteil derer, die »Theater, Oper oder Schauspielhaus« besuchen, höher als es der Anteil für »regelmäßigen« Besuch zunächst nahelegen mag. Offenbar muss man auch einen nennenswerten Teil der »gelegentlichen« Besucher noch zu denen zählen, die mindestens einmal im Jahr die Kultureinrichtungen aufsuchen.

Nach den Befunden des *Instituts für Demoskopie* zeichnet sich beim Besuch von »Theater, Oper oder Schauspielhaus« ein kontinuierlicher Rückgang der Besucherzahlen ab: von 5,7 Prozent der Bürger, die 1992 angaben, »regelmäßig« dorthin zu gehen, auf schließlich 3,4 Prozent im Jahr 2011. Abgenommen hat ebenfalls der Anteil derer, die »gelegentlich« diese Kultureinrichtungen aufsuchen, so dass im Langzeitvergleich der Anteil derer gestiegen ist, die nie von diesen Kultureinrichtungen Gebrauch machen: Im Jahr 1992 belief sich deren Anteil auf rund 53 Prozent der Bürger, im Jahr 2011 auf 59 Prozent.

Nicht nur die Umfragen des *Instituts für Demoskopie* belegen einen längerfristigen Rückgang, auch die Umfragen des *Zentrums für Kulturforschung*. Danach lag im Jahr 2005 der Anteil derer, die im letzten Jahr eine Veranstaltung des Musiktheaters besucht hatten, niedriger als 1994. Zwar beläuft sich der jüngste Wert aus dieser Serie aus dem Jahr 2011 wieder auf einen höheren Anteil als 2005, doch hier von einer Trendwende zu sprechen, wie dies die Autoren tun, wäre verfrüht.[12] Den Umfragen des *Instituts für Demoskopie* zufolge ist der Anteil der Besucher von »Theater, Oper oder Schauspielhaus« in der gleichen Zeit zwischen 2005 und 2011 weiter abgesunken.

Im Fall des Besuchs von »Museen, Galerien, Kunstausstellungen« ist kein vergleichbarer Rückgang zu beobachten. Im Gegenteil: Seit 1998 sind die Werte – von Schwankungen unterbrochen – weitgehend stabil, wenn nicht gar im leichten Aufwärtstrend. Die Entwicklungen entsprechen von der Tendenz her dem Verlauf der aktuellen Nutzung, wie er an der Zahl der verkauften Karten festgemacht werden kann. Danach gibt es eine sinkende Zahl von Besuchen in »Opern, Theatern oder Schauspielhaus« (vgl. Bolwin 2010), im Fall des Museumsbesuchs hingegen einen Anstieg (vgl. Institut für Museumsforschung 2004: 61, 68, 2011: 7). Dieser Anstieg ist zum Teil dem Ausbau des Museumswesen geschuldet: Die Zahl der Museen hat sich vergrößert – und damit auch die Zahl der Besucher. Die Zahl der Theater, Opernhäuser oder Schauspielhäuser dagegen ist konstant oder leicht rückläufig.

---

11 Die Tatsache, dass die Zahlen in den Großstädten mit vorhandener Infrastruktur ähnlich liegen wie in der bundesweiten Umfrage (wo in der Mehrzahl der Orte keine entsprechende Infrastruktur existiert), legt nahe, dass die bundesweite Umfrage des *Zentrums für Kulturforschung* die Kulturnutzung überschätzt. Eine Überschätzung gilt, wenn auch in geringerem Maße, vermutlich auch für die zitierten Befunde aus den Befragungen in den Großstädten (dazu vgl. Reuband 2007). Andererseits ist ebenfalls sicher, dass sie nicht so niedrig liegen, wie etwa von Haselbach u. a. (2012) behauptet.

12 Im Zusammenhang mit der Veröffentlichung des 9. Kulturbarometers des *Zentrums für Kulturforschung* wurde geschrieben, der Abwärtstrend sei »gestoppt« (Keuchel 2011), es gäbe gar eine »Trendwende« (Mertens 2011). Selbst wenn es sich um einen genuinen Effekt handeln sollte – auf eine Trendwende kann man nicht schließen mit nur einem einzigen abweichenden Ergebnis. Dafür bedarf es einer umfassenderen Serie. Im Übrigen sei erwähnt, dass der jüngste Wert zwar höher liegt als 2005, aber nach wie vor niedriger ist als 1994. Gleiches gilt für klassische Konzerte.

Doch mehr als die Gelegenheitsstruktur dürfte für den beschriebenen Wandel das Interesse der Bürger an Fragen der Hochkultur verantwortlich sein. Da die Nutzung kultureller Einrichtungen mit der Bildung korreliert, wäre zu erwarten gewesen, dass das längerfristig gestiegene Bildungsniveau in der Bevölkerung zu einem Anstieg der Nutzung kultureller Einrichtungen führt. Dass dies im Fall des Opernbesuchs nicht geschehen ist, dürfte maßgeblich auf das schwindende Interesse an klassischer Musik und Opern in der jüngeren Generation zurückzuführen sein. Der Anstieg des Bildungsniveaus vermag diesen Schwund nicht zu kompensieren (Reuband 2009).

Steigt das Interesse der Bürger an »Kultur-Events«?

Doch es scheint nicht allein durch den Generationswandel das Interesse an klassischer Musik betroffen zu sein, allgemein gesunken ist in der jüngeren Generation ebenfalls das Interesse an Kunst und Kultur (vgl. Köcher 2008). Manches spricht dafür, dass eine veränderte Mediennutzung dazu beigetragen hat. Die Zahl der Zeitungsleser nimmt ab - und damit auch die Chance, Berichte über kulturelle Ereignisse am Wohnort und anderen Orten zur Kenntnis zu nehmen. Die Mediennutzung ist selektiver geworden, man kann sie verstärkt aufgrund der spezifischen eigenen Interessen und Bedürfnisse betreiben (Reuband 2006). Was bedeutet: bestehende Interessen können verstärkt, neue Interessen aber kaum herausgebildet werden. Wo kulturelle Interessen nicht frühzeitig gelegt werden, werden sie in späteren Lebensabschnitten heutzutage seltener geweckt, als dies früher der Fall war.

Schlussbemerkungen

Anders als man es aufgrund der steigenden Zahl an Musikfestivals und Besucherzahlen erwarten könnte, ist von einer steigenden Nachfrage nach »Event«-Kultur in den letzten Jahren nichts (mehr) zu erkennen, die Nachfrage scheint im Gegenteil zu sinken. Zwar könnte man einwenden, dass es sich bei den hier betrachteten »Kultur-Events« um etablierte Events handelt und bei ihnen der Reiz des Neuen und Außergewöhnlichen verblasst ist. Doch die hier einbezogenen Events stellen aufgrund der Beschränkung des Zugangs und der Resonanz in den Medien nach wie vor Ereignisse mit herausgehobenen Event-Charakter dar.[13] Aus dieser Sicht dürfte die beschriebene Entwicklung durchaus ein Symptom für allgemeine Änderungen im Interesse an Events aus dem Bereich der Hochkultur sein.

Der Rückgang des Interesses an Festivals muss nicht notwendigerweise bedeuten, dass die Zahl der Festivalbesucher in vergleichbar starker Weise zurückgeht. Ob Interessen umgesetzt werden oder nicht, ist schließlich sowohl eine Funktion der Gelegenheitsstruktur als auch des eigenen Lebensstils und der verfügbaren ökonomischen Ressourcen. Aus dieser Sicht sind weiter steigende Besucherzahlen bei Musikfestivals (vorerst) nicht ausgeschlossen. Ob die Entwicklung rückläufigen Interesses anhalten wird, ist zudem eine offene Frage und ebenso, welche Ursachen dafür verantwortlich sind. Der Grund dafür liegt darin, dass es bislang in Deutschland

---

13 Man denke hierbei etwa an die ausführliche Berichterstattung über die Bayreuther Festspiele jedes Jahr in den Medien, mit Bildern der Prominenz etc.

an Langzeitstudien mangelt, in denen kulturelle Partizipation und Orientierungen im Kontext sozialer und kultureller Orientierungen und Lebensbedingungen erhoben und analysiert werden.

Infolgedessen ist auch unklar, welchen Einfluss die Tatsache hat, dass in den letzten Jahren der bisherige Wertewandel hin zu mehr postmaterialistischen, auf Selbstverwirklichung ausgerichteten Werten deutlich an Bedeutung verloren hat und inzwischen sogar in einen Umkehrtrend übergegangen ist. Das Bedürfnis nach Sicherheit und Überschaubarkeit hat in der Bevölkerung eine Renaissance erfahren (vgl. u. a. Noelle-Neumann und Petersen 2001, Klein/Ohr 2004). Wenn die »Event«-Orientierung tatsächlich mit postmaterialistischen, individualistisch ausgerichteten Werten zusammenhängt, wie manche Autoren meinen, könnte es sein, dass die Umkehr des bisherigen Wertewandels auch das Interesse an »Kultur-Events« längerfristig nicht unbeeinflusst lässt.

Im Fall der Nutzung von Einrichtungen der Hochkultur kommt erschwerend hinzu, dass sich das Interesse an der Hochkultur besonders in der jüngeren Generation reduziert hat. Veränderungen im Musikgeschmack der nachwachsenden Generationen und veränderte Formen der Mediennutzung dürften maßgeblich dazu beigetragen haben. Die Konsequenzen des reduzierten Interesses scheinen sich bereits auf der Verhaltensebene niedergeschlagen zu haben: Die Zahl der Besucher von Opern, Theatern oder Schauspielhäusern ist gesunken. Und das Durchschnittsalter hat sich – wie das Beispiel der Operngänger gezeigt hat – erhöht (Reuband 2009). Im Fall des Museumsbesuchs ist eine vergleichbare Entwicklung ebenfalls nicht ausgeschlossen: der Bildungseffekt in der jüngeren Generation überlagert den generationsbedingten Rückgang in der Museumsnutzung. In dem Maße, wie die Bildungsexpansion nicht weiter voranschreitet, wird sich der Generationseffekt verstärkt auswirken (Reuband 2010).

Literatur

Betz, Gregor/Hitzler, Ronald/Pfadenhauer, Michaela (Hrsg.) (2011): *Urbane Events*, Wiesbaden: VS Verlag

Bolwin, Rolf (2010): »Theater und Orchester gestern, heute, morgen – Eine Welt der Kunst in Zahlen«, in: Institut für Kulturpolitik der Kulturpolitischen Gesellschaft (Hrsg.): *Jahrbuch für Kulturpolitik. Thema: Kulturelle Infrastruktur*, Bonn/Essen: Kulturpolitische Gesellschaft/Klartext Verlag, S. 137–144

Deutscher Bundestag (2011): »Zukunft der Bayreuther Festspiele. Antwort der Bundesregierung«, Berlin: BT-Drucksache 17/6997 vom 15.9.2011

Frey, Bruno S. (2010): *The Rise and Fall of Festivals. Reflections on the Salzburg Festival*, Zürich: Institute for Empirical Research on Economics (Working Paper Series)

Gebhardt, Winfried/Zingerle, Arnold (1998): *Pilgerfahrt ins Ich. Die Bayreuther Richard Wagner-Festspiele und ihr Publikum. Eine kultursoziologische Analyse*, Konstanz: UVK Universitätsverlag

Gebhardt, Winfried/Hitzler, Ronald/Pfadenhauer, Michaela (Hrsg.) (2011): *Events: Soziologie des Außergewöhnlichen*, Opladen: Leske & Budrich

Haselbach, Dieter/Klein, Armin/Knüsel, Pius/Opitz, Stephan (2012): *Der Kulturinfarkt. Von allem zu viel und überall das Gleiche*, München: Knaus

Inglehart, Ronald (1998): *Modernisierung und Postmodernisierung. Kultureller, wirtschaftlicher und politischer Wandel in 43 Gesellschaften*, Frankfurt am Main/New York: Campus

Institut für Museumsforschung (1993–2011): *Statistische Gesamterhebung an den Museen der Bundesrepublik Deutschland*, Berlin

Keuchel, Susanne (2011): »Abwärtstrend gestoppt. Ergebnisse aus dem 9. Kulturbarometer« (www.miz.org/artikel/2011_KulturBarometer.pdf; letzter Zugriff: 12.9.2012)

Klein, Michael/Ohr, Dieter (2004): »Ändert der Wertewandel seine Richtung? Die Entwicklung gesellschaftlicher Wertorientierungen in der Bundesrepublik Deutschland zwischen 1980 und 2002«, in: Schmitt-Beck, Rüdiger/Wasmer, Martina/Koch, Achim (Hrsg.): *Sozialer und politischer Wandel in Deutschland. Analyse mit ALLBUS-Daten aus zwei Jahrzehnten*, Wiesbaden: VS Verlag, S. 153–178

Köcher, Renate (2008): »AWA 2008 – Die junge Generation als Vorhut gesellschaftlicher Veränderungen«, Allensbach (www.ifd-allensbach.de/awa/ergebnisse/archiv.html; letzter Zugriff 21.8.2012)

Krenek, Ernst (2012): *Im Atem der Zeit. Erinnerungen an die Moderne*, Wien: Braunmüller

Kyrer, Alfred/Populorum, Michael A. (1995): *Strukturen der Festspiellandschaft. Das Besucherprofil der Salzburger Festspiele in den Jahren 1992 bis 1993*, Regensburg: Transfer Verlag

Mertens, Gerald (2011): »Besucherrückgang bei Opern und Orchester gestoppt. Pressemitteilung, Deutsche Orchestervereinigung« (www.miz.org/artikel/2011_KulturBarometer.pdf; letzter Zugriff 21.8.2012)

Musikinformationszentrum (2007): *Gründungsjahre der Festivals in Deutschland*, Bonn: Deutsches Musikinformationszentrum (www.miz.org/suche_1550_60.html; letzter Zugriff 21.8.2012)

Musikinformationszentrum (2012): »Im Fokus: Festspiele und Festivals« (www.miz.org/fokus_festivals.html, Zugriff 21.8.2012)

Noelle-Neumann, Elisabeth/Petersen, Thomas (2001): »Zeitenwende. Der Wertewandel 30 Jahre später«, in: *Aus Politik und Zeitgeschichte*, Heft B29/2001, S. 15–22

Pröbstle, Yvonne (2010): »Kulturtouristen: Soll- und Ist-Zustand aus Perspektive der empirischen Kulturforschung«, in: Glogner, Patrick/Föhl, Patrick S. (Hrsg.): *Das Kulturpublikum. Fragestellungen und Befunde der empirischen Forschung*, Wiesbaden: Springer VS, S. 239–278

Reuband, Karl-Heinz (2006): »Teilhabe der Bürger an der ›Hochkultur‹. Die Nutzung kultureller Infrastruktur und ihre sozialen Determinanten«, in: Labisch, Alfons (Hrsg.): *Jahrbuch der Heinrich-Heine-Universität Düsseldorf 2005/06*, Düsseldorf, S. 263–283 [ebenfalls www.uni-duesseldorf.de/Jahrbuch/2005]

Reuband, Karl-Heinz (2007): »Partizipation an der Hochkultur und die Überschätzung kultureller Kompetenz. Wie sich das Sozialprofil der Opernbesucher in Bevölkerungs- und Besucherbefragungen (partiell) unterscheidet«, in: *Österreichische Zeitschrift für Soziologie*, 32. Jg., S. 46–70

Reuband, Karl-Heinz (2009): »Die Institution Oper in der Krise? Generationsbedingte Änderungen des Opernbesuchs und des Musikgeschmacks im Langzeitvergleich«, in: *KM. Das Monatsmagazin von Kulturmanagement Network*, Schwerpunkt »Generationen«, Heft 38 (2009), S. 8–12

Reuband, Karl-Heinz (2010): »Sinkende Nachfrage als Determinante zukünftiger Museumskrisen? Der Einfluss von Alter und Bildung auf den Museumsbesuch und kulturelle Interessen«, in: *KM. Das Monatsmagazin von Kulturmanagement Network*, Schwerpunkt »Museum in der Krise«, Heft Nr. 41 (2010), S. 21–28, 48

Schulze, Gerhard (1997/zuerst 1992): *Die Erlebnisgesellschaft. Kultursoziologie der Gegenwart*. Frankfurt am Main/New York: Campus

Willnauer, Franz (2010): *Festspiele und Festivals*, Bonn: Deutsches Musikinformationszentrum (www.miz.org/static_de/themenportale/...pdf/03.../willnauer.pdf; letzter Zugriff 21.8.2012)

Kulturpolitik der Länder ab 1945

Eine Auswahlbibliografie

zusammengestellt von BERND WAGNER *und* RALF BRÜNGLINGHAUS

0	Kulturpolitik der Länder allgemein	9	Hessen
1	Kulturföderalismus	10	Mecklenburg-Vorpommern
2	Neue Bundesländer	11	Niedersachsen
3	Baden-Württemberg	12	Nordrhein-Westfalen
4	Bayern	13	Rheinland-Pfalz
5	Berlin	14	Sachsen
6	Brandenburg	15	Sachsen-Anhalt
7	Bremen	16	Schleswig-Holstein
8	Hamburg	17	Thüringen

0 Kulturpolitik der Länder allgemein

arsprototo. Das Magazin der Kulturstiftung der Länder, Berlin: Kulturstiftung der Länder (viermal jährlich)

Sammlung der Beschlüsse der Ständigen Konferenz der Kultusminister der Länder in der Bundesrepublik Deutschland, Neuwied: Luchterhand (Loseblattsammlung seit 1982)

Carstensen, Peter Harry/Grosse-Brockhoff, Hans-Heinrich/Behrens, Fritz u. a.: »Kulturpolitik in den Ländern« (Schwerpunktthema), in: *politik und kultur (puk),* Heft 5/2005, S. 26-30

d'Horne-Winke, Armida/Fränz, Peter (Bearb.): *Kulturpolitik der Länder 1985-1987,* Bonn: Selbstverlag 1988, 452 S.

Eisenberg, Sylvia/Rodust, Ulrike/Hentschel, Karl-Martin u. a.: »Kulturpolitik der Länder«, in: *politik und kultur (puk),* Heft 1/2007, S. 4-11

Engler, Helmut: »Die Kulturhoheit der deutschen Länder im System der EG«, in: *Politische Studien,* Heft 318 (1991), S. 345-354

Gau, Doris/Weber, Jörg-Ingo: »Die Kulturpolitik der Länder im Spannungsfeld zwischen Bundesebene und Europäischer Gemeinschaft«, in: Institut für Kulturpolitik der Kulturpolitischen Gesellschaft (Hrsg.): *Jahrbuch für Kulturpolitik 2001. Thema: Kulturföderalismus,* Bonn/Essen: Institut für Kulturpolitik der Kulturpolitischen Gesellschaft e. V./Klartext Verlag 2002, S. 269-277

Institut für Kulturpolitik der Kulturpolitischen Gesellschaft e. V. (IfK)/LAKS Hessen e. V. (Hrsg.): *Soziokultur und ihre Förderung durch die Länder,* Bonn/Essen: Kulturpolitische Gesellschaft/Klartext (Dokumentationen, 63) 2004, 322 S.

Lehmann, Klaus-Dieter: »Die Stiftung Preußischer Kulturbesitz als Beispiel kooperativen Föderalismus«, in: Institut für Kulturpolitik der Kulturpolitischen Gesellschaft (Hrsg.): *Jahrbuch für Kulturpolitik 2001. Thema: Kulturföderalismus,* Bonn/Essen: Institut für Kulturpolitik der Kulturpolitischen Gesellschaft e. V./Klartext Verlag 2002, S. 203-208

Maurice, Klaus: »Die Kulturstiftung der Länder. Beispiel für die Förderung im föderalistischen Staat«, in: *Museumskunde,* Heft 2/1989, S. 73-78

Maurice, Klaus: »Aufgaben, Strukturen und Ergebnisse der Kulturstiftung der Länder«, in: *Museumskunde,* Heft 2/1996, S. 120-126

Pfeiffer-Poensgen, Isabel: »›Der Föderalismus in seiner schönsten Gestalt‹. 20 Jahre Kulturstiftung der Länder«, in: *arsprototo,* Heft 3/2008, S. 9-19

Scheytt, Oliver: »Ohne Moos nicht machtlos. Zur Kulturkompetenz von Land und Kommunen«, in: *Rundbrief* (LAG NW), Heft 4/2000, S. 15-16

Scheytt, Oliver: »Kulturkompetenz von Land und Kommune am Beispiel des Musikschulwesens«, in: Institut für Kulturpolitik der Kulturpolitischen Gesellschaft (Hrsg.): *Jahrbuch für Kulturpolitik 2001. Thema: Kulturföderalismus,* Bonn/Essen: Institut für Kulturpolitik der Kulturpolitischen Gesellschaft e. V./Klartext Verlag 2002, S. 253-267

Schmidt-Roßleben, Martin/Bohr, Kurt/Knoblich, Tobias J./Froese, Guido/Störr, André: »Kultur im Wechselbad. Kulturpolitische Kommentare zu den Koalitionsvereinbarungen in Brandenburg, im Saarland, in Sachsen, Schleswig-Holstein und Thüringen«, in: *Kulturpolitische Mitteilungen,* Heft 127 (IV/2009), S. 11-13

Scholz, Eva Claudia: *Europäischer Kulturföderalismus – Positionen und Aufgaben der Kulturstiftungen. Dokumentation zum Kongreß ›Europäischer Kulturföderalismus – Positionen und Aufgaben der Kulturstiftungen‹ der Hessischen Kulturstiftung in Zusammenarbeit mit dem Europarat am 23./24. November in Frankfurt am Main,* Wiesbaden: Hessische Kulturstiftung e. V. 1991, 170 S.

Sekretariat der Ständigen Konferenz der Kultusminister der Länder in der Bundesrepublik Deutschland (Hrsg.): *Kulturpolitik der Länder,* Bonn: Deutscher Bundes-Verlag (bis 1978 zweijährig, bis 1987 dreijährig)

Sekretariat der Ständigen Konferenz der Kultusminister der Länder in der Bundesrepublik Deutschland (Hrsg.): *Handbuch für die Kultusministerkonferenz 2000,* Bonn 2001 (zuvor 1969/1970, 1971, 1974, 1977, 1981, 1985, 1990, 1995)

Stocker, Rainer: »Die Kulturpolitik der deutschen Bundesländer im Vergleich«, in: Freitag, Markus u. a. (Hrsg.): *Vergleichende subnationale Analysen für Deutschland, Institutionen, Staatstätigkeiten und politische Kulturen,* Berlin u. a.: LIT (Policy-Forschung und vergleichende Regierungslehre, 7) 2010, S. 203-232

Vogel, Bernhard: »Kulturpolitik – Aufgabe und Verantwortung der Länder in Deutschland«, in: Institut für Kulturpolitik der Kulturpolitischen Gesellschaft (Hrsg.): *Jahrbuch für Kulturpolitik 2001. Thema: Kulturföderalismus,* Bonn/Essen: Institut für Kulturpolitik der Kulturpolitischen Gesellschaft e. V./Klartext Verlag 2002, S. 57-62

Wagner, Bernd: »Kultur und Kunst in den Länderverfassungen«, in: *Kulturpolitische Mitteilungen,* Heft 107 (IV/2004), S. 46-47

Wagner, Bernd: »Thema: Kulturpolitik der Länder – Landeskulturpolitik«, in: *Kulturpolitische Mitteilungen,* Heft 124 (I/2009), S. 40-41

Wagner, Bernd: »Die Rolle der Länder in der deutschen Kulturpolitik«, in: *Kulturpolitische Mitteilungen,* Heft 124 (I/2009), S. 55-58

Wanka, Johanna: »Kulturpolitik auf Landesebene – Tradition und Innovation«, in: Institut für Kulturpolitik der Kulturpolitischen Gesellschaft (Hrsg.): *Jahrbuch für Kulturpolitik 2001. Thema: Kulturföderalismus,* Bonn/Essen: Institut für Kulturpolitik der Kulturpolitischen Gesellschaft e. V./Klartext Verlag 2002, S. 97-103

Wanka, Johanna: »Die Kulturpolitik der Länder nach der Föderalismusreform«, in: *Kulturpolitische Mitteilungen,* Heft 115 (IV/2006), S. 6-8

Welck, Karin von: »Die Kulturstiftung der Länder. Ein Beispiel für kooperativen Föderalismus«, in: Institut für Kulturpolitik der Kulturpolitischen Gesellschaft (Hrsg.): *Jahrbuch für Kulturpolitik 2001. Thema: Kulturföderalismus,* Bonn/Essen: Institut für Kulturpolitik der Kulturpolitischen Gesellschaft e. V./Klartext Verlag 2002, S. 209-213

Zehetmair, Hans: »Kulturpolitische Aufgaben in der Kompetenz von Regionen und Bundesländern«, in: Hessische Kulturstiftung: *Europäischer Kulturföderalismus,* Wiesbaden 1990, S. 48-55

Zehetmair, Hans: »50 Jahre Kultusministerkonferenz – neue Entwicklungen im Kulturföderalismus«, in: *Recht der Jugend und des Bildungswesens,* Heft 2/1998, S. 133-144

1 Kulturföderalismus

Abelein, Manfred (Bearb.): »I. Rechtsgrundlagen«, »II. Organisation der staatlichen Kulturpolitik«, in: Abelein, Manfred (Hrsg.): *Deutsche Kulturpolitik. Dokumente*, Düsseldorf: Verlagsgruppe Bertelsmann 1970, S. 47-210

Behrens, Eckardt: »Föderalismus: staatliche Ordnung im Spannungsfeld der Wirtschafts- und Kulturordnung«, in: *Fragen der Freiheit*, 1989, S. 8-33

Berggreen-Merkel, Ingeborg: »§ 57. Die bundesstaatliche Ordnung der Kultur aus rechtlicher und politischer Sicht«, in: Härtel, Ines (Hrsg.): *Handbuch Föderalismus – Föderalismus als demokratische Rechtsordnung und Rechtskultur in Deutschland, Europa und der Welt*, Berlin/Heidelberg: Springer 2012, S. 143-168

Breitenbach, Diether: »Die Rolle des Föderalismus in der Kulturpolitik«, in: *Mut: Einigkeit und Recht und Freiheit*, 1996, S. 46-53

Bielenberg, Ina/Prantzsch, Brigitte: *Durchblick im Föderalismus. Kinder- und Jugendkulturarbeit im Spiegel der Förderpolitik der Länder*, Remscheid: Bundesvereinigung Kulturelle Jugendbildung (Schriftenreihe Bundesvereinigung Kulturelle Jugendbildung, Band 38) 1996, 479 S.

Burmeister, Hans-Peter: *Kulturpolitik in der ›Berliner Republik‹: das Verhältnis von Föderalismus nationalen Aufgaben und europäischer Integration* (Dokumentation einer Tagung der Evangelischen Akademie Loccum in Zusammenarbeit mit der Kulturpolitischen Gesellschaft e. V. Bonn vom 19. bis 21. Februar 1999), Loccum: Selbstverlag (43. Kulturpolitisches Kolloquium) 1999

Ehrmann, Siegmund: »Für einen kooperativen Kulturföderalismus«, in: *Neue Gesellschaft/Frankfurter Hefte*, Heft 1-2/2011, S. 57-60

Erdsiek-Rave, Ute: »Modernisierung der bundesstaatlichen Ordnung. Die Föderalismusreform aus Sicht der Kulturministerkonferenz«, in: *kultur – kompetenz – bildung* (Beilage zu *politik & kultur*), Heft 3/2006, S. 1

Frey, Kurt: »Zum Bund-Länder-Verhältnis in der Kulturpolitik der Bundesrepublik Deutschland zwischen den Jahren 1948-1975«, in: *Recht der Jugend und des Bildungswesens*, Heft 8-9/1976, S. 226-240

Fuchs, Max: »§ 58. Neue Entwicklungen im Kulturföderalismus«, in: Härtel, Ines (Hrsg.): *Handbuch Föderalismus – Föderalismus als demokratische Rechtsordnung und Rechtskultur in Deutschland, Europa und der Welt*, Berlin/Heidelberg: Springer 2012, S. 143-168

Fuchs, Max/Zimmermann, Olaf: »Chance zur Diskussion über Föderalismus nutzen«, in: Institut für Kulturpolitik der Kulturpolitischen Gesellschaft (Hrsg.): *Jahrbuch für Kulturpolitik 2001. Thema: Kulturföderalismus*, Bonn/Essen: Institut für Kulturpolitik der Kulturpolitischen Gesellschaft e. V./Klartext Verlag 2002, S. 185-191

Gallwas, Hans-Ullrich: »Verfassungsrechtliche Aspekte des Kulturföderalismus und exemplarische Problemfelder in der Praxis. Fortentwicklung des Föderalismus und Stärkung der Mitspracherechte der Länder: Aus der Sicht der Wissenschaft«, in: *Politische Studien*, Heft 375 (2001), S. 3-72

Geis, Max-Emanuel: »Die ›Kulturhoheit der Länder‹. Historische und verfassungsrechtliche Aspekte des Kulturföderalismus am Beispiel der Bundesrepublik Deutschland«, in: *Die Öffentliche Verwaltung*, Heft 12/1992 S. 522-529

Geis, Max-Emanuel: »Kulturföderalismus und kulturelle Eigengesetzlichkeit: eine juristische Symbiose«, in: Institut für Kulturpolitik der Kulturpolitischen Gesellschaft (Hrsg.): *Jahrbuch für Kulturpolitik 2001. Thema: Kulturföderalismus*, Bonn/Essen: Institut für Kulturpolitik der Kulturpolitischen Gesellschaft e. V./Klartext Verlag 2002, S. 139-152

Glaser, Hermann: »Föderalismus und kultureller Partikularismus. Parerga«, in: Institut für Kulturpolitik der Kulturpolitischen Gesellschaft (Hrsg.): *Jahrbuch für Kulturpolitik 2001. Thema: Kulturföderalismus*, Bonn/Essen: Institut für Kulturpolitik der Kulturpolitischen Gesellschaft e. V./Klartext Verlag 2002, S. 109-113

Häberle, Peter: »Kulturhoheit im Bundesstaat - Entwicklungen und Perspektiven«, in: Institut für Kulturpolitik der Kulturpolitischen Gesellschaft (Hrsg.): *Jahrbuch für Kulturpolitik 2001. Thema: Kulturföderalismus*, Bonn/Essen: Institut für Kulturpolitik der Kulturpolitischen Gesellschaft e. V./Klartext Verlag 2002, S. 115-137

Hertel, Wolfram: »Kulturföderalismus in Deutschland: Verfassungsfolklore oder Verfassungsrecht?«, in: *Jahrbuch des Föderalismus 2001. Föderalismus, Subsidiarität und Regionen in Europa*, Baden-Baden: Nomos 2001, S. 154 ff.

Hochbaum, Ingo: »Kohäsion und Subsidiarität - Maastricht und die Länderkulturhoheit«, in: *Die Öffentliche Verwaltung*, Heft 7/1992, S. 285-292

Hohmann-Dennhardt, Christine: »Für einen föderalen Kulturstaat«, in: *Frankfurter Hefte*, Heft 6/1998, S. 539-540

Hufen, Friedhelm: »Gegenwartsfragen des Kulturföderalismus. Begründungs- und Gefährdungsmuster eines Kernbereiches bundesstaatlicher Ordnung«, in: *Bayerische Verwaltungsblätter*, Heft 1/1985, S. 1-7, Heft 2/1985, S. 37-44

Inselmann, Claus: »Kritik am Kulturföderalismus«, in: *Neue Gesellschaft/Frankfurter Hefte*, Heft 10/1963, S. 271-276

Karpen, Ulrich: »Bildung, Wissenschaft und Kultur in der Föderalismusreform«, in: *Zeitschrift für Gesetzgebung*, Heft 3/2006, S. 271-287

»Kulturföderalismus. Eine Umfrage unter kulturpolitischen Akteuren. Befragt wurden: Eckhard Bartel, Antje Vollmer, Heinrich Fink, Jürgen Zöllner, Lydia Hartl, Thomas Krüger, Gerhard Pfennig, Martin Roth, Rolf Bolwin, Christiane Ziller, Georg Ruppelt, Hilmar Hoffmann, Günther Pflug, Christoph Mecking«, in: Institut für Kulturpolitik der Kulturpolitischen Gesellschaft (Hrsg.): *Jahrbuch für Kulturpolitik 2001. Thema: Kulturföderalismus*, Bonn/Essen: Institut für Kulturpolitik der Kulturpolitischen Gesellschaft e. V./Klartext Verlag 2002, S. 313-353

Kulturpolitik und Föderalismus, Bonn: Akademischer Verlag (Veröffentlichungen aus *Kultur und Politik*, Heft 1)

Lammert, Norbert: »In bester Verfassung? Oder: Der Kulturstaat als Kompetenzproblem«, in: Institut für Kulturpolitik der Kulturpolitischen Gesellschaft (Hrsg.): *Jahrbuch für Kulturpolitik 2001. Thema: Kulturföderalismus*, Bonn/Essen: Institut für Kulturpolitik der Kulturpolitischen Gesellschaft e. V./Klartext Verlag 2002, S. 75-80

Magdowski, Iris/Scheytt, Oliver: »Ein Schritt vor, zwei zurück?. Föderalismusreform und die Folgen für die Kultur«, in: *Kulturpolitische Mitteilungen*, Heft 112 (I/2006), S. 4-5

Margedant, Udo: *Kulturföderalismus als ›Verfassungsfolklore‹? Die aktuelle Debatte über die Kulturhoheit der Länder*, Sankt Augustin: Konrad-Adenauer-Stiftung 2000, 47 S.

Maunz, Theodor: »Die Abgrenzung des Kulturbereichs zwischen dem Bund und den Ländern«, in: Ritterspach, Theo/Geiger, Willi (Hrsg.): *Festschrift für Gebhard Müller. Zum 70. Geburtstag des Präsidenten des Bundesverfassungsgerichts*, Tübingen: Mohr 1970, S. 257-274

Nida-Rümelin, Julian: »Zum Kulturföderalismus in Deutschland«, in: *Kulturnotizen*, Heft 6/2001, S. 3-6

Nida-Rümelin, Julian: »Perspektiven des Kulturföderalismus in Deutschland«, in: Institut für Kulturpolitik der Kulturpolitischen Gesellschaft (Hrsg.): *Jahrbuch für Kulturpolitik 2001. Thema: Kulturföderalismus*, Bonn/Essen: Institut für Kulturpolitik der Kulturpolitischen Gesellschaft e. V./Klartext Verlag 2002, S. 63-74

Otto, Hans-Joachim: »Für einen ehrlichen Kulturföderalismus«, in: Institut für Kulturpolitik der Kulturpolitischen Gesellschaft (Hrsg.): *Jahrbuch für Kulturpolitik 2001. Thema: Kulturföderalismus*, Bonn/Essen: Institut für Kulturpolitik der Kulturpolitischen Gesellschaft e. V./Klartext Verlag 2002, S. 81-85

Otto, Hans-Joachim: »Kulturföderalismus braucht breite parlamentarische Debatte. Starke Akzente nach magerer Bilanz«, in: *Kulturpolitische Mitteilungen*, Heft 98 (III/2002), S. 27-29

Plagemann, Volker: »Der freiheitlich-demokratische Kulturföderalismus ist unumkehrbar«, in: *Kulturpolitische Mitteilungen*, Heft 80 (I/1998), S. 18-21

Plagemann, Volker: »Über mangelnde Kommunikationsrituale in der Kulturpolitik des deutschen Föderalismus«, in: Institut für Kulturpolitik der Kulturpolitischen Gesellschaft (Hrsg.): *Jahrbuch für Kulturpolitik 2001, Band 2, Thema: Kulturföderalismus*, Bonn/Essen: Institut für Kulturpolitik der Kulturpolitischen Gesellschaft e. V./Klartext Verlag 2002, S. 193-201

Reith, Karl-Heinz: »Föderalismus ist ein Schimpfwort«, in: Sekretariat der Ständigen Konferenz der Kultusminister der Länder (Hrsg.): *Einheit in der Vielfalt. 50 Jahre Kultusministerkonferenz 1948-1998*, Neuwied/Kriftel: Luchterhand 1998, S. 161-165

Röbke, Thomas/Wagner, Bernd: »Aufgaben eines undogmatischen Kulturföderalismus. Einleitung«, in: Institut für Kulturpolitik der Kulturpolitischen Gesellschaft (Hrsg.): *Jahrbuch für Kulturpolitik 2001. Thema: Kulturföderalismus*, Bonn/Essen: Institut für Kulturpolitik der Kulturpolitischen Gesellschaft e. V./Klartext Verlag 2002, S. 13-34

Rübsaamen, Dieter: »Verfassungsrechtliche Aspekte des Kulturföderalismus. Anmerkungen zum verfassungsrechtlichen Kulturauftrag der Länder, zum Bund-Länder-Zusammenwirken sowie zur Konzeption einer Bund-Länder-Kulturstiftung«, in: Institut für Kulturpolitik der Kulturpolitischen Gesellschaft (Hrsg.): *Jahrbuch für Kulturpolitik 2001. Thema: Kulturföderalismus*, Bonn/Essen: Institut für Kulturpolitik der Kulturpolitischen Gesellschaft e. V./Klartext Verlag 2002, S. 153-183

Scheytt, Oliver: »Föderalismusreform gefährdet kooperativen Kulturföderalismus«, in: *Kulturpolitische Mitteilungen*, Heft 113 (II/2006), S. 19-20

Schwencke, Olaf (Hrsg.): *Kulturföderalismus und Kulturförderung. Neue Bundesstaatlichkeit im Kulturstaat Deutschland* (Dokumentation des XXXIII. Loccumer Kulturpolitischen Kolloquiums, veranstaltet von der *Evangelischen Akademie Loccum* in Verbindung mit der *Kulturpolitischen Gesellschaft e. V.* vom 15. bis 17. Februar 1991 in Loccum), Hagen/Rehburg-Loccum: Kulturpolitische Gesellschaft e. V./ Evangelische Akademie Loccum (Dokumentationen, 43) 1992, 187 S.

Sievers, Norbert: »Hornberger Schießen?. Die Entflechtungsdebatte – ein Feldversuch zur Ordnung der Kulturkompetenzen«, in: *Kulturpolitische Mitteilungen*, Heft 98 (III/2002), S. 46-50

Soltau, Annegret: »Kunstförderung im Föderalismus«, in: *kulturpolitik*, Heft 4/2007, S. 8-12

Sommer, Frank: »Eine große Koalition für die Kulturpolitik? Anmerkungen zu Anspruch und Wirklichkeit des Föderalismus«, in: *Kultur. Politik. Diskurs*, Heft 8/2006, S. 8-11

Sommer, Frank: *Kulturpolitik als Bewährungsprobe für den deutschen Föderalismus*, Frankfurt am Main/Berlin/Bremen: Peter Lang (Studien zur Kulturpolitik, 7) 2008, 339 S.

Vesper, Michael: »Kulturföderalismus vor neuen Aufgaben«, in: Institut für Kulturpolitik der Kulturpolitischen Gesellschaft (Hrsg.): *Jahrbuch für Kulturpolitik 2001. Thema: Kulturföderalismus*, Bonn/Essen: Institut für Kulturpolitik der Kulturpolitischen Gesellschaft e. V./Klartext Verlag 2002, S. 91-96

Vogel, Bernhard: »Kulturföderalismus«, in: Jörg-Dieter Gauger/Rüther, Günther (Hrsg.): *Kunst und Kultur verpflichtet. Beiträge zur aktuellen Diskussion*, St. Augustin: Konrad-Adenauer-Stiftung 2006, S. 235-245

Vogel, Bernhard: »Kulturföderalismus«, in: Lammert, Norbert (Hrsg.): *Alles nur Theater? Beiträge zur Debatte über Kulturstaat und Bürgergesellschaft*, Köln: DuMont 2004, S. 36-49

Wagner, Ruth: »Kulturföderalismus vor neuen Aufgaben: Wettbewerb und Solidarität«, in: Institut für Kulturpolitik der Kulturpolitischen Gesellschaft (Hrsg.): *Jahrbuch für Kulturpolitik 2001. Thema: Kulturföderalismus*, Bonn/Essen: Institut für Kulturpolitik der Kulturpolitischen Gesellschaft e. V./Klartext Verlag 2002, S. 105-108

Wenke, Hans: »Die Kulturverwaltung im Verhältnis von Bund und Ländern«, in: Maunz, Theodor (Hrsg.): *Vom Bonner Grundgesetz zur gesamtdeutschen Verfassung. Festschrift zum 75. Geburtstag von Hans Nawiasky*, München: Isar Verlag 1956, S. 269-297

Zehetmair, Hans: »50 Jahre Kultusministerkonferenz - neue Entwicklungen im Kulturföderalismus«, in: *Recht der Jugend und des Bildungswesens*, Heft 2/1998, S. 133-144

Zehetmair, Hans: »Verfassungsrechtliche Aspekte des Kulturföderalismus und exemplarische Problemfelder in der Praxis. Fortentwicklung des Föderalismus und Stärkung der Mitspracherechte der Länder: Aus der Sicht der Politik«, in: *Politische Studien*, Heft 375 (2001), S. 57-62

Zehetmair, Hans: »Föderalismus als unverzichtbares Strukturprinzip moderner Kulturpolitik«, in: Institut für Kulturpolitik der Kulturpolitischen Gesellschaft (Hrsg.): *Jahrbuch für Kulturpolitik 2001. Thema: Kulturföderalismus*, Bonn/Essen: Institut für Kulturpolitik der Kulturpolitischen Gesellschaft e. V./Klartext Verlag 2002, S. 87-90

Zimmermann, Olaf/Schulz, Gabriele: »Welche Folgen hat die Föderalismusreform für die Kultur?«, in: *politik und kultur (puk)*, Heft 3, 2006, S. 4-6

Zimmermann, Olaf: »§ 59. Fluch und Segen – wird der Kulturföderalismus in Deutschland überleben?«, in: Härtel, Ines (Hrsg.): *Handbuch Föderalismus – Föderalismus als demokratische Rechtsordnung und Rechtskultur in Deutschland, Europa und der Welt*, Berlin/Heidelberg: Springer 2012, S. 169-188

2 Neue Bundesländer

Bauer-Volke, Kristina/Dietzsch, Ina (Hrsg.): *Labor Ostdeutschland. Kulturelle Praxis im gesellschaftlichen Wandel*, Berlin: Kulturstiftung des Bundes 2003, 370 S.

Bundesministerium des Innern (Hrsg.): *5 Jahre Kulturförderung für die neuen Länder. Ein Bericht zur Kulturförderung des Bundesministeriums des Innern*, Bonn 1996

Dümcke, Cornelia: »Kulturinvestitionsprogramme in den neuen Ländern. Studie zur ›Modernisierung der kulturellen Infrastruktur‹«, in: *Kulturpolitische Mitteilungen*, Heft 95 (IV/2001), S. 64–65

Dümcke, Cornelia: *Kultur und Tourismus in den neuen Ländern. Eine Untersuchung am Beispiel der kulturellen Leuchttürme und Gedächtnisorte* (Studie im Auftrag des Beauftragten der Bundesregierung für Angelegenheiten der Kultur und der Medien (BKM)), Berlin: Culture Concepts (CDCC) 2002, 117 S.

Fessmann, Ingo: »Der Ostdeutsche Kulturföderalismus«, in: *die politische meinung*, Heft 313 (1995), S. 73–78

Jobst, Eberhard: »Landesentwicklungsplanung in den neuen Ländern. Beispiel Bildung und Kultur in Sachsen-Anhalt«, in: *Der Landkreis*, Heft 11/1993

Micheel, Monika: »Kultur in Mitteldeutschland zwischen Identifikationsangebot und Substanzverlust«, in: *Geographische Rundschau*, Heft 6/2007, S. 10–16

Middell, Matthias: »Regionalisieren ohne Regionalismus?. Zum Zustand der Territorialisierung in den neuen Bundesländern nach 1990«, in: Bauer-Volke, Kristina/Dietzsch, Ina (Hrsg.): *Labor Ostdeutschland. Kulturelle Praxis im gesellschaftlichen Wandel*, Berlin: Kulturstiftung des Bundes 2003, S. 269–278

Schwiontek, Elisabeth: »Fünf nach zehn. Die fünf neuen Länder im zehnten Jahr«, in: *kulturpolitik*, Heft 3/2001, S. 6–13

Wagner, Bernd: »Ex oriente lux? Kulturpolitische Aufgaben und Neuorientierungen«, in: Heinrich-Böll-Stiftung (Hrsg.): *Potentiale Ost. 20 Jahre deutsche Einheit – Erfahrungen und Perspektiven*, Berlin: Selbstverlag 2009, S. 77–80

3 Baden-Württemberg

Baden-Württemberg, Ministerium für Wissenschaft, Forschung und Kunst/Radolko, Peter [Red.]: *Kunstpolitik in Baden-Württemberg: Bilanz und Ausblick 1990–2010*, Stuttgart: Ministerium für Wissenschaft, Forschung und Kunst 2000, 78 S.

Baden-Württemberg, Staatsministerium, Pressestelle, Stuttgart (Hrsg.): *Die Vorteile des Föderalismus in der Kulturpolitik*, Stuttgart: Selbstverlag (Information aus erster Hand) 1978, 30 S.

Becker, Franz: *Kultur im Schatten der Trikolore. Theater, Kunstausstellungen, Kino und Film im französisch besetzten Württemberg-Hohenzollern 1945–1949*, Frankfurt am Main u. a.: Peter Lang (Europäische Hochschulschriften: Reihe 3, Geschichte und ihre Hilfswissenschaften, 1041) 2007, 200 S.

Engler, Helmut: *Staatliche Kulturförderung des Landes Baden-Württemberg*, Amriswil: Amriswiller Bücherei (Schriften des Internationalen Bodensee-Clubs) 1984, 36 S.

Frankenberg, Peter: »Theaterreform: Möglichkeiten und Aufgaben der Landeskulturpolitik«, in: Institut für Kulturpolitik der Kulturpolitischen Gesellschaft (Hrsg.): *Jahrbuch für Kulturpolitik 2004. Thema: Theaterdebatte*, Bonn/Essen: Institut für Kulturpolitik der Kulturpolitischen Gesellschaft e. V./Klartext Verlag 2004, S. 305–310

Holler, Eckard: »Die Kunstkonzeption des Landes Baden-Württemberg«, in: *Kulturpolitische Mitteilungen*, Heft 49 (II/1990), S. 47–48

Kommission Zukunftsperspektiven gesellschaftlicher Entwicklungen: *Bericht der Kommission im Auftrag der Landesregierung Baden-Württemberg*, Stuttgart 1983, 195 S.

Könneke, Achim: »Das ›Ländle‹ erarbeitet eine neue Kunstkonzeption. Empfehlungen des Landeskunstbeirats Baden-Württemberg haben Konsequenzen«, in: *Kulturpolitische Mitteilungen*, Heft 128 (I/2010), S. 18–19

Könneke, Achim: »Dick, schwer und visionsfrei. ›Kultur 2020. Kunstpolitik für Baden-Württemberg‹ – Ein Kommentar«, in: *Kulturpolitische Mitteilungen*, Heft 131 (IV/2010), S. 4–5

Landtag von Baden-Württemberg: »Musikwirtschaft in BW. Antwort WM auf die Große Anfrage der FDP/DVP«, *Landtags-Drucksache* 14/3041 (17.7.2008), Stuttgart 2008, 13 S.

Landtag von Baden-Württemberg: »Zur Lage der Staatlichen Museen in BW. Antwort MWK auf die Große Anfrage der FDP/DVP«, *Landtags-Drucksache* 14/1759 (20.9.2007), Stuttgart 2008, 21 S.

Landtag von Baden-Württemberg: »Staatlich geförderte Theater und Opern in BW. Antwort MWK auf die Große Anfrage der FDP/DVP«, *Landtags-Drucksache* 14/3706 (3.12.2008), Stuttgart 2008, 21 S.

Landtag von Baden-Württemberg: »Weiterentwicklung der Kunstkonzeption des Landes BW. Antwort auf die Große Anfrage der GRÜNEN«, *Landtags-Drucksache* 14/5331 (23.10.2009), Stuttgart 2009

Ministerium für Wissenschaft, Forschung und Kunst Baden-Württemberg (Hrsg.): *Kunstpolitik in Baden-Württemberg: 1990–2000–2010. Bilanz und Ausblick*, Stuttgart: Ministerium für Wissenschaft, Forschung und Kunst Baden-Württemberg 2000, 78 S.

Ministerium für Wissenschaft, Forschung und Kunst Baden-Württemberg (Hrsg.): *Haupt Sache Kunst. Kongress der Landesregierung* (Dokumentation Kunstkongress der Landesregierung Baden-Württemberg, 2. November 2005), Stuttgart: Selbstverlag 2005, 86 S.

Ministerium für Wissenschaft, Forschung und Kunst Baden-Württemberg (Hrsg.): *Haupt Sache Kunst. Dokumentation zum Kunstkongress der Landesregierung Baden-Württemberg im ZKM | Zentrum für Kunst und Medientechnologie Karlsruhe am 4. Mai 2009*, Stuttgart: Selbstverlag 2009, 63 S.

Ministerium für Wissenschaft, Forschung und Kunst Baden-Württemberg (Hrsg.): *Haupt Sache Kunst. Empfehlungen des Kunstbeirats der Landesregierung Baden-Württemberg*, Stuttgart: Selbstverlag 2009, 128 S.

Ministerium für Wissenschaft, Forschung und Kunst, Baden-Württemberg (Hrsg.): *Kultur 2020. Kunstpolitik für Baden-Württemberg*, Stuttgart 2010, 444 S.

Rettich, Hannes (Hrsg.): *Kunstkonzeption des Landes Baden-Württemberg*, Freudenstadt: Verlag und Druck 1990, 391 S.

Rettich, Hannes: *Zwischen Kunst und Politik. Erinnerungen eines musischen Bürokraten*, Stuttgart/Leipzig: Hohenheim 2000, 258 S.

Rettich, Hannes: »Zur Kunstkonzeption des Landes Baden-Württemberg«, in: Hanika, Karin/Wagner, Bernd (Hrsg.): *Kulturelle Globalisierung und regionale Identität. Beiträge zum kulturpolitischen Diskurs, Dokumentation des Kulturpolitischen Kongresses vom 5. bis 7. September 2002 in Ludwigsburg*, Bonn/Essen: Kulturpolitische Gesellschaft e. V./Klartext-Verlag (Edition Umbruch. Texte zur Kulturpolitik, 17) 2004, S. 165-170

4 Bayern

Bayerische Landeszentrale für Politische Bildungsarbeit/März, Peter [Red.]: *Kulturstaat Bayern. 19. und 20. Jahrhundert*, München: Bayerische Landeszentrale für Politische Bildungsarbeit 1997, 114 S.

Bayerisches Staatsministerium für Unterricht und Kultus (Hrsg.): *Bayerische Kulturpolitik. Jahresbericht*, München: 1958, 1962

Bayerisches Staatsministerium für Unterricht und Kultus (Hrsg.): *Kultur-Politik in Bewegung. 1964-1968*, München: Bayerisches Staatsministerium für Unterricht und Kultus 1968, 79 S.

Bayerisches Staatsministerium für Unterricht, Kultus, Wissenschaft und Kunst: *Bildung und Kulturpflege in Bayern. Zahlen und Fakten*, München: Bayerisches Staatsministerium für Unterricht, Kultus, Wissenschaft und Kunst 1988-1996; früher: *Bildung und Wissenschaft in Zahlen*; später: *Schule und Bildung in Bayern*

Bayerisches Staatsministerium für Unterricht, Kultus, Wissenschaft und Kunst (Hrsg.): *Tradition und Perspektive. 150 Jahre Bayerisches Kultusministerium*, München 1997, 336 S.

Bayerisches Staatsministerium für Unterricht, Kultus, Wissenschaft und Kunst (Hrsg.): *Kulturstaat Bayern: Finanzierung und Förderung von Kunst und Kultur in Bayern*, München: Bayerisches Staatsministerium für Unterricht, Kulturs, Wissenschaft und Kunst 1998, 108 S.

de Pellegrini, Ludwig: »›Kultur‹ auf bayerisch«, in: *Frankfurter Hefte*, Heft 12/1979, S. 43-49

Dokumente zur Geschichte von Staat und Gesellschaft in Bayern, Abt. 3: Bayern im 19. und 20. Jahrhundert; Bd. 8: Kultur und Kirchen, München: Beck 1983, 482 S.

Duve, Freimut: *Kulturstaat Bayern: Finanzierung und Förderung von Kunst und Kultur in Bayern*, München: Bayerisches Staatsministerium für Unterricht, Kultus, Wissenschaft und Kunst 1997

Goppel, Thomas: »›Kulturstaat Bayern‹«, in: *Sudetenland*, Heft 3/2008, S. 309-315

Hewig, Dirk: »Musikpolitik der Länder am Beispiel Bayerns«, in: *Musik in allen Dingen*, 2003, S. 205-219

Holzheimer, Gerd: »Aufgeklärter Regionalismus. 50 Jahre Kulturstaat Bayern«, Reflexionen, in: *Bayerische Staatszeitung*, Heft 26/2000, S. 41-44

Hufe, Peter/Röbke, Thomas: »Mir san mir! Die verborgenen politischen Schichten Bayerischer Kulturpolitik. Zu einer Interpellation über Kulturfinanzierung im Freistaat«, in: *Kulturpolitische Mitteilungen*, Heft 80 (I/1998), S. 62-64

Hürten, Heinz: »Krisen und Bewährung - Kultur in Bayern 1968-1996. Kultur- und Bildungspolitik in Bayern 1945-1968«, in: Bayerische Landeszentrale für politische Bildungsarbeit (Hrsg.): *Kulturstaat Bayern. 19. und 20. Jahrhundert*, München: Selbstverlag 1997, S. 91-105

Kulman, Detlef: »Die staatliche Förderung des öffentlichen Bibliothekswesens in Bayern unter veränderten Rahmenbedingungen«, in: *Die neue Bücherei*, Heft 4-5/1999, S. 335-341

Kulturpolitische Gesellschaft, Landesgruppe Bayern (Hrsg.): *Bausteine Bayerischer Kulturpolitik. Eine Diskussionsgrundlage*, Nürnberg: Selbstverlag 2008, 95 S. (3. Auflage)

Lanzinner, Maximilian: »Reorganisation und Reform. Kultur- und Bildungspolitik in Bayern 1945-1968«, in: Bayerische Landeszentrale für politische Bildungsarbeit (Hrsg.): *Kulturstaat Bayern. 19. und 20. Jahrhundert*, München: Selbstverlag 1997, S. 65-90

Mühleisen, Hans-Otto: »Politik macht Kultur - Hans Zehetmairs Bilanz und Visionen bayerischer Kulturpolitik. Ein Rezensionsessay«, in: *Politische Studien*, Heft 382 (2002), S. 104-107

Schmidt, Lydia: *Kultusminister Franz Matt: (1920-1926). Schul-, Kirchen- und Kunstpolitik in Bayern nach dem Umbruch von 1918*, München: Beck (Schriftenreihe zur bayerischen Landesgeschichte, 126) 2000, 334 S.

Zacharias, Wolfgang: »Wie mit Kultur Bayern politisch bewegt wird, oder auch nicht. Der bayerische Staatsminister Hans Zehetmair und seine Erfolgsbilanz«, in: *Kulturpolitische Mitteilungen*, Heft 100 (I/2003), S. 10-11

Zehetmair, Hans: *Kultur bewegt. Kulturpolitik für Bayern*, München: Olzog Verlag 2001, 199 S.

5 Berlin

Akademie der Künste, Berlin (Hrsg.): *Mitten in Berlin. Ein Diskussionsforum zur Berliner Stadtmitte. März, April, Mai 2001*, Berlin: Selbstverlag (Anmerkungen zur Zeit, 36) 2001, 124 S.

Berlin, Senatskanzlei (Hrsg.): *Kulturförderbericht 2011 des Landes Berlin*, Berlin 2011, 40 S.

Braun, Günter/Braun, Waldtraut: *Mäzenatentum in Berlin. Bürgersinn und kulturelle Kompetenz unter sich verändernden Bedingungen*, Berlin/New York: Walter de Gruyter 1993, 258 S.

Dieckmann, Friedrich u. a.: »Sanieren oder demolieren? Berlins Operalternative«, in: *Theater der Zeit*, Heft Juli 2008 (Sonderausgabe), S. 5-108

Fischer-Defoy, Christine: *Kunst, Macht, Politik. Die Nazifizierung der Kunst- und Musikhochschulen in Berlin*, Berlin: Hochschule der Künste, Presse- und Informationsstelle 1996, 348 S.

Flierl, Thomas: »Kulturpolitische Aufgabenteilung in Berlin nach 1945«, in: *Mitteilungen aus der kulturwissenschaftlichen Forschung*, Heft 35 (1995), S. 30-36

»Große Anfrage der Fraktion der FDP ›Berlins Zukunft als Kulturstadt II: Zusammenfassung und Neustrukturierung der Staatlichen Museen Preußischer Kulturbesitz‹«, *Landtags-Drucksache* 12/5383 v. 15.3.1995, *Plenarprotokoll* 12/83 v. 30.3.1993, S. 7135-7153

Hassemer, Volker: »Kulturpolitik ist Risikopolitik - Fehler sind nicht ausgeschlossen. Ein Gespräch mit dem Berliner Kultursenator«, in: *Theater heute*, Heft 3/1987, S. 34-39

Hinz, Hans-Martin (Hrsg.): *Die vier Besatzungsmächte und die Kultur in Berlin 1945-1949*, Leipzig: Leipziger Universitäts-Verlag 1999, 212 S.

Kolland, Dorothea: »Hauptstadt Kultur. Berlin. Dezentrale Kulturarbeit in der Krise«, in: *Kulturpolitische Mitteilungen*, Heft 75 (IV/1996), S. 8–11

Krüger, Thomas: »Hauptstadtkultur. Es muß endlich kulturpolitisch und nicht etatistisch gedacht werden«, in: *Notizen*, Heft II/1997, S. 54–63

Müller, Henning: *Theater der Restauration. Westberliner Bühnen, Kultur und Politik im Kalten Krieg*, Berlin: Edition Neue Wege 1981, 452 S.

Radunski, Peter/Schnitthelm, Jürgen/Siebenhaar, Klaus: »Berlin: Die Krisenhauptstadt. Kulturpolitik in Berlin«, in: *Die deutsche Bühne*, Heft 5/1997, S. 28–34

Roloff-Momin, Ulrich: *Zuletzt: Kultur*, Berlin: Aufbau Verlag 1997, 247 S.

Sauberzweig, Dieter: »Der Bund und Berlin – Gedanken zum Kulturföderalismus«, in: Deutscher Werkbund Berlin/Kulturforum der Sozialdemokratie/Staatsbibliothek zu Berlin – Preußischer Kulturbesitz/Freundeskreis Willy-Brandt-Haus (Hrsg.): *Mäzenatentum und Kulturförderung im Wandel*, Berlin 2000, S. 35–40

Sauberzweig, Dieter: »Berlin und der Kulturföderalismus«, in: Scheytt, Oliver (Hrsg.)/Zimmermann, Michael (Mitarb.): *Was bleibt? Kulturpolitik in persönlicher Bilanz*, Bonn/Essen: Kulturpolitische Gesellschaft e. V./Klartext-Verlag (Edition Umbruch. Texte zur Kulturpolitik, 16) 2001, S. 171–177

Schwencke, Olaf: »Die Malaise der Berliner Kulturpolitik«, in: *Notizen*, Heft II/1997, S. 16–23

Senatsverwaltung für Wirtschaft, Arbeit und Frauen in Berlin/Senatsverwaltung für Wissenschaft, Forschung und Kultur (Hrsg.): *Kulturwirtschaft in Berlin 2005. Entwicklung und Potenziale*, Berlin: Selbstverlag 2005, 119 S.

Ströver, Alice: »Theater in Berlin ist anders«, in: Institut für Kulturpolitik der Kulturpolitischen Gesellschaft (Hrsg.): *Jahrbuch für Kulturpolitik 2004. Thema: Theaterdebatte*, Bonn/Essen: Institut für Kulturpolitik der Kulturpolitischen Gesellschaft e. V./Klartext Verlag 2004, S. 316–319

Sturhan, Sabine: *Kunstförderung zwischen Verfassung und Finanzkrise. Probleme staatlicher Kunstfinanzierung am Beispiel Berlins*, Berlin: Weißensee Verlag (Berliner Beiträge zur Rechtswissenschaft, 10) 2003, 296 S.

Westermann, Karin: *Mitte und Grenze. Motive konservativer Kulturpolitik am Beispiel Berlins 1945 bis 1985*, Frankfurt am Main u. a.: Peter Lang (Europäische Hochschulschriften: Reihe 31, Politikwissenschaften, Bd. 145) 1989, 438 S.

Woestmeyer, Martin: *Hamburg und Berlin. Kulturpolitik im Vergleich*, Münster: Schüling 2000, 125 S.

6 Brandenburg

Bachmann, Götz/Voesgen, Hermann: »Kulturland Brandenburg: Eine Kampagne für regionale Kulturarbeit«, in: Bauer-Volke, Kristina/Dietzsch, Ina (Hrsg.): *Labor Ostdeutschland. Kulturelle Praxis im gesellschaftlichen Wandel*, Berlin: Kulturstiftung des Bundes 2003, S. 63–70

Cornel, Hajo: »Die Kulturentwicklungskonzeption des Landes Brandenburgs«, in: *Kulturpolitische Mitteilungen*, Heft 124 (I/2009), S. 46–48

Enderlein, Hinrich: »Kulturpolitik in Brandenburg«, in: Muschter, Gabriele/Strachwitz, Rupert Graf (Hrsg.): *Privatinitiative für Kultur*, Berlin 1992, S. 35–44

Forschungsgruppe Kulturgeschichte und Sachgut (FOKUS): *Bestandsaufnahme Museen und Sammlungen. Empfehlungen zur Museumspolitik des Landes Brandenburg*, Potsdam: Brandenburgische Museumsblätter (Mitteilungen des Museumsverbandes des Landes Brandenburg e. V., Sonderheft 3) 1995, 230 S.

Heinrich, Bettina: »Kulturentwicklungsplanung im Verbundsystem. Das Land Brandenburg setzt auf neue Wege«, in: *Kulturpolitische Mitteilungen*, Heft 83 (IV/ 1998), S. 48–51

Kleine, Helene/Voesgen, Hermann/Heinrich, Bettina: »Skizze zur begleitenden Evaluation der Kulturentwicklungsplanung in Brandenburg«, in: Heinrichs, Werner/Klein, Armin Klein (Hrsg.): *Deutsches Jahrbuch für Kulturmanagement 1997*, Baden-Baden: Nomos Verlagsgesellschaft 1998, S. 128–133

Kultur in guter Verfassung. 57 Fragen und Antworten zur Situation der Kultur im Land Brandenburg, Potsdam: Brandenburgische Universitätsdruckerei u. Verlagsgesellschaft Potsdam mbH 1994, 83 S.

Landesregierung Brandenburg: »Antwort der Landesregierung auf Landtags-Drucksache 1/2477, auf die Große Anfrage 18, der Fraktion der SPD, der Fraktion der F.D.P., der Fraktion Bündnis«, auf Landtags-Drucksache 1/2040 zur Situation der kulturellen Infrastruktur und der Künstlerinnen und Künstler im Land Brandenburg, Brandenburg: Landtags-Drucksache, 1/2477, 1993, 76 S.

Landtag Brandenburg: »Bestandsaufnahme Kultur im Land Brandenburg. Vorschlag für Prioritäten (Kulturentwicklungsplan)«, Potsdam: *Landtags-Drucksache 3/4506*, Juni 2002

Ministerium für Wissenschaft, Forschung und Kultur des Landes Brandenburg (Hrsg.)/Nowak, Ferdinand: *Kultur in guter Verfassung. Land Brandenburg: 57 Fragen und Antworten zur Situation der Kultur im Land Brandenburg*, Potsdam: Brandenburgische Universitätsdruckerei und Verlagsgesellschaft 1994, 83 S.

Ministerium für Wissenschaft, Forschung und Kultur des Landes Brandenburg (Hrsg.): *Kulturförderung im Land Brandenburg 1994*, Potsdam 1994, 79 S.

Ministerium für Wissenschaft, Forschung und Kultur des Landes Brandenburg (Hrsg.): ›*Bestandsaufnahme Kultur im Land Brandenburg/Vorschlag für Prioritäten*‹. *(Kulturentwicklungskonzeption). Zwischenbericht zum Landtagsbericht gem. Beschluss des Landtages vom 5.4.2001, Nr. 3/2528 B*, Potsdam: Selbstverlag 2001, 39 S.

Neisener, Iken: »Kooperative Kulturplanung im Land Brandenburg«, in: Hessische Vereinigung für Volkskunde (Hrsg.): *Kultur & Politik. Aspekte kulturwissenschaftlicher und kulturpolitischer Spannungsfelder* (hrsg. durch Markus Morr), Marburg: Jonas (Hessische Blätter für Volks- und Kulturforschung, 47) 2011, S. 92–103

Neufeldt, Wilhelm: »Kulturpolitik in Brandenburg«, in: *Kulturpolitische Mitteilungen*, Heft 70 (III/1995), S. 33–37

Regierung des Landes Brandenburg: »Antwort auf die Große Anfrage 19 der Fraktion der PDS, ›Zur Situation der Kultur im Land Brandenburg‹ v. 17.6.1996 (Drucksache 2/2747)«, *Landtags-Drucksache 2/4306 v. 24.7.1997*, 76 S., Plenarprotokoll 2/67 v. 21.8.1997, S. 5563–5584

Regierung des Landes Brandenburg: »Antwort auf die Große Anfrage der Fraktion der SPD, der Fraktion der F.D.P., der Fraktion Bündnis 90/Die Grünen ›Situation der kulturellen Infrastruktur und der Künstlerinnen und Künstler im Land Brandenburg‹ v. 3.6.1993 (Drucksache 1/

2040)«, *Landtags-Drucksache* 1/2477 v. 15.11.1993, 76 S., *Plenarprotokoll* 1/83 v. 16.12.1993, S. 6769–6778

Ruben, Thomas/Wagner, Bernd (Hrsg.): *Kulturhäuser in Brandenburg. Eine Bestandsaufnahme, Bericht des Forschungsprojektes ›Die Kulturhäuser in Brandenburg. Bestandsaufnahme und Konzeptentwicklung‹ der Kulturpolitischen Gesellschaft e. V. im Auftrag des Ministeriums für Wissenschaft, Forschung und Kultur des Landes Brandenburg*, Potsdam: Verlag für Berlin-Brandenburg GmbH (Brandenburger Texte zu Kunst und Kultur, Bd. 1) 1994, 352 S.

Wagner, Bernd: »Kulturentwicklungsplanung in Brandenburg. Neue Steuerungsreformen und MitarbeiterInnenqualifizierung«, in: *Kulturpolitische Mitteilungen*, Heft 74 (III/1996), S. 72–73

Wanka, Johanna: »Kulturpolitik auf Landesebene – Tradition und Innovation«, in: Institut für Kulturpolitik der Kulturpolitischen Gesellschaft (Hrsg.): *Jahrbuch für Kulturpolitik 2001. Thema: Kulturföderalismus*, Bonn/Essen: Institut für Kulturpolitik der Kulturpolitischen Gesellschaft e. V./Klartext Verlag 2002, S. 97–103

Wanka, Johanna: »Ein Trümmerhaufen sieht anders aus! Eine Entgegnung von Johanna Wanka aus gegebenem Anlass«, in: *Kulturpolitische Mitteilungen*, Heft 109 (II/2005), S. 8–9

7 Bremen

Bremer Theater (Hrsg.): *Das BREMER THEATER – Intendanz Klaus Pierwoß 1994/95–2006/07. Festschrift zum Abschied von Klaus Pierwoß nach 13 Jahren Generalintendanz Bremer Theater*, Bremen: Carl E. Schünemann 2007, 576 S.

Faltus, Hermann: *Kulturentwicklung und Volksbildung in Bremen 1945–1980. Dokumentation zur städtischen Kulturentwicklung, insbesondere über die Geschichte und Problembereiche bremischer Laienkultur*, Bremen: Schwiefert 1986, 223 S.

Fohrbeck, Karla/Wiesand, Andreas J.: *Kulturelle Öffentlichkeit in Bremen. Angebot und Bedarf als Grundlage städtischer Kulturentwicklungsplanung*, Bremen: Schmalfeldt (Bremer Bände zur Kulturpolitik, Bd. 4) 1980, 212 S.

Göbbel, Narciss/Trüpel, Helga: »›Wer spart, sorgt vor‹. Bremer Kulturpolitik zwischen Spar›enthusiasmus‹ und Zukunftssicherung für kulturelle Entwicklung«, in: *Kulturpolitische Mitteilungen*, Heft 67 (IV/1994), S. 24–25

Opper, Dieter (Hrsg.)/Behrens, Albert: *Kulturförderung in Bremen. Kulturentwicklungsplan 1983*, Bremen: Senator für Wissenschaft und Kunst 1983, 185 S.

Senat der Freien Hansestadt Bremen: »Antwort auf die Große Anfrage der Fraktion der CDU ›Fehlender Strukturwandel in der Kulturpolitik‹ v. 24.1.1995 (Drucksache 13/1124)«, *Drucksache* 13/1174 v. 7.3.1995, *Plenarprotokoll* 13/73 v. 23.3.1995, S. 5047–5062

Senat der Freien Hansestadt Bremen: »Antwort auf die Große Anfrage der Fraktion der CDU und SPD ›Konzeption und Finanzierung der Kulturarbeit im Lande Bremen‹ v. 7.12.1995 (Drucksache 14/159)«, *Landtags-Drucksache* 14/217 v. 14.2.1996, *Plenarprotokoll* 14/13 v. 20.2.1996, S. 771–789

Senator für Bildung, Wissenschaft und Kunst der Freien und Hansestadt Bremen (Hrsg.): *Bremer Kulturplan. Konzeptionelle Entwicklung der Bremer Kulturförderung 1987–1995* (Entwurf), Bremen: Stadtverwaltung 1987, 136 S.

8 Hamburg

Baresic-Nikic, Ivan: »*Kunst im öffentlichen Raum« – Politik in der Hansestadt Hamburg: Entstehung und Entwicklung des »Kunst im öffentlichen Raum«-Programms im Spannungsfeld von künstlerischer Freiheit und politischer Inanspruchnahme*, Hamburg: Conference-Point-Verlag 2009, 295 S.

Hamburgische Bürgerschaft: »Entwicklung der Kultur in Hamburg (I). Antwort auf die Große Anfrage der Fraktion DIE LINKE«, Hamburg: *Drucksache* 20/1281 (18.8.2011)

Institut für Kultur- und Medienmanagement der Hochschule für Musik und Theater Hamburg (Hrsg.): *Kulturwirtschaftsbericht 2006 für Hamburg. Die wirtschaftliche und gesellschaftliche Bedeutung von künstlerisch-kreativen Leistungen in der Freien und Hansestadt Hamburg*, Hamburg 2006, 139 S.

Kulturbehörde der Freien und Hansestadt Hamburg (Hrsg.): *Kolloquium ›Kultur und Politik‹. Dokumentation*, Hamburg: Kulturbehörde 1989, 90 S.

Kulturbehörde der Freien und Hansestadt Hamburg (Hrsg.): *Kulturkonzept 89. Kulturpolitisches Entwicklungskonzept für die Freie und Hansestadt Hamburg*, Hamburg 1989, 64 S.

Schreiber, Ulrich (Hrsg.): *Kulturpolitik in Hamburg – ein Weißbuch*, Hamburg: Dölling und Galitz Verlag 1986, 264 S.

Senat der Freien und Hansestadt Hamburg: »Antwort auf die Große Anfrage der CDU zur ›Theaterpolitik in Hamburg‹ vom 6.10.1988«, *Plenarprotokoll* 13/38, S. 2315–2328 vom 30.11.1989, *Drucksache* 13/2504, 1988

Senat der Freien und Hansestadt Hamburg: »Antwort auf die Große Anfrage der CDU zu ›Kulturangebot für Kinder und Jugendliche in Hamburg‹ vom 7.2.1990«, *Plenarprotokoll* 13/74, S. 4590-4593, *Drucksache* 13/5484, 1990

Woestmeyer, Martin: *Hamburg und Berlin. Kulturpolitik im Vergleich*, Münster: Schüling 2000, 125 S.

9 Hessen

Becker, Siegfried (Hrsg.): *Kulturpraxis in Hessen*, Marburg: Jonas Verlag (Hessische Blätter für Volks- und Kulturforschung, N.F., 21) 1987, 124 S.

Bimmer, Andreas C. (Hrsg.): *Hessen und Thüringen. Kulturwissenschaftliche Bilanz und Perspektive*, Marburg: Jonas Verlag (Hessische Blätter für Volks- und Kulturforschung, 28) 1991, 175 S.

Blumenreich, Ulrike/Braach, Gero/Wagner, Bernd: *10 Jahre Landesförderung Soziokultur in Hessen. Endbericht*, Bonn: Institut für Kulturpolitik 2002, 96 S.

Braach, Gero: »Kulturpolitische Rahmenbedingungen und die Entwicklung der kulturellen Bildung in Hessen«, in: Hessische Vereinigung für Volkskunde (Hrsg.): *Kultur & Politik. Aspekte kulturwissenschaftlicher und kulturpolitischer Spannungsfelder* (hrsg. durch Markus Morr), Marburg: Jonas (Hessische Blätter für Volks- und Kulturforschung, 47) 2011, S. 104–113

Fedler, Patricia: *Anfänge der staatlichen Kulturpolitik in Hessen nach dem Zweiten Weltkrieg (1945–1955). Schule, Erwachsenenbildung, Kunst und Theater im Spannungsfeld zwischen amerikanischer Reeducationpolitik und deutscher Kulturtradition*, Wiesbaden: Historische Kommission für Nassau (Beiträge zur Geschichte Nassaus und des Landes Hessen, Bd. 1) 1993, 394 S.

Hesse, Bernd: »Soziokultur in Hessen. Vom Schönen Baren Guten«, in: Institut für Kulturpolitik der Kulturpolitischen Gesellschaft e. V. (IfK)/LAKS Hessen e. V. (Hrsg.): *Soziokultur und ihre Förderung durch die Länder*, Bonn/Essen: Kulturpolitische Gesellschaft e. V./Klartext (Dokumentationen, 63) 2004, S. 114-121

Hessen hinten?. Soziokultur und Landeskulturpolitik, Beiträge zu einer Bestandsaufnahme. Dokumentation eines kulturpolitischen Seminars, Marburg: Selbstverlag 1992, 108 S.

Landesregierung Hessen (Hrsg.): »Antwort der Landesregierung auf die Große Anfrage der Abg. Siebel, Gottschalck, Holzapfel, Dr. Spies (SPD) und Fraktion betreffend Kunst für alle«, Landtags-Drucksache 16/5886, Wiesbaden 2006, 21 S.

Nordhoff, Hans-Bernhard: »Eine aparte Mischung aus Großmannssucht und Kleinkrämerei. Hessische Landesregierung will 74 Kommunen zwingen, die Frankfurter Kultur zu finanzieren, um New York Konkurrenz zu machen«, in: *Kulturpolitische Mitteilungen*, Heft 110 (III/2005), S. 11-13

Schütte, Ernst (Hrsg.): *Kulturpolitik in Hessen. Ein Beitrag zum Großen Hessenplan*, Frankfurt am Main: Diesterweg 1966, 141 S.

Unabhängige Hessische Kulturkommission: *Mittel- und langfristige Entwicklung der Kulturlandschaft Hessen. Bericht*, Wiesbaden: Hessisches Ministerium für Wissenschaft und Kultur 2002, 48 S.

Wagner, Bernd: »Zur kulturpolitischen Situation in Hessen und zur Förderung freier Kultur«, in: Landesarbeitsgemeinschaft der Kulturinitiativen und soziokulturellen Zentren in Hessen (LAKS) e. V. (Hrsg.): *Hessen hinten? Soziokultur und Landeskulturpolitik*, Marburg 1992, S. 26-35

Wagner, Bernd: »Konturlosigkeit als Profil. Landeskulturpolitik in Hessen«, in: LAKS Hessen e. V. (Hrsg.): *gemein aber nützlich. Freie Kulturarbeit in Hessen. Kulturpolitische Beiträge*, Marburg 1994, S. 88-101

Wagner, Bernd: »Aufbruch aus ›hessischen Verhältnissen‹? Koalitionsvereinbarung lässt neue Impulse vermissen«, in: *Kulturpolitische Mitteilungen*, Heft 124 (I/2009), S. 20-21

Zulauf, Jochen: *Verwaltung der Kunst oder Kunst der Verwaltung. Kulturverwaltung, Kulturförderung und Kulturpolitik des Landes Hessen 1945-1960*, Wiesbaden: Historische Kommission für Nassau (Beiträge zur Geschichte Nassaus und des Landes Hessen, 3) 1995, 217 S.

10 Mecklenburg-Vorpommern

Kultusministerium Mecklenburg-Vorpommern (Hrsg.): *Diskussionsgrundlage für eine Kulturkonzeption der Landesregierung Mecklenburg-Vorpommern*, Schwerin: Selbstverlag 1991, 87 S.

Kultusministerium des Landes Mecklenburg-Vorpommern (Hrsg.): *Kulturstandort Mecklenburg-Vorpommern*, Schwerin 1994, 28 S.

Landesregierung Mecklenburg-Vorpommern: »Antwort auf die Große Anfrage der Fraktion der SPD ›Situation von Kultur und Kunst sowie Künstler in Mecklenburg-Vorpommern‹ v. 12.10.1993 (Drucksache 1/3680)«, Schwerin: *Landtags-Drucksache* 1/4308 vom 12.4.1994

Landtag Mecklenburg-Vorpommern: »Situation von Kultur und Kunst sowie der Künstler in Mecklenburg-Vorpommern. Antwort der Landesregierung auf die Große Anfrage der Fraktion der SPD - Drucksache 1/3680«, Schwerin: *Landtags-Drucksache* 1/4308, 12.4.1994, 144 S.

Landtag Mecklenburg-Vorpommern: »Kulturförderung im Land Mecklenburg-Vorpommern. Antwort der Landesregierung auf die Große Anfrage der Abgeordneten der CDU-Fraktion«, Schwerin: *Landtags-Drucksache* 4/2027 (29.12.2005)

Landtag Mecklenburg-Vorpommern: »Theater- und Kulturförderung in Mecklenburg-Vorpommern. Antwort der Landesregierung auf die Kleine Anfrage der Abgeordneten der NPD«, Schwerin: *Landtags-Drucksache* 5/426 (9.5.2007), 5 S.

Müller, Wolfgang: *Kultur und Kunst Mecklenburg-Vorpommerns im Umbruch. Bedrohung und Zuversicht. Eine Studie im Auftrag des Kulturrates Mecklenburg-Vorpommern e. V.*, Rostock o. J. (1993), 176 S.

Schwießelmann, Christian: »Kulturpolitik Mecklenburg-Vorpommerns im Wandel. Einblicke in die Schweriner Landtagsdebatte 1990-2002«, in: *Kulturpolitische Mitteilungen*, Heft 105 (II/2004), S. 22-23

11 Niedersachsen

Angela Ziesche (Text u. Red.): *Kultur in Niedersachsen. Kunstvereine*, Hannover: Landesregierung Niedersachsen 1993, 110 S.

Becker, Carola/Melchinger, Heiner (Bearb.): *Erwartungen an eine neue Kulturpolitik in Niedersachsen. Interviews mit Experten aus Politik, Verwaltung und Kultur*, Hannover: Institut für Entwicklungsplanung und Strukturforschung (ES-Bericht: 203.92) 1992, 75 S.

Bergmeier, Hinrich/Katzenberger, Günter (Hrsg.): *Kulturaustreibung. Die Einflussnahme des Nationalsozialismus auf Kunst und Kultur in Niedersachsen. Eine Dokumentation der gleichnamigen Ausstellung*, Hamburg/Saarbrücken: Dölling und Galitz/Pfau 2000, 229 S.

Ertel, Rainer: *Zur wirtschaftlichen Bedeutung des Kultursektors in Niedersachsen. Empirische Befunde und ausgewählte volkswirtschaftliche Aspekte von Kunst, Kultur und Wirtschaft*, Hannover: Niedersächsisches Institut für Wirtschaftsforschung e. V. (Forschungsberichte des NIW, 20) 1993, 195 S.

Kisseler, Barbara: »Regionalentwicklung als Aufgabe von Kulturpolitik auf Länderebene – am Beispiel Niedersachsens«, in: Ermert, Karl (Hrsg.): *Kultur als Entwicklungsfaktor, Kulturförderung als Strukturpolitik?*, Wolfenbüttel: Bundesakademie für kulturelle Bildung (Wolfenbütteler Akademie-Texte, 6) 2002, S. 69-74

Niedersächsisches Ministerium für Wissenschaft und Kultur, Referat Presse- und Öffentlichkeitsarbeit (Hrsg.): *Kultur in Niedersachsen. Künstlerförderung*, Hannover 1991, 88 S.

Richter, Reinhart: »Überlegungen zu einem diskursiven Prozeß des Landeskulturentwicklungsplanung Niedersachsen«, in: *Kulturdiskurs Niedersachsen*, Loccum: (Loccumer Protokolle 1992, S. 61-82

Richter, Reinhart/Hartung, Werner: *Diskurs und Kooperation in der Landeskulturpolitik. Konzeption für eine beteiligungsaktive Kulturentwicklungsplanung in Niedersachsen* (erarbeitet im Auftrag der *Kulturpolitischen Gesellschaft e. V.*), Osnabrück/Hannover 1992, 48 S.

Schwencke, Olaf (Hrsg.): *Kulturdiskurs Niedersachsen. Erwartungen an eine Kulturpolitik in einem Flächenland. Dokumentation einer Tagung vom 26. bis 27. Februar 1992*, Rehburg-

Loccum: Evangelische Akademie Loccum (Loccumer Protokolle, 27/92) 1992, 92 S.

Siewert, Hans-Jörg: »Diskursprojekt Niedersachsen. Modernisierung des Staates – Aufgabenkritik, Bürgerengagement und aktivierender Staat«, in: *rundbrief. Zeitschrift für Soziokultur in Niedersachsen*, Heft 35 (2000), S. 24–27

SPD-Fraktion im Niedersächsischen Landtag (Hrsg.): *Kulturpolitik in Niedersachsen. Überlegungen und Anregungen* (erarbeitet von Mitgliedern und Freunden der SPD-Landtagsfraktion), Hannover: Selbstverlag 1981, 57 S.

Stratmann, Lutz/Martin, Olaf/Lochmann, Hans/Dallmann, Gerd/Sauga, Manfred u. a.: »Kulturpolitik Niedersachsen« (Schwerpunktthema), in: *politik und kultur (puk)*, Heft 6, 2004, S. 7–10

Wanka, Johanna: »Kulturpolitik konzeptionell gestalten. Beispiel Niedersachsen«, in: *Kulturpolitische Mitteilungen*, Heft 135 (IV/2011), S. 30–33

Wilke, Reinhard: *Staat und Kulturförderung. Zehn Jahre regionale Kulturpolitik des Landes Niedersachsens*, Sögel: Emsländische Landschaft der Landkreise Emsland und Grafschaft Bentheim e. V. 1985, 92 S.

12 Nordrhein-Westfalen

Arbeitsgemeinschaft Kulturwirtschaft (Bearb.): *Kultur- und Medienwirtschaft in den Regionen Nordrhein-Westfalens. 2. Kulturwirtschaftsbericht NRW*, Düsseldorf: Ministerium für Wirtschaft, Mittelstand und Technologie des Landes NRW 1995, 272 S. plus Anhang

Arbeitsgemeinschaft Kulturwirtschaftsbericht NRW c/o ARCult – Archiv für Kulturpolitik: *Die Kulturwirtschaft von Nordrhein-Westfalen im Vergleich – Kulturwirtschaftsbericht 1991/2* (Ein Bericht für das Ministerium für Wirtschaft, Mittelstand und Technologie des Landes Nordrhein-Westfalen), Düsseldorf/Bonn: Landesregierung NRW/ARCult Media 1992, 238 S.

Bigge, Mathias/Strüder, Günter (Hrsg.): *Neue Kulturpolitik im Ruhrgebiet*, Essen: Die Blaue Eule 1994, 252 S.

Boekmanstichting/Kulturpolitische Gesellschaft/Duitsland Instituut Amsterdam (Hrsg.): *Kultur und Kulturförderung in den Niederlanden und in Nordrhein-Westfalen (Kultur über Grenzen: NRW und NL). Systemvergleich und Kooperationsmöglichkeiten* (Dokumentation einer Fachtagung am 11./12. November 1999 in Maastricht. Ergebnisse des gemeinsamen Forschungsprojektes: Kulturpolitik und Kulturförderung in NRW und NL), Amsterdam/Bonn: Boekmanstichting/Kulturpolitische Gesellschaft e. V./Duitsland Instituut Amsterdam 2000, 206 S.

Bolwin, Rolf: »Haushaltssicherung und freiwillige Aufgabe Kultur am Beispiel NRW«, in: *Kulturpolitische Mitteilungen*, Heft 126 (III/2009), S. 4–6

Brusis, Ilse: »Ein wirksamer Impuls für die Kulturlandschaft Nordrhein-Westfalen. Interview mit der Ministerin für Stadtentwicklung, Kultur und Sport des Landes Nordrhein-Westfalen«, in: *Kulturpolitische Mitteilungen*, Heft 77 (II/1997), S. 49–53

Canaris, Ute/Rüsen, Jörn (Hrsg.): *Kultur in Nordrhein-Westfalen. Zwischen Kirchturm, Förderturm & Fernsehturm*, Stuttgart: W. Kohlhammer Verlag (Schriften zur politischen Landeskunde Nordrhein-Westfalens, 14) 2001, 238 S.

Der Ministerpräsident des Landes Nordrhein-Westfalen (Hrsg.): *Forum Regionale Kulturpolitik. Vielfalt und Kreativität in den Kulturregionen Nordrhein-Westfalens*, Düsseldorf: Selbstverlag 2005, 118 S.

Der Ministerpräsident des Landes Nordrhein-Westfalen – Kulturabteilung (Hrsg.): *Augen öffnen. Kulturelle Bildung in der Kulturförderung des Landes Nordrhein-Westfalen*, Düsseldorf: Selbstverlag 2009, 110 S.

Deuter, Ulrich/Pfeiffer-Poensgen, Isabel: »›Man sollte sich einmischen in die Wertedebatte‹. Ein Gespräch über Gegenwart und Zukunft der Kulturpolitik in NRW«, in: *K. West*, Heft Juli/August 2005, S. 7–10

Deuter, Ulrich/Wilink, Andreas: »›Wer ein Fundament hat, kann sich in Frage stellen lassen‹. Der Staatssekretär für Kultur in NRW Hans-Heinrich Grosse-Brockhoff über konservative Kulturpolitik« (Interview), in: *K.WEST*, Heft 9/2005, S. 4–8

Deuter, Ulrich: »›Ich würde gern alle zusammenholen zu einem Pakt‹. Interview mit der neuen Ministerin für Kultur in NRW Ute Schäfer«, in: *K.WEST*, Heft 9/2010, S. 7–9

Ditt, Karl: »Landschaftliche Kulturpolitik in Westfalen zwischen Globalisierung und Regionalisierung«, in: *Archiv für Kommunalwissenschaften*, Heft 1, 2000, S. 73–93

Ditt, Karl: *Raum und Volkstum. Die Kulturpolitik des Provinzialverbandes Westfalen. 1923–1945*, Münster: Aschendorff (Veröffentlichungen des Provinzialinstitus für Westfälische Landesgeschichte und Volksforschung des Landschaftsverbandes Westfalen-Lippe, Bd. 26) 1988, 455 S.

Ditt, Karl: »Prinzipien und Perspektiven Landschaftlicher Kulturpolitik in Westfalen«, in: *Archivpflege in Westfalen und Lippe*, Heft 52 (2000), S. 30–42

Eichler, Kurt/Gau, Doris/Kröger, Franz/Sievers, Norbert: »Kulturpolitik und Kulturförderung in Land Nordrhein-Westfalen«, in: Kulturpolitische Gesellschaft/Boekmanstichting/Duitsland Instituut Amsterdam (Hrsg.): *Kultur über Grenzen. Kulturförderung in den Niederlanden und in Nordrhein-Westfalen*, Amsterdam/Bonn 1999, S. 96–148

Eichler, Kurt/Sievers Norbert: »Nordrhein-Westfalen eröffnet ein neues Kapitel für die Kultur. SPD und Grüne formulieren Eckpunkte für ein Kulturfördergesetz«, in: *Kulturpolitische Mitteilungen*, Heft 134 (III/2011), S. 4–5

Gau, Doris/Eichler, Kurt/Kröger, Franz/Sievers, Norbert: *Kulturpolitik und Kulturförderung im Land Nordrhein-Westfalen. Studie im Rahmen des Projektes NRW – NL Kulturpolitikvergleich*, Bonn: Institut für Kulturpolitik der Kulturpolitischen Gesellschaft e. V. 1999, 114 S.

Grosse-Brockhoff, Hans-Heinrich/Vesper, Michael: »Aus leeren Strippen ziehen. Ein Gespräch über Stadt und Land zwischen Michael Vesper und Hans-Heinrich Grosse-Brockhoff«, in: *K. West*, Heft 1/2003, S. 40–43

Grosse-Brockhoff, Hans-Heinrich: »Stadt und Land – Hand in Hand. Zur neuen Kulturpolitik des Landes Nordrhein-Westfalen«, in: *Kulturpolitische Mitteilungen*, Heft 110 (III/2005), S. 4–7

Günter, Bernd/Lina, Florian/Scheelen,Markus: *Abschlussbericht zum Projekt Bestandsaufnahme der Kulturförderung durch das Land NRW 2004. Analyse der Zusammenarbeit Land/Kommunen (›Kulturförderbericht NRW‹). Teil I*, Düsseldorf, 31. März 2006

Heinemann, Ulrich: »NRW-Kultur: ›Eine Sache der Kommunen?‹ 60 Jahre Landeskulturpolitik«, in: Brautmeier, Jürgen/Heinemann, Ulrich (Hrsg.): *Mythen – Möglichkeiten – Wirklichkeiten. 60 Jahre Nordrhein-Westfalen*, Essen: Klartext 2007, S. 173–198

Klotzbücher, Alois: *Bibliothekspolitik in Nordrhein-Westfalen. Die Geschichte des Verbandes der Bibliotheken des Landes Nordrhein-Westfalen 1965–1995*, Frankfurt am Main: Klostermann (Zeitschrift für Bibliothekswesen und Bibliographie: Sonderhefte, 79) 2000, 318 S.

Lammert, Norbert: »Bitte keine Kirchturmpolitik. Kulturpolitik als Modernisierungspolitik am Beispiel des Ruhrgebiets«, in: *Passage*, Heft 3-4/1992, S. 56-67

Landesregierung Nordrhein-Westfalen: »Antwort auf die Große Anfrage 13 der Fraktion der SPD ›Frauenkultur in Nordrhein-Westfalen‹ v. 5.6.1992 (Drucksache 11/3845)«, *Landtags-Drucksache* 11/6095 v. 18.10.1993, 146 S.; *Plenarprotokoll* 11/119 v. 21.1.1994, S. 15037-15051

Landtag Nordrhein-Westfalen (Hrsg.): »Antwort der Landesregierung auf die Große Anfrage 7 der Fraktion der CDU. Drucksache 13/1049, Situation von Kunst und Kultur in Nordrhein-Westfalen«, Düsseldorf: Selbstverlag 2001, 75 S.

Landtag Nordrhein-Westfalen: *Regionale Kulturpolitik. Beschluß des Landtages vom 23. April 1997. Bericht Ministerium Vorlage 12/3244 vom 22.2.2000*, Düsseldorf 2000, 147 S.

Ministerium für Wirtschaft, Mittelstand und Technologie des Landes Nordrhein-Westfalens: *Kultur- und Medienwirtschaft in den Regionen Nordrhein-Westfalens. 2. Kulturwirtschaftsbericht*, Düsseldorf 1995, 272 S.

Ministerium für Wirtschaft und Mittelstand, Technologie und Verkehr des Landes Nordrhein-Westfalen (Hrsg.): *Kulturwirtschaft in Nordrhein-Westfalen: Kultureller Arbeitsmarkt und Verflechtungen, 3. Kulturwirtschaftsbericht NRW*, Düsseldorf: Selbstverlag (Kulturwirtschaftsbericht NRW, 3) 1998, 353 S.

Landtag Nordrhein-Westfalen: »Situation von Kunst und Kultur in Nordrhein-Westfalen. Große Anfrage der CDU-Fraktion Drucksache 13/1049 vom 10.4.2001«, Düsseldorf 2001 (vgl. *Plenarprotokoll* 13/40 v. 14.11.2001, S. 3969-3982)

Ministerium für Familie, Kinder, Jugend, Kultur und Sport (Hrsg.): *Kultur im Wandel. Kulturförderung 2010*, Düsseldorf: Selbstverlag 2011, 68 S.

Pankoke, Eckart: »Das Industrierevier als Kulturlandschaft. Zur kulturellen Dynamik des Ruhrgebiets nach 1945«, in: Priamus, H. J./Himmelmann, R. (Hrsg.): *Stadt und Region – Region und Stadt*, Essen: Klartext (Schriftenreihe des Instituts für Stadtgeschichte, Beiträge Nr. 4) 1993, S. 107-143

Reichel, Norbert: »›Modell-Land Kulturelle Bildung Nordrhein-Westfalen‹ – curriculare und strukturelle Rahmenbedingungen in einem Flächenland«, in: Kelb, Viola (Hrsg.): *Kultur macht Schule*, München 2007, S. 153-159

Ruhr 2010 GmbH (Hrsg.): *Kulturhauptstadt Europas. RUHR. 2010. Buch drei*, Essen: Klartext 2010, 215 S.

RUHR.2010 GmbH (Hrsg.): *RUHR.2010 Die unmögliche Kulturhauptstadt. Chronik einer Metropole im Werden*, Essen: Klartext 2011, 239 S.

Schwier, Hans: »Kulturpolitik des Landes – Kulturpolitik mit den Gemeinden«, in: Sievers, Norbert/Wagner, Bernd (Hrsg.): *Blick zurück nach vorn. 20 Jahre Neue Kulturpolitik*, Essen/Hagen: Kulturpolitische Gesellschaft e.V./Klartext-Verlag (Edition Umbruch. Texte zur Kulturpolitik, 5) 1994, S. 33-39

Sievers, Norbert: »Regionale Kulturentwicklung als Politikziel. Neue Akzente in der nordrhein-westfälischen Kulturpolitik«, in: *Kulturpolitische Mitteilungen*, Heft 71 (IV/1995), S. 4-5

Sievers, Norbert: »Regionale Kulturpolitik«, in: *Kulturpolitische Mitteilungen*, Heft 77 (II/1997), S. 16-17

Sievers, Norbert: »Neue Wege der Landeskulturpolitik? Über den Versuch einer beteiligungsorientierten regionalen Kulturpolitik in Nordrhein-Westfalen«, in: *Kulturpolitische Mitteilungen*, Heft 77 (II/1997), S. 27-32

Sievers, Norbert: »Den Worten müssen Taten folgen. Wie geht es weiter mit dem regionalen Kulturdiskurs in NRW?«, in: *Kulturpolitische Mitteilungen*, Heft 78 (III/1997), S. 7-8

Sievers, Norbert: »Im Westen was Neues. Perspektivenwechsel in der Landeskulturpolitik NRW?«, in: *Kulturpolitische Mitteilungen*, Heft 88 (I/2000), S. 4-6

Sievers, Norbert: »Aktivierende Kulturpolitik in Nordrhein-Westfalen. Aufstieg und Fall einer landeskulturpolitischen Konzeption«, in: Behrens, Fritz/Heinze, Rolf G./Hilbert, Josef/Stöbe-Blossey, Sybille (Hrsg.): *Ausblicke auf den aktivierenden Staat. Von der Idee zur Strategie*, Berlin: sigma-Verlag 2005, S. 337-363

Sievers, Norbert: »›Grau ist alle Theorie ...‹ Aussichten auf die Kulturpolitik des Landes Nordrhein-Westfalen nach den Wahlen«, in: *Kulturpolitische Mitteilungen*, Heft 109 (II/2005), S. 10-13

Sievers, Norbert: »›Kürzungen wird es in der Kultur nicht geben‹. Interview mit Ute Schäfer, Ministerin für Familie, Kinder, Jugend, Kultur und Sport des Landes Nordrhein-Westfalen«, in: *Kulturpolitische Mitteilungen*, Heft 130 (III/2010), S. 4-6

Staatskanzlei des Landes Nordrhein-Westfalen, Kulturabteilung: *Kulturbericht Nordrhein-Westfalen. Landeskulturförderung 2006/2007* (Redaktion: Institut für Kulturpolitik der Kulturpolitischen Gesellschaft e.V. in Zusammenarbeit mit der Kulturabteilung der Staatskanzlei), Düsseldorf 2008, 209 S.

Staatskanzlei des Landes Nordrhein-Westfalen, Kulturabteilung: *Kulturbericht Nordrhein-Westfalen. Landeskulturförderung 2008* (Redaktion: Institut für Kulturpolitik der Kulturpolitischen Gesellschaft e.V. in Zusammenarbeit mit der Kulturabteilung der Staatskanzlei), Düsseldorf: Selbstverlag 2009, 96 S.

Städtetag Nordrhein-Westfalen (Hrsg.): *Standort Kultur. Kulturpolitik in Nordrhein-Westfalen. Aufgaben der Städte und des Landes*, Köln: Selbstverlag 1990, 29 S.

Steinert, Johannes-Dieter: *Ein Land als Mäzen? Politik und bildende Kunst in Nordrhein-Westfalen*, Essen: Klartext-Verlag (Düsseldorfer Schriften zur Neueren Landesgeschichte und zur Geschichte Nordrhein-Westfalens, 50) 1998, 170 S.

Steinhauer, Eric W.: »Kann der Entwurf für ein Bibliotheksgesetz Nordrhein-Westfalen im laufenden Gesetzgebungsverfahren um das Pflichtexemplarrecht ergänzt oder in ein Kulturbildungsgesetz umgestaltet werden?«, in: *Bibliotheksdienst*, Heft 1/2011, S. 81-91

Vesper, Michael: »Kultur im Umbruch: Kontinuität und Innovation in der Kulturpolitik NRW«, in: Canaris, Ute/Rüsen, Jörn (Hrsg.): *Kultur in Nordrhein-Westfalen. Zwischen Kirchturm, Förderturm & Fernsehturm*, Köln: Kohlhammer 2001, S. 119-138

Vesper, Michael: »Rolle und Aufgabe von Landeskulturpolitik in der kommunalen Theaterlandschaft«, in: Institut für Kulturpolitik der Kulturpolitischen Gesellschaft (Hrsg.): *Jahrbuch für Kulturpolitik 2004. Thema: Theaterdebatte*, Bonn/Essen: Institut für Kulturpolitik der Kulturpolitischen Gesellschaft e.V./Klartext Verlag 2004, S. 311-315

13 Rheinland-Pfalz

Fellbach-Stein, Ariane: *Kunst- und Kulturpolitik in der Pfalz 1920-1945. Aus dem Geist der Landschaft. Von der Pfalz zur Westmark*, Kaiserslautern: Institut für Pfälzische Geschichte und Volkskunde 2001, 343 S.

Landtag Rheinland-Pfalz: »Antwort auf die Große Anfrage der FDP ›Kunst und Kultur in Rheinland-Pfalz‹ v. 13.11.1990 (Drucksache 11/4793) v. 26.2.1991«, Mainz: *Landtags-Drucksache* 11/5193 (1991)

Landtag Rheinland-Pfalz: »Antwort auf die Große Anfrage der SPD ›Musik in Rheinland-Pfalz‹ v. 15.10.1990 (Drucksache 11/4641)«, Mainz: *Landtags-Drucksache* 11/4977 v. 7.1.1991

Landtag Rheinland-Pfalz: »Antwort auf die Große Anfrage der SPD ›Filmkultur und Filmförderung in Rheinland-Pfalz‹ v. 17.1.1991 (Drucksache 11/5013)«, Mainz: *Landtags-Drucksache* 11/5407 v. 16.4.1991

Landtag Rheinland-Pfalz: »Ohne Veränderung keine Zukunft – Perspektiven der Kulturpolitik in Rheinland-Pfalz. Regierungserklärung«, Mainz: *Plenarprotokoll* 14/68 (2004), S. 4545-4550

Ministerium für Kultur-, Jugend- Familie und Frauen Rheinland-Pfalz: »Antwort auf die Große Anfrage der Fraktion der CDU zur ›Förderung von Kunst und Kultur in Rheinland-Pfalz – Nicht alles ist Kultur, aber ohne Kultur ist alles nichts‹«, Mainz: *Landtags-Drucksache* 23/40120 v. 23.2.1999, 37 S

14 Sachsen

Gesetz über die Errichtung der Kulturstiftung des Freistaates Sachsen vom 17. Mai 1993 (*Sächsisches Gesetz- und Verordnungsblatt*, Nr. 24/1993)

Gesetz über die Kulturräume in Sachsen (Sächsisches Kulturraumgesetz – SächsKRG) v. 5.7.1993, incl. stenogr. Protokoll Ausschuß für Kultur und Medien – Öffentliche Anhörung zum Kulturraumgesetz v. 30.9.1993, (Aktenzeichen 5-7901.02/702) 1993

Hanneforth, Grit/Tobias J. Knoblich: »Das Sächsische Kulturraumgesetz. Ziele und Perspektiven eines kulturpolitischen Sonderweges«, in: *Handbuch KulturManagement*, Stuttgart: Raabe (Loseblattsammlung 1992 ff.) 2000, 22 S., A 1.13

Hummel, Marlies/Wolf-Csanády, Elisabeth u. a.: »Kulturfinanzierung in Sachsen: Mehr Effizienz durch das Kulturraumgesetz?«, in: *ifo Schnelldienst*, Heft 24/1997, S. 14-25

Knoblich, Tobias J.: »Das Gesetz über die Kulturräume in Sachsen. Ein Beitrag zum Kulturföderalismus«, in: Institut für Kulturpolitik der Kulturpolitischen Gesellschaft (Hrsg.): *Jahrbuch für Kulturpolitik 2001. Thema: Kulturföderalismus*, Bonn/Essen: Institut für Kulturpolitik der Kulturpolitischen Gesellschaft e.V./Klartext Verlag 2002, S. 245-251

Knoblich, Tobias J.: »Regionale Kulturpolitik am Beispiel des Freistaates Sachsen. Das Gesetz über Kulturräume in Sachsen«, in: Hessische Vereinigung für Volkskunde (Hrsg.): *Kultur & Politik. Aspekte kulturwissenschaftlicher und kulturpolitischer Spannungsfelder* (hrsg. durch Markus Morr), Marburg: Jonas (Hessische Blätter für Volks- und Kulturforschung, 47) 2011, S. 78-91

»Kultur in Sachsen« (Schwerpunktthema), in: *Sachsenlandkurier*, Heft 11/2000, S. 504-538

Kulturstiftung des Freistaates Sachsen (Hrsg.): *Jahresbericht 2000*, Dresden: Selbstverlag 2001, 52 S.

Kulturstiftung des Freistaates Sachsen (Hrsg.): *Jahrbuch 2007*, Dresden: Selbstverlag 2008, 271 S.

Landesregierung Freistaat Sachsen: »Antwort auf die Große Anfrage der SPD ›Situation der kulturellen Infrastruktur und der KünstlerInnen in Sachsen‹«, Dresden: *Landtags-Drucksache* 1/2123 v. 8.7.1992, *Plenarprotokoll* 1/53 v. 13.10.1992, S. 3712-3716

Landesregierung Freistaat Sachsen: »Antwort auf die Große Anfrage der CDU ›Struktur und Finanzierung der Kulturräume‹«, Dresden: *Landtags-Drucksache* 2/6076 v. 13.6.1997

Micheel, Monika: »Die Regionalisierung von Kulturpolitik: das sächsische Kulturraumgesetz«, in: *Leipziger Beiträge zur Universalgeschichte und vergleichenden Gesellschaftsforschung*, Heft 3/2001, S. 86-102

Micheel, Monika: *Regionale Kulturpolitik in Sachsen. Zur Etablierung staatlicher Regionalisierungen auf der regionalen Handlungsebene*, Leipzig: Universität (Dissertation) 2004, 257 S.

Sächsischer Kultursenat: *Erster Kulturbericht des Sächsischen Kultursenats*, Dresden: Selbstverlag 2001, 27 S.

Sächsischer Kultursenat: *Zweiter Kulturbericht des Sächsischen Kultursenats*, Dresden: Selbstverlag 2004, 38 S.

Sächsischer Kultursenat: *Dritter Kulturbericht des Sächsischen Kultursenats*, Dresden: Selbstverlag 2006, 33 S.

Sächsischer Kultursenat: *Vierter Kulturbericht des Sächsischen Kultursenats*, Dresden: Selbstverlag 2009, 75 S.

Sächsischer Staatsminister für Wissenschaft und Kunst: »Antwort auf die Große Anfrage der Fraktion der SPD: ›Umsetzung des sächsischen Kulturraumgesetzes‹«, Dresden: *Landtagsdrucksache* 2/0802 v. 4.8.1995

Sächsisches Staatsministerium für Wissenschaft und Kunst (Hrsg.): *Kulturförderung in Sachsen*, Dresden 1994

Sächsisches Staatsministerium für Wissenschaft und Kunst (Hrsg.): *Berichte zur Kulturförderung*, Dresden: Sächsisches Staatsministerium für Wissenschaft und Kunst 1999

Sächsisches Staatsministerium für Wissenschaft und Kunst (Hrsg.): *Kulturräume in Sachsen. Zwischenbericht 1999*, Dresden: Selbstverlag 1999, 137 S.

Sächsisches Staatsministerium für Wissenschaft und Kunst, Referat für Presse- und Öffentlichkeitsarbeit (Hrsg.): *Kulturförderung im Freistaat Sachsen. Das Handbuch*, Dresden: Selbstverlag 2000, 319 S.

Sächsisches Staatsministerium für Wissenschaft und Kunst (Hrsg.): *Kulturkompass. Wegweiser für die Kulturentwicklung in Sachsen*, Dresden: Selbstverlag 2009, 50 S.

Sächsisches Staatsministerium für Wissenschaft und Kunst (Hrsg.): *Museumskonzeption 2020 – Kulturland Sachsen*, Dresden: Selbstverlag 2009, 167 S.

Stange, Eva-Maria: »Landeskulturpolitik in Sachsen. Zusammenwirken mit Kulturräumen, Kreisen und Kommunen«, in: *Kulturpolitische Mitteilungen*, Heft 124 (I/2009), S. 42-45

Vogt, Matthias Theodor (Hrsg.): *Kulturräume in Sachsen. Eine Dokumentation* (mit dem Rechtsgutachten von Fritz Ossenbühl), Leipzig: Leipziger Universitätsverlag 1994, 210 S., 2. erw. Aufl. 1996, 228 S.

Wiegand, Bodo: »Das Gesetz über Kulturräume in Sachsen«, in: *Landes- und Kommunalverwaltung*, Heft 6/1994, S. 204–207

Winterfeld, Klaus: *Das sächsische Kulturraumgesetz. Eine Bilanz nach elf Jahren*, Leipzig: Leipziger Univ.-Verlag (Dresdner Studien zur Kultur, 5) 2006, 223 S.

Zimmermann, Ingo: »Die Entwicklung der Kulturstaatlichkeit in Sachsen«, in: Bossle, Lothar (Hrsg.): *Deutschland als Kulturstaat. Festschrift für Hans Filbinger zum 80. Geburtstag*, Paderborn: Bonifatius 1993, S. 124–130

15 Sachsen-Anhalt

Kultusministerium Sachsen-Anhalt (Hrsg.): *Kultur in Sachsen-Anhalt*, Magdeburg: Selbstverlag 1997, 115 S.

Landesregierung Sachsen-Anhalt: »Antwort auf die Große Anfrage der SPD zur ›Situation der kulturellen Infrastruktur und der Künstlerinnen und Künstler in Sachsen-Anhalt‹ (Drucksache 1/1732) am 29.10.1992«, Magdeburg: *Landtags-Drucksache* 1/1963, 1992

Landesregierung Sachsen-Anhalt: »Antwort auf die Große Anfrage der CDU ›Zur Kulturpolitik des Landes Sachsen-Anhalt‹ v. 23.4.1997 (Drucksache 1/1732)«, Magdeburg: *Landtags-Drucksache* 2/3725 v. 23.6.1997, *Plenarprotokoll* 2/68 v. 24.9.1997, S. 5089–5104

Landtag von Sachsen-Anhalt: Ausschussprotokoll des Ausschusses für Kultur und Medien zur Anhörung ›Landeskulturkonzept‹ des Landes Sachsen-Anhalt . Protokoll des Ausschusses für Kultur und Medien Sachsen-Anhalt 3/14, Seite 5-46 und Anlage vom 26.4.2000 (siehe dazu Antrag der PDS-Fraktion Drucksache 3/2173 vom 29.9.1999), Magdeburg 2000

Landtag von Sachsen-Anhalt: »Beschluss: Annahme mit Änderung zu ›Leitlinien zur Kulturpolitik des Landes Sachsen-Anhalt‹. Landesdrucksache Sachsen-Anhalt Drucksache 3/41/3260 B vom 23.6.2000, Magdeburg: *Plenarprotokoll* 3/41 vom 23.6.2000, S. 2887–2892

Landtag von Sachsen-Anhalt: »Antwort der Landesregierung auf die große Anfrage der CDU-Fraktion zur Kulturpolitik des Landes Sachsen-Anhalt – Drucksache 3/4996 vom 25.09.2001 (173 S.). (vgl. Große Anfrage der CDU-Fraktion zur Kulturpolitik des Landes Sachsen-Anhalt vom 30.7.2001«, Magdeburg: *Landtags-Drucksache* 3/4793, 2001, 17 S.

Lück, Manuela: »Neue Wege übers Land. Der Kulturkonvent in Sachsen-Anhalt«, in: *Kulturpolitische Mitteilungen*, Heft 136 (I/2012), S. 10–11

16 Schleswig-Holstein

Brandes-Druba, Bernd (Hrsg.): *60 Jahre Landeskulturverband Schleswig-Holstein. Erinnern, Bewahren, Entwickeln – 100 Blicke auf die Kultur im Norden*, Neumünster: Wachholtz (Zeit + Geschichte, 17) 2010, 384 S.

Kulturstiftung des Landes Schleswig-Holstein: *Engagement für Kunst und Kultur in Schleswig-Holstein*, Kiel 1995, 96 S.

Landesregierung Schleswig-Holstein: »Antwort auf die Große Anfrage der Fraktion der SPD ›Stand und Perspektiven der kulturellen Entwicklung‹ v. 21.6.1996 (Drucksache 14/101)«, Kiel: *Landtags-Drucksache* 14/463 v. 14.1.1997, 366 S.; *Plenarprotokoll* 14/27 v. 13.3.1997, S. 1803–1834

Ministerin für Wissenschaft, Forschung und Kultur des Landes Schleswig-Holstein: *Kulturpolitik in Schleswig-Holstein: Was wir wollen, was wir tun*, Kiel 1995, 103 S.

Schleswig-Holsteinischer Landtag: »Kulturentwicklungsplan. Antwort auf die Kleine Anfrage der Fraktion BÜNDNIS 90/DIE GRÜNEN, Drucksache 17/676 (30.6.2010) und Drucksache 17/918 (13.12.2010)«, Kiel 2010

Schleswig-Holsteinischer Landtag: »Kulturentwicklungsplan III. Antwort auf die Kleine Anfrage des Abgeordneten Dr. Robert Habeck (BÜNDNIS 90/DIE GRÜNEN)«, Kiel: *Landtags-Drucksache* 17/1208 v. 4.2.2011

17 Thüringen

Bimmer, Andreas C. (Hrsg.): *Hessen und Thüringen. Kulturwissenschaftliche Bilanz und Perspektive*, Marburg: Jonas Verlag (Hessische Blätter für Volks- und Kulturforschung, 28) 1991, 175 S.

Bischof, Ulrike: *Die Realisierung der Kulturpolitik der SED in einigen Bereichen des geistig-kulturellen Lebens 1949 bis 1952*, Jena: Universität (Dissertation) 1985. 161 S.

Dollichon, Elfi: *Kunstpolitik im östlichen Nachkriegsdeutschland – mit besonderer Berücksichtigung des Landes Thüringen von 1945 bis 1952*, Hamburg: Kovač 1992, 476 S.

Ernst, Stefanie/Goebel, Jens/Schwäblein, Jörg u. a.: »Kulturpolitik in Thüringen«, in: *politik und kultur (puk)*, Heft 2/2007, S. 5–11

Goebel, Jens/Peters, Nina: »Die Auslastungszahl der thüringischen Theater ist unterdurchschnittlich. Ein Gespräch«, in: *Theater der Zeit*, Heft September 2006, S. 10–12

Goebel, Jens: »Kahlschlagpolitik? Kultusminister Jens Goebel zur Zukunft der Theater- und Orchesterlandschaft in Thüringen«, in: *Die Deutsche Bühne*, Heft 4/2007, S. 22–24

»Große Anfrage der Fraktion der PDS ›Zur Situation der Kultur im Freistaat Thüringen‹«, Erfurt: *Landtags-Drucksache* 2/1672 v. 6.2.1997

Höhne, Steffen: »Konsolidierung mit Blick auf schwierige Zeiten. Das neue Kulturkonzept des Freistaates Thüringens«, in: *Kulturpolitische Mitteilungen*, Heft 112 (I/2006), S. 14–15

Knoblich, Tobias J.: »Große zeitliche, räumliche und interdisziplinäre Zusammenhänge. Arbeit am neuen Landeskulturkonzept für Thüringen«, in: *Kulturpolitische Mitteilungen*, Heft 134 (III/2011), S. 12–13

Kopitsch, Kersten: *Kulturpolitik der Arbeiterklasse und künstlerische Intelligenz in Thüringen 1945 bis 1949*, Jena: Universität (Dissertation) 1988, 155 S.

Landesregierung Freistaat Thüringen: »Antwort auf die Große Anfrage der Fraktion der SPD ›Die Entwicklung der Kulturlandschaft in Thüringen‹ v. 4.3.1994 (Drucksache 1/3178), Erfurt: *Landtags-Drucksache* 1/3471 v. 9.6.1994, Unterrichtung Landtagspräsident v. 1.7.1994 (Drucksache 1/3530) u. v. 12.7.1994 (Drucksache 1/3548)

Lennartz, Knut: »Armes reiches Land. Welch ein Segen: Der Freistaat Thüringen hat eine beneidenswert dichte Theater- und Orchesterlandschaft. Welch ein Jammer: Sie ist auf Dauer nicht bezahlbar«, in: *Die Deutsche Bühne*, Heft 4/2007, S. 18–21

Thüringer Landtag: »Antwort der Landesregierung auf die Große Anfrage der PDS zur Situation von Kunst und Kultur im Freistaat Thüringen«, Erfurt: *Landtags-Drucksache* 02/1672, 1997

Thüringer Landtag Erfurt (Hrsg.)/Stenzel, Burkhard/Winkler, Klaus-Jürgen: *Kontroversen und Kulturpolitik im Thüringer Landtag 1920–1933. Ein Beitrag des Thüringer Landtages zum Europäischen Kulturjahr*, Weimar: Wartburg-Verlag 1999, 189 S.

Thüringer Landtag: »Antwort der Landesregierung auf die Große Anfrage der PDS zur Situation von Kunst und Kultur im Freistaat Thüringen«, Erfurt: *Landtags-Drucksache* 03/2198, 2002

Thüringer Landtag: »Landeskulturkonzept. Antwort der Landesregierung auf die Große Anfrage der Abgeordneten der PDS-Fraktion«, Erfurt: *Landtags-Drucksache* 4/1119 v. 15.8.2005

Thüringer Ministerium für Wissenschaft und Kunst: »Antwort auf die Große Anfrage der Fraktion der SPD ›Zur Kultur in Thüringen‹. v. (Drucksache 1/528) v. 17.9.1991, Erfurt: *Landtags-Drucksache* 1/696, 1991; Unterr. LtgPräs 17.9.1991 (*Drucksache* 1/725); *Plenarprotokolle* 1/29 v. 25.9.1991, S. 1856–1869; Unterrichtung LtgPräs 4.9.1992 (*Drucksache* 1/1566)

Chronik kulturpolitischer und kultureller Ereignisse im Jahre 2011

zusammengestellt von BERND WAGNER

Januar

1.1. Tallinn/Turku In der Silvesternacht steigt in Tallinn, der Hauptstadt Estlands, die große Eröffnungsfeier zur Kulturhauptstadt Europas 2011. Zusammen mit Turku, der zweitgrößten Stadt Finnlands, ist Tallinn dieses Jahr die Kulturhauptstadt Europas.

3.1. Baden-Baden Nach einer Studie von *Media Control* stieg die durchschnittliche TV-Sehdauer pro Tag im Vergleich zum Vorjahr um fünf Minuten an. Sie betrug insgesamt 212 Minuten bei den Gesamtzuschauern und lag auf dem Niveau des Jahres 2006. Spitzenreiter bei den Altersgruppen sind die über Fünfzigjährigen mit einem täglichen Fernsehkonsum von 290 Minuten.

4.1. München Laut Katastrophenbilanz der *Münchener Rückversicherungs-Gesellschaft AG* gab es 2010 weltweit 950 Naturkatastrophen. Nur einmal in den letzten 30 Jahren wurden mehr verzeichnet. 90 Prozent aller Naturkatastrophen waren wetterbedingt. Die meisten Todesopfer (fast 300 000 Menschen) und die finanziell größten Schäden von gesamtwirtschaftlich global rund 130 Mrd. Dollar haben Erdbeben verursacht. (→ 31.12.)

5.1. Gütersloh Nach einer Studie der *Bertelsmann Stiftung* rangiert Deutschland bezogen auf soziale Gerechtigkeit unter 31 *OECD*-Ländern mit Platz 15 nur im Mittelfeld. Die Stiftung hat einen Gerechtigkeitsindex entworfen, der fünf Aspekte untersucht: Armutsvermeidung, Zugang zu Bildung, Arbeitsmarktchancen, Einkommensverteilung (Gleichheit) und Generationengerechtigkeit. Die größten Defizite hat Deutschland beim Zugang zu Bildung und Arbeit sowie bei der Vermeidung von Armut. Nach dem Bertelsmann-Gerechtigkeitsindex geht es in Island und Schweden am gerechtesten zu, am ungerechtesten in der Türkei. Auf die Spitzengruppe der skandinavischen Länder folgen die Niederlande und die Schweiz. Vor Deutschland finden sich auch Frankreich (8), Großbritannien (12) oder Tschechien (13) wieder. Die Vereinigten Staaten (25) liegen weit hinten.

17.1. Berlin Die neue *Enquete-Kommission* »Wachstum, Wohlstand, Lebensqualität« des *Deutschen Bundestages* nimmt ihre Arbeit auf. Sie soll neben einer Bestandsaufnahme die Entwicklung eines neuen Fortschrittsindikators liefern. In der Kommission sitzen sechs Mitglieder der *Union*, vier von *SPD*, drei von *FDP* und jeweils zwei von *Die Linke* und *Bündnis 90/Die Grünen* sowie eine gleich große Zahl von Sachverständigen.

18.1. Frankfurt am Main Als »Unwort des Jahres 2010« wird von einer Jury »alternativlos« gewählt. Das Wort suggeriere, dass es bei einem Entscheidungsprozess von vornherein »keine Notwendigkeit der Diskussion und Argumentation« gebe. Mit 140 Nennungen bei 1 123 Einsendungen lag »alternativlos« vor »unumkehrbar«, »Wutbürger« und »Integrationsverweigerer« (→ 16.12.2010)

22.1. Berlin Das erste *Computerspielemuseum* wird eröffnet. Es zeigt die Kulturgeschichte des spielenden Menschen. Die Dauerausstellung dokumentiert diese Entwicklung vom ersten elektronischen Spiel (mit einem Raumschiff weiße Punkte abschießen) über die großen Spielhallenmaschinen bis zu den 3 D-Computerspielen. Computerspielemuseen gibt es auch in Rom und London, doch nur das deutsche

Museum verfügt über eine derart große Vielfalt an Hardware (rund 2400 Geräte) und etwa 16 000 Programme. (→ 5.5., 17.5., 13.7., 15.9.,15.10.)

27.1. Berlin Auf der zentralen Veranstaltung im *Bundestag* zum Gedenktag für die Opfer des Nationalsozialismus spricht mit dem Niederländer Zoni Weisz ein Vertreter der Sinti und Roma. »Es sei lange Zeit außerhalb des öffentlichen Bewusstseins geblieben«, sagt Parlamentspräsident Norbert Lammert (*CDU*), »in welch schrecklichem Ausmaß auch Angehörige Ihres Volkes Opfer der Verfolgung durch das NS-Regime gewesen sind.«

28.1. Berlin Der neue *Wissenschaftliche Beraterkreis der Stiftung Flucht, Vertreibung, Versöhnung* konstituiert sich und wählt Prof. Dr. Stefan Troebst (*Geisteswissenschaftliches Zentrum Geschichte und Kultur Ostmitteleuropa an der Universität Leipzig*) zum Vorsitzenden und Prof. Dr. Joachim Scholtyseck (*Institut für Geschichtswissenschaft der Universität Bonn*) zu seinem Stellvertreter. Weitere Mitglieder sind unter anderem Prof. Dr. Raphael Gross (Frankfurt am Main), Prof. Dr. Piotr Madajczyk (Warschau), Prof. Dr. Hans Maier (München), Prof. Dr. Norman Naimark (Stanford), Prof. Dr. Krzysztof Ruchniewicz (Breslau) und Prof. Dr. Michael Wildt (Berlin).

28.1. Berlin Der Bundestag wählt den Journalisten und früheren DDR-Bürgerrechtler Roland Jahn mit 535 gegen 21 Stimmen zum Nachfolger von Marianne Birthler als Beauftragten für die Stasi-Unterlagen. Bereits als Student hatte sich der heute 57-Jährige gegen das *SED*-Regime aufgelehnt und gegen die Ausbürgerung des Liedermachers Wolf Biermann protestiert. Im Januar 1983 wurde er wegen »öffentlicher Herabwürdigung der staatlichen Ordnung« zu einer Haftstrafe von 22 Monaten verurteilt, aber auf internationalen Protest hin nach einigen Wochen entlassen. Er tritt am 14. März 2011 sein Amt an.

Februar

2.2. Wiesbaden Der hessische Innenminister Boris Rhein (*CDU*) verbietet den Beschäftigten der öffentlichen Verwaltungen das Tragen einer Burka. Eine Vollverschleierung sei nicht akzeptabel, da diese grundsätzlich zu religiöser und politischer Neutralität verpflichtet seien, eine solche Bekleidung aber als Zeichen einer Haltung gegen die Werte der westlichen Welt verstanden werden könnte. Gegen eine Vollverschleierung im öffentlichen Dienst sprechen sich auch der *Frankfurter Rat der Religionen* aus, ebenso wie die *Islamische Religionsgemeinschaft Hessen* und der *Zentralrat der Muslime*.

10.2. Berlin Nach der Bilanz der *Filmförderungsanstalt (FFA)* kamen 2010 rund 126,6 Mio. Zuschauer in die deutschen Kinos. Damit sank die Zahl der Besuche um 13,5 Prozent. Der Marktanteil der deutschen Filme halbierte sich nahezu auf knapp 21 Mio. »Insgesamt lässt sich das Jahr 2010 trotz des viertbesten Branchenumsatzes aller Zeiten dennoch nicht schönreden«, meldete die *FFA*. Während 146 amerikanische Erstaufführungen den niedrigsten Wert seit 2005 bedeuten, ist auch die Zahl der deutschen Premieren mit 189 (2009: 217) erstmals seit 2003 wieder zurückgegangen. Insgesamt liefen in den Kinos 507 (2009: 513) Filme an. (→4.10., 19.11., 31.12.)

10.–20.2. Berlin Die 61. Berlinale wird mit dem von den Coen-Brüdern verfilmten modernen Western-Roman »True Grit« eröffnet. Den »Goldenen Bären« für den besten Film erhält »Nadar und Simin, eine Trennung« von Ashgar Farrhadi (Iran), der auch den »Preis der ökumenischen Jury« bekommt und dessen gesamtes weibliches und männliches Team den »Silbernen Bären« für die beste Darstellerin/Darsteller zuerkannt wird. Der »Große Preis der Jury« geht an »The Turin Horse« von Béla Tarr (Ungarn), der auch den »Preis der internationalen Filmkritik« erhält, der »Silberne Bär« für die beste Regie an Ulrich Köhler (Deutschland) für »Schlafkrankheit«. »Wer, wenn nicht wir« von Andres Veiel (Deutschland) bekommt den »Alfred-Bauer-Preis«. (→ 14.2., 28.2., 8.4., 11.–22.5., 3.–13.8., 31.8.–11.9., 16.11., 3.12.)

13.2. Los Angeles Bei der 53. Verleihung der »Grammy-Musikpreise«, dem Oscar der Musikindustrie, wird das Trio Lady Antebellum fünfmal bedacht, allein viermal für das Lied »Need You Now« (bester Song) und einmal für das gleichnamige Album. Drei Auszeichnungen erhalten Lady Gaga, der Rapper Jay-Z und der Soulpopsänger John Legend. Eminem bekommt zwei »Grammys«. Die Auszeichnung für das Album des Jahres geht an die kanadische Band Arcade Fire für »The Suburbs«. Im Bereich Klassik werden das Deutsche Symphonie-Orchester Berlin und der Rundfunkchor Berlin in der Kategorie der besten Opernaufnahme für »L'Amour De Loin« ausgezeichnet. (→ 24.3., 30.8., 2.10.)

14.2. Berlin Der *Verband der deutschen Filmkritik (VDFK)* verleiht den »Preis der deutschen Filmkritik«, den einzigen deutschen Filmpreis, der ausschließlich von Kritikern vergeben wird, an »Die Fremde« von Feo Aladag, der in sieben Kategorien nominiert war und in allen sieben Kategorien auch gewann: Spielfilm, Spielfilmdebüt, Drehbuch, Kamera, Darstellerin (Sibel Kekelli), Musik und Schnitt. Bereits zum zweiten Mal erhalten Devid Striesow (bester

Darsteller) und Hajo Schomerus (bester Dokumentarfilm: »Im Haus meines Vaters sind viele Wohnungen«) den Preis der deutschen Filmkritik. (→ 10.-20.2., 28.2., 8.4., 11.-22.5., 3.-13.8., 31.8.-11.9., 16.11., 3.12.)

20.2. Hamburg Bei den Bürgerschaftswahlen in Hamburg wird die *SPD* mit 48,4 Prozent der Stimmen die stärkste Fraktion und erhält nach Sitzen die absolute Mehrheit. Die Wählerschaft der *CDU* halbiert sich und sackt auf 21,9 Prozent ab. *Grüne/GAL* (11,2 %) und *FDP* (6,7 %) können jeweils leicht zulegen und *Die Linke* bleibt gleich stark (6,4 %). Die Wahlbeteiligung lag bei 57,8 Prozent. Der designierte Erste Bürgermeister Olaf Scholz beruft die Chefin der Berliner Senatskanzlei Barbara Kisseler zur neuen Hamburger Kultursenatorin. Die 61-jährige parteilose Kisseler wird Nachfolgerin von Kultursenator Reinhard Struth (*CDU*). (→ 20.3./19.4., 27.3./12.5., 27.3./18.5., 22.5./16.6., 4.9./20.10., 18.9./17.11.)

23.2. Bern Der *Schweizer Bundesrat* verabschiedet die Kulturbotschaft über die strategische Ausrichtung der Kulturpolitik des Bundes für die Kreditjahre 2012 bis 2015. Er beantragt für die Umsetzung dieser Politik 637,9 Mio. Franken. Der Bundesrat bestimmt als Kernziele der Kulturpolitik des Bundes die Pflege der kulturellen Vielfalt und die Verbesserung des Zugangs zu Kultur. Er will den Austausch fördern und gute Rahmenbedingungen für die Kultur- und Kreativwirtschaft schaffen.

23.2. Potsdam Nach einer Kabinettsumbildung tritt die bisherige Präsidentin der Potsdamer Universität, Sabine Kunst (parteilos) ihr Amt als neue Ministerin für Wissenschaft, Forschung und Kultur der brandenburgischen Landesregierung an. Sie folgt auf Martina Münch (*SPD*), die Nachfolgerin des zurückgetretenen Bildungsministers Holger Rupprecht (*SPD*) wird.

28.2. Los Angeles Bei der 83. »Oscar«-Verleihung wird als »Bester Film« »The King's Speech« gekürt, dessen Hauptdarsteller Colin Firth und Regisseur Tom Hopper sowie David Seidler für das Original-Drehbuch ebenfalls einen »Oscar« bekommen. Vier »Oscars« erhält ebenfalls der Film »Inception« für Kamera, Ton, Ton-Schnitt und Special-Effects. »The Social Network«, die Geschichte des Facebook-Gründers Mark Zuckerberg von David Fincher, muss sich mit drei »Oscars« begnügen: bestes adaptiertes Drehbuch (Aaron Sorkin), Schnitt (Angus Wall, Kirk Baxter) und Original-Filmmusik (Trent Reznor, Atticus Ross). Als beste Hauptdarstellerin wird Natalie Portman für ihre Rolle in »Black Swan« ausgezeichnet. (→ 10.-20.2., 14.2., 8.4., 11.-22.5., 3.-13.8., 31.8.-11.9., 16.11., 3.12.)

März

1.3. New York Nach dem neuen *UNESCO*-Weltbildungsbericht »Die unbeachtete Krise: Bewaffneter Konflikt und Bildung« besuchen 67 Mio. Kinder keine Schule, davon leben 28 Mio. in Ländern in Konfliktsituationen. Der Bericht zeigt, dass zwar einige Entwicklungsländer in den letzten Jahren Fortschritte im Bildungswesen gemacht haben, was u. a. dazu führt, dass die Zahl der Kinder im Grundschulalter, die keine Schule besuchen, von 106 Mio. (2000) auf 67 Mio. (2008) zurückging. Dennoch leben noch 796 Mio. Analphabeten auf der Erde. Jährlich fehlen 16 Mrd. Dollar für Bildung. (→ 11.10., 4.11.)

7.3. Dresden Der Vorstand der *Kulturstiftung des Freistaates Sachsen* wählt Ulf Großmann, den früheren Kulturbürgermeister von Görlitz, zum neuen Präsidenten der Stiftung.

10./11.3. Berlin Die 333. Plenarsitzung der *Kultusministerkonferenz* befasst sich vor allem mit der »Leistungsfähigkeit des Bildungssystems im internationalen Vergleich« sowie der Umsetzung des Bologna-Prozesses, wozu sie die Erklärung »Bestandsaufnahme und Perspektiven der Umsetzung des Bologna-Prozesses« verabschiedet. Inzwischen sind 82 Prozent des Studienangebotes auf die gestufte Struktur umgestellt. Neuer Generalsekretär der *Kultusministerkonferenz* wird der Staatssekretär im *Ministerium für Bildung, Wissenschaft und Kultur des Landes Mecklenburg-Vorpommern* Udo Michallik. Er übernimmt am 1. Oktober 2011 die Nachfolge von Prof. Dr. Erich Thies. (→ 9./10.6., 20./21.10., 8.12.)

17.-20.3. Leipzig 163 000 Interessierte besuchen die Leipziger Buchmesse, bei der 2 150 Aussteller ihre Neuerscheinungen präsentieren. Schwerpunktland ist Serbien. Beim 20-jährigen Lesefest »Leipzig liest« gibt es über 2 000 Veranstaltungen mit rund 1 500 Autoren an 300 Veranstaltungsorten. Der »Preis der Leipziger Buchmesse« geht in der Kategorie Belletristik an Clemens J. Setz für sein Werk »Die Liebe zur Zeit des Mahlstädter Kindes«, in der Kategorie Sachbuch an Henning Ritter für seine »Notizhefte« und an Barbara Conrad für die Neuübersetzung von Lew Tolstois »Krieg und Frieden«. (→ 12.-16.10., 28./29.10.)

18.3. Straßburg Die Große Kammer des *Europäischen Gerichtshofes* entscheidet, dass Kruzifixe in Klassenzimmern staatlicher Schulen nicht gegen die Europäische Menschrechtskonvention verstoßen. Damit korrigiert sie eine Entscheidung vom November 2009 und weist die Klage einer Italienerin endgültig ab.

20.3./19.4. Magdeburg Bei den Wahlen am 20.3. zum *Landtag von Sachsen-Anhalt* behauptet sich die

CDU als stärkste Partei (32,5 %, - 3,7), gefolgt von *Die Linke* (23,7 %, - 0,4), der *SPD* (21,5 %, + 0,1) und den *Grünen* (7,1 %, + 3,7). Die *NPD* kam mit 4,6 Prozent ebenso nicht in den Landtag wie die *FDP* mit 3,8 Prozent (- 2,8). Ministerpräsident der neuen *CDU/SPD*-Regierung wird der bisherige Wirtschaftsminister Reiner Haseloff (*CDU*), Minister für Schule und Kultur der Theologe Stephan Dorgerloh (*SPD*). (→ 20.2., 27.3./12.5., 27.3./18.5., 22.5./16.6., 4.9./ 20.10., 18.9./17.11.)

23.3. New York Ein New Yorker Richter erklärt die Vereinbarung von *Google* mit Autoren und Verlagen für nichtig, nach der dem Internet-Anbieter erlaubt wird, mit der Zahlung von 125 Mio. Dollar auch so genannte verwaiste und vergriffene Bücher ins Netz zu stellen. Viele, vor allem europäische Verbände und Anbieter, darunter auch die deutsche Bundesregierung, hatten kritisiert, dass damit Google ohne vorherige Zustimmung durch Rechteinhaber die Verwertung von nicht mehr lieferbaren Büchern erlaubt würde. Nach diesem opt out-Modell hätten die Rechteinhaber, die mit der Regelung nicht einverstanden waren, ihr ausdrücklich widersprechen müssen. Der Richter schlägt dagegen ein opt in-Modell vor: Nur wer dem Vertrag zustimmt, kommt mit Google ins Geschäft. (→ 25.10.)

24.3. Berlin Der Sprecherrat des *Deutschen Kulturrates* wählt den neuen ehrenamtlichen Vorstand des *Deutschen Kulturrates*. Prof. Dr. Max Fuchs wird als Präsident und Christian Höppner als Vizepräsident im Amt bestätigt. Vizepräsidentin ist Regine Möbius, sie löst Dr. Georg Ruppelt ab, der nicht wieder kandidiert hatte. Die Amtszeit des Vorstandes dauert bis März 2013.

24.3. Berlin Bei der 20. »Echo«-Verleihung wird Unheilig als beste Gruppe und ihr Album »Große Freiheit« als Album des Jahres ausgezeichnet. Als Künstler des Jahres im Bereich Pop werden David Garrett (national), dessen DVD »Rock Symphonies – Open Air Live« auch den Preis als erfolgreichste nationale DVD-Produktion erhält, und Phil Collins (international) sowie Lena (national), die zudem als erfolgreichste Newcomerin geehrt wird, und Amy Macdonald (international) prämiert. Als beste Gruppe werden Ich + Ich (national) und Take That (international) gewürdigt, als beste internationale Gruppe im Bereich Rock Linkin Park. Hit des Jahres wird Israel »Iz« Kamakawiwo'oles Interpretation von »Over the Rainbow« und als bestes nationales Video Rammsteins »Ich tu dir weh« ausgezeichnet. (→ 13.2., 30.8., 2.10.)

27.3./12.5. Stuttgart Bei den Landtagswahlen am 27.3. in Baden-Württemberg bleibt die *CDU* (39,0 %, - 5,2) stärkste Fraktion, gefolgt von den *Grünen* (24,2 %, + 12,5), der *SPD* (23,1 %, - 2,1) und der *FDP* (5,3 %, - 5,4). Am 12. Mai wählt der *Stuttgarter Landtag* mit Winfried Kretschmann, der einer grün-sozialdemokratischen Koalition vorsteht, zum ersten Mal in der Geschichte der Bundesrepublik einen Politiker der *Grünen* zum Ministerpräsidenten eines Landes. Wissenschafts- und Forschungsministerin wird Theresia Bauer (*Grüne*), neue Kultusministerin Gabriele Werminski-Leitheißer (*SPD*) und die geborene Türkin Bilka Öney (*SPD*) wird Integrationsministerin. (→ 20.2., 20.3./19.4., 27.3./18.5., 22.5./16.6., 4.9./20.10., 18.9./17.11.)

27.3./18.5. Mainz Bei den Landtagswahlen in Rheinland-Pfalz behält die *SPD* trotz großer Verluste die Mehrheit (35,7 %, - 9,9), knapp vor der *CDU* (35,2 %, + 2,4). *Die Grünen* ziehen mit 15,4 Prozent (+ 10,8) in den Landtag ein, während die *FDP* (4,2 %, - 3,8) und die Linke (3,0 %, + 0,4) scheitern. Ministerpräsident der rot-grünen Koalition bleibt Kurt Beck (*SPD*) und Doris Ahnen (*SPD*) Ministerin für Bildung, Wissenschaft, Weiterbildung und Kultur. Ulrike Höfken von den *Grünen* leitet das neu geschaffene *Ministerium für Integration, Familie, Jugend und Frauen*. (→ 20.2., 20.3./19.4., 27.3./12.5., 22.5./ 16.6., 4.9./20.10., 18.9./17.11.)

30.3. München Kulturstaatsminister Bernd Neumann zeichnet das PC-Spiel »A New Beginning« mit dem mit 100 000 Euro dotierten »Hauptpreis für das beste deutsche Computerspiel« aus, das auch als bestes Jugendspiel prämiert wird. (→ 22.1., 17.–21.8.)

30.3.2011–31.3.2012 Peking Mit der Eröffnung des erweiterten und umgebauten *Chinesischen Nationalmuseums* am Tianamen-Platz nimmt das mit 200 000 m² weltweit größte Museum seinen Betrieb auf (der *Louvre* hat im Vergleich dazu 60 000 m², das New Yorker *Metropolitan Museum* 130 000 m²). In einer 10-jährigen Planungs- und Umbauphase war der 1959 eröffnete Museumsbau vom deutschen Architekturbüro Gerkan und Partner für insgesamt 260 Mio. Euro neu gestaltet worden. Neben den beiden Dauerausstellungen zur chinesischen Geschichte präsentiert das Museum ein Jahr lang die von drei deutschen Museen in Berlin, Dresden und München ausgerichtete Ausstellung »Die Kunst der Aufklärung«, die mit 10 Mio. Euro, davon 6,6 Mio. vom *Auswärtigen Amt*, die bislang teuerste Ausstellung Deutschlands im Ausland ist. Als zwei Tage nach der Ausstellungseröffnung der regimekritische chinesische Künstler Ai Weiwei verhaftet wird, kommt es in Deutschland zu einer Debatte über die auswärtige Kulturpolitik der Bundesrepublik, insbesondere in totalitären Unrechtsregimen, in der unter anderem der Abbau der Ausstellung gefordert wird. Ai Weiei wird am 23.6. wieder freigelassen und später zu einer Steuernachzahlung von fast 2 Mio. Euro verurteilt. Insgesamt hatte die deutsche Ausstellung 450 000 Besucher. (→ 22.1., 5.5., 17.5., 13.7., 15.9.,15.10.)

April

1.4. Marl Bei der Verleihung der 47. »Adolf-Grimme-Preise« gehen alle Preise an die öffentlich-rechtlichen Sender. Der Regisseur Dominik Graf erhält für seine zehnteilige Krimiserie »Im Angesicht des Verbrechens« (WDR/arte u. a.) seinen neunten »Grimme-Preis«. Weitere Preise im Bereich Fiktion gehen an den Tatort »Nie wieder frei sein« (BR), »Neue Vahr Süd« (WDR/RB), »In aller Stille« (BR) und »Keine Angst« (WDR). Für »Information & Kultur« bekommen »Aghet – ein Völkermord« (NDR), »Iron Elections 2009« (WDR/arte), »Die Anwälte – Eine deutsche Geschichte« (WDR/NDR/ rbb/arte), »DDR ahoi« (MDR/NDR) und »20 x Brandenburg« (rbb) die Preise. Für die »Unterhaltung« werden »Krömer – Die Internationale Show« (rbb) und »Klimawechsel« (ZDF) ausgezeichnet. Den »Ehrenpreis des Deutschen Volkshochschul-Verbandes« erhält Thomas Gottschalk. (→4.10., 19.11.)

1.4. Frankfurt Nach Angaben des Deutschen Spendenrats stieg das Spendenvolumen in Deutschland 2010 um knapp neun Prozent auf 2,3 Mrd. Euro.

7.4. Weimar Der seit zehn Jahren amtierende Präsident der Klassik Stiftung Weimar Hellmut Seemann wird vom Stiftungsrat wiedergewählt. Eine Neuwahl war notwendig geworden, weil der Vertrag Seemanns im vergangenen Herbst auf Intervention von Thüringens Kulturminister Christoph Matschie nicht verlängert werden sollte.

8.4. Berlin Bei der Verleihung der »Deutschen Filmpreise« 2011 gewinnt das Roadmovie »Vincent will Meer« von Ralf Huetter die »Goldene Lola« als bester deutscher Spielfilm, dessen Hauptdarsteller Florian Fritz auch als bester Schauspieler ausgezeichnet wird. Die »Silberne Lola« geht an die Komödie »Almanya – Willkommen in Deutschland« von Yasemin Samdereli, die »Bronzene Lola« an »Wer, wenn nicht wir« von Andres Veiel. Mit dem Preis für die beste weibliche Hauptrolle wird Sophie Rois für ihre Rolle in »Drei« geehrt. Weitere Auszeichnungen für »Drei« gibt es für die Regie von Tom Tykwer und für Cutterin Mathilde Bonnefoy. Der »Ehrenpreis für sein Lebenswerk« geht an den Drehbuchautor Wolfgang Kohlhaase. (→ 10.-20.2., 14.2., 28.2., 11.-22.5., 3.-13.8., 31.8.-11.9., 16.11., 3.12.)

14.4. Berlin Die Mehrheit der Mitglieder des Kulturausschusses des Deutschen Bundestages unterstützt die Entscheidung von Staatsminister Neumann zugunsten des Entwurfs des Stuttgarter Designers Johannes Milla und der Berliner Choreografin Sasha Waltz für das geplante Einheits- und Freiheitsdenkmal. Auf dem Berliner Schlossplatz soll eine rund 50 Meter lange, zu beiden Seiten himmelwärts gebogene und begehbare Waagschale entstehen. Auf ihrer Oberseite stehen die beiden Sätze »Wir sind das Volk« und »Wir sind ein Volk«. Der Bundestag hatte die Errichtung des Denkmals im November 2007 beschlossen.

14./15.4. Hamburg Im Zentrum der 138. Sitzung des Kulturausschusses des Deutschen Städtetages stehen die sozialversicherungsrechtliche Lage in den darstellenden Künsten, der Erfahrungsaustausch der Mitglieder des DST zum Umgang mit Sparvorhaben im Rahmen von Haushaltskonsolidierungen sowie die weitere Entwicklung des »Bildungspaketes für Kinder« und integrierte Konzepte zur Kultur- und Innenstadtentwicklung. (→ 20./21.10.)

18.4. Budapest Das ungarische Parlament verabschiedet mit der Zweidrittelmehrheit der rechtskonservativen Partei Fidesz von Ministerpräsident Viktor Orbán eine neue Verfassung mit einer Präambel in Form eines »nationalen Glaubensbekenntnisses«, in dem Gott, Vaterland und König Stephan I. (969 bis 1038), der erste König Ungarns, gehuldigt werden. Sie soll als Leitfaden für die Auslegung der Verfassung verstanden werden. Die Befugnisse des Verfassungsgerichts werden stark eingeschränkt, ebenso wie die Unabhängigkeit der Medien. Im Laufe des Jahres findet eine zunehmende nationalistische Ausrichtung des Medien- und Kulturbereichs statt. Die EU-Kommission leitet mehrere Verfahren ein, in denen überprüft wird, inwieweit die Maßnahmen der ungarischen Regierung EU-Recht widersprechen.

Mai

5.5. Glauberg/Wetteraukreis Der hessische Ministerpräsident Volker Bouffier eröffnet das Keltenmuseum am Glauberg im Wetteraukreis. Der Neubau wurde in rund zweijähriger Bauzeit für rund neun Mio. Euro errichtet. Seit der Ausgrabung zweier reich ausgestatteter keltischer Fürstengräber 1994 sind insgesamt etwa 17 Mio. Euro in das Projekt am Glauberg geflossen. Zur »Keltenwelt am Glauberg« gehören neben dem Archäologischen Landesmuseum auch ein Archäologischer Park und ein Forschungszentrum. (→ 22.1., 30.3./1.4., 17.5., 13.7., 15.9., 15.10.)

6.–23.5. Berlin Zum Berliner Theatertreffen der zehn bemerkenswertesten Aufführungen sind mit den beiden Inszenierungen »Nora« und »Biberpelz« von Herbert Fritsch auch zwei Produktionen aus Schwerin und Oberhausen eingeladen. Die weiteren Stücke sind »Die Beteiligten« (Autor: Kathrin Röggla/Regisseur: Stefan Bachmann/*Wiener Burg*), »Don Carlos« (Friedrich Schiller/Roger Vontobel/*Staatsschauspiel Dresden*), »Der Kirschgarten« (Tschechow/Karin Henkel/*Schauspiel Köln*), »Testament« (She She Pop/*HAU, Kampnagel, FFT*), »Tod eines Handlungsreisenden« (Arthur Miller/Stefan Pucher/*Schauspielhaus Zürich*), »Verrücktes Blut« (Nurkan Erpulat, Jens Hillje/Nurkan Erpulat/*Ballhaus Naunynstraße/Ruhrtriennale*), »Via intolleranza il« (Christoph Schlingensief/*Festspielhaus Afrika, Kampnagel*) und »Das Werk/Im Bus/Ein Sturz« (Elfriede Jellinek/Karin Beier/*Schauspiel Köln*). (→ 1.8., 26.8., 8.9., 29.9., 4.10., 5.11., 14.11.)

9./10.5. Kevelaer Bei der Frühjahrstagung der *Interessengemeinschaft der Städte mit Theatergastspielen* (INTHEGA) hält Christian Esch (Direktor des NRW *KULTURsekretariats Wuppertal*) den Hauptvortrag mit dem Titel »Publikum im Wandel: Theaterarbeit in der Einwanderungsgesellschaft«. (→17./18.10.)

10.–12.5. Fulda Nach dem Ergebnis der Steuerschätzung vom Mai 2011 wird davon ausgegangen, dass sich der wirtschaftliche Aufschwung im Vorausschätzungszeitraum fortsetzt und sich die wirtschaftliche Situation deutlich günstiger als zum Zeitpunkt der letzten Steuerschätzung darstellt. Gegenüber dieser von November 2010 wird von zusätzlichen Mehreinnahmen des Bundes in Höhe von 5,4 Mrd. Euro im Jahr 2012 ausgegangen. Auch in den folgenden drei Jahren sollen die Einnahmen gegenüber den früheren Prognosen zwischen 4,5 und 6,6 Mrd. Euro steigen.

11.5. Paris Nach der neuesten *OECD*-Länderstudie haben in Deutschland in den letzten 10 Jahren vor allem kinderlose Spitzenverdiener von den Entlastungen bei Steuern und Abgaben profitiert. Bei ihnen schrumpften die Abzüge zwischen 2000 und 2010 von insgesamt 56,3 Prozent auf 51,5 Prozent. Für Alleinerziehende, die nur über die Hälfte des Durchschnittseinkommens verfügen, gab es dagegen mit zwei Prozentpunkten kaum Verbesserungen.

11.–13.5. Stuttgart Der Deutsche StiftungsTag 2011 ist mit fast 1 600 Teilnehmern bei 80 Veranstaltungen europaweit der größte Stiftungskongress. Er steht unter dem Motto »Stiftungen: kreativ, unternehmerisch, sozial«. Mit dem »Deutschen Stiftungspreis« des *Bundesverbandes Deutscher Stiftungen* wird das vorbildliche stifterische Engagement des Unternehmers Dr. Wilhelm Krull gewürdigt. In seiner ersten Rede als Ministerpräsident von Baden-Württemberg dankte Winfried Kretschmann allen Menschen, die Verantwortung für eine Stiftung tragen und unterstrich die wichtige gesellschaftliche Funktion von Stiftungen.

11.–22.5. Cannes Die 64. Filmfestspiele eröffnen mit Woody Allens »Midnight in Paris«. Die »Goldene Palme« geht an »The Tree of Life« von Terrence Malick (USA). Den »Großen Preis der Jury« teilen sich »Once Upon a Time in Anatolia« von Nuri Bilge Ceylan (Türkei) und »The Kid With a Bike« von Jean-Pierre und Luc Dardenne (Belgien). Als beste Schauspielerin wird Kirsten Dunst für ihre Rolle in »Melancholia«, als bester Schauspieler Jean Dujardin (»The Artist«) geehrt. Für die beste Regie wird Nicolas Winding Refn für »Drive« (Dänemark) ausgezeichnet. Den Preis »Un certain regard« erhalten Andreas Dresen (Deutschland) für »Halt auf freier Strecke« und Kim Ki Duk (Korea) für »Arirang«. (→ 10.–20.2., 14.2., 28.2., 8.4., 3.–13.8., 31.8.–11.9., 16.11., 3.12.)

14.5. Düsseldorf Mit einem Vorsprung von 32 Punkten gewinnen das aserbaidschanische Duo Ell/Nikki mit der Popballade »Running Scared« den Eurovision Song Contest. Auf den zweiten Platz kommt mit einem Jazzsong Raphael Gualazzi für Italien, dritter wird der Schwede Eric Saade mit »Popular«. Die deutsche Vorjahressiegerin Lena Meyer-Landrut landet mit »Taken by a Stranger« auf dem zehnten Platz.

14.5. Warschau Ministerpräsident Donald Tusk unterzeichnet mit bekannten Künstlern des Landes einen »Pakt für Kultur«. Danach sollen die Ausgaben für Kulturprojekte bis 2015 auf mindestens ein Prozent des Haushalts steigen. Vor zwei Jahren lag der Anteil noch bei weniger als 0,5 Prozent.

15.5. Bundesgebiet Der 34. Internationale Museumstag, an dem etwa 1 800 Museen bundesweit teilnehmen und mit Sonderführungen, Workshops und Wettbewerben einen Blick hinter die Kulissen sowie Museumsfeste und lange Museumsnächte anbieten, steht unter dem Motto »Museen, unser Gedächtnis«.

17.5. Antwerpen Im neuen *Museen aan de Stroom (MAS)* werden die Bestände des *Volkskundemuseums Antwerpen*, des nationalen *Schifffahrtsmuseums* und des *Regionalen Ethnologiemuseums* zusammengeführt. Das Museum beherbergt rund 470 000 Exponate, von denen nur vier Prozent ausgestellt werden. Der 60 Mio. Euro teure Neubau bildet einen markanten Blickfang im Antwerpener Hafen und dient gleichzeitig als öffentlicher, bis Mitternacht zugänglicher Ort auch jenseits der eigentlichen Museumsräume. (→ 22.1., 30.3./1.4., 5.5., 13.7., 15.9., 15.10.)

20.–22.5. Mainz Unter dem Motto »Musikschule – Bildung mit Zukunft« diskutieren über 1 500 TeilnehmerInnen beim 21. Bundeskongress des *Verbandes deutscher Musikschulen* (*VdM*) Konzepte und zeitgemäße Modelle von musikalischer Bildung sowie die Aufgaben der Musikschule in der kommunalen Bildungslandschaft. In der »Mainzer Erklärung« »Musikalische Bildung braucht Zeiten und Räume in der Schule« kritisiert der *VdM* die Entwicklung, dass durch die Verdichtung des Regelunterrichts in den allgemein bildenden Schulen für Musikunterricht immer weniger Zeit bleibt und fordert Kommunal- und Länderpolitik auf, geeignete Maßnahmen zu entwickeln, durch die öffentliche Musikschulen in ihrer Arbeit gestärkt werden.

22.5./16.6. Bremen *SPD* und *Grüne* führen ihre Koalition fort, nachdem Sie bei den Bürgerschaftswahlen am 22. Mai ihre Mehrheit verteidigen konnten. Dabei kam die *SPD* auf 38,3 Prozent (+ 1,6%) vor den *Grünen* mit 22,7 Prozent (+ 6,2%). Die *CDU* erreichte 20,1 Prozent (- 4,5%) und *Die Linke* 5,8 Prozent (- 2,6%). Die *FDP* verfehlt mit 2,6 Prozent den Einzug in die Bürgerschaft. Mit dem Ressort »Sozial- und Jugendpolitik« erhalten die *Grünen* einen dritten Senatsposten. Bürgermeister Börnsen (*SPD*) ist weiterhin für den Kulturbereich zuständig sowie auch für die Querschnittsaufgabe »Integration«, die in der Staatskanzlei angesiedelt werden. Zweite Bürgermeisterin sowie Finanzsenatorin bleibt Karoline Linnert von den *Grünen* ebenso wie Renate Jürgens-Pieper (*SPD*) Senatorin für Bildung, Wissenschaft und Gesundheit. (→ 20.2., 20.3./19.4., 27.3./12.5., 27.3./18.5., 4.9./20.10., 18.9./17.11.)

22.–26.5. Kopenhagen Die Mitgliederversammlung der *Internationalen Vereinigung des Theaters für Kinder und Jugendliche (ASSITEJ)* mit 150 Delegierten aus 50 Ländern wählt als neue Präsidentin Yvette Hardie aus Südafrika und als Vizepräsident Stefan Fischer-Fels, Leiter des *Jungen Schauspielhauses Düsseldorf* und ab der kommenden Spielzeit des *GRIPS Theaters* in Berlin. Wolfgang Schneider, der die vergangenen neun Jahre als Präsident der *ASSITEJ* vorstand, wird einstimmig zum Ehrenpräsidenten ernannt.

27.–28.5. Erfurt Die öffentliche Abschlussdiskussion der Jahreshauptversammlung des *Bühnenvereins* hat das Thema »Oper im 21. Jahrhundert«. Die Tagung berät über die Zukunft von Schauspiel, Oper, Tanz und Konzert sowie über aktuelle Fragen und verabschiedet die Resolution »Für eine neue Partnerschaft zwischen Kultur und öffentlich-rechtlichem Rundfunk«. Prof. Klaus Zehelein wird als Präsident wiedergewählt. Neuer Vorsitzender der Intendantengruppe wird der Intendant des *Deutschen Theaters Berlin* Prof. Ulrich Khuon.

Juni

4.6.–27.11. Venedig Bei der Kunstbiennale geht der »Goldene Löwe« für die beste nationale Ausstellungspräsentation an den deutschen Pavillon der Kuratorin und Leiterin des *Frankfurter Museums für Moderne Kunst* Susanne Gaensheimer. Die zentrale Installation des Pavillons stammt aus einer Theaterinszenierung des im Vorjahr verstorbenen Christoph Schlingensief. Christian Marclay aus den USA wird für sein Werk »The Clock« mit dem »Goldenen Löwen« als bester Künstler ausgezeichnet.

6.6. Koblenz Unter dem Motto »Faszination Welterbe« wird zum siebten Mal der *UNESCO*-Welterbetag gefeiert. Aus Anlass der Bundesgartenschau ist die Welterbestätte »Oberes Mittelrheintal« Gastgeber der zentralen Veranstaltung in Koblenz. Der Welterbetag soll die 33 Welterbestätten in Deutschland für die Menschen vor Ort erlebbar machen. (→ 1.3., 19.–29.6., 23./24.6., 29.11)

6.–10.6. Berlin Unter dem Motto »Bibliotheken für die Zukunft. Zukunft für die Bibliotheken« findet in diesem Jahr zum 100. Mal der Deutsche Bibliothekartag statt. 4 750 Teilnehmer, darunter mehr als 500 aus dem Ausland, diskutieren angeregt durch 350 Vorträge über die gegenwärtige Situation der Bibliotheken und ihre Zukunft.

9./10.6. Hannover Bei der 334. Plenarsitzung der *Kultusministerkonferenz* stehen der Aktionsplan zur Umsetzung des Nationalen Integrationsplanes, der Bildungspakt Alphabetisierung und der Übergang Schule und Beruf sowie der Europäische Qualifikationsrahmen für lebenslanges Lernen im Mittelpunkt. (→ 10./11.3., 20./21.10., 8.12.)

17.–19.6. Deutschland Der »Tag der Musik« findet in diesem Jahr unter dem Motto »Ohne Musik keine Bildung« mit mehr als 1 200 Veranstaltungen statt.

19.–29.6. Paris Auf der 34. Tagung des *UNESCO*-Weltkulturerbekomitees werden 25 Stätten neu in die Liste des Welterbes aufgenommen, darunter aus Deutschland das *Fagus-Werk* in Alfeld von Walter Gropius. Als transnationales Kulturerbe werden die prähistorischen Pfahlbauten rund um die Alpen, darunter auch 18 Pfahlbauten in Baden-Württemberg und Bayern anerkannt sowie die Alten Buchwälder Deutschlands im Kontext mit anderen europäischen Buchwäldern. Das Komitee hat außerdem deutsche Buchenwaldgebiete als Weltnaturerbe anerkannt. Damit stehen nun 936 Stätten auf der *UNESCO*-Welterbeliste: 725 Kulturerbestätten und 183 Naturerbestätten. Zwei Stätten wurden neu in die »Liste des gefährdeten Welterbes« aufgenommen: die Tropischen Regenwälder von Sumatra in

Indonesien und das Biosphärenreservat Rio Plátano in Honduras. Das Wildschutzgebiet Manas konnte von der Liste des bedrohten Welterbes gestrichen werden. (→ 1.3., 6.6., 23./24.6., 29.11)

20.6. Berlin »... und was bedeutet Nachhaltigkeit?« – unter diesem Motto steht die 11. Jahreskonferenz des *Rates für Nachhaltige Entwicklung* mit über 1 600 TeilnehmerInnen. Bundeskanzlerin Angela Merkel, Bundesumweltminister Norbert Röttgen und die Mitglieder des *Nachhaltigkeitsrates* sowie Vertreter der Wirtschaft und Klimaforscher, versuchen mit ihren Beiträgen den oft zur Leerformel gewordenen Begriff »Nachhaltigkeit« zu füllen.

22.6. Marl Zu den Gewinnern der diesjährigen »Grimme-Online-Awards« gehört die Plattform »GuttenPlag Wiki«, die wesentlich zur Aufdeckung der Plagiate in der Doktorarbeit von Karl-Theodor zu Guttenberg beigetragen hat.

23./24.6. Berlin Die 71. Hauptversammlung der *Deutschen UNESCO-Kommission* diskutiert und verabschiedet die Resolutionen »Inklusive Bildung in Deutschland stärken« und »Potenziale von Sozialen Medien für *UNESCO*-Ziele nutzen«. (→ 1.3., 6.6., 19.-29.6., 29.11)

Juli

1.7. Berlin An die Stelle des mit der Abschaffung der Wehrpflicht entfallenden Zivildienstes tritt der neue Bundesfreiwilligendienst. Gegenüber 90 000 Zivildienstleistenden sollen 35 000 neue gemeinnützige Stellen geschaffen werden, die die bereits bestehenden freiwilligen Jugenddienste, das Freiwillige Soziale Jahr (FSJ) und das Freiwillige Ökologische Jahr (FÖJ) ergänzen, das bislang ebenfalls 35 000 Stellen umfassen. Der Bundesfreiwilligendienst steht Männern wie Frauen aller Altersgruppen, auch Senioren, offen. Die neuen Stellen sollen auch die Gebiete Sport, Kultur, Integration und Bildung umfassen.

13.7. Krakau Mit dem *Museum of Contemporary Art Kraków* wird der erste Neubau eines Museums für Gegenwartskunst in Polen seit 1945 eröffnet. Aus der Fabrik von Oskar Schindler ist ein Okkupationsmuseum geworden, durch dessen Tore man jetzt hindurchgehen muss, um zum Haupteingang des Neubaus zu gelangen. Der Bau nach dem Entwurf des Italieners Claudio Nardi hat 17 Mio. Euro gekostet. (→ 22.1., 30.3./1.4., 5.5., 17.5., 15.9., 15.10.)

25.7.–28.8. Bayreuth Die 100. Bayreuther Festspiele werden mit einer umstrittenen Neuinszenierung von Richard Wagners Oper »Tannhäuser« in der Regie von Richard Baumgarten eröffnet und mit Christoph Marthalers »Tristan und Isolde« beendet.

27.7.–30.8. Salzburg Anstelle des erst eingeladenen und dann wieder ausgeladenen Jean Ziegler eröffnet Joachim Gauck mit einer Rede über die Kraft der Kultur die 91. Salzburger Festspiele. Den Auftakt zu den 185 Aufführungen an 14 Spielorten machen Hofmannsthals »Jedermann« und Mozarts »Le Nozze di Figaro«. Erstmals boten die Salzburger Festspiele Mozarts Da Ponte-Trilogie gemeinsam an. Zwei Uraufführungen, die Neuinszenierung eines Faust-Marathons und zahlreiche Aufführungen von Stücken Gustav Mahlers bilden die Schwerpunkte 2011.

August

1.8. Frankfurt am Main In der Kritiker-Umfrage der Zeitschrift *Die Deutsche Bühne* siegt das *Kölner Schauspiel* in der Kategorie »Überzeugende Gesamtleistung eines Hauses« mit deutlichem Vorsprung. Die meistgenannte Schauspiel-Regisseurin ist Karin Beier mit Elfriede Jelineks »Das Werk/Im Bus/Ein Sturz«, ebenfalls im *Kölner Schauspiel*. Das meistgenannte Opernhaus ist die *Oper Frankfurt*, die unter der Intendanz von Bernd Loebe zum siebten Mal einen Spitzenplatz erreicht. Im letzten Jahr erhielt das Frankfurter Opern- und Museumsorchester im Rahmen einer Umfrage der *Opernwelt* den Titel »Orchester des Jahres«, in diesem Jahr wird in erster Linie »das eigenständige dramaturgische Profil« sowie das »hohe musikalische (und darstellerische) Niveau« der Oper gelobt. (→ 6.-23.5., 26.8., 8.9., 29.9., 4.10., 5.11., 14.11.)

3.–13.8. Locarno Das Filmfestival endet in diesem Jahr mit einer Überraschung: Der »Goldene Leopard« für den besten Film geht an die junge Debütantin Milagros Mummenthaler für die argentinisch-schweizerische Koproduktion »Abrir puertas y ventanas« (»Back to stay«), deren Hauptdarstellerin Maria Canale auch den »Preis als beste Schauspielerin« erhält. Der »Silberne Leopard« geht an »Din dragoste cu cele mai bune ingentii«, eine rumänisch-ungarische Koproduktion, deren Hauptdarsteller Bogdan Dumitrache zudem als bester Schauspieler ausgezeichnet wird. Einen »Silbernen Leoparden« für die beste Regie erhält Adrian Sitaru. (→ 10.-20.2., 14.2., 28.2., 8.4., 11.-22.5., 31.8.-11.9., 16.11., 3.12.)

16.8. Berlin/Köln Nach dem »Bildungsmonitor 2011«, der seit 2004 jährlich vom *Kölner Institut für Deutsche Wirtschaft* im Auftrag der arbeitgeberfinanzierten *Initiative Neue Soziale Marktwirtschaft* erstellt wird, baute Sachsen seine Spitzenstellung vor Thüringen und Baden-Württemberg aus. Positiv hervorgehoben wird das Betreuungsverhältnis von Lehrern und Schülern, ebenso wie die vielen Ganztagsangebote und die hohe Qualifikation der Lehrer und Erzieher. Allgemein halte der positive Trend gegenüber vorangegangenen Erhebungen an.

17.–21.8. Köln Bei der gamescom 2011 werden den 245 000 Besuchern und rund 5 000 Medienvertretern mehr als 300 Spiele von 557 Ausstellern aus knapp 40 Ländern präsentiert. Der gamescom Award »Best of gamescom« bekommt das Actionspiel »Battlefield 3« von *Electronic Arts*. Die Firma hat zusätzlich die Awards »Best Online Game« (Star Wars: The Old Republic), »Best Console Game« (FIFA 12) und »Best Browser Game« (The Sims Social) bekommen. (→ 22.1., 30.3.)

24.8. Saarbrücken Nachfolgerin des zurückgetretenen langjährigen saarländischen Ministerpräsidenten Peter Müller wird die bisherige Arbeits- und Sozialministerin Annegret Kramp-Karrenbauer (*CDU*). Sie steht der einzigen »Jamaika-Koalition« aus *CDU*, *FDP* und *Grünen* auf Landesebene vor. Innenminister Stephan Toscani (*CDU*) erhält die Zuständigkeit für Kultur, die zuvor in der Staatskanzlei angesiedelt war. Minister für Bildung bleibt Klaus Kessler von den *Grünen*.

26.8. Berlin Wie im vergangenen Jahr wird von der Kritikerjury von *Theater heute* das Schauspiel Köln und seine Intendantin Karin Beier zum »Theater des Jahres« und Karin Beiers Inszenierung von Elfriede Jelineks Trilogie »Das Werk/Im Bus/Ein Sturz« zur Aufführung des Jahres gewählt. Die Schauspielerin des Jahres kommt mit Lina Beckmann auch vom *Kölner Schauspiel*. Als Schauspieler des Jahres wird Jens Harzer ausgezeichnet. Das *Berliner Ballhaus Naunynstraße* wird für »Verrücktes Blut« von Nurkan Erpulat und Jens Hillje gemeinsam mit Elfriede Jelineks »Winterreise« mit je elf Nennungen als »deutschsprachiges Stück des Jahres« prämiert. (→ 6.–23.5., 1.8., 8.9., 29.9., 4.10., 5.11., 14.11.)

26.8.–9.10. Ruhrgebiet Die dritte Spielzeit der *3. Ruhrtriennale* (2009-2011) steht unter dem Motto »Ankunft – Suche nach dem Jetzt«. Nach zwei Spielzeiten, die sich mit dem Islam und dem Judentum beschäftigt haben, wird der Blick nun auf den Buddhismus gerichtet. Über 100 Theater- und Filmaufführungen sowie Konzerte, die in früheren Gewerbehallen und Fabriken des Ruhrgebiets aufgeführt werden, widmen sich vor allem diesem Thema.

30.8. Stockholm US-Rockkünstlerin Patti Smith und das Kronos-Quartett teilen sich den »Polar-Musikpreis« 2011. Die Auszeichnung wird an je einen Preisträger aus der Unterhaltungsmusik und der klassischen Musik vergeben und ist mit zusammen 225 000 Euro dotiert. (→ 13.2., 24.3., 2.10.)

31.8.–11.9. Venedig Beim 68. Filmfestival erhält Alexander Sokurow für »Faust« den »Goldenen Löwen« als besten Film. Der »Silberne Löwe« für die beste Regie geht an Cai Shangjun (China) für »People Mountain People Sea«. Als beste Schauspielerin wird Deanie Yip für ihre Rolle in »A Simple Life« ausgezeichnet und als bester Schauspieler Michael Fassbender für »Shame«. Den »Spezialpreis der Jury« bekommt Emanuele Crialese für »Terraferma«. (→ 10.–20.2., 14.2., 28.2., 8.4., 11.–22.5., 3.–13.8., 16.11., 3.12.)

September

4.9./20.10. Schwerin Bei den Landtagswahlen kann die *SPD* ihre führende Position ausbauen und erhält 35,7 Prozent (+ 5,5 %). Damit bleibt Erwin Sellering Ministerpräsident, der mit der *CDU* (23,1 %, - 5,7 %) eine Koalition eingeht. *Die Grünen* ziehen mit 8,4 Prozent neu in den *Landtag* ein und sind jetzt in allen Landtagen vertreten. *Die Linke* kommt als drittstärkste Partei auf 18,4 Prozent (+ 1,6 %). Die *FDP* scheiterte mit 2,7 Prozent (- 6,9 %) an der Fünf-Prozent-Hürde. Das *Ministerium für Bildung, Wissenschaft und Kultur* wird künftig vom *SPD*-Politiker Mathias Brodkorb geführt. (→ 20.2., 20.3./19.4., 27.3./12.5., 27.3./18.5., 18.9./17.11.)

7.–9.9. Berlin Im Mittelpunkt der diesjährigen Popkomm steht die Vernetzung der Musikakteure und Musikaktivitäten und die damit verbundene Geschäftspartnersuche. In zahlreichen Panels und Workshops diskutieren Vertreter der nationalen und internationalen Musikindustrie dieses und weitere Themen.

8.9. Köln Nach der Werkstatistik des *Deutschen Bühnenvereins* war in der Bühnenspielzeit 2009/2010 Goethes »Faust« (42 Inszenierungen/392 Aufführungen/115 686 Besucher) das meist gespielte Stück auf deutschen Bühnen, gefolgt von Yasmin Rezas »Der Gott des Gemetzels« (28/348/68 417) und Schillers »Don Carlos« (24/291/92 646). Bei der Oper liegt die »Zauberflöte« von Mozart (55/655/379 791) vor Humperdincks »Hänsel und Gretel« (33/286/166 938) und Mozarts »Figaros Hochzeit« (25/206/141 233). Meist gespielter Autor war Shakespeare mit 27 Werken, die auf 1 787 Aufführungen kamen, vor Schiller (25/1 519), »nach Grimm« (32/1 454) und Goethe (17/977). Die Gesamtzahl der gespielten Werke erhöhte sich von 3 698 auf 3 845. (→ 6.–23.5., 1.8., 26.8., 29.9., 4.10., 5.11., 14.11.)

11.9. Bundesgebiet Der bundesweite Tag des offenen Denkmals wird in Trier eröffnet. Es sind mehr als 7 500 historische Bauten zur Besichtigung geöffnet. Er steht in diesem Jahr unter dem Motto »Romantik, Realismus, Revolution – das 19. Jahrhundert«.

13.9. Genshagen Die diesjährigen Preisträger des »BKM-Preises Kulturelle Bildung« sind die Telenovela »Es geht um Dein Leben« von und mit Jugendlichen aus Magdeburg, die *Landesmusikjugend Rheinland-Pfalz* und der *Landesverband der Musikschulen Rheinland-Pfalz e. V.* für »Der unbekannte Krieg – Ein multimediales Projekt gegen das Vergessen« und das Kunstprojekt »Paradies 2«, die zentrale Aktivität des Abschlussjahres der *Internationalen Bauausstellung Fürst-Pückler-Land GmbH*, mit rund 7 000 Teilnehmern und 10 000 Zuschauern. Der »BKM-Preis« wurde 2009 ins Leben gerufen und ist mit insgesamt 60 000 Euro dotiert.

15.–18.9. Berlin Erstmalig veranstaltet die *Evangelische Landeskirche* einen dreitägigen Kirchen-Kultur-Kongress und bietet damit Künstlern, Theologen und Kulturanhängern unter der Leitung der EKD-Synode und in Zusammenarbeit mit dem *Kulturbeauftragten der Bundesregierung* Bernd Neumann, dem *Deutschen Kulturrat*, dem *Deutschen Theater Berlin* sowie namhaften internationalen Künstlern ein Forum für den christlich-kulturellen Austausch. Höhepunkt des Festivals ist die Premiere des Musiktheaterstücks »Paulus. Das ängstliche Harren der Kreatur« von Christian Lehnert und Thomas Jennefelt, welches, protestantisches Kunstverständnis aufgreifend, zu einer Auseinandersetzung mit den gesellschaftlich aktuellen Themen Religion, Fanatismus und Freiheit einlädt.

15.9. Berlin Die neue Dokumentationsstätte im *Tränenpalast* am Berliner Bahnhof Friedrichstraße wird eröffnet. 50 Jahre nach dem Mauerbau informiert dort künftig eine Dauerausstellung über den Alltag der deutschen Teilung. Der 1962 errichtete Glas-Stahl-Pavillon war bis 1989 die bekannteste Grenzübergangsstelle zwischen Ost- und West-Berlin. (→ 22.1., 30.3./1.4., 5.5., 17.5., 13.7., 15.10.)

18.9./17.11. Berlin Bei der Wahl zum Abgeordnetenhaus erhält die *SPD* nur noch 28,3 Prozent (- 2,5 %) und *Die Linke* 11,7 Prozent (- 1,7 %). Damit verliert die bisherige Regierungskoalition ihre Mehrheit. Die *CDU* legt zu auf 23,4 (+ 2,1 %) und *Die Grünen* auf 17,6 Prozent (+ 4,5 %). Die *FPD* scheitert mit 1,8 Prozent (- 5,8 %). Erstmal zieht die *Piratenpartei* in ein Landesparlament ein (8,9 %). Die *SPD* bildet, nach ersten Verhandlungen mit den *Grünen*, mit der *CDU* eine Koalition. Klaus Wowereit bleibt regierender Bürgermeister und übernimmt zum zweiten Mal auch den Posten des Kultursenators. Sandra Scheeres (*SPD*) ist für das Ressort »Bildung und Wissenschaft« verantwortlich. (→ 20.2., 20.3./19.4., 27.3./12.5., 27.3./18.5., 4.9./20.10.)

20.9. Berlin Die deutsche Sektion des *Internationalen Kunstkritikerverbands AICA* verleiht die Auszeichnung »Museum des Jahres 2011« an das *Museum für Gegenwartskunst Siegen*.

20.9. Wiesbaden Nach Angaben des *Statistischen Bundesamtes* kommt fast ein Drittel aller Kinder in Deutschland aus einer Familie mit Migrationshintergrund, in Großstädten mit mehr als 500 000 Menschen sind es fast die Hälfte.

21.9. Düsseldorf Das *Ministerium für Schule und Weiterbildung NRW* startet das Modellprojekt »Kulturagenten für Kreative Schulen in NRW«. Unterstützt durch die *Kulturstiftung des Bundes*, die *Stiftung Mercator* und die *Bundesakademie für Kulturelle Kinder- und Jugendbildung* erhalten nun 30 Schulen in NRW über den Zeitraum von vier Jahren künstlerische Unterstützung durch zehn Kulturagenten. Die Kulturagenten werden dabei gemeinschaftlich mit Schülern, Lehrern, Künstlern und Kulturinstitutionen ein fächerübergreifendes Angebot der Kulturellen Bildung entwickeln. Dabei sollen auch langfristige Kooperationen zwischen Schulen und Kunst- und Kulturinstitutionen aufgebaut werden, mit dem Ziel möglichst viele Kinder und Jugendliche, die nur in geringem Maße Zugang zu Kunst und Kultur haben, nachhaltig für Kultur und Kunst zu interessieren und damit auch die Persönlichkeitsentwicklung positiv zu fördern: Partizipation an Kunst und Kultur soll so fester Bestandteil im Alltag von Kindern und Jugendlichen, den künftigen Akteuren und Teilnehmern kultureller Öffentlichkeit, werden.

21.9. Berlin Nach einer Umfrage des *Zentrums für Kulturforschung* im Auftrag der *Deutschen Orchestervereinigung* gingen in der vergangenen Saison 44 Prozent der Bevölkerung mindestens einmal in eine Oper oder ein klassisches Konzert, sechs Jahre zuvor waren es nur 42 Prozent, 1994 noch 50 Prozent.

21.–24.9. Bremen Der 81. Deutsche Archivtag steht unter dem Rahmenthema »Alles was Recht ist. Archivistische Fragen – juristische Antworten«. In mehreren Sektionen wird das Thema bearbeitet.

22.09. Berlin Erstmals hält ein Oberhaupt einer religiösen Gemeinschaft eine Rede vor dem *Deutschen Bundestag*. Papst Benedikt referiert dort über die Grundlagen des Rechts und der Staatsentwicklung. Im Vorfeld gab es Kritik an der Einladung, viele Abgeordnete insbesondere der *Linken* blieben der Veranstaltung fern.

26.9. Jerusalem Das *Israel-Museum* stellt fünf Fragmente der Qumran-Rollen ins Internet. Sie sind die ältesten bekannten Handschriften der Bibel, die älteste stammt aus dem 3. Jahrhundert vor Christus.

28.9. Berlin Kulturstaatsminister Neumann würdigt den *Deutschen Kulturrat* an seinem 30. Geburtstag als »Vorreiter einer alle Länder und alle partikularen Interessen übergreifenden Sicht auf die Kultur – in einer Zeit, in der das Wort ›Bundeskulturpolitik‹ allenfalls hinter vorgehaltener Hand genutzt wurde«. Auf der gleichen Veranstaltung zeichnet der *Deutsche Kulturrat* den Theologen Wolfgang Huber mit dem »Kulturgroschen 2011« für die Intensivierung des Dialogs zwischen dem Kulturbereich und der *Evangelischen Kirche* aus.

29.9. Köln Nach der »Theaterstatistik 2009/2010« des *Deutschen Bühnenvereins* sind im Wesentlichen die wirtschaftlichen Rahmendaten bei den öffentlich getragenen deutschen Theatern und Orchestern in der Spielzeit 2009/2010 stabil geblieben. Die Besuchszahlen sind leicht gesunken (um 2,7 % auf 18,8 Mio. Besucher) wobei das Kinder- und Jugendtheater und das Figurentheater Zuwächse verzeichnen konnten. Die öffentlichen Zuschüsse betrugen 2,2 Mrd., die Eigeneinnahmen 484 Mio. Euro. Die Anzahl der Veranstaltungen hat sich von 65 508 auf 64 908 leicht verringert. (→ 6.-23.5., 1.8., 26.8., 8.9., 4.10., 5.11., 14.11.)

Oktober

2.10. Köln Bei der Verleihung des »Deutschen Fernsehpreises« erhält die *ARD* elf der 18 Auszeichnungen, unter anderem für den besten Fernsehfilm (»Homevideo«), die beste Serie (»Weissensee«) und die beste Unterhaltung (»Eurovision Song Contest 2011«). Als beste Schauspielerin wird Nina Kunzendorf für »In aller Stille«, als bester Schauspieler Jörg Hartmann (»Weissensee«) ausgezeichnet. Der beste Mehrteiler wurde vom Sender *RTL* produziert (»Hindenburg«), der auch für die beste Sportsendung ausgezeichnet wird (»RTL-Boxen: Klitschko vs. Haye – Der Kampf«). Die beste Dokumentation kam vom *ZDF* (»Wärst du lieber tot?«). Joachim Fuchsberger bekommt den »Ehrenpreis der Stifter«. (→ 10.2., 1.4., 19.11.)

2.10. Berlin Den »Echo-Klassikpreis« der *Deutschen Phonoakademie* als »Sänger des Jahres« erhält Thomas Hampson, den als »Sängerin des Jahres« Simone Kermes. Als »Instrumentalisten des Jahres« werden unter anderem Teodoro Anzellotti (Akkordeon), Frank Bungarten (Gitarre) und Murray Perahia (Klavier), als »Dirigent des Jahres« Andris Nelsons und als »Orchester des Jahres – Neue Musik« das Hagen Quartett ausgezeichnet. Den »Sonderpreis für soziales Engagement« erhält José Antonio Abreu. Als »Bestseller des Jahres« wird Lang Lang für »Live In Vienna« ausgezeichnet. Insgesamt gab es »Echos« in 60 Kategorien. (→ 13.2., 24.3., 30.8.)

4.10. Berlin In der Kritikerumfrage der Zeitschrift *Opernwelt* hat die *Oper Frankfurt* drei Auszeichnungen errungen: Zum dritten Mal in Folge werden die Musiker des Museumsorchesters zum »Orchester des Jahres« gewählt, auch der »beste Sänger des Jahres« ist mit Johannes Martin Kränzle an der Oper und wie im vergangenen Jahr bleiben die *Städtischen Bühnen* das führende Opernhaus in Deutschland. International muss sich Frankfurt nur dem Brüsseler *Théâtre de la Monnaie* geschlagen geben, das zum »Opernhaus des Jahres« gewählt wird. »Regisseur des Jahres« ist Achim Freyer, der »Chor des Jahres« kommt aus Stuttgart. (→ 6.-23.5., 1.8., 26.8., 8.9., 29.9., 5.11., 14.11.)

7.10. USA Mit der Internetplattform Art Leaks (http://art-leaks.org), unter anderem gegründet durch die Künstlerkollektive Chto Delat und Société Réaliste, vernetzen sich Künstler, Kunst- und Kulturschaffende, Kunsthistoriker und -auktionäre, um der ausufernden Praxis der Nichtbezahlung von Künstlern zu begegnen.

11.10. Berlin Der Welthunger-Index 2011 der *Welthungerhilfe* und des *International Food Policy Research Institute* unter dem Titel »Herausforderung Hunger: Wie steigende und stark schwankende Nahrungsmittelpreise den Hunger verschärfen« betont, dass Preisschwankungen für Nahrungsmittel den Hunger vergrößern und in 26 Ländern die Hungersituation sehr ernst ist und fordert den Aufbau einer Nahrungsmittelreserve sowie von aktuellen Datenbanken zu den weltweiten Nahrungsmittelmärkten. (→ 13.3., 4.11.)

12.–16.10. Frankfurt am Main Mit mehr als 280 000 Besuchern, 7 400 Ausstellern und 3 200 Veranstaltungen, was eine leichte Steigerung gegenüber dem Vorjahr bedeutet, bleibt die Frankfurter Buchmesse die weltweit größte ihrer Art. Gastland ist Island mit seiner Gegenwartsliteratur. Den »Friedenspreis des Deutschen Buchhandels« bekommt der algerische Schriftsteller Boualem Sansal. Den »Deutschen Buchpreis« 2011 erhält Eugen Ruge für seinen Roman »In Zeiten des abnehmenden Lichts«. (→ 17.-20.3., 28./29.10.)

13.10. Istanbul Außenminister Westerwelle eröffnet die Künstlerakademie *Villa Tarabya* auf dem deutschen Botschaftsgelände in Istanbul, die den Austausch zwischen Künstlern und Kunstschaffenden aus Deutschland und der Türkei intensivieren soll. In der Kritik steht zur Eröffnung die mangelnde Zusammenarbeit zwischen dem *Auswärtigen Amt* und dem *Goethe-Institut*, das die Künstler betreuen soll.

13.10. Köln Der *Deutsche Bühnenverein* kritisiert die verabschiedete Entschädigungsrichtlinie der Bundesregierung für die Kultureinrichtungen wegen einer Frequenzumstellung als völlig unzureichend, da sie die Kosten der notwendigen Anschaffungen von neuen Mikrofonanlagen weitgehend allein den Theatern aufbürdet. Die neue Ausstattung ist erforderlich, da die bisher genutzten Funkfrequenzen durch die Bundesregierung an Mobilfunkanbieter versteigert wurden.

15.10. Bundesgebiet Die internationale Occupy-Bewegung ruft in über 40 Städten zu Demonstrationen gegen die Finanzindustrie u. a. vor dem Sitz der *Europäischen Zentralbank (EZB)* in Frankfurt am Main auf. Organisator der Bewegung ist die Initiative »Echte Demokratie Jetzt«.

15.10. Dresden Das neugestaltete *Militärhistorische Museum der Bundeswehr* wird eröffnet. Die Ausstellung zeigt mit etwa 10 500 Exponaten die dort dokumentierten 700 Jahre deutsche Militärgeschichte als eine Kulturgeschichte der Gewalt. Das frühere *NVA-Museum* war nach einem Entwurf des US-amerikanischen Architekten Daniel Libeskind für 62,5 Mio. Euro umgebaut worden. (→ 22.1., 30.3./1.4., 5.5., 17.5., 13.7., 15.9.)

17./18.10. Wolfsburg Bei der Herbsttagung der *INTHEGA* treffen sich rund 730 Vertreterinnen und Vertreter von Theatern, Veranstaltern und Kommunalverwaltungen und präsentieren ihre Gastspielangebote für die Spielzeit 2012/2013. Erstmals verleiht die *INTHEGA* den Theaterpreis »Neuberin«, der an »Verbrennungen« in der Produktion des *Euro-Studio Landgraf* geht. (→ 9./10.5.)

20.10. Berlin Nach dem Weltbevölkerungsbericht 2011 des *Bevölkerungsfonds der Vereinten Nationen (UNFPA)*, dessen deutsche Fassung in Berlin vorgestellt wird, leben Anfang November 7 Mrd. Menschen auf der Erde. Bis Ende des 21. Jahrhunderts könnte den Schätzung des Berichts zufolge diese Zahl auf 10 Mrd. steigen. Allerdings ist der Trend weltweit sehr unterschiedlich. Während Europa überaltert, verzeichnet das Bevölkerungswachstum in Afrika weiterhin die größte Dynamik. Dort ist das Wachstum doppelt so hoch wie in Asien. Nach dem ebenfalls am gleichen Tag vorgestellten Demografiebericht der Bundesregierung verliert Deutschland bis 2060 bis zu 17 Mio. Einwohner. Jeder Dritte wird dann mindestens 65 Jahre alt sein, heute ist es jeder Fünfte. Die neuen Länder werden besonders stark vom Bevölkerungsrückgang betroffen sein. Dort leben in 50 Jahren voraussichtlich ein Drittel weniger Menschen als heute.

20.10. München Die Datenbank www.gdk-research.de wird freigeschaltet. »GDK Research« versteht sich als bildbasierte Forschungsplattform zu den »Großen Deutschen Kunstausstellungen«, die 1937 bis 1944 im *Haus der Deutschen Kunst* in München gezeigt wurden, während parallel die Ausstellung »Entartete Kunst« stattfand. Sie sollten als »Leistungsschau« die Erfolge der NS-Kunstpolitik veranschaulichen.

20.10. Oviedo Ricardo Muti erhält den spanischen »Prinz-von-Asturien-Preis« 2011 in der Kategorie »Kunst«. In der Kategorie »Geisteswissenschaft und Literatur« geht der Preis an den kanadischen Sänger und Musiker Leonhard Cohen, in der Kategorie »Kommunikation und Humanwissenschaften« an die *Royal Society*, in der Kategorie »Sozialwissenschaften« an den Amerikaner Howard Gardner, in der Kategorie »Eintracht« an die »Helden von Fukushima« (repräsentiert durch *TEPCO*-Mitarbeiter, Feuerwehr und die japanische Armee). Weitere Preisträger 2011 sind unter anderem Bill Drayton (»Internationale Zusammenarbeit«) und Joseph Altman, Arturo Álvarez-Buylla und Giacomo Rizzolatti (»wissenschaftliche und technische Forschung«). Der Preis ist mit je 50 000 Euro dotiert.

20./21.10. Pforzheim In der 139. Sitzung des *Kulturausschusses des Deutschen Städtetages* stehen die folgenden Themen im Zentrum: die Kulturelle Infrastruktur und die Bürgerproteste, das Kulturfördergesetz Nordrhein-Westfalens und die Vertragsgestaltung der *Deutschen Digitalen Bibliothek* sowie das Positionspapier zum Städtetourismus des *DST* und die Neukonzeption der Kulturstatistik durch das *Statistische Bundesamt*. (→ 14./15.4.)

20./21.10. Berlin Die 335. Plenarsitzung der *Kultusministerkonferenz* beschäftigt sich vor allem mit der Umsetzung des Europäischen Qualifikationsrahmens (WQR) in Deutschland und dem Dialog der *KMK* mit den Migrantenverbänden. (→ 10./11.3., 9./10.6., 8.12.)

21.–23.10. Erfurt Vier Jahre nach ihrem Zusammenschluss gibt sich die Partei *Die Linke* erstmals ein Grundsatzprogramm. Die Parteitagsdelegierten stimmen mit 503 gegen 4 Stimmen bei 12 Enthaltungen einem Entwurf zu. Beim späteren Mitgliederentscheid bestätigen knapp 96 Prozent das Programm. Es enthält auch einen, relativ kurzen Abschnitt »Kultur für eine gerechte und dialogfähige Gesellschaft«, in dem sich für die öffentliche Kulturförderung und gegen eine weitere Liberalisierung, Privatisierung und Kommerzialisierung kultureller Leistungen ausgesprochen wird.

24.10. Stuttgart Die 79 Mio. Euro teure neue *Stadtbibliothek am Mailänder Platz* wird als erster Großbau des neuen Europaviertels eröffnet. 18 600 m², verteilt auf neun Ebenen, bieten einer halben Mio. Büchern und prognostizierten 1,2 Mio. jährlichen Besuchern Platz. Etwa 200 Veranstaltungen pro Jahr sollen hier stattfinden.

24.10. Berlin Der zum zwölften Mal vom *Deutschen Bibliotheksverband* und der *ZEIT-Stiftung* verliehene, mit 30 000 Euro dotierte Preis »Bibliothek des Jahres« 2011 geht an die *Anton-Saefkow-Bibliothek Berlin-Lichtenberg* insbesondere für das ganzheitliche Konzept, mit dem sich die Bibliothek überzeugend als verlässlicher Netzwerkpartner einer Vielzahl von Bildungs- und Freizeitstätten im Berliner Bezirk Lichtenberg profiliert.

25.10. Berlin An der *Berliner Humboldt Universität* wird das *Alexander von Humboldt Institut für Internet und Gesellschaft* eröffnet, das die vom Internet ausgehenden Veränderungen der Gesellschaft untersuchen soll. Gründungsgesellschafter des Instituts sind die *Humboldt-Universität zu Berlin*, die *Universität der Künste Berlin* sowie das *Wissenschaftszentrum Berlin für Sozialforschung*. Das Hamburger *Hans-Bredow-Institut* ist integrierter Kooperationspartner. Finanziell gefördert wird das neue Institut in den nächsten drei Jahren mit 4,5 Mio. Euro primär durch den Internet-Konzern Google, der versichert, keinen Einfluss auf die Forschungstätigkeit und die Ausrichtung des Instituts ausüben zu wollen. (→ 23.3.)

27.10. Köln Im Kölner Kunstfälscherprozess hat das Landgericht gegen die vier Angeklagten mehrjährige Haftstrafen verhängt. Gemeinsam hatten sie die vom Hauptangeklagten Wolfgang Beltracchi geschaffenen Gemälde unter den Namen bedeutender Künstler der Moderne auf den Kunstmarkt geschleust. Beltracchi erhielt eine Haftstrafe von sechs Jahren. Es handelte sich um fast 60 bislang bekannt gewordene vermeintliche oder verschollene Werke von Avantgardekünstlern des beginnenden 20. Jahrhunderts wie Heinrich Campendonk, Max Ernst, Max Pechstein, die mit gefälschten Expertisen auch bei renommierten Auktionshäusern verkauft wurden. Der Gesamtschaden wird auf insgesamt 80 Mio. Euro beziffert. Bekannte Kunstkritiker und Gutachter hatten die Echtheit der Werke bezeugt.

27.10. Berlin Als »Kulturmarke des Jahres« wird das *Wiener Burgtheater* ausgezeichnet, als Kulturinvestor des Jahres die Kulturabteilung der *Bayer AG*, als »Kulturmanager des Jahres« Jürgen Bachmann, Kulturreferent der *Audi AG*, und als »Trendmarke des Jahres« das *»PODIUM-Festival«* Esslingen sowie als »Stadtmarke des Jahres« die *KulTourStadt Gotha*. In der erstmalig ausgeschriebenen Kategorie »Förderverein des Jahres 2011« werden die »Museumslöwen« des *Museums für Natur Gotha* geehrt.

28./29.10. Darmstadt Auf der Herbsttagung der *Deutschen Akademie für Sprache und Dichtung* wird als Nachfolger von Klaus Reichert der Germanist und Skandinavist Heinrich Detering zum neuen Präsidenten gewählt. Der »Georg-Büchner-Preis« geht in diesem Jahr an Friedrich Christian Delius, der »Johann-Heinrich-Merck-Preis für literarische Kritik und Essay« an den Schriftsteller Günter de Bruyn und der »Sigmund-Freud-Preis für wissenschaftliche Prosa« an den Historiker Arnold Esch. (→ 17.- 20.3., 12.-16.10.)

November

2.11. Paris Auf die Pariser Satirezeitschrift *Charlie Hebdo* wird ein religiös motivierter Brandanschlag verübt. Hintergrund ist eine Karikatur Mohammeds mittels derer die Redakteure der Zeitschrift die Einführung der Sharia in Libyen und Tunesien einerseits und die Ankündigung Tunesiens, die Demokratie einführen zu wollen, satirisch kommentierten. Die Redaktion gibt als Reaktion die Zeitschrift nun unter dem Namen *Charia Hebdo* mit Mohammed als Chefredakteur heraus.

4.11. New York Der »Bericht über die menschliche Entwicklung für das Jahr 2011« weist unter anderem darauf hin, dass der spürbare Klimawandel eine der größten Gefahren für die menschliche Entwicklung darstellt. Schon jetzt ist der klimatische Wandel eine besondere Bedrohung für die klassischen Armutsregionen in den Ländern Afrikas südlich der Sahara und dem südostasiatischen und pazifischen Raum. Die zehn Länder mit dem höchsten Human Development Index (HDI) im Jahr 2011 sind Norwegen, Australien, die Niederlande, die USA, Neuseeland, Kanada, Irland, Liechtenstein, Deutschland und Schweden. Am unteren Ende der Liste stehen die Demokratische Republik Kongo, Niger und Burundi. (→ 13.3., 11.10., 28.11., 31.12.)

5.11. Frankfurt am Main Bei der sechsten Verleihung des Deutschen Theaterpreises »Faust« wird Stephan Kimmig für seine Inszenierung am *Deutschen Theater Berlin* von Maxim Gorkis »Kinder der Sonne« für die beste Schauspielregie 2011 geehrt, für die beste Regie am Musiktheater Benedikt von Peter für »Intolleranze 1960« an der *Staatsoper Hannover*. Als bester Darsteller bekommt Martin Wuttke für seine Rolle als Dr. Jacques Duval in »Schmeiß dein Ego weg!« an der *Volksbühne Berlin* einen »Faust«. Den »Faust« für sein Lebenswerk erhält Wolfgang Engel für seine Verdienste um das Theater. Insgesamt wurde in zehn Kategorien der »Bühnenoscar« verliehen. (→ 6.-23.5., 1.8., 26.8., 8.9., 29.9., 4.10., 14.11.)

10.11. Wiesbaden Der jährlich verliehene Medien- und Fernsehpreis »Bambi« der *Hubert Burda Media* geht unter anderem an Helmut Schmidt, Thomas Gottschalk und Justin Bieber. Schon vor der Verleihung hatte die Nachricht, dass der Rapper Bushido, der eher wegen seiner obszönen und sexistischen Texte bekannt ist, einen »Bambi« für Integration bekommen sollte, Protest ausgelöst. Heino gibt daraufhin seinen »Bambi« zurück.

10.11. Kyoto Der »Kyoto-Preis« für überragende Leistungen in Wissenschaft und Kunst geht in diesem Jahr an den US-Amerikaner John Werner Cahn (Materialwissenschaften), den russischen Astrophysiker Rashid Alievich Sunyaev und den japanischen Kabuki-Schauspieler Tamasaburo Bando V. Das Preisgeld beträgt etwa 364 000 Euro je Kategorie und gilt in den Disziplinen, in denen kein »Nobelpreis« verliehen wird, als die bedeutendste Auszeichnung.

14.11. Wien Mit dem »Nestroy-Preis« 2011 ehrt Österreich unter anderem Andrea Breth für die beste Regie, (»Zwischenfälle«, *Akademietheater*), Michael Thalheimer für die beste deutschsprachige Theaterproduktion (»Die Weber«, *Deutsches Theater Berlin*), Peter Handke für das beste Theaterstück (»Immer noch Sturm«, *Salzburger Festspiele*) und Peter Turrini (Lebenswerk). (→ 6.–23.5., 1.8., 26.8., 8.9., 29.9., 4.10., 5.11.)

16.11. Bonn Die Organisatoren des »Umsonst und Draußen«-Festivals »Rheinkultur« verkünden das »Aus« der jährlich im Juli in den Bonner Rheinauen stattfindenden Veranstaltung. »Rheinkultur« bot 29 Jahre lang auf einem mehrtägigen Festival insbesondere jungen Nachwuchsmusikern aus der Rock-, Pop-, Hip-Hop- und Rap-Szene ein öffentliches Experimentier- und Veranstaltungs-Podium für ihre Musik und zog damit jährlich hunderttausende junge Menschen nach Bonn.

16.11. Straßburg Der Film »Les neiges du Kilimandjaro« von Robert Guédiguian gewinnt den »LUX-Filmpreis« 2011 des Europäischen Parlaments. Er hinterfragt Ungerechtigkeiten moderner Gesellschaften sowie deren politische und Gewerkschaftskämpfe, während er gleichzeitig für Toleranz plädiert. Der mit 90 000 Euro dotierte Preis dient zur Untertitelung des prämierten Films in den 23 Amtssprachen der Europäischen Union. (→ 10.–20.2., 14.2., 28.2., 8.4., 11.–22.5., 3.–13.8., 31.8.–11.9., 3.12.)

19.11. Baden-Baden Mit »Homevideo« gewinnt eine Gemeinschaftsproduktion von *NDR*, *BR* und *ARTE* den »Fernsehfilmpreis« der *Deutschen Akademie der Darstellenden Künste* sowie den »3sat-Zuschauerpreis«. Mit einem »Sonderpreis für seine herausragende schauspielerische Leistung« wird Matthias Brandt für seine Rolle im »Polizeiruf 110 – Denn sie wissen nicht, was sie tun« (*BR*) geehrt. Mit dem »Hans Abich Preis« für »besondere Verdienste im Bereich Fernsehfilm« wird Senta Berger geehrt. Der Nachwuchspreis »MFG-Star Baden-Baden« geht an David Wendt für die Milieustudie »Kriegerin« (*ZDF*). (→ 1.4., 4.10.,)

21.11. Berlin Der europäische »Forschungspreis« 2011 geht an den Historiker Michael Borgolte. Der Wissenschaftler lehrt an der *Humboldt-Universität zu Berlin*. Der Europäische Forschungsrat hat den »ERC Advanced Grant« für Borgoltes Projekt »Foundations in medieval societies. Cross-cultural comparisons« vergeben. Der Preis ist mit 2,5 Mio. Euro für fünf Jahre dotiert, der Historiker will damit seine Forschungen zum mittelalterlichen Stiftungswesen finanzieren.

22.11. Berlin Berlins Regierender Bürgermeister Klaus Wowereit hat den Neubau einer Zentral- und Landesbibliothek zum wichtigsten kulturpolitischen Projekt der nächsten Legislaturperiode ausgegeben. Es sollen 270 Mio. Euro auf dem Areal des ehemaligen Flughafengeländes in Tempelhof investiert werden. 2012 soll ein Bauwettbewerb ausgelobt werden, die Fertigstellung ist für 2021 geplant.

23.11. Berlin Neuer Präsident des *Deutschen Historischen Museums (DHM)* Berlin wird Prof. Dr. Alexander Koch. Das 1987 von dem damaligen Bundeskanzler Helmut Kohl initiierte *Deutsche Historische Museum* gehört zu den meist besuchten Museen Berlins. Es wird mit rund 19,2 Mio. Euro jährlich vollständig aus dem Etat des Kulturstaatsministers finanziert. Die im Juni 2006 eröffnete Ständige Ausstellung im Zeughaus zeigt auf 8 000 m² Geschichte vom 1. Jahrhundert vor Christus bis heute. Seit der Eröffnung der neuen Ausstellungshalle (Pei-Bau) im Mai 2003 kamen rund 5,7 Mio. Besucher aus aller Welt.

24.11. Luxemburg Der *Europäische Gerichtshof (EuGH)* entscheidet, dass Internetprovider in der EU nicht dazu verpflichtet werden dürfen, mithilfe von Filtern den illegalen Austausch von Musik- und Filmdateien zu kontrollieren.

25.11. Berlin Der Deutsche Bundestag beschließt den Haushalt für 2012, in dem Ausgaben von 306,2 Mrd. Euro vorgesehen sind. Der Etat von Kulturstaatsminister Bernd Neumann wird um zusätzlich 50 Mio. Euro erhöht, die einem Kulturinvestitionsprogramm zugute kommen. Ein Schwerpunkt ist dabei ein neues (drittes) Denkmalschutzsonderprogramm. Hiermit kann gemeinsam mit Unterstützung der Länder die erfolgreiche Sanierung kultureller Infrastrukturen auch in der Fläche fortgesetzt werden. Damit erhöht sich der Kulturhaushalt, der im Regierungsentwurf 2012 schon eine leichte Steigerung von rund ein Prozent vorsah, gegenüber dem Vorjahr um 5,1 Prozent.

26.11. Bedburg Der erste, mit 6 000 Euro dotierte »Joseph-Beuys-Preis für Forschung« wird auf *Schloss Moyland* an die Berliner Theaterwissenschaftlerin und Dramaturgin Barbara Gronau verliehen. Sie zeige, dass nicht Teile des Werks beschrieben werden sollten, sondern die Einrichtung als Ganzes den Besucher Teil des Werks werden lasse.

22.–29.11. Bali Neu in die *UNESCO*-Liste des immateriellen Kulturerbes sind in diesem Jahr u. a. der Fado aus Portugal, die Mariachi-Musik aus Mexiko, das chinesische Schattentheater und die traditionelle französische Reitkunst aufgenommen worden. Insgesamt 19 gelebte Traditionen wurden auf der 6. Tagung des *UNESCO*-Komitees zur Erhaltung des immateriellen Kulturerbes ausgewählt. (→ 1.3., 6.6., 19.–29.6., 23./24.6.)

28.11. Berlin/Essen Die Essener *Stiftung Mercator* und das *Potsdam-Institut für Klimafolgenforschung* gründen gemeinsam ein neues Forschungs- und Politikberatungsinstitut. Das *Mercator Institute on Global Commons and Climate Change* wird seinen Sitz in Berlin haben. Interdisziplinäre Expertengruppen sollen hier zu Fragen der nachhaltigen Entwicklung sowie zu den Folgen von Wachstum und Wohlstand forschen. Ein besonderer Fokus liegt dabei auf der Vermeidung des Klimawandels. (→ 4.11., 31.12.)

30.11. Leipzig Das *Bundesverwaltungsgericht* weist die Klage eines Berliner Gymnasiasten, der außerhalb des Unterrichts, aber in der Schule beten möchte, zurück. Nach Ansicht der Richter sei er aufgrund der im Grundgesetz garantierten Glaubensfreiheit dazu zwar prinzipiell berechtigt, aber es bestehe die Gefahr, dass der Schulfriede erheblich gestört würde. Das *Berliner Verwaltungsgericht* hatte vorinstanzlich festgestellt, der Schüler könne sich auf das Grundrecht der ungestörten Religionsausübung berufen. Das *Berliner Oberverwaltungsgericht* hatte 2010 jedoch entschieden, es sei dem Schüler zuzumuten, zwei der fünf vorgeschriebenen Gebete zu einem zusammenzuziehen und dieses außerhalb des Schulgeländes zu verrichten.

Dezember

3.12. Berlin Lars von Triers Endzeitdrama »Melancholia« ist der Gewinner des 24. »Europäischen Filmpreises«. Er wurde mit dem »Hauptpreis« sowie in den Sparten »Szenenbild« und »Kamera« ausgezeichnet. Das britische Historiendrama »The King's Speech« von Regisseur Tom Hooper wurde mit drei Preisen geehrt. Der deutsche Regisseur Wim Wenders erhielt mit seiner 3D-Tanz-Hommage »Pina« den »Preis für die beste Dokumentation«. (→ 10.–20.2., 14.2., 28.2., 8.4., 11.–22.5., 3.–13.8., 31.8.–11.9., 16.11.)

8.12. Berlin Bei der 336. Plenarsitzung der *Kultusministerkonferenz* wird u. a. als Schwerpunktthema für den Bildungsbericht 2014 »Menschen mit Behinderung« festgelegt und die Grundlagen für einen Ländervergleich in Mathematik und den Naturwissenschaften vereinbart. Senator Ties Rabe aus Hamburg übernimmt 2012 die Präsidentschaft der *KMK*. Vizepräsidenten sind die Minister Stephan Dorgerloh (Sachsen-Anhalt), Sylvia Löhrmann (Nordrhein-Westfalen) und Bernd Althusmann (Niedersachsen). (→ 10./11.3., 9./10.6., 20./21.10.)

10.12. Oslo/Stockholm In diesem Jahr wird der »Friedensnobelpreis« an drei Frauen- und Menschenrechtlerinnen überreicht. Leymah Roberta Gbowee und Ellen Johnson-Sirleaf aus Liberia sowie Tawakkul Karman aus dem Jemen nehmen die Würdigung im norwegischen Oslo entgegen. Der Literatur-Nobelpreis 2011 geht an den schwedischen Dichter Tomas Tranströmer.

16.12. Wiesbaden Die *Gesellschaft für deutsche Sprache* wählt den Begriff »Stresstest« zum »Wort des Jahres 2011«. Das Wort habe politische, wirtschaftliche und gesamtgesellschaftliche Relevanz erlangt, heißt es zur Begründung. Die nächsten Plätze belegen das Verb »hebeln« und »Arabellion«. (→ 18.1.)

22.12. Madrid Minister für Bildung, Kultur und Sport im Kabinett des neuen spanischen Ministerpräsidenten Mariano Rajoy wird der Soziologe José Ignacio Wert.

31.12. Bundesgebiet Auch 2011 liegt *RTL* in der Zuschauergunst mit 14,1 Prozent Marktanteil vor der *ARD* (12,4%) und dem *ZDF* (12,1%). *Sat.1* sichert sich einen Marktanteil von 10,6 Prozent – vor allem durch die Übertragung der Champions-League. Auf den Plätzen folgen *Vox* (7,3%) und *kabel eins* (6,1%).

31.12. New York/London/Berlin Das teuerste Kunstwerk bei internationalen Auktionen 2011 war Qi Baishis »Adler auf einer Kiefer« von 1946 mit Zuschlag bei knapp 57 Mio. Dollar. Auf den Plätzen folgen Clyfford Stills »1949-A-No. 1« (1949/55 Mio. Dollar), Roy Lichtensteins »I can see the Whole Room! (...)« (1961/38,5 Mio. Dollar), Francesco Guardis »Ansicht der Rialtobrücke in Venedig« (1768/38,2 Mio. Dollar) und Pablo Picassos »La Lecture« (1932/36,3 Mio. Dollar). Insgesamt lag das Preisniveau deutlich unter dem von 2010. Bei deutschen Auktionen 2011 waren Max Pechsteins »Weib mit Inder auf Teppich/Früchte II« von

279

1910 mit Zuschlag bei 2,9 Mio. Euro vor Raden Salehs »In letzter Not« von 1842 (1,6 Mio. Euro) und Emil Noldes »Sonnenblumen im Abendlicht« von 1943 (1,2 Mi. Euro) die teuersten Bilder. Es folgen Wassily Kandinskys »Ringsum« (1924/1,05 Mio. Euro), Max Beckmanns »Elefant und Clown im Stall« (1944/1 Mio. Euro) sowie ein Tisch und eine Vase aus der Qianlong-Periode in China mit ebenfalls jeweils 1 Mio. Euro.

31.12. Hamburg Auf der Jahresbestsellerliste 2011 von *Buchreport* und *Spiegel* liegt bei den belletristischen Titeln Jussi Adler-Olsen mit »Erlösung« auf Platz 1 und mit »Schändung« auf Platz 4. Auf Platz 2 kommt Christopher Paolini mit »Eragon – Das Erbe der Macht«, gefolgt von Charlotte Roche mit »Schoßgebete«. Simon Becketts »Verwesung« (5) steht vor Dora Heldt (»Bei Hitze ist es wenigstens nicht kalt«), die mit »Kein Wort zu Papa« (14) noch ein zweites Buch in die Top-20 bringt. Weitere Platzierungen sind Eugen Ruges »In Zeiten des abnehmenden Lichts« (7), Jonas Jonassons »Der Hundertjährige, der aus dem Fenster stieg und verschwand« (8), Horst Evers' »Für Eile fehlt mir die Zeit« (9) und Volker Klüpfel/Michael Kobr mit »Schutzpatron« (10).
Bei den Sachbüchern steht »Steve Jobs« von Walter Isaacson vor Dieter Nuhrs »Der ultimative Ratgeber für alles« und Heribert Schwans »Die Frau an seiner Seite – Leben und Leiden der Hannelore Kohl« an der Spitze. Walter Kohl mit »Leben oder gelebt werden«, Gaby Köster »Ein Schnupfen hätte auch gereicht«, Joachim Fuchsberger »Altwerden ist nichts für Feiglinge« und Richard David Precht »Wer bin ich – und wenn ja, wie viele« belegen die folgenden Plätze. Weiter unter den meistverkauften 10 Sachbüchern sind Margot Käßmanns »Sehnsucht nach Leben« (8), Philipp Lahm mit Christian Seiler »Der feine Unterschied« (9) und Thilo Sarrazins »Deutschland schafft sich ab« (10), das 2010 noch an der Spitze stand.

31.12. München Laut Katastrophenbilanz der *Münchener Rückversicherungs-Gesellschaft AG* war das Jahr 2011 ein Jahr der negativen Superlative: das Erdbeben und der Tsunami in Japan als die teuerste Naturkatastrophe der Welt, die schlimmsten Überschwemmungen in Thailand seit einem halben Jahrhundert und das verheerendste Tornadojahr der Geschichte. Das Volumen des bislang schadenträchtigsten Jahres 2007 wird um gut zwei Drittel übertroffen. Insgesamt gab es Schäden in Höhe von 380 Mrd. Dollar. Die Zahl der Naturereignisse entsprach mit 820 etwa dem Schnitt der vergangenen Jahre, die einzelnen Schäden aber lagen deutlich darüber. Die Zahl der Todesopfer war mit 27 000 erheblich geringer als 2010 (296 000), da vor allem Industrieländer betroffen waren, bei denen die Sicherungen für Privatpersonen deutlich besser sind als in ärmeren Staaten. (→ 4.11., 28.11.)

31.12. Berlin Mit 129,6 Mio. Kinobesuche sind diese nach der Jahresstatistik der *Filmförderungsanstalt (FFA)* gegenüber dem Vorjahr um 2,3 Prozent gestiegen. Die deutschen Kinos verzeichnen damit das zweitbeste Ergebnis in den letzten fünf Jahren. Die Besucher deutscher Filme sind gegenüber 2010 um 7 Mio. auf 27,9 Mio. gestiegen und hatten einen Marktanteil von knapp 22 Prozent. Unter den 34 Filmen mit mehr als 1 Mio. Besuchern waren diesmal acht deutsche Produktionen (2010: fünf). »Kokowääh« mit 4,3 Mio. Besuchen lag dabei an dritter Stelle hinter »Harry Potter und die Heiligtümer des Todes« (6,5 Mio.) und »Pirates of the Caribbean – Fremde Gezeiten« (4,4 Mio.). Insgesamt liefen in den Kinos 532 Erstaufführungen (2010: 507). (→10.2., 4.10., 19.11.)

Bibliografie kulturpolitischer Neuerscheinungen 2011

Bei dieser Bibliografie deutschsprachiger Neuerscheinungen aus dem Jahr 2011 handelt es sich um einen Auszug aus der für das *Kulturpolitische Informationssystem* (»*kis*«) vom *Institut für Kulturpolitik* der *Kulturpolitischen Gesellschaft* erstellten Datenbank. In diese werden Bücher und Broschüren, Aufsätze aus Sammelbänden und Losblattwerken sowie Zeitschriftenbeiträge aufgenommen. Darüber hinaus werden ausgewählte Bundestags- und Landtagsdrucksachen zum Themenfeld erfasst sowie »graue« Literatur aufgeführt, soweit sie uns zugänglich ist. Buchbesprechungen und Artikel aus Zeitungen finden nur in Ausnahmefällen Aufnahme.

Die ausführliche kumulierte Bibliografie-Datenbank des »kis« ist online zugänglich unter www.kupoge.de/bibliografie.html.

Gegenstand der Bibliografie sind Literatur zur Kulturpolitik und zu kulturpolitischen Praxisfeldern. Insgesamt ist für die Aufnahme eines Eintrags der kulturpolitische Themenbezug ausschlaggebend. Wie in den Vorjahren mussten in der hier publizierten Bibliografie aus Platzgründen einige Einschränkungen vorgenommen werden: In der Druckfassung weggelassen wurden die meisten Artikel mit geringem Seitenumfang. Zudem wurde auf die Rubrik »Medien« verzichtet. Neu hinzugekommen ist dagegen die Rubrik »Netzwelt«, die Nachweise zum Themenfeld »Kultur und digitale Gesellschaft« erfasst.

Jede bibliografische Angabe ist in der Regel nur einmal aufgeführt, einzelne Beiträge aus ebenfalls aufgenommenen Sammelbänden sind nur dann berücksichtigt, wenn sie einer anderen Rubrik als der des Sammelbandes zuzuweisen waren.

Den Rubriken voran stehen jeweils einschlägige Fachzeitschriften, wobei diese nur einen Teil der für die Bibliografie laufend ausgewerteten Titel umfassen. Die Liste der ausgewerteten Fachzeitschriften beinhaltet über hundert Titel, darunter auch soziologische, allgemeinpolitische, Rechts- und Verwaltungszeitschriften.

In den Kulturpolitischen Mitteilungen, der Zeitschrift für Kulturpolitik der *Kulturpolitischen Gesellschaft*, erscheint viermal im Jahr ebenfalls ein aktueller Auszug mit Neuerscheinungen aus dem Berichtszeitraum. Hier werden auch in jedem Heft Buchneuerscheinungen vorgestellt und rezensiert.

1	Kultur und Gesellschaft – Kulturverständnis – Kulturwissenschaft		5	Kulturpolitische Praxisfelder
			5.1	Theater
2	Kulturpolitik		5.1.1	Allgemein
2.1	Grundlagen		5.1.2	Theaterstruktur, Theaterfinanzierung
2.2	Kommunale Kulturpolitik		5.1.3	Kinder- und Jugendtheater, Theaterpädagogik
2.2.1	Allgemein		5.1.4	Freies Theater
2.2.2	Einzelne Städte		5.2	Musik
2.3	Regionale Kulturpolitik		5.2.1	Allgemein
2.4	Kulturpolitik der Länder		5.2.2	Musikpädagogik
2.5	Kulturpolitik auf Bundesebene		5.2.3	Musikschulen und Musikhochschulen
2.5.1	Allgemein		5.3	Bildende Kunst
2.5.2	Einzelne Felder		5.3.1	Allgemein
2.5.2.1	Urheberrecht, Folgerecht, Verwertung		5.3.2	Kunstpädagogik
2.5.2.2	Künstlersozialversicherung		5.4	Museum und Ausstellungen
2.5.2.3	Steuerrecht und andere rechtliche Regelungen		5.4.1	Allgemein
			5.4.2	Museumspädagogik, Kindermuseen
2.5.2.4	Auswärtige Kulturpolitik allgemein		5.5	Kunst im öffentlichen Raum, Straßenkunst
2.5.2.5	Kulturgüterschutz, Beutekunst, Restitution etc.		5.6	Kulturelles Erbe
			5.6.1	Kulturelles Erbe allgemein
2.6	Kulturförderung, Kulturfinanzierung		5.6.2	Denkmäler, Denkmalschutz
2.6.1	Allgemein		5.6.3	Erinnerungskultur, Mahn- und Denkmale
2.6.2	Öffentliche Kulturförderung und Kulturausgaben		5.7	Literatur und Bibliothek
			5.7.1	Literatur und Bibliothek allgemein
2.6.3	Private Kulturfinanzierung, Sponsoring, Mäzenatentum, Stiftungen		5.7.2	Bibliotheken
			5.7.3	Leseförderung, Leseforschung, Literaturförderung
2.7	Kulturmanagement			
2.8	Qualitätsmessung, Evaluation, Nutzerforschung		5.8	Volkshochschulen, kulturelle Erwachsenenbildung
2.9	Kultur und Ökonomie – Kulturwirtschaft – Kultur und Arbeit		5.9	Soziokultur und soziokulturelle Praxisfelder
			5.10	Kulturpädagogik, kulturelle Bildung, ästhetische Erziehung
2.10	Demografie			
2.11	Kulturentwicklungsplanung		5.11	Archive
			5.12	Baukultur
3	Kulturpolitische Positionen von Parteien und Verbänden			
			6	Weitere kulturpolitische Themen und Felder
4	Europäische und internationale Kulturpolitik			
			6.1	Interkulturelle Kulturarbeit
4.1	Allgemein		6.2	Kultur und Nachhaltigkeit
4.2	Kulturpolitik der EU		6.3	Events, Festivals, Freizeitkultur, Tourismus
4.3	Überstaatliche Organisationen		6.4	Kultur und Kunst als Beruf
4.4	Kulturpolitik in anderen Ländern		6.5	Bürgerschaftliches Engagement, Freiwilligenarbeit, Ehrenamt
			6.6	Frauen in Kunst und Kultur
			7	Netzwelt

1 Kultur und Gesellschaft – Kulturverständnis – Kulturwissenschaft

Lettre International. Europas Kulturzeitung, Berlin: Redaktion – Lettre International (viermal im Jahr)

Akbaba, Ülkü: »Kultur Neudenken. Nur wer Teil sein kann, kann auch teilhaben«, in: *Kulturrisse*, Heft 1/2011, S. 50-51

Antweiler, Christoph: *Mensch und Weltkultur. Für einen realistischen Kosmopolitismus im Zeitalter der Globalisierung*, Bielefeld: transcript (Der Mensch im Netz der Kulturen, 10) 2011, 321 S.

Assmann, Aleida: *Einführung in die Kulturwissenschaft. Grundbegriffe, Themen, Fragestellungen*, Berlin: Schmidt (Grundlagen der Anglistik und Amerikanistik, 27) 2011, 264 S., 3., neu bearb. Aufl.

Banz, Claudia (Hrsg.): »Social Design«, Schwerpunktthema, in: *Kunstforum International*, Heft 207 (2011), S. 32-207

Berschin, Helmut: »›Caesar non est supra grammaticos‹. Über den Gemeinspruch: Der Staat soll sich in die Sprache nicht einmischen!«, in: *die politische Meinung*, Heft 504 (2011), S. 19-22

Bourdieu, Pierre: *Kunst und Kultur. Kunst und künstlerisches Feld*, Konstanz: UVK (Bourdieu – Schriften, 12.2) 2011, 450 S.

Dahlem, Franz: »Kunst als Gegenwelt zur absoluten Hoffnungslosigkeit nach dem Krieg. Ein Gespräch mit Jolanda Drexler«, in: *Kunstforum International*, Heft 206 (2011), S. 386-389

»Demokratie und Beteiligung« (Schwerpunktthema), in: *Aus Politik und Zeitgeschichte*, Heft 44-45/2011, 62 S.

Düllo, Thomas: *Kultur als Transformation. Eine Kulturwissenschaft des Performativen und des Crossover*, Bielefeld: transcript (Cultural Studies) 2011, 666 S.

Epstein, Mitch: »Man muß nicht im Inneren des Systems stecken, um die Strukturen der Macht zu erkennen. Ein Gespräch mit Magdalena Kröner«, in: *Kunstforum International*, Heft 206 (2011), S. 250-257

Ermert, Karl/Grünewald-Steiger, Andreas/Dengel, Sabine (Hrsg.): *Was können wir dafür? Über Kultur als gesellschaftliche Instanz*, Wolfenbüttel: Selbstverlag (Wolfenbütteler Akademie-Texte, 47) 2011, 160 S.

Farin, Klaus/Palandt, Ralf (Hrsg.): *Rechtsextremismus, Rassismus und Antisemitismus in Comics*, Berlin: Archiv der Jugendkulturen 2011, 450 S.

Fuchs, Max: »Geschützt oder gefährdet? Zur kulturellen Vielfalt«, in: *politik und kultur (puk)*, Heft 2/2011, S. 1-2

Fuchs, Max: »Kultur und Politik in schwierigen Zeiten«, in: *politik und kultur (puk)*, Heft 6/2011, S. 17-18

Fuchs, Max: *Kunst als kulturelle Praxis. Kunsttheorie und Ästhetik für Kulturpolitik und Pädagogik*, München: kopaed (Kulturelle Bildung) 2011, 202 S.

Fuchs, Max: »Sehnsucht nach Sinn. Kunst, Religion, Kunstreligion«, in: *politik und kultur (puk)*, Heft 1/2011, S. 8

Gebesmair, Andreas: »Die kulturellen Konsequenzen der Globalisierung. Eine produktionsbezogene Perspektive«, in: *Kölner Zeitschrift für Soziologie und Sozialpsychologie*, Sonderheft 51 (2011), S. 169-196

Glaser, Hermann: ›*Ach!*‹. *Leben und Wirken eines Kulturbürgers*, Bonn/Essen: Klartext (Edition Umbruch, 27) 2011, 326 S.

Hamm, Bernd/Smandych, Russell (Hrsg.): *Kulturimperialismus. Aufsätze zur politischen Ökonomie kultureller Herrschaft. Wie unsere Köpfe kolonisiert werden*, Berlin: Kai Homilius 2011, 448 S.

Hansen, Klaus P.: *Kultur und Kulturwissenschaft. Eine Einführung*, Tübingen, Basel: Francke (UTB für Wissenschaft, 1846) 2011, 304 S., 4. vollst. überarb. Aufl.

Hansen, Klaus P.: »Wie das Menschliche zum Kulturellen wird. Der Kulturbegriff aus wissenschaftlicher Sicht«, in: *politik und kultur (puk)*, Heft 1/2011, S. 9

Hessische Vereinigung für Volkskunde e. V. durch Markus Morr (Hrsg.): *Kultur & Politik. Aspekte kulturwissenschaftlicher und kulturpolitischer Spannungsfelder*, Marburg: Jonas (Hessische Blätter für Volks- und Kulturforschung, 47) 2011, 240 S.

Honnefelder, Ludwig: »Das Eigene und das andere: Über unseren Umgang mit der Natur. Zur ›Bewahrung der Schöpfung‹ und zum Selbstverständnis mit ihr«, in: *die politische Meinung*, Heft 6/2011, S. 10-14

Hübl, Michael: »Inside-Out. In welchem Verhältnis stehen die Künstler heute zur allgemeinen Gesellschaft?«, in: *Kunstforum International*, Heft 207 (2011), S. 28-31

Keller, Patrick: »Die 9/11 Generation. Überlegungen anlässlich des Todes Osama bin Ladens«, in: *die politische Meinung*, Heft 9/2011, S. 69-72

Kluge, Alexander: »Sowie wir den Blick scharf stellen, finden wir einen Ausweg. Gespräch mit Alexander Kluge«, in: *das magazin der kulturstiftung des bundes*, Heft 18 (2011), S. 9-10

Köhle-Hezinger, Christel u. a. (Hrsg.): *Alltagskultur: sakral–profan. Ausgewählte Aufsätze*, Münster: Waxmann 2011, 292 S.

Lodermeyer, Peter: »Kunst und Gesellschaft. Welche Kunst? Welche Gesellschaft«, in: *Junge_Kunst*, Heft 89 (4/2011), S. 30-35

Maye, Harun/Scholz, Leander: *Einführung in die Kulturwissenschaft*, München: Fink 2011, 268 S.

Moebius, Stephan/Quadflieg, Dirk (Hrsg.): *Kultur. Theorien der Gegenwart*, Wiesbaden: VS 2011, 785 S., 2., erw. und aktualisierte Aufl.

Pfütze, Hermann: »Die Kunst verschwindet in der Gesellschaft. Die Ausstellung ›2-3 Strassen‹ von Jochen Gerz während der ›Europäischen Kulturhauptstadt‹ Ruhr 2010«, in: *Kunstforum International*, Heft 206 (2011), S. 198-209

Prinz, Sophia/Schäfer, Hilmar/Suber, Daniel (Hrsg.): *Pierre Bourdieu und die Kulturwissenschaften. Zur Aktualität eines undisziplinierten Denkens*, Konstanz: UVK 2011, 400 S.

Radtke, Frank-Olaf: *Kulturen sprechen nicht. Die Politik grenzüberschreitender Dialoge*, Hamburg: Hamburger Edition 2011, 151 S.

Robe, Klaus: »Philosophy meets politics XI«, in: *Kulturnotizen*, Heft 14 (2011), S. 56-61

Romaine, Suzanne: »Träger der Identität. Was uns verloren geht, wenn die Sprachen sterben«, in: *Welt-Sichten*, Heft 10/2011, S. 24-26

Scheer, Udo: »Unfreiwillige Ausgrenzungskultur«, in: *liberal*, Heft 1/2011, S. 76-78

Senocak, Zafer: *Deutschsein. Eine Aufklärungsschrift*, Hamburg: Edition Körber Stiftung 2011, 190 S.

Tomlinson, John: »Supermarkt der Weltdeutungen. Der Austausch zwischen den Kulturen wirkt zugleich befreiend und verunsichernd«, in: *Welt-Sichten*, Heft 10/2011, S. 13–18

Winter, Rainer (Hrsg.): *Die Zukunft der Cultural Studies. Theorie, Kultur und Gesellschaft im 21. Jahrhundert*, Bielefeld: transcript 2011, 280 S.

Zmijewski, Artur: »Künstler sind in der Lage, dieselben Ereignissequenzen in Gang zu setzen wie Politiker. Gespräch mit Artur Zmijewski«, in: *das magazin der kulturstiftung des bundes*, Heft 18 (2011), S. 36–37

2 Kulturpolitik

2.1 Grundlagen

Kulturpolitische Mitteilungen. Zeitschrift für Kulturpolitik der Kulturpolitischen Gesellschaft, Bonn: Kulturpolitische Gesellschaft (viermal im Jahr)

Kunst+Kultur. Zeitschrift der ver.di, Stuttgart: Vereinte Dienstleistungsgewerkschaft (*ver.di*) (vierteljährlich)

politik und kultur (puk). Zeitung des Deutschen Kulturrates, Regensburg: ConBrio (zweimonatlich)

Baldzuhn, Michael/Putzo, Christine: *Mehrsprachigkeit im Mittelalter. Kulturelle, literarische, sprachliche und didaktische Konstellationen in europäischer Perspektive – mit Fallstudien zu den »Disticha Catonis«*, Berlin: de Gruyter 2011, 437 S.

Berg, Wolfgang: *Kulturpolitik*, Brandenburg an der Havel: Agentur für wissenschaftliche Weiterbildung und Wissenstransfer an der FH (Studienbrief 2-080-01221) 2011, 50 S.

Berghahn, Cord-Friedrich: »Mendelssohn übersetzt Rousseau und erklärt ihm Lessing. Strategien kulturkritischen Schreibens in der europäischen Aufklärung«, in: *Text + Kritik*, Heft 5/2011, S. 26–44

Böick, Marcus/Siebold, Angela: »Die Jüngste als Sorgenkind? Plädoyer für eine jüngste Zeitgeschichte als Varianz- und Kontextgeschichte von Übergängen«, in: *Deutschland Archiv*, Heft 1/2011, S. 105–113

Borgolte, Michael (Hrsg.): *Integration und Desintegration der Kulturen im europäischen Mittelalter*, Berlin: Akademie (Europa im Mittelalter, 18) 2011, 612 S.

Buschmeier, Matthias/Hammer, Espen (Hrsg.): *Pragmatismus und Hermeneutik. Beiträge zu Richard Rortys Kulturpolitik*, Hamburg: Meiner (Sonderheft der Zeitschrift für Ästhetik und Allgemeine Kunstwissenschaft, 11) 2011, 220 S.

Conrad, Sebastian: »Dekolonisierung in den Metropolen«, in: *Geschichte und Gesellschaft*, Heft 2/2011, S. 135–156

Dorn, Thea/Wagner, Richard: *Die deutsche Seele*, München: Knaus 2011, 560 S.

Ehrmann, Siegmund: »Für einen kooperativen Kulturföderalismus«, in: *Neue Gesellschaft/Frankfurter Hefte*, Heft 1-2/2011, S. 57–60

Elitz, Ernst: »›Eine Pflichtvergessenheit der Politik!‹. Keine parlamentarische Mehrheit für ein ›Staatsziel Kultur‹. Ernst Elitz geht mit unseren Volksvertretern hart ins Gericht«, in: *Musikforum*, Heft 2/2011, S. 36–38

Fuchs, Max: »Kulturelle Menschenrechte in Deutschland. Umsetzung und Kontrolle«, in: *politik und kultur (puk)*, Heft 5/2011, S. 11

Fuchs, Max: *Leitformeln und Slogans in der Kulturpolitik*, Wiesbaden: VS (Kunst- und Kulturmanagement) 2011, 133 S.

Glaser, Hermann: »Kulturpolitisches Unbehagen – Eine mäandrische Abreaktion«, in: Institut für Kulturpolitik der Kulturpolitischen Gesellschaft (Hrsg.): *Jahrbuch für Kulturpolitik 2011. Thema: Digitalisierung und Internet*, Bonn/Essen: Institut für Kulturpolitik der Kulturpolitischen Gesellschaft e. V./Klartext 2011, S. 41–52

Gutzeit, Walter: »Allgemeine Wirtschafts- und Kulturpolitik«, in: Bujard, Helmut: *Wirtschaft und Kultur*, München: Oldenbourg 2011, S. 235–247

Haug, Wolfgang Fritz: *Die Kulturelle Unterscheidung. Elemente einer Philosophie des Kulturellen*, Karlsruhe: Argument 2011, 336 S.

Herdlein, Hans: »Sperre gegen Kulturstaatsklausel«, in: *bühnengenossenschaft*, Heft 2/2011, S. 4–5

Hippe, Wolfgang: »Es werde Licht! Bürgerliche Öffentlichkeit, Bücher, Akten, Internet«, in: Institut für Kulturpolitik der Kulturpolitischen Gesellschaft (Hrsg.): *Jahrbuch für Kulturpolitik 2011. Thema: Digitalisierung und Internet*, Bonn/Essen: Institut für Kulturpolitik der Kulturpolitischen Gesellschaft e. V./Klartext 2011, S. 53–59

Klenke, Dietmar: »Politik unter dem Deckmantel der Kunst. 150 Jahre Nürnberger Sängerfest – ein gigantisches chorisches Vorspiel an der Wiege des Deutschen Sängerbundes«, in: *Neue Chorzeit*, Heft 7-8/2011, S. 40–41

Knüsel, Pius: »Weniger ist mehr. Raum für Entwicklung!«, in: Drews, Albert (Hrsg.): *Die Zukunft der kulturellen Infrastruktur. 56. Loccumer Kulturpolitisches Kolloquium*, Rehburg-Loccum: Evangelische Akademie Loccum (Loccumer Protokolle, 8/11) 2011, S. 31–46

Knüsel, Pius: »Weniger ist mehr. Raum für Entwicklung!«, in: *Kulturpolitische Mitteilungen*, Heft 133 (II/2011), S. 46–51

Kolland, Dorothea: »›Tanz den Sarrazin‹«, in: *Kulturpolitische Mitteilungen*, Heft 134 (III/2011), S. 22–23

Konrad, Heimo: *Kulturpolitik. Eine interdisziplinäre Einführung*, Wien: facultas.wuv 2011, 195 S.

Kramer, Dieter: *Von der Freizeitplanung zur Kulturpolitik. Eine Bilanzierung von Gewinnen und Verlusten*, Frankfurt am Main: Peter Lang (Studien zur Kulturpolitik, 11) 2011, 234 S.

Kullmann, Katja: *Echtleben. Warum es heute so kompliziert ist, eine Haltung zu haben*, Frankfurt am Main: Eichborn 2011, 255 S.

Lindner, Sebastian: »Mauerblümchen Kulturabkommen«, in: *Deutschland Archiv*, Heft 2/2011, S. 186–192

Mandel, Birgit: »Vom ›paternalistischen Kulturstaat‹ zur kooperativen Gestaltung des gesellschaftlichen Kulturlebens durch Kulturpolitik und Kulturmanagement«, in: Bekmeier-Feuerhahn, Sigrid u. a. (Hrsg.): *Kulturmanagement und Kulturpolitik*, Bielefeld: transcript (Jahrbuch für Kulturmanagement 2011) 2011, S. 23–40

Musial, Bogdan: »Der Bildersturm. Aufstieg und Fall der ersten Wehrmachtsausstellung«, in: *Deutschland Archiv Online*, Heft 4/2011, S. 570–579

Nida-Rümelin, Julian/Kufeld, Klaus (Hrsg.): *Die Gegenwart der Utopie. Zeitkritik und Denkwende*, Freiburg/München: Karl Alber 2011, 239 S.

Perger, Werner A.: »Populismus, Identität und Gemeinschaft in Zeiten der Unsicherheit. Die kulturelle Herausforderung der Sozialen Demokratie«, in: *Neue Gesellschaft/Frankfurter Hefte*, Heft 6/2011, S. 11-14

Pfander, Heinz: »Vertragsrecht im Kulturbetrieb«, in: Klein, Armin (Hrsg.): *Kompendium Kulturmanagement. Handbuch für Studium und Praxis*, München: Vahlen 2011, S. 234-315, 3. überarbeitete Auflage

Pfeifer, Günter: »Arbeitsrecht im Kulturbetrieb«, in: Klein, Armin (Hrsg.): *Kompendium Kulturmanagement. Handbuch für Studium und Praxis*, München: Vahlen 2011, S. 316-365, 3. überarbeitete Auflage

Rossmeissl, Dieter: »Protestkultur und kulturelle Infrastruktur – Bürger kämpfen für die Kultureinrichtungen in ihrer Stadt ... und wie geht die Politik damit um?«, in: Drews, Albert (Hrsg.): *Die Zukunft der kulturellen Infrastruktur. 56. Loccumer Kulturpolitisches Kolloquium*, Rehburg-Loccum: Evangelische Akademie Loccum (Loccumer Protokolle, 8/11) 2011, S. 47-54

Rottmann, André: »Netzwerke, Techniken, Institutionen: Kunstgeschichte in offenen Kreisläufen«, in: *Texte zur Kunst*, Heft 81 (2011), S. 67-72

Sareika, Rüdiger: »›Kultur ist der Spielraum der Freiheit‹ (Dietrich Bonhoeffer). Erster Kirchen+Kultur-Kongress der Evangelischen Kirche in Deutschland«, in: *Kulturpolitische Mitteilungen*, Heft 135 (IV/2011), S. 12-13

Schäfers, Eduard: *Die Kulturgesellschaft. Grundstrukturen der Weltgesellschaft der Zukunft*, Göttingen: Cuvillier 2011, 213 S.

Scheytt, Oliver: »Kulturverfassungsrecht – Kulturverwaltungsrecht«, in: Klein, Armin (Hrsg.): *Kompendium Kulturmanagement. Handbuch für Studium und Praxis*, München: Vahlen 2011, S. 187-209, 3. überarbeitete Auflage

Schneider, Harald: »Fluxus. Grenzen sprengende Kunst!«, in: *Musik und Bildung*, Heft 4/2011, S. 36-37

Schneider, Wolfgang: »Kultur plus Politik gleich Kulturpolitik? Lebenskunst als gesellschaftlicher Auftrag«, in: Hessische Vereinigung für Volkskunde (Hrsg.): *Kultur & Politik. Aspekte kulturwissenschaftlicher und kulturpolitischer Spannungsfelder* (hrsg. durch Markus Morr), Marburg: Jonas (Hessische Blätter für Volks- und Kulturforschung, 47) 2011, S. 11-23

Sievers, Norbert: »Kultur für wenige. Bricht der Kultur die Sozialstruktur weg?«, in: Drews, Albert (Hrsg.): *Die Zukunft der kulturellen Infrastruktur. 56. Loccumer Kulturpolitisches Kolloquium*, Rehburg-Loccum: Evangelische Akademie Loccum (Loccumer Protokolle, 8/11) 2011, S. 19-30

Sievers, Norbert: »KuPoGe und DKR: Was sie verbindet und was sie unterscheidet. Bemerkungen zu ihren Geburtstagen«, in: *Kulturpolitische Mitteilungen*, Heft 134 (III/2011), S. 10-11

Trümpi, Fritz: *Politisierte Orchester. Die Wiener Philharmoniker und das Berliner Philharmonische Orchester im Nationalsozialismus*, Köln: Böhlau 2011, 376 S.

Uerlings, Herbert/Trauth, Nina/Clemens, Lukas (Hrsg.): *Armut. Perspektiven in Kunst und Gesellschaft. 10. April 2011–31. Juli 2011. Eine Ausstellung des Sonderforschungsbereichs 600 ›Fremdheit und Armut‹ der Universität Trier in Kooperation mit dem Stadtmuseum Simeonstift Trier und dem Rheinischen Landesmuseum Trier*, Darmstadt: Primus 2011, 448 S.

Volke, Kristina: »Zukunft erfinden. Warum die Krise Chancen für neue Kulturkonzepte birgt«, in: *Neue Gesellschaft/Frankfurter Hefte*, Heft 1-2/2011, S. 60-62

Wagner, Bernd: »Aspekte der Herausbildung und Entwicklung von Kulturpolitik in Deutschland«, in: Hessische Vereinigung für Volkskunde (Hrsg.): *Kultur & Politik. Aspekte kulturwissenschaftlicher und kulturpolitischer Spannungsfelder* (hrsg. durch Markus Morr), Marburg: Jonas (Hessische Blätter für Volks- und Kulturforschung, 47) 2011, S. 24-34

Wagner, Bernd: »Kulturgeschichte der Kulturpolitik«, in: *Kulturpolitische Mitteilungen*, Heft 132 (I/2011), S. 84-85

Wagner, Bernd: »Kulturpolitik«, in: Lewinski-Reuter, Verena/Lüddemann, Stefan (Hrsg.): *Glossar Kulturmanagement*, Wiesbaden: VS 2011, S. 183-191

Wagner, Bernd: »Kulturpolitik – ein Praxisfeld ohne Theorie?«, in: Bekmeier-Feuerhahn, Sigrid u. a. (Hrsg.). *Kulturmanagement und Kulturpolitik*, Bielefeld: transcript (Jahrbuch für Kulturmanagement 2011) 2011, S. 41-51

Wagner, Bernd: »›Kunst der Aufklärung‹. Prestigeschau, Wirtschaftsinteressen und auswärtige Kulturpolitik«, in: *Kulturpolitische Mitteilungen*, Heft 133 (II/2011), S. 23-25

Weller, Matthias/Dreier, Thomas/Kemle, Nicolai/Kiesel, Markus/Lynen, Peter M. (Hrsg.): *Das Recht des Theaters – das Recht der Kunst auf Reisen. Tagungsband des Vierten Heidelberger Kunstrechtstags am 1. und 2. Oktober 2010*, Baden-Baden: Nomos (Schriften zum Kunst- und Kulturrecht, 10) 2011, 145 S.

2.2. Kommunale Kulturpolitik

2.2.1 Allgemein

der städtetag, herausgegeben vom Präsidium des Deutschen Städtetages, Köln: Carl Heymanns (zweimonatlich)

Stadt und Gemeinde interaktiv. Zeitschrift des Deutschen Städte- und Gemeindebundes, Berlin/Bonn/Brüssel, herausgegeben vom Präsidium des Deutschen Städte- und Gemeindebundes, Burgwedel: Winkler & Stenzel (monatlich)

Articus, Stephan: »Gute Stadtpolitik stärkt Zusammenhalt«, in: *der städtetag*, Heft 4/2011, S. 12

Balleis, Siegfried: »Die Renaissance der kommunalen Selbstverwaltung«, in: *Politische Studien*, Heft 346 (2/2011), S. 61-67

Bauer, Uta/Böcker, Mone: »Barrierefreie Stadtquartiere. Ein Zukunftsthema«, in: *PLANERIN*, Heft 3/2011, S. 47-48

Beck, Sebastian/Gutknecht, Stefanie: »Talkshow statt Teilhabe? Ein lebensweltlicher Blick auf die Kommunikationskultur in der Stadtgesellschaft«, in: *Forum Wohnen und Stadtentwicklung*, Heft 6/2011, S. 309-313

Beeck, Sonja: »Weniger ist Zukunft. IBA Stadtumbau 2010«, in: *Kulturpolitische Mitteilungen*, Heft 132 (I/2011), S. 6-7

Bundesministerium für Verkehr, Bau und Stadtentwicklung (Hrsg.): *Weißbuch Innenstadt. Starke Zentren für unsere Städte und Gemeinden*, Berlin: Bundesministerium für Verkehr, Bau und Stadtentwicklung 2011, 58 S.

Clemens, Gabriele B./El Gammal, Jean/Lüsebrink, Hans-Jürgen (Hrsg.): *Städtischer Raum im Wandel. Modernität – Mobilität – Repräsentationen, Espaces urbains en mutation. Modernités – mobilités – représentations*, Berlin: Akademie (Vice versa. Deutsche-französische Kulturstudien, 4) 2011, 436 S., (dt./franz.)

Drews, Albert (Hrsg.): *Die Zukunft der kulturellen Infrastruktur. 56. Loccumer Kulturpolitisches Kolloquium*, Rehburg-Loccum: Evangelische Akademie (Loccumer Protokolle, 8/11) 2011, 150 S.

Eicker, Bernd: »Kunst und Kultur für das Volmetal. Kulturelle Aktivitäten in der Stadt Halver«, in: *Stadt und Gemeinde interaktiv*, Heft 5/2011, S. 202–203

Faber, Angela: »Kulturelle Bildung in der Stadt«, in: *der städtetag*, Heft 6/2011, S. 19–21

Feiertag, Patricia/Müller, Anja: »Kommunale Armut und Städtebauförderung. Alternativer Eigenanteil bei Kommunen in Haushaltsnotlage«, in: *PLANERIN*, Heft 4/2011, S. 15–17

Flögel, Franz/Gärtner, Stefan/Nordhause-Janz, Jürgen: »Kultur- und Kreativwirtschaft und noch eine Prise Florida. Rettung für altindustrielle Städte und Regionen?«, in: *RegioPol*, Heft 1-2/2011, S. 79–97

Frey, Oliver/Koch, Florian (Hrsg.): *Positionen zur Urbanistik. Bd. II, Gesellschaft, Governance, Gestaltung*, Münster: LIT (Stadt- und Raumplanung, 9) 2011, 407 S.

Friderich, Gabriele: »Münchens multifunktionale Landwirtschaft. Eine Stadt pflegt ihre bäuerliche Kulturlandschaft«, in: *Stadt + Grün*, Heft 9/2011, S. 49–53

Funken, Peter: »Bildung, Kultur, Arbeit. Die Planung eines Kunst- und Kreativ-Quartiers in Berlin-Kreuzberg«, in: *Stadt + Grün*, Heft 10/2011, S. 34–35

Gehler, Michael: »Die Macht der Städte. Das Städtewesen von der Antike bis zur Gegenwart«, in: *Stadt und Gemeinde interaktiv*, Heft 3/2011, S. 73–74

Gemmeke, Claudia/Nentwig, Franziska (Hrsg.): *Die Stadt und ihr Gedächtnis. Die Zukunft der Stadtmuseen*, Bielefeld: Transcript (Kultur- und Museumsmanagement) 2011, 172 S.

Gissendanner, Scott Stock: »Kommunale Integrationspolitik«, in: *Aus Politik und Zeitgeschichte*, Heft 7-8/2011, S. 39–46

Göschel, Albrecht: »Ort und Raum. Die kulturelle Dimension im Konflikt um ›Stuttgart 21‹«, in: *Die alte Stadt*, Heft 3/2011, S. 181–192

Haller, Christoph/Liebmann, Heike: »10 Jahre Stadtumbau Ost. Zwischenbilanz und neue Herausforderungen«, in: *PLANERIN*, Heft 6/2011, S. 19–21

Haller, Christoph/Sperr, Claus: »Das Programm aktive Stadt- und Ortsteilzentren. Zentrenentwicklung in öffentlich-privater Kooperation«, in: *PLANERIN*, Heft 6/2011, S. 25–27

Harth, Annette/Scheller, Gitta: »Wolfsburg als Erlebnis? Stadterneuerung als Urbanitätsentwicklung«, in: TU Berlin, Institut für Stadt- und Regionalplanung (Hrsg.): *Jahrbuch Stadterneuerung 2011. Schwerpunkt Stadterneuerung und Festivalisierung*, Berlin 2011, S. 63–79

Hatzfeld, Ulrich/Lang, Jochen: »Zukunft der Städtebauförderung. Weiterentwicklung eines äußerst leistungsfähigen Politikmodells«, in: *PLANERIN*, Heft 6/2011, S. 15–18

Haumann, Sebastian: »*Schade, daß Beton nicht brennt.*« *Planung, Partizipation und Protest in Philadelphia und Köln 1940–1990*, Stuttgart: Franz Steiner (Beiträge zur Stadtgeschichte und Urbanisierungsforschung, 12) 2011, 355 S.

»Hauptversammlung des Deutschen Städtetages in Stuttgart« (Heftschwerpunkt), in: *der städtetag*, Heft 3/2011, S. 5–13

Henneke, Hans-Günther: »Neuordnung der Kommunalfinanzen. Ergebnisse der Kommission – Erreichtes und offene Fragen«, in: *PLANERIN*, Heft 4/2011, S. 12–14

Herbst, Adolf: »Breiter Modernisierungsansatz soll Kulturwandel unterstützen. Bezirk Berlin-Marzahn-Hellersdorf initiiert Vorbild-Projekt ›ProDiskurs‹«, in: *Innovative Verwaltung*, Heft 9/2011, S. 25–28

Hirth, Markus/Schneider Wolfram: »Die Zukunft der Sozialen Stadt«, in: *PLANERIN*, Heft 6/2011, S. 22–24

Hofmann, Wilhelm (Hrsg.): *Stadt als Erfahrungsraum der Politik. Beiträge zur kulturellen Konstruktion urbaner Politik*, Berlin/Münster: LIT (Studien zur visuellen Politik, 7) 2011, 368 S.

Holm, Andrej: »Das Recht auf die Stadt«, in: *Blätter für deutsche und internationale Politik*, Heft 8/2011, S. 89–97

Kaltenbrunner, Robert: »Wiederkehr des Zeitlosen. Stadtbaukultur oder: Wieviel ›Schönheit‹ braucht die Gesellschaft?«, in: *Forum Stadt*, Heft 2/2011, S. 131–144

Kemper, Jan/Vogelpohl, Anne (Hrsg.): *Lokalistische Stadtforschung, kulturalisierte Städte. Zur Kritik einer »Eigenlogik der Städte«*, Münster: Westfälisches Dampfboot (Raumproduktionen: Theorie und gesellschaftliche Praxis, 13) 2011, 234 S.

Klaus, Markus: »Fällt die Kölner Bettensteuer?«, (Kulturförderabgabe), in: *Kommunalpolitische Blätter*, Heft 3/2011, S. 50–52

Kolland, Dorothea: »Kulturelle Infrastruktur und soziale Stadtentwicklung. Für einen Paradigmenwechsel im Verständnis kultureller Infrastruktur und deren Planung«, in: *Kulturpolitische Mitteilungen*, Heft 133 (II/2011), S. 40–41

»Kommunale Armut. Nach der Krise ist vor der Krise« (Heftschwerpunkt), in: *PLANERIN*, Heft 4/2011, S. 3–36

Lenk, Thomas/Grüttner, André/Hesse, Mario: »Verkäufe kommunaler Wohnungsbestände – ein geeignetes Instrument zur Konsolidierung kommunaler Haushalte?«, in: *Informationen zur Raumentwicklung*, Heft 12/2011, S. 713–721

Märker, Oliver/Wehner, Josef: »Online-Bürgerhaushalte. Elektronische Partizipation in der kommunalen Haushaltsplanung«, in: *PLANERIN*, Heft 4/2011, S. 21–23

Maretzke, Steffen: »Stehen die Kommunalen Finanzen vor dem Abgrund? Stand, Aussichten, dringend erforderliche Änderungen«, in: *PLANERIN*, Heft 4/2011, S. 5–8

Metzendorf, Maria-Inti: »Cultural Planning und Cultural Mapping. Kartierung und Analyse von Kultur als Grundlage für Stadtentwicklungsprozesse«, in: *Kulturpolitische Mitteilungen*, Heft 133 (II/2011), S. 56–57

Müller, Peter: »Reformation oder Revolution? Auswirkungen der Reformation auf die Entwicklung der Städte«, in: *Stadt und Gemeinde interaktiv*, Heft 3/2011, S. 69–72

Niedersächsischer Landtag: »Zur Situation der kommunalen Kulturfinanzierung: Wie steht es um die Kulturetats der Landkreise und kreisfreien Städte in Niedersachsen? Antwort auf die Kleine Anfrage«, Hannover: Drucksache 16/3613 (17.1.2011)

Nutzenberger, Klaus M.: »Erste Hochzeit der Verstädterung. Das Hochmittelalter in Deutschland und Europa«, in: *Stadt und Gemeinde interaktiv*, Heft 3/2011, S. 67–68

Pohl, Wolfgang: »Arme Kommunen«, in: *PLANERIN*, Heft 4/2011, S. 9–11

Rateniek, Ina: »Kultur in den Zentren. ›Weißbuch Innenstadt‹ skizziert Perspektiven«, in: *Kulturpolitische Mitteilungen*, Heft 134 (III/2011), S. 6–7

Reicher, Christa: »Nutzmischung – ein neues Paradigma der Stadtentwicklung«, in: *STADT und RAUM*, Heft 1/2011, S. 8–12

Richter, Reinhart: »Kommunale Kulturpolitik und Parteipolitik«, in: Hessische Vereinigung für Volkskunde (Hrsg.): *Kultur & Politik. Aspekte kulturwissenschaftlicher und kulturpolitischer Spannungsfelder* (hrsg. durch Markus Morr), Marburg: Jonas (Hessische Blätter für Volks- und Kulturforschung, 47) 2011, S. 51–54

Rossmeissl, Dieter: »Protestkultur und kulturelle Infrastruktur. Bürger kämpfen für die Kultureinrichtungen ihrer Stadt ... und wie geht die Politik damit um?«, in: *Kulturpolitische Mitteilungen*, Heft 133 (II/2011), S. 30–33

Sarcinelli, Ulrich/König, Mathias/König, Wolfgang: »Bürgerbeteiligung in der Kommunal- und Verwaltungsreform«, in: *Aus Politik und Zeitgeschichte*, Heft 7-8/2011, S. 32–39

Schubert, Dirk: »Kultur- und festivalisierungsorientierte Strategien zum Stadtumbau von Uferzonen in Seehafenstädten. Wiederentdeckungen und Re-Importe nach Europa«, in: TU Berlin, Institut für Stadt- und Regionalplanung (Hrsg.): *Jahrbuch Stadterneuerung 2011. Schwerpunkt Stadterneuerung und Festivalisierung*, Berlin 2011, S. 163–176

»Schwerpunkt ›Stadterneuerung und Festivalisierung‹«, in: TU Berlin, Institut für Stadt- und Regionalplanung (Hrsg.): *Jahrbuch Stadterneuerung 2011. Schwerpunkt Stadterneuerung und Festivalisierung*, Berlin 2011, S. 21–230

Seiß, Reinhard: »Das Großprojekt der kleinen Schritte. Stadterneuerung in Wien«, in: *Informationen zur Raumentwicklung*, Heft 3-4/2011, S. 213–220

Sieber, Elke/Wensauer-Sieber, Daniel: »Mut zu mehr Wettbewerb. Städtewettbewerbe und ihre kulturellen Wirkungen«, in: Loock, Friedrich/Scheytt, Oliver (Hrsg.): *Kulturmanagement & Kulturpolitik*, Stuttgart: Raabe (Loseblattsammlung 2006 ff.) 2011, 20 S., D 1.13

»Stadt mit Infrastruktur« (Schwerpunktthema), in: *Umrisse*, Heft 3-4/2011, S. 78–113

Stroh, Astrid: »Jahrestreffen der Regionalen Kulturforen 2011 in Hannover«, in: *Kulturnotizen*, Heft 14 (2011), S. 54–55

Thiesen, Andreas: *Wie die Kultur in den Stadtteil kommt. Diversity Management in der Quartiersentwicklung*, Berlin: LIT (Soziale Milieus im gesellschaftlichen Strukturwandel, 6) 2011, 292 S.

TU Dortmund, Deutsches Institut für Stadtbaukunst (Hrsg.): *Konferenz zur Schönheit und Lebensfähigkeit der Stadt* (Band 1), Sulgen: Niggli 2011, 200 S.

Wagner, Bernd: »Kultur zwischen ›öffentlichem Gut‹ und privatem Engagement«, in: *Neue Gesellschaft/Frankfurter Hefte*, Heft 1-2/2011, S. 54–57

Wagner, Bernd: »thema: Kulturelle Infrastruktur und Bürgerproteste«, in: *Kulturpolitische Mitteilungen*, Heft 133 (II/2011), S. 26–29

Wagner, Bernd: »Wachstum oder Schrumpfung? Kulturelle Infrastruktur und ihre Finanzierung«, in: *Kulturpolitische Mitteilungen*, Heft 133 (II/2011), S. 42–45

Weigel, Sigrid: »Text und Topographie der Stadt. Symbole, religiöse Rituale und Kulturtechniken in der europäischen Stadtgeschichte«, in: Messling, Markus (Hrsg.): *Stadt und Urbanität. Transdisziplinäre Perspektiven*, Berlin: Kulturverlag Kadmos (The new Metropolis, 1) 2011, S. 185–220

Willhöft, Manfred: »Auf der Via Regia nach Görlitz. DLT-Kulturausschuss«, in: *Der Landkreis*, Heft 7/2011, S. 307–308

Zahn, Robert von: »Wie weiter mit der ›Kultur im Land der Städte‹?«, in: *Kulturpolitische Mitteilungen*, Heft 135 (IV/2011), S. 10–11

2.2.2 Einzelne Städte

Altenburg, Marc/Schmidt, Florian: »Kreativwirtschaft auf Stadtteilebene. Beispiel Kreativquartier Südliche Friedrichstadt in Berlin«, in: *PLANERIN*, Heft 1/2011, S. 33–34

Berlin-Charlottenburg-Wilmersdorf, Bezirksamt (Hrsg.): *Kunst : Kultur : Kudamm*, Berlin: Selbstverlag 2011, 98 S.

Bewer, Petra: »Kulturprotest in Stuttgart – Stuttgarter Kulturdialog«, in: Drews, Albert (Hrsg.): *Die Zukunft der kulturellen Infrastruktur. 56. Loccumer Kulturpolitisches Kolloquium*, Rehburg-Loccum: Evangelische Akademie Loccum (Loccumer Protokolle, 8/11) 2011, S. 61–67

Bewer, Petra: »›Stuttgarter Kulturdialog‹. Zur Protestkultur in Stuttgart«, in: *Kulturpolitische Mitteilungen*, Heft 133 (II/2011), S. 34–36

Bracke, Martina: »kubi@U2. Kulturelle Bildung im Dortmunder U«, in: *Kulturpolitische Mitteilungen*, Heft 134 (III/2011), S. 68–69

Cepl-Kaufmann, Gertrude/Grande, Jasmin: »Im Musentempel! Eine Ausstellung zum 50. Geburtstag der Dortmunder Gruppe 61«, in: *Heimat Dortmund*, Heft 2/ 2011, S. 3–4

Colsmann, Iris: »Wuppertal wehrt sich. Ein Bericht über die Arbeit eines bürgerschaftlich organisierten Bündnisses«, in: Drews, Albert (Hrsg.). *Die Zukunft der kulturellen Infrastruktur. 56. Loccumer Kulturpolitisches Kolloquium*, Rehburg-Loccum: Evangelische Akademie Loccum (Loccumer Protokolle, 8/11) 2011, S. 55–60

Colsmann, Iris: »Wuppertal wehrt sich. Über die Arbeit eines bürgerschaftlich organisierten Bündnisses«, in: *Kulturpolitische Mitteilungen*, Heft 133 (II/2011), S. 37–39

Culture Concepts/ICG culturplan Unternehmensberatung GmbH: *Kooperationsmöglichkeiten im nichtkünstlerischen Bereich zwischen den Stadttheatern in Bochum, Dortmund, Essen, Gelsenkirchen, Hagen und Oberhausen. Gutachten im Auftrag des NRW KULTURsekretariats, Abschlussbericht – Kurzfassung vom 19. Mai 2011*, Berlin: Selbstverlag, 14 S.

DIE LINKE (Hrsg.): *Kultur Stadt Berlin – Perspektiven durch Kultur? Dokumentation der Kulturkonferenz der Ständigen Kulturpolitischen Konferenz und der Landesarbeitsgemeinschaft Kultur Berlin der Partei DIE LINKE am 2. September 2011 im KulturGut Alt-Marzahn in Berlin*, Berlin: DIE LINKE – Ständige Kulturpolitische Konferenz 2011, 74 S.

Dorfmüller, Ingo: »Freude beim Publikum, Tristesse im Rathaus«, in: *Opernwelt*, Heft 12/2011, S. 71–72

Dwors, Vera: »Das Netzwerk Faire Kulturhauptstadt RUHR«, in: *Städte- und Gemeinderat*, Heft 9/2011, S. 20–21

Fietz, Yvonne: »›Nichts ist gefährlicher zu handhaben als eine Neuordnung der Dinge‹. Barbara Kisseler läutet als Kultursenatorin eine neue kulturpolitische Ära in Hamburg ein«, in: *Kulturpolitische Mitteilungen*, Heft 132 (I/2011), S. 10-11

Fietz, Yvonne/Theis, Gerti: »Stadtlabor der Zukunft. Die Internationale Bauausstellung Hamburg«, in: *Kulturpolitische Mitteilungen*, Heft 133 (II/2011), S. 12-13

Frei, Marco: »Partner müssen an einen glauben. Sonst funktioniert es auch im Klassikgeschäft nur schwer. Hamburg und München im Vergleich«, in: *Das Orchester*, Heft 3/2011, S. 27-29

Goetzmann, Andreas: »Öffentliches Ufer am See. Die Geschichte des Umgangs mit Brüchen der Geschichte«, in: *PLANERIN*, Heft 3/2011, S. 38-40

Großkreutz, Verena: »?›Wir sitzen alle im selben Boot‹. In der Freiburger Kultur setzt man auf Kommunikation, Vernetzung und Bürgerbeteiligung«, in: *Das Orchester*, Heft 4/2011, S. 27-29

Haase, Franziska: »Baugruppen in Berlin. Ergebnisse einer Untersuchung von drei Projekten«, in: *PLANERIN*, Heft 3/2011, S. 51-52

Handelskammer Hamburg/Ausschuss für Kulturförderung, Vorsitz: Jobst D. Siemer: *Kurs Kultur – Ein Masterplan für die Kultur in Hamburg. Positionspapier der Handelskammer Hamburg für eine strategische Kulturpolitik, Hamburg, Juni 2011*, Hamburg: Selbstverlag (Positionen) 2011, 12 S.

Harnack, Maren: »Hohe Ansprüche und leere Versprechungen. Die HafenCity Universität und der Hamburger Senat«, in: *PLANERIN*, Heft 4/2011, S. 48-50

Heiss, Hans: »Europäische Stadt der Übergänge. Die Stadt Bozen/Bolzano im 20. Jahrhundert«, in: *Stadt und Gemeinde interaktiv*, Heft 3/2011, S. 78-82

Hengst, Martina/Spellerberg, Annette: »Mehr Lebensqualität. Soziale-Stadt-Gebiet Kaiserslautern Innenstadt-West«, in: *PLANERIN*, Heft 2/2011, S. 46-47

Höpel, Thomas: »*Die Kunst dem Volke.« Städtische Kulturpolitik in Leipzig und Lyon 1945-1989*, Leipzig: Leipziger Universitäts-Verlag 2011, 407 S.

Hollstein, Andreas: »Politik trotz finanzieller Problemlage. Das Beispiel Altena«, in: *PLANERIN*, Heft 4/2011, S. 18-20

Huffschmid, Anne: »Alltag statt Apokalypse: Mexiko-Stadt als Labor städtischen Lebens«, in: *Aus Politik und Zeitgeschichte*, Heft 40-42/2011, S. 28-35

Innerhofer, Judith: »Allein im Freilichtmuseum. Der kulturelle Stillstand in Bozen zeigt sich auch im Umgang mit Nachtleben und Off-Kultur«, in: *Kulturrisse*, Heft 4/2011, S. 40-43

Kisseler, Barbara: »Brennen für die Kultur. Interview mit Kultursenatorin Prof. Barbara Kisseler«, in: *Kulturpolitische Mitteilungen*, Heft 135 (IV/2011), S. 6-7

Kittel, Manfred: *Marsch durch die Institutionen? Politik und Kultur in Frankfurt am Main nach 1968*, München: Oldenbourg (Quellen und Darstellungen zur Zeitgeschichte, Band 86) 2011, 489 S.

Mahlkow, Nicole/Mahnken, Gerhard: »Kommunen im innerdeutschen Einheitsprozess. Ihre kulturpolitische Rolle«, in: *Kulturpolitische Mitteilungen*, Heft 132 (I/2011), S. 78-79

Merkel, Angela: »Städte brauchen Gestaltungsspielraum«, in: *der städtetag*, Heft 4/2011, S. 13

Moneke, Constanze: »Die Initiative Beethovenhalle in Bonn. Studentisches Engagement für den Erhalt von Nachkriegsarchitektur«, in: *PLANERIN*, Heft 3/2011, S. 49-50

Parzinger, Hermann (Stiftung Preußischer Kulturbesitz): *Das Humboldt-Forum. ›Soviel Welt mit sich verbinden als möglich‹. Aufgabe und Bedeutung des wichtigsten Kulturprojekts in Deutschland zu Beginn des 21. Jahrhunderts*, Berlin: Stiftung Berliner Schloss – Humboldt-Forum (Hrsg.) 2011, 49 S.

Pedersen, Marit: »Kreative Milieus in Hamburg. Gesamtstädtische Strategien und projektorientiertes Handeln«, in: *PLANERIN*, Heft 1/2011, S. 21-23

Richter, Reinhart: »Havelberg – kulturgeprägte Stadtentwicklung einer kleinen Hansestadt. Mehr als eine Utopie«, in: *Kulturpolitische Mitteilungen*, Heft 132 (I/2011), S. 72-73

Roth, Petra: »Metropolregion Rhein-Main: Selbstbild im Wandel«, in: *der städtetag*, Heft 2/2011, S. 13-14

Roth, Petra: »Städte als Protagonisten des Wandels«, in: *der städtetag*, Heft 4/2011, S. 11

Schnell, Constantin: »Schwere Wiedergeburt. Stuttgart auf dem Weg zum kommunalen Kino?«, in: *Kulturpolitische Mitteilungen*, Heft 134 (III/2011), S. 70-71

Segebade, Frank: »Urban Sprawl. Catch-MR: Ein Gemeinschaftsprojekt von sieben europäischen Metropolregionen«, in: *PLANERIN*, Heft 4/2011, S. 40-41

Sobirey, Wolfhagen: »›Scherbenhaufen‹ angeprangert – und beseitigt? Hamburger Landesmusikrat kämpft erfolgreich gegen die Erosion des Musikunterrichts an den Schulen der Hansestadt«, in: *Musikforum*, Heft 2/2011, S. 52-53

Stadt Münster, Kulturamt (Hrsg.): *Kulturreport 2010*, Münster 2011, 47 S.

Stadt Neuss (Hrsg.): *Jahresbericht Kultur 2010*, Neuss 2011, 71 S.

Stadtkultur Hamburg e. V. (Hrsg.): *Stadtkultur 2010. Jahresbericht 2010/Mitgliederverzeichnis 2011*, Hamburg 2011, 47 S.

Stamm, Torsten: »Mönchengladbach. Arm? Ja! Aber sexy ...«, in: *PLANERIN*, Heft 3/2011, S. 30-32

Stein, Ursula: »Deichwehr und Baumgeister. Bürgerbeteiligung auf umkämpftem Terrain«, in: *PLANERIN*, Heft 3/2011, S. 32-34

»Stuttgarter Erklärung. Zusammenhalt und Zukunft – nur mit starken Städten!«, in: *der städtetag*, Heft 4/2011, S. 15-16

Ude, Christian: »Kommunalpolitik muss Gemeinwohl im Blick haben«, in: *der städtetag*, Heft 4/2011, S. 14

Univ. der Künste Berlin, Fakultät Gestaltung (Hrsg.): *Urbane Codes. Urbane Interventionen Marzahner Promenade*, Berlin 2011, 141 S.

Wiesbaden, Amt für Grünflächen, Landwirtschaft und Forsten (Hrsg.): *Stadtgrün in Wiesbaden. Kultur – Erholung – Lebenslust*, Wiesbaden 2011, 49 S.

Winter, Thorben: »Kulturpolitik in Mittelstädten. Beispiel: Stadt Rheine«, in: Hessische Vereinigung für Volkskunde (Hrsg.): *Kultur & Politik. Aspekte kulturwissenschaftlicher und kulturpolitischer Spannungsfelder* (hrsg. durch Markus Morr), Marburg: Jonas (Hessische Blätter für Volks- und Kulturforschung, 47) 2011, S. 129-139

2.3 Regionale Kulturpolitik

der landkreis. Zeitschrift für kommunale Selbstverwaltung, Stuttgart: W. Kohlhammer (monatlich)

CDU-Fraktion im Regionalverband Ruhr (Hrsg.): *Regionale Kultur auch nach 2010? Zur Zukunft der Metropole Ruhr. Dokumentation einer Debatte mit Beiträgen von Hans-Heinrich Grosse-Brockhoff, Norbert Lammert, Peter Vermeulen und Oliver Scheytt*, Essen: Selbstverlag, 54 S.

Dennemann, Rolf: »Kulturhauptstadt – kleine Hoffnung im Wahrnehmungsnebel«, in: *Kulturpolitische Mitteilungen*, Heft 132 (I/2011), S. 41–43

»Eine Heimat entsteht. Zuhause in Nordrhein-Westfalen« (Heftschwerpunkt), in: *Die NRW-Stiftung*, Heft 2/2011, S. 6–12

Fink, Tobias/Götzky, Doreen: »Instrument aus der Mottenkiste oder Renaissance einer guten Idee? Kulturentwicklungsplanung für den Landkreis Peine«, in: *Kulturpolitische Mitteilungen*, Heft 135 (IV/2011), S. 16–17

Ganser, Karl: »Was bleibt – was treibt? Mut zum Wandel durch RUHR.2010«, in: *Kulturpolitische Mitteilungen*, Heft 132 (I/2011), S. 26–28

Jansenburger, Ria: »TWINS – ein europäisches Dornröschen ist aus dem Schlaf erwacht«, in: *Kulturpolitische Mitteilungen*, Heft 132 (I/2011), S. 38–40

Kaethner, Hildegard Vera: *Kultur braucht Orte. Brandenburg (k)ein Kulturland, Blicke auf Kulturgüter, Schlösser, Gutshäuser und die Lausitzer Tagebauregionen*, Frankfurt/ Oder: Selbstverlag 2011, 143 S.

Kirsch, Sebastian: »Ruhrgebiet, und jetzt? Ein Rückblick auf die Europäische Kulturhauptstadt Ruhr.2010«, in: *Theater der Zeit*, Heft März 2011, S. 32–33

Kramp-Karrenbauer, Annegret: »Grenzüberschreitende Kulturregion. Luxemburg, Saarland, Rheinland-Pfalz, Lothringen und Wallonien als Kulturraum«, in: *politik und kultur (puk)*, Heft 6/2011, S. 4

Krau, Ingrid: »Nach dem Fokus Kulturhauptstadt Ruhr. Ein nüchterner Blick auf die Statistik und eine vom Üblichen abweichende Interpretation«, in: *Raumplanung*, Heft 158/159 (2011), S. 268–273

Lammert, Norbert: »Die Metropole Ruhr als Kulturmetropole«, in: *Kulturpolitische Mitteilungen*, Heft 132 (I/ 2011), S. 50–51

Lange, Sandra/Schneider, Uta: »Flusslandschaften im ZukunftsLand«, in: *PLANERIN*, Heft 3/2011, S. 30–31

Lübking, Uwe: »Kulturpolitik im ländlichen Raum«, in: *Stadt und Gemeinde interaktiv*, Heft 6/2011, S. 133–136

Mittag, Jürgen: »Die drei Kulturhauptstädte des Jahres 2010 im Vergleich. Ein Blick über Grenzen und in historischer Perspektive«, in: *Kulturpolitische Mitteilungen*, Heft 132 (I/2011), S. 46–49

Morr, Markus: »Kulturpolitik in ländlichen Räumen«, in: Hessische Vereinigung für Volkskunde (Hrsg.): *Kultur & Politik, Aspekte kulturwissenschaftlicher und kulturpolitischer Spannungsfelder* (hrsg. durch Markus Morr), Marburg: Jonas (Hessische Blätter für Volks- und Kulturforschung, 47) 2011, S. 140–151

Pleitgen, Fritz/Scheytt, Oliver: »Wandel durch Kultur. Das Versprechen wurde eingelöst«, in: *politik und kultur (puk)*, Heft 1/2011, S. 1–2

Rateniek, Ina: »Stadtkulturentwicklung – eine Disziplin mit Zukunft. Netzwerk Innenstadt NRW lädt an die Ruhr«, in: *Kulturpolitische Mitteilungen*, Heft 133 (II/2011), S. 66–67

»Regionale Identitäten« (Heftschwerpunkt), in: *Das Rathaus*, Heft 3/2011 (Mai/Juni), S. 70–86

Reimer, Mario/Kemming, Herbert: »Planungskulturelle Dynamiken im Kontext temporärer Planungsansätze: Die REGIONALE 2010 zwischen Festival und Alltag«, in: TU Berlin, Institut für Stadt- und Regionalplanung (Hrsg.): *Jahrbuch Stadterneuerung 2011. Schwerpunkt Stadterneuerung und Festivalisierung*, Berlin 2011, S. 25–38

Ruhr.2010 (Hrsg.): *Die unmögliche Kulturhauptstadt. Chronik einer Metropole im Werden*, Essen: Klartext 2011, 240 S.

Scheytt, Oliver/Domgörgen, Christine/Geilert, Gisela: »Kulturpolitik – Eventpolitik – Regional Governance. Zur regionalen Aushandlung von Events am Beispiel der Kulturhauptstadt Europas RUHR.2010«, in: Betz, Gregor (Hrsg.): *Urbane Events*, Wiesbaden: VS 2011, S. 297–317

Schwencke, Olaf: »Wandel durch Kultur: auf dem Weg zur Metropole Ruhr«, in: *Kulturpolitische Mitteilungen*, Heft 132 (I/2011), S. 22–25

Sedlack, Axel: »Im Revier der Local Heroes«, in: *Kulturpolitische Mitteilungen*, Heft 132 (I/2011), S. 44–45

Sevindim, Asli: »Das Bekenntnis einer Kulturhauptstadt. Kulturelle Vielfalt bei der RUHR.2010«, in: *politik und kultur (puk)*, Heft 1/2011, S. 4–5

Sievers, Norbert: »Das Ruhrgebiet auf der Landkarte Europas neu positioniert. Interview mit Oliver Scheytt«, in: *Kulturpolitische Mitteilungen*, Heft 132 (I/2011), S. 29–31

Stübling, Rainer: »Grenzüberschreitende Kulturpolitik im Oberrheingebiet. Kritische Bilanz von französischer Seite legt Defizite offen«, in: *Kulturpolitische Mitteilungen*, Heft 132 (I/2011), S. 12–13

Knoblich, Tobias J.: »Regionale Kulturpolitik am Beispiel des Freistaates Sachsen. Das Gesetz über Kulturräume in Sachsen«, in: Hessische Vereinigung für Volkskunde (Hrsg.): *Kultur & Politik. Aspekte kulturwissenschaftlicher und kulturpolitischer Spannungsfelder* (hrsg. durch Markus Morr), Marburg: Jonas (Hessische Blätter für Volks- und Kulturforschung, 47) 2011, S. 78–91

2.4 Kulturpolitik der Länder

arsprototo. Das Magazin der Kulturstiftung der Länder, Berlin: Kulturstiftung der Länder (viermal jährlich)

Architektenkammer Sachsen-Anhalt, Magdeburg (Hrsg.): *Landesinitiative Architektur und Baukultur in Sachsen-Anhalt. Bilanz und Ausblick aus Anlass des 10-jährigen Jubiläums der Landesinitiative Architektur und Baukultur in Sachsen-Anhalt*, Magdeburg 2011, 57 S., 3., überarb. u. erw. Aufl.

Berlin, Senatskanzlei (Hrsg.): *Kulturförderbericht 2011 des Landes Berlin*, Berlin 2011, 40 S.

Betz, Gregor: »Das Ruhrgebiet. Europäische Stadt im Werden? Strukturwandel und Governance durch die Kulturhauptstadt Europas RUHR.2010«, in: Frey, Oliver/Koch, Florian (Hrsg.): *Die Zukunft der europäischen Stadt,*

Stadtpolitik, Stadtplanung und Stadtgesellschaft im Wandel, Wiesbaden: VS 2011, S. 324-342

Braun, Eckhard: »Sächsischer Kulturlastenausgleich in Schieflage. Substanzerhalt versus Strukturanpassung«, in: Kulturpolitische Mitteilungen, Heft 135 (IV/2011), S. 8-9

Busch, Bernhard: »Kultur in der tiefsten (Rhein-)Provinz. Kulturpolitik in Rheinland-Pfalz am Beispiel der Verbandsgemeinde Ruwer«, in: Stadt und Gemeinde interaktiv, Heft 5/2011, S. 199-201

Eichler, Kurt/Sievers Norbert: »Nordrhein-Westfalen eröffnet ein neues Kapitel für die Kultur. SPD und Grüne formulieren Eckpunkte für ein Kulturfördergesetz«, in: Kulturpolitische Mitteilungen, Heft 134 (III/2011), S. 4-5

Hamburgische Bürgerschaft: »Entwicklung der Kultur in Hamburg (I). Antwort auf die Große Anfrage der Fraktion DIE LINKE«, Hamburg: Drucksache 20/1281 (18.8.2011)

Hessischer Landtag: »Initiierung des Programms ›Agenten für das Publikum von morgen‹ durch die Kulturstiftung des Bundes zur Projektarbeit an Schulen, Kofinanzierung durch die Länder; Ungeeignetheit für Hessen. Gründe. Antwort auf die Kleine Anfrage der Fraktion BÜNDNIS 90/DIE GRÜNEN«, Wiesbaden: Drucksache 18/3536 (25.1.2011)

Knoblich, Tobias J.: »Große zeitliche, räumliche und interdisziplinäre Zusammenhänge. Arbeit am neuen Landeskulturkonzept für Thüringen«, in: Kulturpolitische Mitteilungen, Heft 134 (III/2011), S. 12-13

Kulturpolitische Sprecher der CDU/CSU Landtagsfraktionen: »Zugänge eröffnen - Kulturelle Bildung stärken. Kulturelle Bildungschancen für alle sichern die Zukunft unseres Landes«, in: Kulturpolitische Mitteilungen, Heft 133 (II/2011), S. 62-63

Landtag Brandenburg: »Entwicklung der künstlerisch- kulturellen Sparten in Brandenburg. Antwort auf die Kleine Anfrage der Abgeordneten Anja Heinrich (CDU)«, Potsdam: Drucksache 5/3954 (15.9.2011)

Landtag Nordrhein-Westfalen: »Warum weigert sich die Landesregierung, dem Projekt ›Jedem Kind ein Instrument‹ die notwendigen Fördermittel zur Verfügung zu stellen? Antwort auf die Kleine Anfrage des Abgeordneten Dr. Jürgen Rüttgers, CDU«, Düsseldorf: Drucksache 15/2097 (24.5.2011)

Lesle, Lutz: »Volle Fahrt - ins Verderben GMD Mihkel Kütson befürchtet die Insolvenz des Schleswig-Holsteinischen Landestheaters«, in: Das Orchester, Heft 1/2011, S. 36-38

Martin, Olaf: »Kulturpolitische Steuerung durch Zählen, Messen, Wiegen? Ein Kulturforschungsprojekt in Südniedersachsen«, in: Kulturpolitische Mitteilungen, Heft 135 (IV/2011), S. 64-65

Ministerium für Familie, Kinder, Jugend, Kultur und Sport des Landes Nordrhein-Westfalen (Hrsg.): Erster Kulturpolitischer Dialog - Hülle statt Fülle. Qualität und Profil in der Kunstlandschaft NRW, Düsseldorf: Selbstverlag 2011, 62 S.

Ministerium für Familie, Kinder, Jugend, Kultur und Sport des Landes Nordrhein-Westfalen (Hrsg.): Kultur im Wandel. Kulturförderung 2010, Düsseldorf: Selbstverlag 2011, 68 S.

Ministerium für Familie, Kinder, Jugend, Kultur und Sport des Landes Nordrhein-Westfalen (Hrsg.): Zweiter Kulturpolitischer Dialog - Massenkultur versus Elite: Hochkultur versus Eventlandschaft, Düsseldorf: Selbstverlag 2011, 62 S.

Nacke, Jens: Kulturpolitik in Niedersachsen. Goslarer Erklärung der CDU-Fraktion im Niedersächsischen Landtag, beschlossen auf der Fraktionstagung vom 6. bis 8. Juni 2011 in Goslar, Hannover: CDU-Fraktion 2011, 28 S.

Nonn, Christoph: Kleine Migrationsgeschichte von Nordrhein-Westfalen, Köln: Greven 2011, 168 S.

Sächsischer Landtag: »Umsetzung des Kulturraumgesetzes (SächsKRG). Rolle der Kulturbeiräte. Antwort auf die Kleine Anfrage der Abgeordneten Annekathrin Giegengack GRÜNE«, Dresden: Drucksache 5/4892 (7.3. 2011)

Schäfer, Ute: »Ein ›Kulturrucksack‹ für Nordrhein-Westfalen. Auf dem Weg zum Kinder- und Jugendkulturland«, in: Kulturpolitische Mitteilungen, Heft 135 (IV/2011), S. 4-5

Steinhauer, Eric W.: »Bibliotheken als Gegenstand eines Gesetzes zur Förderung der kulturellen Bildung? Überlegungen zu einer aktuellen nordrhein-westfälischen Debatte«, in: Bibliotheksdienst, Heft 1/2011, S. 64-80

Theißen, Ursula: »Alles Gute! 20 Jahre Künstlerinnenförderung Nordrhein-Westfalen«, in: Kulturpolitische Mitteilungen, Heft 135 (IV/2011), S. 76-77

Wanka, Johanna: »Kulturpolitik konzeptionell gestalten. Beispiel Niedersachsen«, in: Kulturpolitische Mitteilungen, Heft 135 (IV/2011), S. 30-33

2.5 Kulturpolitik auf Bundesebene

2.5.1 Allgemein

Der Beauftragte der Bundesregierung für Kultur und Medien: Im Bund mit der Kultur. Kultur- und Medienpolitik der Bundesregierung, Berlin: Presse- und Informationsamt der Bundesregierung (Hrsg.) 2011, 44 S.

Kramer, Dieter: »Europäische Ethnologie und die Enquete-Kommission Kultur in Deutschland des Deutschen Bundestages«, in: Hessische Vereinigung für Volkskunde (Hrsg.): Kultur & Politik. Aspekte kulturwissenschaftlicher und kulturpolitischer Spannungsfelder (hrsg. durch Markus Morr), Marburg: Jonas (Hessische Blätter für Volks- und Kulturforschung, 47) 2011, S. 35-50

Neumann, Bernd: »Chancen erkennen, Risiken minimieren«, in: Institut für Kulturpolitik der Kulturpolitischen Gesellschaft (Hrsg.): Jahrbuch für Kulturpolitik 2011. Thema: Digitalisierung und Internet, Bonn/Essen: Institut für Kulturpolitik der Kulturpolitischen Gesellschaft e. V./ Klartext 2011, S. 101-104

Nida-Rümelin, Julian: »Ein Rückblick aufs Amt. Gabriele Schulz im Gespräch mit Julian Nida-Rümelin«, in: politik und kultur (puk), Heft 6/2011, S. 5

Preußischer Kulturbesitz: Jahrbuch Preußischer Kulturbesitz 2010 (hrsg. im Auftrag des Stiftungsrats vom Präsidenten der Stiftung Preußischer Kulturbesitz Hermann Parzinger), Berlin: Mann (Jahrbuch Preußischer Kulturbesitz, 46) 2011, 506 S.

2.5.2 Einzelne Felder

2.5.2.1 Urheberrecht, Folgerecht, Verwertung

Kunst und Recht. Journal für Kunstrecht, Urheberrecht und Kulturpolitik, Berlin: Schleuen (zweimonatlich)

Virtuos. Das Magazin der GEMA, München (viermal im Jahr)

Zeitschrift für Urheber- und Medienrecht (ZUM), Baden-Baden: Nomos (monatlich)

Albrecht, Friedrich: »Schutz von Kulturgütern vor Kommerzialisierung und vor Markenrecht«, in: *Bayerische Verwaltungsblätter*, Heft 24 (2011), S. 756–757

Albrecht, Martin von: »Praxis der Rechtevergabe im Online-Bereich. Ein Beitrag aus der Sicht privater Sendeunternehmen«, in: *ZUM Zeitschrift für Urheber- und Medienrecht*, Heft 10/2011, S. 706–713

Alexander, Christian: »Urheber- und persönlichkeitsrechtliche Fragen eines Rechts auf Rückzug aus der Öffentlichkeit«, in: *ZUM Zeitschrift für Urheber- und Medienrecht*, Heft 4/2011, S. 382–389

Apprich, Clemens: »Was bleibt? Einige Überlegungen zum Medienereignis Wikileaks«, in: *Kulturrisse*, Heft 1/2011, S. 44–47

Arns, Inke: »USE = SUE. Von der Freiheit der Kunst in Zeitalter des ›geistigen Eigentums‹«, in: Institut für Kulturpolitik der Kulturpolitischen Gesellschaft (Hrsg.): *Jahrbuch für Kulturpolitik 2011. Thema: Digitalisierung und Internet*, Bonn/Essen: Institut für Kulturpolitik der Kulturpolitischen Gesellschaft e. V./Klartext 2011, S. 65–77

Banholzer, Felix: *Die internationale Gerichtszuständigkeit bei Urheberrechtsverletzungen im Internet. Unter besonderer Berücksichtigung des »fliegenden Gerichtsstands«*, Frankfurt am Main/Berlin/Bern/Bruxelles/New York/Oxford/Wien: Lang (Europäische Hochschulschriften/Reihe 2, Rechtswissenschaft, 5212) 2011, 225 S.

Banter, Harald: »Die GEMA im Blick«, in: *Virtuos*, Heft 1/2011, S. 52–53

Becker, Jürgen: »Medien ohne Grenzen – Offener Markt: ein Risiko für die traditionelle Verwertungspraxis? Einführung zum XXV. Münchner Symposion zum Film- und Medienrecht des Instituts für Urheber- und Medienrecht am 1. Juli 2011«, in: *ZUM Zeitschrift für Urheber- und Medienrecht*, Heft 10/2011, S. 697–698

Börnsen, Wolfgang: »Ein wirksames Urheberrecht bleibt unverzichtbar«, in: Institut für Kulturpolitik der Kulturpolitischen Gesellschaft (Hrsg.): *Jahrbuch für Kulturpolitik 2011. Thema: Digitalisierung und Internet*, Bonn/Essen: Institut für Kulturpolitik der Kulturpolitischen Gesellschaft e. V./Klartext 2011, S. 113–117

Brandhorst, Jürgen: »Die Verteilung, Teil V. Die Verteilung für die Nutzung von Musikwerken auf Tonträgern und Bildtonträgern«, in: *Virtuos*, Heft 2/2011, S. 54–56

Castendyk, Oliver: »Zwei neoklassische Thesen zur Debatte um die Zukunft des Urheberrechts und ihre Begründung«, in: Institut für Kulturpolitik der Kulturpolitischen Gesellschaft (Hrsg.): *Jahrbuch für Kulturpolitik 2011. Thema: Digitalisierung und Internet*, Bonn/Essen: Institut für Kulturpolitik der Kulturpolitischen Gesellschaft e. V./Klartext 2011, S. 349–358

Dallach, Christoph: »Schon gezahlt Kinder? Der Ärger mit der GEMA«, in: *Rolling Stone*, Heft 2/2011, S. 59–64

Dobusch, Leonhard/Quack, Sigrid: »Auf dem Weg zu einer Wissensallmende?«, in: *Aus Politik und Zeitgeschichte*, Heft 28-30/2011, S. 41–46

Durantaye, Katharina de la: »Ein Heim für Waisenkinder – Die Regelungsvorschläge zu verwaisten Werken in Deutschland und der EU aus rechtsvergleichender Sicht«, in: *ZUM Zeitschrift für Urheber- und Medienrecht*, Heft 11/2011, S. 777–787

Engl, Karolin Nilüfer: *Der urheberrechtliche Schutz des Filmwerks in Deutschland und der Türkei. Vom Recht zur Verfilmung bis zur Herstellung der Privatkopie*, Frankfurt am Main: Lang 2011, 246 S.

Enßlin, Holger: »Die Rechtsache BSkyB vor dem EuGH: Fällt das Territorialitätsprinzip?«, in: *ZUM Zeitschrift für Urheber- und Medienrecht*, Heft 10/2011, S. 714–719

Euler, Ellen: *Das kulturelle Gedächtnis im Zeitalter digitaler und vernetzter Medien und sein Recht. Status quo der rechtlichen, insbesondere urheberrechtlichen Rahmenbedingungen von Bestandsaufbau, Bestandserhaltung und kommunikativer sowie kommerzieller Bestandsvermittlung kultureller Äußerungen im Zeitalter digitaler und vernetzter Medien durch Bibliotheken, Archive und Museen in Deutschland und Regelungsalternativen*, Bad Honnef: Bock + Herchen 2011, 391 S.

Euler, Ellen/Steinhauer, Eric W./Bankhardt, Christina: »Digitale Langzeitarchivierung als Thema für den 3. Korb zum Urheberrechtsgesetz: Urheberrechtliche Probleme der digitalen Langzeitarchivierung. Stellungnahme der AG Recht im Kompetenznetzwerk nestor1«, in: *Bibliotheksdienst*, Heft 3-4/2011, S. 322–328

Gercke, Marco: »Die Entwicklung des Internetstrafrechts 2010/2011«, in: *ZUM Zeitschrift für Urheber- und Medienrecht*, Heft 8-9/2011, S. 609–623

Gergen, Thomas: »Badisches Urheberrecht im 19. Jahrhundert. Die Fälle Pestalozzi, Allioli, Schleiermacher, Grillparzer sowie Goethe und Schiller«, in: *Archiv für Geschichte des Buchwesens*, Heft 66 (2011), S. 109–143

Gerlach, Tilo/Evers, Guido (Hrsg.): *50 Jahre GVL. 50 Jahre kollektive Rechtewahrnehmung der Leistungsschutzrechte*, Berlin/New York: De Gruyter (Schriften zum europäischen Urheberrecht, 10) 2011, 60 S.

Gmilkowsky, Achim: »Das Urheberrecht des Architekten am Bauwerk. Eine Untersuchung am Beispiel eines Schulgebäudes«, in: *Kultur & Recht*, Stuttgart: Raabe (Loseblattsammlung 1998 ff.) 2011, B 1.21

Gmilkowsky, Achim: »Schule und Schulbibliothek im Urheberrecht«, in: *Kultur & Recht*, Stuttgart: Raabe (Loseblattsammlung 1998 ff.) 2011, 18 S., B 1.20

Grewenig, Claus: »Rechteerwerb und Rechteinhaberschaft im digitalen Zeitalter. Probleme von Nutzern beim Rechteerwerb aus Sicht privater Medienunternehmen«, in: *ZUM Zeitschrift für Urheber- und Medienrecht*, Heft 1/2011, S. 27–31

Grobelny, Jens: *Die Rechtsdurchsetzung im Urheberrecht*, Hamburg: Kovac (Schriftenreihe Studien zum gewerblichen Rechtsschutz und zum Urheberrecht, 81) 2011, 324 S.

Grütters, Monika: »Alles schon geklaut? Urheberrechte und geistiges Eigentum in der digitalen Gesellschaft«, in: Institut für Kulturpolitik der Kulturpolitischen Gesellschaft (Hrsg.): *Jahrbuch für Kulturpolitik 2011. Thema: Digitalisierung und Internet*, Bonn/Essen: Institut für Kulturpolitik der Kulturpolitischen Gesellschaft e. V./Klartext 2011, S. 311–313

Gundel, Jörg: »Die Rechtsstellung von Rundfunk-Programmzulieferern bei Maßnahmen gegenüber dem Veranstalter: Verfassungs- und europarechtliche Fragen«, in: ZUM Zeitschrift für Urheber- und Medienrecht, Heft 12/2011, S. 881–889

Haedicke, Maximilian Wilhelm: *Patente und Piraten. Geistiges Eigentum in der Krise*, München: Beck 2011, 196 S.

Hennemann, Moritz: *Urheberrechtsdurchsetzung und Internet*, Baden-Baden: Nomos (Schriften zum Medien- und Informationsrecht, 1) 2011, 390 S.

Heveling, Ansgar: »Urheberrecht 2011«, in: *Virtuos*, Heft 1/2011, S. 36-37

Huber, Marcel: »Medien ohne Grenzen – Offener Markt: ein Risiko für die traditionelle Verwertungspraxis? Grußwort zur Eröffnung des XXV. Münchner Symposions zum Film- und Medienrecht des Instituts für Urheber- und Medienrecht am 1. Juli 2011«, in: *ZUM Zeitschrift für Urheber- und Medienrecht*, Heft 10/2011, S. 698-699

Internet & Gesellschaft Collaboratory: *Regelungssysteme für informationelle Güter. Urheberrecht in der digitalen Zukunft*, Berlin: Internet & Gesellschaft Collaboratory 2011, 182 S.

Knies, Bernhard: »Urheberrechtliche und strafrechtliche Aspekte beim Verfassen wissenschaftlicher Doktorarbeiten«, in: ZUM Zeitschrift für Urheber- und Medienrecht, Heft 12/2011, S. 897-899

Krause, Michael: »Rechteerwerb und Rechteinhaberschaft im digitalen Zeitalter. Probleme von Nutzern beim Rechteerwerb aus Sicht des öffentlich-rechtlichen Rundfunks«, in: *ZUM Zeitschrift für Urheber- und Medienrecht*, Heft 1/2011, S. 21-26

Krauß, Christian: »Auch in Kindergärten gilt das Urheberrecht. Verwirrung um das Singen und Notenkopieren in Kitas«, in: *Musikforum*, Heft 2/2011, S. 54-55

Kreile, Johannes: »Medien ohne Grenzen – Offener Markt: Mögliche Konsequenzen im Bereich Film«, in: *ZUM Zeitschrift für Urheber- und Medienrecht*, Heft 10/2011, S. 719-723

Kreutzer, Till: »Remix-Culture und Urheberrecht«, in: Institut für Kulturpolitik der Kulturpolitischen Gesellschaft (Hrsg.): *Jahrbuch für Kulturpolitik 2011. Thema: Digitalisierung und Internet*, Bonn/Essen: Institut für Kulturpolitik der Kulturpolitischen Gesellschaft e. V./ Klartext 2011, S. 325–340

Kreutzer, Till/Deutsche UNESCO-Kommission e. V. (Hrsg.): *Open Content Lizenzen. Ein Leitfaden für die Praxis*, Bonn: Deutsche UNESCO-Kommission e. V. 2011, 70 S.

Landtag Nordrhein-Westfalen: »Gebühren zu Lasten von Musikschulen und Kindergärten für das Vervielfältigen von Noten. Antwort auf die Kleine Anfrage des Abgeordneten Golland, Gregor CDU«, Düsseldorf: Drucksache 15/1844 (2.5.2011)

Leible, Stefan/Sosnitza, Olaf: *Online-Recht 2.0: alte Fragen – neue Antworten? Cloud Computing – Datenschutz – Urheberrecht – Haftung*, Stuttgart: Boorberg (Recht und neue Medien, 24) 2011, 195 S.

Leistner, Matthias: »Von Joseph Beuys, Marcel Duchamp und der dokumentarischen Fotografie von Kunstaktionen. Überlegungen aus Anlass des Urteils des LG Düsseldorf vom 29. September 2010 in Sachen VG Bild-Kunst v. Stiftung Museum Schloss Moyland«, in: ZUM Zeitschrift für Urheber- und Medienrecht, Heft 6/2011, S. 468–487

Lieckfeld, Malte: *Die Zukunft digitaler Bibliotheken auf dem Prüfstand. Urheberrechtliche Hindernisse für digitale Bibliotheken im deutschen und amerikanischen Urheberrecht am Beispiel der Google-Buchsuche*, Frankfurt am Main u. a.: Lang (Europäische Hochschulschriften/Reihe 2, Rechtswissenschaft, 5233) 2011, 266 S.

Limper, Josef/Musiol, Christian: *Handbuch des Fachanwalts. Urheber- und Medienrecht*, Köln: Heymann 2011, 1552 S.

Link, Oliver: »Das digitale Urheberrecht steht am Abgrund. Der Rechtswissenschaftler Karl-Nikolaus Peifer über die Überforderung des Rechts, das Unwesen von Abmahnungen und die kleine Münze«, in: *brand eins*, Heft 12/2011, S. 84–89

Mächtel, Florian (Hrsg.): *Geistiges Eigentum. Vorschriftensammlung zum gewerblichen Rechtsschutz, Urheberrecht und Wettbewerbsrecht*, Tübingen: Mohr Siebeck 2011, 800 S., 3., aktualisierte und erw. Aufl.

Mahnke, Christel: »Bibliotheken, Verleger und Copyright: IFLA-Konferenz in Tokyo«, in: *Bibliothek Forschung und Praxis*, Heft 2/2011, S. 272–277

Malcher, Arno: *Personalisierte Webradios – Sendung oder Abruf. Die urheberrechtliche Einordnung internetbasierter Musikdienste am Beispiel personalisierter Webradios*, Hamburg: Kovac (Schriftenreihe Studien zum gewerblichen Rechtsschutz und zum Urheberrecht, 78) 2011, 225 S., (zugl. Diss.: Univ. Köln, 2010)

Mayerhofer, Elisabeth: »Lin(c)s. Die SP-Klubenquête zur Netzpolitik«, in: *Kulturrisse*, Heft 1/2011, S. 48–49

Müller, Stefan: »Die Rechteinhaberschaft an Musikwerken bei Online-Nutzungen«, in: *ZUM Zeitschrift für Urheber- und Medienrecht*, Heft 1/2011, S. 13–20

Neumann, Felix: »Der Öffentlichkeit nicht den Boden entziehen. Anforderungen an ein neues Urheberrecht«, in: Krone, Jan (Hrsg.): *Medienwandel kompakt 2008–2010. Schlaglichter der Veränderung in Medienökonomie, -politik, -recht und Journalismus – ausgewählte Netzveröffentlichungen*, Baden-Baden: Nomos 2011, S. 243–246

Peifer, Karl-Nikolaus: *Werkvermittlung und Rechtemanagement im Zeitalter von Google und Youtube. Urheberrechtliche Lösungen für die audiovisuelle Medienwelt*, München: Beck (Schriftenreihe des Instituts für Rundfunkrecht an der Universität zu Köln, 104) 2011, 118 S.

Pfennig, Gerhard: »Urheberrecht und Rechtsverwaltung in der Informationsgesellschaft«, in: Institut für Kulturpolitik der Kulturpolitischen Gesellschaft (Hrsg.): *Jahrbuch für Kulturpolitik 2011. Thema: Digitalisierung und Internet*, Bonn/Essen: Institut für Kulturpolitik der Kulturpolitischen Gesellschaft e. V./Klartext 2011, S. 315–323

Pfennig, Gerhard: »Wie geht´s weiter?«, in: *kulturpolitik*, Heft 3/2011, S. 13–18

Poser, Ulrich: »Urheberrechtliche Fragestellungen des Kopierens von Noten unter Berücksichtigung der Funktion und Tätigkeit der VG Musikedition«, in: *Kultur & Recht*, Stuttgart: Raabe (Loseblattsammlung 1998 ff.) 2011, 21 S., B 1.19

Prengel, Timo: *Bildzitate von Kunstwerken als Schranke des Urheberrechts und des Eigentums mit Bezügen zum Internationalen Privatrecht*, Frankfurt am Main: Lang (Schriftenreihe zum Urheber- und Kunstrecht, 10) 2011, 292 S.

Raue, Peter/Hegemann, Jan (Hrsg.): *Münchener Anwaltshandbuch Urheber- und Medienrecht*, München: Beck (Münchener AnwaltsHandbücher, 8) 2011, 1035 S.

Rausing, Lisbet: »Die zweite Revolution der Demokratisierung des Wissens. Für ein neues Alexandria und ein reformiertes Urheberrecht«, in: Institut für Kulturpolitik der Kulturpolitischen Gesellschaft (Hrsg.): *Jahrbuch für Kulturpolitik 2011. Thema: Digitalisierung und Internet*, Bonn/Essen: Institut für Kulturpolitik der Kulturpolitischen Gesellschaft e. V./Klartext 2011, S. 151-157

Recht, Christian: »Entwicklungen des Europäischen Urheberrechts im Spiegel der EBLIDA-Stellungnahmen«, in: *Bibliothek Forschung und Praxis*, Heft 1/2011, S. 40-47

Rinscheid, Martin: *Diensteanbieter und das Urheberrecht. Störerhaftung im Internet und ihre zivilrechtlichen Grundlagen*, Marburg: Tectum 2011, 147 S.

Rösing, Helmut: »Plagiat oder nicht Plagiat?«, in: *Musikforum*, Heft 1/2011, S. 46-48

Santangelo, Chiara: *Der urheberrechtliche Schutz digitaler Werke. Eine vergleichende Untersuchung der Schutz- und Sanktionsmaßnahmen im deutschen, italienischen und englischen Recht*, Berlin: Duncker & Humblot (Strafrechtliche Forschungsberichte, 125) 2011, 324 S.

Schierholz, Anke: »Bibliotheken, Massendigitalisierung und das Problem der sogenannten verwaisten Werke«, in: *kulturpolitik*, Heft 3/2011, S. 11-12

Schippan, Martin: »Prüfungspflichten einer Bildagentur bei der Weitergabe von Fotos. Zugleich Anmerkung zu BGH ZUM 2011, 239«, in: *ZUM Zeitschrift für Urheber- und Medienrecht*, Heft 11/2011, S. 795-802

Schubert, Benjamin: »Nebenwirkungen im Web«, in: *kulturpolitik*, Heft 3/2011, S. 18-19

Schwartmann, Rolf/Bießmann, Peer (Hrsg.): *Praxishandbuch Medien-, IT- und Urheberrecht*, Heidelberg: Müller (C. F. Müller Wirtschaftsrecht) 2011, 1333 S., 2., neu bearb. Aufl.

Schwarz, Mathias: »Die Praxis der segmentierten Rechtevergabe im Bereich Film«, in: *ZUM Zeitschrift für Urheber- und Medienrecht*, Heft 10/2011, S. 699-706

Seliger, Berthold: »Die Leistungsschutzgelderpresser. Wie die Kulturindustrie am altbackenen Urheberrecht festhält, um es zu ihren Gunsten auszuschlachten«, in: *konkret*, Heft 11/2011, S. 44-46

Sprave, Katharina: *Die unbekannte Nutzungsart im neuen Urheberrecht. Eine Untersuchung über den Interessenausgleich im Urhebervertragsrecht*, Hamburg: Kovac (Schriftenreihe Studien zum gewerblichen Rechtsschutz und zum Urheberrecht, 85) 2011, 371 S.

Staats, Robert: »Ein Sieg für das Urheberrecht. Gabriele Schulz im Gespräch mit Robert Staats«, in: *politik und kultur (puk)*, Heft 3/2011, S. 21-22

Stams, Dietmar: »Urheberrecht im Zeitalter des Internets«, in: Marx, Gerlind (Hrsg.): *Unternehmensführung, ökonomische und juristische Aspekte, Festschrift für Prof. Dr. Karl-Heinz Horst zum 65. Geburtstag*, Aachen: Shaker 2011, S. 349-368

Steinhauer, Eric W.: »Das Urheberrecht als Benutzungsrecht der digitalisierten Bibliothek«, in: *Kodex. Jahrbuch der internationalen buchwissenschaftlichen Gesellschaft* (Bd. 1) 2011, S. 103-113

Straub, Wolfgang: *Softwareschutz. Urheberrecht, Patentrecht, Open Source*, Zürich: Dike 2011, 320 S.

Wandtke, Artur-Axel/Gerlach, Felix-Tessen von: »Urheberrechtlicher Schutz von Werbesprüchen in der Vergangenheit und Gegenwart«, in: *ZUM Zeitschrift für Urheber- und Medienrecht*, Heft 11/2011, S. 788-795

Zentner, Laura Maria: *Das Urheberrecht des Architekten bei der Werkverwirklichung*, Tübingen: Mohr Siebeck (Geistiges Eigentum und Wettbewerbsrecht, 53) 2011, 164 S.

Züllig, Riccarda B.: *Das Werk der bildenden Kunst im Urheberrecht*, Zürich: Dike (St. Galler Schriften zur Rechtswissenschaft, 19) 2011, 229 S.

2.5.2.2 Künstlersozialversicherung

Heieck, Christian: »Recht – Steuern – Versicherungen. Künstlersozialversicherung – was bedeutet sie für Chöre? Neuigkeiten und ein großer Schritt in die richtige Richtung«, in: *Neue Chorzeit*, Heft 7-8/2011, S. 44-46

Jakob, Johannes: »Soziale Sicherung für Selbständige«, in: *Kulturnotizen*, Heft 14, 2011, S. 31-34

2.5.2.3 Steuerrecht und andere rechtliche Regelungen

Baldauf, Uwe: »Erörterung bedeutsamer Umsatzsteuer-Neuerungen aus der Sicht kommunaler Kultureinrichtungen«, in: *Zeitschrift für Kommunalfinanzen*, Heft 8/2011, S. 169-175

Fechner, Frank: *Medienrecht – Lehrbuch des gesamten Medienrechts unter besonderer Berücksichtigung von Presse, Rundfunk und Multimedia*, Tübingen: Mohr Siebeck 2011, 501 S.

Fechner, Frank/Krischok, Heike (Hrsg.): *Kultur und Künstlerrecht: Vorschriftensammlung. Die wichtigsten Vorschriften für Künstler, Denkmalbehörden, Museen und Eventagenturen*, Tübingen: Mohr Siebeck 2011, 942 S.

Gerhartl, Andreas: *Künstler im Arbeits-, Sozial- und Steuerrecht*, Wien: Linde (Fachbuch Recht) 2011, 226 S.

Häret, Daniel Philipp: »Die Restaurierung von Werken der bildenden Künste – Rechtsfragen im Verhältnis zwischen Restaurator, Eigentümer und Künstler«, in: *Kultur & Recht*, Stuttgart: Raabe (Losblattsammlung 1998 ff.) 2011, 18 S., B 1.22

Hess, Berndt: »Buchpreisbindung für E-Books?«, in: *AfP*, Heft 3/2011, S. 223-227

Hüttemann, Rainer/Richter, Andreas/Weitemeyer, Birgit (Hrsg.): *Landesstiftungsrecht*, Köln: O. Schmidt 2011, 1192 S.

Jacobi, Hannes: »Die Anrechnung von Zahlungen Dritter beim Verkauf von Büchern. Ein Verstoß gegen die Buchpreisbindung?«, in: *Wettbewerb in Recht und Praxis*, Heft 6/2011, S. 703-709

Kniess, Katharina: »Ordnung ist das halbe (Steuer-)Leben. Formalien in Buchhaltung und Umgang mit dem Finanzamt erleichtern das (Kunst-)Geschäft«, in: *Junge_Kunst*, Heft 87 (2/2011), S. 50-51

Landtag Nordrhein-Westfalen: »GEMA-Gebühren für Laienmusik. Antwort auf die Kleine Anfrage der Abgeordneten Milz, Andrea CDU«, Düsseldorf: Drucksache 15/1471 (10.3.2011)

Mascher, Dietrich/Posselt, Jens-Christian: »Der Verein in Krise und Insolvenz«, in: *Kultur & Recht*, Stuttgart: Raabe (Losblattsammlung 1998 ff.) 2011, 32 S., C 2.16

Ohde, Erik: »Steuerliche Aspekte im Hospitality-Bereich«, in: *Kultur & Recht*, Stuttgart: Raabe (Loseblattsammlung 1998 ff.) 2011, 16 S., E 3.5

»OVG Berlin-Brandenburg, 13.10.2010 – 10 S 8/10: Filmabgabe der Filmtheater«, in: *Neue Zeitschrift für Verwaltungsrecht*, Heft 7/2011, S. 445–448

Posselt, Jens-Christian: »Der (Kultur-) Verein in Krise und Insolvenz – Teil II. Die Haftung des Kulturvereins und seiner Organe in der Krise und Perspektiven zur Risikominimierung«, in: *Kultur & Recht*, Stuttgart: Raabe (Loseblattsammlung 1998 ff.) 2011, 23 S., C 2.17

Rauda, Christian: »Rechtsgrundlagen des Kulturgutes Computerspiel«, in: *Kultur & Recht*, Stuttgart: Raabe (Loseblattsammlung 1998 ff.) 2011, 13 S., M 15

Robbers, Gerhard: »Kulturförderung und Kompetenz. Bundeskompetenzen bei der Kulturförderung im Vertriebenen- und Flüchtlingsrecht«, in: *Deutsches Verwaltungsblatt*, Heft 3/2011, S. 141–149

Röckrath, Gereon: »Rechtsbeziehungen beim Ticketvertrieb über Vorverkaufsstellen und die Stellung des Veranstalters in der Insolvenz der Vorverkaufsstelle«, in: *Kultur & Recht*, Stuttgart: Raabe (Loseblattsammlung 1998 ff.) 2011, 60 S., 7.10

Rüth, Henning H.: »Änderungen bei der Umsatzsteuer für Kultureinrichtungen in den Jahren 2010 und 2011«, in: *Kultur & Recht*, Stuttgart: Raabe (Loseblattsammlung 1998 ff.) 2011, 9 S., E 3.4

Schindler, Jörg Michael: *Kulturpolitik und Recht 3.0. Von der Kulturverträglichkeitsprüfung zur kulturbezogenen Folgenabschätzung*, Bonn: ARCult 2011, 268 S.

Schlotfeldt, Andrea: »Rechtliche Aspekte beim Marketing mittels sozialer Netzwerke am Beispiel von Facebook und Twitter. Welche Risiken bestehen, wie können Nutzer rechtlichen Auseinandersetzungen vorbeugen?«, in: *Kultur & Recht*, Stuttgart: Raabe (Loseblattsammlung 1998 ff.) 2011, 26 S., M 14

Schoepe, Wolf-Dietmar: »Tipps für die Ausfallversicherung in der Praxis«, in: *Kultur & Recht*, Stuttgart: Raabe (Loseblattsammlung 1998 ff.) 2011, 11 S., H 1.4

Stumpf, Christoph/Suerbaum, Joachim/Schulte, Martin/Pauli, Rudolf (Hrsg.): *Stiftungsrecht. Kommentar*, München: C. H. Beck 2011, 818 S.

Wegner, Matthias: »Zulässigkeit einer ›Kulturförderabgabe‹ als kommunaler Steuer im Freistaat Bayern«, in: *Bayerische Verwaltungsblätter*, Heft 9/2011, S. 261–268

Zeiter, Anna: »Datenschutz im Kulturbetrieb – Muster einer Datenschutzerklärung mit Erläuterungen. Ein praxisorientiertes Muster einer Datenschutzerklärung mit Erläuterungen – für den Betrieb einer Website im Kulturbetrieb«, in: *Kultur & Recht*, Stuttgart: Raabe (Loseblattsammlung 1998 ff.) 2011, 17 S., M 17

Zimmermann, Olaf/Schulz, Gabriele: »Das Pferd von hinten aufgezäumt. Zum Übergangsmodell Zuschussrente«, in: *politik und kultur (puk)*, Heft 6/2011, S. 3–4

Zoebisch, Michael: »Der Gegendarstellungsanspruch im Internet. Der Anspruch auf Gegendarstellung, Unterlassung und Widerruf von Tatsachenbehauptungen in Telemedien wie Internetseiten und Twitter-Meldungen«, in: *ZUM Zeitschrift für Urheber- und Medienrecht*, Heft 5/2011, S. 390–395

2.5.2.4 Auswärtige Kulturpolitik allgemein

Kulturaustausch. Zeitschrift für internationale Perspektiven, Stuttgart: Institut für Auslandsbeziehungen (vierteljährlich)

Auswärtiges Amt: *Auswärtige Kultur- und Bildungspolitik in Zeiten der Globalisierung. Partner gewinnen, Werte vermitteln, Interessen vertreten*, Berlin, 14 S.

Auswärtiges Amt: »Auswärtige Kultur- und Bildungspolitik in Zeiten der Globalisierung. Partner gewinnen, Werte vermitteln, Interessen vertreten. Auszug«, in: *Kulturpolitische Mitteilungen*, Heft 135 (IV/2011), S. 68–69

Auswärtiges Amt: *Bericht der Bundesregierung zur Auswärtigen Kultur- und Bildungspolitik 2009/2010*, Berlin (Verhandlungen des Deutschen Bundestages/Drucksachen) 2011, 81 S.

Bartmann, Christoph: »Vom Dialog zum Gespräch. Ein Gastbeitrag zum Kulturaustausch«, in: *Kultur. Politik. Diskurs*, Heft 12/2011, S. 45–49

Bauer, Gerd Ulrich: *Auswärtige Kulturpolitik als Handlungsfeld und ›Lebenselixier‹. Expertentum in der deutschen Auswärtigen Politik und der Kulturdiplomatie*, München: Iudicium 2011, 279 S.

Dungen, Johannes von: *Vom Freund zum Partner. Die deutschbrasilianischen Kulturbeziehungen im Wandel*, Stuttgart: Institut für Auslandsbeziehungen (ifa-Edition Kultur und Außenpolitik) 2011, 88 S.

Ernst, Marcel: *Deutsche auswärtige Kultur- und Bildungspolitik für den Mittelmeerraum als Kultur- und Wissensraum. Analysen und Denkanstöße aus Sicht der Kulturwissenschaften*, Stuttgart: Institut für Auslandsbeziehungen (ifa-Edition Kultur und Außenpolitik) 2011, 60 S.

Friedrich-Freska, Jenny: »Türen öffnen mit Kultur. In der auswärtigen Kulturpolitik sollten Frankreich und Deutschland enger kooperieren«, in: *Welt-Sichten*, Heft 10/2011, S. 27–29

Fuchs, Max: »Deutsche auswärtige Kulturpolitik im europäischen Kontext. Themen und Trends«, in: *politik und kultur (puk)*, Heft 4/2011, S. 13–14

Heidenreich, Maja: *Kultur der Partnerschaft. Perspektiven der deutsch-russischen Kulturbeziehungen*, Stuttgart: Institut für Auslandsbeziehungen (ifa-Edition Kultur und Außenpolitik) 2011, 80 S.

Hürter, Johannes: »Das Auswärtige Amt, die NS-Diktatur und der Holocaust«, in: *Vierteljahreshefte zur Zeitgeschichte*, Heft 2/2011, S. 167–192

Klug, Petra: »Die Kulturalisierung der deutschen Integrationspolitik. Grundannahmen der politischen Auseinandersetzung im Bundestag nach dem 11. September«, in: *Islam Kultur Politik* (Beilage zu *politik & kultur*), Heft 3/2011, S. 8–9

Maldacker, Max u. a.: »Zur Bedeutung deutscher Kulturpolitik und zur Förderpraxis des Auswärtigen Amtes (AA) im Kontext von Amateurtheater. Interview«, in: *Spiel&Bühne*, Heft 1/2011, S. 9–10

Maaß, Kurt-Jürgen: »Aktuelle Herausforderungen der Auswärtigen Kulturpolitik«, in: Jäger, Thomas (Hrsg.): *Sicherheit, Wohlfahrt, Institutionen und Normen*, Wiesbaden: VS 2011, S. 584–602

Mayer, Michael: »Akteure, Verbrechen und Kontinuitäten. Das Auswärtige Amt im Dritten Reich – Eine Binnendifferenzierung«, in: *Vierteljahreshefte für Zeitgeschichte*, Heft 4/2011, S. 509–533

Nolte, Rainer: »Weltweit erfolgreich gewaltfrei? Konflikt und Kultur in der Auswärtigen Kultur- und Bildungspolitik«, in: *politik und kultur (puk)*, Heft 2/2011, S. 13

Schumacher, Joerg: *Das Ende der kulturellen Doppelrepräsentation. Die auswärtige Kulturpolitik der Bundesrepublik Deutschland und der DDR am Beispiel ihrer Kulturinstitute 1989/90*, Frankfurt am Main: Lang (Studien zur Kulturpolitik, 12) 2011, 251 S.

2.5.2.5 Kulturgüterschutz, Beutekunst, Restitution etc.

Babendreier, Jürgen: »NS-Raubgut in Museen, Bibliotheken und Archiven. Viertes Hannoversches Symposium, 9. bis 11. Mai 2011«, in: *Zeitschrift für Bibliothekswesen und Bibliographie*, Heft 6/2011, S. 332–340

Eyoum, Jean-Pierre Félix/Zeller, Joachim/Michels, Stefanie (Hrsg.): *Duala und Deutschland – verflochtene Geschichte. Die Familie Manga Bell und koloniale Beutekunst. Der Tangué der Bele Bele*, Köln: Schmidt von Schwind (DEPO- Schriftenreihe, 2) 2011, 43 S.

Holz, Susann: »Das Kunstwerk als Beute. Raub, Re-Inszenierung und Restitution in der römischen Antike«, in: Ziegler, Hendrik (Hrsg.): *Der Sturm der Bilder, zerstörte und zerstörende Kunst von der Antike bis in die Gegenwart*, Berlin: Akademie (Mnemosyne) 2011, S. 35–54

Schleswig-Holsteinischer Landtag: »NS-Raubkunst in Schleswig-Holstein. Antwort auf die Kleine Anfrage des Abgeordneten Heinz-Werner Jezewski (DIE LINKE)«, Kiel: Drucksache 17/1264 (16.2.2011)

2.6 Kulturförderung, Kulturfinanzierung

2.6.1 Allgemein

Bartelt, Denis/Theil, Anna: »Crowdfunding. Der neue Weg für private, öffentliche und unternehmerische Förderung in der Kultur- und Kreativwirtschaft«, in: Look, Friedrich/Scheytt, Oliver (Hrsg.): *Kulturmanagement & Kulturpolitik*, Stuttgart: Raabe (Loseblattsammlung 2006 ff.) 2011, 28 S., F 3.17

Eltges, Markus/Kuhlmann, Petra: »Finanzkrise und kommunale Steuereinnahmen«, in: *Informationen zur Raumentwicklung*, Heft 2/2011, S. 143–152

Esch, Christian: »Neue Impulse, Sicht- und Hörweisen. Christian Esch, Direktor des NRW KULTURsekretariats, im Gespräch über Musiktheater-Förderung«, in: *nmz. Neue Musikzeitung*, Heft 4/2011, S. 13–14

Falck, Oliver/Fritsch, Michael/Heblich, Stephan: »Das Phantom der Oper: Wie die Prunksucht absolutistischer Fürsten noch heute für blühende Landschaften sorgt«, in: *ifo-Schnelldienst*, Heft 5/2011, S. 30–35

Falck, Oliver/Fritsch, Michael/Heblich, Stephan: »Nach uns die Sintflut? Wie die Prunksucht barocker Fürsten noch bis heute für blühende Landschaften sorgt«, in: *Das Orchester*, Heft 3/2011, S. 19–20

Gerecht, Cerstin/Haselbach, Dieter/Theil, Anna: »Ein neuer Goldesel? Crowdfunding und Kulturpolitik«, in: Institut für Kulturpolitik der Kulturpolitischen Gesellschaft (Hrsg.): *Jahrbuch für Kulturpolitik 2011. Thema: Digitalisierung und Internet*, Bonn/Essen: Institut für Kulturpolitik der Kulturpolitischen Gesellschaft e. V./Klartext 2011, S. 235–242

Gerlach-March, Rita/Pöllmann, Lorenz: »Dritte Finanzierungsquelle. Möglichkeiten zur Erhöhung der Eigeneinnahmen bei Orchestern«, in: *Das Orchester*, Heft 5/2011, S. 32–33

Hemer, Joachim/Schneider, Uta/Dornbusch, Friedrich/Frey, Silvio: *Crowdfunding und andere Formen informeller Mikrofinanzierung in der Projekt- und Innovationsfinanzierung*, Stuttgart: Fraunhofer (Innovationspotenziale) 2011, 146 S.

Henner-Fehr, Christian: »Crowdfunding: mit kleinen Beträgen Kunst und Kultur unterstützen«, in: Institut für Kulturpolitik der Kulturpolitischen Gesellschaft (Hrsg.): *Jahrbuch für Kulturpolitik 2011. Thema: Digitalisierung und Internet*, Bonn/Essen: Institut für Kulturpolitik der Kulturpolitischen Gesellschaft e. V./Klartext 2011, S. 231–234

Katzenberger, Paul/Nérisson, Sylvie: »Kulturförderung, Solidarität und Verteilungsgerechtigkeit in Recht und Praxis urheberrechtlicher Verwertungsgesellschaften«, in: *Gewerblicher Rechtsschutz und Urheberrecht*, Heft 4/2011, S. 283–295

Kiel, Hermann-Josef: »Public Private Partnership (PPP)«, in: Lewinski-Reuter, Verena/Lüddemann, Stefan (Hrsg.): *Glossar Kulturmanagement*, Wiesbaden: VS 2011, S. 291–299

Kolbe, Corina: »›Tue Gutes und sprich darüber.‹ Beispiel 2: Fundraising im Konzerthaus. Corina Kolbe im Gespräch mit Sebastian Nordmann, Intendant des Konzerthauses«, in: *Das Orchester*, Heft 5/2011, S. 26–28

Kreile, Johannes: »›Der Staat sollte sich dort, wo ein Markt funktioniert, zurückhalten‹. Interview«, in: *TheaterManagement aktuell*, Heft März-Mai 2011, S. 1, 4–5

Mayhofer, Elisabeth/Mokre, Monika: »Crowdfunding. Oder: Über das schwierige Verhältnis zwischen Kunst und Demokratie«, in: *Kulturrisse*, Heft 4/2011, S. 32–35

Mertens, Gerald: »Konsolidierung. Warum wir endlich eine Debatte über die Zukunft der Theater- und Orchesterfinanzierung brauchen«, in: *Das Orchester*, Heft 4/2011, S. 12–14

Mertens, Gerald: »Muss man das Konzert wirklich verändern, um es zu erhalten? Wie der Hype um ein Buch eine überflüssige Debatte entfacht hat«, in: Drews, Albert (Hrsg.): *Die Zukunft der kulturellen Infrastruktur. 56. Loccumer Kulturpolitisches Kolloquium*, Rehburg-Loccum: Evangelische Akademie Loccum (Loccumer Protokolle, 8/11) 2011, S. 67–72

Opper, Daniel: »Fundrasing 2.0: Crowdfunding via Internet«, in: Look, Friedrich/Scheytt, Oliver (Hrsg.): *Kulturmanagement & Kulturpolitik*, Stuttgart: Raabe (Loseblattsammlung 2006 ff.) 2011, 20 S., F 3.15

Riechmann, Udo: »Lizenz zum Plündern. Öffentlich-Private Partnerschaften (ÖPP) und Schuldenbremse«, in: *Kommune*, Heft 3/2011, S. 29–35

Rogge, Heidi: »Das fliegende Orchester. Beispiel 1: Fundraising im Orchester. Heidi Rogge im Gespräch mit Patrick Schmeing, Geschäftsführender Direktor des Gürzenich-Orchesters Köln, und Florian Gränzdörffer, Leiter Konzernkommunikation Region West Deutsche Lufthansa«, in: *Das Orchester*, Heft 5/2011, S. 23–25

Ruhnke, Ulrich: »Professionalisierung ist notwendig. Ulrich Ruhnke im Gespräch mit Maurice Lausberg über Fehler beim Fundraising, schlechte Rahmenbedingungen und wie die Situation zu verbessern wäre«, in: *Das Orchester*, Heft 5/2011, S. 19-22

Ruhnke, Ulrich: »Wir machen weiter. Beispiel 3: Fundraising im Opernhaus. Ulrich Ruhnke im Gespräch mit Jürgen Flimm, Intendant der Berliner Staatsoper Unter den Linden, und Andrea Kaiser, Leiterin der Abteilung Kommunikation der Berliner Staatsoper«, in: *Das Orchester*, Heft 5/2011, S. 29-31

Scherz-Schade, Sven: »Jubeltöne fürs Private? Zur Studie der Managementberatung A. T. Kearney ›Zukunft von Kultureinrichtungen‹«, in: *Das Orchester*, Heft 4/2011, S. 24-26

Scherz-Schade, Sven: »Ungenutzte Potenziale? Finanzierungsmöglichkeiten jenseits der öffentlichen Förderung«, in: *Das Orchester*, Heft 5/2011, S. 12-14

Wagner, Bernd: »Die Entwicklung der kulturellen Infrastruktur und ihre Finanzierung«, in: Drews, Albert (Hrsg.): *Die Zukunft der kulturellen Infrastruktur. 56. Loccumer Kulturpolitisches Kolloquium*, Rehburg-Loccum: Evangelische Akademie Loccum (Loccumer Protokolle, 8/11) 2011, S. 7-18

Wagner, Bernd: »Kultur zwischen öffentlichem Gut und privatem Engagement«, in: *Neue Gesellschaft/Frankfurter Hefte*, Heft 1-2/2011, S. 54-57

2.6.2 Öffentliche Kulturförderung und Kulturausgaben

Alton, Juliane/Haslinger, Stefan: »Radikale Transparenz für alle! Eine Utopie«, in: *Kulturrisse*, Heft 4/2011, S. 36-39

Bayerischer Landtag: »Kulturinvestitionen. Antwort auf die Schriftliche Anfrage des Abgeordneten Dr. Sepp Dürr BÜNDNIS 90/DIE GRÜNEN«, München: Drucksache 16/10338 (19.12.2011)

Böhler, Wolfgang: *Kulturkampf im Bundeshaus. Kulturförderung zwischen Konkordanz, Kommerz und Kommissionen*, Zürich: Helden 2011, 125 S.

Caduff, Corina: »Kritik – Niedergang oder Neuformierung?«, in: Bekmeier-Feuerhahn, Sigrid u. a. (Hrsg.): *Kulturmanagement und Kulturpolitik*, Bielefeld: transcript (Jahrbuch für Kulturmanagement 2011) 2011, S. 149-159

Deutscher Bundestag: »Arbeitsverhältnisse und Honorierung von Künstlerinnen, Künstlern und Kulturschaffenden in vom Bund geförderten kulturellen Projekten und Institutionen. Antwort der Bundesregierung auf die Kleine Anfrage der Fraktion DIE LINKE«, Berlin: Drucksache 17/7438 (21.10.2011)

Deutscher Bundestag: »Förderung der deutschen UNESCO-Welterbestätten. Antwort der Bundesregierung auf die Kleine Anfrage der Fraktion BÜNDNIS 90/DIE GRÜNEN«, Berlin: Drucksache 17/4550 (26.1.2011)

Deutscher Bundestag: »Kulturausgaben von Bund, Ländern und Gemeinden in Zeiten der Wirtschafts- und Finanzkrise. Antwort der Bundesregierung auf die Kleine Anfrage der Fraktion der SPD«, Berlin: Drucksache 17/5699 (3.5.2011)

Deutscher Bundestag: »Kulturförderung nach § 96 Bundesvertriebenengesetz. Antwort der Bundesregierung auf die Kleine Anfrage der Fraktion BÜNDNIS 90/DIE GRÜNEN«, Berlin: Drucksache 17/5991 (27.5.2011)

Deutscher Bundestag: »Umsetzung von Vorhaben und Vorschlägen zur Förderung von Kunst und Kultur durch den Bund. Antwort der Bundesregierung auf die Kleine Anfrage der Fraktion der SPD«, Berlin: Drucksache 17/6835 (23.8.2011)

Fatoyinbo, Joy Richard: »Kommunale Kulturfinanzierung im Zeichen der Krise«, in: *Aus Politik und Zeitgeschichte*, Heft 7-8/2011, S. 19-25

Heller, Volker: »Kulturförderung in öffentlicher Verantwortung«, in: *Kulturnotizen*, Heft 14 (2011), S. 36-37

Kulturmanagement Network, Dirk Schütz & Dirk Heinze, Weimar (Hrsg.): »Kommunale Kulturfinanzierung. Schwerpunktthema«, in: *Kultur und Management im Dialog*, Heft 52 (2011), S. 1-37

Maly, Ulrich: »Schuldenbremse: Vollbremsung auf Kosten der Kommunen«, in: *der städtetag*, Heft 3/2011, S. 11-13

Mühlenkamp, Holger: »Die Steuerungswirkung der Doppik«, in: *der städtetag*, Heft 3/2011, S. 14-18

Opitz, Stephan/Steinbrink, Mattias/Thomas, Volker: »Öffentliche Zuwendungen«, in: Klein, Armin (Hrsg.): *Kompendium Kulturmanagement, Handbuch für Studium und Praxis*, München: Vahlen 2011, S. 460-475, 3. überarbeitete Auflage

Renner, Tim: »Wir brauchen einen Kreativpakt!«, in: *Kulturnotizen*, Heft 14 (2011), S. 28-30

Sächsischer Landtag: »Sächsische Förderdatenbank Kultur. Antwort auf die Kleine Anfrage des Abgeordneten Karl-Heinz Gerstenberg GRÜNE«, Dresden: Drucksache 5/4695 (31.1.2011)

Scherz-Schade, Sven: »Bundesweitblick auf Kultur. Kulturfinanzierung auf allen Ebenen«, in: *Das Orchester*, Heft 4/2011, S. 15-17

Scherz-Schade, Sven: »Es bleibt stabil. Öffentliche Kulturfinanzierung im Land Niedersachsen«, in: *Das Orchester*, Heft 4/2011, S. 18-20

Scherz-Schade, Sven: »Ausweg Doppik? Kommunen und ihre Kulturfinanzierung«, in: *Das Orchester*, Heft 4/2011, S. 21-23

Scherz-Schade, Sven: »Raffiniert disponiert. Intendanten nutzen ›Optimierungspotenziale‹ der Orchester«, in: *Das Orchester*, Heft 3/2011, S. 21-23

Schleswig-Holsteinischer Landtag: »Ausgaben im Landeshaushalt im Bereich Kultur. Antwort auf die Kleine Anfrage des Abgeordneten Hans Müller (SPD)«, Kiel: Drucksache 17/1298 (24.2.2011)

Schleswig-Holsteinischer Landtag: »Personaleinsparungen in der Kultur. Antwort auf die Kleine Anfrage der Abgeordneten Anke Spoorendonk (SSW)«, Kiel: Drucksache 17/1738 (6.9.2011)

Thüringer Landtag: »Förderung von Kreativen im Freistaat Thüringen. Antwort auf die Kleine Anfrage der Abgeordneten Dr. Birgit Klaubert (DIE LINKE)«, Erfurt: Drucksache 5/3458 (1.11.2011)

Trittin, Jürgen: »Schuldenabbau ohne Raubbau. Kulturförderung in Zeiten der Schuldenbremse«, in: *politik und kultur (puk)*, Heft 4/2011, S. 1-2

Zembylas, Tasos: »Rechtspolitischer Sinn oder Unsinn von Kulturförderungsgesetzen«, in: Bekmeier-Feuerhahn, Sigrid u. a. (Hrsg.): *Kulturmanagement und Kulturpolitik*, Bielefeld: transcript (Jahrbuch für Kulturmanagement 2011) 2011, S. 129-147

2.6.3 Private Kulturfinanzierung, Sponsoring, Mäzenatentum, Stiftungen

Deutsche Stiftungen. Mitteilungen des Bundesverbandes Deutscher Stiftungen (DS), Berlin: Bundesverband Deutscher Stiftungen (dreimal jährlich)

Stiftung & Sponsoring. Das Magazin für Non-Profit-Management und -Marketing, Verl: W&N Stiftung & Sponsoring (sechsmal jährlich)

Allianz Kulturstiftung (Hrsg.): *Allianz Kulturstiftung*, München: Selbstverlag 2011, 84 S.

Bach, Arthur: »Mentorenprogramm für junge Künstler. Der Bloom Award by Warsteiner«, in: *Junge_Kunst*, Heft 88 (3/2011), S. 49-51

Dubach, Elisa Bortoluzzi: »Kultursponsoring«, in: Klein, Armin (Hrsg.): *Kompendium Kulturmanagement. Handbuch für Studium und Praxis*, München: Vahlen 2011, S. 476-501, 3. überarbeitete Auflage

Kaltenbeck, Julia: *Crowdfunding und Social Payments. Im Anwendungskontext von Open Educational Resources*, Berlin: epubli 2011, 116 S.

Krautter, Eva: »Vorsprung durch Gesangstechnik. Unternehmerische Kulturförderung auf hohem Niveau bei der Audi Jugendchorakademie«, in: *Neue Chorzeit*, Heft 7-8/2011, S. 18-19

Kremer, Miriam/Meyenburg, Angela (Hrsg.): *Kulturelle Teilhabe und soziale Inklusion. Grundlagenpapier zu Inhalt und Zielen der Kulturloge Berlin*, Berlin: Kulturloge Berlin 2011, 44 S.

Kreßner, Tino: »Finanzierung durch Viele gemeinsam. Crowdfunding im Bereich Kunst und Kultur«, in: Janner, Karin: *Social Media im Kulturmanagement, Grundlagen, Fallbeispiele, Geschäftsmodelle, Studien*, Heidelberg: mitp 2011, S. 349-364

Kulturkontakt Austria (Hrsg.): *Vom Sponsoring zur Corporate Cultural Responsibility*, Wien: Ed. Atelier 2011, 115 S.

Matthiesen, Tatiana: »Potentiale der Einwanderungsgesellschaft. Das Engagement der ZEIT-Stiftung Ebelin und Gerd Bucerius im Handlungsfeld Migration und Integration«, in: *interkultur* (regelmäßige Beilage zu *politik & kultur*), Heft 11/2011, S. 3-4

Müller, Olaf/Vincken, Bernd: *Herausforderungen im Zeichen der Krise. Verleihung des Internationalen Karlspreises zu Aachen 2011 an Jean-Claude Trichet*, Aachen: einhard 2011, 278 S.

Pöllmann, Lorenz: »Sponsoring«, in: Lewinski-Reuter, Verena/Lüddemann, Stefan (Hrsg.): *Glossar Kulturmanagement*, Wiesbaden: VS 2011, S. 340-346

Reden, Friederike von: »Die Kunst der Kooperation. Kultur- und Museumsförderung durch Unternehmen«, in: *Museumskunde*, Heft 2/2011, S. 61-68

Schulte im Walde, Christoph: »Für in Not geratene Künstler. Seit neunzig Jahren hilft der Musicians Benevolent Fund in Großbritannien künstlerisch aktiven Menschen in Notlagen«, in: *Das Orchester*, Heft 12/2011, S. 44-46

Stein, Vivien: *Heinz Berggruen. Leben & Legende*, Zürich: edition alpenblick 2011, 571 S.

Strachwitz, Rupert Graf: »Stiftung«, in: Lewinski-Reuter, Verena/Lüddemann, Stefan (Hrsg.): *Glossar Kulturmanagement*, Wiesbaden: VS 2011, S. 347-356

Wendorf, Alexandra: »Handeln und Gestalten in sozialer Verantwortung. Die Montag Stiftung Kunst und Gesellschaft«, in: *Junge_Kunst*, Heft 89 (4/2011), S. 40-44

Zimmermann, Olaf: »Gemeinsam den Einsparungen trotzen. Wie der Deutsche Kulturrat der Finanzknappheit begegnet«, in: *Soziokultur | Prinzipien – Praxis – Perspektiven*, Heft 1/2011, S. 18-19

2.7 Kulturmanagement

Beecken, Markus: »Freiräume schaffen. Rationalisierungen am Theater als Chance für Perspektiven«, in: Loock, Friedrich/Scheytt, Oliver (Hrsg.): *Kulturmanagement & Kulturpolitik*, Stuttgart: Raabe (Loseblattsammlung 2006 ff.) 2011, 24 S., E 1.5

Bekmeier-Feuerhahn, Sigrid/Berg, Karen van der/Höhne, Steffen/Keller, Rolf/Koch, Angela/Mandel, Birgit/Tröndle, Martin/Zembylas, Tasos (Hrsg.): *Kulturmanagement und Kulturpolitik. Jahrbuch für Kulturmanagement 2011* (hrsg. im Auftrag des Fachverbandes für Kulturmanagement), Bielefeld: transcript (Jahrbuch für Kulturmanagement, 3) 2011, 404 S.

Bemmé, Sven-Oliver: *Kultur-Projektmanagement. Kultur- und Organisationsprojekte erfolgreich managen*, Wiesbaden: VS 2011, 126 S.

Bendixen, Peter: *Einführung in das Kultur- und Kunstmanagement, 4. Auflage*, Wiesbaden: VS 2011, 395 S.

Birnkraut, Gesa: *Evaluation im Kulturbetrieb*, Wiesbaden: VS (Kunst- und Kulturmanagement) 2011, 128 S.

Bock, Stephan/Lüddemann, Cornelia: »Marketing in der Soziokultur«, in: Klein, Armin (Hrsg.): *Kompendium Kulturmarketing. Handbuch für Studium und Praxis*, München: Vahlen 2011, S. 375-392

Born, Tobias/Zeiter, Anna: »Datenschutzkonformes Marketing im Kulturbetrieb. Ein praktischer Leitfaden für datenschutzkonforme Werbe- und Marketingmaßnahmen im Kulturbetrieb«, in: *Kultur & Recht*, Stuttgart: Raabe (Loseblattsammlung 1998 ff.) 2011, 36 S., G 3.3

Breyer-Mayländer, Thomas: »Medienmarketing«, in: Klein, Armin (Hrsg.): *Kompendium Kulturmarketing. Handbuch für Studium und Praxis*, München: Vahlen 2011, S. 333-358

CIAM – Center for International Arts Management (Hrsg.): *International Arts Management Concepts. Higher Education for the Market? First International CIAM Expert Forum 26th and 27th November 2010*, Düsseldorf: Selbstverlag (CIAM IV) 2011, 235 S. (englisch/deutsch)

Deutscher Bundestag: »Potenziale der Kultur- und Kreativwirtschaft – Stand der Bemühungen der Bundesregierung. Antwort der Bundesregierung auf die Kleine Anfrage der Fraktion der SPD«, Berlin: Drucksache 17/6870 (29.8.2011)

Esders, Michael: »Paradies-Apple. Sprachmystik und Namensmagie im Marketing«, in: *Merkur*, Heft 742 (2011), S. 269-273

Esfeld-Reschke, Jörg: »Mit Crowdfunding ergeben sich Kundenbindungsmöglichkeiten, die es so vorher nicht gegeben hat. Gespräch«, in: *TheaterManagement*, Heft September-November 2011, S. 1-5

Föhl, Patrick/Glogner-Pilz, Patrick/Lutz, Markus/Pröbstle, Yvonne (Hrsg.): *Nachhaltige Entwicklung in Kulturmanagement und Kulturpolitik. Ausgewählte Grundlagen und strategische Perspektiven*, Wiesbaden: VS 2011, 289 S.

Föhl, Patrick S./Glogner-Pilz, Patrick: *Kulturmanagement als Wissenschaft. Überblick – Methoden – Arbeitsweisen. Einführung für Studium und Praxis*, Bielefeld: transcript (Schriften zum Kultur- und Museumsmanagement) 2011, 150 S.

Frank, Simon A.: »Online Kulturmarketing und Social Media«, in: Klein, Armin (Hrsg.): *Kompendium Kulturmarketing. Handbuch für Studium und Praxis*, München: Vahlen 2011, S. 141–166

Gartiser, Peter: »Der Preis spielt keine Rolle? Preispolitik und -gestaltung bei Orchestern und Konzerthäusern«, in: *Das Orchester*, Heft 5/2011, S. 34–36

Hartmann, Lena: »Die Kunst der Kunstvermittlung. Wie Museen den Zugang zur Kunst ermöglichen«, in: *Junge_Kunst*, Heft 89 (4/2011), S. 48–49

Hausmann, Andrea: *Die Kunst in der Gesellschaft*, Wiesbaden: VS 2011, 208 S.

Hausmann, Andrea: »Theatermarketing«, in: Klein, Armin (Hrsg.): *Kompendium Kulturmarketing. Handbuch für Studium und Praxis*, München: Vahlen 2011, S. 217–234

Hausmann, Andrea/Pöllmann, Lorenz: »Auswirkungen und Potenziale von Social Media im Kulturmanagement«, in: Drews, Albert (Hrsg.): *Die Zukunft der kulturellen Infrastruktur. 56. Loccumer Kulturpolitisches Kolloquium*, Rehburg-Loccum: Evangelische Akademie Loccum (Loccumer Protokolle, 8/11) 2011, S. 105–112

Heinze, Dirk: »Im Mittelpunkt steht der Mensch. Der Aufbruch des Kulturbetriebs in ein professionelles Personalmanagement«, in: *Kulturpolitische Mitteilungen*, Heft 132 (I/2011), S. 70–71

Henze, Raphaela: »Nutzung des Web 2.0 an deutschen Theatern und Schauspielhäusern. Eine empirische Untersuchung«, in: Loock, Friedrich/Scheytt, Oliver (Hrsg.): *Kulturmanagement & Kulturpolitik*, Stuttgart: Raabe (Loseblattsammlung 2006 ff.) 2011, 18 S., H 3.8

Henze, Raphaela: »Personalmanagement im Kulturbetrieb. Eine Handreichung für Praktiker«, in: Loock, Friedrich/Scheytt, Oliver (Hrsg.): *Kulturmanagement & Kulturpolitik*, Stuttgart: Raabe (Loseblattsammlung 2006 ff.) 2011, 24 S., E 3.8

Höhne, Steffen/Bünsch, Nicola/Ziegler, Ralph Philipp (Hrsg.): *Kulturbranding III. Positionen, Ambivalenzen, Perspektiven zwischen Markenbildung und Kultur*, Leipzig: Leipziger Universitätsverlag (Weimarer Studien zu Kulturpolitik und Kulturökonomie, 7) 2011, 277 S.

Hoffmann, Milena: »Erfolgsfaktoren gelungener Kooperation zwischen Kultur und Tourismus«, in: *Kulturpolitische Mitteilungen*, Heft 132 (I/2011), S. 65–67

Institut KMM Hamburg: »›Das war schon immer so‹, ist kein Erfolgsgarant. Ergebnisse und Erkenntnisse aus der Kulturpraxis«, in: Loock, Friedrich/Scheytt, Oliver (Hrsg.): *Kulturmanagement & Kulturpolitik*, Stuttgart: Raabe (Loseblattsammlung 2006 ff.) 2011, 36 S., D 3.8

Institut KMM Hamburg: »Green ELBJAZZ. Ökologische Möglichkeiten bei einem Musik-Festival«, in: Loock, Friedrich/Scheytt, Oliver (Hrsg.): *Kulturmanagement & Kulturpolitik*, Stuttgart: Raabe (Loseblattsammlung 2006 ff.) 2011, 16 S., J 1.11

Janeke, Kristiane: »Museumsmarketing«, in: Klein, Armin (Hrsg.): *Kompendium Kulturmarketing. Handbuch für Studium und Praxis*, München: Vahlen 2011, S. 289–316

Janner, Karin/Holst, Christian/Kopp, Axel (Hrsg.): *Social Media im Kulturmanagement. Grundlagen, Fallbeispiele, Geschäftsmodelle, Studien*, Heidelberg/München/Landsberg u. a.: mitp 2011, 451 S.

Jürgens, Ekkehard: »Klassische Instrumente der Öffentlichkeitsarbeit (PR)«, in: Klein, Armin (Hrsg.): *Kompendium Kulturmarketing. Handbuch für Studium und Praxis*, München: Vahlen 2011, S. 113–140

Just, Patricia: »Raus aus dem Schatten des Orchesters. Aktuelle Herausforderungen im Chormanagement. Sandra Sinsch im Gespräch mit Patricia Just, Managerin des WDR Rundfunkchors«, in: *Das Orchester*, Heft 9/2011, S. 22–24

Kaindl, Marianne: »Erzähl doch mal! Storytelling als erfolgreiche Methode im Kultur-Marketing«, in: Loock, Friedrich/Scheytt, Oliver (Hrsg.): *Kulturmanagement & Kulturpolitik*, Stuttgart: Raabe (Loseblattsammlung 2006 ff.) 2011, 22 S., H 2.19

Klein, Armin: »Der strategische Kulturmarketing-Managementprozess«, in: Klein, Armin (Hrsg.): *Kompendium Kulturmarketing. Handbuch für Studium und Praxis*, München: Vahlen 2011, S. 97–112

Klein, Armin: »Grundlagen des Kulturmarketing«, in: Klein, Armin (Hrsg.): *Kompendium Kulturmarketing. Handbuch für Studium und Praxis*, München: Vahlen 2011, S. 7–21

Klein, Armin: »Hybrides Kulturmarketing«, in: Institut für Kulturpolitik der Kulturpolitischen Gesellschaft (Hrsg.): *Jahrbuch für Kulturpolitik 2011. Thema: Digitalisierung und Internet*, Bonn/Essen: Institut für Kulturpolitik der Kulturpolitischen Gesellschaft e. V./Klartext 2011, S. 195–205

Klein, Armin (Hrsg.): *Kompendium Kulturmanagement. Handbuch für Studium und Praxis*, München: Vahlen 2011, 684 S., 3. überarbeitete Auflage

Kniess, Katharina: »Den Preis wert sein. Kalkulation von Kunstwerken«, Erfahrungen, in: *Junge_Kunst*, Heft 86 (1/2011), S. 47–48

Lang, Wilhelm F.: »Marketing an Volkshochschulen«, in: Klein, Armin (Hrsg.): *Kompendium Kulturmarketing. Handbuch für Studium und Praxis*, München: Vahlen 2011, S. 359–374

Langholz, Jens: *Existenzgründung im Kulturbetrieb*, Wiesbaden: VS 2011, 138 S.

Lewinski-Reuter, Verena/Lüddemann, Stefan (Hrsg.): *Glossar Kulturmanagement*, Wiesbaden: VS 2011, 393 S.

Loock, Friedrich: »Fallstudie: Budgetcontrolling. Eine angemessene Kalkulation schafft Klarheit und gibt Sicherheit«, in: Loock, Friedrich/Scheytt, Oliver (Hrsg.): *Kulturmanagement & Kulturpolitik*, Stuttgart: Raabe (Loseblattsammlung 2006 ff.) 2011, 22 S., D 2.2

Loock, Friedrich: »Kein Meeting ohne Mit-Wirkende. Erfolgreiche Sitzungen erfordern Bereitschaft zur Mitgestaltung und zum Perspektivwechsel«, in: Loock, Friedrich/Scheytt, Oliver (Hrsg.): *Kulturmanagement & Kulturpolitik*, Stuttgart: Raabe (Loseblattsammlung 2006 ff.) 2011, 12 S., I 2.3

Lüddemann, Stefan: »Kultur«, in: Lewinski-Reuter, Verena/Lüddemann, Stefan (Hrsg.): *Glossar Kulturmanagement*, Wiesbaden: VS 2011, S. 86–93

Mandel, Birgit/Renz, Thomas: »Mehr als armen Leuten eine Theaterkarte schenken! Wie das Tafelprinzip auch als Instrument des Audience Developments funktioniert«, in: *Kulturpolitische Mitteilungen*, Heft 133 (II/2011), S. 70–71

Mertens, Gerald: »Muss man das Konzert wirklich verändern, um es zu erhalten? Wie der Hype um ein Buch eine überflüssige Debatte entfacht hat«, in: *Kulturpolitische Mitteilungen*, Heft 133 (II/2011), S. 54–55

Müller-Girod, Christoph: »Von der Philharmonie 2.0 bis zu K.WEST. Drei Modelle für Kultureinrichtungen im Social Web«, in: Loock, Friedrich/Scheytt, Oliver (Hrsg.): *Kulturmanagement & Kulturpolitik*, Stuttgart: Raabe (Loseblattsammlung 2006 ff.) 2011, 14 S., J 1.10

Müller, Solveig: »Schnell. mehr. wissen – Welches Potenzial birgt die Deutsche Internetbibliothek? Entwicklung eines Marketingkonzepts«, in: *Bibliothek Forschung und Praxis*, Heft 3/2011, S. 351–361

Novoselac, Tomislav: »Archivmanagement. Mit Strategie zum Erfolg«, in: *Archiv und Wirtschaft. Zeitschrift für das Archivwesen der Wirtschaft*, Heft 1/2011, S. 5–14

Pröbstle, Yvonne: »Kulturtourismusmarketing«, in: Klein, Armin (Hrsg.): *Kompendium Kulturmarketing. Handbuch für Studium und Praxis*, München: Vahlen 2011, S. 393–414

Regionalverband FrankfurtRheinMain, Frankfurt/Main (Hrsg.): *Kultur- und Kreativwirtschaft FrankfurtRheinMain*, Frankfurt am Main 2011, 26 S.

Rosenberg, Pamela: »Ein Patentrezept gegen Publikumsschwund gibt es nicht. Christian Höppner im Gespräch mit Pamela Rosenberg«, in: *Musikforum*, Heft 4/2011, S. 22–25

Rothaermel, Bettina: »Musicalmarketing«, in: Klein, Armin (Hrsg.): *Kompendium Kulturmarketing. Handbuch für Studium und Praxis*, München: Vahlen 2011, S. 235–260

Schmidt-Ott, Thomas: »Orchestermarketing«, in: Klein, Armin (Hrsg.): *Kompendium Kulturmarketing. Handbuch für Studium und Praxis*, München: Vahlen 2011, S. 261–288

Schmidt, Thomas: *Theatermanagement. Eine Einführung*, Wiesbaden: Springer VS (Kunst- und Kulturmanagement) 2011, 184 S.

Schneidewind, Petra: *Controlling im Kulturmanagement. Eine Einführung*, Wiesbaden: VS (Kunst- und Kulturmanagement) 2011, 128 S.

Sieber, Elke: »Professionalisierung im Kulturmanagement«, in: Loock, Friedrich/Scheytt, Oliver (Hrsg.): *Kulturmanagement & Kulturpolitik*, Stuttgart: Raabe (Loseblattsammlung 2006 ff.) 2011, 24 S., A 1.4

Starke, Dorothee: »Sponsoring durch mittelständische Unternehmen in der Region«, in: Loock, Friedrich/Scheytt, Oliver (Hrsg.): *Kulturmanagement & Kulturpolitik*, Stuttgart: Raabe (Loseblattsammlung 2006 ff.) 2011, 16 S., F 3.16

Universität Hamburg, Fakultät für Wirtschafts- und Sozialwissenschaften (Hrsg.): *Transorganisationale Arbeit in den Creative Industries. Eine praxistheoretische Analyse*, Hamburg 2011, 395 S.

Universität Paderborn, Fakultät für Kulturwissenschaften, Fach Geographie (Hrsg.): *Kultur als touristischer Standortfaktor. Potenziale – Nutzung – Management*, Paderborn (Paderborner geographische Studien zu Tourismusforschung und Destinationsmanagement, 23) 2011, 208 S.

Vogt, Hannelore: »Bibliotheksmarketing«, in: Klein, Armin (Hrsg.): *Kompendium Kulturmarketing. Handbuch für Studium und Praxis*, München: Vahlen 2011, S. 317–332

Wagner, Claudia: »Kultur-PR 2.0. Die interaktive Kulturinstitution am Beispiel RUHR.2010«, in: Loock, Friedrich/Scheytt, Oliver (Hrsg.): *Kulturmanagement & Kulturpolitik*, Stuttgart: Raabe (Loseblattsammlung 2006 ff.) 2011, 20 S., H 3.7

Walter, Hans-Conrad/Nieuweboer, Eva (Hrsg.): *Jahrbuch Kulturmarken 2012*, Berlin: Causales – Gesellschaft für Kulturmarketing und Kultursponsoring mbH 2011, 226 S.

Wegner, Nora: »Evaluation im Kulturmarketing«, in: Klein, Armin (Hrsg.): *Kompendium Kulturmarketing. Handbuch für Studium und Praxis*, München: Vahlen 2011, S. 187–200

Will-Flatau, Susanne: »Was tun, wenn das Geld knapp wird? Anforderungen an die Finanzierung öffentlicher Kultureinrichtungen am Beispiel von Museen«, in: Loock, Friedrich/Scheytt, Oliver (Hrsg.): *Kulturmanagement & Kulturpolitik*, Stuttgart: Raabe (Loseblattsammlung 2006 ff.) 2011, 26 S., D 1.14

Winter, Carsten/Buschow, Christopher: »Veränderungen und Tendenzen im Personalmarkt für Kulturmanager. Ergebnisse einer Analyse des Stellenmarktes von Kulturmanagement Network«, in: *Kulturpolitische Mitteilungen*, Heft 132 (I/2011), S. 67–69

Winter, Carsten/Buschow, Christopher: »Kulturmanagement intelligenter, integrativer und nachhaltiger entwickeln. Ein Kommentar vor dem Hintergrund der Strategie ›Europa 2020‹«, in: *Kulturpolitische Mitteilungen*, Heft 135 (IV/2011), S. 50–51

Wissmann, Bettina: »Führung aus der ›zweiten Reihe‹. Die Kaufmännische Geschäftsführung als Unterstützer der künstlerischen Leitung«, in: Loock, Friedrich/Scheytt, Oliver (Hrsg.): *Kulturmanagement & Kulturpolitik*, Stuttgart: Raabe (Loseblattsammlung 2006 ff.) 2011, 18 S., E 3.9

Wolfram, Gernot: *Kulturmanagement und Europäische Kulturarbeit. Tendenzen – Förderungen – Innovationen. Leitfaden für ein neues Praxisfeld*, Bielefeld: transcript (Schriften zum Kultur- und Museumsmanagement) 2011, 280 S.

2.8 Qualitätsmessung, Evaluation, Nutzerforschung

Bertele, Maria/Obermeier, Ilona: »Mystery Shopping durch Fokusgruppen in der Bibliothek – Eine Methode zur Evaluierung der Dienstleistungsqualität in der Kundenberatung«, in: *Bibliothek Forschung und Praxis*, Heft 3/2011, S. 336–350

Best, Stefanie/Breinig, Christian: »Parallele und exklusive Mediennutzung. Ergebnisse auf Basis der ARD/ZDF-Langzeitstudie Massenkommunikation«, in: *Media Perspektiven*, Heft 1/2011, S. 16–35

Birnkraut, Gesa: *Evaluation im Kulturbetrieb*, Wiesbaden: VS 2011, 128 S.

Birnkraut, Gesa: »White paper ›Museen und Kommunen‹«, in: *Kulturpolitische Mitteilungen*, Heft 134 (III/2011), S. 56–57

Börsenverein des Deutschen Buchhandels (Hrsg.): *Buch und Buchhandel in Zahlen 2011*, Frankfurt am Main: MVB Marketing- und Verlagsservice der Buchhandels GmbH 2011, 136 S.

Brünglinghaus, Ralf/Weinert, Katharina: »Internetnutzung in Deutschland im Überblick«, in: Institut für Kulturpolitik der Kulturpolitischen Gesellschaft (Hrsg.): *Jahrbuch* für Kulturpolitik 2011. Thema: Digitalisierung und Internet, Bonn/Essen: Institut für Kulturpolitik der Kulturpolitischen Gesellschaft e. V./Klartext 2011, S. 391-395

Castan, Björn: *Erfolgskontrolle von Events und Sponsoring. Instrumente für die Evaluation ihrer Werbewirkung*, Berlin: Erich-Schmidt 2011, 130 S.

DeGEval: »Methoden der Evaluation. Positionspapier der DeGEval – Gesellschaft für Evaluation«, in: *Zeitschrift für Evaluation*, Heft 1/2011, S. 155-156

Eimeren, Birgit van/Ridder, Christa-Maria: »Trends in der Nutzung und Bewertung der Medien 1970 bis 2010. Ergebnisse der ARD/ZDF-Langzeitstudie Massenkommunikation«, in: *Media Perspektiven*, Heft 1/2011, S. 2-15

Epkenhans, Ina: »Evaluation – das Stiefkind der Stiftungsarbeit. Warum nicht nur die Kapitalanlage, sondern auch der Kapitaleinsatz eine Erfolgskontrolle benötigt«, in: *Die Stiftung*, Heft 5/2011, S. 36-37

Feierabend, Sabine/Rathgeb, Thomas: »Medienumgang Jugendlicher in Deutschland. Ergebnisse der JIM-Studie 2010«, in: *Media Perspektiven*, Heft 6/2011, S. 299-310

Filmförderungsanstalt (FFA) Berlin: *Der Kinobesucher 2010. Strukturen und Entwicklungen auf Basis des GfK Panels, Mai 2011*, Berlin: Filmförderungsanstalt/German Federal Film Board 2011, 96 S.

Fischer, Ernst: »Culturomics. Digitale Bibliothek als Basis für quantitative Kulturanalysen«, in: *Kodex. Jahrbuch der internationalen buchwissenschaftlichen Gesellschaft*, 2011, S. 55-78

Föhl, Patrick S.: »Das Kulturpublikum«, in: Klein, Armin (Hrsg.): *Kompendium Kulturmarketing, Handbuch für Studium und Praxis*, München: Vahlen 2011, S. 23-48

Geiger, Adaora: »Migranten im deutschen Kulturpublikum. Eine Besucherbefragung in den Museen K20 und K21 der Kunstsammlung NRW«, in: *Kulturpolitische Mitteilungen*, Heft 135 (IV/2011), S. 66-67

Glogner-Pilz, Patrick/Föhl, Patrick S. (Hrsg.): *Das Kulturpublikum. Fragestellungen und Befunde der empirischen Forschung*, Wiesbaden: VS 2011, 311 S., 2. erw. Aufl.

Glogner-Pliz, Patrick: »Instrumente der Besucherforschung«, in: Klein, Armin (Hrsg.): *Kompendium Kulturmarketing. Handbuch für Studium und Praxis*, München: Vahlen 2011, S. 49-72

Greifeneder, Elke: »Benutzerforschung im Online-Zeitalter. Remote-Usability-Tests – die Methode der Zukunft für digitale Bibliotheken«, in: *Buch und Bibliothek*, Heft 10/2011, S. 726-729

Hense, Jan/Mandl Heinz: »Wissensmanagement und Evaluation«, in: *Zeitschrift für Evaluation*, Heft 2/2011, S. 267-301

Hessischer Landtag: »Besucher von Staatstheatern und Landesmuseen. Antwort auf die Kleine Anfrage des Abgeordneten Schäfer-Gümbel, Thorsten, SPD«, Wiesbaden: Drucksache 18/3705 (4.4.2011)

Jungheim, Gregor: »Auch Herzensangelegenheiten brauchen Erfolgskontrollen. Was Evaluation in der Stiftungsarbeit bewirken kann«, in: *Die Stiftung*, Heft 5/2011, S. 32-34

Kaehlbrandt, Roland: »Was bringt Engagementförderung? Die Evaluation von Freiwilligenarbeit – ein Praxisbeispiel«, in: *Die Stiftung*, Heft 5/2011, S. 40-41

Kalman, Michael/Metje, Ute M./Rolfes, Manfred/Kohlmeyer, Klaus: »Evaluation von Integrationspolitik. Frühjahrstagung der Arbeitskreise ›Berufliche Bildung‹, ›Kultur und Kulturpolitik‹ und ›Stadt- und Regionalentwicklung‹ im Mai 2011«, in: *Zeitschrift für Evaluation*, Heft 2/2011, S. 337-346

Kerner, Andrea: »Wer kommt zu uns? Audiences London nimmt das Londoner Konzertpublikum unter die Lupe«, in: *Das Orchester*, Heft 10/2011, S. 38-39

Keuchel, Susanne: »Analyse und Typologie des Kulturpublikums. Kulturtypen zwischen erlebnisorientierten Bildungsbürgern und Multikulti-Szenegängern«, in: Loock, Friedrich/Scheytt, Oliver (Hrsg.): *Kulturmanagement & Kulturpolitik*, Stuttgart: Raabe (Loseblattsammlung 2006 ff.) 2011, 18 S., H 2.17

Keuchel, Susanne: »Ist die Krise überwunden? Nachwuchsarbeit in Orchestern und Musiktheatern ist erwünscht. Ergebnisse aus dem 9. ›KulturBarometer‹«, in: *Das Orchester*, Heft 10/2011, S. 33-37

Keuchel, Susanne: »Musikproduzenten oder Pädagogen? Eine Infrastrukturerhebung zu Vermittlungsangeboten in Kultureinrichtungen«, in: *Musikforum*, Heft 4/2011, S. 14-17

Keuchel, Susanne/Larue, Dominic: *Kulturwelten in Köln. Eine empirische Analyse des Kulturangebots mit Fokus auf Internationalität und Interkulturalität*, Bonn: ARCult Media 2011, 96 S.

Kirchberg, Volker/Kuchar, Robin: »Wer kommt – wer geht – und warum? Probleme und Potenziale der Publikumsforschung in Deutschland«, in: *Musikforum*, Heft 4/2011, S. 54-57

Klumpe, Bettina: »15 Jahre Onlineforschung bei ARD und ZDF. ARD/ZDF-Onlinestudie 2011«, in: *Media Perspektiven*, Heft 7-8/2011, S. 370-378

Kulturstiftung des Freistaates Sachsen: *Jahrbuch 2010*, Dresden: Selbstverlag 2011, 272 S.

Lutz, Markus: »Besucherorientierung und Besucherbindung«, in: Klein, Armin (Hrsg.): *Kompendium Kulturmarketing. Handbuch für Studium und Praxis*, München: Vahlen 2011, S. 73-96

Mandel, Birgit: »Audience Development«, in: Klein, Armin (Hrsg.): *Kompendium Kulturmarketing. Handbuch für Studium und Praxis*, München: Vahlen 2011, S. 201-214

Mandel, Birgit: »Die Lange Nacht der Opern und Theater. Ergebnisse einer Besucherbefragung in Berlin«, in: *Kultur. Politik. Diskurs*, Heft 12/2011, S. 28-32

Mandel, Birgit: »Hohe Imagewerte bei Fans – geringe Effektivität bei Neukundengewinnung. Ergebnisse der ersten Besucher-Studie zur Langen Nacht der Opern und Theater in Berlin«, in: *TheaterManagement*, Heft September-November 2011, S. 2-6

Mandel, Birgit: »Kulturloge Berlin auf dem Prüfstand – Eine Evaluation der Universität Hildesheim. Mehr als armen Leuten eine Theaterkarte schenken. Ergebnisse der Nutzer-Befragung der Kulturloge Berlin sowie der Befragung von ehrenamtlichen Mitarbeitern und fördernden Kulturinstitutionen«, in: Kerner, Miriam/Meyenburg, Angela (Hrsg.): *Kulturelle Teilhabe und soziale Inklusion, Grundlagenpapier zu Inhalt und Zielen der Kulturloge Berlin*, Berlin: Kulturloge Berlin 2011, S. 29-34

Martens, Dirk/Windgasse, Thomas: »Nutzungsverhalten und Typologie von Webradiohörern. Analyse von Logfiledaten des Webradio-Portals Phonostar«, in: *Media Perspektiven*, Heft 5/2011, S. 267-278

Meyer, Wolfgang/Rech, Jörg/Silvestrini, Stefan u. a.: »Wer beweist Qualität? Stellungnahme zum VENRO Positionspapier zur Wirkungsbeobachtung«, in: *Zeitschrift für Evaluation*, Heft 1/2011, S. 135-140

Nessen, Christina von: »Serviceinitiative im Stadtarchiv Halle (Saale) - Benutzerumfragen als Mittel zur Steigerung der Zufriedenheit von Nutzern«, in: *Archivar*, Heft 2/2011, S. 208-210

Neuwöhner, Ulrich/Klingler, Walter: »Kultur, Medien und Publikum 2011. Eine Analyse auf Basis der Ergebnisse einer Repräsentativbefragung«, in: *Media Perspektiven*, Heft 12/2011, S. 592-607

Reuband, Karl-Heinz: »Das Opernpublikum zwischen Überalterung und sozialer Exklusivität. Paradoxe Effekte sozialer Merkmale auf die Häufigkeit des Opernbesuchs«, in: Institut für Kulturpolitik der Kulturpolitischen Gesellschaft (Hrsg.): *Jahrbuch für Kulturpolitik 2011. Thema: Digitalisierung und Internet*, Bonn/Essen: Institut für Kulturpolitik der Kulturpolitischen Gesellschaft e. V./Klartext 2011, S. 397-406

Stockmann, Reinhard/Meyer, Wolfgang/Schenke, Hanna: »Unabhängigkeit von Evaluationen«, in: *Zeitschrift für Evaluation*, Heft 1/2011, S. 39-67

Trück, Beate/Meuter, Julia: »Der gute Rat der Grinsekatze. Für die Wahl der richtigen Evaluationsmethode ist vor allem deren Ziel entscheidend«, in: *Die Stiftung*, Heft 5/2011, S. 38-39

Weng, Anja: »Mystery Shopping in Berliner Bibliotheken«, in: *Bibliothek Forschung und Praxis*, Heft 3/2011, S. 326-335

Wild, Christoph: »Mediaengagement im internationalen Vergleich. Ergebnisse einer repräsentativen CATI-Befragung«, in: *Media Perspektiven*, Heft 6/2011, S. 290-298

Wimmer, Constanze: »Annäherungen ohne Raster oder 10-Punkte-Programm. Eine Studie fragt was Qualitäten in der Musikvermittlung und Konzertpädagogik«, in: *nmz. Neue Musikzeitung*, Heft 4/2011, S. 13-14

Zentrum für Kulturforschung/ICG Culturplan, Berlin (Hrsg.): *Mit Kultur zur Metropole? Evaluation der Kulturhauptstadt Europas RUHR.2010*, Berlin 2011, 102 S.

Zubayr, Camille/Hinz, Gerhard: »Tendenzen im Zuschauerverhalten. Fernsehgewohnheiten und Fernsehreichweiten im Jahr 2010«, in: *Media Perspektiven*, Heft 3/2011, S. 126-138

2.9 Kultur und Ökonomie – Kulturwirtschaft – Kultur und Arbeit

Bamberger, Daniela: »Kulturelles Marketing und Social Media am Beispiel des Städel Museums«, in: Institut für Kulturpolitik der Kulturpolitischen Gesellschaft (Hrsg.): *Jahrbuch für Kulturpolitik 2011. Thema: Digitalisierung und Internet*, Bonn/Essen: Institut für Kulturpolitik der Kulturpolitischen Gesellschaft e. V./Klartext 2011, S. 215-218

Bendixen, Peter/Weikl, Bernd: *Einführung in die Kultur- und Kunstökonomie*, Wiesbaden: VS 2011, 307 S., 3. Auflage

Biehl-Missal, Brigitte: *Wirtschaftsästhetik. Wie Unternehmen die Kunst als Inspiration und Werkzeug nutzen*, Wiesbaden: Gabler 2011, 196 S.

Bundesinstitut für Bau-, Stadt- und Raumforschung -BBSR-, Bonn u. a.: *Kultur- und Kreativwirtschaft in Stadt und Region. Voraussetzungen, Handlungsstrategien und Governance*, Bonn: Selbstverlag 2011, 85 S. (Sonderveröffentlichung)

Bundesministerium für Wirtschaft und Technologie (BMWi) (Hrsg.): *Alles, nur kein Unternehmen? Tipps für Gründerinnen, Gründer und Selbstständige in der Kultur- und Kreativwirtschaft*, Berlin: Selbstverlag 2011, 74 S.

Danielzyk, Rainer/Ebert, Ralf: »Kultur- und Kreativwirtschaft im Ruhrgebiet. Situation, Perspektiven und raumbezogene Ansätze«, in: *PLANERIN*, Heft 1/2011, S. 24-26

Ebert, Ralf: »Kreative als Chance auf dem Land. Bedeutung der Kultur- und Kreativwirtschaft für die Entwicklung ländlicher Räume«, in: *Stadt und Gemeinde interaktiv*, Heft 5/2011, S. 195-198

Ebert, Ralf/Kunzmann, Klaus R.: »Kulturwirtschaft und RUHR.2010 von außen betrachtet«, in: *Kulturpolitische Mitteilungen*, Heft 132 (I/2011), S. 34-37

Eckardt, Frank: »›Creative Quarters‹ und die Paradoxie von Stadtplanung«, in: Bekmeier-Feuerhahn, Sigrid u. a. (Hrsg.): *Kulturmanagement und Kulturpolitik*, Bielefeld: transcript (Jahrbuch für Kulturmanagement 2011) 2011, S. 265-283

Ehrmann, Siegmund: »›Kultur gut stärken‹ – auch durch Sozial- und Arbeitsmarktpolitik!«, in: *Kulturnotizen*, Heft 14 (2011), S. 6-7

Einem, Eberhard von: »Wissen und Kreativität für Städte und Regionen«, in: *PLANERIN*, Heft 1/2011, S. 12-13

Ermann, Ulrich: »Kunst und Kreativität als Faktor ländlicher Ökonomien. Vernachlässigbar oder unterschätzt?«, in: *Geographische Rundschau*, Heft 2/2011, S. 20-28

Fischer, Dorothee: »Die Internationalisierung des Kunstmarktes war uns wichtig. Ein Gespräch mit Helga Meister«, in: *Kunstforum International*, Heft 206 (2011), S. 382-385

Gottschalk, Ingrid: »Kulturökonomik«, in: Klein, Armin (Hrsg.): *Kompendium Kulturmanagement. Handbuch für Studium und Praxis*, München: Vahlen 2011, S. 369-406, 3. überarbeitete Auflage

Grafe, Peter J.: »Einkommen aus Kulturgütern. Kulturwirtschaft als Handlungsfeld der Kulturpolitik«, in: *Kulturpolitische Mitteilungen*, Heft 135 (IV/2011), S. 24-25

Grassmuck, Volker: »Kreativität und ihre Bezahlung: vom Marktversagen zu Peer-to-Peer«, in: Institut für Kulturpolitik der Kulturpolitischen Gesellschaft (Hrsg.): *Jahrbuch für Kulturpolitik 2011. Thema: Digitalisierung und Internet*, Bonn/Essen: Institut für Kulturpolitik der Kulturpolitischen Gesellschaft e. V./Klartext 2011, S. 341-347

Günter, Bernd: »Woher nehmen ...? Erhöhung des Eigenfinanzierungsgrades aus Marketingsicht«, in: *Das Orchester*, Heft 11/2011, S. 34-35

Haselbach, Dieter: »Hat Kultur wirtschaftlichen Nutzen? Umwegrentabilität und andere kulturpolitische Hilfsargumente«, in: *Das Orchester*, Heft 3/2011, S. 16-18

Haslinger, Stefan: »FAIR PAY für Kulturarbeit. Kampagne gegen Leistungsparadigmen«, in: *Kulturrisse*, Heft 2/2011, S. 52-53

Hausmann, Andrea: *Kunst- und Kulturmanagement. Kompaktwissen für Studium und Praxis*, Wiesbaden: VS 2011, 191 S.

Heidelberg, Amt für Stadtentwicklung und Statistik (AG, HG): *Kultur- und Kreativwirtschaftsberichte in Deutschland — eine Handlungssynopse*, Heidelberg: Selbstverlag (Statistische Kurzmitteilung, 48) 2011, 24 S.

Hessischer Landtag: »Kreativwirtschaft in Hessen. Antwort auf die Große Anfrage der Fraktion BÜNDNIS 90/DIE GRÜNEN«, Wiesbaden: Drucksache 18/3843 (16.3.2011)

Höhne, Steffen: »Anmerkungen zur Kultur- und Kreativwirtschaftsdebatte«, in: Bekmeier-Feuerhahn, Sigrid u. a. (Hrsg.): *Kulturmanagement und Kulturpolitik*, Bielefeld: transcript (Jahrbuch für Kulturmanagement 2011) 2011, S. 201–219

Hoferichter, Hartmut/Stock, Mira/Svensson, Anke: »Bergischer Thinktank. Kreativwirtschaft und Industrie«, in: *PLANERIN*, Heft 1/2011, S. 27–29

House of Research Marketing- und Medienforschung: *Kultur- und Kreativwirtschaftsindex Berlin-Brandenburg 2011. Wirtschaftliche Stimmung und Standortbewertung, eine empirische Untersuchung im Auftrag von: Berliner Senat, Projekt Zukunft, IHK Berlin, IHK Potsdam, Land Brandenburg und medienboard Berlin-Brandenburg GmbH. Ergebnisbericht*, 12.12.2011, Berlin: Selbstverlag, 36 S.

Huttenloher, Christian: »Kreativwirtschaft nachhaltig nutzen. Vom Lückenfüller zum echten Potential«, in: *PLANERIN*, Heft 4/2011, S. 42–43

IHK Berlin: *Creative Industries. Zur Situation der Kultur-, Medien- und Kreativwirtschaft in Berlin. Positionspapier und Forderungskatalog*, Berlin: Selbstverlag, 38 S.

Jeuthe, Gesa: *Kunstwerte im Wandel. Die Preisentwicklung der deutschen Moderne im nationalen und internationalen Kunstmarkt 1925 bis 1955*, Berlin: Akademie (Schriften der Forschungsstelle »Entartete Kunst«, 7) 2011, 392 S.

Keuchel, Susanne: »Gut gerüstet für die Zukunft«, in: *Das Orchester*, Heft 3/2011, S. 10–12

Klee, Julia: *Neue Impulse für die Kulturpolitik. Die Enquete-Kommission »Kultur in Deutschland« und die wirtschaftliche Seite der Kulturpolitik, die Kultur- und Kreativwirtschaft*, München: GRIN 2011

Klein, Armin: »Die amerikanische Herausforderung. Faszination Kulturindustrie« (Rez. zu Martel, Frédéric: Mainstream. Wie funktioniert, was allen gefällt, München Albrecht Knaus Verlag 2011), in: *Kulturpolitische Mitteilungen*, Heft 133 (II/2011), S. 73–74

Knaut, Matthias (Hrsg.): *Kreativwirtschaft. Design, Mode, Medien, Games, Kommunikation, kulturelles Erbe*, Berlin: BWV, Berliner Wiss.-Verl (Beiträge und Positionen der HTW Berlin, 1) 2011, 256 S.

Knott, Johanna: *Kultur — Wirtschaft — Kreativität. Kultur- und Kreativwirtschaft in Nordrhein-Westfalen und Creative Industrie in den Niederlanden*, Münster u. a.: Waxmann (Niederlande-Studien. Kleinere Schriften, 16) 2011, 182 S.

Kramer, Dieter: »Baustelle Kreativität. Über die Grenzen der Kreativwirtschaft«, in: *PLANERIN*, Heft 1/2011, S. 9–11

Kühn, Jan-Michael: »Arbeiten in der Berliner Techno-Szene. Skizze der Theorie einer Szenewirtschaft elektronischer Tanzmusik«, in: *Journal der Jugendkulturen*, Heft 17 (2011), S. 52–59

Küpper, Swantje-Angelika: »Hoffnung Kreativität. Effekte einer unverzichtbaren Ressource«, in: *PLANERIN*, Heft 1/2011, S. 3–4

Loock, Friedrich/Grundorf, Darren: »Kulturwirtschaft«, in: Lewinski-Reuter, Verena/Lüddemann, Stefan (Hrsg.): *Glossar Kulturmanagement*, Wiesbaden: VS 2011, S. 198–202

Lüddemann, Stefan: »Künstler«, in: Lewinski-Reuter, Verena/Lüddemann, Stefan (Hrsg.): *Glossar Kulturmanagement*, Wiesbaden: VS 2011, S. 203–211

Mokre, Monika: »Standortfaktor Kreativität. Probleme des kreativwirtschaftlichen Clustering«, in: Bekmeier-Feuerhahn, Sigrid u. a. (Hrsg.): *Kulturmanagement und Kulturpolitik*, Bielefeld: transcript (Jahrbuch für Kulturmanagement 2011) 2011, S. 243–263

Morr, Markus: »Kultur und Wirtschaft: Wirtschaftliche Dimensionen und kulturpolitische Bedeutung«, in: Hessische Vereinigung für Volkskunde (Hrsg.): *Kultur & Politik. Aspekte kulturwissenschaftlicher und kulturpolitischer Spannungsfelder* (hrsg. durch Markus Morr), Marburg: Jonas (Hessische Blätter für Volks- und Kulturforschung, 47) 2011, S. 55–63

Nahles, Andrea: »›Der arme Poet‹. Sinnbild oder Vorbild für die Veränderung der Arbeitswelt?«, in: *Kulturnotizen*, Heft 14, 2011, S. 4–6

Niedersächsischer Landtag: »Kreativwirtschaft in Niedersachsen. Antwort auf die Kleine Anfrage von Almuth von Below-Neufeld (FDP) und Jörg Hillmer (CDU), Hannover: Drucksache 16/4341 (14.11.2011)

Pinetzki, Katrin: »Kunstvoll investieren«, in: *K.WEST*, Heft 12/2011, S. 79–80

Pinzger, Maria: »Guter Jahresbeginn. GEMA-Mitglieder ermöglichen durch eine Neuregelung die Verteilung außerordentlicher Einnahmen in Höhe von rund 47 Millionen Euro«, in: *Virtuos*, Heft 1/2011, S. 26–27

Reither, Saskia: »Kulturunternehmer«, in: Lewinski-Reuter, Verena/Lüddemann, Stefan (Hrsg.): *Glossar Kulturmanagement*, Wiesbaden: VS 2011, S. 192–197

Richter, Nancy/Maier, Matthias: »Kreativität, Organisation und Management«, in: Bekmeier-Feuerhahn, Sigrid u. a. (Hrsg.): *Kulturmanagement und Kulturpolitik*, Bielefeld: transcript (Jahrbuch für Kulturmanagement 2011) 2011, S. 285–303

Röckrath, Gereon: »Leitfaden für die Befristung von Arbeitsverträgen anhand von Fallbeispielen«, in: *Kultur & Recht*, Stuttgart: Raabe (Loseblattsammlung 1998 ff.) 2011, 69 S., D 3.5

Romero, Andreas: »Was ist Kreativität«, in: *PLANERIN*, Heft 1/2011, S. 7–8

Schneider, Wolfgang: »Konzentrierte Wertschätzung statt prekärer Arbeitsbedingungen! Plädoyer für eine Kulturpolitik im Interesse von Künstlern«, in: *Kulturnotizen*, Heft 14 (2011), S. 14–20

Schulte im Walde, Christoph: »Leben im Provisorium. Orchester an Ausweichspielstätten«, in: *Das Orchester*, Heft 1/2011, S. 32–35

Schweikert, Uwe: »Jetzt erst recht«, in: *Opernwelt*, Heft 3/2011, S. 19–23

Seeßlen, Georg: »But is it art? Das Kunstwerk im Zeitalter seiner digitalen Verschleuderbarkeit« (erster Teil eines Essays), in: *konkret*, Heft 2/2011, S. 62–64

Sinsch, Sandra: »Busfahrt ins Grauen? Auch unter den freien Orchestern gibt es schwarze Schafe«, in: *Das Orchester*, Heft 2/2011, S. 25-27

Sternberg, Rolf: »Zur Kreierbarkeit von Kreativwirtschaften in Deutschland«, in: Bekmeier-Feuerhahn, Sigrid u. a. (Hrsg.): *Kulturmanagement und Kulturpolitik*, Bielefeld: transcript (Jahrbuch für Kulturmanagement 2011) 2011, S. 221-241

Thüringer Landtag: »Potentialanalyse Kreativwirtschaft (Teil 2). Antwort auf die Kleine Anfrage des Abgeordneten Uwe Barth (FDP)«, Erfurt: Drucksache 5/2441 (21.3.2011)

Turecek, Oliver/Roters, Gunnar: »Videomarkt und Videonutzung 2010. Wirtschaftliche stabile Lage der deutschen Videobranche«, in: *Media Perspektiven*, Heft 6/2011, S. 311-320

Zimmermann, Olaf: »Der Künstler stürzt im freien Fall – die schiere Zunahme an Arbeitsplätzen in den Kulturmärkten ist kein politischer Erfolg«, in: *Kulturnotizen*, Heft 14 (2011), S. 11-13

2.10 Demografie

Angenendt, Steffen/Apt, Wenke: »Womit wir rechnen müssen. Demografie als Triebkraft des 21. Jahrhunderts«, in: *Internationale Politik*, Heft 3/2011, S. 60-67

Arslanbenzer, Lale: »Demografischer Wandel und Migrantinnen in der Quartiersarbeit Dinslaken-Lohberg«, in: *Städte- und Gemeinderat*, Heft 10/2011, S. 19-21

Behörde für Stadtentwicklung und Umwelt: *Den demografischen Wandel gestalten. Demografie-Plattform Hamburg, Aktivitäten, Ergebnisse, Empfehlungen*, Hamburg: Stadtentwicklungsbehörde (Hamburg – Umwelthauptstadt Europas) 2011, 44 S.

Bieber, Daniel (Hrsg.): *Sorgenkind demografischer Wandel? Warum die Demografie nicht an allem schuld ist*, München: oekom 2011, 485 S.

Demografie – die Chance nutzen, Köln: Luchterhand (Weiterbildung: Zeitschrift für Grundlagen, Praxis und Trends) 2011, 58 S.

Dimitrov, Michael: »Kulturelle Infrastruktur für die alternde Gesellschaft: Konzepte, Erfahrungen und Thesen aus Düsseldorf«, in: Drews, Albert (Hrsg.): *Die Zukunft der kulturellen Infrastruktur. 56. Loccumer Kulturpolitisches Kolloquium*, Rehburg-Loccum: Evangelische Akademie Loccum (Loccumer Protokolle, 8/11) 2011, S. 89-96

Dorgerloh, Stephan: »Demografische Entwicklung als große Herausforderung. Einführung anlässlich der Eröffnung des Kulturkonvents«, in: *politik und kultur* (puk), Heft 6/2011, S. 11-12

Fricke, Almuth/Groote, Kim de: »Kulturelle Infrastruktur für die alternde Gesellschaft (Bericht aus der Arbeitsgruppe)«, in: Drews, Albert (Hrsg.): *Die Zukunft der kulturellen Infrastruktur. 56. Loccumer Kulturpolitisches Kolloquium*, Rehburg-Loccum: Evangelische Akademie Loccum (Loccumer Protokolle, 8/11) 2011, S. 129-136

Fricke, Almuth/Winter, Thorben (Hrsg.): *Kultur im demografischen Wandel. Impulse für die kommunale Kulturarbeit*, München: kopaed 2011, 105 S.

»Kommunale Seniorenpolitik aktiv gestalten«, Dokumentation: Positionen des StGB NRW und der Landesseniorenvertretung NRW zur Seniorenpolitik, in: *Städte- und Gemeinderat*, Heft 8/2011, S. 29

Landtag von Sachsen-Anhalt: »Förderung von Maßnahmen für die Gestaltung des demografischen Wandels und der Regionalentwicklung. Antwort auf die Kleine Anfrage des Abgeordneten Lüderitz, André (DIE LINKE)«, Magdeburg: Drucksache 6/417 (21.9.2011)

Lindner, Ralph/Rehberg, Karl-Siegbert/Staupe, Gisela (Hrsg.): *Kultur als Chance. Konsequenzen des demografischen Wandels*, Köln: Böhlau (Schriften des Deutschen Hygiene-Museums Dresden, 8) 2011, 208 S.

Neuhoff, Hans/Peschlow, Jan P.: »Die Konzertpublika in Deutschland. Eine Szenariodiskussion bis 2050«, in: *Musikforum*, Heft 4/2011, S. 8-13

Ridderbusch, Jens/Terizakis, Georgios: »Kommunen im demografischen Wandel. Thesen und Erkenntnisse aus einem Lehrforschungsprojekt«, in: *PLANERIN*, Heft 5/2011, S. 51-52

Scherz-Schade, Sven: »So stimmt der demografische Faktor. Rundfunkchor-Sänger und das Renteneinstiegsalter«, in: *Das Orchester*, Heft 9/2011, S. 25-27

Winkel, Rainer: »Klimawandel und Demografischer Wandel. Gemeinsamkeiten der Megatrends und deren Nutzungschancen«, in: *PLANERIN*, Heft 1/2011, S. 46-47

2.11 Kulturentwicklungsplanung

Bäing, Andreas Schulze: »Entstaatlichung der Stadterneuerung in England. Neue Ansätze in Stadtplanung und Stadterneuerung«, in: *PLANERIN*, Heft 6/2011, S. 50-52

Fink, Tobias: »Auf dem Weg zum Kulturkreis Peine. Startschuss für eine Kulturentwicklungsplanung«, in: *Kultur. Politik. Diskurs*, Heft 12/2011, S. 57-60

Frey, Oliver/Koch, Florian (Hrsg.): *Positionen zur Urbanistik. Bd. I Stadtkultur und neue Methoden der Stadtforschung*, Münster: LIT (Stadt- und Raumplanung, 7) 2011, 301 S.

Gleitz, Michael: *Duderstadt Manufactum. Machbarkeitsstudie zur Umsetzung eines soziokulturellen Zentrums und eines sozialen Betriebs in Duderstadt*, Göttingen: HAWK 2011, 87 S.

Höffken, Stefan/Kloss, Christian: »Digitale Urbanisten oder: Wie das Internet Stadtplanung und urbane Kultur verändert«, in: *Forum Wohnen und Stadtentwicklung*, Heft 4/2011, S. 189-192

Hunger, Bernd: »Städtebauförderung. Weshalb sie im Interesse liberaler Politik ist«, in: *PLANERIN*, Heft 2/2011, S. 48-49

Knoblich, Tobias J.: »Kulturelle Infrastruktur in schrumpfenden Städten und Regionen. Plädoyer für antizipative Kulturpolitik«, in: Drews, Albert (Hrsg.): *Die Zukunft der kulturellen Infrastruktur. 56. Loccumer Kulturpolitisches Kolloquium*, Rehburg-Loccum: Evangelische Akademie Loccum (Loccumer Protokolle, 8/11) 2011, S. 73-80

Könneke, Achim: »Kulturpolitik in Großstädten. Kontext und Prozess des kulturkonzept.freiburg«, in: Hessische Vereinigung für Volkskunde (Hrsg.): *Kultur & Politik. Aspekte kulturwissenschaftlicher und kulturpolitischer Spannungsfelder* (hrsg. durch Markus Morr), Marburg: Jonas (Hessische Blätter für Volks- und Kulturforschung, 47) 2011, S. 114-128

Kolland, Dorothea: »Kulturelle Infrastruktur und soziale Stadtentwicklung (Bericht aus der Arbeitsgruppe)«, in: Drews, Albert (Hrsg.): *Die Zukunft der kulturellen Infrastruktur. 56. Loccumer Kulturpolitisches Kolloquium*, Rehburg-Loccum: Evangelische Akademie Loccum (Loccumer Protokolle, 8/11) 2011, S. 125-128

Liffers, Lutz: »Kunst statt Mitleidskultur. Die Zukunft der kulturellen Infrastruktur in der sozialen Stadtentwicklung«, in: Drews, Albert (Hrsg.): *Die Zukunft der kulturellen Infrastruktur. 56. Loccumer Kulturpolitisches Kolloquium*, Rehburg-Loccum: Evangelische Akademie Loccum (Loccumer Protokolle, 8/11) 2011, S. 81-89

Merk, Elisabeth: »Stadt Querdenken. Kreativität als Katalysator der Stadtentwicklung«, in: *PLANERIN*, Heft 1/2011, S. 18-20

Morr, Markus: »Ein kulturpolitisches Instrument: die Kulturentwicklungsplanung«, in: Hessische Vereinigung für Volkskunde (Hrsg.): *Kultur & Politik. Aspekte kulturwissenschaftlicher und kulturpolitischer Spannungsfelder* (hrsg. durch Markus Morr), Marburg: Jonas (Hessische Blätter für Volks- und Kulturforschung, 47) 2011, S. 157-164

Morr, Markus: »Kulturentwicklungsplanung«, in: Lewinski-Reuter, Verena/Lüddemann, Stefan (Hrsg.): *Glossar Kulturmanagement*, Wiesbaden: VS 2011, S. 138-149

Neisener, Iken: »Kooperative Kulturplanung im Land Brandenburg«, in: Hessische Vereinigung für Volkskunde (Hrsg.): *Kultur & Politik. Aspekte kulturwissenschaftlicher und kulturpolitischer Spannungsfelder* (hrsg. durch Markus Morr), Marburg: Jonas (Hessische Blätter für Volks- und Kulturforschung, 47) 2011, S. 92-103

Paschke, Helga: »Hohe Erwartungen an Konventsarbeit. Grußwort zur Konventseröffnung«, in: *politik und kultur (puk)*, Heft 6/2011, S. 12-13

Pegels, Juliane: »Blick hinter Raumkulissen in Melbourne. Die Interessen privater Akteure in der Koproduktion von Stadträumen«, in: *PLANERIN*, Heft 3/2011, S. 66-67

Reinermann, Heinrich: »New Public Management«, in: Lewinski-Reuter, Verena/Lüddemann, Stefan (Hrsg.): *Glossar Kulturmanagement*, Wiesbaden: VS 2011, S. 263-271

Schleswig-Holsteinischer Landtag: »Kulturentwicklungsplan III. Antwort auf die Kleine Anfrage des Abgeordneten Dr. Robert Habeck (BÜNDNIS 90/DIE GRÜNEN)«, Kiel: Drucksache 17/1208 (4.2.2011)

Streich, Bernd: *Stadtplanung in der Wissensgesellschaft. Ein Handbuch*, Wiesbaden: VS 2011, 723 S. (inkl. DVD), 2. Auflage

»Themenschwerpunkt: Demografischer Wandel«, in: *Aus Politik und Zeitgeschichte*, Heft 10-11/2011, S. 3-46

Wagner, Bernd: »Kulturentwicklungsplanung – Kulturelle Planung«, in: Klein, Armin (Hrsg.): *Kompendium Kulturmanagement. Handbuch für Studium und Praxis*, München: Vahlen 2011, S. 165-186, 3. überarbeitete Auflage

Wegrich, Kai: *Das Leitbild ›Better Regulation‹. Ziele, Instrumente, Wirkungsweise*, Berlin: edition sigma (Modernisierung des öffentlichen Sektors) 2011, 97 S.

3 Kulturpolitische Positionen von Parteien und Verbänden

Baum, Gerhart R.: »Von Anfang an für eine starke Lobby in der Kultur. Gabriele Schulz im Gespräch mit Gerhart R. Baum«, in: *politik und kultur (puk)*, Heft 4/2011, S. 20-21

Deutscher Kulturrat e. V.: »Jahresbericht des Deutschen Kulturrates e. V. über seine Tätigkeit im Jahr 2010«, in: *politik und kultur (puk)*, Heft 2/2011, S. 17-24

Ernst, Stefanie: »Dankeschön – und auf Wiedersehen 2012. Impressionen und Fakten zum Aktionstag ›Kultur gut stärken‹«, in: *politik und kultur (puk)*, Heft 4/2011, S. 4-5

Fohrbeck, Karla/Wiesand, Andreas Joh.: »Wie alles begann: zwei Blicke auf die Gründerjahre. Gabriele Schulz im Gespräch mit Karla Fohrbeck und Andreas Joh. Wiesand«, in: *politik und kultur (puk)*, Heft 5/2011, S. 8-10

Landesmusikrat Sachsen-Anhalt (Hrsg.): *Wahlprüfsteine Musik in Sachsen-Anhalt. Parteien des Landtags Sachsen-Anhalt zur Musikpolitik 2011–2016*, Halle (Saale) (Aus der Arbeit des Landesmusikrats Sachsen-Anhalt e. V., 9) 2011, 36 S.

Neumann, Bernd: »Unverzichtbarer Ideengeber. Kulturstaatsminister Bernd Neumann zu 30 Jahren Deutscher Kulturrat«, in: *politik und kultur (puk)*, Heft 6/2011, S. 1-2

Pfennig, Gerhard: »Die Kreativen müssen sprechen, nicht die Funktionäre. Gabriele Schulz im Gespräch mit Gerhard Pfennig«, in: *politik und kultur (puk)*, Heft 3/2011, S. 24-25

Sievers, Norbert: »Verbandsgebundene Kulturpolitik, Beispiel: die Kulturpolitische Gesellschaft«, in: Hessische Vereinigung für Volkskunde (Hrsg.): *Kultur & Politik. Aspekte kulturwissenschaftlicher und kulturpolitischer Spannungsfelder* (hrsg. durch Markus Morr), Marburg: Jonas (Hessische Blätter für Volks- und Kulturforschung, 47) 2011, S. 64-77

4 Europäische und internationale Kulturpolitik

4.1 Allgemein

Blinn, Hans-Jürgen: »Kulturelle Vielfalt kontra wirtschaftliche Interessen. Kulturdienstleistungen erhalten in neuem Handelsabkommen keine bevorzugte Behandlung«, in: *Kulturpolitische Mitteilungen*, Heft 134 (III/2011), S. 14-15

Breier, Zsuzsa/Muschg, Adolf (Hrsg.): *Freiheit, ach Freiheit ... Vereintes Europa – geteiltes Gedächtnis*, Göttingen: Wallstein 2011, 247 S.

Brenner, Xaver: »Europa braucht einen Gemeinschaftsvertrag. Neugeburt der Kulturen statt Kampf der Zivilisationen«, in: *Kommune*, Heft 6/2011, S. 12-16

Cerutti, Furio (Hrsg.): *Brauchen die Europäer eine Identität? Politische und kulturelle Aspekte*, Zürich: Orell Füssli 2011, 264 S.

Emschermann, Rainer: »Die Befreiung Europas aus Utopia. Euro anreizkompatibel machen – Vertrauen wiedergewinnen«, in: *Kommune*, Heft 4/2011, S. 14-18

Enzensberger, Hans Magnus: *Sanftes Monster Brüssel oder die Entmündigung Europas*, Berlin: Suhrkamp 2011, 68 S.

EUNIC – Institut für Auslandsbeziehungen e. V. (ifa)/Robert Bosch Stiftung (Hrsg.) in Zusammenarbeit mit British Council, Culture Ireland, Calouste Gulbenkian Stiftung: *Kulturreport. EUNIC-Jahrbuch 2011, Europas Kulturelle Außenbeziehungen*, Stuttgart: ifa (Kulturreport, 4) 2011, 208 S.

Garton Ash, Timothy: »Ach Europa! Der Blick aus Peking erklärt, weshalb wir eine europäische Außenpolitik brauchen«, in: *die politische meinung*, Heft 1-2/2011, S. 11-13

Gaylard, Joseph: »Auf Augenhöhe? Kulturaustausch zwischen Nord und Süd«, in: *Passagen*, Heft 1/2011, S. 18-20

Gerbasits, Gabi: »Kulturförderung zum Mitreden? Ein Erfahrungsbericht vom Stakeholder-Hearing zum ›EU-Kulturprogramm‹ nach 2013«, in: *Kulturrisse*, Heft 1/2011, S. 76-77

Haslinger, Stefan: »Von Würdigungen und Würdelosigkeit. Anspruch und Wirklichkeit des europäischen Jahrs der Freiwilligenarbeit«, in: *Kulturrisse*, Heft 1/2011, S. 54-55

Hegasy, Sonja: »›Arabs got Talent‹: Populärkultur als Ausdruck gesellschaftlicher Veränderungen«, in: *Aus Politik und Zeitgeschichte*, Heft 39/2011, S. 40-45

Hürtgen, Stefanie: »Europäische Interessenvertretung. Eine Frage der nationalen Kultur?«, in: *Industrielle Beziehungen*, Heft 4/2011, S. 315-335

Johler, Reinhard/Matter, Max/Zinn-Thomas, Sabine (Hrsg.): *Mobilitäten. Europa in Bewegung als Herausforderung kulturanalytischer Forschung. 37. Kongress der Deutschen Gesellschaft für Volkskunde in Freiburg im Breisgau vom 27. bis 30. September 2009*, Münster: Waxmann 2011, 596 S.

Juncker, Jean-Claude: »Europa jenseits der Krise. Von großen Leistungen und fehlendem Stolz«, in: *die politische meinung*, Heft 1-2/2011, S. 7-10

Knüsel, Pius: »Was soll das? Die staatlich geförderte internationale Kulturarbeit glaubt an die Planbarkeit kultureller Prozesse. Die Wirklichkeit sieht anders aus«, in: *Kulturaustausch*, Heft 1/2011, S. 70-72

Leggewie, Claus: *Der Kampf um die europäische Erinnerung. Ein Schlachtfeld wird besichtigt*, München: Beck 2011, 256 S.

Merkel, Christine M.: »Bär, Palme, Oscar & Co – it's all about co-operation! Film- und Medienpolitik und kulturelle Vielfalt«, in: *Kulturpolitische Mitteilungen*, Heft 133 (II/2011), S. 14-15

Meyer, Christiane: *Europäische Metropolen. Leben, Kultur, Tourismus*, Braunschweig: Westermann (Praxis Geographie, 41) 2011, 50 S.

Piegsa, Oskar: »Avantgarde und Alltag. Über das Selbstverständnis der diesjährigen europäischen Kulturhauptstädte Tallinn und Turku. Ein Besuch«, in: *Kulturaustausch*, Heft 4/2011, S. 68-69

Schmierer, Joscha: »Euroland gut regieren. Eine Kontroverse«, in: *Kommune*, Heft 4/2011, S. 12-13

Schoch, Bruno: »›Vergesst es nie: Europa ist unser aller Zukunft – wir haben keine andere‹«, in: *Kommune*, Heft 4/2011, S. 6-10

Scholz, Dietmar: »60 Jahre Arbeit an europäischer Einheit. Zum Werden der Europäischen Union und zur ›Europastadt‹ Castrop Rauxel«, in: *Der Märker*, Heft 1/2011, S. 105-115

Scholz, Kai-Uwe: »Aus alt mach neu. Tallinn 2011. Baukultur in der europäischen Kulturhauptstadt«, in: *Deutsche Bauzeitung*, Heft 7/2011, S. 12-15

Schreiner, Patrick: *Außenkulturpolitik. Internationale Beziehungen und kultureller Austausch*, Bielefeld: transcript 2011, 448 S.

Sedlacek, Thomas: »Kleine Unterschiede. Bilder von der Kultur Amerikas und Europas«, in: *Osteuropa*, Heft 1/2011, S. 161-166

Singer, Otto: »Kulturpolitik«, in: Weidenfeld, Werner/Wessels, Wolfgang: *Jahrbuch der europäischen Integration*, Bonn: Nomos Verlag 2011, S. 179-192

Somplatzki, Herbert: »Vom Überschreiten der Grenzen. Beispiele deutsch-polnischer Kulturbegegnung«, in: *Kulturpolitische Mitteilungen*, Heft 134 (III/2011), S. 66-67

Sozialwissenschaftliches Institut (Hrsg.): *Strategische Kulturen in Europa. Die Bürger Europas und ihre Streitkräfte. Ergebnisse der Bevölkerungsbefragungen in acht europäischen Ländern 2010 des Sozialwissenschaftlichen Instituts der Bundeswehr*, Strausberg: Sozialwiss. Inst. der Bundeswehr (Forschungsbericht, 96) 2011, 126 S.

Trüpel, Helga: »Kultur in Europa. Christian Höppner im Gespräch mit Helga Trüpel«, in: *Musikforum*, Heft 3/2011, S. 42-45

Wagner, Michael A.: »Europäische Perspektive des Hybridfernsehens«, in: *ZUM Zeitschrift für Urheber- und Medienrecht*, Heft 6/2011, S. 462-465

4.2 Kulturpolitik der EU

Börnsen, Wolfgang: »Weltweiter Kulturgüterschutz für die ›Brauchtum-Kultur‹! Auch Deutschland muss die UNESCO-Konvention zum immateriellen Kulturerbe ratifizieren«, in: *Heimat Thüringen*, Heft 2/2011, S. 50-52

Bornemann, Sabine: »Creative Europe. Erste Pläne für die EU-Kulturförderung ab 2014«, in: *Musikforum*, Heft 4/2011, S. 48-50

Cultural Contact Point Germany (Hrsg.): *Kulturen verbinden in Europa. 61 Kooperationsprojekte mit deutscher Beteiligung im Programm KULTUR (2007–2013) der Europäischen Union*, Bonn: Selbstverlag 2011, 75 S.

Europäische Kommission: *Ein Binnenmarkt für Rechte des geistigen Eigentums. Förderung von Kreativität und Innovation zur Gewährleistung von Wirtschaftswachstum, hochwertigen Arbeitsplätzen sowie erstklassigen Produkten und Dienstleistungen in Europa. Mitteilung der Kommission an das Europäische Parlament, den Rat, den Europäischen Wirtschafts- und Sozialausschuss und den Ausschuss der Regionen*; Brüssel, den 24.5.2011, Kom (2011) 287 endgültig, Brüssel: Drucksache 2011, 32 S.

Fleckenstein, Knut: »Die Kultur Europas endet nicht an unseren Grenzen. Europäisches Parlament stößt Debatte über Beitrag zur gemeinsamen Außenpolitik an«, in: *Kulturpolitische Mitteilungen*, Heft 133 (II/2011), S. 18-19

Habit, Daniel: *Die Inszenierung Europas? Kulturhauptstädte zwischen EU-Europäisierung, Cultural Governance und lokalen Eigenlogiken*, Münster u. a.: Waxmann (Münchner Beiträge zur Volkskunde, 40) 2011, 328 S.

Hefekäuser, Hans-Willi: »Höhere Mehrwertsteuer für Noten? Brüssel will ›harmonisieren‹: die Pläne der EU-Kommission zur Zukunft der Mehrwertsteuer«, in: *Musikforum*, Heft 4/2011, S. 59-60

Hoch, Felicitas: *Die Kulturförderung der Europäischen Union. Grundlagen, rechtliche Anforderungen und Bewertung der Praxis*, Baden-Baden: Nomos (Schriftenreihe Europäisches Recht, Politik und Wirtschaft, 363) 2011, 281 S.

Österreichische Kulturdokumentation (Hrsg.)/Ratzenböck, Veronika/Lungstraß, Anja/Kopf, Xenia (Autorinnen)/Ponocny-Seliger, Elisabeth (Statistische Datenauswertung): *Der Kreativ-Motor für regionale Entwicklung. Kunst- und Kulturprojekte und die EU-Strukturförderung in Österreich (im Auftrag des Bundesministeriums für Unterricht, Kunst und Kultur)*, Wien: Selbstverlag 2011, 198 S.

RUHR.2010 GmbH (Hrsg.): *RUHR.2010 Die unmögliche Kulturhauptstadt. Chronik einer Metropole im Werden*, Essen: Klartext 2011, 239 S.

Schriewer, Klaus: »The making of the European citizen. Kulturwissenschaftliche Perspektiven auf die Europäische Union«, in: Johler, Reinhard (Hrsg.): *Mobilitäten, Europa in Bewegung als Herausforderung kulturanalytischer Forschung. 37. Kongress der Deutschen Gesellschaft für Volkskunde in Freiburg im Breisgau vom 27. bis 30. September 2009*, Münster u. a.: Waxmann 2011, S. 61-79

Seyben, Burcu Yasemin: »Touristisch und temporär. Ein Rückblick auf die Europäische Kulturhauptstadt Istanbul 2010«, in: *Theater der Zeit*, Heft März 2011, S. 34-35

Tiedemann, Kirsten: »European Corner. EU-Kulturprojekt zur Bürgerbeteiligung in Museen fördert europäisches Bewusstsein«, in: *Mitteilungsblatt der Bibliotheken in Niedersachsen*, Heft 72 (2011), S. 80-83

Wiesand, Andreas J.: »Chancen für die Kultur in den EU-Strukturfonds bisher vernachlässigt! Andreas J. Wiesand im Gespräch mit Christine Wingert-Beckmann«, in: *Kulturpolitische Mitteilungen*, Heft 133(II), 2011, S. 16-17

Wingert-Beckmann, Christine: »Die ›Platform for Intercultural Europe‹. Im Spannungsfeld zwischen Politikgestaltung und Unverbindlichkeit«, in: *Kulturpolitische Mitteilungen*, Heft 134 (III/2011), S. 20-21

4.3 Überstaatliche Organisationen

UNESCO heute. Zeitschrift der Deutschen UNESCO-Kommission, Bonn: Deutsche UNESCO-Kommission (vierteljährlich)

Deutsche UNESCO-Kommission e. V.: *60 Jahre deutsche Mitarbeit in der UNESCO*, Bonn: Selbstverlag 2011, 30 S.

Deutsche UNESCO-Kommission e. V. (Hrsg.): *Jahresbericht 2010*, Bonn 2011, 92 S.

Fink, Udo/Keber, Tobias/Roguski, Przemyslaw: »Die Zukunft der Medienregulierung im Europarat«, in: *ZUM Zeitschrift für Urheber- und Medienrecht*, Heft 3/2011, S. 292-300

Hofmann, Jeanette: »Welt 21. Die Zivilgesellschaft erhält auf internationaler Ebene Gehör – etwa beim Thema Internet«, in: *WZB-Mitteilungen*, Heft 131 (2011), S. 17-20

Schlie, Hans-Walter: »Interkulturelle Kommunikation in einer deutsch-französischen Organisation. Der Europäische Kulturkanal ARTE«, in: Barmeyer, Christoph (Hrsg.): *Interkulturelle Kommunikation und Kulturwissenschaft. Grundbegriffe, Wissenschaftsdisziplinen, Kulturräume*, Passau: Stutz 2011, S. 519-531

Schmitt, Thomas M.: *Cultural Governance. Zur Kulturgeographie des UNESCO-Welterberegimes*, Stuttgart: Steiner (Erdkundliches Wissen, 149) 2011, 452 S.

Vermeren, Patrice: *Die Philosophie und die UNESCO*, Frankfurt am Main u. a.: Lang (Philosophie und Transkulturalität) 2011, 123 S.

4.4 Kulturpolitik in anderen Ländern

Amt für Multikulturelle Angelegenheiten im Rahmen des Projektes CLIP, Stadt Frankfurt am Main (Hrsg.): *Interkulturelle Politik in europäischen Städten. Intergruppenbeziehungen und die Rolle von Migrantenorganisationen in der Integrationsarbeit*, Frankfurt am Main: Stadt Frankfurt am Main, Amt für Multikulturelle Angelegenheiten (CLIP Network, Cities for Local Integration Policy) 2011, 172 S. (Übersetzung aus dem Englischen)

Bartsch, Patrick: *Musikpolitik im Kemalismus. Die Zeitschrift Radyo zwischen 1941 und 1949*, Bamberg: Univ. of Bamberg Press 2011, 337 S.

Bodo, Carla: »Die lange Krise der Kulturpolitik in Italien«, in: *Kulturpolitische Mitteilungen*, Heft 135 (IV/2011), S. 21-23

Brenner, János: »Stadtentwicklung und Baukultur. Bericht vom Generaldirektorentreffen in Ungarn«, in: *PLANERIN*, Heft 4/2011, S. 53-54

Creuzberger, Stefan: »Stalinismus und Erinnerungskultur«, in: *Aus Politik und Zeitgeschichte*, Heft 49-50/2011, S. 42-47

Dimitrova, Gergana: »Die Reform reformiert sich selbst. Die Theatersituation in Bulgarien ist im Umbruch«, in: *Die Deutsche Bühne*, Heft 12/2011, S. 50-51

Drubek, Natascha: »›This was Czechoslovakia!‹. Das Filmfestival in Karlovy Vary 2011«, in: *Osteuropa*, Heft 7/2011, S. 137-148

Gänsler, Katrin: »Die Lust auf Liebesromane. Ein kleiner Verlag in Lagos holt nigerianische Literatur zurück nach Hause«, in: *Welt-Sichten*, Heft 11/2011, S. 34-35

Gerbasits, Gabi: »Alternativen zum Verlust der Kulturpolitik. Eine Chronologie mit Zwischenresümee zur kulturpolitischen Artikelserie der IG Kultur Österreich«, in: *Kulturrisse*, Heft 3/2011, S. 52-53

Hardmeier, Andri/Hess, Nicole: »Schweizer Kulturpolitik zwischen Identität, Image und Innovation. Das Kulturverständnis des Eidgenössischen Parlamentes seit Mitte der 1990er Jahre«, in: *Kulturpolitische Mitteilungen*, Heft 134 (III/2011), S. 54-55

Hendel, Ilja C.: »Norwegischer Sommer. Normalität statt Ausnahmezustand?«, in: *Kommune*, Heft 5/2011, S. 34-35

Hofer, Anita: »Die Zukunftsgestalter. Die jüngste Entwicklung in der Steiermark als markantes Beispiel für einen konservativen Rollback in der Politik, der die soziale Fundierung der Demokratie gefährdet«, in: *Kulturrisse*, Heft 1/2011, S. 52-53

Huber, Marty: »›Nicht schon wieder!‹ Vernetzung featuring Politisierung? Netzwerke und Selbstorganisationen als kommunizierende Gefäße in Österreich«, in: Messner, Bettina/Wrentschur, Michael (Hrsg.): *Initiative Soziokultur, Diskurse. Konzepte. Praxis*, Wien/Berlin/Münster: LIT (Soziale Arbeit – Social Issues, 12) 2011, S. 43-49

Imhalsy, Bernard: »Berner Dialekt im Verkehrslärm von Pune«, in: *Passagen*, Heft 1/2011, S. 14-16

Irmer, Thomas: »Empörung und Verunsicherung. In Ungarn tobt ein Kulturkampf: zwei Rechtsextreme an der Theaterspitze in Budapest, radikale Kürzungen und eine permanente Verunsicherung«, in: *Die Deutsche Bühne*, Heft 12/2011, S. 44-46

Jingnan, Tang/Guoqin, Shen: »Über die Entwicklung des Bibliothekswesens in China«, in: *Bibliotheksdienst*, Heft 1/2011, S. 6-20

Keller, Rolf: »Kulturpolitik in der Schweiz«, in: Klein, Armin (Hrsg.): *Kompendium Kulturmanagement, Handbuch für*

Studium und Praxis, München: Vahlen 2011, S. 119–146 (3. überarbeitete Auflage)

Klengel, Susanne: *Die Rückeroberung der Kultur. Lateinamerikanische Intellektuelle und das Europa der Nachkriegsjahre (1945–1952)*, Würzburg: Königshausen & Neumann 2011, 333 S.

Ladwig-Tils, Birgit: *Neues Mediengesetz und Verfassungsänderung. Ungarn, wohin steuerst Du?*, Bonn: Friedrich-Ebert-Stiftung 2011, 17 S.

Leipprand, Eva: »Oslo – auch eine Möglichkeit! Über eine Kultur des Zusammenhalts«, in: *Kulturpolitische Mitteilungen*, Heft 135 (IV/2011), S. 62–63

Marsovszky, Magdalena: »Ungarns völkische Wende«, in: *Kulturpolitische Mitteilungen*, Heft 132 (I/2011), S. 16–17

Marsovszky, Magdalena: »Ungarns völkische Wende. Zur parlamentarischen Versiegelung völkisch-ethnischer Schließungsprozesse infolge der Wahlen 2010«, in: *Kulturrisse*, Heft 1/2011, S. 68–71

Miziano, Viktor: »Russlands Kunstsystem. Erinnerungen an bedeutende Photographen des 20. Jahrhunderts«, in: *Lettre International*, Heft 95 (2011), S. 58–61

Plass, Christoph: »Arabisch-jüdisch statt west-östlich. Das Arabisch-Jüdische Jugendorchester«, in: *Das Orchester*, Heft 12/2011, S. 32–33

Plass, Christoph: »Ein Land voller Netrebkos. Musik- und Musikerausbildung in Israel«, in: *Das Orchester*, Heft 12/2011, S. 34–36

Plass, Christoph: »Smaller Players. Israels mittlere und kleinere Orchester«, in: *Das Orchester*, Heft 12/2011, S. 18–19

Rodbrecht, Joachim/Vorhaben, Jörg: »›Der Schrei für Kultur‹. In den Niederlanden will die Regierung einen radikalen ›Kulturwandel‹: Wegen Kürzungen suchen Produktionshäuser und Stadtcompagnien nach neuen Strukturen«, in: *Die Deutsche Bühne*, Heft 12/2011, S. 38–40

Ruhnke, Ulrich: »Naturereignis. Israels neuestes und spektakulärstes Kulturunterfangen: das Israeli Opera Festival«, in: *Das Orchester*, Heft 12/2011, S. 39–40

Rutledge, Jay: »Tradition für den Weltmarkt. Während Europäer herkömmliche Klänge aus Afrika schätzen, bevorzugt die Jugend dort Popmusik«, in: *Welt-Sichten*, Heft 10/2011, S. 20–23

Sauermoser-Komatz, Gabriele/Komatz, Klaus: »Agents of change. Die Kinder von Alwan wa Awtar«, in: *Journal der Jugendkulturen*, Heft 16 (2011), S. 33–35

Scherz-Schade, Sven: »Israel. Orchesterkultur im Heiligen Land«, in: *Das Orchester*, Heft 12/2011, S. 10–13

Scherz-Schade, Sven: »Big Players. Israels große Orchester«, in: *Das Orchester*, Heft 12/2011, S. 14–17

Scherz-Schade, Sven: »Klassik in Ramallah. Musikalische Bildung und Konzerte im palästinensischen Westjordanland«, in: *Das Orchester*, Heft 12/2011, S. 41–42

Schmucki, Johanna: »Wo steht die SGV und wohin geht sie? Von der Vereinskultur zum Kulturmanagement«, in: *Schweizer Volkskunde*, Heft 3/2011, S. 89–92

Seliger, Berthold: »›Die Volksmassen erwarten schöne Lieder‹. Eine Pariser Ausstellung über ›Lenin, Stalin und die Musik‹ gibt Anlass, das Verhältnis der sowjetischen Machthaber zu Kunst und Kultur zu untersuchen«, in: *konkret*, Heft 1/2011, S. 54–55

Siedhoff, Felix: *Der Kanon der niederländischen Geschichte. Eine Untersuchung zum Bedürfnis nach Identität, Gemeinschaft und Bürgersinn*, Münster u. a.: Waxmann (Niederlande-Studien. Kleinere Schriften, 14) 2011, 170 S.

Slowinska, Maria: »Kaufrausch und Vergnügungssucht. Amerikanische Populärkultur in Polen«, in: *Osteuropa*, Heft 1/2011, S. 265–274

Töndury, Andrea Marcel: »Kultur zwischen Einheit, Vielfalt und Föderalismus. Von den Ursprüngen der Kulturförderung in der Helvetik bis zum neuen Kulturförderungsgesetz«, in: *Kultur und Kunst, Analysen und Perspektiven von Assistierenden des Rechtswissenschaftlichen Instituts der Universität Zürich*, Baden-Baden: Nomos (Schriften zum Kunst- und Kulturrecht, 9) 2011, S. 175–232

Vares, Vesa: »Kulturpolitik als Außenpolitik. Berichte deutscher Wissenschaftler und Wissenschaftlerinnen über die nordischen Länder an das Auswärtige Amt in den 1930er Jahren«, in: *NORDEUROPAforum*, Heft 2/2011, S. 39–77

Vásárhelyi, Mária: »Angriff auf die Pressefreiheit. Die Medienpolitik der Fidesz-Regierung«, in: *Osteuropa*, Heft 12/2011, S. 157–166

Villinger, Christine: »›Bringt die Kunst nicht zum Schweigen‹. Zur Situation des Musiktheaters in Italien«, in: *Die Deutsche Bühne*, Heft 12/2011, S. 41–43

Vitali, Carlo: »Italienische Reise«, in: *Opernwelt*, Heft 7/2011, S. 23–27

Weigl, Aron: »Kulturelle Kooperation durch Konfuzius-Institute. Chinas Auswärtige Kulturpolitik in Deutschland«, in: *Kulturpolitische Mitteilungen*, Heft 133 (II/2011), S. 20–21

Weigl, Aron: »Welche Kulturpolitik braucht Palästina? Goethe-Institut in Ramallah diskutiert über kulturelle Bildung und veranstaltet Kinder-Kultur-Woche«, in: *Kulturpolitische Mitteilungen*, Heft 135 (IV/2011), S. 72–73

Wimmer, Michael: *Kultur und Demokratie. Eine systematische Darstellung von Kulturpolitik in Österreich*, Innsbruck u. a.: Studienverlag 2011, 416 S.

Zembylas, Tassos: »Kulturpolitik in Österreich«, in: Klein, Armin (Hrsg.): *Kompendium Kulturmanagement. Handbuch für Studium und Praxis*, München: Vahlen 2011, S. 147–164, 3. überarbeitete Auflage

5 Kulturpolitische Praxisfelder

5.1 Theater

5.1.1 Allgemein

bühnengenossenschaft. Fachblatt der Genossenschaft Deutscher Bühnenangehöriger, hrsg. v. GDBA, Hamburg (monatlich)

Die Deutsche Bühne. Theatermagazin, Köln: Deutscher Bühnenverein (monatlich)

INTHEGA Kultur-Journal. Informationsdienst für die Theaterarbeit in Städten und Gemeinden, Bensheim: Mykenae (sechsmal jährlich)

Theater der Zeit. Zeitschrift für Politik und Theater, Berlin: Friedrich Berlin (monatlich)

Theater heute, Berlin: Friedrich Berlin (jährlich)

Theater Rundschau. Hrsg. v. Bund der Theatergemeinden e. V., Bundesausgabe, Bonn (monatlich)

Baumann, Christiane: *Hinter den Kulissen. Inoffizielle Schweriner Theatergeschichten 1968 bis 1989*, Schwerin: Landesbeauftragte für Mecklenburg-Vorpommern für die Unterlagen des Staatssicherheitsdienstes der ehemaligen DDR 2011, 197 S., 2. erg. Aufl.

Baur, Detlev: »Auswärtsspiel oder Heimspiel«, in: *Die Deutsche Bühne*, Heft 5/2011, S. 42-43

Becker, Peter von: »Augen weit geschlossen. Theater um Europa, Theater in Europa - Gedanken zur aktuellen Krise«, in: *Lettre International*, Heft 94 (2011), S. 80-85

Benzig, Ursula: *Oper ohne Worte. Versuch einer Bestimmung von Standort und Selbstverständnis des heutigen Musiktheaters*, Kassel: euregioverlag 2011, 377 S.

Bermbach, Udo: *Richard Wagner in Deutschland. Rezeption - Verfälschungen*, Stuttgart/Weimar: Metzler 2011, 508 S.

Börgerding, Michael: »›Da brodelt was!‹ Interview von Detlef Brandenburg mit Michael Börgerding, dem designierten Bremer Intendanten«, in: *Die Deutsche Bühne*, Heft 2/2011, S. 22-24

Bollmann, Ralph: *Walküre in Detmold. Eine Entdeckungsreise durch die deutsche Provinz*, Stuttgart: Klett-Cotta 2011, 285 S.

Brandenburg, Detlef: »Das neue Stadttheater. Autorenumfrage 2011: Das Stadttheater lebt - als Zentrum und Gehäuse einer Vielfalt künstlerischer Formen für viele verschiedene Zuschauergruppen«, in: *Die Deutsche Bühne*, Heft 8/2011, S. 26-35

Brandenburg, Detlef: »Zukunftsmusik. Treffen der Theatermacher und Theaterträger in Erfurt: Selten war eine Jahreshauptversammlung des Deutschen Bühnenvereins so reich an Themen - und so optimistisch«, in: *Deutsche Bühne*, Heft 7/2011, S. 12-14

Briegleb, Till: »Kunst - der bessere Kapitalist. Das Theater fühlt sich der Bildenden Kunst meistens unterlegen. Warum eigentlich? Was wäre die Bildende Kunst des 20. und 21. Jahrhunderts ohne die Performing Arts?«, in: *Theater heute*, Heft 8-9/2011, S. 6-11

Bundeszentrale für Politische Bildung (Hrsg.): *Theater probieren, Politik entdecken*, Bonn (Themen und Materialien) 2011, 262 S.

Fischer, Jens: »Bremer Chancen. Das Bremer Theaterlabor bietet eine Chance für arbeitslose Bühnenkünstler - durch ambitioniertes Theater wie jüngst die Inszenierung ›Eine Nacht im schwedischen Sommer‹«, in: *Die Deutsche Bühne*, Heft 9/2011, S. 56-59

Focke, Ann-Christin: *Unterwerfung und Widerstreit. Strukturen einer neuen politischen Theaterästhetik*, München: Utz (Theaterwissenschaft, 19) 2011, 255 S.

Gradinger, Malve: »In Deutschland angekommen. Über die Entwicklung des Genres Musical«, in: *oper&tanz*, Heft 2/2011, S. 15-17

Hadamcik, Dieter: »Hier die Globalisierung - dort die Stars - da das Stadttheater. Über das vielschichtige Theater von heute«, in: *Volksbühnen-Spiegel*, Heft 2 (Dezember) 2011, S. 8-10

Hentschel, Ingrid/Moehrke, Una H./Hoffmann, Klaus (Hrsg.): *Im Modus der Gabe. In the Mode of Giving. Theater, Kunst, Performance in der Gegenwart*, Bielefeld: Kerber Verlag 2011, 207 S.

Henze, Raphaela: »Nutzung des Web 2.0 an deutschen Theatern und Schauspielhäusern. Eine empirische Untersuchung«, in: Institut für Kulturpolitik der Kulturpolitischen Gesellschaft (Hrsg.): *Jahrbuch für Kulturpolitik 2011. Thema: Digitalisierung und Internet*, Bonn/Essen: Institut für Kulturpolitik der Kulturpolitischen Gesellschaft e. V./Klartext 2011, S. 219-230

Herdlein, Hans: »Theater - Ort schöpferischen Geistes«, in: *bühnengenossenschaft*, Heft 12/2011, S. 4-5

Hilger, Andreas u. a.: »Figurentheater: Von Dingen und Menschen. Schwerpunkttheater«, in: *Die Deutsche Bühne*, Heft 1/2011, S. 22-37

Hippe, Eva/Hippe, Lorenz: *Theater direkt - das Theater der Zuschauer. Ein Beitrag zur kollektiven Kreativität*, Weinheim: Dt. Theaterverlag (Standorte, 3) 2011, 188 S.

Jörder, Gerhard u. a.: »Theater in den Medien. Schwerpunktthema«, in: *Die Deutsche Bühne*, Heft 3/2011, S. 16-33

Keim, Stefan: »Tiefenbohrungen. Theater Dortmund: In einer Stadt ohne Geld macht sich die Sehnsucht nach Kunst auf den Weg durch die Wirklichkeit«, in: *Die Deutsche Bühne*, Heft 5/2011, S. 42-43

Kellermann, Katrin/Schnell, Stephan: »Von Kalaschnikows über Zwillings-Zebras bis zu Hasen und Hühnern. Witzig - spritzig - multikulturell/Theatertage Europäischer Kulturen in Paderborn«, in: *Spiel&Bühne*, Heft 2/2011, S. 26-29

Krippendorf, Ekkehart: »Theaterkultur. Shakespeares England«, in: *Merkur*, Heft 742 (2011), S. 264-268

Landtag Nordrhein-Westfalen: »Wie stärkt die Landesregierung die nordrhein-westfälische Theaterlandschaft? Antwort auf die Kleine Anfrage der Abgeordneten Brunert-Jetter, Monika CDU«, Düsseldorf: Drucksache 15/1363 (22.2.2011)

Müller-Schöll, Nikolaus: »Wie denkt Theater? Zur Politik der Darstellung ›nach dem Fall‹«, in: Pelka, Artur/Tigges, Stefan (Hrsg.): *Das Drama nach dem Drama, Verwandlungen dramatischer Formen in Deutschland seit 1945*, Bielefeld: transcript 2011, S. 357-371

Niemeyer, Amélie u. a.: »Frauen im Theater. Schwerpunktthema«, in: *Theater heute*, Heft 3/2011, S. 6-23

NRW KULTURsekretariat: »Wuppertaler Thesen zur Zukunft des Theaters in NRW«, in: *K.West*, Heft 9/2011, S. 50-51

Oberender, Thomas: »Weh dem, der lügt. Kunst als Transfer von Zeit in Stoff«, in: *Die Deutsche Bühne*, Heft 5/2011, S. 18-21

Oppermann, Hannes: »Die Kunst der Kompromisslosigkeit. Fragen an die Darstellende Kunst bei den Hessischen Theatergesprächen in Marburg«, in: *Kultur. Politik. Diskurs*, Heft 12/2011, S. 66-70

Pewny, Katharina: *Das Drama des Prekären. Wiederkehr der Ethik in Theater und Performance*, Bielefeld: transcript 2011, 331 S.

Poser, Ulrich: »Aktuelles zu GEMA und Gastspieldirektionen«, in: *TheaterManagement aktuell*, Heft März-Mai 2011, S. 13-14

Post, Doris: »Historische Wendepunkte nach 1945. Ein Baustein zum biografischen Theater«, in: Bundeszentrale für Politische Bildung (Hrsg.): *Theater probieren, Politik entdecken*, Bonn (Themen und Materialien) 2011, S. 47-72

Primavesi, Patrick: »Theater/Politik. Kontexte und Beziehungen«, in: Deck, Jan/Sieburg, Angelika (Hrsg.): *Politisch Theater machen. Neue Artikulationsformen des Politischen in den darstellenden Künsten, Bielefeld: transcript 2011, S. 41-71

Reinwand, Vanessa-Isabelle: »Gedanken über Theater als Instanz«, in: Ermert, Karl/Steiger Grünewald, Andreas/Dengel, Sabine (Hrsg.): *Was können wir dafür? Über Kultur als gesellschaftliche Instanz*, Wolfenbüttel: Bundesakademie für kulturelle Bildung (Wolfenbütteler Akademie-Texte, 47) 2011, S. 76-86

Scheurle, Christoph: »Staatstheater. Ein Baustein zur Politik als Inszenierung«, in: Bundeszentrale für Politische Bildung (Hrsg.): *Theater probieren, Politik entdecken*, Bonn (Themen und Materialien) 2011, S. 103-126, 262 S.

Schleswig-Holsteinischer Landtag: »Theater in Schleswig. Antwort auf die Kleine Anfrage der Abgeordneten Birte Pauls (SPD), Hans Müller (SPD)«, Kiel: Drucksache 17/2078 (22.12.2011)

Schleswig-Holsteinischer Landtag: »Theaterstrukturkommission. Antwort auf die Kleine Anfrage des Abgeordneten Dr. Robert Habeck (BÜNDNIS 90/DIE GRÜNEN)«, Kiel: Drucksache 17/1611 (13.9.2011)

Schmidt, Thomas: »Theater im Wandel. Vom Krisenmanagement zur Zukunftsfähigkeit«, in: Bekmeier-Feuerhahn, Sigrid u. a. (Hrsg.): *Kulturmanagement und Kulturpolitik*, Bielefeld: transcript (Jahrbuch für Kulturmanagement 2011) 2011, S. 161-180

Schneider, Wolfgang: »Warum wir kein Migranten-Theater brauchen. Aber eine Kulturpolitik, die in Personal, Produktion und Publikum der dramatischen Künste multiethnisch ist«, in: Schneider, Wolfgang (Hrsg.): *Theater und Migration. Herausforderungen für Kulturpolitik und Theaterpraxis*, Bielefeld: transcript 2011, S. 9-18

Schneider, Wolfgang (Hrsg.): *Theater und Migration. Herausforderungen für Kulturpolitik und Theaterpraxis*, Bielefeld: transcript 2011, 236 S.

Stein, Peter/Raddatz, Frank M.: »Glücksmaschine Theater. Von der Kostbarkeit der Kunst, vom Tragischen und vom Prinzip Trotzdem«, in: *Lettre International*, Heft 94 (2011), S. 66-78

Sucher, Bernd C.: »Wieviel Kultur braucht eine Gesellschaft? Politische-Studien-Zeitgespräch mit dem Theaterkritiker und Autoren«, in: *Politische Studien*, Heft 440 (2011), S. 6-15

Tepe, Christian: »Es brennt – helft löschen! Die Landesbühnen kämpfen um ihr Überleben«, in: *oper&tanz*, Heft 6/2011, S. 7-8

Thüringer Landtag: »Theater- und Orchesterlandschaft in Thüringen. Antwort auf die Kleine Anfrage der Abgeordneten Astrid Rothe-Beinlich (BÜNDNIS 90/DIE GRÜNEN)«, Erfurt: Drucksache 5/2844 (3.6.2011)

Vaßen, Florian u. a.: »Vom Volkstheater zum Bürgertheater?« (Schwerpunktthema), in: *Zeitschrift für Theaterpädagogik*, Heft 58 (2011), S. 5-63

Warstat, Matthias: *Krise und Heilung. Wirkungsästhetiken des Theaters*, Paderborn/München: Wilhelm Fink 2011, 247 S.

Yigit, Tamer: »Intendanten, integriert euch!«, in: *Das Argument*, Heft 293 (2011), S. 511-514

Zaib, Volker: »›Da bleibt dem Chef die Spucke weg.‹ Die Initiative Theater Dortmund/Dortmunder Lehrlingstheater 1970-1984«, in: *Heimat Dortmund*, Heft 2/2011, S. 18-21

Zalfen, Sarah: *Staats-Opern? Der Wandel von Staatlichkeit und die Opernkrisen in Berlin, London und Paris am Ende des 20. Jahrhunderts*, München: Oldenbourg 2011, 452 S.

Zehelein, Klaus: »Gezielte Vielfalt. Den Auftrag, flächendeckende Kultur zu produzieren, interpretieren die Landesbühnen im Sinne regional und inhaltlich bezogener bewusster Entscheidungen«, in: *Die Deutsche Bühne*, Heft 1/2011, S. 16-17

5.1.2 Theaterstruktur, Theaterfinanzierung

Theatermanagement aktuell. Unabhängiger Informationsdienst für das Management im Kulturbetrieb, Köln (vierteljährlich)

Theaterstatistik, Köln: Deutscher Bühnenverein (jährlich)

Baur, Detlev/Schuck, Berit: »Profis und Laien im Dialog. Ein Gespräch über Sinn und Möglichkeiten von Theaterprojekten mit Ortsbezug«, in: *Die Deutsche Bühne*, Heft 2/2011, S. 30-32

Baur, Detlev: »Ganz eigenes Timing. Das Schauspielhaus Köln brilliert auch wegen seiner ausländischen Regisseure. Damit kommt ein Hauch von internationaler freier Szene in dieses Stadttheater – und verbindet sich mit ihm«, in: *Die Deutsche Bühne*, Heft 4/2011, S. 32-33

Deutscher Bühnenverein/Bundesverband der Theater und Orchester (Hrsg.): *Geschäftsbericht 2010*, Köln: Köllen Druck 2011, 95 S.

Eilers, Dorte Lena: »Wem gehört die Politik? Der Intendant des Schauspiels Hannover über Hüttendörfer, konstruktive Kollisionen und Theater als spielerisch-moralische Anstalt. Ein Gespräch«, in: *Theater der Zeit*, Heft April 2011, S. 28-31

Esch, Christian: »Theater unter Beschuss. Mehr Geld allein reicht nicht«, in: *Kulturpolitische Mitteilungen*, Heft 132 (I/2011), S. 4-5

Föhl, Patrick S.: *Kooperationen und Fusionen von öffentlichen Theatern*, Wiesbaden: VS (Kulturmanagement und Kulturwissenschaft) 2011, 416 S.

Forsthoff, Christoph: »Am ›deutschen Broadway‹. Neue Modelle im Musicalgeschäft«, in: *oper&tanz*, Heft 1/2011, S. 9-10

Gerlach-March, Rita: »Gutes« Theater. Theaterfinanzierung und Theaterangebote in Großbritannien und Deutschland im Vergleich, Wiesbaden: VS 2011, 322 S.

Hartmann, Sebastian: »Das Leben in seiner aufrecht gebeugten Form. Ein Gespräch über das Leipziger Theater, kulturpolitische Nebelbänke, die Depression des Ostlers, sächsischen Selbsthass, Bachelor-Studenten – und warum man in schwieriger Gemengelage trotzdem Theater macht«, in: *Theater heute*, Heft 12/2011, S. 26-29

Hempel, Lutz: »Über Sinn und Unsinn von Qualitätsmanagement in Theatern«, Debatte, in: *Kulturpolitische Mitteilungen*, Heft 132 (I/2011), S. 60-61

Herdlein, Hans: »Entsolidarisierung in Krisenzeiten«, in: *bühnengenossenschaft*, Heft 1/2011, S. 4-5

Herdlein, Hans: »Praktizierte Solidarität. Kooperationen und Fusionen als Stellenkiller«, in: *Die Deutsche Bühne*, Heft 6-7/2011, S. 4-5

Herdlein, Hans: »Zur aktuellen Tarifsituation«, in: *bühnengenossenschaft*, Heft 5/2011, S. 4-5

Keim, Stefan: »Systemwandel. Die Zusammenarbeit profilierter Off-Theater mit städtischen Bühnen ist längst Alltag geworden«, in: *Die Deutsche Bühne*, Heft 4/2011, S. 36–38

Klaic, Dragan: »Vielfalt mit Profil. Immer mehr künstlerische Formen, immer neue Zielgruppen, immer andere Veranstaltungsformate: Wie kann man vermeiden, dass ein diversifiziertes Theaterangebot als kunterbuntes ›Smorgasbord‹ wahrgenommen wird?«, in: *Die Deutsche Bühne*, Heft 4/2011, S. 28–31

Landtag Mecklenburg-Vorpommern: »Anwendung des Theatererlasses. Antwort auf die Kleine Anfrage des Abgeordneten Torsten Koplin (DIE LINKE)«, Schwerin: Drucksache 5/4092 (7.2.2011)

Landtag Mecklenburg-Vorpommern: »Mittelzuweisungen für Theater und Orchester. Antwort auf die Kleine Anfrage des Abgeordneten Torsten Koplin (DIE LINKE)«, Schwerin: Drucksache 5/4094 (7.2.2011)

Landtag Rheinland-Pfalz: »Zuweisungen für kommunale Theater mit festem Ensemble. Antwort auf die Kleine Anfrage der Abgeordneten Rita Wagner (FDP)«, Mainz: Drucksache 15/5508 (28.3.2011)

Laue, Thomas: »Die Zukunft hat längst begonnen. Das Stadttheater war schon immer besser als der Ruf. Gerade ist es dabei, sich wieder neu zu erfinden«, in: *Die Deutsche Bühne*, Heft 4/2011, S. 22–25

mba: »Der Tod des anderen ist keine Garantie fürs eigene Überleben«, in: *Inthega-Kulturjournal*, Heft 1/2011, S. 10–11

Noack, Bernd: »Mut zur Provinz! Sie produzieren das Schwarzbrot des Theaters: die 24 deutschen Landesbühnen«, in: *Theater heute*, Heft 7/2011, S. 6–13

Preusser, Gerhard: »Weil wir so schön quieken. Zum Beispiel Wuppertal – eine Zwischenbilanz im Kampf ums Überleben der Theater in NRW«, in: *Theater heute*, Heft 2/2011, S. 43–46

Schmidt, Thomas: »Theaterfinanzierung und Reformen: Das Modell der Theater- und Orchester-Exzellenz und die Doppelte Transformation«, in: *Kulturpolitische Mitteilungen*, Heft 133 (II/2011), S. 52–54

Vanackere, Annemie u. a.: »Die Krise der Überproduktion. Die freie Szene boomt. Kaum eine performative Form zeigt sich derart innovativ und fruchtbar wie die neuen Theaterformen. Die Macher sprechen auf europäischer Ebene bereits von einer Krise der Überproduktion. Ein Gespräch«, in: *Theater der Zeit*, Heft Februar 2011, S. 16–19

Wanjek, Peter/Kaiser, Dirk: »StadtKultur macht Kultur für Bünde. Ein anderes Modell«, in: *Kulturjournal*, Heft 3/2011, S. 27–28

Weise, Klaus/Preusser, Gerhard: »Stadttheater ist nicht sexy? In Bonn überschlagen sich die Sparszenarien fürs Theater, während die Marke ›Beethoven‹ brummt«, in: *Theater heute*, Heft 8-9/2011, S. 82–83

Witzling, Klaus: »Rechnen, sparen, retten! Wie mit klugen Kürzungen und künstlerischem Kalkül das Landestheater Schleswig-Holstein vor der Abwicklung der Opernsparte bewahrt wurde«, in: *Theater der Zeit*, Heft Februar 2011, S. 32–33

Zehetgruber, Martin: »Hülle und Fülle. Was hat das Außen eines Theaters mit seinem Innen zu tun? Warum sehen Theater und Bühnen so aus, wie sie aussehen? Was bedeutet es für die Künstler und das Publikum? Und wie könnte es anders sein?«, in: *Theater heute*, Heft 6/2011, S. 4–15

5.1.3 Kinder- und Jugendtheater, Theaterpädagogik

IXYPSILONZETT. Magazin für Kinder- und Jugendtheater, eine Veröffentlichung der ASSITEJ Deutschland, Berlin: Theater der Zeit (dreimal jährlich, auch als Beilage zu Theater der Zeit)

Zeitschrift für Theaterpädagogik, in Kooperation mit Gesellschaft für Theaterpädagogik e. V., Bundesverband Theaterpädagogik e. V. und BAG Spiel + Theater e. V., Uckerland: Schibri (halbjährlich)

Bassenhorst, Markus/Blum, Lambert (Hrsg.): *Protokolle theaterpädagogischer Praxis. Konzepte und Verfahren aus der Multiplikatorenfortbildung »Interkurs«*, Berlin: Milow 2011, 300 S.

Böhnke, Yvonne: »Theater tut gut! Kinderärzte verschreiben Kultur. In Speyer machen Theaterleute und Ärzte gemeinsame Sache für Kinder«, in: *Kulturpolitische Mitteilungen*, Heft 132 (I/2011), S. 76–77

Broich, Josef: *ABC der Theaterpädagogik 6. Ausgabe 2011/2012. Systematischer Dokumentationsnachweis der Theatergruppen, Amateurtheatervereine, Freilichtbühnen, Fachverbände, Spielberatungsstellen, Fortbildungsträger im deutschsprachigen Raum mit einem Gesamtregister*, Köln: Maternus 2011, 447 S.

Dahlweid, Janine: »Verständnis für fremde Kulturen entwickeln – Sprachkenntnisse erweitern. Internationale Jugendbegegnungen können gefördert werden«, in: *Spiel&Bühne*, Heft 1/2011, S. 15–17

Fritsch, Anne: »Theater macht Schule? Klassenzimmerstücke sind längst ein eigenes Genre. Was sind dessen Chancen und wo liegen Grenzen oder Gefahren?«, in: *Die Deutsche Bühne*, Heft 2/2011, S. 33–335

Hübner, Kerstin: »Mitgespielt! Mitgelacht! Mitgemacht! Das 4. Deutsche Kinder-Theater-Fest in Berlin«, in: *Spiel&Bühne*, Heft 1/2011, S. 27–28

Koch, Gerd (Hrsg.): *Ohne Körper geht nichts. Lernen in neuen Kontexten. Anlässlich des zwanzigjährigen Bestehens der Gesellschaft für Theaterpädagogik im Jahre 2000*, Berlin: Schibri 2011, 278 S., 2., unveränd. Aufl.

Köhler, Myrta u. a.: »Theaterpädagogik an Theatern. Schwerpunktthema«, in: *Zeitschrift für Theaterpädagogik*, Heft 59 (2011), S. 5–38

Küster, Marion (Hrsg.): *Theater mit mir?! »Der geschützte Raum.« Eine Konferenzdokumentation*, Berlin: Schibri 2011, 314 S.

Lehmann, Ulrike: »Kaum eine Theaterreform hat sich in den letzten Jahrzehnten so rasant entwickelt: Puppen- und Figurentheater ist nur was für Kinder? Dient nur der Belustigung? Von wegen!«, in: *Junge Bühne*, Heft 5 (September) 2011, S. 58–61

Philipp, Elena: »Wie zwei Berliner Theater sich für Jugendliche öffnen. Eine Collage von Bildern zu ›Ferienlager – Die 3. Generation‹ der ›akademie der autodidakten‹ am Berliner Ballhaus Naunynstraße und zu ›Türkisch Gold am Jungen DT‹, in: *Junge Bühne*, Heft 5 (September) 2011, S. 18–23

Poppenhäger, Annette: »Die Kleinen und die Großen. Die strukturelle Vielfalt ist enorm und das Engagement immens: Theater, Schulen, Stiftungen und Vereine kämpfen für die kulturelle Bildung im Land. Allerdings schwanken die pädagogischen Ansprüche. Ein Überblicksversuch«, in: *Die Deutsche Bühne*, Heft 10/2011, S. 36-38

Radermacher, Norbert: »Internationale Strukturen im Bereich des Amateurtheaters und der Theaterpädagogik in Deutschland, Europa und der Welt«, in: *Spiel&Bühne*, Heft 1/2011, S. 6-8

Sack, Mira: *Spielend denken. Theaterpädagogische Zugänge zur Dramaturgie des Probens*, Bielefeld: transcript 2011, 352 S.

Sagor, Kristo: »Ein wahrhaft pädagogisches Projekt. Über Pädagogik als theatrale Lebensform«, in: *Die Deutsche Bühne*, Heft 10/2011, S. 26-29

Schneider, Wolfgang: »Kindertheater und Kulturpolitik. Ein Welttag als Zeichen der Krise«, in: *Kulturnotizen*, Heft 14 (2011), S. 51-53

Schröck, Katharina M.: »Dramatisches Laboratorium und künstlerisches Experiment. Die ASSITEJ feierte den Welttag des Theaters für Kinder und Jugendliche«, in: *Kulturpolitische Mitteilungen*, Heft 133 (II/2011), S. 64-65

Seethaler, Karin: »Pädagogen-Boom. Die Entwicklung des Berufs Theaterpädagoge in den letzten Jahren war so rasant, dass kaum Zeit für Analysen oder Reflexion über die eigene Arbeit blieb«, in: *Die Deutsche Bühne*, Heft 10/2011, S. 30-32

Simons, Johan/Bauer, Elke: »Gespräch über Theaterpädagogik an den Münchener Kammerspielen«, in: *Die Deutsche Bühne*, Heft 10/2011, S. 33-35

uniT – KUNSTLABOR: »Wir müssen erzählen, um nicht zu verschwinden«, in: Messner, Bettina/Wrentschur, Michael (Hrsg.): *Initiative Soziokultur, Diskurse. Konzepte. Praxis*, Wien/Berlin/Münster: LIT (Soziale Arbeit – Social Issues, 12) 2011, S. 147-153

5.1.4 Freies Theater

Spiel und Bühne. Fach- und Verbandszeitschrift Bund Deutscher Amateurtheater e. V., Heidenheim: Bund Deutscher Amateurtheater e. V. (viermal jährlich)

Baum, Karl Uwe/Friedel, Roland: »Betrachtungen zum Amateurtheater von 1945 bis 1990 auf dem Gebiet des heutigen Sachsen«, in: *Spiel&Bühne*, Heft 3/2011, S. 9-11

Brandenburg, Detlef: »Kommt alle her! Mit immer neuen Formaten wollen die Theater immer neue Zielgruppen erschließen«, in: *Die Deutsche Bühne*, Heft 2/2011, S. 18-21

Deuflhard, Amelie: »Die Komplizen der Protestmetropole. Eine Antwort auf ›die Krise der Überproduktion‹. Ein Gespräch«, in: *Theater der Zeit*, Heft März 2011, S. 22-23

Deuter, Ulrich: »›Irgendwer langweilt sich immer‹«, in: *K.West*, Heft 6/2011, S. 4-7

InterACT: »Theater, das wirkt. Die politisch-partizipative Theaterarbeit von InterACT als soziokulturelle Interventionsform«, in: Messner, Bettina/Wrentschur, Michael (Hrsg.): *Initiative Soziokultur. Diskurse. Konzepte. Praxis*, Wien/Berlin/Münster: LIT (Soziale Arbeit – Social Issues, 12) 2011, S. 155-169

Keim, Stefan: »Zwischen Performance und Party. Das Theaterfestival ›impulse‹ präsentierte in Bochum, Düsseldorf, Köln und Mühlheim die lustvollen Extreme der Freien Szene«, in: *Die Deutsche Bühne*, Heft 8/2011, S. 18-19

Krug, Hartmut: »Postmigrantisches Theater. Das Berliner Ballhaus Naunynstraße ist (neben dem HAU) das einzige Berliner Theater, das mit einer Inszenierung auf dem Theatertreffen zu sehen sein wird. Ein Hausbesuch«, in: *Die Deutsche Bühne*, Heft 5/2011, S. 48-49

Laages, Michael: »In der Zwickmühle. Viel gewollt, wenig erreicht. Das 8. Festival ›Politik im Freien Theater‹ in Dresden«, in: *Die deutsche Bühne*, Heft 12/2011, S. 28-29

Malzacher, Florian u. a.: »Große Tiere – Die neue Kunst der Kuratoren« (Schwerpunktthema), in: *Theater heute*, Heft 4/2011, S. 6-23

Schleswig-Holsteinischer Landtag: »Lage der freien Theater in Schleswig-Holstein. Antwort auf die Kleine Anfrage des Abgeordneten Heinz-Werner Jezewski (DIE LINKE)«, Kiel: Drucksache 17/1735 (6.9.2011)

Schnell, Stephan: »Beim Gang durch das Archiv. Zur Geschichte des Amateurtheaters«, in: *Spiel&Bühne*, Heft 3/2011, S. 6-8

Wagner, Silvan (Hrsg.): *Laientheater. Theorie und Praxis einer populären Kunstform*, Bielefeld: transcript (Theater, 32) 2011, 192 S.

Zaib, Volker: »›Da bleibt dem Chef die Spucke weg‹. Die Initiative Theater Dortmund/Dortmunder Lehrlingstheater 1970-1984«, in: *Heimat Dortmund*, Heft 2/2011, S. 18-21

5.1.5 Tanz, Tanzpädagogik

Deutscher Bundestag: »Zukunft des Tanzes in Deutschland. Antwort der Bundesregierung auf die Kleine Anfrage der Fraktion BÜNDNIS 90/DIE GRÜNEN«, Berlin: Drucksache 17/5331 (1.4.2011)

Herdlein, Hans: »Vertragsumgehung beim Tanz – zurück zu den Anfängen?«, in: *bühnengenossenschaft*, Heft 3/2011, S. 4-5

Philipp, Elena: »Der Tanz(plan) hebt ab. Fünf Jahre Tanzförderung in Deutschland durch die Kulturstiftung des Bundes liefen 2010 aus«, in: *Die Deutsche Bühne*, Heft 1/2011, S. 40-43

Ritter, Madeline/Völckers, Hortensia: »Was vom ›Tanzplan‹ übrig bleibt. Ein Gespräch«, in: *oper&tanz*, Heft 5/2011, S. 9-10

Sandowska, Sabrina: »Transition in Deutschland. Interview zu ›Stiftung TANZ-Transition Zentrum Deutschland‹«, in: *bühnengenossenschaft*, Heft 3/2011, S. 6-8

Tanzplan Deutschland (Hrsg.): *Tanzplan Deutschland. Eine Bilanz*, Köln/Weimar/Wien: Böhlau 2011, 96 S.

5.2 Musik

5.2.1 Allgemein

Das Orchester. Magazin für Musiker und Management, Mainz: Schott Musik International (elfmal jährlich)

Lied und Chor. Zeitschrift für das Chorwesen, Köln: Deutscher Sängerbund (monatlich)

Musikforum. Hervorgegangen aus: Deutscher Musikrat: Referate und Informationen (Nr. 1, 1965 bis Nr. 67, 1987), erschienen bis 2001 (Nr. 95) – ab Okt. 2004 als Das

Magazin des Deutschen Musikrats fortgeführt, Mainz u. a.: Deutscher Musikrat/Schott (vierteljährlich)

Neue Zeitschrift für Musik, Mainz: Schott (sechsmal im Jahr)

nmz. Neue Musikzeitung, Regensburg: ConBrio (10 Ausgaben im Jahr)

Oper und Tanz. Zeitschrift der VdO für Opernchor und Bühnentanz, Regensburg: ConBrio (zweimonatlich)

Allwardt, Ingrid: »Musikvermittlung. Generation 3.0«, in: *Das Orchester*, Heft 7–8/2011, S. 10–12

Allwardt, Ingrid/Katharina Schwanzer: »Musik als ganz eigene Welt. Wie kann man die Aufgabe wiederaufnehmen, den Spuren der Assoziationen zu folgen? Ein Gespräch mit Markus Fein«, in: *Das Orchester*, Heft 7–8, 2011, S. 13–15

Berndt-Zürner, Maike: »Musiken anderer Kulturen vermitteln. Ein Seminar am Institut für Kulturpolitik mit dem Center for World Music«, in: Kultur. Politik. Diskurs, Heft 12/2011, S. 24–27

Binas-Preisendörfer, Susanne: »Ethnische Repräsentationen als Herausforderung für Musikwissenschaft und Musikpolitik«, in: Barber-Kersovan, Alenka (Hrsg.): *West meets East, Musik im interkulturellen Dialog*, Frankfurt am Main: Lang 2011, S. 21–34

Binas-Preisendörfer, Susanne: »Sampling the ›World‹. Klänge im Zeitalter ihrer digitalen Reproduzierbarkeit«, in: Institut für Kulturpolitik der Kulturpolitischen Gesellschaft (Hrsg.): *Jahrbuch für Kulturpolitik 2011. Thema: Digitalisierung und Internet*, Bonn/Essen: Institut für Kulturpolitik der Kulturpolitischen Gesellschaft e. V./Klartext 2011, S. 79–89

Brill, Dunja: »Klänge des Krieges. Die Konstruktion ›weißer‹ Männlichkeit im Industrial und Black/Pagan Metal«, in: *Journal der Jugendkulturen*, Heft 17 (2011), S. 11–21

Deutscher Bundestag: »Musikförderung durch den Bund. Antwort der Bundesregierung auf die Große Anfrage der Fraktion der SPD«, Berlin: Drucksache 17/7222 (29.9.2011)

Deutscher Musikrat gemeinnützige Projektgesellschaft mbH (Hrsg.): *2010 Dokumentation*, Bonn 2011, 47 S.

Diwiak, Christa: »Exoten. Rundfunkchöre heute«, in: *Das Orchester*, Heft 9/2011, S. 12–16

Frei, Marco: »Die Zeit auf Reisen. Wenn Orchester durch die Welt touren«, in: *Das Orchester*, Heft 10/2011, S. 26–27

Frei, Marco: »Wer nur spart, macht sich kaputt. Geschäftsführer Florian Ganslmeier über die erfolgreiche Sanierung des Münchener Kammerorchesters«, in: *Das Orchester*, Heft 11/2011, S. 30–33

Frei, Marco: »Zurück in die Zukunft. Musikvermittlung: Wie die Rundfunkchöre aufgestellt sind«, in: *Das Orchester*, Heft 9/2011, S. 33–35

Gottstein, Björn: »Die musikalische Maschine. Wie der Computer die Neue Musik und die Neue Musik den Computer verändert haben«, in: *Neue Zeitschrift für Musik*, Heft 1/2011, S. 20–23

Hamburgische Bürgerschaft: »Jazzgutachten für Hamburg. Antwort auf die Kleine Anfrage des Abgeordneten Wilfried Buss (SPD)«, Hamburg: Drucksache 19/8511 (24.1.2011)

Henke, Robert: »Tod durch Überfluss. Strategien zur Komposition elektronischer Musik«, in: *Neue Zeitschrift für Musik*, Heft 1/2011, S. 24–27

Höppner, Christian/Bäßler, Hans/Terhag, Jürgen/Haberkamp, Thomas/Witt, Christian de/Bender, Michael/Zahn, Robert von: »Erweiterung oder Nicht-Erweiterung? Die Umgestaltung von ›Jugend musiziert‹ in der Diskussion?«, in: *Musikforum*, Heft 4/2011, S. 30–35

Holbein, Ulrich: »Glaubt's doch endlich ihr Dumpfbeutel! Von wegen Pop- und Classic-Hitlisten! Wahre akustische Exzesse statt hohle Nüsse haut einem einzig Gustav Mahler um die Ohrwatscheln. Eine Werbesendung zum 100. Todestag am 18. Mai«, in: *konkret*, Heft 5/2011, S. 54–56

Jacke, Christoph: »Jugend und (Popmusik)Kultur«, in: *Musikforum*, Heft 1/2011, S. 8–11

Keuchel, Susanne: »Zeit-ABC des Konzerts. Neue Zeitformate für Konzerte?«, in: *Das Orchester*, Heft 10/2011, S. 14–15

Kolbe, Corina: »Klassik im Hintertreffen? Was die Klassik von der Rock-Pop-Branche lernen kann«, in: *Das Orchester*, Heft 1/2011, S. 21–22

Lyng, Robert/Heinz, Oliver W./Rothkirch, Michael von: *Die neue Praxis im Musikbusiness*, Bergkirchen: PPV-Medien 2011, 431 S., 11., komplett überarb. Aufl.

Meine, Sabine/Noeske, Nina (Hrsg.): *Musik und Popularität. Aspekte zu einer Kulturgeschichte*, Münster u. a.: Waxmann (Populäre Kultur und Musik, 2) 2011, 248 S.

Mertens, Gerald: »Blick gen Osten. Asiatischer Orchestergipfel in Moskau«, in: *Das Orchester*, Heft 12/2011, S. 43–44

Nohr, Rolf F./Schwaab, Herbert: *Metal Matters. Heavy Metal als Kultur und Welt*, Münster: LIT 2011, 528 S.

Nonnenmann, Rainer: »Differenzen trotz Internationalisierung. Vergleichende Streiflichter auf die Musikszenen von Paris, Frankreich und Deutschland«, in: *Neue Zeitschrift für Musik*, Heft 1/2011, S. 65–66

Parzer, Michael: »›Ich hör alles von Punkrock bis Klassik‹. Grenzüberschreitender Musikgeschmack in der Gegenwartsgesellschaft«, in: *Musikforum*, Heft 4/2011, S. 18–21

Perkis, Tim: »Volksmusiker im Silicon Valley. Computertechnologien als Verstärker von Visionen«, in: *Neue Zeitschrift für Musik*, Heft 1/2011, S. 42–45

Petersen, Lisa: »Geschäft zu beiderseitigem Vorteil? Hausmusikkonzerte als Audience-Development-Instrument«, in: *Das Orchester*, Heft 11/2011, S. 24–26

Pfleiderer, Martin (Hrsg.): *Populäre Musik und kulturelles Gedächtnis. Geschichtsschreibung – Archiv – Internet*, Köln: Böhlau (Schriftenreihe der Hochschule für Musik ›Franz Liszt‹, 7) 2011, 173 S.

Pietzsch, Angela: »Musik ab!«, in: *Virtuos*, Heft 1/2011, S. 50–51

Plass, Christoph: »Wanderer zwischen den Welten. Israelische Musiker in Deutschland und umgekehrt«, in: *Das Orchester*, Heft 12/2011, S. 20–21

Rinderle, Peter: *Musik, Emotionen und Ethik*, Freiburg i. Br.: Karl Alba (Musikphilosophie, 3) 2011, 200 S.

Roy, William G./Dowd, Timothy J.: »Musik soziologisch«, in: *WestEnd. Neue Zeitschrift für Sozialforschung*, Heft 8 (2011), S. 21–49

Scherz-Schade, Sven: »Presto!? Zeit und Pause im Klassikbetrieb«, in: *Das Orchester*, Heft 10/2011, S. 10-13

Schlögl, Anita: *Mehrwert Musik. Musikwirtschaft und Stadtentwicklung in Berlin und Wien*, Wiesbaden: VS (VS research) 2011, 267 S.

Scholz, Christian/Schmitt, Albert: *Hochleistung braucht Dissonanz. Was Teams vom 5-Sekunden-Modell der Deutschen Kammerphilharmonie Bremen lernen können*, Weinheim: Wiley-VCH 2011, 344 S.

Spahn, Claudia: »›Tempus peto‹. Der Umgang mit Zeit im Musikerberuf aus medizinischer Sicht«, in: *Das Orchester*, Heft 10/2011, S. 16-18

Struck-Schloen, Michael: »Hochkultur für alle. Interview mit den Intendanten der Konzerthäuser in Düsseldorf, Essen und Köln«, in: *K.WEST*, Heft 5/2011, S. 36-40

Tappe Kohler, Anna: »Von wegen ›uncool‹. Die Popkultur entdeckt die Hausmusik«, in: *Das Orchester*, Heft 11/2011, S. 27-28

Tentler, Frank: »Wie eine Blumenwiese. Social-Media-Experte Frank Tentler über die neue Welt des Web 2.0 und ihren Nutzen für Chöre«, in: *Neue Chorzeit*, Heft 3/2011, S. 20-21

Tröndle, Martin (Hrsg.): *Das Konzert. Neue Aufführungskonzepte für eine klassische Form*, Bielefeld: transcript (Kultur- und Museumsmanagement) 2011, 402 S., 2., komplett überarbeitete Auflage

Trummer, Manuel: »Powermythologie. Zur Phänomenologie des Superhelden in der Ikonografie des Heavy Metal«, in: *Kritische Berichte*, Heft 1/2011, S. 51-70

Unseld, Melanie: *Musikwissenschaft als Kulturwissenschaft*, Oldenburg: BIS (Oldenburger Universitätsreden, 195) 2011, 33 S.

Wagner, Christoph: »Synthetische Klangträume. Die Entwicklung der elektronischen Revolution«, in: *Kommune*, Heft 4/2011, S. 106-107

Wagner, Christoph: »zukunftsmusik. Vor mehr als 40 Jahren begann der Siegeszug des Synthesizers, der die Welt der Musik tiefgreifend verändert hat«, in: *Neue Zeitschrift für Musik*, Heft 5/2011, S. 54-57

Warnke, Martin: »Errechnet, gesteuert, vernetzt. Musik am Computer«, in: *Neue Zeitschrift für Musik*, Heft 1/2011, S. 34-39

5.2.2 Musikpädagogik

Diskussion Musikpädagogik. Wissenschaftliche Vierteljahresschrift für Musikpädagogik, Oldershausen: Lugert (viermal im Jahr)

Bommas, Peter: »Was hat das Netzwerk Neue Musik gebracht? Die neue musikzeitung hat sich in einigen beteiligten Städten umgehört«, in: *nmz. Neue Musikzeitung*, Heft 10/2011, S. 11-12

Brandstätter, Ursula: »Wieviel Theorie braucht die Musikpädagogik? Einige grundsätzliche Überlegungen zum Jubiläumsheft der Zeitschrift ›DMP‹«, in: *Diskussion Musikpädagogik*, Heft 50, 2011, S. 4-6

Clausen, Bernd (Hrsg.): *Vergleich in der musikpädagogischen Forschung*, Essen: Die Blaue Eule (Musikpädagogische Forschung, 32) 2011, 316 S.

Egeler-Wittmann, Silke: »Neue Musik als Abenteuer. Aktuelle Vermittlungsprojekte mit Kindern und Jugendlichen«, in: *Neue Zeitschrift für Musik*, Heft 3/2011, S. 35-39

Eggert, Moritz: »Was wir von Kindern lernen können. Plädoyer für eine ungezähmte Musikerziehung«, in: *nmz. Neue Musikzeitung*, Heft 5/2011, S. 1-2

Enser, Gabriele: *Farben und Bilder in der Musikpädagogik*, Mainz: Schott (Schott Campus) 2011, 396 S.

Fließ, Susanne: »Geschockt und kompromissbereit«, in: *Musikforum*, Heft 1/2011, S. 12-13

Günther, Sarah: *Musikpädagogisches Konzept für eine Schulband an einer Förderschule. Eine Studie zu Kompetenzentwicklung und Transfereffekten bei jugendlichen Bandmitgliedern*, Hamburg: Kovac (Schriftenreihe Sonderpädagogik in Forschung und Praxis, 29) 2011, 201 S.

Gutzeit, Reinhart von: »›Kostbarer Schatz des Lebens‹. Reinhart von Gutzeit im Gespräch über ›Jugend musiziert‹«, in: *Musikforum*, Heft 1/2011, S. 30-33

Höfer, Fritz: »Wikis im Musikunterricht«, in: *Musik und Unterricht*, Heft 1/2011, S. 52-55

Hurrelmann, Klaus: »Lernförderung plus soziale Kompetenzförderung. Christian Höppner im Gespräch mit Klaus Hurrelmann«, in: *Musikforum*, Heft 1/2011, S. 12-15

Kertz-Welzel, Alexandra/Froehlich-Rainbow, Hildegard: »Avoiding pitfalls when swimming in foreign waters. Reflexionen über Schlüsselbegriffe der internationalen Musikpädagogik«, in: *Diskussion Musikpädagogik*, Heft 49 (2011), S. 27-30

Kirschenmann, Johannes: »Signatur und Habitus. Ein kulturrekonstruktiver Vorschlag für die Musik- und Kunstpädagogik«, in: *Diskussion Musikpädagogik*, Heft 50 (2011), S. 24-30

Loritz, Martin D. (Hrsg.): *Musik – pädagogisch – gedacht. Reflexionen, Forschungs- und Praxisfelder. Festschrift für Rudolf-Dieter Kraemer zum 65. Geburtstag*, Augsburg: Wißner (Forum Musikpädagogik, 100) 2011, 408 S.

Meinl, Gerhard: »Musikunterricht darf kein Schnellkochkurs sein«, in: *Musikforum*, Heft 2/2011, S. 56-57

Pannes, Matthias: »Kinder musikalisch nicht allein lassen!«, in: *Musikforum*, Heft 1/2011, S. 44-46

Petzold, Veronica/Puschke, Moritz: »Einer für alle, alle für einen. Neuformulierung der FELIX-Kriterien soll verbindlichen Qualitätsstandard sichern und die Wertschätzung steigern«, in: *Neue Chorzeit*, Heft 2/2011, S. 8-10

Rora, Constanze: »Gefühlsbildung im Musikunterricht«, in: *Musik und Unterricht*, Heft 1/2011, S. 56-61

Schäfer-Lembeck, Hans-Ulrich (Hrsg.): *Musikalische Bildung – Ansprüche und Wirklichkeiten. Reflexionen aus Musikwissenschaft und Musikpädagogik. Beiträge des Münchner Tagung 2011*, München: Allitera (Musikpädagogische Schriften der Hochschule für Musik und Theater München, 3) 2011, 271 S.

Schnitzer, Ralf: »Unterrichten in Gesangsklassen. Hans Bäßler für Musik & Bildung im Gespräch mit Ralf Schnitzer«, in: *Musik und Bildung*, Heft 3/2011, S. 46-49

Sinsch, Sandra: »Karriereplaner Zufall. Zur Chorsängerausbildung in Deutschland«, in: *Das Orchester*, Heft 9/2011, S. 30-32

Sinsch, Sandra: »Stiefkinder. Chordirigentenausbildung in Deutschland«, in: *Das Orchester*, Heft 9/2011, S. 36-38

Sobirey, Wolfgang: »›JeKi‹ – wo schadet das Projekt, was kann es leisten?«, in: *Musikforum*, Heft 1/2011, S. 23–25

Spitzer, Manfred: »Musik im Alltag unserer Kinder«, in: *Musikforum*, Heft 3/2011, S. 6–11

Spychiger, Maria: »Entwicklungsperspektiven einer aufgeklärten Musikpädagogik«, in: *Diskussion Musikpädagogik*, Heft 49 (2011), S. 17–27

Stange, Christoph: *Zum Umgang mit Religiöser Musik aus musikpädagogischer Sicht*, Essen: Die Blaue Eule (Musikwissenschaft /Musikpädagogik in der Blauen Eule, 98) 2011, 205 S.

Terhag, Jürgen: »Gelingendes Klassenmusizieren. Anforderungen an und durch ein aktuelles musikpädagogisches Thema«, in: *Musik und Bildung*, Heft 3/2011, S. 10–12

Vogt, Jürgen: »Musikpädagogik nach 1945«, in: Klein, Richard (Hrsg.): *Adorno-Handbuch. Leben – Werk – Wirkung*, Stuttgart: Metzler 2011, S. 160–167

Vogt, Jürgen: »Schöngeister und Rechenknechte. Zum Verhältnis von Bildungstheorie und Bildungsforschung in der Musikpädagogik«, in: *Diskussion Musikpädagogik*, Heft 49 (2011), S. 13–17

5.2.3 Musikschulen und Musikhochschulen

Deutscher Musikrat/Deutsches Musikinformationszentrum: »Topografie des Musikstudiums«, in: *Musikforum*, Heft 4/2011, S. 52–53

Heßler, Hans-Joachim: *Arbeitsfeld Schule und Musikschule. Zur künstlerischen Ausbildung von Musikpädagogen. Ein integratives Konzept*, Dortmund: NonEM 2011, 163 S., 2. Aufl.

Hürter, Friedegard: »Raus aus der Nische. Kinderchorleitung wird Chefsache: Hochschulen bieten neue Studiengänge und berufsbegleitende Fortbildungen an«, in: *Neue Chorzeit*, Heft 2/2011, S. 11–13

Koschwitz, Nils: *Eine Musikschule als Heilsbringer für die deutsche Musik und Nation? Eine Einführung in Richard Wagners Bericht an Seine Majestät den König Ludwig II. von Bayern über eine in München zu errichtende deutsche Musikschule und die Konservatoriumsdiskussion um 1865*, Frankfurt am Main: Lang (Beiträge zur europäischen Musikgeschichte, 16) 2011, 137 S.

Mannhardt, Christine: *Fundraising an Musikhochschulen. Universitäre Erfolgskonzepte und ihre Anwendbarkeit*, Marburg: Tectum 2011, 114 S.

Plass, Christoph: »Zwischen Frei- und Sicherheit. Wie die Hochschulen auf Freiberuflichkeit vorbereiten«, in: *das Orchester*, Heft 2/2011, S. 28–30

Rietschel, Thomas: »Mitten in Frankfurt – Mitten im Leben. Die Hochschule für Musik und darstellende Kunst Frankfurt am Main«, in: *Musikforum*, Heft 3/2011, S. 54–57

Thüringer Landtag: »Musikschulen in Thüringen. Antwort auf die Kleine Anfrage des Abgeordneten Maik Kowalleck (CDU)«, Erfurt: Drucksache 5/3533 (11.11.2011)

5.3 Bildende Kunst

5.3.1 Allgemein

art. Das Kunstmagazin, Hamburg: Gruner + Jahr (monatlich)

kulturpolitik. Vierteljahreszeitschrift für Kunst und Kultur – Bundesmitteilungsblatt des BBK, Bonn: Kulturwerk des BBK e. V. (viermal im Jahr)

Kunstchronik. Monatsschrift für Kunstwissenschaft, Museumswesen und Denkmalpflege, hrsg. v. Zentralinstitut für Kunstgeschichte in München. Mitteilungsblatt des Verbandes deutscher Kunsthistoriker e. V., Nürnberg: Hans Carl (elfmal im Jahr)

Kunstforum international. Die aktuelle Zeitschrift für alle Bereiche der Bildenden Kunst, Ruppichteroth: Kunstforum (vierteljährlich)

Texte zur Kunst, Berlin: Texte zur Kunst GmbH (vierteljährlich)

Billig, Volkmar/Fabritius, Julia/Roth, Martin (Hrsg.): *Im Sog der Kunst. Konsequenzen des demografischen Wandels*, Köln: Böhlau 2011, 256 S.

Boll, Dirk: *Kunst ist käuflich. Freie Sicht auf den Kunstmarkt*, Ostfildern: Hatje Cantz 2011, 215 S., 2., überarb. Ausgabe

Breitz, Candice/Buth, Peggy/Monk, Jonathan/Siekmann, Andreas: »Für transparente Verhältnisse. Ein Roundtablegespräch über Sammler und Sammlungen« (moderiert von Sven Beckstette), in: *Texte zur Kunst*, Heft 83 (2011), S. 76–93

Dercon, Chris/Kittelmann, Udo/Kraus, Karola/Macel, Christine/Marí, Bartomeu/Mühling, Matthias/Simpson, Bennett: »Geschenkt! Eine Umfrage zum Verhältnis von öffentlichen Museen und privaten Sammlungen«, in: *Texte zur Kunst*, Heft 83 (2011), S. 128–167

Deuflhard, Amelie: »Der Kunstraum als Plattform für unterschiedliche Communities«, in: Institut für Kulturpolitischen Gesellschaft (Hrsg.): *Jahrbuch für Kulturpolitik 2011. Thema: Digitalisierung und Internet*, Bonn/Essen: Institut für Kulturpolitik der Kulturpolitischen Gesellschaft e. V./Klartext 2011, S. 61–63

Finckh, Gerhard: »Kuratieren«, in: Lewinski-Reuter, Verena/Lüddemann, Stefan (Hrsg.): *Glossar Kulturmanagement*, Wiesbaden: VS 2011, S. 212–217

Friese, Klaus Gerrit: »Was sich alles ändern muss. Ein Plädoyer aus Galeristensicht«, in: *politik und kultur* (puk), Heft 3/2011, S. 1–2

Graw, Isabelle: »Das Wissen der Malerei. Anmerkungen zu denkenden Bildern und Personen im Produkt«, in: *Texte zur Kunst*, Heft 82 (2011), S. 114–125

Hanselle, Ralf: »Fotografie und Gesellschaft. Bilder von der ›anderen Seite unserer Kultur‹«, in: *Junge_Kunst*, Heft 89 (4/2011), S. 37–39

Herstatt, Claudia: »Galerie«, in: Lewinski-Reuter, Verena/Lüddemann, Stefan (Hrsg.): *Glossar Kulturmanagement*, Wiesbaden: VS 2011, S. 69–72

Hotz, Sandra/Zelger, Ulrich (Hrsg.): *Kultur und Kunst. Analysen und Perspektiven von Assistierenden des Rechtswissenschaftlichen Instituts der Universität Zürich*, Baden-Baden: Nomos (Schriften zum Kunst- und Kulturrecht, 9) 2011, 424 S.

Jehle, Peter: »Kunst ist so ambivalent wie Können«, in: *Das Argument*, Heft 293 (2011), S. 508–510

Kniess, Katharina: »Ohne akademischen Krampf. Freundes- und Förderkreise von Museen und Kunstvereinen setzen auf den Nachwuchs«, in: *Junge_Kunst*, Heft 88 (3/2011), S. 35–37

Koch, Alexander/Lust, Ulli/Turowski, Jan: »Wo die Kunst heute steht. Ein Gespräch«, in: *Neue Gesellschaft/Frankfurter Hefte*, Heft 1-2/2011, S. 42–49

Kuhna, Marin: »Kunst, lass nach! Über Kunstnachlässe«, in: *K.WEST*, Heft 9/2011, S. 36-37

Leisch-Kiesl, Monika/Schwanberg, Johanna (Hrsg.): *Was spricht das Bild? Gegenwartskunst und Wissenschaft im Dialog*, Bielefeld: Transcript 2011, 210 S.

Mühleis, Volkmar: *Ein Kind lässt einen Stein übers Wasser springen. Zur Entstehungsweise von Kunst*, Fink: München 2011, 272 S.

Muñoz, Victor: »›Die Dinge konnten nicht so bleiben, als wenn nichts passiert wäre‹. Kunstproduktion und soziale Bewegungen im Mexiko der 1970er Jahre. ein Interview von Jens Kastner«, in: *Das Argument*, Heft 293 (2011), S. 515-522

Otto, Hans-Joachim: »Fokus auf den Kunstmarkt. Politische Perspektiven und Instrumente«, in: *politik und kultur (puk)*, Heft 3/2011, S. 6-7

Schindler, Johanna/Wrangel, Donata Gräfin: »Kunstarbeit jenseits des Kunstmarktes. Tagung am 18. Juni 2011 an der Zeppelin Universität in Friedrichshafen in Kooperation mit dem Kunstbüro der Kunststiftung Baden-Württemberg«, in: Bekmeier-Feuerhahn, Sigrid u. a. (Hrsg.): *Kulturmanagement und Kulturpolitik*, Bielefeld: transcript (Jahrbuch für Kulturmanagement 2011) 2011, S. 365-370

Schmücker, Reinold: »Der Herr der Fehler. Über die Autonomie der Kunst und die Rolle der Kunstkritik«, in: *Merkur*, Heft 743 (2011), S. 367-374

Sonntag, Ingrid: »Die Freie Akademie der Künste in Leipzig 1992-2003. Nur aus einer Prägung des sächsischen Kulturraumes hervorgegangen?«, in: *Deutschland Archiv*, Heft 2/2011, S. 193-199

Turowski, Jan: »Wenn Bürger Künstler beauftragen. Wie lässt sich zeitgenössische Kunst in einer modernen Gesellschaft verankern?«, in: *politik und kultur (puk)*, Heft 6/2011, S. 20-21

Völcker, Wolfram (Hrsg.): *Was kostet Kunst? Ein Handbuch für Sammler, Galeristen, Händler und Künstler. Konsequenzen des demografischen Wandels*, Ostfildern: Hatje Cantz 2011, 151 S.

Werckmeister, Otto Karl: »Das Kunstwerk zwischen Arbeit und Besitz«, in: *Das Argument*, Heft 293 (2011), S. 511-514

Werner, Michael: »›Ich wollte meine eigenen Hierarchien‹. Birgit Maria Sturm im Gespräch mit dem Galeristen und Kunsthändler Michael Werner«, in: *politik und kultur (puk)*, Heft 3/2011, S. 3-5

Zinggl, Wolfgang: »Kunst ist sowieso sozial«, in: Messner, Bettina/Wrentschur, Michael (Hrsg.). *Initiative Soziokultur. Diskurse. Konzepte. Praxis*, Wien/Berlin/Münster: LIT (Soziale Arbeit - Social Issues, 12) 2011, S. 89-104

5.3.2 Kunstpädagogik

Kunst + Unterricht. Zeitschrift für Kunstpädagogik, Seelze: Friedrich (zehn Hefte im Jahr)

Busse, Klaus-Peter: »Grenzgänge des Digitalen. Herausforderungen einer zeitgemäßen Kunstpädagogik im Digitalen Zeitalter«, in: *infodienst – Das Magazin für kulturelle Bildung*, Heft 101 (2011), S. 18-19

Demand, Christian: »Die Kunstakademie. Ein Lagebericht«, in: *Merkur*, Heft 748/749 (2011), S. 933-942

Hameleers, Rachel: »Die Bühnenkunstschule ACADEMY (Berlin) - Wir schaffen etwas Eigenes«, in: *Unsere Jugend*, Heft 7+8/2011, S. 329-334

Kirschenmann, Johannes/Lutz-Sterzenbach, Barbara (Hrsg.): *Kunst. Schule. Kunst. Modelle, Erfahrungen, Debatten*, München: kopaed (Kontext Kunstpädagogik, 27) 2011, 363 S.

Mayer, Stefan: *Unsichtbare Kunst und ihre didaktischen Perspektiven*, München: kopaed (Kontext Kunstpädagogik, 31) 2011, 269 S.

Rettkowski-Felten, Margarete/Jordan, Michaela: *Wahrnehmen und Gestalten. Kunstpädagogik für sozialpädagogische Berufsfelder*, Köln: Bildungsverlag (Ausbildung und Studium) 2011, 301 S.

Schlaffer, Heinz: »Betreutes Sehen. Vom Kunsturteil zur Kunstvermittlung«, in: *Merkur*, Heft 744 (Mai 2011), S. 452-455

Sowa, Hubert: *Grundlagen der Kunstpädagogik. Anthropologisch und hermeneutisch*, Ludwigsburg: Verl. der Pädagogischen Hochschule (Favorite, 5) 2011, 56 S.

Trunk, Wiebke: *Voneinander lernen – Kunstvermittlung im Kontext kultureller Diversität. Entstanden im Rahmen des ifa-Forschungsprogramms ›Kultur und Außenpolitik‹*, Stuttgart: Institut für Auslandsbeziehungen (ifa-Edition Kultur und Außenpolitik), 68 S.

5.4 Museum und Ausstellungen

5.4.1 Allgemein

Museum Aktuell. Die monatliche Zeitschrift für Museumspraxis und Museologie im deutschsprachigen Raum, München: Dr. Christian Müller-Straten (monatlich)

Museumskunde. Herausgegeben vom Deutschen Museumsbund, Berlin: G + H Verlag (zweimal jährlich)

»Future Internet und die Bibliothekswelt. Michael Granitzer (Graz) im Gespräch mit Klaus Tochtermann (Kiel)«, in: *Zeitschrift für Bibliothekswesen und Bibliographie*, Heft 6/2011, S. 324-328

Blühm, Andreas/Ebert, Anja (Hrsg.): *Welt – Bild – Museum. Topographien der Kreativität*, Köln: Böhlau 2011, 296 S.

Buczynski, Bodo: »Interdisziplinarität im Museum am Beispiel des Bode-Museums in Berlin. Das Zusammenspiel der Wissenschaften im Dienst des kulturellen Erbes«, in: *Museumskunde*, Heft 1/2011, S. 26-31

Bundesministerium für Bildung und Forschung: *Kunststudentinnen und Kunststudenten stellen aus. 20. Bundeswettbewerb des Bundesministeriums für Bildung und Forschung. Ausstellungskatalog zur Ausstellung in der Kunst- und Ausstellungshalle der Bundesrepublik Deutschland*, Bonn 20. Mai - 19. Juni 2011, Bonn: Selbstverlag 2011, 132 S.

Deuter, Ulrich: »Fehlt nur noch ein Mord. Das renovierte Museum Schloss Moyland macht einen völlig neuen Beuys-Eindruck«, in: *K.WEST*, Heft 11/2011, S. 10-13

Deutscher Museumsbund e. V. (Hrsg.): *Einkaufsführer für Museen '11*, Berlin: G + H 2011, 56 S.

Deutscher Museumsbund e. V. (Hrsg.): *Leitfaden für die Dokumentation von Museumsobjekten – von der Eingangsdokumentation bis zur wissenschaftlichen Erschließung*, Berlin: Selbstverlag 2011, 49 S.

Deutscher Museumsbund e. V. (Hrsg.): *schule@museum – Eine Handreichung für die Zusammenarbeit*, Berlin: Selbstverlag 2011, 67 S.

Deutscher Museumsbund e. V. (Hrsg.) gemeinsam mit der Konferenz der Museumsberatung in den Ländern (KMBL): *Leitfaden zur Erstellung eines Museumskonzepts*, Berlin: Selbstverlag 2011, 48 S.

Fehr, Michael: »Museum und Ausstellung. Knapper Versuch einer Differenzierung«, in: Kilger, Gerhard (Hrsg.): *Museum und Ausstellung, Raum und Wahrnehmung – Bewegte Räume*, Essen: Klartext 2011, S. 84-87

Flagmeier, Renate: »Über das ›Entzeichnen‹ und das ›Bezeichnen‹ der Dinge. Das Werkbundarchiv – Museum der Dinge, ein Museum der Warenkultur«, in: *Kritische Berichte*, Heft 3/2011, S. 41-45

Fleckner, Uwe/Hollein, Max: *Museum im Widerspruch. Das Städel und der Nationalsozialismus*, Berlin: Akademie (Schriften der Forschungsstelle ›Entartete Kunst‹, VI) 2011, 370 S.

Franken-Wendelstorf, Regina: »Digitale Medien im Museum«, in: Institut für Kulturpolitik der Kulturpolitischen Gesellschaft (Hrsg.): *Jahrbuch für Kulturpolitik 2011. Thema: Digitalisierung und Internet*, Bonn/Essen: Institut für Kulturpolitik der Kulturpolitischen Gesellschaft e. V./Klartext 2011, S. 165-169

Gesser, Susanne/Jannelli, Angela/Lichtensteiger, Sibylle (Hrsg.): *Das partizipative Museum. Zwischen Teilhabe und User Generated Content. Neue Anforderungen an kulturhistorische Ausstellungen*, Bielefeld: transcript (Schriften zum Kultur- und Museumsmanagement) 2011, 300 S.

Gößwald, Udo: »Hat das globalisierte Museum das Potential, eine gesellschaftlich anerkannte Instanz zu werden? Ein Thesenpapier«, in: Ermert, Karl/Steiger Grünewald, Andreas/Dengel, Sabine (Hrsg.): *Was können wir dafür? Über Kultur als gesellschaftliche Instanz*, Wolfenbüttel: Bundesakademie für kulturelle Bildung (Wolfenbütteler Akademie-Texte, 47) 2011, S. 68-69

Grasskamp, Walter: »Entgleiste Vorratshaltung. Zum Begriff des Sammelns«, in: *Merkur*, Heft 746 (Juli 2011), S. 640-646

Gries, Christian: »Das Museumsportal München. Kulturportale – Wie wirksam ist netzbasierte Kulturinformation?«, in: Institut für Kulturpolitik der Kulturpolitischen Gesellschaft (Hrsg.): *Jahrbuch für Kulturpolitik 2011. Thema: Digitalisierung und Internet*, Bonn/Essen: Institut für Kulturpolitik der Kulturpolitischen Gesellschaft. e. V./Klartext 2011, S. 181-189

Grütter, Theo: »Museen und Wandel im Ruhrgebiet«, in: *Standbein Spielbein*, Heft 90 (2011), S. 8-10

Harz, Ulrich J. C.: »Venedig kann sehr alt sein. Retrospektive auf die 54 Biennale di Venezia«, in: *Junge_Kunst*, Heft 89 (4/2011), S. 27-29

Herz, Gudrun: »Das Städel Museum im Web 2.0«, in: *Mitteilungen*, Heft 41 (2011), S. 38-39

Horch, André: »Argumente und Strategien für museales Facebook Marketing«, in: *Museum aktuell*, Heft 178 (3/2011), S. 28-32

Kemp, Wolfgang: »Ästhetikkolumne. Das Museum als therapeutische Anstalt«, in: *Merkur*, Heft 745 (Juni 2011), S. 518-522

Kilger, Gerhard (Hrsg.): *Szenografie in Ausstellungen und Museen V. Raum und Wahrnehmung – Bewegte Räume*, Essen: Klartext 2011, 380 S.

Kirchberg, Volker: »Gesellschaftliche Funktionen von Museen zwischen Assimilation und Akkomodation«, in: *Museumskunde*, Heft 2/2011, S. 16-24

Koch, Christian: »Ausstellung«, in: Lewinski-Reuter, Verena/Lüddemann, Stefan (Hrsg.): *Glossar Kulturmanagement*, Wiesbaden: VS 2011, S. 15-26

Köhr, Katja: *Die vielen Gesichter des Holocaust. Museale Repräsentationen zwischen Individualisierung, Universalisierung und Nationalisierung*, Göttingen: V & R unipress (Eckert. Die Schriftenreihe, 128) 2011, 319 S.

Koplin, Peter/Eirund, Helmut/Kurzweg, Claudia/Schober, Nadine: »MaX – Museums at Public Access and Participation. Die Zukunft der Medialisierung und Vernetzung von europäischen Museen«, in: *Museumskunde*, Heft 1/2011, S. 64-70

Krüger, Thomas: »Museum und Öffentlichkeit – Perspektiven für eine kulturelle Bildungsarbeit im 21. Jahrhundert«, in: *Museumskunde*, Heft 2/2011, S. 37-49

Lammert, Norbert: »Festrede des Präsidenten des Deutschen Bundestages anlässlich der Verabschiedung von Prof. Dr. Hans Ottomeyer als Präsident der Stiftung Deutsches Historisches Museum in Berlin«, in: *Museumskunde*, Heft 1/2011, S. 120-124

Leimgruber, Peter/John, Hartmut: *Museumsshop-Management. Einnahmen, Marketing und kulturelle Vermittlung wirkungsvoll steuern. Ein Praxis-Guide.*, Bielefeld: transcript (Kultur- und Museumsmanagement) 2011, 344 S. (mit Begleit-CD)

Leonhard, Yvonne: »Kindermuseen oder Wie zeigt man Kindern das Wissen, das die Welt zusammenhält? Geschichte, Strategien, Veränderungen«, in: *Museumskunde*, Heft 2/2011, S. 50-54

Lochmann, Hans: »Tätigkeitsbericht 2010. Museumsverband für Niedersachsen und Bremen e. V.«, in: *Mitteilungsblatt der Bibliotheken in Niedersachsen*, Heft 72 (2011), S. 5-13

Martin, Olaf/Jühne, Annika: »Die Museumsbesucher als Teil des Kulturpublikums. Kulturforschung in Niedersachsen«, in: *Museumskunde*, Heft 2/2011, S. 55-60

Meisse, Maximilian: *Museumsinsel Berlin*, Tübingen: Wasmuth 2011, 96 S.

Neumann, Bernd: »Festrede des Staatsministers für Kultur und Medien anlässlich der Verabschiedung von Prof. Dr. Hans Ottomeyer als Präsident der Stiftung Deutsches Historisches Museum in Berlin«, in: *Museumskunde*, Heft 1/2011, S. 117-119

Pakesch, Peter: »Interdisziplinarität – Überlegungen zur Korrespondenz von Kunst und Wissenschaft im Museum«, in: *Museumskunde*, Heft 1/2011, S. 53-57

Pfeiffer-Poensgen, Isabel: »Förderung von Museen in 16 Ländern – zwischen regionalem Auftrag und internationaler Ausstrahlung«, in: *Museumskunde*, Heft 2/2011, S. 12-15

Rein, Anette: »Zukunfts(t)räume ethnografischer Museen«, in: Kilger, Gerhard (Hrsg.): *Museum und Ausstellung, Raum und Wahrnehmung – Bewegte Räume*, Essen: Klartext 2011, S. 88-91

Reinewald, Chris: »Ein Klimawechsel. Krise und Populismus lassen dunkle Wolken über niederländischen Museen aufziehen«, in: *Museumskunde*, Heft 2/2011, S. 83-90

Roschinsky, Franziska: »Wie können Twitter und Facebook effektiv und erfolgreich für die Kommunikation zwischen Museen und Besuchern genutzt werden?«, in: *Museum aktuell*, Heft 178 (3/2011), S. 33-34

Roth, Harriet: »Vom Ursprung des Museums. Die Kunst- und Wunderkammern. Interdisziplinarität in Samuel Quicchebergs Inscriptones vel tituli theatri Amplissimi von 1565«, in: *Museumskunde*, Heft 1/2011, S. 20-25

Scharf, Ivana: »Wie macht man ein Museum mobil? Die Bildungsinitiative ›on.tour – Das JMB mach Schule‹ des Jüdischen Museums Berlin«, in: Loock, Friedrich/Scheytt, Oliver (Hrsg.): *Kulturmanagement & Kulturpolitik*, Stuttgart: Raabe (Loseblattsammlung 2006 ff.) 2011, 24 S., J 1.9

Schmid, Ulrike: »Museen und Orchester im Social Web. Da geht noch was!«, in: *Museumskunde*, Heft 2/2011, S. 69-73

Schwaibenz, Peter: »Wie gestaltet man in bester Absicht eine schlechte Online-Ausstellung? Einige Hinweise aus der Forschungsliteratur«, in: *Museumskunde*, Heft 1/2011, S. 90-99

Staatliche Museen zu Berlin/Preußischer Kulturbesitz/Institut für Museumsforschung (Hrsg.): *Statistische Gesamterhebung an den Museen der Bundesrepublik Deutschland für das Jahr 2010*, Berlin: Institut für Museumskunde (Materialien aus dem Institut für Museumsforschung, 65) 2011, 96 S. (including an English Summary)

Stiftung Haus der Geschichte der Bundesrepublik Deutschland: *Unsere Geschichte. Deutschland seit 1945. Bericht 2009–2010*, Bonn 2011, 86 S.

Thiemeyer, Thomas: »wissen&museum: Archiv – Exponat – Evidenz. Ein interdisziplinäres Projekt zur Museumsforschung in Marbach und Tübingen«, in: *Museumskunde*, Heft 1/2011, S. 16-19

Tilmann, Christina: »Panel I. Museen in den Medien: Sendezeit 23.00 Uhr plus?«, in: *Museumskunde*, Heft 2/2011, S. 25-27

Tilmann, Christina: »Panel IV. Kultur für alle – alle für Kultur?«, Partizipation und Verantwortung, in: *Museumskunde*, Heft 2/2011, S. 34-36

Tschechne, Martin: »Wer ist Trainer der Nationalgalerie? Zwischen Mängelverwaltung und Eventkultur: Wohin entwickeln sich die Museen?«, in: *Neue Gesellschaft/Frankfurter Hefte*, Heft 12/2011, S. 63-66

Weinert, Manja: »Ist das Ihr Ding? Patenschaften in Museen am Beispiel der Dingpflegschaften«, in: Loock, Friedrich/Scheytt, Oliver (Hrsg.): *Kulturmanagement & Kulturpolitik*, Stuttgart: Raabe (Loseblattsammlung 2006 ff.) 2011, 20 S., F 3.14

Wessler, Adelheid: »Interdisziplinäre Forschung an Museen – Wissenschaftsförderung der VolkswagenStiftung«, in: *Museumskunde*, Heft 1/2011, S. 32-37

Wyss, Beat: »Das Eigene im Spiegel des Fremden. Die Biennale in Venedig ist ein Basar für den internationalen Kulturaustausch«, in: *Passagen*, Heft 1/2011, S. 10-11

Yoon, Taeseok: »Die Museumslandschaft in der Republik Korea – Status Quo, Entwicklungen und Aufgaben Koreanischer Museen unter systemischen, museumspolitischen und finanziellen Aspekten«, in: *Museumskunde*, Heft 1/2011, S. 109-116

Zajonz, Michael: »Panel II. Anspruch und Wirklichkeit. Politik und Bildung«, in: *Museumskunde*, Heft 2/2011, S. 28-30

Zajonz, Michael: »Panel III. Weicher oder harter Standortfaktor? Wirtschaft, Tourismus und die Museen«, in: *Museumskunde*, Heft 2/2011, S. 31-33

ZHAW Zürcher Hochschule für Angewandte Wissenschaften, Winterthur/Hochschule Luzern, Soziale Arbeit (Hrsg.): *Social Media für Museen. Ein Leitfaden zum Einstieg in die Nutzung von Blog, Facebook, Twitter & Co. für die Museumsarbeit*, Luzern 2011, 102 S.

5.4.2 Museumspädagogik, Kindermuseen

Standbein Spielbein. Museumspädagogik aktuell, Bonn: Arbeitskreis Museumspädagogik e. V. (Vierteljährig)

Fehr, Michael: »Was wäre wenn …? Für ein kommunikatives Museum«, in: *Standbein Spielbein*, Heft 91 (2011), S. 4-7

Greve, Anna: *Schwerpunkt: Museum und Politik – Allianzen und Konflikte*, Göttingen: V & R Unipress (Kunst und Politik) 2011, 195 S.

Grünewald Steiger, Andreas: »Schöne Aussicht: Zwischen allen Stühlen. Anmerkungen zu Qualitäten der Aus- und Fortbildung in der Museumspädagogik«, in: *Standbein Spielbein*, Heft 89 (2011), S. 34-37

Hefner, Doris: »Die gute Führung. Besucherorientierte Führungen entwickeln und durchführen«, in: *Standbein Spielbein*, Heft 89 (2011), S. 40-43

Kahl, Paul/Metzger, Folker: »›… der Stoff/ist ja von gestern und heut‹. Projektorientierte Bildungsarbeit der Klassik Stiftung Weimar zu historischen und gegenwärtigen Menschenbildern«, in: *Museumskunde*, Heft 1/2011, S. 71-79

Kunz-Ott, Hannelore: »Qualitätsvolle Vermittlungsarbeit im Museum. Kriterien, Kompetenzen und Konzepte«, in: *Standbein Spielbein*, Heft 89 (2011), S. 4-9

Kurtze, Anne: »Im Reich der Schatten – mediales Raumtheater im Rheinischen Landesmuseum Trier«, in: *Museumskunde*, Heft 1/2011, S. 80-83

Lochmann, Hans: »Zertifizierung von Museen und Nutzen für die museumspädagogische Arbeit«, in: *Standbein Spielbein*, Heft 89 (2011), S. 15-17

Mainfränkisches Museum Würzburg: *Museumspädagogik. Schauen, staunen, aktiv lernen*, Würzburg 2011, 37 S.

Marx, Carola: »Mehr Theorie! Überlegungen zur Praxis von Bildung und Vermittlung im Museum«, in: *Standbein Spielbein*, Heft 91 (2011), S. 22-24

Metzler, Sarah/Neukirchen, Vera: »Auf die Suche gemacht: Die Datenbank KulturGut vermitteln – Museum bildet!«, in: *Standbein Spielbein*, Heft 89 (2011), S. 27-29

Munro, Patricia u. a.: »Was denken eigentlich unsere Besucher? Mit Evaluation Qualität entwickeln«, in: *Standbein Spielbein*, Heft 89 (2011), S. 30-33

Mußmann, Olaf: »Qualitätsmanagement im Museum«, in: *Standbein Spielbein*, Heft 89 (2011), S. 10-14

Neseker, Ulrich: »Professionalisierung ehrenamtlich geführter Museen. Förderung und Beratung durch das LWL-Museumsamt am Beispiel der Museumspädagogik«, in: *Standbein Spielbein*, Heft 89 (2011), S. 24-26

Nettke, Tobias: »Weniger Museumspädagogik und mehr Vermittlung im Museum? Ein Kommentar zur Erstarkung der Vermittlungsaufgabe im Museum«, in: *Standbein Spielbein*, Heft 91 (2011), S. 16-19

Noschka-Roos, Annette: »Neue Herausforderungen durch Besucherorientierung. Vier Fragen zur Zukunft der Museumspädagogik«, in: *Standbein Spielbein*, Heft 91 (2011), S. 20-21

Peschel-Wacha, Claudia/Richter-Kovarik, Katharina: »Welche Qualität erwarten die BesucherInnen? Die Generation 60 + bis 80 + als Zielgruppe von Kulturvermittlungsprogrammen«, in: *Standbein Spielbein*, Heft 89 (2011), S. 44-47

Raths, Ralf: »Panzerstahl als Bildungsträger? Das Deutsche Panzermuseum Munster im Umbruch«, in: *Mitteilungsblatt der Bibliotheken in Niedersachsen*, Heft 72 (2011), S. 44-50

Sächsischer Landtag: »Museums- und Theaterpädagogen im Freistaat Sachsen. Antwort auf die Kleine Anfrage des Abgeordneten Nico Tippelt FDP«, Dresden: Drucksache 5/4986 (10.3.2011)

Schubert, Anna: *Schule und Museum. Einstellungen von Lehrer/innen und Schüler/innen zur Institution Museum basierend auf den Daten der Studie: Ergebnisse einer Evaluation zur Messung nachhaltiger Wirkungen museumspädagogischer Projekte auf die Nutzung von Museen als Bildungseinrichtungen. Schwerpunkt: nachhaltige Wirkung bei Schüler/innen und Lehrer/innen*, Bernburg: Museumsverband Sachsen-Anhalt (Museumsnachrichten) 2011, 74 S.

Weiß, Gisela: »Was Museumspädagogen können müssen. Über Gegenwart und Perspektiven eines Berufsspektrums«, in: *Standbein Spielbein*, Heft 91 (2011), S. 11-15

Wuszow, Angelika: »Die bewegte Region. Kultur vermitteln, Wandel gestalten«, in: *Standbein Spielbein*, Heft 90 (2011), S. 4-7

5.5 Kunst im öffentlichen Raum, Straßenkunst

Bandelow, Volker/Moos, Michael (Hrsg.): *SchachtZeichen. Geschichte, Menschen, Ballone*, Essen: Klartext 2011, 368 S.

Bundesministerium für Verkehr, Bau und Stadtentwicklung, Berlin (Hrsg.): *9. Werkstattgespräch »Architektur und Kunst am Bau. Wettstreit oder Dialog?«*, Berlin 2011, 45 S.

Doswald, Christoph/Ardenne, Paul: *Wohin mit der Skulptur? Fallbeispiel Fanfare, Kunst im öffentlichen Raum*, Zürich: JRP Ringier Kunstverlag (Schriftenreihe der Arbeitsgruppe Kunst im öffentlichen Raum) 2011, 96 S.

Fenz, Werner (Hrsg.): *Kunst im öffentlichen Raum Steiermark. Projekte 2009*, Wien: Springer 2011, 295 S.

Goldmann, Gudrun: »Von der Kunst, in die Landschaft einzutauchen. Interview mit Wolfgang Buntrock und Dr. Frank Nordiek«, in: *Soziokultur | Prinzipien – Praxis – Perspektiven*, Heft 3/2011, S. 8-9

Günzel, Ann-Katrin: »Künstler erobern den Stadtraum. Interaktionen im öffentlichen Raum verändern Sichtweisen«, in: *Junge_Kunst*, Heft 89 (4/2011), S. 14-19

Hack, Hermann Josef: »Globale Soziale Plastik. KünstlerInnen heute sind oft Allrounder«, in: *Soziokultur | Prinzipien – Praxis – Perspektiven*, Heft 1/2011, S. 10-11

Hornig, Petra: *Kunst im Museum und Kunst im öffentlichen Raum. Elitär versus demokratisch?*, Wiesbaden: VS 2011, 282 S.

Klose, Patrick: »Straßentheater – ›qualitativer‹ Beitrag zur Stadterneuerung in einer Mittelstadt? Auf der Suche nach alternativen Stadtbildern am Beispiel ›Welttheater der Straße‹ in Schwerte«, in: TU Berlin – Institut für Stadt- und Regionalplanung (Hrsg.): *Jahrbuch Stadterneuerung 2011. Schwerpunkt Stadterneuerung und Festivalisierung*, Berlin 2011, S. 119-138

Knippschild, Dieter: »Die Aktion ›Stolpersteine‹ in Dortmund. Kunst im öffentlichen Raum als probates Mittel der Erinnerungskultur«, in: *Heimat Dortmund*, 2011, S. 50-53

Moche, Frederik: »Schuß ins Knie. Die Street Art ist ihrer technischen Reproduzierbarkeit anheimgefallen und drängt in die Museen«, in: *konkret*, Heft 1/2011, S. 44-45

Rössger, Bettina/Kretzschmar, Maxi: »Participate & innovate. Interview mit Ariane Jedlitschka«, in: *Soziokultur | Prinzipien – Praxis – Perspektiven*, Heft 1/2011, S. 12-13

Schleenvoigt, Anke: »Die Straße als Labor. Das zweijährige Master-of-Fine-Arts Programm ›Kunst im öffentlichen Raum und neue künstlerische Strategien‹ an der Bauhaus-Universität Weimar zieht Studenten aus der ganzen Welt an«, in: *Kultur-Journal Mittelthüringen*, Heft 3/2011, S. 18-19

Schleenvoigt, Anke: »Skulptur, Aktion, Graffiti – Kunst im öffentlichen Raum«, in: *Kultur-Journal Mittelthüringen*, Heft 3/2011, S. 6-13

Schlusche, Kai Hendrik/Dieterle, Stefan: »Graffiti am richtigen Platz. Die Bridge-Gallery im südbadischen Lörrach«, in: *Stadt und Gemeinde interaktiv*, Heft 6/2011, S. 268-271

Schneider, Ula: »Soho in Ottakring. Kunstprojekt im urbanen Raum«, in: Messner, Bettina/Wrentschur, Michael (Hrsg.): *Initiative Soziokultur. Diskurse. Konzepte. Praxis*, Wien/Berlin/Münster: LIT (Soziale Arbeit – Social Issues, 12) 2011, S. 127-132

Seitz, Hanne: »Kunst als soziale Herausforderung. Zur Praxis künstlerischer Interventionen im öffentlichen Raum«, in: Messner, Bettina/Wrentschur, Michael (Hrsg.): *Initiative Soziokultur. Diskurse. Konzepte. Praxis*, Wien/Berlin/Münster: LIT (Soziale Arbeit – Social Issues, 12) 2011, S. 69-87

WochenKlausur: »WochenKlausur«, in: Messner, Bettina/Wrentschur, Michael (Hrsg.): *Initiative Soziokultur. Diskurse. Konzepte. Praxis*, Wien/Berlin/Münster: LIT (Soziale Arbeit – Social Issues, 12) 2011, S. 171-177

5.6 Kulturelles Erbe

5.6.1 Kulturelles Erbe allgemein

»Baukulturelles Erbe« (Themenschwerpunkt), in: *Die Wohnungswirtschaft*, Heft 9/2011, S. 8-22

Berghausen, Björn: »Erster Industriekulturabend in Berlin. Ein Beitrag zur Akzeptanz wirtschaftshistorischer Themen«, in: *Archiv und Wirtschaft. Zeitschrift für das Archivwesen der Wirtschaft*, Heft 1/2011, S. 34-35

Bodenschatz, Harald/Harlander, Tilman/Zieger, Jürgen (Hrsg.): »Neue alte Stadt. 50 Jahre Netzwerk historische Städte e. V.«, in: *Forum Stadt*, Heft 1/2011, 128 S.

Bösch, Delia: *Ruhrgebiet. Entdeckungsreise Industriekultur*, Essen: Klartext 2011, 272 S., 3. erw. und akt. Auflage

Fliegler, Dominique: »Dialogische Erinnerungsräume. Neue Wege in der Denkmalpflege. Ein erweiterter Denkmalsbegriff lässt die Spuren gewaltbedingten Verschwindens sichtbar werden«, in: *die politische meinung*, Heft 1-2/2011, S. 56–60

Herlitzius, Bettina: »Erst denken, dann dämmen. Grüne Positionen für den Erhalt des baukulturellen Erbes in unseren Städten«, in: *AKP Fachzeitschrift für Alternative Kommunal Politik*, Heft 2/2011, S. 55–56

Hoff, Sigrid: *Berlin. Weltkulturerbe. World cultural heritage*, Petersberg: Imhof (Beiträge zur Denkmalpflege in Berlin, 37) 2011, 367 S.

Jäger, Helga: »Städtebaulicher Denkmalschutz und Städtebauförderung«, in: *Denkmalpflege und Kulturgeschichte*, Heft 1/2011, S. 6–7

Jehle, Peter (Red.): »Zukunft aus der Vergangenheit? Zum künstlerischen und kulturellen Erbe der DDR«, in: *Das Argument*, Heft 6/2011, S. 805–958

»Kommunalgeschichte« (Heftschwerpunkt), in: *Stadt und Gemeinde interaktiv*, Heft 3/2011, S. 63–85

Katsos, Charalampos: *Nachhaltiger Schutz des kulturellen Erbes. Zur ökologischen Dimension des Kulturgüterschutzes*, Baden-Baden: Nomos (Schriften zum Kunst- und Kulturrecht, 7) 2011, 586 S.

Klatt, Karola: »›Wenn Sprachen sterben, geht Wissen über das Leben verloren‹. Die Linguistin Susanne Romaine erklärt, warum Artenvielfalt und Sprachreichtum zusammen gehören. Ein Interview«, in: *Kulturaustausch*, Heft 2-3/2011, S. 45–46

Link, Alexandra/Ripp, Matthias: »Regensburg: Welterbe als Motor einer integrierten Stadtentwicklung?«, in: *Informationen zur Raumentwicklung*, Heft 3-4/2011, S. 193–204

Ludwig, Andreas: »Dinge – Biografie – Gesellschaft. Das Dokumentationszentrum Alltagskultur der DDR«, in: *Standbein Spielbein*, Heft 90 (2011), S. 27–31

Neugebauer, Carola: »Das Großereignis ›UNESCO-Weltkulturerbestatus‹? Wirkungen und Potenziale für die Stadtentwicklung im Fokus. Die Fallbeispiele Stralsund und Wismar«, in: TU Berlin – Institut für Stadt- und Regionalplanung (Hrsg.): *Jahrbuch Stadterneuerung 2011. Schwerpunkt Stadterneuerung und Festivalisierung*, Berlin 2011, S. 99–117

Omilanowska, Malgorzata: »Rekonstruktion statt Original – das historische Zentrum von Warschau«, in: *Informationen zur Raumentwicklung*, Heft 3-4/2011, S. 227–236

Röschenthaler, Ute: »Geistiges Eigentum oder Kulturerbe? Lokale Strategien im Umgang mit kulturellen Ressourcen«, in: *Sociologus*, Heft 1/2011, S. 46–67

Ruland, Ricarda: »Die Rolle des historischen Erbes in der Stadtentwicklung in Deutschland«, in: *Informationen zur Raumentwicklung*, Heft 3-4/2011, S. 183–192

Stulc, Josef: »Prag – der Wandel einer historischen Altstadt nach der samtenen Revolution«, in: *Informationen zur Raumentwicklung*, Heft 3-4/2011, S. 221–226

5.6.2 Denkmäler, Denkmalschutz

Die Denkmalpflege, München: Deutscher Kunstverlag (zweimal jährlich)

monumente. Magazin für Denkmalkultur in Deutschland, Bonn: Deutsche Stiftung Denkmalschutz (sechsmal jährlich)

Abgeordnetenhaus Berlin: »Dokumentation und Sicherung von historischer Kunst am Bau und öffentlichem Kunstbesitz. Antwort auf die Kleine Anfrage der Abgeordneten Kadriye Karci (DIE LINKE)«, Berlin: Drucksache 16/14978 (2.1.2011)

Achhammer, Frank: »Konjunkturförderung und Denkmalpflege – Zwischenbericht zur Restaurierung der Bethlehemkirche in Hannover-Linden«, in: *Berichte zur Denkmalpflege in Niedersachsen*, Heft 1/2011, S. 12–16

Arbeitskreis für historische Kulturlandschaftsforschung in Mitteleuropa, Bonn (Hrsg.): *Geschichte und Gedächtnis. Zur Sicherung und Bewahrung der Erinnerungskultur entlang der ehemaligen innerdeutschen Grenze*, Bonn: Selbstverlag Arkum 2011, 53 S. (Sonderdruck aus: *Siedlungsforschung. Archäologie – Geschichte – Geographie*; 27)

Baller, Hans-Dieter: »Gemeinnütziger Bauträgerverein und Stiftung – Möglichkeit zum Denkmalerhalt?«, in: *Denkmalpflege & Kulturgeschichte*, Heft 1/2011, S. 16–19

Beck, Jens u. a.: »›Unterwegs in Zwischenräumen.‹ Jahrestagung der Vereinigung der Landesdenkmalpfleger und 79. Tag für Denkmalpflege in Bremen (5.–8. Juni 2011)«, in: *Die Denkmalpflege*, Heft 2/2011, S. 101–110

Büttner, Thomas: *KuLaKomm – Kulturlandschaftsschutz auf der kommunalen Ebene. Managementplan für eine nachhaltige Entwicklung der Kulturlandschaft des Rheingau-Taunus-Kreises*, Stuttgart: Theiss (Arbeitsheft des Landesamtes für Denkmalpflege Hessen, 22) 2011, 196 S.

Bundesamt für Naturschutz -BfN-, Bonn (Hrsg.) u. a.: *Kulturlandschaften gestalten! Zum zukünftigen Umgang mit Transformationsprozessen in der Raum- und Landschaftsplanung*, Berlin 2011, 56 S.

Buschmann, Walter: »Industrielle Kulturlandschaften – Industriedenkmäler und ihre Darstellung im Internet. Das Beispiel KuLaDig«, in: *Denkmalpflege im Rheinland*, Heft 4/2011, S. 150–159

Davydow, Dimitrij: »›Deutlich und erschlagend ...‹ Aktuelle Rechtsprechung zu Solaranlagen auf denkmalgeschützten Gebäuden«, in: *Denkmalpflege im Rheinland*, Heft 1/2011, S. 42–43

Davydow, Dimitrij: »Denkmal – ›Nur-Denkmal‹ – ›Nur-noch-Denkmal‹. Der (begrenzte) Erkenntniswert der Wirtschaftlichkeitsberechnung im denkmalrechtlichen Erlaubnisverfahren«, in: *Denkmalpflege im Rheinland*, Heft 3/2011, S. 119–128

Davydow, Dimitrij: »Objekte mit illegalem Entstehungszusammenhang als Gegenstand des Denkmalschutzes in Nordrhein-Westfalen«, in: *Denkmalpflege im Rheinland*, Heft 4/2011, S. 185–187

Deutscher Bundestag: »Förderung der Gedenkstätten des Bundes. Antwort der Bundesregierung auf die Kleine Anfrage der Fraktion DIE LINKE«, Berlin: Drucksache 17/8091 (8.12.2011)

Deutsches Nationalkomitee für Denkmalschutz, Bonn (Hrsg.): *Ländliche Strukturentwicklung – ein Kulturereignis? Dokumentation der Tagung des Deutschen Nationalkomitees für Denkmalschutz vom 24.–25. Juni 2010 in Stendal*, Bonn (Schriftenreihe des deutschen Nationalkomitees für Denkmalschutz, 78) 2011, 107 S.

Escher, Gudrun/Euskirchen, Claudia/Bücholdt, Ulrich/Kieser, Marco: »Gustav von Cube (1873–1931), Architekt in München und Duisburg«, in: *Denkmalpflege im Rheinland*, Heft 3/2011, S. 110–118

Fachgruppe Städtebauliche Denkmalpflege der TU Dortmund (Hrsg.): *Zukunft braucht Herkunft. Städtebauliche Denkmalpflege als Beitrag zur Stadtentwicklung*, Essen: Klartext 2011, 200 S.

Ferreau, Frederik/Poth, Hans-Christian: »BVerwG, 13.12.2010 – 7 B 64/10: Anwendbarkeit des Europäischen Übereinkommens zum Schutz des archäologischen Erbes im Denkmalschutzrecht«, in: *Neue Zeitschrift für Verwaltungsrecht*, Heft 12/2011, S. 752–755

Frank, Sybille: »Mauer um die Wette gedenken«, in: *Aus Politik und Zeitgeschichte*, Heft 31-34/2011, S. 47–54

Fuge, Janina: *Das Gedächtnis von Stadt und Region. Geschichtsbilder in Norddeutschland*, München u. a.: Dölling und Galitz (Hamburger Zeitspuren, 7) 2011, 186 S., 2., korr. Aufl.

Grönke, Eveline/Gehrke, Hans-Joachim: »Archäologie – Politik – Öffentlichkeit. Keltenwelt am Glauberg: Museum – Archäologischer Park – Forschungszentrum«, in: *Denkmalpflege & Kulturgeschichte*, Heft 3/2011, S. 28–35

Gubisch, Alexander: *Die moderne Kulturlandschaft. Traditionen, die die kulturelle Vielfalt behindern*, München: AVM 2011, 86 S.

Hecker, Michael/Krings, Ulrich: »Zwischen Baukunst und Massenproduktion. Denkmalschutz für die Architektur der 1960er und 1970er Jahre?«, in: *Rheinische Heimatpflege*, Heft 2/2011, S. 103–108

Hombach, Rita: »Das Angenehme mit dem Nützlichen. Lennés Küchengärten im Rheinland«, in: *Rheinische Heimatpflege*, Heft 3/2011, S. 173–180

Jäger, Helga: »Städtebaulicher Denkmalschutz und Städtebauförderung«, in: *Denkmalpflege & Kulturgeschichte*, Heft 1/2011, S. 6–7

Jakobi, Verena: »Abbruch oder Aufbruch? Praktische Denkmalpflege in Nordhessen«, in: *Denkmalpflege & Kulturgeschichte*, Heft 1/2011, S. 12–15

Janßen-Schnabel, Elke: »www.KuLaDig.de – KuLaDig steht jetzt im Netz«, in: *Denkmalpflege im Rheinland*, Heft 1/2011, S. 33–36

Knöchel, Franz-Josef: »KuLaDig – Kultur. Landschaft. Digital. Zur Partnerschaft des Rheinischen Vereins mit dem Informationssystem über die Historische Kulturlandschaft und das Kulturelle Erbe«, in: *Rheinische Heimatpflege*, Heft 1/2011, S. 51–58

Krause, Karl-Jürgen (Hrsg.): *Lexikon Denkmalschutz und Denkmalpflege*, Essen: Klartext 2011, 368 S.

Krebühl, Jochen (Hrsg.): *Stadtlandschaft – die Kulturlandschaft von Morgen?*, Mainz: Stiftung Natur und Umwelt Rheinland-Pfalz (Denkanstöße, 8) 2011, 58 S.

Kühn, Manfred/Leibniz-Institut für Regionalentwicklung und Strukturplanung – IRS – (Hrsg.): *Berlin und Potsdam – eine Kulturlandschaft. Texte und Karten zur Planungsgeschichte*, Erkner: Selbstverlag 2011, 35 S.

Kühne, Olaf/Spellerberg, Annette: »Heimat in ihrer sozialen Bedeutung. Das Beispiel des Saarlandes«, in: *Rheinische Heimatpflege*, Heft 4/2011, S. 295–302

Landesamt für Denkmalpflege und Archäologie Sachsen-Anhalt, Halle/Saale (Hrsg.): *Gartenkunst und Gartendenkmalpflege in Sachsen-Anhalt*, Magdeburg: Selbstverlag (Beiträge zur Denkmalkunde, 5) 2011, 279 S.

Landschaftsverband Rheinland (LVR), Dezernat Kultur und Umwelt, Köln (Hrsg.): *Vermittlung von Kulturlandschaft.*

KuLaKOMM – Kulturlandschaftsschutz auf der kommunalen Ebene, Köln: Selbstverlag 2011, 83 S.

Landtag Rheinland-Pfalz: »Masterplan für das Welterbe ›Oberes Mittelrheintal‹. Antwort auf die Kleine Anfrage des Abgeordneten Hans-Josef Bracht (CDU)«, Mainz: Drucksache 16/264 (26.8.2011)

Molck, Jochen: »Hauptstadt, Hansestadt, UNESCO-Weltkulturerbe. Notizen aus der Kulturhauptstadt Tallinn«, in: *Kulturpolitische Mitteilungen*, Heft 134 (III/2011), S. 72–73

Nabrings, Arie: »Der Aufbau nichtstaatlicher Archivpflege in Nordrhein-Westfalen über die Kreise des Landes«, in: *Rheinische Heimatpflege*, Heft 2/2011, S. 109–114

Nathan, Carola: »Erfolgreich und bewegend. Das Jubiläumsjahr der Deutschen Stiftung Denkmalschutz«, in: *Monumente*, Heft 2/2011, S. 6–7

Ott, Karl-Heinz: »Die konservierte Welt. Die Ausweitung der Schutzzone verwandelt den Lebensraum in ein historisches Museum«, in: *Kulturpolitische Mitteilungen*, Heft 135 (IV/2011), S. 19–20

Pippart, Helmut: »Das ›Wanfrieder Modell‹ – viel Privat, wenig Staat«, in: *Denkmalpflege & Kulturgeschichte*, Heft 1/2011, S. 20–22

Rossner, Christiane: »Verwurzelt im Rheingau. Die jahrhundertealte Kulturlandschaft bietet mehr als erlesene Weine«, in: *Monumente*, Heft 4/2011, S. 8–15

Rupp, Eva/Kwade, Cynthia/Fleschner, Daniela: »Nachwuchsförderung der hessenARCHÄOLOGIE. Das Projekt ›Junge Archäologen in Hessen‹ des Landesamtes für Denkmalpflege Hessen«, in: *Denkmalpflege & Kulturgeschichte*, Heft 3/2011, S. 36–38

Schillig, Christiane: »Von wegen ausgedient! Wie Kirchenschließungen verhindert werden«, in: *Monumente*, Heft 3/2011, S. 8–15

Schillig, Christiane: »Arme Majestäten. Ein Blick hinter die Fassaden der großen Kirchen«, in: *Monumente*, Heft 6/2011, S. 9–15

Schleswig-Holsteinischer Landtag: »Novellierung des Schleswig-Holsteinischen Denkmalschutzes. Antwort auf die Kleine Anfrage des Abgeordneten Dr. Robert Habeck (BÜNDNIS 90/DIE GRÜNEN)«, Kiel: Drucksache 17/1236 (9.2.2011)

Schleswig-Holsteinischer Landtag: »Gedenkstätten in Schleswig-Holstein. Antwort auf die Kleine Anfrage der Abgeordneten Luise Amtsberg (BÜNDNIS 90/DIE GRÜNEN)«, Kiel: Drucksache 17/1304 (1.3.2011)

Schleswig-Holsteinischer Landtag: »Rahmenbedingungen im Denkmalschutz. Antwort auf die Kleine Anfrage des Abgeordneten Dr. Robert Habeck (BÜNDNIS 90/DIE GRÜNEN)«, Kiel: Drucksache 17/1896 (6.10.2011)

Schleswig-Holsteinischer Landtag: »Investitionsprogramm Kulturelles Erbe Schleswig-Holstein. Antwort auf die Kleine Anfrage des Abgeordneten Anke Spooredonk (SSW)«, Kiel: Drucksache 17/1947 (11.11.2011)

Schöndeling, Norbert: »Denkmalschutz für die Massenware?«, in: *Rheinische Heimatpflege*, Heft 4/2011, S. 285–294

Schweizer, Stefan: »Peter Joseph Lenné. Vorreiter der gartenkünstlerischen Moderne«, in: *Rheinische Heimatpflege*, Heft 1/2011, S. 1–10

Schyma, Angelika: »Bonn, ehemaliges Regierungsviertel, Tulpenfeld 2-10. Denkmalwert vor dem Verwaltungsgericht Köln«, in: *Denkmalpflege im Rheinland*, Heft 4/2011, S. 181-184

Thumm, Martin: »Muss ein Denkmal teuer sein? Zu Kostenentwicklung und Kostenparametern bei der Denkmalsanierung«, in: *Denkmalpflege & Kulturgeschichte*, Heft 1/2011, S. 29-32

TU Berlin, Institut für Stadt- und Regionalplanung – ISR (Hrsg.): *Garten – Kultur – Geschichte. Gartenhistorisches Forschungskolloquium 2010*, Berlin: Universitätsverlag der TU (ISR Sonderpublikation) 2011, 134 S.

Univ. Freiburg/Breisgau, Institut für Landespflege (Hrsg.): *Erhaltung historischer Terrassenweinberge. Ein Leitfaden*, Freiburg im Breisgau (Culterra, 58) 2011, 190 S.

Vicenzotti, Vera: *Der »Zwischenstadt«-Diskurs. Eine Analyse zwischen Wildnis, Kulturlandschaft und Stadt*, Bielefeld: transcript 2011, 387 S.

Vollmar, Bernd: »Welche Erinnerungswerte? Zu Erhaltungskonzepten jüdischer Kulturdenkmäler«, in: *Die Denkmalpflege*, Heft 2/2011, S. 111-120

»Welche Erinnerungswerte?« (Schwerpunktthema), in: *Die Denkmalpflege*, Heft 2/2011, S. 111-173

Wendland, Ulrike: »Auswirkungen des Strukturwandels auf die Kulturlandschaft aus Sicht der Denkmalpflege«, in: Deutsches Nationalkomitee für Denkmalschutz (Hrsg.): *Ländliche Strukturentwicklung – ein Kulturereignis? Dokumentation der Tagung des Deutschen Nationalkomitees für Denkmalschutz vom 24.–25. Juni 2010 in Stendal*, Bonn: Dt. Nationalkomitee für Denkmalschutz (Schriftenreihe des Deutschen Nationalkomitees für Denkmalschutz, 78) 2011, S. 41-42

Wilke, Manfred: »Erinnern für die Zukunft. Die Gedenkstätte Berliner Mauer im Kontext des Gedenkstättenkonzepts des Bundes«, in: *Deutschland Archiv*, Heft 1/2011, S. 122-127

5.6.3 Erinnerungskultur, Mahn- und Denkmale

»Ort und Erinnerung 1933-1945. Spurensuche und Gedenkkultur in Dortmund« (Themenheft), in: *Heimat Dortmund*, Heft 1/2011, 64 S.

Assmann, Wolfgang R. / Everts, Carmen / Kalnein, Albrecht Graf von (Hrsg.): *Erinnerung und Gesellschaft. Formen der Aufarbeitung von Diktaturen in Europa*, Berlin: Metropol 2011, 263 S.

Endlich, Stefanie: »Eine Einladung, nach innen zu sehen. Micha Ullmans Bibliothek und andere Denkmäler zur Leere, zur Abwesenheit und zum Verlust«, in: *Kritische Berichte*, Heft 2/2011, S. 61-73

Häberle, Peter: *Die Erinnerungskultur im Verfassungsstaat. ›Denk-Mal‹-Themen, Geschichtsorte, Museen, nationaler und universaler Kulturgüterschutz*, Berlin: Duncker & Humblot (Wissenschaftliche Abhandlungen und Reden zur Philosophie, Politik und Geistesgeschichte, 62) 2011, 154 S.

Heydemann, Günther: »Gründungsmythos Resistenza. Der Beitrag Italiens zur europäischen Erinnerungskultur im zwanzigsten Jahrhundert«, in: *die politische meinung*, Heft 1-2/2011, S. 47-51

Heydemann, Günther: »Italiens Beitrag zur europäischen Erinnerungskultur«, in: Knigge, Volkhard u. a. (Hrsg.): *Arbeit am europäischen Gedächtnis. Diktaturerfahrung und Demokratieentwicklung. 9. Internationales Symposium der Stiftung Ettersberg*, Köln u. a.: Böhlau 2011, S. 57-69

Hildebrandt, Dieter: *Das Berliner Schloss. Deutschlands leere Mitte*, München: Hanser 2011, 293 S.

Kramp, Leif: *Gedächtnismaschine Fernsehen. Band 1: Das Fernsehen als Faktor der gesellschaftlichen Erinnerung; Band 2: Probleme und Potenziale der Fernseherbe-Verwaltung in Deutschland und Nordamerika*, Berlin: Akademie 2011, 1246 S.

Krüger, Matthias/Woldt, Isabella (Hrsg.): *Im Dienst der Nation. Identitätsstiftungen und Identitätsbrüche in Werken der bildenden Kunst*, Berlin: Akademie (Mnemosyne. Schriften des internationalen Warburg-Kollegs) 2011, 408 S.

Meier, Christian: »An die Zukunft denkt kein Mensch. Gespräch mit Christian Meier«, in: *das magazin der kulturstiftung des bundes*, Heft 18 (2011), S. 6-8

Meyer, Robert/Haarmann, Lutz: »Das Freiheits- und Einheitsdenkmal. Die geschichtspolitische Verortung in der Ideengeschichte der Bundesrepublik«, in: *Deutschland Archiv*, Heft 9/2011, S. 391-402

Möller, Frank: *Geschichte und Gedächtnis. Zur Sicherung und Bewahrung der Erinnerungskultur entlang der ehemaligen innerdeutschen Grenze*, Bonn: Arkum e. V. 2011, 53 S.

Museum Powstania Warszawskiego (Hrsg.): *Erinnerungskultur des 20. Jahrhunderts. Analysen deutscher und polnischer Erinnerungsorte*, Frankfurt am Main: Lang 2011, 241 S.

Picard, Jacques: »Getilgte Zeichen, gebrochene Mauern, fliehende Buchstaben. Zur ästhetischen Repräsentation der Erinnerungen an die Zeit der Vernichtung«, in: *Kritische Berichte*, Heft 2/2011, S. 23-35

Rondholz, Eberhard: »›Und die Massenmörder züchten Blumen‹. Es ist schäbig, wie die Historikerkommission zur Aufarbeitung der NS-Vergangenheit des deutschen Außenministeriums den jüdischen Historiker und Auschwitz-Überlebenden Joseph Wulf behandelt, dessen Arbeit sie gleichwohl ausgiebig nutzte«, in: *konkret*, Heft 1/2011, S. 38-39

Schreiber, Waltraud: »Geschichtsdidaktik mitten im Leben. Deutsche Erinnerungskultur am Beispiel der Gedenkstätte Berliner Mauer«, in: *DIE. Zeitschrift für Erwachsenenbildung*, Heft IV/2011, S. 35-38

Stingele, Harald/Die Anstifter (Hrsg.): *Stuttgarter Stolpersteine. Spuren vergessener Nachbarn. Ein Kunstprojekt füllt Gedächtnislücken*, Stuttgart: Markstein 2011, 248 S., 3. Aufl.

Surmann, Rolf: »Denkmalen statt Zahlen. Im Januar will der Bundestag einen parteiübergreifenden Beschluss zur Umgestaltung der Berliner Tiergartenstraße fassen. Die darauf bezogenen Diskussionen und Stellungnahmen werfen ein Schlaglicht auf die aktuelle Vergangenheitspolitik«, in: *konkret*, Heft 1/2011, S. 36-37

Thierse, Wolfgang: »Um unserer Demokratie willen. Geschichtspolitik und Erinnerungskultur in Deutschland«, in: *Neue Gesellschaft/Frankfurter Hefte*, Heft 1-2/2011, S. 50-53

Wagner, Bernd: »Eine Debatte, die nicht vergeht und das ›Gutmenschentum‹«, in: *Kulturpolitische Mitteilungen*, Heft 134 (III/2011), S. 25-27

Walther, Rudolf: »Kein Frieden in Sicht? 25 Jahre nach den Historikerstreit«, in: *Neue Gesellschaft/Frankfurter Hefte*, Heft 11/2011, S. 55-57

Welzer, Harald: »Für eine Modernisierung der Erinnerungs- und Gedenkkultur«, in: *Gedenkstätten-Rundbrief*, Heft 162 (2011), S. 3-9

Wiggershaus, Renate: »›Ich habe zwölf Jahre lang versucht, in die schwarze Sonne der Shoa zu schauen.‹ Claude Lanzmanns ›Erinnerungen‹ – ein Kunstwerk ersten Ranges«, in: *Kommune*, Heft 4/2011, S. 91–93

Wollasch, Joachim: *Wege zur Erforschung der Erinnerungskultur. Ausgewählte Aufsätze*, Münster: Aschendorff (Beiträge zur Geschichte des alten Mönchtums und des Benediktinertums, 47) 2011, 718 S.

5.7 Literatur und Bibliothek

5.7.1 Literatur und Bibliotheken allgemein

Andruchowytsch, Juri: »Die Grenzen meiner Sprache. Der Zugang zu fremden Kulturen ist nicht einfach. Dennoch muss man ihn immer wieder wagen«, in: *Kulturaustausch*, Heft 2-3/2011, S. 14–17

Deutscher Bundestag: »Konsequenzen der Digitalisierung für Kulturgüter und -institutionen und die Vermittlung von Kultur und Wissen. Antwort der Bundesregierung auf die Kleine Anfrage der Fraktion der SPD«, Berlin: Drucksache 17/5880 (23.5.2011)

Klotzbücher, Alois: »Die Zeitschrift ›Hier‹ als Spiegel literarischen Lebens in Dortmund 1964–1974«, in: *Heimat Dortmund*, Heft 2/2011, S. 22–27

Lange, Susanne: »Zweifeln und Zaubern. Ein guter Übersetzer muss dem ersten Eindruck misstrauen – und dann den Mut aufbringen, seine eigenen Worte zu finden«, in: *Kulturaustausch*, Heft 2-3/2011, S. 32–33

Palm, Hanneliese: »Zu neuen literarischen Ufern. Fritz Hüser und die Dortmunder Gruppe 61«, in: *Heimat Dortmund*, Heft 2/2011, S. 5–8

Peuckmann, Heinrich: »Literarische Parteinahme für die Arbeiter. Die Werkstatt Dortmund im ›Werkkreis Literatur der Arbeitswelt‹«, in: *Heimat Dortmund*, Heft 2/ 2011, S. 14–17

Saramago, José: »Sich der Wirklichkeit stellen. Ob in der Politik oder in der Literatur: Wer nach den richtigen Worten für seine Gefühle sucht, muss stets versuchen, sie zu übersetzen«, in: *Kulturaustausch*, Heft 2-3/2011, S. 20–21

Sárkány, Ulrike: »Literatur und Literaturvermittlung als Instanz? Eine Anmerkungen zur Krise«, in: Ermert, Karl/ Steiger Grünewald, Andreas/Dengel, Sabine (Hrsg.): *Was können wir dafür? Über Kultur als gesellschaftliche Instanz*, Wolfenbüttel: Bundesakademie für kulturelle Bildung (Wolfenbütteler Akademie-Texte, 47) 2011, S. 72–75

Wiersch, Jürgen: »Richard Huelsenbeck war der erste Dortmunder Poetry Slammer«, in: *Heimat Dortmund*, Heft 2/2011, S. 49–53

5.7.2 Bibliotheken

Bibliothek Forschung und Praxis, München: K.G. Saur (dreimal jährlich)

Bibliotheksdienst. Organ der Bundesvereinigung Deutscher Bibliotheksverbände (BDB), Berlin: Bibliotheksdienst der Zentral- und Landesbibliothek Berlin (monatlich)

BuB Forum Bibliothek und Information, Bad Honnef: Bock + Herchen (zehnmal im Jahr)

Zeitschrift für Bibliothekswesen und Bibliographie. Organ des Vereins Deutscher Bibliothekare und des Vereins der Diplombibliothekare, Frankfurt am Main: Klostermann (zweimonatlich)

»Das kommunale öffentliche Büchereiwesen in Rheinland-Pfalz 2010«, in: *bibliotheken heute*, Heft 2/2011, S. 69–72

»Gemeinsame Stellungnahme des Bibliotheksverbundes Bayern (BVB) und des Kooperativen Bibliotheksverbundes Berlin-Brandenburg (KOBV) zur Empfehlung des Wissenschaftsrates ›Zukunft des bibliothekarischen Verbundsystems in Deutschland‹«, in: *Bibliotheksdienst*, Heft 7/ 2011, S. 620–623

»Tätigkeitsbericht für die Zeit von April 2010 bis März 2011. Erstattet von der Präsidentin der BID, Prof. Dr. Claudia Lux«, in: *Bibliotheksdienst*, Heft 5/2011, S. 385–397

Albrecht, Rita: »Normenausschuss Bibliotheks- und Dokumentationswesen gründet Förderkreis«, in: *Bibliotheksdienst*, Heft 5/2011, S. 479–482

Aleksander, Karin: »Gender auf dem Bibliothekartag 2011 in Berlin? = Fehlanzeige!«, in: *Bibliotheksdienst*, Heft 8-9/ 2011, S. 673–677

Aleksander, Karin: »›Sie werden hier nur sehr lückenhaftes Material finden‹. Welche Lücken füllen Frauenbibliotheken?«, in: *Bibliotheksdienst*, Heft 1/2011, S. 52–63

Altenhöner, Reinhard: »Langzeitarchivierung in der Deutschen Nationalbibliothek: Aktuelle Perspektiven«, in: *Bibliothek Forschung und Praxis*, Heft 1/2011, S. 10–14

Barth, Robert: »Sparsamkeit geht vor. Bibliotheken und direkte Demokratie in der Schweiz«, in: *BuB Forum Bibliothek und Information*, Heft 6/2011, S. 463–465

Bauer, Bruno: »Freier Zugang zu Forschungsdaten. Bericht von der Expert Conference on Open Access and Open Data, 13./14. Dezember 2010 in Köln«, in: *Bibliotheksdienst*, Heft 3-4/2011, S. 250–258

Bazin, Patrick/Schneider, Ulrich Johannes: »Bibliotheksgespräche«, in: *Zeitschrift für Bibliothekswesen und Bibliographie*, Heft 1/2011, S. 28–33

Der Beauftragte des Senats für Integration und Migration, Berlin (Hrsg.): *Bibliotheksarbeit im multikulturellen Umfeld. Ein Praxisbericht aus Friedrichshain-Kreuzberg*, Berlin (Hefte zur interkulturellen Verwaltungspraxis) 2011, 16 S.

Bürger, Thomas: »Die Digitalisierung der kulturellen und wissenschaftlichen Überlieferung – Versuch einer Zwischenbilanz«, in: *Zeitschrift für Bibliothekswesen und Bibliographie*, Heft 3-4/2011, S. 133–141

Dücker, Burckhard/Schmidt, Thomas (Hrsg.): *Lernort Literaturmuseum. Beiträge zur kulturellen Bildung*, Göttingen: Wallstein 2011, 184 S.

Ginzel, Cora: *Medienpädagogische Aufgaben für die Schulbibliothek 2.0, im Kernbereich der Informationsbeschaffung und der Vermittlung von Medien- und Informationskompetenz*, München: GRIN 2011

Graca Simao Goncalves, Maria da: »Ehrenamtliche Arbeit im öffentlichen Dienst: Die öffentliche Bibliothek des Bundeslandes Paraná und die ehrenamtlichen Kulturaktivisten«, in: *Bibliothek Forschung und Praxis*, Heft 2/ 2011, S. 226–230

Grass, Günter: »Bibliotheken sollten sich lauter zu Wort melden. Interview mit BuB-Redakteur Bernd Schleh«, in: *BuB Forum Bibliothek und Information*, Heft 5/2011, S. 354–356

Griebel, Rolf/Lipp, Anne/Tröger, Beate: »Den Wandel gestalten. Informations-Infrastrukturen im digitalen Zeitalter«, in: *Zeitschrift für Bibliothekswesen und Bibliographie*, Heft 3-4/2011, S. 116–119

Hätscher, Petra: »Open Access Publizieren – Chancen für die Informationsgesellschaft«, in: *Zeitschrift für Bibliothekswesen und Bibliographie*, Heft 3-4/2011, S. 147–151

Haubfleisch, Dietmar: »Die aktuellen Empfehlungen der Deutschen Forschungsgemeinschaft und des Wissenschaftsrates zur Zukunft der Bibliotheksverbünde aus Sicht einer Universitätsbibliothek«, in: *Bibliotheksdienst*, Heft 10-11/2011, S. 843–867

Haug, Christine (Hrsg.): *Die digitale Bibliothek. Internationale Buchwissenschaftliche Tagung*, Wolfenbüttel, Wiesbaden: Harrassowitz 2011, 155 S.

Hessischer Landtag: »Situation der öffentlichen Bibliotheken. Antwort auf die Kleine Anfrage des Abgeordneten Lenz (Hanau), Aloys, CDU u. a., Wiesbaden: Drucksache 18/3989 (17.6.2011)

Hohoff, Ulrich: »Tätigkeitsbericht des Vorsitzenden des Vereins Deutscher Bibliothekare e. V. (VDB) 2010/ 2011 zur Mitgliederversammlung am 9. Juni 2011 in Berlin«, in: *Zeitschrift für Bibliothekswesen und Bibliographie*, Heft 3-4/2011, S. 218–226

Jingnan, Tang/Guoqin, Shen: »Über die Entwicklung des Bibliothekswesens in China«, in: *Bibliotheksdienst*, Heft 1/2011, S. 6–20

Jochum, Uwe/Schlechter, Vittorio (Hrsg.): *Das Ende der Bibliothek? Vom Wert des Analogen*, Frankfurt am Main: Klostermann (Zeitschrift für Bibliothekswesen und Bibliographie, Sonderband 105) 2011, 134 S.

Kedziora, Markus/Álvaro, Almeida/Kaup, Uli/Müller, Juliane/Stenzel, Almerinda: »Bildungs- und Informationskompetenz für sozial Benachteiligte«, in: *Bibliothek Forschung und Praxis*, Heft 2/2011, S. 248–258

Klauser, Heller: »Die Aktivitäten der IFLA aus deutscher Perspektive«, in: *Zeitschrift für Bibliothekswesen und Bibliographie*, Heft 5/2011, S. 285–290

Kurschus, Stephanie/Vogel, Anke: »Die Digitale Bibliothek – Auf der Suche nach einem Phantom. Tagungsbericht zur Jahrestagung der Internationalen Buchwissenschaftlichen Gesellschaft 2010«, in: *Bibliothek Forschung und Praxis*, Heft 1/2011, S. 115–118

Lengauer, Ulrike: *E-Book-Beschaffung für wissenschaftliche Bibliotheken. Anbietervergleich zur Entscheidungshilfe*, Berlin: BibSpider (Wiborada – Leipziger Schriften zur Bibliotheks- und Informationswissenschaft, 1) 2011, 109 S.

Lossau, Norbert: »Virtuelle Forschungsumgebungen und die Rolle von Bibliotheken«, in: *Zeitschrift für Bibliothekswesen und Bibliographie*, Heft 3-4/2011, S. 156–164

Oechtering, Anne: »Konferenz ›Deutsches Kulturerbe in die Europeana‹ vom 4. bis zum 5. Oktober 2010 in der Staatsbibliothek zu Berlin – Europeana als Motor für Innovation und Standardisierung in europäischen Kultureinrichtungen«, in: *Zeitschrift für Bibliothekswesen und Bibliographie*, Heft 1/2011, S. 38–41

Plassmann, Engelbert/Rösch, Hermann/Seefeldt, Jürgen/Umlauf, Konrad: *Bibliotheken und Informationsgesellschaft in Deutschland. Eine Einführung*, Wiesbaden: Harrassowitz 2011, 388 S. (2. gründlich überarbeitete und erweiterte Auflage)

Richter, Andreas: »Bibliotheksrecht – Bericht für die Zeit vom 28.2.2011 bis 31.8.2011«, in: *Zeitschrift für Bibliothekswesen und Bibliographie*, Heft 6/2011, S. 329–331

Rösch, Hermann: »Unnötiger Ballast oder wichtiges Orientierungsinstrument? Bibliothekarische Berufsethik in der Diskussion«, in: *BuB Forum Bibliothek und Information*, Heft 4/2011, S. 270–276

Ruppelt, Georg: »Die ersten 100 (Bibliothekar)-Tage – Fundstücke aus den ersten 100 ZfBB Sonderbänden«, in: *Zeitschrift für Bibliothekswesen und Bibliographie*, Heft 1/2011, S. 5–9

Schade, Frauke: »Das Dilemma mit der Bibliothek für alle«, in: *BuB Forum Bibliothek und Information*, Heft 5/2011, S. 403–409

Schleihagen, Barbara: »Dringenden Handlungsbedarf aufgezeigt. Bericht zur Lage der Bibliotheken«, in: *Buch und Bibliothek*, Heft 10/2011, S. 706–710

Schuldt, Karsten: »Armut und Bibliotheken. Komplexe Problemlagen erfordern mehr als Zielgruppen-Arbeit«, in: *BuB Forum Bibliothek und Information*, Heft 6/2011, S. 459–462

Schwens, Ute: »Chancen und Risiken der Deutschen Digitalen Bibliothek«, in: *Zeitschrift für Bibliothekswesen und Bibliographie*, Heft 3-4/2011, S. 142–144

Stadler, Heike: »Der Bürger entscheidet mit. Die Bibliothek als Diskussionsgegenstand zwischen Politik, Kommunalverwaltung und Bürgerschaft«, in: *BuB Forum Bibliothek und Information*, Heft 6/2011, S. 450–453

Stadt Münster/Wallmann, Hermann (Hrsg.): *Preis der Stadt Münster für Internationale Poesie 1993–2011. Als ihr Alphabet mich an die Hand nahm*, Münster: Daedalus Verlag 2011, 167 S.

Steinhauer, Eric W.: »Bibliotheken als Gegenstand eines Gesetzes zur Förderung der kulturellen Bildung? Überlegungen zu einer aktuellen nordrhein-westfälischen Debatte«, in: *Bibliotheksdienst*, Heft 1/2011, S. 64–80

Steinhauer, Eric W.: »Kann der Entwurf für ein Bibliotheksgesetz Nordrhein-Westfalen im laufenden Gesetzgebungsverfahren um das Pflichtexemplarrecht ergänzt oder in ein Kulturbildungsgesetz umgestaltet werden?«, in: *Bibliotheksdienst*, Heft 1/2011, S. 81–90

Vogt, Hannelore: »Innovative Bibliothekskonzepte aus Frankreich. Studienreise gewährt Einblicke in die Arbeit Öffentlicher Bibliotheken«, in: *BuB Forum Bibliothek und Information*, Heft 7-8/2011, S. 565–568

Wiesenmüller, Heidrun: »Die Zukunft der Bibliotheksverbünde. Kritischer Blick auf die Empfehlungen des Wissenschaftsrates und der Deutschen Forschungsgemeinschaft«, in: *BuB Forum Bibliothek und Information*, Heft 11-12/2011, S. 790–796

Woldering, Britta: »Erster Weltkrieg in Alltagsdokumenten: Europas virtuelles Gedächtnis – Europeana«, in: *Zeitschrift für Bibliothekswesen und Bibliographie*, Heft 3-4/2011, S. 209–211

5.7.3 Leseförderung, Leseforschung, Literaturförderung

Cunha, Vanda Angélica da: »Die Förderung der Lesegewohnheit als Grundlage der persönlichen Entwicklung«, in: *Bibliothek Forschung und Praxis*, Heft 2/2011, S. 261–264

Ehmig, Simone Christine/Reuter, Timo: *Außerschulische Leseförderung in Deutschland. Strukturelle Beschreibung der Angebote und Rahmenbedingungen in Bibliotheken, Kindertageseinrichtungen und kultureller Jugendarbeit*, Mainz: Stiftung Lesen (Schriftenreihe der Stiftung Lesen, 11) 2011, 75 S.

Folie, Sandra: *Leseförderung in der Multiminoritätengesellschaft. Ansätze für eine reflektierte Praxis*, München: GRI 2011, 48 S.

Moeske, Ulrich: »Literaturförderung in Dortmund«, in: *Heimat Dortmund*, Heft 2/2011, S. 41-43

Schieder-Niewierra, Steffi: *Schreibförderung im interkulturellen Sprachunterricht. Der Computer als Schreibwerkzeug. Eine empirische Untersuchung am Beispiel einer vierten Grundschulklasse*, Frankfurt am Main: Lang (Im Medium fremder Sprachen und Kulturen, 20) 2011, 171 S., (zugl. Diss.: Univ. Erlangen-Nürnberg, 2011)

5.8 Volkshochschulen, kulturelle Erwachsenenbildung

DIE Zeitschrift für Erwachsenenbildung. Zeitschrift des Deutschen Instituts für Erwachsenenbildung, Bonn: Deutsches Institut für Erwachsenenbildung (vierteljährlich)

dis.kurs. Das Magazin des Deutschen Volkshochschul-Verbandes e. V. (DVV), Berlin: Deutscher Volkshochschul-Verband e. V. (vierteljährlich)

Erwachsenenbildung. Vierteljahresschrift für Theorie und Praxis, Bielefeld: Bertelsmann (vierteljährlich)

Deutscher Volkshochschul-Verband: *Die Volkshochschule – Bildung in öffentlicher Verantwortung*, Bonn 2011, 64 S.

Groppe, Hans-Hermann: »Die feinen Bildungsunterschiede oder: Kleiner Kommentar zum Image der Bildungsinstanz Volkshochschule«, in: Ermert, Karl/Steiger Grünewald, Andreas/Dengel, Sabine (Hrsg.): *Was können wir dafür? Über Kultur als gesellschaftliche Instanz*, Wolfenbüttel: Bundesakademie für kulturelle Bildung (Wolfenbütteler Akademie-Texte, 47) 2011, S. 70-71

Kang, Gu Sup: »Innere Einheit als Herausforderung der deutschen Wiedervereinigung. Zur Rolle der Erwachsenenbildung für die innere Einheit Deutschlands«, in: *Deutschland Archiv*, Heft 3/2011, S. 391-402

Montanari Häusler, Beatrice: *Bildung als Auftrag. Die Volkshochschule beider Basel im Wandel ihres Publikums und Programms (1969–2009)*, Basel: Schwabe (Basler Beiträge zur Geschichtswissenschaft, 183) 2011, 356 S.

5.9 Soziokultur und soziokulturelle Praxisfelder

Journal der Jugendkulturen, Berlin: Archiv der Jugendkulturen (unregelmäßig)

Kulturszene, Bonn: Fonds Soziokultur e. V. (jährlich)

Soziokultur | Prinzipien – Praxis – Perspektiven. Informationsdienst der Bundesvereinigung Soziokultureller Zentren e. V., Berlin: Bundesvereinigung Soziokultureller Zentren e. V. (viermal jährlich)

»culture unlimited. Kulturinitiative für kunstübergreifende Gestaltung«, in: Messner, Bettina/Wrentschur, Michael (Hrsg.): *Initiative Soziokultur. Diskurse. Konzepte. Praxis*, Wien/Berlin/Münster: LIT (Soziale Arbeit – Social Issues, 12) 2011, S. 141-146

»Festempfang 60 Jahre Verband für sozial-kulturelle Arbeit am 14.11.2011«, in: *Rundbrief. Verband für sozialkulturelle Arbeit*, Heft 2/2011, S. 4-15

Apfelbaum, Marc/Heppner, Siegfried: »Zielgruppenspezifische Bildungsarbeit«, in: *Der Landkreis*, Heft 6/2011, S. 250-251

»BAODO im NIL. Interkulturelles Jugend-, Kommunikations- und Kulturzentrum«, in: Messner, Bettina/Wrentschur, Michael (Hrsg.): *Initiative Soziokultur. Diskurse. Konzepte. Praxis*, Wien/Berlin/Münster: LIT (Soziale Arbeit – Social Issues, 12) 2011, S. 133-140

Baral, Gerhard: »Kulturhaus Osterfeld: Beispiele regionaler Vernetzung im Nordschwarzwald«, in: *LAKS-Info*, Heft 49 (2011), S. 15-18

Baumann, Cordia: *Linksalternative Milieus und Neue Soziale Bewegungen in den 1970er Jahren*, Heidelberg: Winter (Akademie-Konferenzen, 5) 2011, 325 S.

Bilstein, Johannes: »Können kleine Kinder Kunst verstehen? Über die Bedeutung von kultureller Bildung für das Weltverständnis von kleinen Kindern«, in: *infodienst – Das Magazin für kulturelle Bildung*, Heft 99 (2011), S. 12-15

Boltes, Friedemann: »Musikherbst – Klassik ist klasse«, in: *stadtkultur magazin*, Heft 17 (2011), S. 20-21

Bundesvereinigung Soziokultureller Zentren e. V. (Hrsg.): Soziokulturelle Zentren in Zahlen. Statistischer Bericht 2011. Auswertung der Statistikumfrage der Bundesvereinigung Soziokultureller Zentren e. V., Berlin: Selbstverlag 2011, 23 S.

Busmann, Christiane: »Ferne Nähe. Zeitgenössische Kunst und Soziokultur«, in: *Kulturpolitische Mitteilungen*, Heft 134 (III/2011), S. 62-63

Dachwald, Matthias A. J.: »Terra incognita! Zwischen New Genre Public Art (NGPA) und Soziokultur«, in: *Soziokultur | Prinzipien – Praxis – Perspektiven*, Heft 1/2011, S. 7-9

Dartsch, Michael: »Breite Musikalische Umgangsformen. Über Grundgedanken der Elementaren Musikpädagogik«, in: *infodienst – Das Magazin für kulturelle Bildung*, Heft 99 (2011), S. 18-20

Diesing, Michael: »Rätschenmühle, Geislingen. 30 Jahre Live-Kultur in der Rätsche«, in: *LAKS-Info*, Heft 49 (2011), S. 22-24

Ermert, Karl: »›Anything goes‹ geht nicht mehr. Über Medien, Jugend, Werte und kulturelle Bildung«, in: Institut für Kulturpolitik der Kulturpolitischen Gesellschaft (Hrsg.): *Jahrbuch für Kulturpolitik 2011. Thema: Digitalisierung und Internet*, Bonn/Essen: Institut für Kulturpolitik der Kulturpolitischen Gesellschaft e. V./Klartext 2011, S. 285-289

Farin, Klaus: *Jugendkulturen in Deutschland*, Bonn: Bundeszentrale für politische Bildung 2011, 210 S., überarb. Neuaufl.,

Ferchhoff, Wilfried: *Jugend und Jugendkulturen im 21. Jahrhundert. Lebensformen und Lebensstile*, Wiesbaden: VS 2011, 496 S., 2., aktualisierte und überarbeitete Auflage

Gäthke, Griet: »Kultur für alle – jetzt aber wirklich. Interview mit Maxi Kretzschmar und Ronny Strompf«, in: *Soziokultur | Prinzipien – Praxis – Perspektiven*, Heft 2/2011, S. 7-8

Hamburgische Bürgerschaft: »Kultur-Agenten für Hamburger Stadtteilschulen. Antwort auf die Kleine Anfrage der Abgeordneten Dr. Christel Oldenburg (SPD)«, Hamburg: Drucksache 19/8410 (13.1.2011)

Herkenrath, Marlis/Hoffmann-Kahre, Clemens: »Impulsgeber und Netzwerker«, in: stadtkultur magazin, Heft 17 (2011), S. 16–17

Hesse, Bernd: »Soziokultur in Zahlen. Bundesvereinigung Soziokultureller Zentren veröffentlicht den Statistischen Bericht 2011«, in: Kulturpolitische Mitteilungen, Heft 133 (II/2011), S. 58–59

Hesse, Bernd: »Wie die Alten sungen …«, in: Soziokultur | Prinzipien – Praxis – Perspektiven, Heft 2/2011, S. 5–6

Hitzler, Ronald: »Parallelitäten. Juvenile Welten erforschen mit Klaus Farin«, in: Kulturpolitische Mitteilungen, Heft 132 (I/2011), S. 62–64

Hitzler, Ronald: »Parallelitäten. Juvenile Welten erforschen mit Klaus Farin«, in: Journal der Jugendkulturen, Heft 16 (2011), S. 5–12

Höll, Nadja: »Die Welt mit anderen Augen sehen. NRW-Modellprojekt ›Künstler in die Kitas‹«, in: infodienst – Das Magazin für kulturelle Bildung, Heft 99 (2011), S. 22–25

Hübner, Gisela: »Auflösung der Arbeit des VskA, LG Berlin, und Weiterführung der Arbeit im Bundesverband«, in: Rundbrief. Verband für sozial-kulturelle Arbeit, Heft 2/2011, S. 20–21

Jahresbericht des Fonds Soziokultur 2010, Bonn: Fonds Soziokultur e.V. (Kulturszene, 13) 2011, 28 S.

Josties, Elke: »Jugend musiziert – mit Eigensinn. Musikförderung in der Jugendkulturarbeit«, in: Musikforum, Heft 3/2011, S. 58–59

Kämpf, Andreas: »Kulturpolitische Netzwerke als Organisationen des Dritten Sektors. Antiinstitutionalismus und Selbstorganisation in der Bürgergesellschaft«, in: LAKS-Info, Heft 49 (2011), S. 5–9

Knoblich, Tobias J.: Soziokultur. Herkunft und Zukunft, Wiesbaden: VS (Kunst- und Kulturmanagement) 2011, 128 S.

Koch, Jule: »›Made in Germany‹. Das Festival lud interkulturelles Theater nach Stuttgart ein«, in: Kulturpolitische Mitteilungen, Heft 135 (IV/2011), S. 73–74

Kranixfeld, Michael: »Die Breitenkultur ist selbstbewusster geworden. Eine Expertendiskussion am Runden Tisch«, in: Kultur. Politik. Diskurs, Heft 12/2011, S. 70–73

Kraus, Werner: »Kultur für alle, auch für Menschen mit Behinderung. Inklusive Kulturarbeit als Zukunftsaufgabe«, in: Der Bayerische Bürgermeister, Heft 12/2011, S. 425–427

Krümmel, Peter: »Eine Frage des Selbstvertrauens. Interview mit Michael Wendt, MOTTE, Hamburg«, in: Soziokultur | Prinzipien – Praxis – Perspektiven, Heft 4/ 2011, S. 8–9

Kuhna, Martin: »Ey cool: Bilder. Schüler mit sprachlichen Defiziten lernen in der Begegnung mit Kunst«, in: K.WEST, Heft 7/2011, S. 28–30

Kulturelle Marketing-Initiative Essen (Hrsg.): Die Freie Kulturszene der Stadt Essen. Statistische Auswertung der Befragung der »Kulturellen-Marketing-Initiative Essen«, Essen: Selbstverlag 2011, 23 S.

Kultusministerium des Landes Sachsen-Anhalt (Hrsg.): »Kinder-, Jugend- und Soziokultur in Sachsen-Anhalt«, in: Kultusministerium des Landes Sachsen-Anhalt (Hrsg.): Kinder-, Jugend- und Soziokultur in Sachsen-Anhalt, Magdeburg 2011, S. 140–147

Kussauer, Klaus: »Soziokultur preiswürdig. BKM-Preis für Kulturelle Bildung 2011«, in: Kulturpolitische Mitteilungen, Heft 135 (IV/2011), S. 74–75

Landtag von Baden-Württemberg: »Zukunft der kulturellen Kinder- und Jugendarbeit in den soziokulturellen Zentren. Antwort auf die Kleine Anfrage des Abg. Dr. Hans-Ulrich Rülke FDP/DVP«, Stuttgart: Drucksache 15/388 (2.8.2011)

Lauterstein, Pablo: Soziale Arbeit 2.0. Die sozio-kulturelle Revolution des Social Webs – neue Wege für eine lebensweltorientierte Soziale Arbeit, Saarbrücken: VDM Verl. Müller 2011, 75 S.

Lehmann, Silvio: »Der Verein und sein Finanzamt. Transparenz – Nachvollziehbarkeit – Plausibilität«, in: Soziokultur | Prinzipien – Praxis – Perspektiven, Heft 4/2011, S. 10–11

Leuchte, Vico: Landkommunen in Ostdeutschland. Lebensgeschichten, Identitätsentfaltung und Sozialwelt, Opladen: Budrich (Studien zur qualitativen Bildungs-, Beratungs- und Sozialforschung) 2011, 515 S., (zugl. Diss.: Univ. Halle-Wittenberg, 2008)

Lill, Max: »Vom ›Techno-Underground‹ zum Recht auf Stadt. Hedonistische Szenen und urbane soziale Bewegungen in der großen Krise«, in: Journal der Jugendkulturen, Heft 17 (2011), S. 34–50

Litz, Markus: »Kulturarbeit als soziale Skulptur. Kreativität, Solidarökonomie und Verantwortung«, in: Elsen, Susanne (Hrsg.): Ökosoziale Transformation. Solidarische Ökonomie und die Gestaltung des Gemeinwesens, Neu-Ulm: AG-SPAK-Bücher 2011, S. 202–214

Lück, Rosemarie: »Jugendhilfe und Schule – Formen gelingender Kooperation im Landkreis Darmstadt-Dieburg«, in: Der Landkreis, Heft 6/2011, S. 250–251

Mandel, Birgit/Renz, Thomas: »Die Kulturlogen im Fokus der Kulturnutzerforschung. Wie bürgerschaftliches Engagement neue Zielgruppen erreicht«, in: Kultur. Politik. Diskurs, Heft 12/2011, S. 35–38

Messner, Bettina/Wrentschur, Michael (Hrsg.): Initiative Soziokultur. Diskurse. Konzepte. Praxis, Wien/Berlin/Münster: LIT (Soziale Arbeit – Social Issues, 12) 2011, 181 S.

Nejezchleba, Martin: CouchSurfing als soziokulturelle Praxis, Berlin: LIT (Kulturwissenschaft, 34) 2011, 184 S.

Niedersächsischer Landtag: »Die Rolle der Soziokultur in Niedersachsen. Antwort auf die Große Anfrage der Fraktion BÜNDNIS 90/DIE GRÜNEN«, Hannover: Drucksache 16/3536 (28.3.2011)

Schäfer, Arne/Witte, Matthias D./Sander, Uwe (Hrsg.): Kulturen jugendlichen Aufbegehrens. Jugendprotest und soziale Ungleichheit, Weinheim und München: Juventa 2011, 228 S.

Schleswig-Holsteinischer Landtag: »Lage der Soziokultur in Schleswig-Holstein. Antwort auf die Kleine Anfrage des Abgeordneten Heinz-Werner Jezewski (DIE LINKE)«, Kiel: Drucksache 17/1734 (6.9.2011)

Schmalenbach, Bernhard: Kunst in der Ausbildung sozialer Berufe. Forschungsüberblick, München: kopaed 2011, 139 S.

Schröck, Katharina M.: Kulturpolitik. Macht. Kindertheater. Kommunale Konzeptionen am Beispiel der Stadt Frankfurt am Main, Frankfurt am Main: Peter Lang (Kinder-, Schul-

und Jugendtheater. Beiträge zu Theorie und Praxis, 14) 2011, 233 S.

Schulz, Gerhard: »Zwischen Dynamik und Verantwortung, Abhängigkeit und Autonomie. Eine Betrachtung«, in: *Soziokultur | Prinzipien – Praxis – Perspektiven*, Heft 4/2011, S. 6–7

Shell Deutschland Holding (Hrsg.): *Jugend 2010. Eine pragmatische Generation behauptet sich*, Hamburg: Fischer (Shell-Jugendstudie, 16) 2011, 410 S., 2. Aufl.

Sievers, Norbert: »Konstanz auf hohem Niveau. Antragsentwicklung und Mittelvergabe des Fonds Soziokultur bis zum Jahr 2010«, in: *Kulturszene*, Heft 13 (2011), S. 4–7

Siewert, Hans-Jörg: »Aktionsraum Kunst. Bildende Kunst heute kann überall stattfinden«, in: *Soziokultur | Prinzipien – Praxis – Perspektiven*, Heft 1/2011, S. 4–6

Thorwesten, Klaus: »Soziokultur«, in: Lewinski-Reuter, Verena/Lüddemann, Stefan (Hrsg.): *Glossar Kulturmanagement*, Wiesbaden: VS 2011, S. 333–339

Veen, Gerd ter: »Protokoll LAG NW-Tagung vom 6.4.2011 im Landtag NRW«, in: *Rundbrief (LAG NW)*, Heft 2/2011, S. 5–7

Wilkening, Renate: »Weniger Sozialstaat – mehr Eigenverantwortung für Bürger? Die Niederlande setzen ein Programm zur Veränderung und Neustrukturierung der sozialen Arbeit um«, in: *Rundbrief. Verband für sozialkulturelle Arbeit*, Heft 2/2011, S. 24–25

Zaiser, Dierk (Hrsg.): *Rhythmus und Performance. Kulturprojekte als Chance für sozial benachteiligte und straffällige Jugendliche*, München: kopaed 2011, 250 S.

Zinke, Jürgen: »Mit Pauken und Trompeten in den Beeten. Heersumer Landschaftstheater«, in: *Soziokultur | Prinzipien – Praxis – Perspektiven*, Heft 3/2011, S. 4–7

5.10 Kulturpädagogik, kulturelle Bildung, ästhetische Erziehung

Außerschulische Bildung. Materialien zur politischen Jugend- und Erwachsenenbildung, Berlin: Arbeitskreis deutscher Bildungsstätten (AdB) (viermal jährlich)

BDK-Mitteilungen. Fachzeitschrift des Bundes Deutscher Kunsterzieherinnen und Kunsterzieher e. V., Hannover: BDK e. V. Fachverband für Kunstpädagogik (vierteljährlich)

infodienst. Das Magazin für kulturelle Bildung, Unna: LKD (zweimonatlich)

Medien + Erziehung. Zweimonatszeitschrift für audiovisuelle Kommunikation, Opladen: Leske + Budrich (zweimonatlich)

Beck, Kurt: »Kulturelle Bildung: Was uns die Politik erzählt. Grußwort des Ministerpräsidenten Kurt Beck auf dem Musikschulkongress 2011 in Mainz«, in: *nmz. Neue Musikzeitung*, Heft 6/2011, S. 1 + 12

Berndt, Frauke: »Über die ästhetische Erziehung des Menschen oder: Von Schiller zu Magneto«, in: *Figurationen*, Heft 1/2011, S. 81–99

Bilstein, Johannes/Ecarius, Jutta/Keiner, Edwin (Hrsg.): *Kulturelle Differenzen und Globalisierung. Herausforderungen für Erziehung und Bildung*, Wiesbaden: VS 2011, 256 S.

Bockhorst, Hildegard (Hrsg.): *KUNSTstück FREIHEIT. Leben und lernen in der Kulturellen BILDUNG*, München: kopaed (Kulturelle Bildung) 2011, 262 S.

Braach, Gero: »Kulturpolitische Rahmenbedingungen und die Entwicklung der kulturellen Bildung in Hessen«, in: Hessische Vereinigung für Volkskunde (Hrsg.): *Kultur & Politik. Aspekte kulturwissenschaftlicher und kulturpolitischer Spannungsfelder* (hrsg. durch Markus Morr), Marburg: Jonas (Hessische Blätter für Volks- und Kulturforschung, 47) 2011, S. 104–113

Braun, Tom (Hrsg.): *Lebenskunst lernen in der Schule. Mehr Chancen durch kulturelle Schulentwicklung*, München: kopaed (Kulturelle Bildung, 23) 2011, 333 S.

Bundesakademie für kulturelle Bildung Wolfenbüttel e. V. (Hrsg.): *Die Vergangenheit ist ein Prolog. 25 Jahre Bundesakademie für kulturelle Bildung Wolfenbüttel*, Wolfenbüttel: Selbstverlag (Wolfenbütteler Akademie-Texte, 50) 2011, 282 S.

Bundesakademie für kulturelle Bildung Wolfenbüttel e. V. (Hrsg.): *Der Ort, wo aus Kunst Kultur wird. 25 Jahre Bundesakademie für kulturelle Bildung Wolfenbüttel, Reden zum Jubiläum*, Wolfenbüttel: Bundesakademie für kulturelle Bildung 2011, 48 S.

Bundesvereinigung Kulturelle Kinder- und Jugendbildung e. V. (Hrsg.): *Flagge zeigen für kulturelle Bildung. Jahresbericht 2010*, Remscheid: Selbstverlag 2011, 65 S.

Bundesvereinigung Kulturelle Kinder- und Jugendbildung e. V. (Hrsg.): *Kulturelle Bildung. Zehn Jahre FSJ Kultur. Stimmen. Einblicke. Perspektiven*, Remscheid: Selbstverlag 2011, 66 S.

Caspary, Ralf (Hrsg.): *Wissen 2.0 für die Bildung. Wie Wikipedia und Co. unsere Kultur verändern*, Stuttgart: Steiner 2011, 121 S.

Danner, Antje: *Ästhetische Bildung. Perspektiven aus Theorie, Praxis, Kunst und Forschung*, Norderstedt: Books on Demand 2011, 160 S.

Eichler, Kurt: »kubi@web2.0. Kulturelle Bildung und digitale Lebenswelten«, in: Institut für Kulturpolitik der Kulturpolitischen Gesellschaft (Hrsg.): *Jahrbuch für Kulturpolitik 2011. Thema: Digitalisierung und Internet*, Bonn/Essen: Institut für Kulturpolitik der Kulturpolitischen Gesellschaft e. V./Klartext 2011, S. 265–274

Eichler, Kurt: »Mixed Realities. Kulturelle Bildung in digitalen Lebenswelten«, in: *Kulturpolitische Mitteilungen*, Heft 132 (I/2011), S. 55–57

Eickhoff, Mechthild / Kamp, Peter: »Von der Projektwerkstatt zum Bildungsbetrieb. Jugendkunstschulen und Kulturpädagogische Einrichtungen«, in: *infodienst – Das Magazin für kulturelle Bildung*, Heft 100 (2011), S. 12–15

Ermert, Karl: »›Anything goes‹ geht nicht mehr. Über Medien, Jugend, Werte und kulturelle Bildung. Bundeskongress 2011: netz.macht.kultur«, in: *Kulturpolitische Mitteilungen*, Heft 132 (I/2011), S. 52–54

Fischer, Bernd: »Zur kulturpolitischen Dynamik des ästhetischen Spiels in Schillers Briefen ›Ueber die ästhetische Erziehung des Menschen‹«, in: High, Jeffrey L. u. a.: *Who is this Schiller now? Essays on his reception and significance*. The Karl Anatol Center for Faculty Development at California State Univ. Long Beach, NY: Camden House 2011, S. 133–146

Gries, Katja: *Vernetzungen zwischen Kunst, Wissenschaft und Technik. Entwicklung eines transdisziplinären Modells im Kontext Ästhetischer Bildung*, Berlin: Pro Business 2011, 429 S.

Hafeneger, Benno (Hrsg.): *Handbuch Außerschulische Jugendbildung*, Schwalbach/Ts.: Wochenschau 2011, 510 S.

Heck, Bettina: *Zwischen Kunst und Politik. Ästhetisch und pragmatisch orientierte Medien-Erziehung im Deutschunterricht*, München: kopaed (Medien im Deutschunterricht, 10) 2011, 303 S.

Hepp, Gerd F.: *Bildungspolitik in Deutschland. Eine Einführung*, Wiesbaden: VS 2011, 315 S.

Hessischer Landtag: »Musik- und Kunstunterricht an Hessens Schulen. Antwort auf die Kleine Anfrage des Abgeordneten Schäfer-Gümbel, Thorsten, SPD«, Wiesbaden: Drucksache 18/3706 (26.4.2011)

Holzbrecher, Alfred (Hrsg.): *Interkulturelle Schule. Eine Entwicklungsaufgabe*, Schwalbach/Ts.: Wochenschau (Reihe Politik und Bildung, 63) 2011, 413 S.

Janitz, Dörte/Großmann, Ulf: »Der Kulturschulweg in Hoyerswerda«, in: *Kulturpolitische Mitteilungen*, Heft 134 (III/2011), S. 64–65

Janz, Rolf-Peter: »Über die ästhetische Erziehung des Menschen in einer Reihe von Briefen«, in: Koopmann, Helmut (Hrsg.): *Schiller-Handbuch*, Stuttgart: Kröner 2011, S. 649–666

Kaminski, Winfried: »Kulturelle Bildung im digitalen Zeitalter«, in: *infodienst – Das Magazin für kulturelle Bildung*, Heft 101 (2011), S. 10–11

Kammerl, Rudolf/Luca, Renate/Hein, Sandra (Hrsg.): *Keine Bildung ohne Medien! Neue Medien als pädagogische Herausforderung*, Berlin: Vistas (Schriftenreihe der Medienanstalt Hamburg/Schleswig Holstein, 4) 2011, 200 S.

Keuchel, Susanne: »Klangkörper oder Vermittlungskünstler?«, in: *Das Orchester*, Heft 3/2011, S. 13–15

Kirschenmann, Johannes/Lutz-Sterzenbach, Barbara (Hrsg.): *Kunst.Schule.Kunst. Modelle, Erfahrungen, Debatten*, München: kopaed (Kontext Kunstpädagogik, 27) 2011, 256 S.

Klepacki, Leopold/Zirfas, Jörg/Liebau, Eckart: *Geschichte der ästhetischen Bildung. Band 2: Frühe Neuzeit*, Paderborn: Schöningh 2011, 217 S.

Knecht, Gerhard/Lusch, Bernhard (Hrsg.): *Spielen Leben Lernen. Bildungschancen durch Spielmobile*, München: kopaed (Kulturelle Bildung, 21) 2011, 211 S.

Kolbe, Corina: »›Im Musikkindergarten ist es wie bei uns zu Hause‹. Musikereltern über ihre Erfahrungen mit dem Nachwuchs im Kindergartenalter«, in: *Das Orchester*, Heft 6/2011, S. 27–29

»Kommunale Bildungskompetenzen«, Heftschwerpunkt, in: *Der Landkreis*, Heft 6/2011, S. 223–254

Krau, Angelika: »Kreativität – Wozu«, in: *PLANERIN*, Heft 1/2011, S. 5–6

Kruse, Rüdiger: »Aus drei mach keins. Wie kulturelle Bildung nachhaltig zerstört wird«, in: *Musikforum*, Heft 4/2011, S. 50–51

Landtag Brandenburg: »Kulturelle Bildung in Brandenburg. Antwort auf die Kleine Anfrage der Abgeordneten Marie Luise von Halem (BÜNDNIS 90/DIE GRÜNEN)«, Potsdam: Drucksache 5/3276 (17.5.2011)

Liebau, Eckart (Hrsg.): *Die Bildung des Geschmacks. Über die Kunst der sinnlichen Unterscheidung*, Bielefeld: transcript (Ästhetik und Bildung, 5) 2011, 227 S.

Linke, Sybille: »›Kulturagenten‹ starten ihre Mission. Eine Initiative der Kulturstiftung des Bundes und der Stiftung Mercator«, in: *Kulturpolitische Mitteilungen*, Heft 135 (IV/2011), S. 80–81

Lücke, Birgit/Müller, Andreas: »Die Bibliothek als Dienstleister für Schulen. Wächst doch noch zusammen, was zusammen gehört?«, in: *BuB Forum Bibliothek und Information*, Heft 3/2011, S. 178–180

Mager, Ute: »Europäische Bildungspolitik in internationaler Verflechtung«, in: Kadelbach, Stefan: *60 Jahre Integration in Europa, variable Geometrien und politische Verflechtung jenseits der EU. Frankfurter Walter Hallstein Kolloquium*, Baden-Baden: Nomos (Schriften zur europäischen Integration und internationalen Wirtschaftsordnung, 23) 2011, S. 53–73

Majewski, Teresa: *Interkulturelle Projektarbeit in der Kunst- und Kulturvermittlung. Handlungsmöglichkeiten und Entwicklungspotenziale durch ästhetische Bildung und Identitätsarbeit*, Stuttgart: Ibidem 2011, 106 S.

Meier, Lars: »Kantische Grundsätze? Schillers Selbstinszenierung als Kant-Nachfolger in seinen Briefen ›Ueber die ästhetische Erziehung des Menschen‹«, in: Burtscher, Cordula/Hien, Markus (Hrsg.): *Schiller im philosophischen Kontext*, Würzburg: Königshausen & Neumann 2011, S. 50–63

Meyer, Kirsten: *Bildung*, Berlin: De Gruyter (Grundthemen Philosophie) 2011, 224 S.

Montag Stiftung Jugend und Gesellschaft (Hrsg.): *Morphing History. Geschichte begegnen – Zeit gestalten*, Bonn: Selbstverlag, 80 S.

Moser, Heinz (Hrsg.): *Medienbildung und Medienkompetenz. Beiträge zu Schlüsselbegriffen der Medienpädagogik*, München: kopaed 2011, 273 S.

Neiman, Susan: *Moralische Klarheit für erwachsene Idealisten*, Essen: Klartext (Kultur in der Diskussion, Band 16) 2011, 71 S.

Oberreuter, Heinrich (Hrsg.): *Bildungspolitik im Umbruch*, Baden-Baden: Nomos (Zeitschrift für Politik: Sonderband, 4) 2011, 97 S.

Pleger, Angelika: »Ästhetische Praxis im pädagogischen und soziokulturellen Kontext«, in: Jungk, Sabine (Hrsg.): *Bildung in Vielfalt, Inklusive Pädagogik der Kindheit*, Freiburg i. Br.: FEL (Materialien zur Frühpädagogik, 4) 2011, S. 135–150

Rath, Matthias/Marci-Boehncke, Gudrun: »Medienbildung konvergent. Was die Deutschdidaktik mit Medienpädagogik und Medien- und Kommunikationswissenschaft verbindet«, in: Marci-Boehnke, Gudrun/Rath, Matthias (Hrsg.): *Themen-Schwerpunkt Medienkonvergenz im Deutschunterricht*, München: kopaed 2011, S. 21–37

Reinwand, Vanessa-Isabelle: »Kultureinrichtungen als Impulsgeber für Schulen. Ein Projekt des Bundesverbandes der Jugendkunstschulen und Kulturpädagogischen Einrichtungen e. V.«, in: *Kultur. Politik. Diskurs*, Heft 12/2011, S. 9–11

Renz, Thomas: »Qualitätskriterien von Kulturvermittlung. Ein subjekt-orientiertes Forschungsprojekt«, in: *Kultur. Politik. Diskurs*, Heft 12/2011, S. 19–23

Rössler, Patrick: »Forschungsfeld: Medienpädagogik«, in: Rössler, Patrick: *Skalenhandbuch Kommunikationswissenschaft*, Wiesbaden: VS 2011, S. 423–455

Schleswig-Holsteinischer Landtag: »Kulturelle Kinder- und Jugendbildung. Antwort auf die Kleine Anfrage des Abgeordneten Hans Müller (SPD)«, Kiel: Drucksache 17/1270 (21.2.2011)

Schmid, Josef (Hrsg.): *Welten der Bildung? Vergleichende Analysen von Bildungspolitik und Bildungssystemen*, Baden-Baden: Nomos (Wirtschafts- und Sozialpolitik, 7) 2011, 338 S.

Schorb, Bernd: »Zur Theorie der Medienpädagogik«, in: Moser, Heinz/Grell, Petra/Niesyto, Horst (Hrsg.): *Medienbildung und Medienkompetenz*, München 2011, S. 81–94

Schuldt, Karsten: »Neue Steuerung im Schulwesen. Möglichkeitsräume für Öffentliche Bibliotheken«, in: *BuB Forum Bibliothek und Information*, Heft 3/2011, S. 174–177

Seitz, Hanne: »Kultur macht Schule. Aber wie?«, in: *Zeitschrift für Theaterpädagogik*, Heft 59, 2011, S. 49–50

Sievers, Norbert: »Netz.Macht.Kultur ... Und eröffnet neue Chancen für die kulturelle Bildung«, in: *infodienst – Das Magazin für kulturelle Bildung*, Heft 101, 2011, S. 22–23

Soziale Stadt Rosenheim (Hrsg.): *Kulturelle Bildung für Familien in Rosenheim 2010*, Rosenheim: Selbstverlag 2011, 57 S.

Speckmann, Julia: »Kulturell-ästhetische Sprachbildung. Vom Pilotprojekt zu einem Landesprogramm für Niedersachsen«, in: *Kultur. Politik. Diskurs*, Heft 12/2011, S. 12–15

Taube, Gerd/Schmitz, Stephan: »Wie viel Kulturelle Bildung steckt im Bildungspaket?«, in: *politik und kultur (puk)*, Heft 3/2011, S. 12–13

Theunissen, Georg: »Lernbereich Kunst – ästhetische Erziehung«, in: Ratz, Christoph (Hrsg.): *Unterricht im Förderschwerpunkt geistige Entwicklung. Fachorientierung und Inklusion als didaktische Herausforderungen*, Oberhausen: Athena 2011, S. 305–329

Waldrich, Hans-Peter: *Wege aus der Schulmisere. Plädoyer für eine pädagogische und bildungspolitische Wende*, Köln: PapyRossa 2011, 180 S.

Weiß, Wolfgang W.: *Kommunale Bildungslandschaften. Chancen, Risiken und Perspektiven*, Weinheim: Juventa 2011, 190 S.

Wieland, Joachim: *Bildungsföderalismus*, Berlin: Friedrich-Ebert-Stiftung (Schriftenreihe des Netzwerk Bildung) 2011, 126 S.

Wößmann, Ludger: »Aktuelle Herausforderungen der deutschen Bildungspolitik. Ordnungspolitischer Rahmen und konkrete Handlungsfelder«, in: *Ordo*, Heft 62 (2011), S. 145–175

Wunderlich, Dagmar: »Das Museum kommt auf Rädern. Die Outreach-Initiative ›on.tour – Das JMB macht Schule‹ des Jüdischen Museums Berlin«, in: *Kulturpolitische Mitteilungen*, Heft 135 (IV/2011), S. 70–71

5.11 Archive

Archivar. Zeitschrift für Archivwesen, Düsseldorf: Nordrhein-Westfälisches Hauptstaatsarchiv (viermal jährlich)

»Die Archive und die historische Forschung. Eine Podiumsdiskussion zwischen Archivaren und Historikern«, in: *Archivar*, Heft 4/2011, S. 370–385

»Geschichte in der Werkstatt – Archivpädagogische Angebote zum Thema Konservieren und Restaurieren von Kulturgut«, in: *Der Archivar*, Heft 1/2011, S. 126–130

»Gespräch mit Hanns Jürgen Küsters zum Verhältnis von Archiven und historischer Forschung«, in: *Archivar*, Heft 4/2011, S. 391–396

»Vom Archivgesetz bis zur Lesesaalordnung – Neue archiv- und nutzungsrechtliche Bestimmungen im Landesarchiv NRW«, in: *Archivar*, Heft 1/2011, S. 110–119

»Zur Lage der Archive in Nordrhein-Westfalen – Podiumsdiskussion auf der 32. Wissenschaftlichen Jahrestagung des Brauweiler Kreises für Landes- und Zeitgeschichte am 11. März 2011«, in: *Archivar*, Heft 4/2011, S. 386–390

Adam, Bastian: »Eamus ad fontes – Überlegungen zur Annäherung von Archiven an Schule«, in: *Archivar*, Heft 2/2011, S. 181–184

Aleksander, Karin: »Hier sind Frauen und andere Geschlechter sichtbar. 45. Fachtagung der deutschsprachigen Frauen-/Lesbenarchive, -bibliotheken und -informations-/-dokumentationseinrichtungen (ABI) vom 28.10. bis 31.10.2010 in Dresden. Konferenzbericht«, in: *Bibliotheksdienst*, Heft 2/2011, S. 153–156

Beck, Wolfhart/Klose, Dieter/Pieper, Joachim: »Archivpädagogik im Landesarchiv NRW«, in: *Archivar*, Heft 2/2011, S. 243–252

Becker, Andreas/Gillner, Bastian/Reinhardt, Christian/Rödel, Eva: »Neue Strukturen – bewährte Methoden? Was bleibt vom Archivwesen der DDR?«, in: *Archivar*, Heft 2/2011, S. 224–226

Bieri, Susanne: »Archiv des Ortes I. Das neue Sammelkonzept der Graphischen Sammlung der Schweizerischen Nationalbibliothek«, in: *Rundbrief Fotografie*, Heft 2/2011, S. 14–17

Bischoff, Frank M./Stumpf, Marcus: »Digitalisierung von archivalischen Quellen. DFG-Rundgespräch diskutiert fachliche Eckpunkte und Ziele einer bundesweiten Digitalisierungskampagne«, in: *Archivar*, Heft 3/2011, S. 343–346

Bröckling, Christiane: »Archive und Schulen werden Bildungspartner NRW. Initiative zur Zusammenarbeit startet im Juli«, in: *Archivar*, Heft 2/2011, S. 185–187

Brogiato, Heinz Peter/Kiedel, Klaus-Peter (Hrsg.): *Forschen, reisen, entdecken. Lebenswelten in den Archiven der Leibnitz-Gemeinschaft*, Halle: Mitteldeutscher Verlag 2011, 176 S.

Caraffa, Costanza: »›Wenden‹. Fotografien in Archiven im Zeitalter ihrer Digitalisierbarkeit: ein material turn«, in: *Rundbrief Fotografie*, Heft 3/2011, S. 8–15

Dolfing, Dirk Jan: »Wie ein junger niederländischer Archivar das Archivwesen sieht«, in: *Archivpflege in Westfalen-Lippe*, Heft 74 (1/2011), S. 12–13

Elkar, Rainer S.: »Das Archiv als Erinnerungsort – eine Erinnerung an Südwestfalen«, in: *Archivpflege in Westfalen-Lippe*, Heft 75 (1/2011), S. 4–8

Fischer, Ulrich: »Köln – der größte nicht anzunehmende Unfall: Sachstand und Konsequenzen für den Archivbau«, in: *Archivpflege in Westfalen-Lippe*, Heft 74 (1/2011), S. 18–22

Fischer, Ulrich/Thiel, Nadine/Henningsen, Imke: »Zerrissen – Verschmutzt – Zerknickt. Die Restaurierung und Konservierung des Gesamtbestandes des Historischen Archivs der Stadt Köln nach dem Einsturz – Sachstand und Perspektiven«, in: *Der Archivar*, Heft 1/2011, S. 15–24

Füssel, Stephan: »›Ungeöffnete Königsgräber‹. Chancen und Nutzen von Verlagsarchiven«, Bericht über eine Tagung an der Johannes-Gutenberg-Universität Mainz, in: *Archiv und Wirtschaft. Zeitschrift für das Archivwesen der Wirtschaft*, Heft 1/2011, S. 28-32

Gillner, Bastian: »Offene Magazine und lebhafte Lesesäle. Ein Blick auf die Archive des Jahres 2050«, in: *Archivpflege in Westfalen-Lippe*, Heft 74 (1/2011), S. 7-11

Guntermann, Ralf-Maria: »Behördenberatung im Wandel. Ein Fachkonzept zur Zukunftsfähigkeit archivischer Beratungsdienstleistungen im Landesarchiv NRW«, in: *Archivar*, Heft 3/2011, S. 332-335

Keitel, Christian: »Archivwissenschaft zwischen Marginalisierung und Neubeginn«, in: *Archivar*, Heft 1/2011, S. 33-37

Kistenich, Johannes: »Lehren aus Köln. Erfahrungen aus dem Aufbau des Notfallverbunds Münster«, in: *Archivpflege in Westfalen-Lippe*, Heft 74 (1/2011), S. 30-36

Krpata, Margit Zara: »In 86 Schubladen Bilder aus der ganzen Welt. Das historische Fotoarchiv im Rautenstrauch-Joest-Museum, Köln«, in: *Rundbrief Fotografie*, Heft 1/2011, S. 19-24

Müller, Manfred: »›Archive braucht das Land‹. Römische Gottheit mit fünf Buchstaben«, in: *Archivpflege in Westfalen-Lippe*, Heft 74 (1/2011), S. 44-46

Müller, Rolf-Dietrich: »Von der ›Arbeitsgemeinschaft Paderborner Frauenverbände‹ bis zum ›Ziegenzuchtverein‹ – Nichtamtliche Überlieferung im Stadtarchiv Paderborn: Einwerbungspolitik, Übernahme, Bewertungsgrundsätze. Ein Praxisbericht«, in: *Archivpflege in Westfalen-Lippe*, Heft 75 (1/2011), S. 15-19

Murmann, Manuela/Möller, Eckard Beck, Wolfhart: »25. Archivpädagogenkonferenz. Arbeitskreis ›Archivpädagogik und Historische Bildungsarbeit‹ im VdA in Kooperation mit dem Stadtarchiv Münster und dem Landesarchiv NRW, Abteilung Westfalen (Münster)«, in: *Archivar*, Heft 4/2011, S. 476-479

Oppel, Hans-D.: »Die deutsch-niederländischen Archivsymposien. Ein persönlicher Rückblick anlässlich des 16. Symposiums in Bocholt«, in: *Archivpflege in Westfalen-Lippe*, Heft 74 (1/2011), S. 39-43

Plassmann, Max/Schmidt-Czaia, Bettina/Tiggemann-Klein, Claudia: »Das Historische Archiv der Stadt Köln als Bürgerarchiv. Nutzungsmöglichkeiten für Wissenschaft, Familienforschung, Schulen und eine historisch interessierte Öffentlichkeit«, in: *Geschichte in Köln*, Heft 58 (2011), S. 229-241

Polenz, Sven: »Der Betrieb kommunaler Archive. Eine Darstellung der rechtlichen Anforderungen beim Betrieb kommunaler Archive unter Berücksichtigung des Archiv-, Melde-, Datenschutz- und Informationsfreiheitsgesetzes«, in: *Die Gemeinde SHGT*, Heft 11/2011, S. 254-258

Räth, Joachim: »stadtteilgeschichten.net. User Generated Content und Crowdsourcing im Internet-Fotoarchiv«, in: *Rundbrief Fotografie*, Heft 1/2011, S. 10-13

Reininghaus, Wilfried/Münster-Schröer, Erika/Nonn, Christoph: »Zur Lage der Archive in Nordrhein-Westfalen. Podiumsdiskussion auf der 32. Jahrestagung des Brauweiler Kreises für Landes- und Zeitgeschichte am 11. März 2011 in Bad Waldliesborn«, in: *Geschichte im Westen*, Heft 26 (1/2011), S. 197-207

Stumpf, Marcus: »Nichtamtliche Überlieferung in Kommunalarchiven zwischen archivwissenschaftlicher Theoriebildung und Archivierungspraxis«, in: *Archivpflege in Westfalen-Lippe*, Heft 75 (1/2011), S. 9-14

Sturm, Beate: »Archiv und Schule werden Partner. Auf dem Weg zu einer nachhaltigen und gefestigten Zusammenarbeit«, in: *Archivar*, Heft 2/2011, S. 188-193

Thüringer Landtag: »Kulturgutschutz in den Staatsarchiven. Antwort auf die Kleine Anfrage der Abgeordneten Franka Hitzing (FDP)«, Erfurt: Drucksache 5/3496 (8.11.2011)

Toepser-Ziegert, Gabriele: »Dienstleistung (nicht nur) im Dienste der Wissenschaft – Angebote und Service des Instituts für Zeitungsforschung der Stadt Dortmund«, in: *Archivpflege in Westfalen-Lippe*, Heft 75 (1/2011), S. 33-35

Wandeler, Meret: »Archiv des Ortes II. Sammelstrategien für ein fotografisches Archiv zur Raumentwicklung«, in: *Rundbrief Fotografie*, Heft 2/2011, S. 17-22

Wenzel, Cornelia/Bacia, Jürgen: »Der Fünfte Workshop der ›Archive von Unten‹«, in: *Archivar*, Heft 4/2011, S. 479-480

Wolf, Thomas: »Lokale Rundfunk- und Fernsehmedien – Quellen für ein Kommunalarchiv?! Überlegungen zu Archivwürdigkeit und Langzeitsicherung«, in: *Archivpflege in Westfalen-Lippe*, Heft 75 (1/2011), S. 37-39

5.12 Baukultur

Arch+. Zeitschrift für Architektur und Städtebau, Aachen: Archplus (vierteljährlich)

Baukultur. Verbandszeitschrift des DAI, Berlin: Verband Deutscher Architekten- und Ingenieurvereine e. V. (Zweimonatlich)

»Baukultur« (Themenschwerpunkt), in: *Städte- und Gemeinderat*, Heft 1-2/2011, S. 6-20

Brandenburg, Ministerium für Infrastruktur und Landwirtschaft: »Baukultur in Brandenburg – Spiegel gesellschaftlichen Wandels. Schwerpunktthema«, in: *MIL aktuell*, Heft 3/2011, S. 5-56

Braum, Michael: »Zeitgemäßes in der alten Stadt. Ein Plädoyer für mehr Baukultur«, in: *Forum Stadt*, Heft 1/2011, S. 65-74

Braum, Michael (Hrsg.): *Baukultur des Öffentlichen. Bauen in der offenen Gesellschaft*, Basel: Birkhäuser 2011, 136 S.

Bundesministerium für Verkehr, Bau- und Stadtentwicklung, Berlin (Hrsg.): *Infrastruktur in der Landschaft. Eine baukulturelle Herausforderung. Dokumentation der Expertenwerkstatt ›Infrastruktur in der Landschaft‹, 21. Februar 2011 im Umspannwerk Ohlauer Straße, Berlin*, Berlin (Initiative Architektur und Baukultur) 2011, 36 S.

Bundesstiftung Baukultur, Potsdam (Hrsg.): *Baukultur. Unternehmenskultur. Stadtkultur. Partnerschaftliche Verantwortung im Planungs- und Bauprozess. Ein Erfahrungsaustausch mit Entscheidern der Bau- und Immobilienwirtschaft, 3. Ettersburger Gespräch, 22. und 23. September 2011, Schloss Ettersburg bei Weimar*, Ettersburg 2011, 67 S.

Bundesstiftung Baukultur, Potsdam (Hrsg.): *Was kommt nach dem Aufbau Ost? Ein Dialog zwischen Baukultur und Politik, Netzwerktreffen Ost, 1. November 2011, Dessau*, Dessau 2011, 57 S.

Dawson, Layla: »Keine ehrliche Haut. Gebäudefassaden in entwickelten Volkswirtschaften sind längst Demonstrationsobjekte stilistischer Extreme. Eine Kritik der aktuellen Architekturmode. Tina Klopp im Interview mit Bazon Brock«, in: *konkret*, Heft 4/2011, S. 44-46

Europäisches Haus der Stadtkultur. Geschäftsstelle der Landesinitiative StadtBauKultur NRW (Hrsg.): *Reflexionen über Baukultur. StadtBauKultur NRW 2001-2011*, Neuss: GWN 2011, 172 S.

Franck, Georg: »Die urbane Allmende. Zur Herausforderung der Baukultur durch die nachhaltige Sadt«, in: *Merkur*, Heft 746 (Juli 2011), S. 567-582

Gotthardt, Sabine: *Baukultur im Wertewandel. Im Gespräch mit führenden Persönlichkeiten der deutschen Bau- und Immobilienbranche*, Merching: Forum Zeitschriften und Spezialmedien 2011, 212 S.

Härig, Beatrice: »Palmen vor der Top-Etage. Wolkenkratzer und ihre Geschichten«, in: *Monumente*, Heft 4/2011, S. 74-80

Hatzelhoffer, Lena/Lobeck, Michael/Müller, Wolfgang/Wiegandt, Claus-C.: »Verändern die neuen Informations- und Kommunikationstechnologien die europäische Stadt?«, in: *Informationen zur Raumentwicklung*, Heft 10-11/2011, S. 579-588

Held, Tobias: »Verkäufe kommunaler Wohnungsbestände – Ausmaß und aktuelle Entwicklungen«, in: *Informationen zur Raumentwicklung*, Heft 12/2011, S. 675-682

Hirsch, Nikolaus: »Materialzeit. Notizen zum Bau der Synagoge Dresden«, in: *Kritische Berichte*, Heft 2/2011, S. 87-94

Jaedicke, Wolfgang/Veser, Jürgen: »Strategien der Kommunen im Umgang mit ihren kommunalen Wohnungsbeständen«, in: *Informationen zur Raumentwicklung*, Heft 12/2011, S. 699-712

Just, Tobias/Voigtländer, Michael: »Zur Rolle der öffentlichen Hand auf dem deutschen Wohnungsmarkt«, in: *Informationen zur Raumentwicklung*, Heft 12/2011, S. 661- 673

Kiesow, Gottfried: »Die Baukunst zwischen den Weltkriegen. Sehen lernen mit Gottfried Kiesow« (108), in: *Monumente*, Heft 2/2011, S. 68-70

Kiesow, Gottfried: »Machtarchitektur und neue Bescheidenheit. Sehen lernen mit Gottfried Kiesow« (110), in: *Monumente*, Heft 4/2011, S. 48-51

Kort-Weiher, Gesine: »Wohnraumversorgung als kommunale Aufgabe heute«, in: *Informationen zur Raumentwicklung*, Heft 12/2011, S. 653-659

Landtag Brandenburg: »Zur Industriekultur in Brandenburg. Antwort auf die Kleine Anfrage des Abgeordneten Dieter Groß (DIE LINKE)«, Potsdam: Drucksache 5/4526 (16.12.2011)

Lübcke, Maren/Lührs, Rolf/Rütschle, Dorothée: »Die Zukunft der Stadtentwicklung: online und partizipativ?«, in: *Informationen zur Raumentwicklung*, Heft 10/11, 2011, S. 627-636

Ministerium für Verkehr, Bau und Landesentwicklung Mecklenburg-Vorpommern, Schwerin u. a. (Hrsg.): *Nachhaltiges Bauen. Ein Baustein zur Baukultur*, Schwerin 2011, 54 S.

Minta, Anna: »Horror vacui. Die (Un)Erträglichkeit von Leere in der Architektur Israels«, in: *Kritische Berichte*, Heft 2/2011, S. 7-21

Regionalverband Ruhr, Essen (Hrsg.): *Route Industriekultur: Unternehmervillen*, Essen 2011, 120 S., 3., erw. Aufl.

Sachs, Angeli: »Architektur der Leere. Daniel Libeskinds Jüdisches Museum Berlin«, in: *Kritische Berichte*, Heft 2/ 2011, S. 75-85

Schöttker, Detlev: »Architekturtheorie zwischen Gesellschafts- und Kulturtheorie. Von Adorno zu Sloterdijk«, in: *Leviathan*, Heft 1/2011, S. 3-19

Wilcken, Rosemarie: »Städte brauchen Stadtbaukunst. Hoffen auf eine Renaissance der Baukultur«, in: *Monumente*, Heft 2/2011, S. 30-31

Zittlau, Reiner: »Das Fagus-Werk in Alfeld – Ausgangspunkt des Neuen Bauens im 20. Jahrhundert und nun Weltkulturerbe«, in: *Berichte zur Denkmalpflege in Niedersachsen*, Heft 3/2011, S. 102-104

6 Weitere kulturpolitische Themen und Felder

6.1 Interkulturelle Kulturarbeit

»Politischer Antirassismus: Die IG Kultur Österreich stellt sich und ihr Projekt ›Romanistan. Crossing Spaces in Europe‹ vor«, in: *LAKS-Info*, Heft 49 (2011), S. 10-12

»Zielgruppe – Migranten. Wie Sie Menschen mit Migrationshintergrund für Ihr Angebot gewinnen«, in: *TheaterManagement aktuell*, Heft März-Mai 2011, S. 10-11

Akpovo, Angelina/Engelhard, Judy/Heiland, Gerhard: »Interkulturelles Forum Hamburg«, in: *stadtkultur magazin*, Heft 16 (2011), S. 18-19

Barber-Kersovan, Alenka: *West meets East. Musik im interkulturellen Dialog*, Frankfurt am Main: Lang (Musik im interkulturellen Dialog, 29) 2011, 256 S.

Borchard, Michael/Ceylan, Rauf (Hrsg.): *Imame und Frauen in Moscheen im Integrationsprozess: gemeindepädagogische Perspektiven*, Göttingen: V & R 2011, 306 S.

Brosczinsky-Schwabe, Edith: »Interkulturalität«, in: Lewinski-Reuter, Verena/Lüddemann, Stefan (Hrsg.): *Glossar Kulturmanagement*, Wiesbaden: VS 2011, S. 122-130

Burckhardt, Barbara: »Eine andere Geschichte. Über Sesede Terziyan«, in: *Theater heute*, Heft 1/2011, S. 6-11

Carrel, Noemi: »Niemand weiß genau, wer die Schweiz verlässt«, in: *terra cognita – Schweizer Zeitschrift zu Integration und Migration*, Heft 18 (2011), S. 26-30

Clausen, Bernd: »Kultur entsteht im Kontakt mit Anderem«, in: *Musikforum*, Heft 2/2011, S. 48-49

Demirdögen, Sidar: »Ein Koffer voller Hoffnungen. 50 Jahre Arbeitsmigration aus der Türkei«, in: *interkultur* (regelmäßige Beilage zu *politik & kultur*), Heft 12/2011, S. 6-7

Der Beauftragte des Senats für Integration und Migration, Berlin (Hrsg.): *Interkulturelle Organisationsentwicklung. Ein Leitfaden für Führungskräfte*, Berlin (Hefte zur interkulturellen Verwaltungspraxis) 2011, 34 S.

Der Beauftragte des Senats für Integration und Migration, Berlin (Hrsg.): *Interkulturelle Personalentwicklung. Anforderungsprofile, Auswahlverfahren, Fortbildungen*, Berlin (Hefte zur interkulturellen Verwaltungspraxis) 2011, 24 S.

Deutscher Kulturrat: »Lernorte interkultureller Bildung. Außerschulische Kultur- und Bildungsorte«, in: *politik und kultur* (puk), Heft 6/2011, S. 22-23

Dogramaci, Burcu: »Kültür für Deutschland. Positionen zeitgenössischer deutschtürkischer Kunst«, in: *Kritische Berichte*, Heft 4/2011, S. 5-17

Düsseldorfer Institut für soziale Dialoge/exile Kulturkooperation e. V./Forum der Kulturen Stuttgart e. V. (Hrsg.):

3. *Bundesfachkongress Interkultur. Offen für Vielfalt – Zukunft der Kultur*, Stuttgart: Selbstverlag 2011, 83 S.

Esch, Christian: »Theaterarbeit in der Einwanderungsgesellschaft«, in: *Kultur-Journal*, Heft 2/2011, S. 15–20

Fassmann, Heinz: »Die Messung des Integrationsklimas. Das Integrationsbarometer des Sachverständigenrats deutscher Stiftungen für Integration und Migration«, in: *Leviathan*, Heft 1/2011, S. 99–124

Fuchs, Max: »Viel wurde erreicht«, in: *interkultur* (regelmäßige Beilage zu *politik & kultur*), Heft 12/2011, S. 8–9

Fuchs, Max: »Wer das Andere nicht kennt, weiß nicht, was sein Eigenes ist«, in: *Musikforum*, Heft 2/2011, S. 44–47

Fuchs, Max: »Zum kontinuierlichen Dialog beitragen. Strukturbedingungen für nachhaltige kulturelle Bildung«, in: *interkultur* (regelmäßige Beilage zu *politik & kultur*), Heft 13/2011, S. 1–2

Gerhard, Heinz/Beisch, Natalie: »Fernsehnutzung von Migranten 2011. Ergebnisse der ARD/ZDF-Studie Migranten und Medien 2011«, in: *Media Perspektiven*, Heft 10/2011, S. 479–492

Handwerg, Ute: »Theater und Migration in der internationalen Kulturarbeit. Komplexe Realitäten brauchen kulturelle Bildung«, in: Schneider, Wolfgang (Hrsg.): *Theater und Migration. Herausforderungen für Kulturpolitik und Theaterpraxis*, Bielefeld: transcript 2011, S. 213–218

Hecker, Harald: »›Was bedeutet für Sie kulturelle Vielfalt?‹ Fragen an GEMA-Chef Harald Heker«, in: *Musikforum*, Heft 2/2011, S. 33–35

Höppner, Christian: »Vom Entdecken des Anderen. Interkulturelle Bildung – kulturelle Vielfalt live«, in: *interkultur* (regelmäßige Beilage zu *politik & kultur*), Heft 13/2011, S. 2–3

Holm, Andrej: »›So haben wir das nicht gemeint‹. Kulturelle Aspekte der Gentrifikation«, in: *Kulturrisse*, Heft 2/2011, S. 28–31

Jäger, Anja: *Interkulturelles Lernen mit Jugendliteratur und szenischen Aufgaben im Fremdsprachenunterricht*, Frankfurt am Main: Lang (Europäische Hochschulschriften, 1012) 2011, 381 S.

Kirchhoff, Gudrun: »Integrationspotenziale in kleinen Städten und Gemeinden. Erste bundesweite Studie zur Situation von Migranten im ländlichen Raum«, in: *Demokratische Gemeinde*, Heft 3-4/2011, S. 14–15

Kloppenburg, Gerhard/Mai, Lothar: »Radionutzung von Migranten. Ergebnisse der ARD/ZDF-Studie Migranten und Medien 2011«, in: *Media Perspektiven*, Heft 10/2011, S. 471–478

Kommunale Gemeinschaftsstelle für Verwaltungsmanagement (KGSt), Köln (Hrsg.): *Interkulturelles Personalmanagement*, Köln: KGSt (KGSt-Bericht, 2/2011) 2011, 52 S.

Kravagna, Christian: »Der Migrant als Katalysator. Winold Reiss und die Harlem Renaissance«, in: *Kritische Berichte*, Heft 4/2011, S. 26–36

Kreuels, Karl-Heinz/Laacks, Antje: »Integrationstheater. Pädagogisches Projekt mit schauspielernden Migrantinnen und Migranten an der VHS Kaarst-Korschenbroich«, in: *dis.kurs*, Heft 1/2011, S. 15–16

Kriegel-Schmidt, Katharina: *Interkulturelle Mediation. Eine Konstruktion. Plädoyer für ein Perspektiven-reflexives Modell*, Jena: Universität 2011, 424 S.

Kübler, Hans-Dieter: *Interkulturelle Medienkommunikation. Eine Einführung*, Wiesbaden: VS 2011, 124 S.

Kultusministerkonferenz: »Handreichung des Kulturausschusses der Kultusministerkonferenz. ›Interkulturelle Kulturarbeit‹«, in: *Kulturpolitische Mitteilungen*, Heft 134 (III/2011), S. 60–61

Laacks, Antje: »Integrationstheater. Pädagogisches Projekt mit schauspielernden Migrantinnen und Migranten an der VHS-Kaarst-Korschenbroich«, in: *dis.kurs*, Heft 1/2011, S. 15–16

Langhoff, Shermin u. a.: »Im Feld der Verhandlung. Die Neuköllner Oper und das Ballhaus Naunynstraße machen Theater über und mit Einwanderern der zweiten Generation, die die Opferrolle leid sind. Ein Gespräch«, in: *Theater heute*, Heft 1/2011, S. 12–17

Lehmann, Ulrike: »Wer ist WIR? Diskussion der Dramaturgischen Gesellschaft über Chancen und Anforderungen an das Theater eine interkulturellen Gesellschaft«, in: *Die Deutsche Bühne*, Heft 3/2011, S. 12–13

Löffler, Berthold: *Integration in Deutschland. zwischen Assimilation und Multikulturalismus*, München: R. Oldenbourg 2011, 396 S.

Lösch, Volker: »In der Wohlwollensfalle. Theater mit postmigrantischem Themenhintergrund«, in: *Theater heute*, Heft 1/2011, S. 18–20

Malitz, Michael: *Interkulturelle Kompetenz – Worthülse oder eierlegende Wollmilchsau? Praxis-Tipps für ein erfolgreiches internationales Projektmanagement*, Marburg: Tectum (Reihe Sozialwissenschaften, 45) 2011, 91 S.

Marschke, Britta/Brinkmann, Heinz Ulrich: *Handbuch Migrationsarbeit. Integration von Migranten – ein praxisorientiertes Handbuch*, Wiesbaden: VS 2011, 326 S.

Mattausch-Yildiz, Birgit/Yildiz, Erol: »Kultur der Urbanität. Stadt und Migration«, in: *Kulturrisse*, Heft 2/2011, S. 8–11

Matter, Max (Hrsg.): *Fremdheit und Migration. Kulturwissenschaftliche Perspektiven für Europa*, Marburg: Tectum 2011, 199 S.

Meili, Jürg Martin: *Kunst als Brücke zwischen den Kulturen. Afroamerikanische Musik im Licht der schwarzen Bürgerrechtsbewegung*, Bielefeld: transcript (Kultur und soziale Praxis) 2011, 320 S.

Meyer, Tania: »›Einfach‹ Theater Machen!? ›Interkulturelle Theaterarbeit – die 25. Bundestagung Theaterpädagogik im BuT«, in: *Zeitschrift für Theaterpädagogik*, Heft 58 (2011), S. 72–75

Müller, Thorsten/Beisch, Natalie: »Onlinenutzung von Migranten. Ergebnisse der ARD/ZDF-Studie Migranten und Medien 2011«, in: *Media Perspektiven*, Heft 10/2011, S. 493–503

Osten, Marion von: »Architekturreisen. Modernismus und Migration«, in: *Kritische Berichte*, Heft 4/2011, S. 49–62

Piening, Günter: »Wahlrecht statt Kulturkampf. Warum eine bürgerrechtliche Neujustierung der Integrationsdebatte dringend überfällig ist«, in: *Berliner Republik*, Heft 5/2011, S. 62–64

Pirner, Manfred L. (Hrsg.): *Medien-Macht und Religionen. Herausforderung für eine interkulturelle Bildung. Referate und Ergebnisse des Nürnberger Forums 2010*, Berlin: EB (Pädagogische Beiträge zur Kulturbegegnung, 29) 2011, 362 S.

Reuter, Stephan: »Die Hiesigen und die Anderen. ›Cabinet‹ – ein deutsch-türkischer Bühnenbasar in Freiburg«, in: *Theater heute*, Heft 1/2011, S. 20–25

Ringler, Maria: »Gute Absichten müssen nachhaltig wirken«, in: *interkultur* (regelmäßige Beilage zu *politik & kultur*), Heft 13/2011, S. 4–5

Sachverständigenrat deutscher Stiftungen für Integration und Migration (SVR): *Migrationsland 2011. Jahresgutachten 2011 mit Migrationsbarometer*, Berlin: Selbstverlag, 272 S.

Schader-Stiftung (Hrsg.): *Integrationspotenziale in kleinen Städten und Landkreisen. Ergebnisse des Forschungs-Praxis-Projektes*, Darmstadt: Selbstverlag 2011, 231 S.

Schmidt-Werthern, Konrad: »Mehr Internationalität für Köln! Die Akademie der Künste der Welt, Köln«, in: *Kulturpolitische Mitteilungen*, Heft 134 (III/2011), S. 8–9

Schweitzer, Friedrich: *Interreligiöse und interkulturelle Bildung in der Kita. Eine Repräsentativbefragung von Erzieherinnen in Deutschland – interdisziplinäre, interreligiöse und internationale Perspektiven*, Münster: Waxmann 2011, 248 S.

Schröer, Hubertus: »Interkulturelle Öffnung und Interkulturelle Kompetenz. Herausforderungen für die deutsche Kinder- und Jugendhilfe«, in: *Sozialmagazin*, Heft 7-8/2011, S. 12–15

Seidel, Eberhard: »Islam und Islamismuskritik in Deutschland. Über die (ver)öffentlich(t)e Wahrnehmung von Jugendlichen mit Migrationshintergrund«, in: *Journal der Jugendkulturen*, Heft 16 (2011), S. 27–32

Sencak, Zafer: *Deutschsein. Eine Aufklärungsschrift*, Hamburg: Edition Körber Stiftung 2011, 190 S.

Sharifi, Azadeh: »Akademie postmigrantischer Theaterkunst. Ein Plädoyer für mehr Teilhabe«, in: *politik und kultur (puk)*, Heft 4/2011, S. 23–24

Sharifi, Azadeh: *Theater für Alle? Partizipation von Postmigranten am Beispiel der Bühnen der Stadt Köln*, Frankfurt am Main: Peter Lang (Studien zur Kulturpolitik, 13) 2011, 285 S.

Simon, Erk/Neuwöhner, Ulrich: »Medien und Migranten 2011. Zielsetzung, Konzeption und Basisdaten einer repräsentativen Untersuchung der ARD/ZDF-Medienkommission«, in: *Media Perspektiven*, Heft 10/2011, S. 458–470

Stadt Münster/Stadt Bielefeld/Stadt Hamm (Hrsg.): *Interkulturelle Personalentwicklung. Ein Gemeinschaftsprojekt der Städte Bielefeld, Hamm und Münster*, Münster 2011, 27 S.

Terkessidis, Mark: »Kinetische Kultur. Über die höchst universalisierbaren und überraschend aktuellen Erfahrungen einiger griechischer Schiffsreisender in der Mitte des 20. Jahrhunderts«, in: *Kritische Berichte*, Heft 4/2011, S. 37–48

Terkessidis, Mark: »Was ist Interkultur?«, in: Stemmler, Susanne (Hrsg.): *Multikultur 2.0, willkommen im Einwanderungsland Deutschland*, Göttingen: Wallstein 2011, S. 220–230

Uslucan, Haci-Halil: *Dabei und doch nicht mittendrin. Die Integration türkeistämmiger Zuwanderer*, Berlin: Wagenbach (Politik bei Wagenbach) 2011, 111 S.

Vortkamp, Wolfgang: »Integration – ja, aber wie?«, in: *Neue Gesellschaft/Frankfurter Hefte*, Heft 7-8/2011, S. 86–91

Wilk, Burkhard: *Die politische Idee der Integration*, Berlin: Duncker & Humblot 2011, 211 S.

Wille, Franz: »In der Wohlwollensfalle. Kolja Mensing und Robert Thalheim laden in Hannover in die ›moschee.de‹, Volker Lösch schickt in Hamburg Hänsel und Gretel nach Mümmelmannsberg«, in: *Theater heute*, Heft 1/2011, S. 18–19

Yigit, Tamer: »Intendanten, integriert euch! Wann hört man auf, ein Migrant zu sein? Zwischenruf eines Berliners, der sich plötzlich wieder als Ausländer fühlen soll«, in: *Theater heute*, Heft 1/2011, S. 15–17

Zimmermann, Olaf: »Runder Tisch Interkultur. Ein Rück- und ein Ausblick«, in: *interkultur* (regelmäßige Beilage zu *politik & kultur*), Heft 13/2011, S. 3–4

6.2 Kultur und Nachhaltigkeit

eins. Entwicklungspolitik Information Nord-Süd, Frankfurt am Main: Verein zur Förderung der entwicklungspolitischen Publizistik e. V. (Zweimonatlich)

Frei, Marco: »Erdwärme und Energiekonzepte. Umweltschutz in Theatern und Konzerthäuser – zwei aktuelle Beispiele aus Heidelberg und Hamburg«, in: *Das Orchester*, Heft 1/2011, S. 23–25

Frei, Marco: »Natur als Konzept. Wie grün sind die Festivals im Grünen?«, in: *Das Orchester*, Heft 1/2011, S. 26–27

Gad, Daniel: »Kunst.Kultur.Konflikt.. Resümee einer Konferenz«, in: *Kulturpolitische Mitteilungen*, Heft 133 (II/2011), S. 68–69

Geldern, Wolfgang von: »Buchenwälder als Welterbestätte. Bedeutung des Waldes für unser kulturelles Gedächtnis«, in: *politik und kultur (puk)*, Heft 5/2011, S. 4–5

Kolbe, Corina: »NaturTon. Wie sich Orchestermitglieder für den Klimaschutz einsetzen«, in: *Das Orchester*, Heft 1/2011, S. 17–18

Krumwiede, Agnes: »Fortschritt in Richtung Nachhaltigkeit«, in: Institut für Kulturpolitik der Kulturpolitischen Gesellschaft (Hrsg.): *Jahrbuch für Kulturpolitik 2011. Thema: Digitalisierung und Internet*, Bonn/Essen: Institut für Kulturpolitik der Kulturpolitischen Gesellschaft e. V./Klartext 2011, S. 135–140

Kurt, Hildegard: »Immer mehr zu Künstlern zu werden. Wenn die ›große Transformation‹ der Gesellschaft nicht in einem technischen Maßnahmenkatalog steckenbleiben soll, ist ein Wandel gefragt, dessen Radikalität sich am ehesten mit dem, was wir ›künstlerisch‹ nennen, greifen lässt«, in: *Oya*, Heft 09 (2011), S. 12–16

Kurt, Hildegard/Sacks, Shelley: »Soziale Plastik heute. Ein Gespräch«, in: *Oya*, Heft 09 (2011), S. 52–54

Scherz-Schade, Sven: »Grüne Orchester? Ökologische Verantwortung im Orchesterbereich«, in: *Das Orchester*, Heft 1/2011, S. 10–13

Scherz-Schade, Sven: »Luxus? Umweltschutz kostet. Wie viel ist leistbar?«, in: *Das Orchester*, Heft 1/2011, S. 14–16

Scherz-Schade, Sven: »Green Orchestras. Die Situation in den USA und Großbritannien«, in: *Das Orchester*, Heft 1/2011, S. 19–20

Sloane, Steven/Piekenbrock, Marietta: »Sustainable Instant – Die Dauer des Augenblicks. Für eine nachhaltige Kulturpraxis«, in: *politik und kultur (puk)*, Heft 1/2011, S. 4

Suttner, Andreas: »Beton brennt.« *Hausbesetzer und Selbstverwaltung in Berlin, Wien und Zürich der 80er*, Wien: LIT (Kulturwissenschaft, 31) 2011, 373 S.

Voesgen, Hermann: »Kulturarbeit und Klimawandel«, in: Bekmeier-Feuerhahn, Sigrid u. a. (Hrsg.): *Kulturmanage-*

ment und Kulturpolitik, Bielefeld: transcript (Jahrbuch für Kulturmanagement 2011) 2011, S. 181–198

6.3 Events, Festivals, Freizeitkultur, Tourismus

»Tourismusförderung als kommunale Zukunftsaufgabe« (Heftschwerpunkt), in: *Der Landkreis*, Heft 7/2011, S. 282–302

Betz, Gregor/Hitzler, Ronald/Pfadenhauer, Michaela (Hrsg.): *Urbane Events*, Wiesbaden: VS 2011, 286 S.

Böhme, Wolfram/Dreyer, Michael/Höhne, Thomas/Schulz, Andreas/Verbay, Marcel/Wichtmann, Christoph: »Auf der Suche nach den Publikum von morgen. Das ›Musikforum‹ hat verschiedene Festivals um ein kurzes Statement zu ihren Publikums-Strategien gebeten«, in: *Musikforum*, Heft 4/2011, S. 26–29

Doren, Kornelia/Kagelmann, H. Juergen/Orsolini, Noelene: »Weinmarketing und Kulturtourismus«, in: Fleuchaus, Ruth: *Weinmarketing. Kundenwünsche erforschen, Zielgruppen identifizieren, innovative Produkte entwickeln*, Wiesbaden: Gabler 2011, S. 351–359

Drda-Kühn, Karin/Marschall, Alexander: »Mut zum Experiment. Soziale Netzwerke als Chance für den Kulturtourismus im ländlichen Raum«, in: Janner, Karin (Hrsg.): *Social Media im Kulturmanagement. Grundlagen, Fallbeispiele, Geschäftsmodelle, Studien*, Heidelberg: mitp 2011, S. 303–312

Eichbaum, Christa: »Tourismus«, in: Lewinski-Reuter, Verena/Lüddemann, Stefan (Hrsg.): *Glossar Kulturmanagement*, Wiesbaden: VS 2011, S. 357–361

Föhl, Patrick S./Pröbstle, Yvonne: »Kultur und Tourismus: ein kooperatives Handlungsfeld. Ziele, Potenziale, Formen und Erfolgsfaktoren«, in: Loock, Friedrich/Scheytt, Oliver (Hrsg.): *Kulturmanagement & Kulturpolitik*, Stuttgart: Raabe (Loseblattsammlung 2006 ff.) 2011, 26 S., H 2.18

Gebert, Sigbert: »Das Fest der modernen Gesellschaft. Event als individuelle Glückssuche in Gemeinschaft«, in: *Merkur*, Heft 743 (2011), S. 311–318

Hausmann, Andrea: »Erfolgsfaktor Mitarbeiter im Kulturtourismus. Personalpolitische Handlungsoptionen für Kulturbetriebe«, in: Kagermeier, Andreas/Steinecke, Albrecht Steinecke (Hrsg.): *Kultur als touristischer Standortfaktor. Potenziale, Nutzung, Management*, Paderborn: Univ. Paderborn 2011, S. 45–46

Hausmann, Andrea/Marzik, Laura (Hrsg.): *Neue Impulse im Kulturtourismus*, Wiesbaden: VS (Kulturtourismus aktuell) 2011, 328 S.

Koch, Juan Marin: »Ein Programm nach Maß. Erste Chormesse ›chor.com‹ in Dortmund«, in: *oper&tanz*, Heft 6/2011, S. 9–10

Landtag des Saarlands: »Kulturtourismus in der Großregion. Antwort zu der Interregionalen Anfrage des Abgeordneten Ries, SPD«, Saarbücken: Drucksache 398 (155) (16.2.2011)

Leo, Natascha: *KinderReiseführer Ruhrgebiet*, Essen: Klartext 2011, 100 S.

Lüddemann, Stefan: *BLOCKBUSTER. Besichtigung eines Ausstellungsformats*, Ostfildern: Hatje Cantz 2011, 150 S.

Mandel, Birgit: »Event«, in: Lewinski-Reuter, Verena/Lüddemann, Stefan (Hrsg.): *Glossar Kulturmanagement*, Wiesbaden: VS 2011, S. 49–55

Pröbstle, Yvonne: »Kultur und Tourismus – Entwicklung, Strukturen und Merkmale einer strategischen Partnerschaft«, in: Klein, Armin (Hrsg.): *Kompendium Kulturmanagement. Handbuch für Studium und Praxis*, München: Vahlen 2011, S. 657–677, 3. überarbeitete Auflage

Scheytt, Oliver: »RUHR.2010. Eine neue Marke im Kulturtourismus«, in: Hausmann, Andrea (Hrsg.): *Neue Impulse im Kulturtourismus*, Wiesbaden: VS 2011, S. 255–269

Siller, Lukas/Matzler, Kurt: »Wie Netzwerke die nachhaltige Entwicklung einer Region und dadurch die Wettbewerbsfähigkeit als Tourismusdestination fördern. Fünf Hypothesen am Beispiel des Kulturtourismus in einer alpinen Region«, in: Pechlaner, Harald (Hrsg.): *Kooperative Kernkompetenzen, Management von Netzwerken in Regionen und Destinationen*, Wiesbaden: Gabler 2011, S. 205–234

Siller, Lukas/Peters, Mike/Strobl, Andreas: »Netzwerke im Kulturtourismus. Eine explorative Analyse in Südtirol«, in: *Zeitschrift für Tourismuswissenschaft*, Heft 1/2011, S. 43–68

Stamol, Petra: *Moderner Kulturtourismus in Europa. Entwicklung eines erfolgreichen Städte-Kulturtourismus*, Hamburg: Krämer (Praxis und Forschung im Dialog, 1) 2011, 69 S.

TourismusRegion Anhalt-Dessau-Wittenberg e. V. (Hrsg.): *Anhalt pauschal. Städte- und Kulturtourismus*, Lutherstadt Wittenberg (Anhalt 800) 2011, 46 S.

Wollesen, Anja: »Slow Tourism. Eine Chance für den Kulturtourismus?«, in: Antz, Christian (Hrsg.): *Slow Tourism. Reisen zwischen Langsamkeit und Sinnlichkeit*, München: Meidenbauer 2011, S. 137–162

6.4 Kultur und Kunst als Beruf

Arends, Harald/Hobohm, Hans-Christoph: »Im Beruf zum akademischen Abschluss. Erfahrungen des ersten Kurses der Fernweiterbildung Bibliotheksmanagement an der Fachhochschule Potsdam«, in: *Buch und Bibliothek*, Heft 10/2011, S. 730–734

Bischoff, Johann/Brandi, Bettina (Hrsg.): *Medientheorie, Filmtheorie sowie Betrachtungen zu Ästhetik, Inszenierungsformen und Inhalten ausgewählter Produktionen. Medienpädagogische Ausbildung an der Hochschule Merseburg im Schwerpunktbereich Medienwissenschaft und angewandte Ästhetik*, Aachen: Shaker (Merseburger medienpädagogische Schriften, 7) 2011, 411 S.

Blumenreich, Ulrike (Hrsg.): *Arbeitsmarkt Kultur. Ergebnisse des Forschungsprojektes »Studium – Arbeitsmarkt – Kultur«*, Bonn: Institut für Kulturpolitik (IfK) (Materialien, 13) 2011, 129 S.

Blumenreich, Ulrike: »Das Studium der Kulturvermittlung an Hochschulen in Deutschland«, in: *Kulturpolitische Mitteilungen*, Heft 135 (IV/2011), S. 36–40

Blumenreich, Ulrike: »Das Studium der Kulturvermittlung an Hochschulen in Deutschland«, in: Loock, Friedrich/Scheytt, Oliver (Hrsg.): *Kulturmanagement & Kulturpolitik*, Stuttgart: Raabe (Loseblattsammlung 2006 ff.) 2011, 16 S., A 1.5

Blumenreich, Ulrike: »›Studium – Arbeitsmarkt – Kultur‹. Einführung«, in: *Kulturpolitische Mitteilungen*, Heft 135 (IV/2011), S. 34–35

Blumenreich, Ulrike/Strittmatter, Thomas/Iber-Rebentisch, Cornelia: »Arbeitsmarkt Kultur(vermittlung). Ergebnisse einer ExpertInnenbefragung«, in: *Kulturpolitische Mitteilungen*, Heft 135 (IV/2011), S. 52-55

Bührmann, Andrea/Wild, Nina/Heyse, Marko/Dierschke, Thomas: *Viel Ehre, aber kaum Verdienst ... Erhebung zur Arbeits- und Lebenssituation von Schauspielerinnen und Schauspielern in Deutschland*, Münster: Westfälische Wilhelms-universität, Institut für Soziologie, Forschungsgruppe BEMA o. J., 36 S.

Bundesverband Bildender Künstlerinnen und Künstler (BBK) (Hrsg.): *Die wirtschaftliche und soziale Situation Bildender Künstlerinnen und Künstler. Zusatzaspekt: Migration und Integration. Ergebnisse der BBK-Umfrage 2011*, Berlin: BBK 2011, 75 S.

Bundesverband Bildender Künstlerinnen und Künstler (BBK) (Hrsg.): »Wie leben Sie? Was macht die Kunst?« Dokumentation des BBK-Symposions zur Umfrage über die wirtschaftliche und soziale Situation bildender Künstlerinnen und Künstler in Deutschland am 12. November 2011 in der Akademie der Künste, Berlin, Berlin: BBK 2011, 63 S.

Euteneuer, Matthias: *Unternehmerisches Handeln und romantischer Geist. Selbständige Erwerbsarbeit in der Kulturwirtschaft*, Wiesbaden: VS (Schriften zur Wissenssoziologie) 2011, 256 S.

Fachinger, Uwe: »›Der arme Poet‹ aus Sicht der ökonomischen Wissenschaften«, in: *Kulturnotizen*, Heft 14 (2011), S. 27-28

Frei, Marco: »›Man hat es anders schwer‹. Freie Orchestermusiker sprechen über ihren Berufsalltag«, in: *Das Orchester*, Heft 2/2011, S. 13-14

Frei, Marco: »Der Blick gen Westen. Freiberuflichkeit in Großbritannien und den USA«, in: *Das Orchester*, Heft 2/2011, S. 21-22

Frei, Marco: »Im Haifischbecken? Freie Sänger sprechen über den Choralltag«, in: *Das Orchester*, Heft 2/2011, S. 23-24

Harz, Ulrich J. C.: »Kerns Kraft. Von der hohen Kunst des Kompromisses«, in: *Junge_Kunst*, Heft 87 (2/2011), S. 48-49

Herdlein, Hans: »Im Schlagschatten der Arbeitsmarktreformen. Über neue Arbeitsmodelle«, in: *Die Deutsche Bühne*, Heft 8-9/2011, S. 4-5

Höhne, Steffen: »›Die Untersuchung sollte fortgesetzt werden‹. Ein Kommentar aus der Perspektive der akademischen Kulturmanagement-Ausbildung«, in: *Kulturpolitische Mitteilungen*, Heft 135 (IV/2011), S. 47-49

Jöhnk, Lena: *Sekundäranalyse vorhandener Untersuchungen zum Kulturarbeitsmarkt sowie zum Übergang zwischen Studium und Arbeitsmarkt. Ergebnisse des Forschungsprojektes ›Studium – Arbeitsmarkt – Kultur‹*, in: Blumenreich, Ulrike (Hrsg.): *Arbeitsmarkt Kultur. Ergebnisse des Forschungsprojektes »Studium – Arbeitsmarkt – Kultur«*, Bonn: Institut für Kulturpolitik (IfK) (Materialien, 13) 2011, S. 87-105

Koch, Alexander/Lust, Ulli/Turowski, Jan: »Politische Konkretheit oder Rückzug ins Ästhetische? - Wo die Kunst heute steht. Kultur-Gespräch mit Klaus-Jürgen Scherer«, in: *Neue Gesellschaft/Frankfurter Hefte*, Heft 1-2/2011, S. 42-49

Koch, Ute Christina: »Die Befragung zur Situation der Volontärinnen und Volontäre in Museen in der Denkmalpflege«, in: *bulletin*, Heft 2/2011, S. 14-15

Lamker, Christian/Terfrüchte, Thomas: »Vier Jahre gelebtes Bologna. Eindrücke und Einsichten aus dem Master Raumplanung«, in: *PLANERIN*, Heft 4/2011, S. 44-45

Laugwitz, Burkhard: »Musiker als Lehrberuf. Die Zunft der Stadtpfeifer«, in: *Das Orchester*, Heft 11/2011, S. 36-39

Lichtenberg, Lars: »REGIALOG – Museen und Touristiker bilden Hand in Hand aus«, in: *Mitteilungsblatt der Bibliotheken in Niedersachsen*, Heft 72 (2011), S. 61-63

Mainzer, Udo: »Oswald Mathias Ungers – Denkmal-Architekt im Rheinland«, in: *Denkmalpflege im Rheinland*, Heft 2/2011, S. 49-60

Mandel, Birgit: »Wildwuchs und Überangebot versus Professionalisierung und Profilierung. Ein Kommentar aus Sicht des Hildesheimer Studiengangs«, in: *Kulturpolitische Mitteilungen*, Heft 135 (IV/2011), S. 44-46

Nyffeler, Max: »Die Selbstdenker und ihre Angestellten. Die Stellung des Komponisten im Veranstalterbetrieb«, in: *nmz. Neue Musikzeitung*, Heft 11/2011, S. 1-2

Oeljeschläger, Bernd: »Plädoyer für mehr Marktorientierung der Studienangebote. Kommentar aus der Sicht eines Arbeitsmarktsakteurs«, in: *Kulturpolitische Mitteilungen*, Heft 135 (IV/2011), S. 59-61

Offer, Rusalka/Tappenbeck, Inga: »Blended Learning im BA-Studium Bibliothekswesen der Fachhochschule Köln. Ein Praxisbericht«, in: *Bibliothek Forschung und Praxis*, Heft 1/2011, S. 53-61

Oßwald, Achim/Röltgen, Susanne: »Zufriedenheits- und Verbleibstudie zu den Kölner MALIS-Jahrgängen 2002-2008: Ergebnisse der Befragung«, in: *Bibliotheksdienst*, Heft 12/2011, S. 1062-1072

Pilger, Andreas: »Interview mit dem Leiter des historischen Archivs des Erzbistums Köln Ulrich Helbach zum Berufsbild des Archivars«, in: *Archivar*, Heft 1/2011, S. 38-47

Pilger, Andreas: »Interview mit dem Leiter des Stadtarchivs Halle an der Saale Ralf Jacob zum Berufsbild des Archivars«, in: *Archivar*, Heft 1/2011, S. 48-56

Plass, Christoph: »Familienfreundlich? Wie vereinbar sind Musikerberuf und Familie?«, in: *Das Orchester*, Heft 6/2011, S. 10-13

Plass, Christoph: »Kinderfrau gesucht. Wenn beide Elternteile im Orchester arbeiten«, in: *Das Orchester*, Heft 6/2011, S. 14-16

Plass, Christoph: »Immer da sein müssen. Alleinerziehend im Orchester«, in: *Das Orchester*, Heft 6/2011, S. 17-18

Saur, Klaus Gerhard: *Traumberuf Verleger*, Hamburg: Hoffmann und Campe 2011, 300 S.

Schubert, Dirk: »Ein Schritt vorwärts oder zwei Schritte zurück. Stadtplanungsstudium an der HCU«, in: *PLANERIN*, Heft 4/2011, S. 46-47

Schütz, Dirk: »Bausteine für die Zukunft – Warum Studienangebote ohne Anschluss an die Berufspraxis kaum Zukunft haben werden. Kommentar aus der Sicht eines Arbeitsmarktsakteurs«, in: *Kulturpolitische Mitteilungen*, Heft 135 (IV/2011), S. 56-58

Seipel, Spunk: »Zwischen Armut und Fürstenglanz. Das Bild des Künstlers in der Gesellschaft«, in: *Junge_Kunst*, Heft 89 (4/2011), S. 36-37

Sinsch, Sandra: »Erst das Geld, dann der Rest. Welche Verbesserungen in der freien Szene vor allem notwendig wären«, in: *Das Orchester*, Heft 2/2011, S. 19-20

Sinsch, Sandra: »Freie Musiker. Vom festen Freien bis zur Patchworkexistenz«, in: *Das Orchester*, Heft 2/2011, S. 10-12

Sinsch, Sandra: »Ungleicher Wettbewerb. Die einen spielen aus Liebhaberei, die anderen ums Überleben«, in: *Das Orchester*, Heft 2/2011, S. 15-16

Sinsch, Sandra: »Raus aus dem Chaos. Der freien Szene fehlt es an Dokumentation«, in: *Das Orchester*, Heft 2/2011, S. 17-18

Spinnen, Burkhard: »Handwerk als Metapher. 25 Jahre Bundesakademie für kulturelle Bildung Wolfenbüttel«, in: *Kulturpolitische Mitteilungen*, Heft 134 (III/ 2011), S. 52-53

Struck, Ernst: »Interkulturalität und Wissenstransfer. Die Bedeutung interkultureller Studiengänge am Beispiel der Kulturwirtschaft« (International Cultural and Business Studies der Universität Passau), in: Ozil, Seyda: *Türkisch-deutscher Kulturkontakt und Kulturtransfer. Kontroversen und Lernprozesse*, Göttingen: V&R Unipress 2011, S. 321-240

Voesgen, Hermann: »Wir müssen unsere Praxis ändern. Ein Kommentar aus Sicht des Potsdamer Studiengangs ›Kulturarbeit‹«, in: *Kulturpolitische Mitteilungen*, Heft 135 (IV/2011), S. 41-43

Wanka, Irina: »›Der arme Poet‹ aus betroffener Künstlerinnensicht «, in: *Kulturnotizen*, Heft 14 (2011), S. 20-26

Zimmer, Bettina: »Großes Solo im Klassenzimmer. ›Rhapsody in school‹ – Künstler berichten aus ihrem Beruf und Leben«, in: *Musikforum*, Heft 3/2011, S. 50-53

6.5 Bürgerschaftliches Engagement, Freiwilligenarbeit, Ehrenamt

»Bürger beteiligen – aber wie? Workshop des Innovators Club erörtert das Thema ›Bürgerbeteiligung 2.0‹«, in: *Stadt und Gemeinde interaktiv*, Heft 12/2011, S. 571-573

Bürgerstiftungen. MitStiften! Mit Geld, Zeit, Ideen, Berlin: Aktive Bürgerschaft (Bankinformation) 2011, 23 S.

»Woche des Bürgerschaftlichen Engagements 2011« (Themenheft), in: *engagement macht stark*, Heft 1/2011, 114 S.

Backhaus-Maul, Holger/Nährlich, Stefan/Speth, Rudolf: »Der diskrete Charme des neuen Bundesfreiwilligendienstes«, in: *Aus Politik und Zeitgeschichte*, Heft 48 (2011), S. 46-53

Bayerischer Landtag: »Ehrenamtliches Engagement in Bayern. Antwort auf die Schriftliche Anfrage des Abgeordneten Dr. Hans Jürgen Fahn FREIE WÄHLER«, München: Drucksache 16/7002 (3.3.2011)

Berghofer, Franziska: *Wohlfühlfaktor Ehrenamt? Analyse und Handlungsempfehlungen für verschiedene Faktoren der Zufriedenheit ehrenamtlich Arbeitender*, Frankfurt am Main: Fachhochschule (Wirtschafts- und rechtswissenschaftliche Beiträge, 7) 2011, 62 S.

Böhnke, Petra: »Ungleiche Verteilung politischer Partizipation«, in: *Aus Politik und Zeitgeschichte*, Heft 1-2/2011, S. 18-25

Bund Deutscher Amateurtheater e. V.: »Fünf Fragen zum Ehrenamt und zur Breitenkultur. Parteiumfrage 2011«, in: *Spiel&Bühne*, Heft 4/2011, S. 13-17

Bundesministerium für Verkehr, Bau und Stadtentwicklung (Hrsg.): *Bürger machen Stadt – Bürgerschaftliches Engagement im Städtebaulichen Denkmalschutz*, Berlin: Selbstverlag (Informationsdienste städtebaulicher Denkmalschutz, 36) 2011, 135 S.

Deutscher Bundestag: »Freiwilliges Soziales Jahr Kultur. Antwort der Bundesregierung auf die Kleine Anfrage der Fraktion BÜNDNIS 90/DIE GRÜNEN«, Berlin: Drucksache 17/6184 (14.6.2011)

»Ehrenamt« (Themenschwerpunkt), in: *Städte- und Gemeinderat*, Heft 4/2011, S. 6-28

Ehrhardt, Jens: *Ehrenamt. Formen, Dauer und kulturelle Grundlagen des Engagements*, Frankfurt am Main: Campus (Campus Forschung, 950) 2011, 270 S.

Ermert, Karl: »Ehrenamt als Chance. Anmerkungen zu Philosophie und Politik freiwillig gemeinnützigen Engagements in der Kultur«, in: *Spiel&Bühne*, Heft 4/2011, S. 6-9

Fischer, Jörn: »Freiwilligendienste und ihre Wirkung – vom Nutzen des Engagements«, in: *Aus Politik und Zeitgeschichte*, Heft 48 (2011), S. 54-62

Geys, Benny: »Bürgerengagement und Finanzautonomie. Was kommunales Regieren effizient macht«, in: *WZB-Mitteilungen*, Heft 131 (2011), S. 24-26

Gmür, Markus: »Bezahlte Freiwilligenarbeit – ein Widerspruch?«, in: *VM – Fachzeitschrift für Verbands- und Nonprofit-Management*, Heft 2/2011, S. 30-37

Görges, Luise/Kadritzke, Ulf: »Corporate Social Repsonsibility – vom Reputationsmanagement zum politischen Projekt«, in: *Prokla*, Heft 164 (2011), S. 459-485

Gorges, Christian: »Ehrenamt ist Ehrensache«, in: *Die NRW-Stiftung*, Heft 1/2011, S. 8-13

Harzendorf, Melanie/Zielcke, Adrian: *Zehn Jahre – Zehn Geschichten. 10 Jahre Bürgerstiftung Stuttgart*, Stuttgart: Bürgerstiftung 2011, 27 S.

Helterhoff, Nadine: »23 Millionen Mal in Deutschland. Die Initiative ›für mich. für uns. für alle.‹ gibt dem Ehrenamt ein Gesicht«, in: *Der Landkreis*, Heft 1/2011, S. 30-31

Jörke, Dirk: »Bürgerbeteiligung in der Postdemokratie«, in: *Aus Politik und Zeitgeschichte*, Heft 1-2/2011, S. 13-18

Johannsen, Lukas: »Kulturöffner für die Gesellschaft«, in: *stadtkultur magazin*, Heft 18 (2011), S. 20-21

Klatt, Johanna/Walter, Franz (Hrsg.): *Entbehrliche Bürgergesellschaft? Sozial Benachteiligte und Engagement*, Bielefeld: transcript (Gesellschaft der Unterschiede) 2011, 250 S.

Kommunalwissenschaftliche Gesellschaft (Hrsg.): *Freiwilligenarbeit. Symposium 2011*, Wien: Manz 2011, 87 S.

Krüger, Kai: »Wir machen Euch den Hof«, in: *stadtkultur magazin*, Heft 18 (2011), S. 12-13

Mehlbeer, Thomas: »Kulturelle Engagementförderung in Hamburg«, in: *stadtkultur magazin*, Heft 18 (2011), S. 14-15

Pallas, Anne: »Voraussetzungen für ein gelingendes Ehrenamt. Beobachtungen aus dem soziokulturellen Spektrum«, in: *BIS – Das Magazin der Bibliotheken in Sachsen*, Heft 3/2011, S. 152-153

Pinl, Claudia: »Ehrenamt: Freiwillig zu Diensten? 2011 ist das ›Europäische Jahr der Freiwilligkeit‹, und die Politik in der Bundesrepublik wird nicht müde, das soziale, ehrenamtliche Engagement der Bevölkerung zu beschwören«, in: *Blätter für deutsche und internationale Politik*, Heft 5/2011, S. 33-36

Priller, Eckhard/Alscher, Mareike/Dathe, Dietmar/Speth, Rudolf (Hrsg.): *Zivilengagement. Herausforderungen für*

Gesellschaft, Politik und Wissenschaft, Berlin/Münster: LIT (Philantropie, 2) 2011, 331 S.

Radermacher, Norbert: »Vom Bürgertheater zum bürgerschaftlichen Engagement. Von der gesellschaftlichen Verantwortung und künstlerischen Kraft des Amateurtheaters in Deutschland«, in: Spiel&Bühne, Heft 4/2011, S. 10–11

Rauschenbach, Thomas/Zimmer, Annette (Hrsg.): Bürgerschaftliches Engagement unter Druck? Analysen und Befunde aus den Bereichen Soziales, Kultur und Sport, Opladen: Budrich 2011, 389 S.

Ripp, Winfried: »Für mehr Lebensqualität in einer Stadt. Ehrenamtsförderung der Bürgerstiftung Dresden«, in: BIS – Das Magazin der Bibliotheken in Sachsen, Heft 3/2011, S. 150–151

Roth, Roland: Bürgermacht. Eine Streitschrift für mehr Partizipation, Hamburg: Selbstverlag (Edition Körber-Stiftung) 2011, 328 S.

Rumpf, Marguerite: »Die politische Bedeutung des Ehrenamtes in der Kultur«, in: Hessische Vereinigung für Volkskunde (Hrsg.): Kultur & Politik. Aspekte kulturwissenschaftlicher und kulturpolitischer Spannungsfelder (hrsg. durch Markus Morr), Marburg: Jonas (Hessische Blätter für Volks- und Kulturforschung, 47) 2011, S. 152–156

Schnell, Stephan: »2011 Ende gut, alles gut? Das ›Europäische Jahr der Freiwilligentätigkeit‹ und seine Wirkung«, in: Spiel&Bühne, Heft 4/2011, S. 4–5

Schnell, Stephan: »Bundesfreiwilligendienst und Ehrenamt? Das Modell des BDAT«, in: Spiel&Bühne, Heft 4/2011, S. 18–19

Stadtkultur Hamburg e. V. (Hrsg.): »Freiwilligenkultur« (Heftschwerpunkt), in: stadtkultur magazin, Heft 18 (2011), 23 S.

Teichert, Kristin: »Zwischen Konversion und Inklusion neuer Dienstformen. Die Einführung des Bundesfreiwilligendienstes«, in: Kulturpolitische Mitteilungen, Heft 135 (IV/2011), S. 78–79

Ulshöfer, Boris: Das Ehrenamt als Kompromiss. Engagement in der verbandlichen Jugendarbeit zwischen Bewegung und Institution, München: AVM 2011, 91 S.

Weinert, Katharina: »›kulturweit‹ von Bratislava bis Belgrad. Freiwillige auf Fahrradtour durch Osteuropa«, in: Kulturpolitische Mitteilungen, Heft 134 (III/2011), S. 18–19

Winkler, Joachim: Über das Ehrenamt, Bremen: Europ. Hochschulverlag (Wismarer Schriften zu Management und Recht, 55) 2011, 133 S.

Wolter, Ursula: Ehrenamt. das Qualitätshandbuch. Freiwilligenmanagement am Beispiel von Diakonie und Kirche, Düsseldorf: Diakonie in Düsseldorf 2011, 216 S., 3., überarb. und erw. Aufl.

6.6 Frauen in Kunst und Kultur

FKW // Zeitschrift für Geschlechterforschung und visuelle Kultur, Marburg: Jonas (halbjährlich)

Abgeordnetenhaus Berlin: »Stand der Gleichstellung von Frauen im institutionellen Kulturbetrieb in Berlin. Antwort auf die Kleine Anfrage der Abgeordneten Alice Ströver (BÜNDNIS 90/DIE GRÜNEN)«, Berlin: Drucksache 16/15427 (9.5.2011)

Bayerischer Landtag: »Gleichstellung von Frauen im staatlich finanzierten Kulturbetrieb. Antwort auf die Schriftliche Anfrage des Abgeordneten Dr. Sepp Dürr (BÜNDNIS 90/DIE GRÜNEN)«, München: Drucksache 16/8984 (14.7.2011)

Deitmer, Sabine: »Mitten ins Gesicht. 1978-1998: 20 Jahre ›Frauen schreiben‹«, in: Heimat Dortmund, Heft 2/2011, S. 35–40

Gaugele, Elke: »Fashion & Textile Studies. Kulturwissenschaftliche und künstlerische Studien zu Moden und Textilien«, in: FKW // Zeitschrift für Geschlechterforschung und Visuelle Kultur, Heft 52 (2011), S. 17–23

Güll, Birgit: »Kurze Zeit schien alles möglich. Die Kunstsammlung Nordrhein-Westfalen präsentiert acht Pionierinnen der modernen Kunst. Obwohl ihre Werke der 20er und 30er Jahre wegweisend waren, gerieten sie in Vergessenheit. Ganz und gar zu Unrecht«, in: Vorwärts, Heft 11/2011, S. 32–33

Jong, Willemijn de: »Kleidung als Kunst. Porträt einer Ikatdesignerin in Ostindonesien«, in: FKW // Zeitschrift für Geschlechterforschung und Visuelle Kultur, Heft 52 (2011), S. 55–71

Niemeyer, Amelie u. a.: »Mehr Frauen ins Theater. Schwerpunktthema«, in: Theater heute, Heft 3/2011, S. 6–21

Reitsamer, Rosa: »Frauennetzwerke in elektronischen Musikszenen. Virtuelle Aktivismen und reale Widersprüche am Beispiel von Female Pressure«, in: Kulturrisse, Heft 2/2011, S. 38–41

Stadel, Stefanie: »Vom Verschwinden der weiblichen Moderne«, in: K.WEST, Heft 10/2011, S. 5–9

7 Netzwelt

Media Perspektiven, hrsg. im Auftrag der Arbeitsgemeinschaft Rundfunkwerbung, Frankfurt am Main (monatlich)

Adamek, Sascha: Die facebook-Falle. Wie das soziale Netzwerk unser Leben verkauft, München: Heyne 2011, 351 S.

Bashi, Pantea: Digitale Ungleichheit? One laptop per child: Anspruch und Wirklichkeit, München: AVM 2011, 73 S.

Bialobrzeski, Arndt/Ried, Jens: »Privatheit in der Online-Welt. Facebook als politische Herausforderung«, in: die politische Meinung, Heft 4/2011, S. 74–78

Bolten, Jürgen: »Das Internet als Basis transnationalen und interkulturellen Lernens. Der ›Intercultural Campus‹ als Beispiel«, in: Das Wort, 2011, S. 13–28

Breitbach, Eva: »Crowdfunding – Schwarmfinanzierung. Projektfinanzierung übers Internet«, in: Das Orchester, Heft 6/2011, S. 38–39

Busemann, Katrin/Gscheidle, Christoph: »Web 2.0: Aktive Mitwirkung verbleibt auf niedrigem Niveau. Ergebnisse der ARD/ZDF-Onlinestudie 2011«, in: Media Perspektiven, Heft 7-8/2011, S. 360–369

Deeg, Christoph: »Kulturpolitik und die digitale-kulturelle-Infrastruktur«, in: Drews, Albert (Hrsg.): Die Zukunft der kulturellen Infrastruktur. 56. Loccumer Kulturpolitisches Kolloquium, Rehburg-Loccum: Evangelische Akademie Loccum (Loccumer Protokolle, 8/11) 2011, S. 97–104

Deutscher Bundestag: »Angemessene Entschädigung für Einrichtungen infolge der Umstellung der Frequenzen. Antwort der Bundesregierung auf die Kleine Anfrage der Fraktion DIE LINKE«, Berlin: Drucksache 17/6660 (25.7.2011)

Deutscher Bundestag: »Digitalisierungsoffensive für unser kulturelles Erbe beginnen. Antrag der Abgeordneten Ansgar Heveling, Wolfgang Börnsen (Bönstrup), Peter Altmaier, Dorothee Bär u. a. sowie der Fraktion der FDP«, Berlin: Drucksache 17/6315 (29. 6. 2011)

Deutscher Bundestag: »Erhalt und Digitalisierung des Filmerbes. Antwort der Bundesregierung auf die Kleine Anfrage der Fraktion BÜNDNIS 90/DIE GRÜNEN«, Berlin: Drucksache 17/6723 (3.8.2011)

Deutscher Bundestag: »Sicherung, Bewahrung und Nutzbarmachung des nationalen Filmerbes. Antwort der Bundesregierung auf die Kleine Anfrage der Fraktion der SPD«, Berlin: Drucksache 17/6834 (23.8.2011)

Deutscher Bundestag: »Zweiter Zwischenbericht der Enquete-Kommission ›Internet und digitale Gesellschaft‹. Medienkompetenz«, Berlin: Drucksache 17/7286 (21.10.2011), 57 S.

Deutscher Bundestag: »Zwischenbericht der Enquete-Kommission ›Internet und digitale Gesellschaft‹«, Berlin: Drucksache 17/5625 (19.4.2011), 57 S.

Durantaye, Katharina de la: »Wofür wir Google dankbar sein müssen«, in: *ZUM Zeitschrift für Urheber- und Medienrecht*, Heft 7/2011, S. 538–542

Ehrmann, Siegmund: »Vom Digitalisierungsworkshop zum Antrag der SPD-Bundestagsfraktion ›Kulturelles Erbe 2.0‹ im Deutschen Bundestag«, in: *Kulturnotizen*, Heft 14 (2011), S. 36–37

Eimeren, Birgit van/Frees, Beate: »Drei von vier Deutschen im Netz – ein Ende des digitalen Grabens in Sicht? Ergebnisse der ARD/ZDF-Onlinestudie 2011«, in: *Media Perspektiven*, Heft 7-8/2011, S. 334–349

Frees, Beate/Fisch, Martin: »Veränderte Mediennutzung durch Communitys? Ergebnisse der ZDF-Studie 2010 mit Schwerpunkt Facebook«, in: *Media Perspektiven*, Heft 3/2011, S. 154–166

Gersdorf, Hubertus: *Netzneutralität: Regulierungsbedarf?*, Düsseldorf: DICE (DICE ordnungspolitische Perspektiven, 15) 2011, 12 S.

Görig, Carsten: *Gemeinsam einsam. Wie Facebook, Google & Co. unser Leben verändern*, Zürich: Orell Füssli 2011, 191 S.

Görig, Carsten/Nord, Kathrin: *Julian Assange. Der Mann, der die Welt verändert*, Berlin u. a.: Scorpio 2011, 175 S.

Graber, Hedy/Landwehr, Dominik/Sellier, Veronika (Hrsg.): *Kultur digital – Begriffe, Hintergründe, Beispiele*, Basel: Merian 2011, 384 S.

Grütters, Monika: »Alles schon geklaut? Urheberrechte und geistiges Eigentum in der digitalen Gesellschaft«, in: *Kulturpolitische Mitteilungen*, Heft 134 (III/2011), S. 50–51

Haderlein, Andreas/Seitz, Janine: *Die Netzgesellschaft. Schlüsseltrends des digitalen Wandels*, Kelkheim: Zukunftsinstitut GmbH 2011, 210 S.

Hausmann, Jörg: »Dauerbrenner Urheberrechtsreform und grüne Piraten« (Kulturpolitischer Streifzug), in: *Kulturpolitische Mitteilungen*, Heft 135 (IV/2011), S. 27–29

Heckmann, Jörn: *Die retrospektive Digitalisierung von Printpublikationen*, Frankfurt am Main u. a.: Lang (Schriften zum Wirtschafts- und Medienrecht, Steuerrecht und Zivilprozeßrecht, 49) 2011, 426 S.

Heinze, Dirk: »Kulturpolitik & Internet. Rückblick auf den 6. Bundeskongress der Kulturpolitischen Gesellschaft«, in: Bekmeier-Feuerhahn, Sigrid u. a. (Hrsg.): *Kulturmanagement und Kulturpolitik*, Bielefeld: transcript (Jahrbuch für Kulturmanagement 2011) 2011, S. 361–363

Herrmann, Moritz: *Die Aktualität Theodor W. Adornos vor dem Hintergrund des Web 2.0. Führt der user-generated content Adornos Kulturindustrie-Theorie und dessen Produzenten-Konsumenten-Definition ad absurdum?*, München: GRIN 2011

Hoffmann, Andreas: »*Digital Divide* – Was verbindet, was trennt? Ist Deutschland auf dem Weg in eine digitale Zweiklassengesellschaft?*, München: GRIN 2011

Horak, Jan: *Öffentlichkeit als Dogma? Eine öffentlichkeitstheoretische Annäherung an das Phänomen WikiLeaks*, München: GRIN 2011, 21 S.

Hufner, Martin: »Mob- und Schnüffel-Net statt World Wide Web. Die Chancen und Risiken der Medien im Internet«, in: *nmz. Neue Musikzeitung*, Heft 9/2011, S. 1

Institut für Kulturpolitik der Kulturpolitischen Gesellschaft, Bonn (Hrsg.): *Jahrbuch für Kulturpolitik 2011. Thema: Digitalisierung und Internet*, Essen: Klartext 2011, 498 S.

Kloepfer, Michael (Hrsg.): *Netzneutralität in der Informationsgesellschaft*, Berlin: Duncker u. Humblot (Beiträge zum Informationsrecht, 27) 2011, 184 S.

Kolb, Birgit: *Vorratsdatenspeicherung. Unter Berücksichtigung der TKG-Novelle 2011*, Wien: Sramek 2011, 244 S.

Kolbe, Corina: »Digital Concert Hall. Der Markt ist noch längst nicht gesättigt«, in: *Das Orchester*, Heft 6/2011, S. 30–33

Kreiml, Thomas/Voigt, Hans Christian (Hrsg.): *Soziale Bewegungen und Social Media. Handbuch für den Einsatz von Web 2.0*, Wien: ÖGB 2011, 392 S.

Kreutzer, Till: *Digitalisierung gemeinfreier Werke durch Bibliotheken. Leitfaden*, Köln: Hochschulbibliothekszentrum des Landes Nordrhein-Westfalen 2011, 51 S.

Kreutzer, Till: »Remix-Culture, Urheberrecht und Gedächtnisorganisation. Eine Problemanzeige«, in: *Kulturpolitische Mitteilungen*, Heft 134 (III/2011), S. 44–45

Krüger, Thomas: »Für eine Renaissance der öffentlichen Kultur«, in: *Kulturpolitische Mitteilungen*, Heft 134 (III/2011), S. 32–34

Landtag Nordrhein-Westfalen: »Finanzielle Belastung der Kommunen und Kultureinrichtungen, die aus der Digitalen Dividende und der Neuverteilung der Frequenzen für z. B. Funkmikrofone hervorgerufen werden. Antwort auf die Kleine Anfrage der Abgeordneten Vogt, Alexander; Bialas, Andreas SPD«, Düsseldorf: Drucksache 15/2480 (27.7.2011)

Leisegang, Daniel: »Kulturflatrate: der neue Sozialvertrag«, in: *Blätter für deutsche und internationale Politik*, Heft 1/2011, S. 106–111

Maldonado, Manuel Arias: »Planet Wikipedia. Eine digitale Enzyklopädie oder ein Spiel um vernetztes Wissen«, in: *Lettre International*, Heft 92 (2011), S. 43–48

Martini, Mario: »Wie viel Gleichheit braucht das Internet? Netzneutralität als Stellschraube für die Zukunft des Internets«, in: *Verwaltungsarchiv – Zeitschrift für Verwaltungslehre, Verwaltungsrecht und Verwaltungspolitik*, Heft 3/2011, S. 315–342

Neumann, Bernd: »Chancen erkennen, Risiken minimieren«, in: *Kulturpolitische Mitteilungen*, Heft 134 (III/2011), S. 29–31

Oehmichen, Ekkehardt/Schröter, Christian: »Internet zwischen Globalität und Regionalität. Die Bedeutung der

Region für das Internet«, in: *Media Perspektiven*, Heft 4/2011, S. 182-194

Rausing, Lisbet: »Die zweite Revolution der Demokratisierung des Wissens. Für ein neues Alexandria und ein reformiertes Urheberrecht«, in: *Kulturpolitische Mitteilungen*, Heft 134 (III/2011), S. 46-49

Renner, Kai-Hinrich/Renner, Tim: *Digital ist besser. Warum das Abendland auch durch das Internet nicht untergehen wird*, Frankfurt am Main: Campus 2011, 246 S.

Rosenbach, Marcel/Stark, Holger: *Staatsfeind WikiLeaks. Wie eine Gruppe von Netzaktivisten die mächtigsten Nationen der Welt herausfordert*, München: DVA 2011, 334 S.

Schenk, Michael/Scheiko, Ljewin: »Meinungsführer als Innovatoren und frühe Übernehmer des Web 2.0. Ergebnisse einer internetrepräsentativen Befragung«, in: *Media Perspektiven*, Heft 9/2011, S. 423-431

Schotte, Niko: *Interaktive Wertschöpfung/Crowdsourcing. Wie Konsumenten (unbezahlte) Mitarbeiter werden*, München: GRIN 2011

Schulze, Gerhard: »Strukturwandel der Öffentlichkeit 2.0. Kunst und Publikum im digitalen Zeitalter«, in: *Kulturpolitische Mitteilungen*, Heft 134 (III/2011), S. 36-43

Sievers, Norbert: »netz.macht.kultur. Der 6. Kulturpolitische Bundeskongress gibt Anstöße«, in: *Kulturpolitische Mitteilungen*, Heft 133 (II/2011), S. 4-5

Siri, Jasmin: »Internet und Demokratisierung«, in: *Neue Gesellschaft/Frankfurter Hefte*, Heft 5/2011, S. 32-35

Szuba, Dorothee: *Vorratsdatenspeicherung. Der europäische und deutsche Gesetzgeber im Spannungsfeld zwischen Sicherheit und Freiheit*, Baden-Baden: Nomos 2011, 323 S., (zugl. Diss.: Uni. Frankfurt am Main, 2011)

Weis, Hans-Willi: »Lost in Information. Oder: Wenn das Urteilsvermögen leckschlägt«, in: *Kommune*, Heft 1/ 2011, S. 6-10

Zacharias, Wolfgang: »Digitale Medienkultur und kulturelle Bildung«, in: Drews, Albert (Hrsg.): *Die Zukunft der kulturellen Infrastruktur. 56. Loccumer Kulturpolitisches Kolloquium*, Rehburg-Loccum: Evangelische Akademie Loccum (Loccumer Protokolle, 8/11) 2011, S. 113-124

Kulturpolitische Institutionen, Gremien, Verbände

Europa

Europarat/Council of Europe
Directorate of Culture, Heritage and Landscape
Director: Jeroen Schokkenbroek (ad interim)
Directorate General IV
Council of Europe
67075 Strasbourg Cedex
Besucheradresse:
quai Jacoutot, 67000 Strasbourg
Tel.: 0033-3-88 41-2279
jeroen.schokkenbroek@coe.int, www.coe.int/culture

Steering Committee for Culture (CDCPP)
Secretary: Mechthilde Fuhrer
Tel.: 0033-3-9021-4998
mechthilde.fuhrer@coe.int

Information Manager: Sandrine Marolleau
Tel.: 0033-3-88 41-2642, Fax: 0033-3-88 41-2783
sandrine.marolleau@coe.int

Europäisches Parlament
Ausschuss für Kultur und Bildung
Bât. Altiero Spinelli, 10E102
60, rue Wiertz, 1047 Bruxelles
www.europarl.europa.eu

Vorsitzende: Doris Pack
Tel.: 0032-2-28-45310, Fax: 0032-2-28-49310
doris.pack@europarl.europa.eu

Stellv. Vorsitzende: Lorenzo Fontana
Tel.: 0032-2-28-45737, Fax: 0032-2-28-49737
lorenzo.fontana@europarl.europa.eu
Dr. Helga Trüpel
Tel.: 0032-2-28-45140/47140, Fax: 0032-2-28-49140
helga.truepel@europarl.europa.eu
Lothar Bisky
Tel.: 0032-2-28-45834, Fax: 0032-2-28-49834
lothar.bisky@europarl.europa.eu
Morten Løkkegaard
Tel.: 0032-2-28-45571, Fax: 0032-2-28-49571
morten.lokkegaard@europarl.europa.eu

Informationsbüro für Deutschland – Berlin
Leiter: Frank Piplat
Unter den Linden 78, 10117 Berlin
Tel.: 030-2280-1000, Fax: 030-2280-1111
epberlin@europarl.europa.eu, www.europarl.de

Informationsbüro München
Leiter: Paul-Joachim Kubosch
Erhardtstraße 27, 80469 München
Tel.: 089-2020-879-0, Fax: 089-2020-879-73
epmuenchen@europarl.europa.eu

Europäische Kommission
Generaldirektion Bildung und Kultur
1, Place Madou
1210 Bruxelles (Saint-Josse-Ten-Noode)

Kommissarin für Bildung, Kultur, Mehrsprachigkeit
und Jugend: Androulla Vassiliou
Tel.: 0032-2-29-541 28
androulla.vassiliou@ec.europa.eu, http://ec.europa.eu/
commission_2010-2014/vassiliou/index_de.htm

Kommissarin für Justiz, Grundrechte und Bürgerschaft:
Vizepräsidentin der Europäischen Kommission
Dr. Viviane Reding
Tel.: 0032-2-29-81230, Fax: 0032-2-296 07 46
viviane.reding@ec.europa.eu, http://ec.europa.eu/
commission_2010-2014/reding/index_de.htm

Generaldirektion Bildung und Kultur (GD EAC)
GenDir Jan Truszczynski
Tel.: 0032-2-29-92277, Fax: 0032-2-29-91281
eac-info@ec.europa.eu, http://ec.europa.eu/dgs/
education_culture/index_de.htm

Exekutivagentur Bildung, Audiovisuelles
und Kultur (EACEA)
Direktor: Gilbert Gascard
2, Bour, 1140 Bruxelles
Tel.: 0032-2-29-50017, Fax: 0032-2-29-21325
eacea-info@ec.europa.eu, http://eacea.ec.europa.eu

Vertretung in der Bundesrepublik Deutschland
Leiter: Matthias Petschke
Unter den Linden 78, 10117 Berlin
Tel.: 030-2280-2000, Fax: 030-2280-2222
eu-de-kommission@ec.europa.eu
www.eu-kommission.de

Regionalvertretung Bonn
Leitung: Dr. Stephan Koppelberg
Bertha-von-Suttner-Platz 2–4, 53111 Bonn
Tel.: 0228-53009-0, Fax: 0228-53009-50
eu-de-bonn@ec.europa.eu

Regionalvertretung München
Leitung: Dr. Henning Arp
Erhardtstraße 27, 80469 München
Tel.: 089-242448-48, Fax: 089-242448-15
eu-de-muenchen@ec.europa.eu

Cultural Contact Point Germany (CCP)
Geschäftsführer: Dr. Norbert Sievers
Leitende Referentin: Sabine Bornemann
Haus der Kultur
c/o Kulturpolitische Gesellschaft e. V.
Weberstraße 59 a, 53113 Bonn
Tel.: 0228-20135-0, Fax: 0228-20135-29
info@ccp-deutschland.de
www.ccp-deutschland.de

Kontaktstelle Deutschland »Europa für Bürgerinnen und Bürger« bei der Kulturpolitischen Gesellschaft e. V.
Leiterin: Christine Wingert-Beckmann
Haus der Kultur
Weberstraße 59 a, 53113 Bonn
Tel.: 0228-201 67-21, Fax: 0228-201 67-33
info@kontaktstelle-efbb.de
www.kontaktstelle-efbb.de

Institutionen auf Bundesebene

Bundespräsidialamt (BPrA)
Schloss Bellevue
Spreeweg 1, 10557 Berlin
Tel.: 030-2000-0, Fax: 030-2000-1999
bundespraesidialamt@bpra.bund.de oder
bundespraesident@bpra.bund.de
www.bundespraesident.de

Presse- und Informationsamt der Bundesregierung
Referat Kultur und Medien / Pressearbeit für BKM
Leiter: MinR Dietrich Graf von der Schulenburg
Dorotheenstraße 84, 10117 Berlin
Tel.: 03018-272-3344, Fax: -272-3259
pressestelle-BKM@bpa.bund.de
www.bundesregierung.de

Der Beauftragte der Bundesregierung für Kultur und Medien (BKM)
Staatsminister Bernd Neumann, MdB
Bundeskanzleramt
Willy-Brandt-Straße 1, 10557 Berlin
Tel.: 03018-400-2060, Fax: -400-1818
Leiterin der Abteilung Kultur und Medien:
MinDir'n Dr. Ingeborg Berggreen-Merkel
Tel.: 03018-400-2700, Fax: -400-2361

Dienstsitz der Behörde in Berlin
Köthenerstr. 2, 10963 Berlin
Tel.: 030-18681 3543

Dienstsitz der Behörde in Bonn
Graurheindorfer Str. 198, 53117 Bonn
Postfach 17 02 86, 53028 Bonn
Tel.: 0228 99-681-3543
Poststelle@bkm.bund.de
www.kulturstaatsminister.de

Gruppe K 1 – Grundsatzfragen der Kulturpolitik; Zentrale Angelegenheiten:
MinDirig Michael Tietmann
Tel.: Berlin -44250, Bonn -3737, Fax: -3897

Gruppe K 2 – Kunst- und Kulturförderung:
Dr. Sigrid Bias-Engels
Tel.: Berlin -44200, Bonn -3636, Fax: -3897

Gruppe K 3 – Medien und Film; Internationales:
MinDirig Günter Winands
Tel.: Berlin -44300, Bonn -3666, Fax: -3833

Gruppe K 4 – Geschichte; Erinnerung:
MinDirig Dr. Michael Roik
Tel.: Berlin -44350, Bonn -3633, Fax: -3866

Auswärtiges Amt (AA)
Abt. 6 Kultur und Kommunikation
MinDirig Dr. Hans-Ulrich Seidt
Werderscher Markt 1, 10117 Berlin
Tel.: 03018-17-2209, Fax: 03018-17-4981
poststelle@auswaertiges-amt.de
www.auswaertiges-amt.de

Bundesministerium für Bildung und Forschung (BMBF)
Ref. 326 – Kulturelle Bildung
MinR'in Dr. Irina Ehrhardt
Heinemannstr. 2, 53175 Bonn
Tel.: 022899-57-3516, Fax: 022899-57-8-3516
irina.ehrhardt@bmbf.bund.de, www.bmbf.de

Bundesministerium der Justiz (BMJ)
Ref. III B 3 – Urheber- und Verlagsrecht
MinR Dr. Irene Pakuscher
Mohrenstraße 37, 10117 Berlin
Tel.: 03018-580-9323, Fax: 03018-580-9525
irene-pakuscher@bmj.bund.de, www.bmj.bund.de

Bundesministerium für Familie, Senioren, Frauen und Jugend (BMFSFJ)
Ref. 502 – Jugend und Bildung
RefL Hans-Peter Bergner
Tel.: 0228-930-2209, 030-20655-2209, Fax: -4807
Katharina Schollgen
Tel.: 0228-930-2218, 030-930-2218
Ref. 503 Jugend und Medien
RefL Felix Barckhausen
Tel.: 0228-930-1970, 030-20655-1970
Rochusstr. 8–10, 53123 Bonn
poststelle@bmfsfj.bund.de, www.bmfsfj.de

Bundesministerium für wirtschaftliche Zusammenarbeit und Entwicklung
Ref. 204 – Menschenrechte; Gleichberechtigung der Geschlechter; Kultur und Entwicklung
MinR'in Marita Steinke
Dahlmannstraße 4, 53113 Bonn
Tel.: 022899-535-3710
poststelle@bmz.bund.de, www.bmz.de

Deutscher Bundestag
Platz der Republik 1, 11011 Berlin
www.bundestag.de
Tel.: 030-227-0
mail@bundestag.de

Ausschuss für Kultur und Medien
Vorsitzende: Monika Grütters, MdB
Stellv. Vorsitzende: Angelika Krüger-Leißner, MdB

Unterausschuss Neue Medien
Vorsitzender: Sebastian Blumenthal, MdB
Stellvertreter: Herbert Behrens, MdB
Leiterin des Sekretariats: Cornelia Beek
Tel.: 030-227-340 06, Fax: 030-227-365 02
kulturausschuss@bundestag.de

Ausschuss für Familie, Senioren, Frauen und Jugend
Vorsitzende: Sibylle Laurischk, MdB
Stellv. Vorsitzende: Christel Humme, MdB
Leiterin des Sekretariats: Petra Düwel
Tel.: 030-227-374 74, Fax: 030-227-368 05
familienausschuss@bundestag.de

Unterausschuss Bürgerschaftliches Engagement
Vorsitzender: Markus Grübel, MdB
Stellv. Vorsitzende: Ute Kumpf, MdB
Leiter des Sekretariats: Matthias Potocki
Tel.: 030-227-33582, Fax: 030-227-36581
buergerschaftliches.engagement@bundestag.de

Auswärtiger Ausschuss
Unterausschuss Auswärtige Kultur- und Bildungspolitik
Vorsitzender: Dr. Peter Gauweiler, MdB
Stellvertreter: Harald Leibrecht, MdB
Sekretariat: Gudrun Ludwig
Tel.: 030-227-33046, Fax: 030-227-36131
gudrun.ludwig@bundestag.de

CDU/CSU-Fraktion
Kulturpolitischer Sprecher (Arbeitsgruppe Kultur und Medien): Wolfgang Börnsen, MdB
Tel.: 030-227-77377, Fax: 030-227-76377
wolfgang.boernsen@bundestag.de, www.cducsu.de

CSU-Landesgruppe
Arbeitskreis I: Innen und Recht, Kommunalpolitik, Sport und Ehrenamt, Kultur und Medien
Vorsitzender: Stephan Mayer, MdB
Tel.: 030-227-74932, Fax: 030-227-76781
stephan.mayer@bundestag.de, www.csu-landesgruppe.de

SPD-Fraktion
Kulturpolitischer Sprecher (Arbeitsgruppe Kultur und Medien): Siegmund Ehrmann, MdB
Tel.: 030-227-77654, Fax: 030-227-76654
siegmund.ehrmann@bundestag.de, www.spdfraktion.de

FDP-Fraktion
Kulturpolitischer Sprecher: Reiner Deutschmann, MdB
Tel.: 030-227-72023, Fax: 030-227-76682
reiner.deutschmann@bundestag.de
www.fdp-fraktion.de

Sprecher für Medienpolitik: Burkhardt Müller-Sönksen
Tel.: 030-227-74460, Fax: 030-227-74463
burkhardt.mueller-soenksen@bundestag.de
www.fdp-fraktion.de

Arbeitskreis VI:
Innovation, Gesellschaft und Kultur
Vorsitzender: Patrick Meinhardt, MdB
Tel.: 030-227-74287, Fax: 030-227-76287
patrick.meinhardt@bundestag.de, www.fdp-fraktion.de

Fraktion DIE LINKE
Kulturpolitische Sprecherin: Dr. Lukrezia Jochimsen, MdB
Tel.: 030-227-77157, Fax: 030-227-76856
lukrezia.jochimsen@bundestag.de, www.linksfraktion.de

Arbeitskreis III: Demokratie, Kultur,
Wissen und Bildung
Mitglied: Dr. Petra Sitte, MdB
Tel.: 030-227-71421, Fax: 030-227-76518
petra.sitte@bundestag.de, www.linksfraktion.de

Fraktion BÜNDNIS 90/DIE GRÜNEN
Kulturpolitische Sprecherin: Agnes Krumwiede, MdB
Tel.: 030-227-71617, Fax: 030-227-76598
agnes.krumwiede@bundestag.de
www.gruene-bundestag.de

Arbeitskreis V: Wissensgesellschaft und Generationen
(u. a. Bildung, Kultur, Medien)
Polit. Koordination: Ekin Deligöz
Tel.: 030-227-71506, Fax: 030-227-76834
ekin.deligoez@bundestag.de,
www.gruene-bundestag.de

Bundeszentrale für politische Bildung (bpb)
Präsident: Thomas Krüger
Adenauerallee 86, 53113 Bonn
Tel.: 022899-515-0, Fax: 022899-515-113
info@bpb.de, www.bpb.de

Goethe-Institut e. V.
Präsident: Prof. Dr. h. c. Klaus-Dieter Lehmann
Generalsekretär: Johannes Ebert
Zentrale: Dachauer Str. 122, 80637 München
Tel.: 089-15921-0, Fax: 089-15921-450
info@goethe.de, www.goethe.de

Institut für Auslandsbeziehungen e. V. (ifa)
Präsidentin: Ursula Seiler-Albring
Generalsekretär: Ronald Grätz
Charlottenplatz 17, 70173 Stuttgart
Tel.: 0711-2225-0, Fax: 0711-2264346
info@ifa.org, www.ifa.de

Haus der Kulturen der Welt
Intendant: Prof. Dr. Bernd M. Scherer
John-Foster-Dulles-Allee 10, 10557 Berlin
Tel.: 030-39787-160, Fax: 030-394 8679
info@hkw.de, www.hkw.de

Deutsch-Französischer Kulturrat
Präsident: Thomas Ostermeier
Generalsekretärin: Eva Hoffmann-Müller
Deutsches Generalsekretariat
Heuduckstraße 1, 66117 Saarbrücken
Tel.: 0681-501-1226, Fax: 0681-501-1269
sb@dfkr.org, www.dfkr.org

Deutsche UNESCO-Kommission e. V. (DUK)
Präsident: Minister a.D. Walter Hirche
Generalsekretär: Dr. Roland Bernecker
Kulturreferentin: Christine M. Merkel
Colmantstr. 15, 53115 Bonn
Tel.: 0228-60497-0, Fax: 0228-60497-30
sekretariat@unesco.de, www.unesco.de

Bundesinstitut für Kultur und Geschichte der Deutschen im östlichen Europa (BKGE)
Direktor: Prof. Dr. Matthias Weber
Johann-Justus-Weg 147 a, 26127 Oldenburg
Tel.: 0441-96195-0, Fax: 0441-96195-33
bkge@bkge.uni-oldenburg.de, www.bkge.de

Institutionen auf Länderebene

Bundesrat
Ausschuss für Kulturfragen
Vorsitzender: Minister Christoph Matschie (TH)
Ausschussbüro: MinR Lars von Dewitz
Bundesrat, 11055 Berlin
Tel.: 030-18-9100-150, Fax: 030-18-9100-400
pressestelle@bundesrat.de, www.bundesrat.de

Sekretariat der Ständigen Konferenz der Kultusminister der Länder in der Bundesrepublik Deutschland (KMK)
Generalsekretär: MinDir Udo Michallik
Abt. Kunst und Kultur: RD'in Halina Makowiak
Kulturausschuss

Vorsitzender: MinDir Toni Schmid (BY)
Berliner Büro:
Tabenstraße 10, 10117 Berlin
Tel.: 030-25418-499, Fax: 030-25418-450
Bonner Büro:
Graurheindorfer Str. 1157, 53117 Bonn
Tel.: 0228-501-0, Fax: 0228-501-777
Referat III D – Kunst und Kultur
kultur@kmk.org
poststelle@kmk.org, www.kmk.org

Baden-Württemberg

Ministerium für Wissenschaft, Forschung und Kunst
Ministerin Theresia Bauer, MdL
Königstraße 46, 70173 Stuttgart
Tel.: 0711-279-0, Fax: 0711-279-3080
poststelle@mwk.bwl.de, www.mwk-bw.de

Landtag von Baden-Württemberg
Haus des Landtags
Konrad-Adenauer-Straße 3, 70173 Stuttgart
Ausschuss für Wissenschaft, Forschung und Kunst
Ausschuss für Kultus, Jugend und Sport
Tel.: 0711-2063-0, Fax: 0711-2063-299
post@landtag-bw.de, www.landtag-bw.de

Bayern

*Bayerisches Staatsministerium für Wissenschaft,
Forschung und Kunst*
Staatsminister Dr. Wolfgang Heubisch, MdL
Salvatorstraße 2, 80333 München
Tel.: 089-2186-0, Fax: 089-2186-2800
poststelle@stmwfk.bayern.de
www.stmwfk.bayern.de

Bayerischer Landtag
Maximilianeum, 81627 München
Ausschuss für Hochschule, Forschung und Kultur
Ausschuss für Bildung, Jugend und Sport
Tel.: 089-4126-0, Fax: 089-4126-1392
landtag@bayern.landtag.de
www.bayern.landtag.de

Berlin

*Der Regierende Bürgermeister von Berlin
– Senatskanzlei – Kulturelle Angelegenheiten*
Regierender Bürgermeister Klaus Wowereit
Staatssekretär für Kultur: André Schmitz
Brunnenstr. 188, 10119 Berlin
Tel.: 030-90228-200, Fax: 030-90228-459
andre.schmitz@kultur.berlin.de
www.berlin.de/sen/kultur/index.html

Abgeordnetenhaus von Berlin
Niederkirchnerstr. 5, 10117 Berlin
Ausschuss für Kulturelle Angelegenheiten
Tel.: 030-2325-1360, Fax: 030-2325-1368
Ausschuss für Bildung, Jugend und Familie
Tel.: 030-23 25-1320, Fax: 030-23 25-1328
verwaltung@parlament-berlin.de
www.parlament-berlin.de

Brandenburg

*Ministerium für Wissenschaft, Forschung und
Kultur des Landes Brandenburg*
Ministerin Prof. Dr.-Ing. Dr. Sabine Kunst
Dortustr. 36, 14467 Potsdam
Tel.: 0331-866-4999, Fax: 0331-866-4998
mwfk@mwfk.brandenburg.de,
www.mwfk.brandenburg.de

Landtag Brandenburg
Am Havelblick 8, 14473 Potsdam
Ausschuss für Bildung, Jugend und Sport A 5
Tel.: 0331-966-1149, Fax: 0331-966-1210
Ausschuss für Wissenschaft, Forschung und Kultur A 6
Tel.: 0331-966-1149, Fax: 0331-966-1210
poststelle@landtag.brandenburg.de
www.landtag.brandenburg.de

Bremen

*Senat der Freien Hansestadt Bremen
Der Senator für Kultur*
Bürgermeister Jens Böhrnsen
Altenwall 15/16, 28195 Bremen
Tel.: 0421-361-4658, Fax: 0421-361-4091
office@kultur.bremen.de
www.kultur.bremen.de

Bremische Bürgerschaft
Haus der Bürgerschaft
Am Markt 20, 28195 Bremen
Ausschuss für Wissenschaft, Medien,
Datenschutz und Informationsfreiheit
Staatliche Deputation für Kultur
Tel.: 0421-361-12430, Fax: 0421-361-12432
geschaeftsstelle@buergerschaft.bremen.de
www.bremische-buergerschaft.de

Hamburg

Freie und Hansestadt Hamburg, Kulturbehörde
Senatorin Prof. Barbara Kisseler
Hohe-Bleichen 22, 20354 Hamburg
Tel.: 040-42824-206, Fax: 040-42824-205
barbara.kisseler@kb.hamburg.de
www.hamburg.de/kulturbehoerde

Bürgerschaft der Freien und Hansestadt Hamburg
Rathaus, Rathausmarkt 1, 20095 Hamburg
Kulturausschuss
Tel.: 040-42831-2408, Fax: 040-42831-2558
oeffentlichkeitsservice@bk.hamburg.de
www.hamburgische-buergerschaft.de

Hessen

Hessisches Ministerium für Wissenschaft und Kunst
Staatsministerin Eva Kühne-Hörmann, MdL
Rheinstraße 23–25, 65185 Wiesbaden
Tel.: 0611-32-3200, Fax: 0611-32-3550
stm@hmwk.hessen.de, www.hmwk.hessen.de

Hessischer Landtag
Schloßplatz 1–3, 65183 Wiesbaden
Kulturpolitischer Ausschuss (KPA)
Ausschuss für Wissenschaft und Kunst (WKA)
Tel.: 0611-350-0, Fax: 0611-350-434
poststelle@ltg.hessen.de
www.hessischer-landtag.de

Mecklenburg-Vorpommern

*Ministerium für Bildung, Wissenschaft und Kultur
des Landes Mecklenburg-Vorpommern*
Minister Mathias Brodkorb
Werderstraße 124, 19055 Schwerin
Tel.: 0385-588-7000, Fax: 0385-588-7084
m.brodkorb@bm.mv-regierung.de
www.bm.regierung-mv.de

Landtag Mecklenburg-Vorpommern
Schloss, Lennéstr. 1, 19053 Schwerin
Ausschuss für Bildung, Wissenschaft und Kultur
Tel.: 0385-525-1570, Fax: 0385-525-1575
bildungsausschuss@landtag-mv.de
poststelle@landtag-mv.de, www.landtag-mv.de

Niedersachsen

*Niedersächsisches Ministerium für Wissenschaft
und Kultur*
Ministerin Prof. Dr. Johanna Wanka
Leibnizufer 9, 30169 Hannover
Tel.: 0511-120-2599, Fax: 0511-120-2601
pressestelle@mwk.niedersachsen.de
www.mwk.niedersachsen.de

Niedersächsischer Landtag
Hinrich-Wilhelm-Kopf-Platz 1, 30159 Hannover
Kultusausschuss
Ausschuss für Wissenschaft und Kultur
Ausschuss für Bundes- und Europaangelegenheiten
und Medien
Tel.: 0511-3030-0, Fax: 0511-3030-2806
poststelle@lt.niedersachsen.de
www.landtag-niedersachsen.de

Nordrhein-Westfalen

*Ministerium für Familie, Kinder, Jugend, Kultur und Sport
des Landes Nordrhein-Westfalen*
Ministerin Ute Schäfer
Haroldstraße 4, 40213 Düsseldorf
Tel.: 0211-837-02, Fax: 0211-837-22 00
www.mfkjks.nrw.de; www.kultur.nrw.de

Landtag Nordrhein-Westfalen
Platz des Landtags 1, 40221 Düsseldorf
Ausschuss für Kultur und Medien (A 12)
Tel.: 0211-884-2145, Fax: 0211-884-3002
judith.droegeler@landtag.nrw.de
www.landtag.nrw.de

Rheinland-Pfalz

*Ministerium für Bildung, Wissenschaft, Weiterbildung
und Kultur des Landes Rheinland-Pfalz*
Ministerin Doris Ahnen
Mittlere Bleiche 61, 55116 Mainz
Tel.: 06131-16-0, Fax: 06131-16-2997
poststelle@mbwjk.rlp.de, www.mbwjk.rlp.de

Landtag Rheinland-Pfalz
Deutschhausplatz 12, 55116 Mainz
Ausschuss für Wissenschaft, Weiterbildung und Kultur
Tel.: 06131-208-0, Fax: 06131-208-2447
poststelle@landtag.rlp.de, www.landtag.rlp.de

Saarland

Ministerium für Bildung und Kultur
Minister Ulrich Commerçon
Hohenzollernstr. 60, 66117 Saarbrücken
Tel.: 0681 - 501-7404, Fax: 0681-501-7500
poststelle@bildung.saarland.de
www.saarland.de/ministerium_bildung_kultur.htm

Landtag des Saarlandes
Franz-Josef-Röder-Straße 7, 66119 Saarbrücken
Ausschuss für Bildung, Kultur und Medien
Tel.: 0681-5002-0, Fax: 0681-5002-546
poststelle@landtag-saar.de, www.landtag-saar.de

Sachsen

Sächsisches Staatsministerium für Wissenschaft und Kunst
Staatsministerin Prof. Dr. Dr. Sabine von Schorlemer
Wigardstraße 17, 01097 Dresden
Tel.: 0351-564-6020, Fax: 0351-564-640-6025
presse@smwk.sachsen.de, www.smwk.de

Sächsischer Landtag
Bernhard-von-Lindenau-Platz 1, 01067 Dresden
Ausschuss für Wissenschaft und Hochschule,
Kultur und Medien
Tel.: 0351-4935-0, Fax: 0351-4935-900
info@slt.sachsen.de, www.landtag.sachsen.de

Sachsen-Anhalt

Kultusministerium des Landes Sachsen-Anhalt
Kultusminister Stephan Dorgerloh
Turmschanzenstraße 32, 39114 Magdeburg
Tel.: 0391-567-01, Fax: 0391-567-3770
minister@mk.sachsen-anhalt.de
www.mk.sachsen-anhalt.de

Landtag von Sachsen-Anhalt
Domplatz 6–9, 39104 Magdeburg
Ausschuss für Bildung und Kultur
Tel.: 0391-560-1216, Fax: 0391-560-1123
Ausschuss für Bundes- und Europaangelegenheiten
sowie Medien
Tel.: 0391-560-1204, Fax: 0391-560-1123
landtag@lt.sachsen-anhalt.de
www.landtag.sachsen-anhalt.de

Schleswig-Holstein

*Ministerium für Bildung und Wissenschaft
des Landes Schleswig-Holstein*
Ministerin Prof. Dr. Waltraud Wende
Abteilung Kultur
Leitung: Susanne Bieler-Seelhoff
Reventloualle 2–4, 24105 Kiel
Tel.: 0431-998-5704, Fax: 0431-988-5857
susanne.bieler-seelhoff@mbk.landsh.de
www.schleswig-holstein.de

Schleswig-Holsteinischer Landtag
Landeshaus
Düsternbrooker Weg 70, 24105 Kiel
Bildungsausschuss
Tel.: 0431-988-1145, Fax: 0431-988-1156
bildungsausschuss@landtag.ltsh.de
www.landtag.ltsh.de

Thüringen

*Thüringer Ministerium für Bildung, Wissenschaft
und Kultur*
Minister Christoph Matschie
Werner-Seelenbinder-Str. 7, 99096 Erfurt
Tel.: 0361-37-900, Fax: 0361-37-94690
Poststelle@tmbwk.thueringen.de
www.thueringen.de/de/tmbwk/content.asp

Thüringer Landtag
Jürgen-Fuchs-Str. 1, 99096 Erfurt
Ausschuss für Bildung, Wissenschaft und Kultur
Tel.: 0361-37-700, Fax: 0361-37-72016
poststelle@landtag.thueringen.de
www.thueringer-landtag.de

Kommunale Spitzenverbände

Bundesvereinigung der kommunalen Spitzenverbände
c/o Deutscher Städtetag
Mitglieder sind: *DST, DStGB* und *DLT*
post@kommunale-spitzenverbaende.de
www.kommunale-spitzenverbaende.de

Deutscher Städtetag (DST)
Präsident: OBgm Christian Ude (München)
Geschäftsführendes Präsidialmitglied:
Dr. Stephan Articus
Dezernat Bildung, Kultur und Sport:
Beigeordneter Klaus Hebborn

Kulturausschuss
Vorsitzender: Dr. Hans-Georg Küppers (München)
Hauptgeschäftsstelle Köln:
Gereonshaus, Gereonsstr. 18–32, 50670 Köln
Tel.: 0221-37 71-0, Fax: 0221-37 71-128

Hauptgeschäftsstelle Berlin
Hausvogteiplatz 1, 10117 Berlin
Tel.: 030-377 11-0, Fax: 030-377 11-999
post@staedtetag.de, www.staedtetag.de

Europabüro des Deutschen Städtetages
Büroleiter: Walter Leitermann
Aveneu des Nerviens 9–31, 1040 Bruxelles
Tel.: 0032-2-74016-20
walter.leitermann@staedtetag.de

Deutscher Städte- und Gemeindebund (DStGB)
Präsident: Bgm Roland Schäfer (Bergkamen)
Geschäftsführendes Präsidialmitglied:
Dr. Gerd Landsberg
Beigeordneter für Kultur u. a.: Uwe Lübking
Tel.: 030-773 07-245
uwe.luebking@dstgb.de

Ausschuss für Bildung, Sport und Kultur
Vorsitzende: Bgm Ute Lieske (Eisenach)
Marienstr. 6, 12207 Berlin
Tel.: 030-773 07-0, Fax: 030-773 07-200
dstgb@dstgb.de, www.dstgb.de
Bonner Büro: August-Bebel-Allee 6, 53175 Bonn
Tel.: 0228-959 62-21, Fax: 0228-959 62-22
daniela.muss@dstgb.de

Europabüro – Eurocommunale
Avenue des Nerviens 9-31, 1040-Bruxelles (Belgien)
Tel. 0032-2-74016-40
Brigitte.Flieger@eurocommunal.eu

Deutscher Landkreistag (DLT)
Präsident: LandR Hans Jörg Duppré (Südwestpfalz)
Geschäftsführendes Präsidialmitglied:
Prof. Dr. Hans-Günter Henneke
Dez. V, Referent f. Kultur u. a.: Manfred Willhöft
Tel: 030-59 00 97-313, Fax: 030-59 00 97-400
Manfred.Willhoeft@Landkreistag.de

Kulturausschuss
Vorsitzender: LandR Ulrich Gerstner (Salzlandkreis)
Hauptgeschäftsstelle
Ulrich-von-Hassell-Haus, Lennéstr. 11, 10785 Berlin
Tel.: 030-59 00 97-309, Fax: 030-59 00 97-500
info@landkreistag.de, www.landkreistag.de

Europabüro
Avenue des Nerviens 9-31, 1040-Bruxelles (Belgien)
Tel. 0032-2-7401632/31
europabuero@landkreistag.de

Stiftungen, Fonds, Verbände

Kulturstiftung des Bundes (KSB)
Vorsitzender des StiftgR: StaMin. Bernd Neumann
Künstlerische Direktorin: Hortensia Völckers
Verwaltungsdirektor: Alexander Farenholtz
Franckesche Stiftungen Halle
Franckeplatz 1, 06110 Halle an der Saale
Tel. 0345-29 97-0, Fax: 0345-29 97-333
info@kulturstiftung-bund.de
www.kulturstiftung-bund.de

Kulturstiftung der Länder (KSL)
Stiftung bürgerlichen Rechts
Generalsekretärin: Isabell Pfeiffer-Poensgen
Lützowplatz 9, 10785 Berlin
Tel.: 030-89 36 35-0, Fax: 030-891 42 51
kontakt@kulturstiftung.de
www.kulturstiftung.de

Stiftung Preußischer Kulturbesitz (SPK)
Vorsitzender des StiftgR: StaMin. Bernd Neumann
Präsident: Prof. Dr. Dr. h.c. mult. Hermann Parzinger
Von-der-Heydt-Str. 16–18, 10785 Berlin
Tel.: 030-266-41-2888, Fax: 030-266-41-2821
info@hv.spk-berlin.de, www.hv.spk-berlin.de

Deutsche Nationalstiftung
Stifter und Ehrenvorsitzender:
BK a. D. Dres. h. c. Helmut Schmidt
Geschäftsführender Vorstand:
StaatsR a. D. Dirk Reimers
Feldbrunnenstrasse 56, 20148 Hamburg
Tel.: 040-41 33 67-53, Fax: 040-413367-55
info@nationalstiftung.de, www.nationalstiftung.de

Deutsche Stiftung Denkmalschutz
Vorsitzende: Dr. Rosemarie Wilcken
Geschäftsführer: Dr. Wolfgang Illert
Schlegelstr. 1, 53113 Bonn
Tel.: 0228-90 91-0, Fax: 0228-90 91-109
info@denkmalschutz.de, www.denkmalschutz.de

Stiftung Lesen
Vorsitzender: Dr. Jörg Pfuhl
Hauptgeschäftsführer: Dr. Jörg F. Maas
Römerwall 40, 55131 Mainz
Tel.: 06131-288 90-0, Fax: 06131-23 03 33
mail@stiftunglesen.de, www.stiftunglesen.de

Bundesstiftung Baukultur
Vorstandsvorsitzender: Prof. Michael Braum
Schiffbauergasse 3, 14467 Potsdam
Tel.: 0331-20 12 59-0, Fax 0331-20 12 59-50
mail@bundesstiftung-baukultur.de
www.bundesstiftung-baukultur.de

Deutscher Musikrat
gemeinnützige Projektgesellschaft mbH
Projektgeschäftsführer: Rüdiger Grambow (interim.)
Kaufm. Geschäftsführer: Norbert Pietrangeli
Weberstr. 59, 53113 Bonn
Tel.: 0228-20 91-0, Fax: 0228-20 91-200
info@musikrat.de, www.deutscher-musikrat.de

Deutscher Übersetzerfonds
Vorstandsvorsitzender: Thomas Brovot
Geschäftsführer: Jürgen Jakob Becker
Am Sandwerder 5 , 14109 Berlin
Tel. 030-80 49 08 56, Fax: 030-80 49 08 57
mail@uebersetzerfonds.de,
www.uebersetzerfonds.de

Arbeitsgemeinschaft Deutscher Kulturfonds
Sprecher: Gerhard Pfennig,
Geschäftsstelle: c/o Fonds Soziokultur
info@kunstfonds.de, www.bundeskulturfonds.de

*Stiftung Kunstfonds zur Förderung
der zeitgenössischen bildenden Kunst*
Vorstandssprecherin: Prof. Monika Brandmeier
Geschäftsführerin: Dr. Karin Lingl
Weberstr. 61, 53113 Bonn
Tel.: 0228-915 34-11, Fax: 0228-915 34-41
Büro Berlin: Köthener Straße 44, 10963 Berlin
Tel.: 030-261 38 79, Fax: 030-23 00 36 29
info@kunstfonds.de, www.kunstfonds.de

Fonds Soziokultur e. V.
Vorsitzender: Kurt Eichler
Geschäftsführer: Dr. Norbert Sievers
Weberstr. 59 a, 53113 Bonn
Tel.: 0228-971 44-790, Fax: 0228-971 44-799
info@fonds-soziokultur.de
www.fonds-soziokultur.de

Deutscher Literaturfonds e. V.
Gf. Vorstandsmitglied: Dr. Dagmar Leupold
Geschäftsführer: Dr. Bernd Busch
Alexandraweg 23, 64287 Darmstadt
Tel.: 06151-40 93-0, Fax: 06151-40 93-33
info@deutscher-literaturfonds.de
www.deutscher-literaturfonds.de

Fonds Darstellende Künste e. V.
Vorstandsvorsitzender: Jürgen Flügge
Geschäftsführer: Günter Jeschonnek
Lützowplatz 9, 10785 Berlin
Tel.: 030-40 05 79-72/-78, Fax: 030-40 05 79 84
info@fonds-daku.de, www.fonds-daku.de

Der Deutsche Kulturrat und seine Sektionen

Deutscher Kulturrat e. V.
Präsident: Prof. Dr. Max Fuchs
Geschäftsführer: Olaf Zimmermann
Chausseestr. 103, 10115 Berlin
Tel.: 030-24 72 80 14, Fax: 030-24 72 12 45
post@kulturrat.de, www.kulturrat.de

Deutscher Musikrat e. V.
Präsident: Prof. Martin Maria Krüger
Generalsekretär: Christian Höppner (Sprecher)
Generalsekretariat
Schumannstr. 17, 10117 Berlin
Tel.: 030-30 88 10-10, Fax: 030-30 88 10-11
generalsekretariat@musikrat.de
www.musikrat.de

Rat für darstellende Kunst und Tanz
c/o Deutscher Bühnenverein –
Bundesverband der Theater und Orchester
Geschäftsführender Direktor: Rolf Bolwin (Sprecher)
St.-Apern-Straße 17–21, 50667 Köln
Tel.: 0221-208 12-0, Fax: 0221-208 12-28
debue@buehnenverein.de, www.buehnenverein.de

Deutsche Literaturkonferenz e. V.
Sprecherin/Stv. Sprecher:
Kathrin Schmidt und Dr. Frank Simon-Ritz
Geschäftsführerin: Iris Mai
Köthener Str. 44, 10963 Berlin
Tel.: 030-261 27 51, Fax: 030-23 00 36 29
info@literaturkonferenz.de
www.literaturkonferenz.de

Deutscher Kunstrat
Sprecherinnen: Annemarie Helmer-Heichele
und Dr. Karin Lingl
c/o BBK Bundesverband
Bundesgeschäftsführerin: Andrea Gysi
Wilhelmstraße 50, 10117 Berlin
Tel.: 030-264 09 70, Fax: 030-28 09 93 05
info@deutscher-kunstrat.de
www.deutscher-kunstrat.de

Rat für Baukultur
c/o Bundesarchitektenkammer
Corinna Seide (Sprecherin)
Askanischer Platz 4, 10963 Berlin
Tel.: 030-26 39 44-40, Fax: 030-26 39 44-90
baukultur@bak.de, www.baukulturrat.de

Sektion Design
c/o Deutscher Designertag e. V.
Geschäftsführender Präsident: Kai Ehlert (Sprecher)
Grindelberg 15 a, 20144 Hamburg
Tel.: 040-45 48-34, Fax: 040-45 48-32
info@designertag.de, www.designertag.de

Sektion Film und Audiovisuelle Medien
c/o Arbeitsgemeinschaft Dokumentarfilm e.V. (AG DOK)
Thomas Frickel (Sprecher)
Schweizer Straße 6, 60594 Frankfurt/Main
Tel.: 069-62 37 00, Fax: 06142- 9664-24
agdok@agdok.de, www.agdok.de

Rat für Soziokultur und kulturelle Bildung
c/o Bundesvereinigung Kulturelle Kinder- und
Jugendbildung
Sprecher: Prof. Dr. Max Fuchs und Andreas Kämpf
Geschäftsführerin: Hildegard Bockhorst
Küppelstein 34, 42857 Remscheid
Tel.: 02191-794-390, Fax: 02191-794-389
info@bkj.de, www.bkj.de

Weitere Verbände und Vereinigungen

Arbeitsgemeinschaft Deutscher Kunstvereine (ADKV)
Vorstandsvorsitzender: René Zechlin
Geschäftsführerin: Inga Oppenhausen
Wilhelmstr. 50, 10117 Berlin
Tel.: 030-611 07-550, Fax: 030-61 71 07-470
adkv@kunstvereine.de, www.kunstvereine.de

Arbeitskreis Deutscher Kunsthandelsverbände (ADK)
(Mitglieder: BDKA – Bundesverband des deutschen
Kunst- und Antiquitätenhandels e. V.,
BVDG – Bundesverband Deutscher Galerien
und Editionen e. V., BDK – Bundesverband deutscher
Kunstversteigerer e. V., DK – Deutscher Kunsthandels-
verband e.V., Verband deutscher Antiquare e.V.)
Kulturpolitische Koordination: Birgit Maria Sturm
Postfach 700 210, 60552 Frankfurt am Main
Tel./Fax: 069-629120
info@arbeitskreis-kunsthandel.de
www.arbeitskreis-kunsthandel.de

Arbeitskreis selbständiger Kultur-Institute e. V. (AsKI)
Vorstandsvorsitzender:
Prof. Dr. Dr. h.c. mult. Volkmar Hansen
Geschäftsführung: Dr. Ulrike Hostenkamp,
Gabriele Weidle M.A.
Prinz-Albert-Str. 34, 53113 Bonn
Tel.: 0228-2248-59, -60, Fax: 0228-219232
info@aski.org, www.aski.org

ASSITEJ Bundesrepublik Deutschland e.V.
Internationale Vereinigung des Theaters
für Kinder und Jugendliche
Vorstandsvorsitzender: Prof. Dr. Wolfgang Schneider
Geschäftsführerin: Meike Fechner
Schützenstr. 12, 60311 Frankfurt am Main
Tel.: 069-291538, Fax: 069-292354
assitej@kjtz.de, www.assitej.de

Bibliothek und Information Deutschland (BID) e.V.
c/o Deutscher Bibliotheksverband
Kommissarischer Präsident: Dr. Heinz-Jürgen Lorenzen
Geschäftsführerin: Dr. Monika Braß
Fritschestr. 27–28, 10585 Berlin
Tel.: 030-6449899-20, Fax: 030-6449899-27
bid@bideutschland.de, www.bideutschland.de

*Bundesverband Bildender Künstlerinnen
und Künstler e. V. (BBK)*
Sprecher und Vorsitzender: Werner Schaub
Bundesgeschäftsführerin: Andrea Gysi
Wilhelmstr. 50, 10117 Berlin
Tel.: 030-2640970, Fax: 030-280993-05
Büro Bonn: Weberstraße 61, 53113 Bonn
Tel.: 02-28-21 61-07, -08, Fax: 0228-966996-90
info@bbk-bundesverband.de
www.bbk-bundesverband.de

*Bundesverband der Jugendkunstschulen und
kulturpädagogischen Einrichtungen e. V. (bjke)*
Vorsitzender: Peter Kamp
Geschäftsführerin: Julia Nierstheimer
Kurpark 5, 59425 Unna
Tel.: 02303-253 02-0 oder -17, Fax: 02303-253 02 25
info-bjke@bjke.de, www.bjke.de

Bundesverband Deutscher Stiftungen e. V.
Vorsitzender: Dr. Wilhelm Krull
Generalsekretär: Prof. Dr. Hans Fleisch
Haus Deutscher Stiftungen
Mauerstr. 93, 10117 Berlin
Tel.: 030-897947-0, Fax: 030-897947-11
post@stiftungen.org
www.stiftungen.org, www.stiftungsindex.de

Bundesvereinigung Soziokultureller Zentren e. V.
Vorsitzende: Margret Staal, Bernd Hesse, Berndt Urban
Geschäftsführerin: Ellen Ahbe
Lehrter Straße 27–30, 10557 Berlin
Tel.: 030-397 44 59-0, Fax: 030-397 44 59-9
bundesvereinigung@soziokultur.de
www.soziokultur.de

*Deutscher Bühnenverein e. V. –
Bundesverband der Theater und Orchester*
Präsident: Prof. Klaus Zehelein
Geschäftsführender Direktor: Rolf Bolwin
St.-Apern-Straße 17–21, 50667 Köln
Tel.: 0221-20812-0 , Fax: 0221-20812-28
debue@buehnenverein.de
www.buehnenverein.de

Deutscher Museumsbund e. V.
Präsident: Dr. Volker Rodekamp
Geschäftsführerin: Anja Schaluschke
In der Halde 1, 14195 Berlin
Tel.: 030-841095-17, Fax: 030-841095-19
office@museumsbund.de, www.museumsbund.de

Deutsches Institut für Urbanistik gGmbH (Difu)
Institutsleiter: Univ.-Prof. Dr.-Ing. Klaus J. Beckmann
Zimmerstr. 13–15, 10623 Berlin
Tel.: 030-39001-0, Fax: 030-39001-100
difu@difu.de, www.difu.de

Standort Köln: Arbeitsbereich Umwelt
Auf dem Hunnenrücken 3, 50668 Köln
Tel.: 0221-340308-0, Fax: 0221-340308-28
ab-koeln@difu.de, www.difu.de

*Deutsches Nationalkomitee für Denkmalschutz
bei dem Beauftragten der Bundesregierung für Kultur
und Medien (BKM)*
Präsidentin: Eva Kühne-Hörmann
Graurheindorfer Straße 198, 53117 Bonn
Tel.: 0228-99681-3554, Fax: 0228-99681-3802
andrea.pufke@bkm.bund.de, www.dnk.de

*Kulturkreis der deutschen Wirtschaft
im Bundesverband der Deutschen Industrie e. V.*
Vorstandsvorsitzender: Dr. Clemens Börsig
Geschäftsführer: Dr. Stephan Frucht
Haus der Deutschen Wirtschaft
Breite Straße 29, 10178 Berlin
Tel.: 030-2028-1406, Fax: 030-2028-2406
info@kulturkreis.eu, www.kulturkreis.eu

Kulturpolitische Gesellschaft e. V.
Präsident: Prof. Dr. Oliver Scheytt
Geschäftsführer: Dr. Norbert Sievers
Weberstr. 59 a, 53113 Bonn
Tel.: 0228-20167-0, Fax: 0228-20167-33
post@kupoge.de, www.kupoge.de

Rat der Evangelischen Kirche in Deutschland (EKD)
Kulturbeauftragte: Dr. Petra Bahr
Kulturbüro, Auguststraße 80, 10117 Berlin
Tel.: 030-28395480, Fax: 030-28395483
petra.bahr@ekd.de, www.ekd.de

Sekretariat der Deutschen Bischofskonferenz (DBK)
Kommission für Wissenschaft und Kultur (VIII)
Vorsitzender:
Dr. Heinrich Mussinghoff, Bischof von Aachen
Kaiserstraße 161, 53113 Bonn
Tel.: 0228-103-0, Fax: 0228-103-299
sekretariat@dbk.de, www.dbk.de

ver.di – Bundesvorstand
Bereich Kunst und Kultur
Leiter: Heinrich Bleicher-Nagelsmann
Paula-Thiede-Ufer 10, 10179 Berlin
Tel.: 030-6956-2330, Fax: 030-6956-3656
kulturpolitik@verdi.de, www.verdi.de

Kunst und Kultur im Internet[1]

**Spartenübergreifende Kulturserver, Kultur-
informationssysteme und Kulturforschungsinstitute**

adk.de (Akademie der Künste [AdK]). Onlinekatalog der Bibliothek mit Publikationen zu den Schwerpunkten Literatur, Bildende Kunst, Darstellende Kunst, Musik, Film- und Medienkunst sowie Baukunst.

aktive-buergerschaft.de (Aktive Bürgerschaft e.V.). Der Verein in Berlin zeichnet sich verantwortlich für den »Bürgerstiftungsfinder«. Mit ihm gelangen Stifter, Spender, Engagierte und Interessierte schnell und einfach zur Bürgerstiftung in ihrer Nähe. Verzeichnet und online abrufbar sind gut 300 Bürgerstiftungen in Deutschland.

art-obscura.de (Art Obscura e.V.). Kulturprojekte von und für Menschen mit einer Behinderung.

aski.org (Arbeitskreis selbständiger Kultur-Institute e.V. [ASKI]). Linksammlung der Mitgliedsinstitute, Ausstellungs- und Veranstaltungskalender, Archiv der *Kulturberichte* (bis 2/2004) und Online-Ausgabe von *Kultur lebendig*, Informationen über ASKI-Fachtagungen.

bibb.de (Bundesinstitut für Berufsbildung [BIBB]). Informationen zu Berufen, Weiterbildung, Datenbanken zu Forschungsarbeiten des BIBB und weiteren Dienstleistungen des Instituts.

bpb.de (Bundeszentrale für politische Bildung). Redaktionelle Zusammenstellung von Informationen in Form von aufbereiteten Dossiers zu politischen Themen, Publikationen und Veranstaltungen.

bundeskulturminister.de (Der Beauftragte der Bundesregierung für Kultur und Medien). Informationen über Amt und Person des Beauftragten der Bundesregierung für Kultur und Medien, aktuelle Nachrichten, Reden, Interviews, Vorstellung der Politikfelder »Kulturpolitik« und »Medienpolitik«.

ccp-deutschland.de (Cultural Contact Point Germany). Umfangreiche Hinweise auf Förderprogramme der EU, insbesondere zum Programm KULTUR (2007–2013), Darstellungen geförderter Projekte, Linksammlungen zu Akteuren, Infostellen der EU sowie europäischen Kulturinstitutionen, Informationen zu Kulturhauptstädten, Veranstaltungs- und Tagungshinweise auf nationaler und europäischer Ebene.

culturalpolicies.net (ERICarts). »Compendium Cultural Policies and Trends in Europe« – Informations- und Monitoringsystem der nationalen Kulturpolitiken in Europa: Profile von 42 europäischen Staaten (Strukturen, Gesetzgebung, Kulturfinanzierung, aktuell diskutierte Themen etc.) in englischer Sprache. Das deutsche Länderprofil wurde vom Institut für Kulturpolitik der Kulturpolitischen Gesellschaft e.V. erarbeitet.

deutsche-kultur-international.de (Vereinigung für internationale Zusammenarbeit). Präsentation von in der auswärtigen Kulturarbeit tätigen Organisationen, Mittlerorganisationen und Stiftungen, Schlagwortverzeichnis mit den jeweiligen Maßnahmen und Akteuren, Informationen zur deutschen Sprache und Literatur im In- und Ausland, Ausstellungen deutscher Kunst im Ausland und ausländischer Kunst in Deutschland, Förderung von Künstlern in der Bildenden Kunst, Musik, Tanz und Theater, Ausbildungs- sowie Arbeitsaufenthalte im Ausland und vieles mehr.

difu.de (Deutsches Institut für Urbanistik [difu]). Informationen über Forschungsprojekte mit Downloadmöglichkeiten ausgewählter Ergebnisse, Seminarangebote, kommunale Literatur- und Umfragendatenbank, Onlineversion der *Difu-Berichte* sowie Inhaltsübersichten und Kurzzusammenfassungen anderer Publikationsreihen, umfangreiche Linksammlung zu kommunalen Verbänden, Fachinformationen, Einrichtungen etc.

ec.europa.eu/dgs/education_culture/index_de.htm (Europäische Kommission – Generaldirektion Bildung und Kultur). Informationen zu Programmen, Initiativen und Veröffentlichungen der Generaldirektion sowie Beispiele erfolgreicher Projekte mit den Schwerpunkten allgemeine & berufliche Bildung, Jugend, Kultur, Mehrsprachigkeit und Sport.

engagiert-in-deutschland.de (Engagiert in Deutschland [Das Bundesportal zum bürgerschaftlichen Engagement]). Das Portal zielt darauf ab, Angebote, Informationen und Bedürfnisse aller zivilgesellschaftlichen Akteure zu vernetzen. Träger ist der Deutsche Verein für öffentliche und private Fürsorge e.V.

europa-foerdert-kultur.info (Institut für Kulturpolitik der Kulturpolitischen Gesellschaft e.V.). Informationen über Aktionen, Programme und Kontakte der EU-Kultur-

---

[1] Stand: Juli 2012; siehe auch Linksammlung auf www.kupoge.de sowie die Internet-Adressen der oben aufgeführten Institutionen, Stiftungen, Verbände und Einrichtungen.

förderung für Kulturschaffende, WissenschaftlerInnen und KünstlerInnen aller Sparten, für ambitionierte ProjektinitiatorInnen in öffentlichen wie privaten Kultur- und Bildungseinrichtungen, in Vereinen und Verwaltungen sowie SpezialistInnen aus dem privat-wirtschaftlichen Bereich in Deutschland und Österreich.

europeana.eu (Europeana Foundation). Bisher tragen etwa 2200 Archive, Museen und Bibliotheken aus 33 Ländern mehr als 23 Millionen Objekte (Texte, Bilder, Ton- und Filmdokumente) zur digitalen Sammlung des kulturellen Erbes bei. Die Datensätze sind frei zugänglich und recherchierbar.

Fachverband-kulturmanagement.org (Fachverband Kulturmanagement). Neben der Selbstdarstellung des Fachverbandes Links auf ca. 20 Studiengänge für Kulturmanagement im deutschsprachigen Raum und Hinweise auf Forschungsprojekte, Publikationen und Tagungen.

foerderlotse.nrw.de (Landesregierung Nordrhein-Westfalen und NRW.BANK). Übersicht über Förderprogramme für die Kultur- und Kreativwirtschaft in NRW: Fördermittel, zinsgünstige Darlehen, Finanzierung für Existenzgründungen, für kleine und mittlere Unternehmen (KMU), Kommunen, Universitäten und Forschungseinrichtungen.

forschungsportal.net (Bundesministerium für Bildung und Forschung). Suchmaschine für Forschung und Wissenschaft in Deutschland, Dissertationssuche, geographischer Überblick über öffentlich finanzierte Forschung, Forschungslandkarten, Downloadmöglichkeit der Bundesberichte Forschung (und Innovation).

freie-szene-rlp.de (Kulturbüro Rheinland-Pfalz). Suchmaschine für Künstler und Veranstalter verschiedener Sparten, außerdem »Kultur-Lexikon« und umfangreiche systematische Linkliste von Agenturen bis Rundfunkanstalten.

kmk.org (Kultusministerkonferenz [KMK]). Informationen über Projekte, Mitglieder und bildungspolitische Aktivitäten in den Bereichen: Bildung/Schule, Wissenschaft/Hochschule, Kunst/Kultur, ausländisches Bildungswesen, Pädagogischer Austauschdienst sowie Dokumentation/Beschlüsse.

kontaktstelle-efbb.de (Kontaktstelle Deutschland »Europa für Bürgerinnen und Bürger« bei der Kulturpolitischen Gesellschaft e.V.). Überblick über das Förderprogramm »Europa für Bürgerinnen und Bürger« der Europäischen Union mit detaillierten Informationen über die Ziele, Inhalte und Fördermodalitäten, mit Hilfestellungen für die Antragstellung, Beispielen geförderter Projekte und Zugang zu den erforderlichen Antragsunterlagen.

kultnet.de (KultNet). Verzeichnis von Agenturen, Ausschreibungen, Fortbildungen, Börsen, KünstlerInnen, Festivals und Veranstaltern mit mehr als 2000 Mitgliedern aus allen Bereichen der bildenden und darstellenden Kunst.

kultur-kreativ-wirtschaft.de (Initiative Kultur- und Kreativwirtschaft der Bundesregierung). Ziel ist die Verbesserung der Wettbewerbsfähigkeit und der Erwerbschancen kleiner Kulturbetriebe sowie freischaffender Künstlerinnen und Künstler. Informationen zu den Aktivitäten der Initiative, der Bedeutung der Kultur- und Kreativwirtschaft und ihrer Teilbranchen sowie den besonderen Beratungsangeboten für Kulturschaffende.

kulturation.de (Kulturinitiative 89 e.V.). Online-Journal für Kultur, Wissenschaft und Politik mit Textarchiv.

kulturfoerderung.org (Deutsches Informationszentrum Kulturförderung [DIZK]). Überblick über kulturfördernde Stiftungen in Deutschland und Europa, Unternehmen und Initiativen. Die Datenbank richtet sich an Kunst- und Kulturschaffende, Institutionen und Organisationen sowie an Förderer von Kunst und Kultur.

kulturkenner.de (Ministerium für Familie, Kinder, Jugend, Kultur und Sport des Landes Nordrhein-Westfalen/Redaktion K.WEST). Überblick über das Kulturangebot des Landes und Informationen über Konzerte, Ausstellungen, Lesungen, Inszenierungen und Festivals mit redaktionellen Tipps und Suchmöglichkeit.

kulturloge-berlin.de (Kulturloge Berlin). Idee und Ziel der Kulturloge Berlin ist es, Menschen mit niedrigem Einkommen eine Möglichkeit zu geben, kostenfrei am kulturellen Leben sowie an Freizeitaktivitäten der Stadt Berlin teilzunehmen. Die Anzahl der zur Verfügung gestellten Tickets bzw. Plätze ist den Veranstaltern freigestellt und variiert von Veranstaltung zu Veranstaltung. Weitere Logen (Hamburg, Marburg, Ruhr, Herborn-Dillenburg-Haiger) sind im Aufbau beziehungsweise haben die Arbeit bereits begonnen.

kulturmanagement.net (Kulturmanagement Network). Informationsdienst und Serviceanbieter für Fach- und Führungskräfte im europäischen Kulturbetrieb: monatliches KM-Magazin, Beiträge (Hintergrundberichte, Tagungsberichte, Interviews, Portraits), Publikationshinweise, Ausbildungsführer für Kulturmanagement, Stellenmarkt (kostenpflichtig) und Praktikumsbörse.

kulturportal-deutschland.de (Kulturportal Deutschland). Kulturportal des Beauftragten der Bundesregierung für Kultur und Medien mit Nachrichtendienst sowie Links zu kulturellen Einrichtungen und zu den Kulturportalen der Länder, Datenbank mit Terminen, Adressen und Kulturschaffenden.

kulturrat.de (Deutscher Kulturrat e.V.). Stellungnahmen und Dossiers zu aktuellen, kulturpolitischen Themen, Downloadmöglichkeit der Zeitung *Politik und Kultur* (www.puk-online.net), Nachrichtenticker mit täglich mehreren Nachrichten aus den verschiedenen Sparten, Informationen zum *puk*-Journalistenpreis.

kultursekretariat.de (Kultursekretariat NRW-Gütersloh). Kulturpolitische Programmatik, Fördermöglichkeiten und Projektvorstellungen sowie Veranstaltungshinweise der im Sekretariat für kulturelle Zusammenarbeit »nicht theatertragender« Städte und Gemeinden zusammengeschlossenen Kommunen, Hinweise auf Publikationen und Dokumente.

kulturserver.de (Stiftung kulturserver.de gGmbH). Datenbanken mit Kulturschaffenden, Institutionen, Terminen etc., in jeweils unterschiedlichen Ausbaustufen, Angebot der Unterstützung von Künstlern und Kultureinrichtungen bei der Erstellung von eigenen Homepages.

kulturstiftung-des-bundes.de (Kulturstiftung des Bundes). Informationen zur Stiftung, zu Förderrichtlinien und geförderten Projekten im Rahmen der Zuständigkeit des Bundes.

kulturstiftung.de (Kulturstiftung der Länder [KSL]). Förderung der Erwerbung, Bewahrung und Vermittlung von Kunstwerken und kulturellen Zeugnissen, die für Deutschland von besonderer Bedeutung. Portal bietet Überblick über Struktur, Aufgaben, Antragstellung, Publikationen und Förderungen.

kulturstimmen.de (Deutscher Kulturrat e. V.). Plattform die zur Meinungsbildung, zum Austausch und zur Information dient und deren zentrales Anliegen ist, die kulturelle Vielfalt in Deutschland sichtbar zu machen.

kulturvermittlung-online.de (Institut für Kulturpolitik der Universität Hildesheim). Fachportal für Forschungsergebnisse im Bereich der Kulturvermittlung: Zusammenstellung und Kurzvorstellung von Studien in den Kategorien Kulturelle Bildung, Kunstrezeptionsforschung, Audience Development, Kulturnutzerforschung, Kulturmarketing und Kultur-PR.

kulturwirtschaft.de (Michael Söndermann – Büro für Kulturwirtschaftsforschung). Kulturinformationssystem zum Thema Kultur- und Kreativwirtschaft mit Hinweisen und Links auf einschlägige Studien.

kunstfinder.de (KunstFinder). Umfangreiche kommentierte Linksammlung zur Darstellenden und Bildenden Kunst, Musik, Film, Literatur, Museen und Gedenkstätten.

kupoge.de (Kulturpolitische Gesellschaft e. V. [KuPoGe]). Informationen zum Verband und zum Institut für Kulturpolitik. Datenbankbasiertes Kulturpolitisches Informationssystem: umfangreiche kulturpolitische Bibliographie, Chronik wichtiger kulturpolitischer Ereignisse sowie Links zu Institutionen und kulturpolitischen Themen, daneben Tagungskalender, Newsletter, ausgewählte Artikel der Zeitschrift *Kulturpolitische Mitteilungen* sowie einen »Blog« zu kulturpolitisch wichtigen Debatten.

lostart.de (Koordinierungsstelle für Kulturgutverluste). Datenbank zur Erfassung von Kulturgütern, die infolge des Zweiten Weltkrieges verbracht, verlagert oder insbesondere jüdischen Eigentümern verfolgungsbedingt entzogen wurden, mit den Bereichen Suchmeldungen beziehungsweise Fundmeldungen, außerdem themenbezogene Bibliographie und Linksammlung.

nmz.de/kiz (Das Kulturinformationszentrum). »Newsticker«, gezielte Suchmöglichkeiten nach Themen wie zum Beispiel Künstlersozialversicherung, Musikwirtschaft, kulturelle Bildung, Steuerrecht, Urheberrecht.

nrw-kultur.de (Kultursekretariat Wuppertal). Kulturpolitische Programmatik, Fördermöglichkeiten und Projektvorstellungen sowie Veranstaltungshinweise der im Sekretariat für kulturelle Zusammenarbeit »nicht theatertragender« Städte und Gemeinden zusammengeschlossenen Kommunen, Hinweise auf Publikationen und Dokumente.

orte-der-repression.de (Stiftung Haus der Geschichte der Bundesrepublik Deutschland). Das Internetportal »Orte der Repression in SBZ und DDR« fasst Gedenkstätten, Museen und historische Orte zusammen, die an Opfer und Leiden infolge repressiver Herrschaftsausübung in der sowjetischen Besatzungszone (SBZ) und der Deutschen Demokratischen Republik (DDR) erinnern. Ziel ist es, die Geschichte dieser Orte einer breiten Öffentlichkeit bekannt zu machen. In der Diktatur tabuisiert, soll die Auseinandersetzung mit den Schicksalen der verfolgten Menschen zu einem tieferen Verständnis des demokratischen Freiheitsbegriffes führen.

perlentaucher.de (Perlentaucher Medien GmbH). Tägliche Zusammenfassungen von Feuilletons überregionaler Tageszeitungen mit weitergehenden Links (auch als Newsletter zu abonnieren), daneben tägliche Bücherschau, wöchentliche internationale Magazinrundschau sowie täglicher Medienticker.

stadtteilarbeit.de (Stadtteilarbeit). Theoretische/konzeptionelle Aufsätze zu verschiedenen Bereichen der Stadtteilarbeit, Beiträge zu Methoden, Sammlung von Stadtteilprojekten, ausgewählte kommentierte Literatursammlung, Bibliographie von Neuerscheinungen zur Gemeinwesenarbeit seit 1990, Links zu verschiedenen Newslettern und Online-Diensten, Informationen zu Fortbildungsveranstaltungen.

stiftungsdatenbank.maecenata.eu (Maecenata Stiftungsdatenbank). In etwa 12 500 Datensätzen kann nach Namen oder Zweck der Stiftung recherchiert werden. Der Eintrag in der Datenbank ist kostenfrei.

urheberrecht.org (Institut für Urheber- und Medienrecht e. V.). Neuigkeiten zum Thema Urheberrecht, Inhaltsübersichten der *Zeitschrift für Urheber- und Medienrecht* [ZUM] und des Rechtssprechungsdienstes sowie Urteilsdatenbank.

vertikult.de (Verein für Kultur und Arbeit e. V.). Kulturschaffende aller Sparten können Stellen und Aufgaben im Kulturbereich suchen und finden. Ein Info-Center bietet zudem auf Beschäftigungsförderung und Qualifizierung ausgerichtete Informationen über die Kulturwirtschaft.

weltbeweger.de (Stiftung Bürgermut). Ziel ist der Informationsaustausch und die Vernetzung bürgerschaftlich engagierter Menschen und Organisationen. Es finden sich praktische Erfahrungen und Anregungen sowie Informationen zu Gruppen und Projekten.

Baukultur und Denkmalpflege

architektur-baukultur.de (Initiative Architektur und Baukultur der Bundesregierung). Portal zur Baukultur, u. a. mit Statusbericht zur Baukultur der IAB beim Bundesministerium für Verkehr, Bau und Wohnungswesen, umfangreichen Materialien (z. B. Studien, Sammlungen zu Projekten von Städten/Gemeinden, der Länder und des Bundes, Berichte, Positionspapiere, Newsletter) als Download, Linkliste zu den Akteuren im Bereich Baukultur sowie Veranstaltungsankündigungen.

bundesarchitektenkammer.de (Bundesarchitektenkammer e. V.). Informationen und Links zu Aus- und Weiterbildung, Adressen und Links zu Verbänden un Fachzeitschriften, Veranstaltungsberichte.

bundesstiftung-baukultur.de/stiftung/foerderverein. html (Förderverein Bundesstiftung Baukultur e. V.). Begleitung und Unterstützung der Bundesstiftung Baukultur, Informationen über den Förderverein und die Stiftung, aktuelle Meldungen und Newsletter.

denkmalschutz.de (Deutsche Stiftung Denkmalschutz [DSD]). Liste der mehr als 4 000 von der Stiftung geförderten Denkmäler, Inhaltsübersicht der aktuellen Ausgabe des Magazins *Monumente* sowie ein Shop für Publikationen.

kulturgutschutz-deutschland.de (Kulturgutschutz in Deutschland). Mit der Website soll national wie international mehr Transparenz bei bedeutenden Kulturgütern geschaffen und mittelbar auch das öffentliche Bewusstsein für Kulturgutschutz gestärkt werden. Die Entwicklung der Website haben Bund und Länder gemeinsam übernommen.

nationalkomitee.de (Deutsches Nationalkomitee für Denkmalschutz). Informationen über Preise (z. B. Deutscher Preis für Denkmalschutz), Aktivitäten und Untersuchungen zum Thema, Vorstellung der Eigenpublikationen, umfangreiche Informationen zu Denkmalschutz und Denkmalpflege in Deutschland mit vielen weiterführenden Links und Volltexten (Denkmalschutzgesetze, Appelle und Empfehlungen zum Denkmalschutz).

ns-gedenkstaetten.de (Arbeitskreis der NS-Gedenkstätten und -Erinnerungsorte in NRW e. V.). Ausführliche Informationen zu den mehr als 20 NS-Gedenkstätten, Dokumentations- und Begegnungszentren, Lern- und Erinnerungsorten in Nordrhein-Westfalen; aktuelle Meldungen, Veranstaltungs- und Literaturtipps sowie eine umfangreiche Datenbank mit Links zu den Gedenkstätten in anderen Bundesländern.

stiftung-denkmal.de (Stiftung Denkmal für die ermordeten Juden Europas). Das Denkmal für die ermordeten Juden Europas in der Mitte Berlins ist die zentrale Holocaust-Gedenkstätte Deutschlands – Ort der Erinnerung und des Gedenkens an die bis zu sechs Millionen Opfer. Die Seite der Stiftung ermöglicht einen Rundgang durch das begehbare Denkmal, informiert über themenbezogene Veranstaltungen und dokumentiert die kontroversen Diskussionen um die Entstehung des Denkmals.

Literatur und Bibliotheken

alg.de (Arbeitsgemeinschaft Literarischer Gesellschaften und Gedenkstätten e. V. [ALG]). Informationen über die Förderung von Projekten literarischer Gesellschaften durch die ALG, Veranstaltungskalender der literarischen Gesellschaften, Ausstellungshinweise, Vorstellung von Eigenpublikationen, u. a. die *ALG Umschau*.

autorenforum.de (autorenforum.de). Web-Informationsquelle für AutorInnen mit Datenbanken zu Besprechungen, Lesungen, Kursen, Inhaltsübersichten von *The Tempest*, Linksammlung von Organisationen und AutorInnenhomepages, Expertenfragemöglichkeiten zu mehreren Rubriken.

b-u-b.de (Berufsverband Information Bibliothek e. V. – Buch und Bibliothek). Editorial für jede Ausgabe von *Buch und Bibliothek. Forum für Bibliothek und Information* ab 2006, Inhaltsverzeichnis, Kurzzusammenfassungen der Artikel in deutsch, englisch und französisch.

bib-info.de (Berufsverband Information Bibliothek e. V.). Regionaler Fortbildungskalender, Publikationshinweise, umfangreiche Linksammlung z. B. zu Auskunftsdiensten, Datenbanken, Fachzeitschriften, Vereinigungen, Mailinglisten etc.

bibliotheksportal.de (Deutscher Bibliotheksverband e. V. [dbv]). Kompetenznetzwerk, Fortbildungsportal, Bibliotheksstatistik, Wissenschaftsportal mit Katalogen, Fachdatenbanken und Bibliographien, Zeitschriften und Aufsätzen, Volltexten. Es werden Einblicke in die Forschung u. a. der Kategorien Kulturnutzerforschung, Kulturmarketing und Kultur-PR geboten.

bibliotheksverband.de (Deutscher Bibliotheksverband e. V. [dbv]). Mitgliederdatenbank, Informationen über Preise und Titel des dbv, Rechtsgrundlagen, Downloads der Jahrbücher.

bideutschland.de (Bibliothek & Information Deutschland [BID]). Informationen über die Mitglieder, Organe und Tätigkeiten, Downloads der Jahresberichte, BID-Publikationen und andere Dokumente.

deutscher-literaturfonds.de (Deutscher Literaturfonds e. V.). Informationen über die Autoren- und Vermittlungsförderung und über vom Fonds vergebene Preise und Stipendien, Initiativen und Seminare zur Förderung und Weiterbildung junger Autoren, Veranstaltungen, insbesondere Lesungen und Preisverleihungen.

dla-marbach.de/dla/index.html (Deutsches Literaturarchiv Marbach). Online-Datenbanken der Bibliothek (Bücher, Aufsätze, Rezensionen, Hörfunk- und Fernsehmanuskripte), der Bildabteilung (Skulpturen, Gemälde, Grafiken, Fotografien), der Nachlässe und der Handschriften.

dnb.de (Deutsche Nationalbibliothek). Kataloge und Sammlung für alle deutschsprachigen Publikationen einschließlich Deutsches Musikarchiv, Deutsches Exilarchiv, Deutsche Nationalbibliographie und Zeitschriftendatenbank.

jugendliteratur.org (JuLit – Arbeitskreis für Jugendliteratur e. V.). Linksammlung u. a. zu Mitgliedern, Fachzeitschriften und Forschungseinrichtungen, Informationen zum Deutschen Jugendliteraturpreis, Übersicht über Fachzeitschriften und Fachportale.

ubka.uni-karlsruhe.de/kvk.html (Karlsruher Virtueller Katalog). Portal für Bibliotheks- und Buchhandelskataloge weltweit.

vdb-online.org (Verein Deutscher Bibliothekare e. V. [VDB]). Veranstaltungskalender, Informationen zur Ausbildung, Druckversion der *VDB-Mitteilungen*, ausführliche Informationen zu Landesverbänden und Kommissionen.

vgwort.de (Verwertungsgesellschaft WORT). Wahrnehmung der urheberrechtlichen Nutzungsrechte für AutorInnen und Verlage, Downloads von Formularen sowie Hinweise auf Termine und Publikationen.

Bildende Kunst und Museen

bbk-bundesverband.de (Bundesverband Bildender Künstlerinnen und Künstler e. V. [BBK]). Linkliste von Gremien, Veranstaltungen, Publikationen und zum Berufsfeld Künstler, Stellungnahmen des BBK zu Themen wie z. B. »Arbeitsplatz Kunst«, Inhaltsübersichten der Zeitschrift *kultur politik*, Links der Landesverbände und Pressemitteilungen.

bdk-online.info (Bund Deutscher Kunsterzieher e. V. [BDK]). Kunstportal mit vielfältigen Informationen für den Kunstunterricht, zur Kunstgeschichte und zu KünstlerInnen.

bildkunst.de (Verwertungsgesellschaft Bild-Kunst e. V.). Informationen über die Urheberrechtsorganisation der deutschen Künstler, Fotografen und Filmurheber mit Mitgliederdatenbank, Rechtsgrundlagen, Künstlersuche, Downloads (Tarife, Meldeformulare etc.).

bundeskunsthalle.de (Kunst- und Ausstellungshalle der Bundesrepublik Deutschland). Online-Katalog der Bibliothek der Kunst- und Ausstellungshalle mit mehr als 35 000 Medien sowie Informationen zu Ausstellungen und Veranstaltungen.

design-report.de (design report). Fachzeitschrift mit Online-Version, Volltextarchiv sowie Datenbanken zu Studiengängen, Händlern und Designern, Jobbörse und Kalender.

designertag.de (Deutscher Designertag e. V.). Informationen zu Aufgaben, Zielen und Mitgliedern des Deutschen Designertages. Zudem regelmäßige Veröffentlichung des verbandseigenen Newsletters *DT Informationen*.

dgph.de (Deutsche Gesellschaft für Photographie e. V. [DGPh]). Hinweise über die Preise der DGPh, Informationen zu Ausstellungen und Neuerscheinungen.

dhm.de (Deutsches Historisches Museum Berlin). Informationen über die ständigen Ausstellungen, Einblick in Film-, Objekt- und Bilddatenbanken sowie in Multimedia-Quellen. Link zu virtuellem Museum Online (LeMo). Beim virtuellen Gang durch 150 Jahre (deutsche) Zeitgeschichte werden Informationstexte sowie Film- und Tondokumente mit den musealen Objektbeständen verknüpft.

elia-artschools.org (European League of Institutes of the Arts [ELIA]). Informationen über die Aktivitäten des Verbands mit 350 Mitgliedern aus 47 Ländern, wie beispielsweise die »teacher academy«, calls und Ankündigungen in englischer Sprache.

gedok.de (GEDOK – Verband der Gemeinschaften der Künstlerinnen und Kunstförderer e. V.). Selbstdarstellung, Informationen über Kunst- und Literaturpreise und Musikwettbewerbe der GEDOK, Verweise auf Ausschreibungen, Veröffentlichungen.

geschkult.fu-berlin.de/e/db_entart_kunst/datenbank/ index.html (Freie Universität Berlin – Forschungsstelle »Entartete Kunst«). Das Gesamtverzeichnis der 1937/38 in deutschen Museen beschlagnahmten Werke »entarteter Kunst« basiert auf dem von den Nationalsozialisten angelegten Beschlagnahmeinventar. Unvollständige Angaben wurden soweit möglich vervollständigt und berichtigt.

hdg.de (Stiftung Haus der Geschichte der Bundesrepublik Deutschland). Informationen über die deutsche Geschichte von 1945 bis zur Gegenwart sowie über Ausstellungen, außerdem virtuelle Ausstellungen und interaktive Spiele, Hinweise auf die hauseigene Präsenzbibliothek und -mediathek, Lektürehinweise, Webcam, Online Museumsshop, Informationen zu internationalen Kooperationspartnern.

igbk.de (Internationale Gesellschaft der Bildenden Künste [IGBK]). Hinweise zu internationalen Ausschreibungen für bildende Künstler, Informationen zu Künstlerverbänden, Datenbanken zu Informations- und Kontaktstellen, Internationaler Künstlerausweis der IAA, Arbeits- und Fördermöglichkeiten im In- und Ausland sowie Weiterbildungsanbieter, Linksammlung zu Institutionen, Europäischer Kulturpolitik und Internationalem Kulturaustausch.

kuenstlersozialkasse.de (Künstlersozialkasse). Selbstdarstellung, Informationen über Rechte und Pflichten von KünstlerInnen und Unternehmen, aktuelle Entwicklung der Rechtssprechung sowie statistische Angaben.

kunst-und-kultur.de (kunst-und-kultur.de). Datenbanken zu Museen und Galerien, bildenden KünstlerInnen und ArchitektInnen sowie zu Zeitschriften und Fortbildungen.

kunstfonds.de (Stiftung Kunstfonds). Informationen zu Fördermöglichkeiten im Bereich zeitgenössischer Bildender Kunst in Deutschland (Künstlerprogramm, Vermittlerprogramm, Verlagsprogramm) sowie zu Ausstellungen und einem Archiv für Künstlernachlässe.

kunstforum.de (Kunstforum International). Alle Ausgaben der Zeitschrift *Kunstforum* online für Abonnenten, weitere öffentlich zugängliche Informationen zu KüstlerInnen, VermittlerInnen, Veranstaltungen, Ausstellungen, Künstlerlexikon etc.

kunstvereine.de (Arbeitsgemeinschaft Deutscher Kunstvereine [AdKV]). Verzeichnis der Kunstvereine in Deutschland, Hinweise auf Publikationen und Links.

museumsbund.de (Deutscher Museumsbund e. V.). Fachgruppen mit unterschiedlichen Angeboten, z. B. Naturwissenschaftliche Museen, Vorstellung von Museumsberufen, Stellenangeboten, Terminen, Inhaltsverzeichnisse der Zeitschrift *Museumskunde* ab 1996 sowie alphabetisches Autorenverzeichnis, Onlineausgaben der *Bulletins*, unterschiedliche Projekte, u. a. Internationaler Museumstag und schule@museum, Termin- und Linksammlung.

museumspaedagogik.org (Bundesverband Museumspädagogik e. V.). Kommentierte Linkliste zu verschiedenen Bereichen der Museumspädagogik (z. B. zu Akteuren, Ausbildung, Mailinglisten), umfangreiche thematische Literaturliste, Inhaltsübersicht der aktuellen Ausgabe der Zeitschrift *Standbein-Spielbein* sowie der Hefte ab 1989, Diskussionsforum, Buchvorstellungen.

ngbk.de (Neue Gesellschaft für Bildende Kunst e. V. [NGBK]). Informationen über aktuelle Ausstellungen, Archiv zu Ausstellungen und KünstlerInnen, Kunstvermittlung, Publikationen, Ausschreibungen, Mitglieder und Veranstaltungen.

smb.spk-berlin.de/ifm (Institut für Museumsforschung). Informationen über die Aufgaben, Publikationen und Partner des Instituts sowie Datenbanken (Museen und Träger sowie Bibliographie).

webmuseen.de (Das Museums- und Ausstellungsportal). Portal für Museen und Ausstellungen im deutschsprachigen Raum, u. a. mit Datenbank zu Museen im deutschsprachigen Raum, zu Ausstellungen, Mediathek mit Videobeiträgen über Museen und Ausstellungen.

Darstellende Kunst

amateurtheater-online.de (Amateurtheater – Online). Umfangreiche Linksammlung zu allen Bereichen und Themen rund um das Amateurtheater, Links zu den theaterpädagogischen Zentren, Diskussionsforum.

bag-online.de (Bundesarbeitsgemeinschaft [BAG] Spiel und Theater e. V.). Inhaltsübersichten der Zeitschrift *Korrespondenzen*, Informationen über Projekte, Rezensionen zur Fachliteratur, Onlineshop Eigenpublikationen.

ballet-tanz.de (Zeitschrift für Ballet, Tanz und Performance). Register aller Artikel der Zeitschrift *ballet-tanz* ab 1994, Inhaltsverzeichnis und Editorial des aktuellen Heftes, Sammlung von Adressen nationaler und internationaler Ausbildungsstätten für Tanz.

ballett-intern.de (Deutscher Berufsverband für Tanzpädagogik e. V.). Adressen von Aus- und Fortbildungseinrichtungen, PreisträgerInnen des deutschen Tanzpreises seit 1983, Hinweise auf aktuelle Seminare, die Zeitschrift *Ballett Intern* kann als pdf-Dokument heruntergeladen werden, alle Ausgaben seit 2005 stehen online.

bdat-online.de (Bund Deutscher Amateurtheater e. V.). Veranstaltungsdatenbank, Links zu den 16 Mitgliedern des Dachverbandes, Informationen über Aus- und Fortbildungen, Leseproben der Verbandszeitschrift *Spiel und Bühne*.

buehnengenossenschaft.de (Genossenschaft Deutscher Bühnen-Angehöriger [GDBA]). Informationen zum Bühnenrecht, Leitartikel der gleichnamigen monatlichen Fachzeitschrift, Shop für Eigenpublikationen insbesondere zum Vertragsrecht, Linkliste mit Erläuterungen.

351

buehnenverein.de (Deutscher Bühnenverein – Bundesverband der Theater und Orchester). Positionspapiere, Theaterbriefe, Statistiken, Adressen der Theater und Orchester, Infos zu Berufen am Theater, Jobbörse sowie Links zu den Landesverbänden.

butinfo.de (Bundesverband Theaterpädagogik e. V.). Selbstdarstellung des Verbandes sowie Berichte über Tagungen, Projekte, Ausschussarbeit und über andere Aktivitäten aus dem weiten Feld der Theaterpädagogik.

dbt-remscheid.de (Deutscher Bundesverband Tanz e. V. [DBT]). Übersicht über Veranstaltungen, Seminare, Adressen der Mitglieder: Bundesfachverbände, Landesarbeitsgemeinschaften und weitere Organisationen.

die-deutsche-buehne.de (Die Deutsche Bühne). Register der Zeitschrift ab 1996, Leseproben früherer Ausgaben, News, ausgewählte Kritiken, Premierenkompass.

fonds-daku.de (Fonds Darstellende Künste e. V.). Förderschwerpunkte, Förderrichtlinien, Übersicht über geförderte Projekte, Antragsformulare.

freie-theater.de (Bundesverband Freier Theater e. V. [BUFT]). E-Zeitung *OFF-Informationen*, Links für Theaterschaffende und Informationen zu den Landesverbänden.

ids-ev.eu (Interessenverband Deutscher Schauspieler e. V. [IDS]). Informationen für Schauspieler, Aktuelles und Mitgliederveranstaltungen; Onlineagentur für SchauspielerInnen.

inthega.de (Interessengemeinschaft der Städte mit Theatergastspielen e. V.). Übersichten der Mitglieder und Landesgruppen, Inhaltsübersichten und Editorial der letzten zwei Ausgaben der Zeitschrift *INTHEGA Kultur Journal*, Übersicht über vergebene INTHEGA-Preise, Linksammlung zu Verbänden, Zeitschriften und Theatern.

iti-germany.de (Zentrum Bundesrepublik Deutschland des Internationalen Theaterinstituts e. V.). Informationen und Links zu Projekten, PDFs des aktuellen *impuls* und des *play service*, Datenbank zur Suche im Archiv von *impuls*, internationale Links zu Tanz und Theater.

kjtz.de (Kinder- und Jugendtheaterzentrum in der Bundesrepublik Deutschland [kjtz]). Online-Katalog zu Werken des Kinder- und Jugendtheaters sowie zu Literatur, Übersicht über Veranstaltungen zum Thema Kinder- und Jugendtheater, Informationen zum Deutschen Kindertheaterpreis und Jugendtheaterpreis sowie Stipendien, Shop für Publikationen, Vorstellung von ASSITEJ, internationales Archiv inklusive einzelner Texte zum Download.

laft.de (Landesverband Freier Theater in Niedersachsen e. V.). Übersicht über freie Theater im Bundesland, deren Veranstaltungen, Kurzhinweise zu Recht, Steuern, Fördersituation sowie Monatsthemenbeiträge.

sk-kultur.de/tanz (Deutsches Tanzarchiv Köln). Onlinekatalog der gesammelten Tanzvideos, Hinweise auf Publikationen und Präsenzbibliothek.

tanzarchiv-leipzig.de (Tanzarchiv Leipzig e. V.). Systematik des Präsenzarchivs, das neben Fachliteratur Programmhefte, Plakate, Bilder, Filme, Musikalien und Periodika sammelt.

theaterderzeit.de (Interessengemeinschaft Theater der Zeit). Inhaltsübersicht der aktuellen Ausgabe der Zeitschrift mit Leseproben, Bücherliste nach Reihen und Themen geordnet, Online-Magazin *notizBlog*.

theaterheute.de (Friedrich Berlin Verlagsgesellschaft mbH). Archiv mit Inhaltsverzeichnis der Zeitschrift *Theater heute* von 2004 bis heute mit Registersuche, Termine von Premieren, von Theatersendungen in Radio und Fernsehen, Linksammlung zu deutschsprachigen Bühnen sowie ausgewählte Onlineartikel.

theatermanagement-aktuell.de TheaterManagement aktuell). Archiv der bisherigen Ausgaben des Informationsdienstes mit Leseproben, Bookshop ausgewählter Fachbücher.

theaterparadies-deutschland.de (Theater-Paradies Deutschland). Umfangreiche Linksammlung zu Ensembles, Theatern, Verlagen, Zeitschriften, Festivals, Diskussionsforen, Institutionen, Agenturen etc.

theaterpolitik.de (Institut für Kulturpolitik der Universität Hildesheim). Die Website »Theaterpolitik« stellt Beiträge aus Theorie und Praxis zur Verfügung, um einen Dialog mit Theaterkünstlern, Theaterpolitikern und Theaterzuschauern zu führen. Weiterführende Links, Literatur und Projekte werden vorgestellt.

theaterverzeichnis.de (Deutsches Theaterverzeichnis). Deutsches Theaterverzeichnis mit Datenbank der Theater(adressen), integrierten Stadtplänen, Ticketshop, Lexikon, Stellenmarkt, kleinem Firmenverzeichnis zu verschiedenen Bereichen des Theaterbedarfs.

vertriebsstelle.de (Vertriebsstelle und Verlag Deutscher Bühnenschriftsteller und Bühnenkomponisten GmbH). Datenbank für Theaterstücke mit Nachweis der Aufführungsrechte und Bestellmöglichkeiten, Suchmöglichkeit auch nach Mundarten sowie anderen Sprachen, Autorenverzeichnis.

Musik

aecinfo.org (Association Européenne des Conservatoires, Académies de Musique et Musikhochschulen [AEC]). Die Seite des Verbandes mit über 280 Mitgliedern in 55 Ländern bietet Material über zahlreiche europäische Projekte zum Thema »professional music training«, Dokumente zum Download in den Sprachen englisch, französisch und deutsch sowie mehr als 2000 Links, unter anderem zu nationalen und internationalen Verbänden.

beethoven-haus-bonn.de (Beethovenhaus in Bonn). Das digitale Archiv des Beethovenhauses in Bonn präsentiert Musikhandschriften, Skizzen, Abschriften, Erstausgaben, Briefwechsel sowie ikonographische Dokumente und museale Gegenstände. Die Präsentation in Form von 37 300 Farbscans und 1 600 Audiodateien (Musikbeispiele und Hörbriefe) soll Beethovens Denken, Leben und Arbeiten sichtbar und hörbar werden lassen.

dmv-online.com (Deutscher Musikverleger-Verband e. V.). Aktuelle Nachrichten, Datenbank der Musikverlage sowie Linksammlung.

european-music-council.org (Europäischer Musikrat). Selbstdarstellung, Vorstellung einzelner Projekte, Links zu den europäischen Mitgliedern, Newsletter, Veranstaltungskalender, Working Group Youth, Download des englischsprachigen Magazins *Sounds*.

gema.de (Gesellschaft für musikalische Aufführungs- und mechanische Vervielfältigungsrechte [GEMA]). Selbstdarstellung der Verwalterin der Nutzungsrechte der Musikschaffenden, Online-Datenbank musikalischer Werke, Tarifrechner, Lizenzhinweise, Gesetze, Rechtssprechung, Download der Gema-Jahrbücher.

gvl.de (Gesellschaft zur Verwertung von Leistungsschutzrechten [GVL]). Urheberrechtliche Vertretung der ausübenden Künstler und der Tonträgerhersteller, Downloads von Verträgen und Formularen, Abrechnungssystem.

iam-ev.de (Internationaler Arbeitskreis für Musik e. V.). Selbstdarstellung, Jahresprogramm vielfältiger Musikkurse, Notenbibliothek für Dozenten, Konzerthinweise, Vorstellung des Seminarzentrums Kloster Malgarten, Orff & Co. – Musikpädagogisches Praktikum.

miz.org (Deutsches Musikinformationszentrum [MIZ] des Deutschen Musikrats). Zentrale Informationseinrichtung zu Musik und Musikleben in Deutschland: Institutionen, KomponistInnen, Aus- und Weiterbildungsmöglichkeiten, Literatur, außerdem Themenportale mit News, Dokumenten, Links und weiteren Informationen z. B. zu Ausbildung, Neuer Musik etc.

musikrat.de (Deutscher Musikrat gemeinnützige Projektgesellschaft mbH). Informationen über Musikpolitik, Einrichtungen und Projekte sowie Hinweise auf Publikationen.

musikschulen.de (Verband deutscher Musikschulen e. V.). Musikschuldatenbank, Veranstaltungs- und Fortbildungstermine, Shop für Eigenpublikationen, Literaturempfehlungen, Informationen über Projekte und Initiativen sowie Links zu den Landesverbänden.

nmz.de (neue musikzeitung). Aktuelle Ausgabe der Zeitung online, Stellenmarkt, Übersicht über Wettbewerbe, Kurskalender, umfangreiche Linksammlung.

u-d-j.de (Union Deutscher Jazzmusiker). »Jazz in Deutschland« mit Verzeichnissen von MusikerInnen und Regionalübersicht von Clubs, Informationen über den Deutschen Jazzpreis, Linksammlung zum Thema Jazz und zu seinen Akteuren.

vg-musikedition.de (VG MUSIKEDITION – Verwertungsgesellschaft e. V.). Werkkatalog und rechtliche Informationen, Newsarchiv, ausgewählte Infomaterialien zum Download.

Soziokultur und Kulturelle Bildung

akademieremscheid.de (Akademie Remscheid für musische Bildung und Medienerziehung e. V.). Datenbank der Fortbildungsangebote, recherchierbar nach Themen, Fachbereichen und Terminen, Onlineversion des Pressedienstes *kulturarbeit aktuell*, Downloads verschiedener Aufsätze.

bildungsserver.de (Deutscher Bildungsserver – Deutsches Institut für Pädagogische Forschung [DIPF]). Der Deutsche Bildungsserver ist ein Informationsportal zum deutschen föderalen Bildungswesen. Über seine Datenbank werden Informationen Bildungsadministratoren, Wissenschaftlern, Pädagogen, Journalisten und einer an Bildungsfragen interessierten Öffentlichkeit zugänglich gemacht.

bjke.de (Bundesverband der Jugendkunstschulen und kulturpädagogischen Einrichtungen e. V. [BJKE]). Adressen und Links zu kulturpädagogischen Einrichtungen und zu den Mitgliedern des BJKE, Downloads von Projektinfodiensten, Hinweis auf die vom BJKE herausgegebene Zeitschrift *Infodienst. Das Magazin für Kulturelle Bildung* mit Link zur Zeitschrift.

bkj.de (Bundesvereinigung Kulturelle Kinder- und Jugendbildung e. V. [BKJ]). Positionspapiere der BKJ, Veranstaltungshinweise, Links auf die Landesverbände und zuständigen Landesministerien, Sammlung von Bundesdrucksachen zur kulturellen Jugendbildung, Downloads von Artikeln, Informationen über Projekte.

bundesakademie.de (Bundesakademie für kulturelle Bildung Wolfenbüttel e. V.). Veranstaltungen in den Rubriken »kulturpolitischer Diskurs«, den einzelnen Kunstsparten, Kulturmanagement, Professionalisierung und die Sommerakademie zu kreativen Teamentwicklungsprozessen, Shop für Eigenpublikationen, aktueller Newsletter, Vorstellung des Tagungsortes.

dvv-vhs.de (Deutscher Volkshochschul-Verband e. V.). Portal der Volkshochschulen Deutschlands mit aktuellen Nachrichten, Inhaltsübersicht des aktuellen Heftes von *dis.kurs* sowie Links zu allen Volkshochschulen der Bundesrepublik mit deren jeweiligen Veranstaltungsangeboten.

hochschulkompass.de (Hochschulrektorenkonferenz [HRK]). Informationen zur Studienwahl: Datenbank mit Hochschulen in Deutschland und deren Ansprechpartner, Studiengängen und internationalen Kooperationen.

hsozkult.geschichte.hu-berlin.de (Institut für Geschichtswissenschaften der Humboldt-Universität zu Berlin). Fachforum und moderierte Informations- und Kommunikationsplattform für Historikerinnen und Historiker: Datenbanken zu Projekten, Rezensionen, Tagungsberichten, Terminen, Jobbörse, Websites und Zeitschriften.

kultur-macht-schule.de (Bundesvereinigung Kulturelle Kinder- und Jugendbildung e. V. [BKJ]). Das Portal »Kultur macht Schule« informiert über kontinuierliche Qualitätsentwicklung kultureller Bildungsangebote in, an und um Schulen in Deutschland. Sie bündelt und kommuniziert Informationen, Entwicklungen und Impulse rund um die Themen: Kooperationen zwischen Kultur und Schule, Kulturelle Bildung in lokalen Bildungslandschaften und kulturelle Schulentwicklung.

Soziokultur.de (Bundesvereinigung Soziokultureller Zentren). Aktuelle Meldungen zur Soziokultur, Links zu Landesverbänden und Soziokulturellen Zentren, vielfältige Informationen u. a. zur Weiterbildung (Anbieter, Veranstaltungen), Beiträge und Diskussionen zu verschiedenen thematischen Bereichen, umfangreiche Linksammlung, Statistik, Onlineversion der Zeitschrift *soziokultur*, Jobbörse.

studium-kultur.de (Institut für Kulturpolitik der Kulturpolitischen Gesellschaft e. V.). Dokumentation des Forschungsprojektes »Studium-Arbeitsmarkt-Kultur«, das das Institut für Kulturpolitik der Kulturpolitischen Gesellschaft e. V. durchgeführt hat. Datenbank mit Profilen von mehr als 350 Studienangeboten der Kulturvermittlung in Deutschland (Kulturmanagement, Kulturwissenschaften, Kulturpädagogik etc.), weitere Projektergebnisse beziehungsweise -veröffentlichungen zum Download.

Film, Medien und Medienpädagogik

bjfev.de (Bundesverband Jugend und Film e. V.). Katalog der Filmothek, Infonetzwerk »Junge Filmszene«, Informationen über Projekte, Liste mit Fachkräften der Kinder- und Jugendfilmarbeit, Veranstaltungstermine und Links.

grimme-institut.de (Grimme-Institut). Vorstellung des Instituts, Veranstaltungshinweise, Informationen zur Preisverleihung.

gwff.de (Gesellschaft zur Wahrnehmung von Film- und Fernsehrechten mbH [GWFF]). Download von Vertragsformularen, Links zu den Fernsehanstalten.

jungefilmszene.de (Bundesverband Jugend und Film e. V. [BJF]). Informationen über Ausschreibungen, Festivals, Workshops und die junge Filmszene allgemein sowie Hinweise zu allen Bereichen, die für die Produktion von Filmen hilfreich sein können.

kjf.de (Kinder- und Jugendfilmzentrum in Deutschland). Informationen über Medienwettbewerbe, Veranstaltungshinweise, Vorstellung und Bereitstellung von empfehlenswerten Filmen für Kinder und Jugendliche für die außerschulische Medienarbeit, Zusammenfassung auch auf englisch, französisch und spanisch.

landesfilmdienste.de (Konferenz der Landesfilmdienste e. V.). Medien für die Bildungsarbeit, Links zu den Mediendiensten der Länder und kompletter Katalog der Verleihmedien und ein umfangreiches Angebot steht als Video on Demand, Stream oder Download zur Verfügung.

netzpiloten.de (Netzpiloten AG). Themen aus den Bereichen Social Media, Mobile, Lifestyle, Klartext, Linktipps und Tech werden leicht verständlich aufbereitet.

netzspannung.org (Fraunhofer-Institut für Medienkommunikation). Medienlabor im Internet, Plattform für medienkünstlerische Produktion u. a. mit offenem Kanal für Aktivitäten und Projekte der Medienkunst und -forschung, Mediathek mit zahlreichen Videoaufzeichnungen von themenbezogenen Vorträgen bzw. Symposien.

schaetzedesdeutschenfilms.de (Schätze des deutschen Films GFT GmbH). Regisseur Peter Geißendörfer will deutsche Kinofilme digitalisieren und in einem Internetportal anbieten. Im Herbst 2012 soll die Plattform »Schätze des deutschen Films« mit rund 250 Digitalisaten ihren Betrieb aufnehmen. Dort sollen deutsche Produktionen aus allen Epochen als Video on Demand verfügbar sein.

shortfilm.de (Internationale Kurzfilmtage Oberhausen und AG Kurzfilm). Nachrichten, Berichte, Veranstaltungskalender, umfangreiche Linksammlung zu Festivals, Kurzfilmszene, Kurzfilme online, Medien, Institutionen, Ausbildung etc.

vffvg.de (VFF Verwertungsgesellschaft der Film- und Fernsehproduzenten mbH). Wahrnehmung der Rechte öffentlich-rechtlicher, privater und einiger regionaler Fernsehanstalten, Links zu Datenbanken für Gerichtsurteile, Lageberichte sowie Informationen zu Sozial- und Förderfonds.

zkm.de (Zentrum für Kunst und Medientechnologie Karlsruhe [ZKM]). Informationen über Projekte des ZKM, Katalog von (Medien-)KünstlerInnen und Werken.

Interkultur

focus-migration.de (Migration Research Group [MRG] c/o Hamburgisches WeltWirtschaftsInstitut gemeinnützige GmbH). focus Migration bietet aktuelle Zahlen, Daten und Analysen sowie eine Mediathek zu den Themen Zuwanderung, Flucht und Asyl sowie Integration. Das Portal besteht aus drei Kernprodukten – dem Newsletter *Migration und Bevölkerung*, Kurzdossiers und Länderprofilen.

forum-der-kulturen.de (Forum der Kulturen Stuttgart e. V.). Auf dem Portal des Dachverbandes der Migrantenvereine und des Stuttgarter Interkulturbüros finden sich Veranstaltungshinweise, Angaben zum Selbstverständnis des Vereins, Inhaltsverzeichnisse der Zeitschrift »Begegnung der Kulturen – Interkultur in Stuttgart« sowie Hinweise zu Weiterbildungsmöglichkeiten.

idaev.de/interkulturelle_oeffnung.htm (Informations- und Dokumentationszentrum für Antirassismusarbeit e. V. [IDA]). Die Onlinedatenbank zur Interkulturellen Öffnung präsentiert aktuell über 150 Projekte von Jugendverbänden, die sich mit Konzepten und Ansätzen der Interkulturellen Öffnung von Jugendverbänden und zum Abbau von Diskriminierung und Gleichberechtigung beschäftigen.

integrationsbeauftragte.de (Die Beauftragte der Bundesregierung für Migration, Flüchtlinge und Integration). Auf diesen Seiten findet sich ein ständig aktualisiertes Informationsangebot zu Fragen der Ausländer-, Migrations- und Flüchtlingspolitik, zur Tätigkeit der Integrationsbeauftragten und weitere Hinweise zum Themenbereich.

interkulturelles-portal.de (Hochschulverband für interkulturelle Studien e. V.). Portal zur Vernetzung interkultureller Trainer, Berater, Forscher und Dienstleister zu einer interaktiven Community. Angeboten werden eine digitale Bibliothek, Recherchemöglichkeiten nach Dienstleistern und eine Übersicht über ausgewählte interkulturelle Studienangebote an deutschen Hochschulen. Ein umfangreicher Blog informiert über Neuerscheinungen, Events etc.

interkulturpro.de (Düsseldorfer Institut für soziale Dialoge). Mit Materialien, Literaturhinweisen, Links sowie Weiterbildungsmöglichkeiten zur Professionalisierung im interkulturellen Kunst- und Kulturmanagement richtet sich das Angebot an KünstlerInnen sowie das Projektmanagement interkulturell ausgerichteter Kunst- und Kulturprojekte, an MitarbeiterInnen aus Kulturverwaltungen, KommunalpolitikerInnen und JournalistInnen.

kuf-kultur.de (Stadt Nürnberg, Amt für Kultur und Freizeit, Inter-Kultur-Büro. Das Inter-Kultur-Büro bietet auf seinen Internetseiten eine Fülle nützlicher Veranstaltungen, Adressen, Materialien und sonstiger Infos aus dem Feld der interkulturellen Kulturarbeit in Nürnberg.

migration-info.de (Netzwerk Migration in Europa e. V. in Kooperation mit der Bundeszentrale für politische Bildung [bpb]). migration-info.de liefert aktuelle Informationen über Migration, Integration, Zuwanderungspolitik und Bevölkerungsentwicklung weltweit. Schwerpunkte sind dabei Deutschland, Europa und Nordamerika. Außer dem seit 1998 erscheinenden Newsletter *Migration und Bevölkerung* bietet migration-info.de aktuelle Daten und Grafiken, politisch relevante Dokumente und einen aktuellen Terminkalender.

migrationsmuseum.de (DOMiD – Dokumentationszentrum und Museum über die Migration in Deutschland e. V.). Ziel des Vereins ist es, in Deutschland ein Migrationsmuseum als Zentrum der Geschichte, Kunst und Kultur der Migration zu errichten. Umfangreiche Liste mit Downloads zu Materialien und Artikeln zum Thema sowie Linkliste zu Institutionen.

nrw-kulturen.de (Staatskanzlei NRW – Kulturabteilung). Interkulturelle KünstlerInnen- und Veranstaltungsdatenbank nebst umfangreicher Linksammlung interkulturell tätiger Fachverbände.

stiftung-interkultur.de (Stiftungsgemeinschaft anstiftung & ertomis gemeinnützige GmbH). Ziel ist die Schaffung eines neuen Verständnisses von gesellschaftlicher Integration. Die Stiftung koordiniert das mittlerweile mehr als 130 Projekte umfassende Netzwerk Interkulturelle Gärten. Links zu den bestehenden und geplanten Gärten mit jeweiliger Projektvorstellung, Praxistips und Publikationen.

Netzwelt

bundestag.de/internetenquete (Enquete-Kommission »Internet und digitale Gesellschaft« des Deutschen Bundestages). Internetpräsenz der Enquete-Kommisson »Internet und digitale Gesellschaft« des Deutschen Bundestages, die seit Mai 2010 in den Themenfeldern Netzneutralität, Datenschutz, Urheberecht und Medienkompetenz Empfehlungen erarbeitet.

ccc.de (Chaos Computer Club). Netzauftritt des Chaos Computer Clubs, die größte europäische Hackervereinigung und seit über 25 Jahren Vermittler im Spannungsfeld technischer und sozialer Entwicklungen: mit eigenen »ethischen Grundsätzen des Hackens«.

creativecommons.org (Creative Commons Deutschland). Website der gleichnamigen Non-Profit-Organisation, die in Form vorgefertigter Lizenzverträge – sog. »Jedermannlizenzen« – eine Hilfestellung für die Veröffentlichung und Verbreitung digitaler Medieninhalte anbietet.

daten.berlin.de (Open Data Berlin). Erstes deutsches Internetportal (Sept. 2011), um öffentliche Verwaltungsdaten frei zugänglich zu machen. 15 Kategorien stehen für Recherchen und App-Entwicklungen bereit.

deutsche-digitale-bibliothek.de (Deutsche Nationalbibliothek). Im Aufbau befindliches, zentrales nationales Portal zur Vernetzung der digitalen Angebote von etwa 30 000 Kultur- und Wissenschaftseinrichtungen in Deutschland mit dem Ziel, »das nationale kulturelle Erbe für alle Bürger zugänglich« zu machen.

digitalegesellschaft.de (Digitale Gesellschaft e. V.). Neue Website im Umfeld der Macher von ›netzpolitik.org‹ mit dem Anspruch, eine wirksame Interessenvertretung und »kampagnenorientierte Initiative für eine bürgerrechts- und verbraucherfreundliche Netzpolitik zu schaffen«.

fsfe.org (Free Software Foundation Europe e. V. [FSFE]). Internetpräsenz der »Free Software Foundation Europe«, eine gemeinnützige Organisation, die sich der »Förderung Freier Software und der Arbeit für Freiheit in einer sich entwickelnden digitalen Gesellschaft« widmet.

gmk-net.de (Gesellschaft für Medienpädagogik und Kommunikationskultur [GMK]). Portal eines bundesweiten Zusammenschlusses von Fachleuten, der »für Diskussionen, Kooperationen und neue Initiativen in den Bereichen Bildung, Kultur und Medien« steht. Informationen über Wettbewerbe/Preise, Links zu Aus- und Weiterbildung in Medienpädagogik, Veranstaltungshinweise, Materialien-Onlineshop, Informationen und Links zu den Landes- und Fachgruppen.

irights.info (iRights.info). Die Internetpräsenz bietet Interessenten »ein Informationsangebot zu Urheberrecht und kreatives Schaffen in der digitalen Welt«. Präsentiert werden dazu aktuelle Nachrichten mit Verknüpfungen zu relevanten Presse- und Fachartikeln.

isi.fraunhofer.de (Fraunhofer-Institut für System- und Innovationsforschung ISI). Erforscht die kurz- und langfristigen Entwicklungen von Innovationsprozessen und die gesellschaftlichen Auswirkungen neuer Technologien und Dienstleistungen.

mediaculture-online.de (MediaCulture-Online). Internetportal, das Informationen rund um die Themen Medienbildung, Medienpraxis und Medienkultur für den schulischen und außerschulischen Bereich zur Verfügung stellt.

netzpolitik.org (netzpolitik.org). Der seit 2004 bestehende Blog versteht sich als »eine politische Plattform für Freiheit und Offenheit im digitalen Zeitalter« und will Wege aufzeigen, »wie man sich selbst mit Hilfe des Netzes für digitale Freiheiten engagieren kann«.

open-access.net (Niedersächsische Staats- und Universitätsbibliothek Göttingen). Die Plattform informiert umfassend über das Thema Open Access und bietet praktische Umsetzungshilfen an.

opendata-network.org (Open Data Network e. V.). Open Data Projekte aus Deutschland, Europa und der Welt. Netzwerk zur Förderung von Open Government, Open Data, Transparenz und Partizipation.

privatkopie.net (privatkopie.net). Website der gleichnamigen Initiative von Netzaktivisten zum Gesetzesentwurf der Bundesregierung zur Novellierung des Urheberrechts, verstanden als »deutliche Demonstration für die Informationsfreiheit im digitalen Zeitalter«.

re-publica.de (republica GmbH). Internetpräsenz der seit 2007 bestehenden jährlichen Berliner »Konferenz über Blogs, soziale Medien und die digitale Gesellschaft«.

startconference.org (stARTconference e. V.). Der Verein wurde 2010 mit dem Ziel gegründet, Kulturbetrieben, Kulturschaffenden und Künstlern das Thema Social Media nahe zu bringen und Anwendungsmöglichkeiten, Chancen und Risiken aufzuzeigen.

startnext.de (Startnext crowdfunding gUG). Crowdfunding Plattform zur Projektfinanzierung, Kulturförderung und Vermittlung zwischen Projektunterstützern und Projektstartern: für Filmemacher, Musiker, Designer, Fotografen, Autoren, Erfinder und viele weitere Künstler.

tab-beim-bundestag.de (Büro für Technikfolgen-Abschätzung beim Deutschen Bundestag (TAB)). Das Büro für Technikfolgen-Abschätzung beim Deutschen Bundestag (TAB) ist eine selbständige wissenschaftliche Einrichtung, die den Deutschen Bundestag und seine Ausschüsse in Fragen des wissenschaftlich-technischen Wandels berät.

telepolis.de (Heise Zeitschriften Verlag GmbH & Co. KG). Onlinemagazin des Heise Zeitschriften Verlags, welches nach eigener Darstellung »kritisch die gesellschaftlichen, politischen, wissenschaftlichen, kulturellen und künstlerischen Aspekte des digitalen Zeitalters« begleitet.

wir-sind-die-buerger.de (Thomas Pfeiffer). Initiative, die eine Anpassung des Urheberrechts an gesellschaftliche Veränderungen fordert. Dazu gehören Verwertungsgesellschaften Schutzfristen und Bezahlmodelle im Internet.

wir-sind-die-urheber.de (Matthias Landwehr). Initiative von Künstlern und Autoren gegen den Diebstahl geistigen Eigentums, um sich für eine Stärkung des Urheberrechts einsetzen.

zukunftswerkstatt.wordpress.com (Zukunftswerkstatt Kultur- und Wissensvermittlung e. V.). Der gemeinnützige Verein beschäftigt sich mit der Frage, wie kulturelle und wissenschaftliche Inhalte mit Hilfe des Web 2.0 vermittelt werden können.

Autorinnen und Autoren

MICHAEL AU, geb. 1964, Referent in der Kulturabteilung des *Ministeriums für Bildung, Wissenschaft, Weiterbildung und Kultur Rheinland-Pfalz*, Mainz

ULRIKE BLUMENREICH, geb. 1974, wissenschaftliche Mitarbeiterin des *Instituts für Kulturpolitik der Kulturpolitischen Gesellschaft e. V.*, Bonn

STEPHAN DORGERLOH, geb. 1966, *Kultusminister von Sachsen-Anhalt*, Magdeburg

RALF EBERT, Stadtplaner AKNW, geb. 1953, Inhaber des Planungs- und Beratungsbüros *STADTart*, Dortmund

KURT EICHLER, geb. 1952, Dipl.-Ing., Geschäftsführer der *Kulturbetriebe Dortmund*, Mitglied des Geschäftsführenden Vorstands der *Kulturpolitischen Gesellschaft e. V.*, Dortmund

CARMEN EMIGHOLZ, geb. 1962, *SPD*, Staatsrätin beim *Senator für Kultur der Freien Hansestadt Bremen*

DR. PATRICK S. FÖHL, geb. 1978, freiberuflicher Kulturmanager, Dozent und Autor, Leiter der Forschungsgruppe »Regional Governance im Kulturbereich«, *FH Potsdam* und des *Netzwerks für Kulturberatung*, Berlin

WERNER FRÖMMING, geb. 1953, Referatsleiter »Kulturprojekte« in der *Kulturbehörde Hamburg*

THOMAS FRÜH, geb. 1960, Leiter der Abteilung »Kunst« des *Sächsischen Staatsministeriums für Wissenschaft und Kunst*, Dresden

DR. RITA GERLACH-MARCH, geb. 1975, freie Kultur-Beraterin, Dozentin und Lektorin, *CULTURE ETC*, Schwerin

DR. FRIEDRICH GNAD, geb. 1946, freier Mitarbeiter des Planungs- und Beratungsbüros *STADTart*, Dortmund

DR. NORBERT HAASE, geb. 1960, Referent in der Abteilung »Kunst« des *Sächsischen Staatsministeriums für Wissenschaft und Kunst*, Dresden

ELKE HARJES-ECKER, geb. 1957, Kulturabteilungsleiterin im *Thüringer Ministerium für Bildung, Wissenschaft und Kultur* und Vorsitzende der Lenkungsgruppe zur Erarbeitung des Thüringer Kulturkonzeptes 2012, Erfurt

DR. ALBRECHT GRAF VON KALNEIN, geb. 1962, Geschäftsführung der *Gemeinn. Kulturfonds Frankfurt RheinMain GmbH*, Bad Homburg. Lehrbeauftragter für Geschichte der *Johannes Gutenberg-Universität Mainz*

TOBIAS J. KNOBLICH, M. A., geb. 1971, Kulturdirektor der Landeshauptstadt Erfurt, Vizepräsident der *Kulturpolitischen Gesellschaft e. V.*, Erfurt

ACHIM KÖNNEKE, geb. 1963, Direktor des *Kulturamts der Stadt Freiburg im Breisgau*, Mitglied im Vorstand der *Kulturpolitischen Gesellschaft e. V.* und Sprecher der *Regionalgruppe BW*

PROF. DR.-ING. DR. SABINE KUNST, *Ministerin für Wissenschaft, Forschung und Kultur des Landes Brandenburg*, Potsdam

EVA LEIPPRAND, geb. 1947, Kulturbürgermeisterin in Augsburg 2002–2008, Autorin, Mitglied im Vorstand der *Kulturpolitischen Gesellschaft e. V.* und des *Kulturausschusses des Bayerischen Städtetags*

MANUELA LÜCK, geb. 1978, Referentin Geschäftsstelle *Kulturkonvent*, Magdeburg

OLAF MARTIN, geb. 1961, Geschäftsführer des *Landschaftsverbandes Südniedersachsen e. V.*, Northeim

BERND NEUMANN, MdB, geb. 1942, *Staatsminister für Kultur und Medien*, Berlin/Bremen

DÖRTE NITT-DRIEẞELMANN, geb. 1959, Senior Researcher am *Hamburgischen WeltWirtschafts-Institut HWWI*, Hamburg

PROF. DR. KARL-HEINZ REUBAND, geb. 1946, Professor für Soziologie an der *Heinrich-Heine Universität*, Düsseldorf

DIPL.-KFM. REINHART RICHTER, geb. 1939, Geschäftsführender Eigentümer der *Richter Kulturberatung*, Osnabrück

DR. BARBARA RÜSCHOFF-THALE, geb. 1962, Landesrätin, Kulturdezernentin des *Landschaftsverbandes Westfalen-Lippe (LWL)*, Münster

STEFFEN SAEBISCH, geb. 1970, Staatssekretär im *Hessischen Ministerium für Wirtschaft, Verkehr und Landesentwicklung*, Wiesbaden

UTE SCHÄFER, geb. 1954, *Ministerin für Familie, Kinder, Jugend, Kultur und Sport des Landes Nordrhein-Westfalen*, Düsseldorf

PROF. DR. OLIVER SCHEYTT, geb. 1958, Präsident der *Kulturpolitischen Gesellschaft e. V.*, Kulturdezernent der Stadt Essen a. D., Inhaber der *KULTUREXPERTEN GmbH*, Essen

DR. NORBERT SIEVERS, geb. 1954, Geschäftsführer der *Kulturpolitischen Gesellschaft e. V.*

DR. HANS-JÖRG SIEWERT, geb. 1945, stellv. Abteilungsleiter »Kultur« im *Niedersächsischen Ministerium für Wissenschaft und Kultur* a. D., derzeit externer Berater des Ministeriums, Hannover/Barsinghausen

DR. BERND WAGNER, geb. 1948 – gest. 2012, wissenschaftlicher Leiter des *Instituts für Kulturpolitik der Kulturpolitischen Gesellschaft e. V.*, Bonn/Frankfurt am Main

PROF. DR. JOHANNA WANKA, *niedersächsische Ministerin für Wissenschaft und Kultur*, Hannover

CHRISTOPH WECKERLE, geb. 1963, Direktor des *Departements Kulturanalysen und Vermittlung* an der *Zürcher Hochschule der Künste (ZHdK)*

PD DR. MICHAEL WIMMER, geb. 1950, Direktor des Forschungsinstituts *EDUCULT – Denken und Handeln im Kulturbereich*, Privatdozent an der *Universität für Angewandte Kunst*, Wien/Österreich

Jahrbuch für Kulturpolitik 2011, Band 11

*Herausgegeben für das Institut für Kulturpolitik der Kulturpolitischen Gesellschaft e.V.
von Bernd Wagner • 498 Seiten • 19,90 Euro*

Thema: Digitalisierung und Internet

Inhalt
mit Beiträgen unter anderem von

GERHARD SCHULZE Strukturwandel der Öffentlichkeit 2.0.

HERMANN GLASER Kulturpolitisches Unbehagen – Eine mäandrische Abreaktion

AMELIE DEUFLHARD Der Kunstraum als Plattform für unterschiedliche Communities

INKE ARNS USE = SUE. Von der Freiheit der Kunst im Zeitalter des »geistigen Eigentums«

SUSANNE BINAS-PREISENDÖRFER Sampling the »World«. Klänge im Zeitalter ihrer digitalen Reproduzierbarkeits

BERND NEUMANN Chancen erkennen, Risiken minimieren

THOMAS KRÜGER Öffentliche Kultur in der digitalen Gesellschaft

WOLFGANG BÖRNSEN Ein wirksames Urheberrecht bleibt unverzichtbar

SIEGMUND EHRMANN It's all digital – Zur Bedeutung der Digitalisierung für die Kulturpolitik

REINER DEUTSCHMANN Digitalisierung – Eine Herausforderung für die Kulturpolitik

LUKREZIA JOCHIMSEN Tür ins Freie öffnen

AGNES KRUMWIEDE Fortschritt in Richtung Nachhaltigkeit

RALF LUNAU Mehr Gelassenheit 3.0

LISBET RAUSING Die zweite Revolution der Demokratisierung des Wissens

ULRICH JOHANNES SCHNEIDER Chancen und Risiken der Digitalisierung des kulturellen Erbes

REGINA FRANKEN-WENDELSTORF Digitale Medien im Museum

SIBYLLE LICHTENSTEIGER Das Stapferhaus und seine digitale Kulturvermittlung

CHRISTIAN GRIES Das Museumsportal München. Kulturportale – Wie wirksam ist netzbasierte Kulturinformation?

ARMIN KLEIN Hybrides Kulturmarketing

BIRGIT MANDEL Die Rolle der Kulturvermittlung im Web 2.0 und den digitalen Medien

RAPHAELA HENZE Nutzung des Web 2.0 an deutschen Theatern und Schauspielhäusern. Eine empirische Untersuchung

CHRISTIAN HENNER-FEHR Crowdfunding: mit kleinen Beträgen Kunst und Kultur unterstützen

CERSTIN GERECHT, DIETER HASELBACH, ANNA THEIL Ein neuer Goldesel? Crowdfunding und Kulturpolitik

HEINER KEUPP Verloren oder zuhause im Netz? Kulturarbeit und Lebenswelt

KURT EICHLER kubi@web2.0. Kulturelle Bildung und digitale Lebenswelten

WOLFGANG ZACHARIAS Kulturelle Medienbildung 2.0. Kultur, Politik, Medien, Bildung vernetzen und neu vermessen?

KARL ERMERT »Anything goes« geht nicht mehr. Über Medien, Jugend, Werte und kulturelle Bildung

CLAUDIA WEGENER Lebenswelt und digitale Welt. Im Netz verloren oder zu Hause?

HANS-JÜRGEN PALME Digitale kulturelle Bildung – geht das eigentlich?

MONIKA GRÜTTERS Alles schon geklaut? Urheberrechte und geistiges Eigentum in der digitalen Gesellschaft

GERHARD PFENNIG Urheberrecht und Rechtsverwaltung in der Informationsgesellschaft

TILL KREUTZER Remix-Culture und Urheberrecht

VOLKER GRASSMUCK Kreativität und ihre Bezahlung: vom Marktversagen zu Peer-to-Peer

OLIVER CASTENDYK Zwei neoklassische Thesen zur Debatte um die Zukunft des Urheberrechts und ihre Begründung

TIM RENNER Kino.to für alle!

KARL-HEINZ REUBAND Das Opernpublikum zwischen Überalterung und sozialer Exklusivität

Jahrbuch für Kulturpolitik 2010, Band 10

Herausgegeben für das Institut für Kulturpolitik der Kulturpolitischen Gesellschaft e.V.
von Bernd Wagner • 414 Seiten • 19,90 Euro

Thema: Kulturelle Infrastruktur

Inhalt
mit Beiträgen unter anderem von

OLIVER SCHEYTT Pflichtaufgabe, Grundversorgung und kulturelle Infrastruktur – Begründungsmodelle der Kulturpolitik

MAX FUCHS Kulturpolitik und ihre Begründungen. Einige theoretische Überlegungen zu einem praktischen Problem

KLAUS HEBBORN Grundversorgung, Infrastruktur, Cultural Governance – wie viel Kultur braucht eine Stadt?

TOBIAS J. KNOBLICH Kulturelle Infrastruktur in Sachsen

THOMAS STRITTMATTER Zur Entwicklung der kulturellen Infrastruktur im Land Brandenburg

FRANZ KRÖGER Kultur in Nordrhein-Westfalen

KLAUS WINTERFELD Die kulturelle Substanz in der sächsischen Provinz

MARKUS RHOMBERG, MARTIN TRÖNDLE Who cares? Themen, Akteure und Motivationen im Klassikbetrieb

MARKUS MORR Kulturelle Infrastruktur im hessischen Landkreis Marburg-Biedenkopf

DIETER ROSSMEISSL Infrastruktur: Institutionen im Wandel

ROLF BOLWIN Theater und Orchester gestern, heute, morgen – Eine Welt der Kunst in Zahlen

ANDRÉ STÖRR Veränderung, um zu erhalten? Die Zukunft des Stadttheatermodells im Freistaat Thüringen

GERALD MERTENS Deutsche Orchesterlandschaft im Wandel. 20 Jahre deutsche Einheit

MONIKA HAGEDORN-SAUPE Entwicklung der Museumslandschaft in Deutschland

MECHTHILD EICKHOFF Irgendwas mit Kunst und Kindern? 40 Jahre Jugendkunstschulen

ULRIKE BLUMENREICH Die Hochschullandschaft in Deutschland: Infrastruktur und Angebot an Kulturstudiengängen

RONALD MICHAEL SCHMIDT Öffentliche Bibliotheken in Deutschland

NORBERT SIEVERS Die unzulängliche Zugänglichkeit der Kultur. Kulturelle Teilhabe und Sozialstruktur

KARL-HEINZ REUBAND Kulturelle Partizipation als Lebensstil. Eine vergleichende Städteuntersuchung zur Nutzung der lokalen kulturellen Infrastruktur

SUSANNE KEUCHEL Lernorte oder Kulturtempel? Infrastrukturerhebung zu Bildungsangeboten in klassischen Kultureinrichtungen

SVETLANA ACEVIC Kulturelle Infrastruktur der migrantischen Bevölkerung in Stuttgart

PIUS KNÜSEL Gehört zur Kultur die Zeit?

ARMIN KLEIN Kulturelle Infrastruktur und Kulturmanagement. Der exzellente Kulturbetrieb

WOLFGANG SCHNEIDER Wider die normative Kraft des Faktischen

PATRICK S. FÖHL Kooperationen und Fusionen von öffentlichen Theatern

WOLFGANG ZACHARIAS Aktualität und Ambivalenz Kultureller Bildung 2.0

BIRGIT MANDEL Neue Kulturunternehmen an den Schnittstellen von Hochkultur, Avantgardekultur, Soziokultur und Kreativwirtschaft.

LINN QUANTE, SEBASTIAN SOOTH Coworking Spaces – Offene Räume für eine Kultur des gemeinsamen Arbeitens

Jahrbuch für Kulturpolitik 2009, Band 9

Herausgegeben für das Institut für Kulturpolitik der Kulturpolitischen Gesellschaft e. V.
von Bernd Wagner • 505 Seiten • 19,90 Euro

Thema: Erinnerungskulturen und Geschichtspolitik

Inhalt
mit Beiträgen unter anderem von

NORBERT LAMMERT Bikini-Verkäufer am FKK-Strand? Der Staat und die Erinnerungskultur

WOLFGANG THIERSE Kulturnation des Erinnerns und der Orientierung

THOMAS STERNBERG Erinnerungskultur und Memopolitik

HERMANN GLASER Gedächtniskultur. Individuelles und kollektives Erinnern

MONIKA GRÜTTERS Das Gedächtnis der Deutschen

MONIKA GRIEFAHN Zentrale Aspekte der Erinnerungskultur und Geschichtspolitik des Bundes

HANS-JOACHIM OTTO Baustellen des Gedenkens

LUKREZIA JOCHIMSEN Die linke Gegenstimme zu: Erinnerungskultur und Geschichtspolitik

KATRIN GÖRING-ECKARDT Für ein kritisches Geschichtsbewusstsein

ERIK MEYER Die Gedenkstättenkonzeption des Bundes als Instrument geschichtspolitischer Steuerung

EVA-MARIA STANGE Erinnern – Gedenken – Aufklären

ANDRÉ SCHMITZ 20 Jahre Mauerfall. Der lange Weg zu einer gemeinsamen Erinnerungskultur

RALF LUNAU Identität durch bürgerschaftliches Selbstbewusstsein und kritische Auseinandersetzung

RAINER ECKERT Gedenkstätten, Museen, Forschungseinrichtungen und Geschichtsinitiativen in der Auseinandersetzung mit der kommunistischen deutschen Diktatur

IRMGARD ZÜNDORF DDR-Museen als Teil der Gedenkkultur in der Bundesrepublik Deutschland

TOBIAS J. KNOBLICH Aus der DDR in die Transformationsgesellschaft

CLAUS LEGGEWIE Schlachtfeld Europa. Transnationale Erinnerung und europäische Identität

CAMILLE MAZÉ Von Nationalmuseen zu Museen europäischer Kulturen

HELGA TRÜPEL Haus der europäischen Geschichte

KLAUS-DIETER LEHMANN Lücken im kulturellen Gedächtnis

ROLAND BERNECKER Die globale Dimension der Erinnerungskultur

DOROTHEA KOLLAND In die Geschichte einblenden: Geschichte, divers erzählt

VIOLA B. GEORGI Zur Aneignung, Verhandlung und Konstruktion von Geschichtsbildern in der deutschen Migrationsgesellschaft

MICHAEL FEHR Überlegungen zu einem »Migrationsmuseum« in der Bundesrepublik

AYTAC ERYILMAZ, MARTIN RAPP Wer spricht? Geteilte Erinnerungen in der Migrationsgesellschaft

KARIN VON WELCK Auf einem guten Weg: Erinnerungskultur und Gedenkstätten in Hamburg

HANS-GEORG KÜPPERS, URSULA SAEKEL Zeitgeschichtliche Erinnerungsarbeit in München

HANS WALTER HÜTTER Lebendiges Erinnern. Vermittlung von Zeitgeschichte als Aufgabe

LUISE TREMEL, THOMAS KRÜGER Erinnerungskultur und politische Bildung

MICHA BRUMLIK Der Krieg, die Vaterlosigkeit und das Unheimliche

JÖRG-UWE NIELAND Vom popmusikalischen Erinnern

WINFRED KAMINSKI Wenn Geschichte ins (Computer)-Spiel kommt

Jahrbuch für Kulturpolitik 2008, Band 8

Herausgegeben für das Institut für Kulturpolitik der Kulturpolitischen Gesellschaft e.V.
von Bernd Wagner • 509 Seiten • 19,90 Euro

Thema: Kulturwirtschaft und Kreative Stadt

Inhalt
mit Beiträgen unter anderem von

PETER BENDIXEN Kultur und Wirtschaft – Zwei Seiten einer Medaille?

ARMIN KLEIN Zwischen Markt, Staat und (Zivil-) Gesellschaft

ANDREAS JOH. WIESAND Götterdämmerung der Kulturpolitik?

DIETER GORNY, OLIVER SCHEYTT Im Wandel begegnen wir unserer Kreativität

FRIEDRICH GNAD, KLAUS R. KUNZMANN Kultur- und Kreativwirtschaft in Nordrhein-Westfalen

KATHARINA SCHWALM-SCHÄFER »Create.NRW« – ein Wettbewerb als Entwicklungsprogramm

CHRISTIAN ANTZ Kreativwirtschaft aus der Provinz?

CHRISTOPH BACKES, SYLVIA HUSTEDT Das »Modell Aachen« – ein politik- und spartenübergreifender Erfolgsansatz

MANFRED GAULHOFER, DIETER HASELBACH Ein ökonomischer Blick auf den Kultur- und Musiksektor

RALF EBERT Über Entwicklung und Zukunft in der sich transformierenden Industriestadt Dortmund

PETER KURZ Das Mannheimer Modell – ein Beispiel für einen erfolgreichen Start in die Kreativwirtschaft

VOLKER HELLER Kulturwirtschaft und die Aufgaben der Kulturpolitik

VOLKMAR STRAUCH Plädoyer für einen ressortübergreifenden, integrierten Ansatz in der Kulturwirtschaftspolitik

KLAUS HEBBORN Kulturpolitik und Kulturwirtschaft aus Sicht der Städte

RITA PAWELSKI Zusammenspiel mit Augenmaß zwischen Kultur- und Wirtschaftspolitik

MONIKA GRIEFAHN Kulturwirtschaft und kulturelle Intelligenz

HANS-JOACHIM OTTO Kultur und Kreativität als urbane Ressource

LOTHAR BISKY Die Kulturwirtschaft als »Wundertüte«?

KATRIN GÖRING-ECKARDT Kultur – diesseits und jenseits des Reichs der Notwendigkeit

VERONIKA RATZENBÖCK, ANJA LUNGSTRAẞ Der Weg der Kreativwirtschaft/Creative Industries in Österreich

HELGA TRÜPEL Kulturwirtschaft in der europäischen Diskussion

CORNELIA DÜMCKE Kulturwirtschaft in Entwicklungsländern

WALTER SIEBEL Was macht eine Stadt kreativ?

ALBRECHT GÖSCHEL Kreative Stadt: Modernisierung mit Folgen

KARIN VON WELCK Talentstadt Hamburg« – Hamburgs Beitrag zur Diskussion um die kreative Stadt

WILLFRIED MAIER Was passiert, wenn eine Stadt auf Kreativität setzt?

CLAUDIA ROTH, REINHARD OLSCHANSKI Für eine einbeziehende Kreativitätspolitik

MAX FUCHS, OLAF ZIMMERMANN Höhen und Tiefen des Arbeitsmarktes Kultur

BIRGIT MANDEL Die Neuen Kulturunternehmer – Prekariat oder Vorreiter und Visionäre

HELENE KLEINE Entlegene Provinzen – kreative Regionen

ELMAR D. KONRAD Unternehmertum in der Kulturarbeit

MICHAEL SÖNDERMANN Öffentliche Kulturfinanzierung in Deutschland 2007. Ergebnisse aus der Kulturstatistik

Jahrbuch für Kulturpolitik 2007, Band 7

Herausgegeben für das Institut für Kulturpolitik der Kulturpolitischen Gesellschaft e.V.
von Bernd Wagner und Norbert Sievers • 485 Seiten • 19,90 Euro

Thema: Europäische Kulturpolitik

Inhalt
mit Beiträgen unter anderem von

JÖRN RÜSEN Europäische Identitätsbildung durch Kultur?

OTTO SINGER Vielfalt als Programm – Einheit als Ziel. Paradoxien kultureller Identitätspolitik in Europa

THOMAS KRÜGER Wer hat eigentlich Interesse an einer europäischen Öffentlichkeit?

GOTTFRIED WAGNER Europäische Kulturpolitik – mein Gott, was soll das denn sein?

HANS-GEORG KNOPP Ein europäisches Verhältnis

KATHINKA DITTRICH Kultur als integrierte Komponente der EU-Außenbeziehungen?

DOROTHEA KOLLAND Eine vergessene Dimension: Die Banlieues von Europa

JOHANNES BRONISCH Europas Kern in der intellektuellen Debatte. Konturen eines Verständigungsproblems

HELGA TRÜPEL Europa besser machen. Die Kulturpolitik des Europäischen Parlaments und seines Kulturausschusses

MANFRED DAMMEYER Der Ausschuss der Regionen und europäische kulturpolitische Entscheidungen

BARBARA GESSLER Kommunikationsstrategien für Europa

KATHRIN MERKLE, ROBERT PALMER Der Europarat und seine kulturpolitischen Aktivitäten

ROLAND BERNECKER Die UNESCO und die Deutsche UNESCO-Kommission

HANS-JÜRGEN BLINN Staatliche Kulturförderung und freier Markt

GERHARD PFENNIG Kulturordnungspolitik in der EU

DORIS GAU Bund – Länder – Europa: Deutsche Interessenvertretung in der europäischen Kulturpolitik

ULF GROSSMANN Europäische Kulturpolitik – Implikationen für die Arbeit des Kulturausschusses des Deutschen Städtetages

KURT EICHLER Europa vor Ort. Perspektiven für den europäischen Kulturaustausch aus kommunaler Sicht

RUTH JAKOBI Kulturelle Netzwerke in Europa. Zivilgesellschaftliches Engagement für europäische Kulturpolitik

PATRICK GLOGNER Kulturpolitische Interessenrepräsentation auf europäischer Ebene

ANDREAS KÄMPF Phönix oder lahme Ente? Von Kulturzentren, Soziokulturellen Zentren, Netzwerken und Romantik

CHRISTINE BECKMANN Die Kulturförderung der Europäischen Union

SABINE BORNEMANN Die Cultural Contact Points. Nationale Kontaktstellen für das europäische Förderprogramm »KULTUR«

EDDA RYDZY Gelungener Start. Voraussetzungen für einen Qualitätssprung im Kulturhauptstadtjahr 2010

OLIVER SCHEYTT Kulturhauptstadt Ruhr 2010

WILFRIED GÖRMAR Kultur als Faktor der Raumentwicklung – der Beitrag transnationaler Programme

JO GROEBEL Europäische Medienpolitik. Zwischen Uniformität und Pluralismus, zwischen Tradition und Zukunft

HORTENSIA VÖLCKERS Europäische Kultur-Innenpolitik: Praktische Ansätze

THOMAS WEIS Europäische Kulturpolitik – Das Praxisfeld Bildende Künste

MICHAEL SÖNDERMANN Der Kultursektor als Beschäftigungs- und Wirtschaftsfaktor in Europa. Wege zu einer europäischen Kulturstatistik

Jahrbuch für Kulturpolitik 2006, Band 6

*Herausgegeben für das Institut für Kulturpolitik der Kulturpolitischen Gesellschaft e.V.
von Norbert Sievers und Bernd Wagner • 479 Seiten • 19,90 Euro*

Thema: Diskurs Kulturpolitik

Inhalt
mit Beiträgen unter anderem von

HILMAR HOFFMANN: Spannungen und Konvergenzen. Interkultureller Dialog im Inneren und im Äußeren

JULIAN NIDA-RÜMELIN: Herausforderungen der Kulturpolitik

MONIKA GRIEFAHN: Mit kultureller Kompetenz gegen die ökologische Krise

PETER BENDIXEN: Kultur und Kunst – öffentliches Gut oder kommerzielle Dienstleistung?

JÖRG STÜDEMANN: Für eine Kulturpolitik der Zweiten Moderne

WALTER SIEBEL: Gefährdungen, Chancen und Widersprüche der Stadtkultur

NORBERT LAMMERT: Verfassungspatriotismus und Leitkultur

GERHARD SCHULZE: Auf der Suche nach der besten aller Welten

EVA KRINGS: Lebensstile als uneingelöstes Motiv von Kulturpolitik

DIETER GORNY: »Big Brother« ist kein Modell – weder sozial noch medial

MAX FUCHS: Gesellschaft und Kultur im kulturpolitischen Diskurs

ROLF G. HEINZE: Stagnationsgesellschaft und die Suche nach Bürgerengagement

HERMANN SCHWENGEL: Kulturelle Globalisierung

OLAF SCHWENCKE, EDDA RYDZY: Kulturelle Vielfalt – Agens europäischer Entwicklung und Herausforderung deutscher Kulturpolitik

WOLFGANG THIERSE: Kulturelle Dimensionen der Deutschen Einheit. Über Differenz und Innovation in unserer Kulturnation

HERMANN GLASER: »Bürgerrecht Kultur« – eine geistesgeschichtliche Vignette

MICHAEL SÖNDERMANN: Öffentliche Kulturfinanzierung in Deutschland 2005

KARIN VON WELCK: Kunst und Kultur als Standortfaktoren

DOROTHEA KOLLAND: Kulturelle Vielfalt: Diversität und Differenz

IRIS MAGDOWSKI: Dialoge führen – Austausch fördern

HANS-HEINRICH GROSSE-BROCKHOFF: Gemeinsam für Kunst und Kultur

MICHAEL FEHR: Unzeitgemäße Überlegungen zum Status und zur Zukunft der Museen

VOLKHARD KNIGGE: Erinnerungskultur. Zwischen Vergangenheitsgerede

GERHARD PFENNIG: Kulturpolitik von 1969 bis heute – aus der Perspektive der Kunst

BERND WAGNER: Konzeptionelle Spannungsfelder kulturpolitischer Neuorientierung

BOSILJKA SCHEDLICH: Kultur in Konflikten und Kriegen

ALBRECHT GÖSCHEL: Identitäts- und Imagepolitik: Revision kulturpolitischer Reformen

KNUT NEVERMANN: Bund und Länder in der Kulturpolitik

DIETER KRAMER: Metropolen und Umland: Kulturanalyse und Kulturpolitik

HORTENSIA VÖLCKERS: »Anstalten machen!« – Kulturförderung zwischen Institution und Projekt

TOBIAS J. KNOBLICH: Neue Kulturpolitik in den Neuen Bundesländern?

OLIVER SCHEYTT: Aufgaben der Kulturpolitik

SUSANNE BINAS-PREISENDÖRFER: Verteilungsplan, ideologische Konstruktion und sozialer Filter

ARMIN KLEIN: Angebot und Nachfrage. Modernisierung der Neuen Kulturpolitik

NORBERT SIEVERS: Was bleibt? Was fehlt? Kulturpolitik als Modernisierungsprozess

Jahrbuch für Kulturpolitik 2005, Band 5

Herausgegeben für das Institut für Kulturpolitik der Kulturpolitischen Gesellschaft e.V. von Bernd Wagner • 540 Seiten • 19,90 Euro • leider vergriffen

Thema: Kulturpublikum

Inhalt

mit Beiträgen unter anderem von

BERND WAGNER: Kulturpolitik und Publikum

CHRISTINA WEISS: Wege zum Publikum. Kulturpolitik als Vermittlung

ALBRECHT GÖSCHEL: Demographie, Ökonomie und Wertewandel: Bedingungen zukünftiger Kulturpolitik

BIRGIT MANDEL: Audience Development Programme in Großbritannien

MANFRED EHLING: Zeit für Freizeit und kulturelle Aktivitäten. Ergebnisse aus Zeitbudgeterhebungen

SUSANNE KEUCHEL: Das Kulturpublikum zwischen Kontinuität und Wandel

CLAUDIA HAMPE, ROLF BOLWIN: Das Theater und sein Publikum

RICHARD STANG: Kulturelle Erwachsenenbildung

GERD SPIECKERMANN: Soziokulturelle Zentren und ihr Publikum.

WOLFGANG HIPPE: Filmtheater: Modernisierung für das Publikum

RAINER DANIELZYK: Auswirkungen des demographischen Wandels auf die kulturelle Infrastruktur

HERMANN GLASER: »Wo kam die schönste Bildung her/und wenn sie nicht vom Bürger wär?«

HORST W. OPASCHOWSKI: Die kulturelle Spaltung der Gesellschaft. Die Schere zwischen Besuchern und Nichtbesuchern öffnet sich weiter

MICHAEL RUSS, GISELA WEBER: Veränderungen beim Kulturpublikum und der Einfluss auf die Konzertbranche

JÖRG RÖSSEL, ROLF HACKENBROCH, ANGELA GÖLLNITZ: Soziale Differenzierung und Strukturwandel des Hochkulturpublikums

KARL-HEINZ REUBAND: Moderne Opernregie als Ärgernis?

KARL-HEINZ REUBAND, ANGELIQUE MISHKIS: Unterhaltung versus Intellektuelles Erleben. Soziale und kulturelle Differenzierungen innerhalb des Theaterpublikums

GERDA SIEBEN: Mehr ältere Menschen im Publikum!

SABINE VOGT: »Das möchte ich gerne haben im Club, das mache ich selber.« Clubkultur als Clubwirtschaft

ROLF GRASER: MigrantInnen als Publikum

JANNIS ANDROUTSOPOULOS: Virtuelle Öffentlichkeiten von Migranten

HILMAR HOFFMANN: Neues Europa – neues Interesse an Kultur?

MAX FUCHS: Jugend, Kunst, Kultur. Anmerkungen zu einem schwierigen Verhältnis

ECKHARD BRAUN: Jugend als Kulturpublikum

ARMIN KLEIN: Kulturmarketing muss sein – aber welches?

WOLFGANG ZACHARIAS: Kulturpublikum von und für morgen?

WOLFGANG J. RUF: Die Gesichter des Theaterpublikums

ANDREAS JOH. WIESAND: Was zählt: Angebot oder Nachfrage?

FRANK-OLAF BRAUERHOCH: Worüber reden wir, wenn wir vom »Publikum« reden?

MICHAEL SÖNDERMANN: Beschäftigung im Kultursektor in Deutschland 2003/2004

Chronik kulturpolitischer und kultureller Ereignisse im Jahre 2004

Bibliographie zur Kulturpolitik im Jahr 2000

Kulturpolitische Gremien und Verbände

Webadressen: Kunst und Kultur

Jahrbücher für Kulturpolitik 2000–2004

Herausgegeben für das Institut für Kulturpolitik der Kulturpolitischen Gesellschaft e.V.
von Bernd Wagner und Thomas Röbke • zwischen 468 und 540 Seiten • jeweils 19,90 Euro

Band 1: Bürgerschaftliches Engagement (2000)

Unter anderem mit Beiträgen von:

JULIAN NIDA-RÜMELIN, WOLFGANG THIERSE, WARNFRIED DETTLING, ROLF G. HEINZE, ANNETTE ZIMMER, JOACHIM BRAUN, MICHAEL NAUMANN, WILHELM SCHMID, HERMANN GLASER, OLAF ZIMMERMANN, THOMAS OPPERMANN, GERD HARMS, BERND MEYER, MICHAEL BÜRSCH, ADALBERT EVERS, DORIS GAU, OLAF SCHWENCKE, CHRISTOPH WECKERLE, FRANZ-OTTO HOFECKER, MICHAEL SÖNDERMANN

Band 2: Kulturföderalismus (2001)

Unter anderem mit Beiträgen von:

JULIAN NIDA-RÜMELIN, OLIVER SCHEYTT, WOLFGANG THIERSE, WOLFGANG CLEMENT, BERNHARD VOGEL, NORBERT LAMMERT, HANS-JOACHIM OTTO, HANS ZEHETMAIR, MICHAEL VESPER, JOHANNA WANKA, RUTH WAGNER, HERMANN GLASER, PETER HÄBERLE, MAX-EMANUEL GEIS, DIETER RÜBSAAMEN, MAX FUCHS, OLAF ZIMMERMANN, VOLKER PLAGEMANN, KLAUS-DIETER LEHMANN, KARIN VON WELCK, JÖRG HASPEL, CORNELIA DÜMCKE, TOBIAS KNOBLICH, DORIS GAU, BERND MEYER, DANIEL COHN-BENDIT, OLAF SCHWENCKE, FRANZ-OTTO HOFECKER

Band 3: Interkultur (2002/03)

Unter anderem mit Beiträgen von:

CHRISTINA WEISS, RITA SÜSSMUTH, WOLFGANG THIERSE, PETER MÜLLER, KLAUS BADE, FRANZ NUSCHELER, ALBERT MAXIMILIAN SCHMID, KERSTIN MÜLLER, MARIELUISE BECK, EROL YILDIZ, FARUK ŞEN, DIRK HALM, CARMINE CHIELLINO, MARK TERKESSIDIS, TORSTEN GROSS, BETTINA HEINRICH, NASEEM KHAN, KATHARINA NOUSSI-SCHEBA, DOROTHEA KOLLAND, THOMAS FLIERL, INKA MANTHEY, JÖRG STÜDEMANN, IRIS MAGDOWSKI, JÜRGEN MARKWIRTH, MICHAEL VESPER, PETER FRANKENBERG, ECKHARDT BARTHEL, GÜNTER NOOKE, HANS-JOACHIM OTTO, THOMAS KRÜGER, ANNETTE HEILMANN, ROBERTO CIULLI, TOBIAS J. KNOBLICH, MAX FUCHS, GEORG RUPPELT, CHRISTOPH WECKERLE, MICHAEL SÖNDERMANN

Band 4: Theaterdebatte (2004)

Unter anderem mit Beiträgen von:

CHRISTINA WEISS, JOHANNES RAU, ROLAND SCHNEIDER, RAIMUND BARTELLA, PETER IDEN, ANDRZEJ WIRTH, HENNING FÜLLE, DETLEV SCHNEIDER, DIETMAR N. SCHMIDT, CORNELIA DÜMCKE, KLAUS PIERWOß, ARMIN KLEIN, FRANK-OLAF BRAUERHOCH, STEPHAN MÄRKI, WOLFGANG J. RUF, ROLF BOLWIN, TOM STROMBERG, KNUT NEVERMANN, HANS-GEORG KÜPPERS, THOMAS KONIETZKA, PETER VERMEULEN, WERNER MÜLLER, URS BIRCHER, ANNETTE HEILMANN, WOLFGANG SCHNEIDER, DIETER HADAMCZIK, HORST JOHANNING, KIRSTEN HAß, REINHARD HINZPETER, DAVID RANAN, VICTOR SCORADET, PETER FRANKENBERG, MICHAEL VESPER, ALICE STRÖVER, MONIKA GRIEFAHN, ANTJE VOLLMER, GÜNTER NOOKE, HANS-JOACHIM OTTO